Lexikon des deutschen Schlagers

Matthias Bardong
Hermann Demmler
Christian Pfarr

EDITION *L* LOUIS

LUDWIGSBURG

Lexikon
des
deutschen
Schlagers

von
Matthias Bardong
Hermann Demmler
Christian Pfarr

1. Auflage 1992
Redaktionsschluß 15. August 1992

Druck & Lithographie: Reiff Druck GmbH & Cie KG, 7600 Offenburg, Germany
Umschlaggestaltung: Carola Nett;   Rolf Nett GmbH, 7140 Ludwigsburg
Fotonachweis: Siehe Seite 508
Verlagsanschrift: Edition Louis, Eberhardstr. 16, 7140 Ludwigsburg

ISBN: 3 - 9802891 - 5 - X

Inhaltsverzeichnis

	Seite
Ein Vorwort von Freddy Breck	4
Vorwort der Herausgeber	6
Geschichte des deutschen Schlagers	9
Personenteil	73
Die Schlager des Jahres	355
Geburtstagskalender	369
Gedenktage	394
Nützliche Adressen	400
Titelverzeichnis	403
Fotonachweis, Schallplattenverlage	508

VORWORT

Wenn vom "Deutschen Schlager" gesprochen wird, zieht bei so manchem ein eigentümliches Lächeln über das Gesicht. Einige haben ihm - mehr oder weniger durch eigene geschmackliche Entscheidung - abgeschworen. Andere schwindeln ihn in der Öffentlichkeit aus ihrem persönlichen musikalischen Kulturbedarf fort, obwohl sie zu Hause im Plattenschrank die Riege der deutschen Schlagerinterpreten zum alltäglichen Entspannungs- und Unterhaltungskonzert in einer nicht gezählten Vielfalt aufbewahren.

Diesen Schmunzlern steht eine unglaubliche Übermacht an ehrlichen, treuen Hörern deutschen Schlagergutes gegenüber. Hier lebt der deutsche Schlager als ein Tor für Phantasiebegabte, die sich behutsam in ein Stückchen Paradies - weitab der alltäglichen Umgebung - tragen lassen wollen. Ich nenne sie ein Publikum, das gern harmonischen Tönen lauscht, und dem die klingenden Reime aus dem reichhaltigen Wortschatz unserer Muttersprache am Herzen liegen.

Der Schlager, kurzweilig, oft kaum länger als drei Minuten, hilft aus Stress und Alltagshatz. Er steht neben uns, wenn wir Träume neu entdecken und läßt die Scham vor heimlichen Wünschen vergehen.

Im Zeitalter von Automation und Technisierung steht der deutsche Schlager für menschliche Lebensvorstellungen und natürliche Sehnsüchte. Wie der Kinofilm aus der Traumfabrik schließt der treue Begleiter "Schlager" immer wieder Türen auf, die uns Zugang zu den kleinen, aber schönen Geschichten bieten, die das Leben schreibt: Der unendlich weitgespannte Sternenhimmel, das Sonnendurchglühte Erlebnis eines Sommertags, die Melancholie einer bittersüßen Erinnerung...

Jede Generation hat ihre Lieder, seien sie hier oder irgendwo auf unserer Welt entstanden. Die Vielseitigkeit unserer klingenden Musikwelt mahnt uns zur Toleranz; jeder soll in Achtung seinen gewählten Musikstil ungetrübt genießen und vertreten dürfen.

Freddy Breck

Vorwort der Herausgeber

Ein Lexikon des deutschen Schlagers zu erstellen heißt den deutschen Schlager ernst nehmen -als Kunstprodukt, als Massenmedium, als Ware.

Obwohl jeder weiß, daß der Schlager -wie auch andere Bereiche der Musik- eine kommerzielle Angelegenheit ist, die zum wesentlichen Teil von nüchternem Geschäftsinn bestimmt wird, ist es mitunter sehr schwer, Recherchen auf gesichertes Material zu stützen. Selbst bei Quellen, die als seriös gelten, weichen z.B. Produktionszahlen oder Hitplazierungen erheblich voneinander ab.

Durch die Vielzahl der von Autoren und Interpreten verwendeten Pseudonyme wird zusätzlich die Recherche nach Urhebern und Erstinterpreten erschwert. Dem normalen Musikhörer ist es daher unmöglich, diese Zusammenhänge zu durchschauen.

Viele Interpreten machen ihrem Fan durch Verschweigen oder Manipulation des Geburtsjahres etwas vor -auch wir konnten in dieser Hinsicht nicht alle Daten vollständig ermitteln, jedoch umfangreicher, als je bisher zum Thema Deutscher Schlager geschehen.

Das Lexikon des deutschen Schlagers gibt zunächst einen historischen Überblick, der die letzten 100 Jahre in Episoden zusammenfaßt. Im sich anschließenden Personenteil findet der Leser nicht nur biographische Informationen, sondern auch die wichtigsten Werke (Titel) mit Erscheinungsjahr sowie Pseudonyme, sofern uns diese zugänglich waren. Im Gegensatz zu anderen Veröffentlichungen kommen hier auch die Autoren (Komponisten und Texter) nicht zu kurz.

Unser Überblick "Die Schlager des Jahres" ist sicherlich subjektiv. Tatsächlich haben wir uns bei der Auswahl auf Experten- Befragungen und unser Gefühl verlassen, denn zum einen werden in Deutschland erst seit den 50er Jahren halbwegs vergleichbare Verkaufszahlen ermittelt, zum anderen sagen auch diese wenig über die "Haltbarkeit" eines Schlagers aus. Außerdem muß bei der zeitlichen Zuordnung berücksichtigt werden, daß zwischen dem Prodiktionsdatum eines Schlagers und dem Höhepunkt seiner Popularität vor allem in der ersten Hälfte dieses Jahrhunderts erhebliche Zeitspannen liegen können.

Das Titelverzeichnis orientiert sich mehrheitlich an den Produktionsdaten der einzelnen Schlager. Als Autoren wurden in den meisten Fällen die auf den Plattenhüllen genannten Künstler verzeichnet (auch offensichtliche Pseudonyme, die sich nicht vollständig durch den Personenteil erschließen lassen).

Daß sich bei über 1000 Biographien, über 5000 Titeln und über 300 Abbildungen der eine oder andere Fehler eingeschlichen haben mag, bitten wir uns nachzusehen. Wir sind uns dennoch sicher, die zur Zeit schlüssigste, umfassendste und objektivste Darstellung zum deutschen Schlager gegeben zu haben. Für Anregungen und ergänzende Informationen sind wir jederzeit dankbar.

Abschließend ist es uns ein wichtiges Anliegen, all denen zu danken, ohne deren Rat und tätige Mithilfe dieses Lexikon in der vorliegenden Form nicht hätte erscheinen können:
Unser besonderer Dank gilt Freddy Breck, nicht nur, weil er ein von Herzen kommendes Vorwort über den deutschen Schlager schrieb, sondern auch für die zahlreichen Ratschläge und Kontakte, die er uns eröffnete.
Des weiteren unser Dank an Arndt Bause für seine reichen Informationen zum deutschen Schlager in der ehemaligen DDR, die wir -samt seiner Darstellung im Geschichtsteil- gerne integriert haben.
Dank auch an Sabine Hammes-Bardong, die in der Endphase

der Drucklegung die äußerst kniffelige Arbeit des Nachhaltens des Titelverzeichnisses bewältigte.

Schließlich sei stellvertretend für alle, die uns weiterhalfen - und dies hoffentlich auch künftig tun werden- gedankt: Frau Karina Heise, GEMA Berlin und Herrn Dr. Jussenhoven; Frau Flintzer, Edition Meisel; Herrn Wolfgang Layer, Hohner-Verlag; Herrn Karl Heinz Dauben und seinem Deutschen Schlagerarchiv, Herrn Manfred Günther von "Memory" sowie Herrn Josef Fimpel und seinem Venus e.V. (siehe Seite 400); Frau Barbara Melzer und Daddy Gattner vom SWF Mainz; sowie allen Verlagen und Tonträgerherstellern, die durch Informationen und honorarfreie Fotoabdrucke die Kosten und somit den Verkaufspreis dieses Lexikons senken halfen, was sicherlich der Attraktivität insgesamt zugute gekommen ist.

Matthias Bardong
Hermann Demmler
Christian Pfarr

Hinweis zur Aufnahmepraxis im Personenteil:

Namen hinter dem Fettdruck in Klammern geben sofern ohne Zusatz versehen, den bürgerlichen Namen an, der Eintrag erfolgte also unter dem Pseudonym.

Namen in Klammern hinter dem Fettdruck mit vorangestelltem "Ps:" geben ein oder mehrere Pseudonyme an, der Eintrag erfolgte also unter dem bürgerlichen Namen.

Generell steht der Artikel unter dem im Musikleben bekannteren Namen.

Nicht recherchierbare Erscheinungsjahre von Titeln sind mit "##" gekennzeichnet. Für entsprechende Hinweise ist der Verlag dankbar.

Da geh ich zu Maxim

Man könnte zu Anfang eines geschichtlichen Überblicks über den deutschen Schlager eine Definition des Gegenstands erwarten; aber die ist nicht möglich: Weil der Schlager der zurückliegenden Jahrhundertwende nicht mehr der Schlager der demnächst anstehenden Jahrhundertwende ist, weil sich die Anfänge des Schlagers nicht hundertprozentig dingfest machen lassen und weil die Übergänge zu anderen Gattungen der populären wie der ernsten Musik fließend sind.

Der Begriff selbst läßt sich erstmals um das Jahr 1870 in Wien nachweisen, und er bezeichnete dort besonders erfolgreiche Einzelnummern aus Operetten und volkstümlichen Singspielen, die beim Publikum "einschlugen" und sich verselbständigten. Lokale Liedtraditionen (in Wien etwa die Schrammel-Musik), volkstümliche Couplets, Volkslieder und sogenannte Gassenhauer (oft Melodievorlagen aus Oper und Konzert, die mit neuen, volkstümlichen oder humoristischen, Texten unterlegt wurden) waren natürlich schon vorher in aller Munde und Ohr, aber kommerziell nicht verwertbar. Der Schlager als Gattung setzt dort ein, wo er zur Ware wird, seine Herstellung und sein Vertrieb zum Geschäft werden.

Als Ahnherr der modernen Unterhaltungsmusik kann der Wiener Walzerkönig Johann Strauß (Sohn) gelten, dessen Operette *Die Fledermaus* 1874 gleich eine ganze Fülle von Schlagern enthielt (z.B. *Trinke, Liebchen, trinke*

Vom Prater in den Grunewald (bis 1918)

Johann Strauß (Sohn)   *Interfoto*

schnell, Ich lade gern mir Gäste ein, Mein Herr Marquis),
der selber in geschäftlichen Dingen keinen Spaß verstand,
mit dessen Namen sich aber glänzende Geschäfte machen
ließen. Denn damals lief der Musikverlagsumsatz in erster
Linie über den Absatz von Notendrucken, und da verkaufte
sich ein Exemplar mit dem Etikett "Strauß" besonders gut.

Auch andere Erfolgsoperetten hatten ihre "Schlager": Carl Zellers *Vogelhändler* von 1891 enthielt *Schenkt man sich Rosen in Tirol, Wie mein Ahn'l zwanzig Jahr* und *Ich bin die Christel von der Post*; aus Karl Millöckers *Bettelstudent* von 1882 schlugen vor allem *Ach, ich hab sie ja nur auf die Schulter geküßt* und *Ich knüpfte manche zarte Bande* ein. Man sieht: Die Schlagerstars der Belle Epoque waren nicht die Interpreten, sondern die Komponisten, obwohl die mechanische Schallaufzeichnung schon seit den 80er Jahren des 19. Jahrhunderts möglich war. Die "Langspielplatte" von damals war die Operette, der "Single-Auskopplung" entsprach die Klavierausgabe eines Liedes mit beigefügtem Text.

Robert Stolz   *Venus e.V.*

Eine Operette ohne Schlager war nicht erfolgreich; folglich entstanden zahlreiche Operetten um von vornherein als Schlager konzipierte Einzelnummern herum. Besonders die Berliner Variante der Operette - kesser und auch ordinärer als ihre kapriziösere und charmantere Wiener Schwester - beruhte auf diesem Produktionsverfahren. Auch die Berliner hatten ihre Liedtradition, schnoddrige Couplets, die diverse Lokalpossen musikalisch garnierten, und Gassenhauer wie *Im Grunewald ist Holzauktion.* Im Gegensatz zu Wien standen hier aber nicht Walzer und Polka, sondern Rheinländer und Marsch an erster Stelle. Die Großmeister der Berliner Operette sind heute noch mit zahlreichen Schlagern präsent, nur die zugehörigen Operetten sind vergessen, vielleicht mit Ausnahme von Paul Linckes *Frau Luna* von 1899, die allerdings mit *Berliner Luft, Schenk mir doch ein kleines bißchen Liebe* und *Schlösser, die im Monde liegen* gleich drei absolute Glanzlichter des Berliner Operettenschlagers strahlen läßt.

Jeder kennt *Gehn wir mal zu Hagenbeck* und *Puppchen, du bist mein Augenstern* von Jean Gilbert, aber keiner die musikalische Posse *Puppchen* aus dem Jahre 1912. Operette, Posse, Revue: Die Unterschiede wurden fließend, verwischten sich teilweise. Walter Kollo war in allen Genres zuhause. Von ihm sind *Immer an der Wand lang* (1910), *Untern Linden* (1912), *Das war in Schöneberg* und *Die Männer sind alle Verbrecher* (beide 1913).

Freilich, auch die Wiener Schule brachte noch Schlager zuwege, und wie. Franz Lehárs Operette *Die lustige Witwe* (1905 in Wien uraufgeführt, allerdings erst nach der Berliner Inszenierung erfolgreich) löste fast eine Massenhysterie aus, weltweit wohlgemerkt: *Lippen schwei-*

Paul Lincke   *Interfoto*

gen, *Da geh ich zu Maxim*, das *Vilja-Lied* oder *Ja, das Studium der Weiber ist schwer* sind Operettenschlager par excellence; erst jetzt hat sich die Wiener Operette - künstlerisch und geschäftlich - voll und ganz zur mondänen Sphäre der Unterhaltungsmusik bekannt. Emmerich

Kálmáns *Csárdásfürstin* aus dem Kriegsjahr 1915 enthielt mit *Machen wir's den Schwalben nach, Tausend kleine Engel singen: hab mich lieb!, Ganz ohne Weiber geht die Chose nicht* und *Die Mädis vom Chantant* etliche Volltreffer, und Robert Stolz gelang 1916 mit *Im Prater blühn wieder die Bäume* eine in Schlagerform verpackte Neuauflage des traditionellen Wiener Liedes.

Aber die Belle Epoque mit ihren Operetten-Fürsten und Chambres separées, ihrer Champagner-Laune und dem naßforschen "Immer-feste-druff"-Patriotismus der frühen Kriegsjahre ging auf den Schlachtfeldern Flanderns und in den Schützengräben Galiziens blutig zu Ende. Das "amerikanische Jahrhundert" brach an.

Guck' doch nicht immer nach dem Tango-Geiger hin

Oh Donna Clara!, *Du schwarzer Zigeuner*, *Wo sind deine Haare, August?*, *Ich hab mein Herz in Heidelberg verloren*, *Bin nur ein Jonny*, *Was machst du mit dem Knie, lieber Hans?*, *Ich hab zu Haus ein Grammophon*, *Ausgerechnet Bananen*, *Reich mir zum Abschied noch einmal die Hände*, *Mausi, süß warst du heute Nacht*, *Meine Mama war aus Yokohama*, *Meine Liebe, deine Liebe*, *Immer nur lächeln* - was haben diese Lieder gemeinsam? Sie sind alle von Beda (alias Fritz Löhner) getextet und sie umreißen im Grunde das Gefühls-Spektrum der 20er Jahre: aussterbende Operettenseligkeit, Jazz-Fieber, schwüle Club-Atmosphäre, volkstümelnde Sentimentalität, Faszination der Technik, unbeschwerte Albernheit. Letzteres nur auf Pump; ein paar Jahre später dichtete Beda im KZ: "O Buchenwald, ich kann dich nicht vergessen / Weil du mein Schicksal bist / Wer dich verließ, der kann es erst ermessen / Wie wundervoll die Freiheit ist / O Buchenwald, wir jammern nicht und klagen / Und was auch unsere Zukunft sei / Wir wollen trotzdem Ja zum Leben sagen / Denn einmal kommt der Tag / Dann sind wir frei." Der Jude Beda entkam der Vernichtungsmaschinerie der Nationalsozialisten nicht.

Die Schlagerproduktion der 20er Jahre lief mehrgleisig. Einmal fielen die "goldenen 20er Jahre" mit dem ausgehenden "silbernen Zeitalter" der Operette zusammen. In Wien und Berlin gingen immer noch glanzvolle Operettenpremieren über die Bühne, z.B. *Das Land des Lächelns* (1923), *Paganini* (1925) und *Der*

Schlager zwischen Operette und Tonfilm (1919-1932)

Zarewitsch (1927) von Franz Lehár, *Madame Pompadour* (1923) von Leo Fall, *Gräfin Mariza* (1924) von Emmerich Kálmán. Alle diese Operetten brachten Schlager hervor (einige sind oben aufgeführt, denn Beda schrieb auch zahlreiche Textbücher). Die Operette der 20er Jahre machte erstmalig auch Interpreten zu echten Stars: allen voran den legendären Lehár-Tenor Richard Tauber, ferner die sich auch außerhalb des Theaters als Diva gerierende Fritzi Massary und die auch als Revue- und Kabarettsängerin erfolgreiche Claire Waldoff.

Außerhalb dieser allmählich im Verschwinden begriffenen Operettenwelt, in der das aristokratische Milieu der Vorkriegszeit konserviert wurde, verselbständigte sich der Schlager mehr und mehr zur Kleinform eigener Art. Die Einführung des Rundfunks 1923 und seine schnelle Verbreitung in den darauffolgenden Jahren löste den Schlager zunehmend aus den Salons und Theatern der Oberschicht heraus und machte ihn einem breiteren Publikum zugänglich (dagegen sollte man die Wirkung des Mediums Schallplatte in den 20er Jahren nicht zu hoch veranschlagen: Wer besaß schon ein Grammophon?).

Amerikanische Tanz-Rhythmen und Liedformen drängten mit Macht auf den deutschen Schlagermarkt: Cakewalk, Shimmy, Charleston und Foxtrott wurden zu Modeerscheinungen, begeistert aufgegriffen und sofort parodiert. Nonsense-Schlager, oft mit pikant-erotischem Unterton, hatten zwischen Inflation und Weltwirtschaftskrise Konjunktur: *Mein Papagei frißt keine harten Eier, Guck' doch nicht immer nach dem Tango-Geiger hin, Montevideo, Eine Miezekatze hat 'se, Am*

Sonntag will mein Süßer mit mir segeln gehn, Die schöne Adrienne hat eine Hochantenne, Was macht der Maier am Himalaya?, Ich hab das Fräul'n Helen baden sehn, Ich reiß mir eine Wimper aus ...

Man kann sagen, was man will: gefühlsduselig oder dümmlich waren diese Schlager allesamt nicht. Texter wie Charles Amberg, Fritz Rotter, Julius Brammer, Hermann Frey und Fritz Grünbaum, Komponisten wie Fred Raymond, Anton Profes und Walter Kollo schufen aus Elementen von Revue- und Operettenschlager, Kabarett-Song und Jazz-Anklängen eine wirklich originelle, in dieser Ausprägung typisch deutsche Spielart des populären Liedes, deren Entwicklung jedoch durch die Wirtschaftskrise von 1929, die zeitgleich sich durchsetzenden Tonfilm-Operetten (*Die Drei von der Tankstelle*, 1930, *Der Kongreß tanzt*, 1931) und schließlich durch die "Machtergreifung" durch die Nazis gestoppt wurde. Diese kurze Zeitspanne und die relativ wenigen Prachtexemplare der Gattung markieren die "goldene Ära" des deutschen Schlagers!

Freilich trägt der exzentrische Humor dieser Schlager geradezu gespenstische Züge, wenn man sich vergegenwärtigt, daß zu dieser Zeit politische Morde und brauner wie roter Straßenterror an der Tagesordnung waren. In den Zeiten nach dem großen Börsenkrach, als Traumpaare des deutschen Tonfilms wie Lilian Harvey und Willy Fritsch zu Schlagerstars wurden, durfte es musikalisch etwas beschaulicher sein (bezeichnenderweise hatte man zur ebenfalls krisengeschüttelten Inflationszeit 1923 noch recht beschwingt *Wir versaufen unsrer Oma ihr klein Häuschen* getönt.) *Schöner Gigolo, armer Gigolo* (1929) zeugt noch von einer gewissen ironischen Distanz, gerade angesichts der katastrophalen wirtschaftlichen Situation. Aber spätestens mit *Liebling, mein Herz läßt dich grüßen* (1930) näherte man sich stilistisch wieder der Operettentradition.

Das Jahr 1930 brachte auch den Durchbruch eines Stars, der durch den Film *Der blaue Engel* quasi über Nacht weltberühmt wurde: Marlene Dietrich spielte und sang die Friedrich Hollaender-Kompositionen *Ich bin die fesche Lola* und *Ich bin von Kopf bis Fuß auf Liebe eingestellt* mit aufreizend laszivem Charme, versöhnte gleichsam die frivolen mit den sentimentalen Tendenzen im Schlager der "Roaring Twenties" und verhalf diesen zu einem glanzvollen Abgang. Bald hieß es nämlich "Rechts schwenkt, Marsch!"

Davon geht die Welt nicht unter

Dieses Kapitel beginnt mit den legendären Comedian Harmonists, aber es beendet auch gleich zu Anfang das Kapitel "Comedian Harmonists". Denn die Mehrzahl der Gesangskünstler (*Veronika, der Lenz ist da*, 1930) war jüdisch und deshalb nach der Machtergreifung durch die Nazis nicht mehr wohlgelitten im Land und bald auch nicht mehr zu hören.

Fröhlich in die Katastrophe? (1933-1945)

Auf den Index der neuen Machthaber gerieten nicht nur jüdische Interpreten, sondern vor allem auch Komponisten und Texter: Werke von Paul Abraham, Emmerich Kálmán, Leo Fall, Jacques Offenbach, Friedrich Hollaender, Leo Stein und vielen anderen wurden in Deutschland nicht mehr aufgeführt (bei Johann Strauß, der nach der nationalsozialistischen Rassenlehre ebenfalls nicht als "arisch" galt, machten die Nazis eine Ausnahme und beschlagnahmten vorsichtshalber die kompromittierende Eintragung im Wiener Taufregister). Fritz Löhner, unter dem Pseudonym "Beda" der wohl bedeutendste Texter der 20er Jahre, kam im Konzentrationslager Auschwitz um, ebenso wie Leo Falls Bruder Richard, Komponist der Evergreens *Was machst du mit dem Knie, lieber Hans?* und *Wo sind deine Haare, August*; der Nichtjude Erich Knauf, der unter anderem die Texte zu *Mit Musik geht alles besser* und zu dem auch gerade von den Nationalsozialisten geschätzten *Heimat, deine Sterne* verfaßt hatte, wurde vom Volksgerichtshof unter Roland Freisler wegen angeblich wehrkraftzersetzender Äußerungen zum Tode verurteilt und hingerichtet.

Michael Jary (mit Germaine Damar)   *Interfoto*

Es wäre ungerecht, wollte man die Erfolge der Komponisten Werner Bochmann, Lothar Brühne, Franz Grothe, Peter Igelhoff, Michael Jary, Theo Mackeben, Peter Kreuder und Friedrich Schröder, der Texter Bruno Balz und Hans-Fritz Beckmann in erster Linie mit dem Fehlen der jüdischen Konkurrenz erklären; es wäre gleichermaßen töricht, den Genannten offene oder verdeckte

Kollaboration mit dem Nazi-Regime zu unterstellen, zumal einige selbst in Konflikt mit den rigiden kulturpolitischen Vorstellungen der Machthaber gerieten. Aber das jüdische Element, das dem ersten Drittel des Jahrhunderts den eigentlichen Pep gegeben hatte, fehlte nun; das muß man bedenken, wenn man vom Schlager und der deutschen Unterhaltungskunst nach 1933 spricht.

Was die oben genannten Autoren während des hier abgehandelten Zeitraums zuwege brachten, ist gleichwohl beeindruckend. So entstanden die Evergreens *Heimat, deine Sterne* und *Mit Musik geht alles besser* (Bochmann), *Der Wind hat mir ein Lied erzählt* und *Kann denn Liebe Sünde sein?* (Brühne), *So schön wie heut', so müßt' es bleiben* und *In der Nacht ist der Mensch nicht gern alleine* (Grothe), *Der Onkel Doktor hat gesagt, du darfst nicht küssen* und *Wir machen Musik* (Igelhoff), *Davon geht die Welt nicht unter, Das kann doch einen Seemann nicht erschüttern* und *Ich weiß, es wird einmal ein Wunder gescheh'n* (Jary), *Nur nicht aus Liebe weinen* und *Bel ami* (Mackeben) sowie *Ein Glück, daß man sich so verlieben kann* und *Man müßte Klavier spielen können* (Schröder). Nicht nur der Vollständigkeit halber ein paar "Textproben": Balz (*Ich brech' die Herzen der stolzesten Frau'n* und *Auf der Heide blüh'n die letzten Rosen*) und Beckmann (*Ich wollt', ich wär ein Huhn, Ich brauche keine Millionen* und *Goodbye, Jonny*).

Warum gerade dieses runde Dutzend Autoren hier so breiten Raum erhält? Ganz einfach: Diese Leute beherrschten die Schlagerproduktion der 30er und 40er Jahre fast monopolistisch, und das, wie wir gesehen haben, nicht zu deren Schaden. Die Plazierung von Schlagern erfolgte seinerzeit in erster Linie über den Tonfilm (vorher waren die Operette, später die Schallplatte die "Schlagermacher"). Dementsprechend waren die damaligen Schlagerstars in erster Linie Schauspieler: Ilse Werner, Marika Rökk, Rosita Serrano, Zarah Leander, Johannes Heesters, Heinz Rühmann, Hans Albers, Willy Forst...

Peter Igelhoff (mit Gerti Igelhoff)   *Interfoto*

Die Beschränkung auf diese wenigen und über die Zeit hin immer gleichen Namen von Autoren und Interpreten signalisiert noch etwas anderes: Die deutsche Unterhaltungsindustrie war international isoliert. Einflüsse von außen wurden entweder durch ideologietreue Vorzensur abgeblockt oder als "artfremde Elemente" diffamiert und verboten - letzteres betraf nicht nur jüdisches Film- und Musikschaffen. In die Schußlinie der NS-Kulturpolitik gerieten auch der Jazz und die von ihm beeinflußte Unterhaltungsmusik, also etwa Swing-Schlager, daneben auch - ebenfalls als afro-amerikanisch und somit als "rassisch minderwertig" erachtet - lateinamerikanische Musik wie die Rumba.

So konsequent wie es lauthals verkündet wurde ließen sich die Vorschriften der NS-Rassenlehre aber offensichtlich nicht durchsetzen, trotz fortschreitender "Gleichschaltung" von Filmindustrie und Rundfunk. Sei es, daß man einen gewissen Grundbedarf beim Publikum nicht ganz ignorieren konnte und wollte, sei es, daß man den Schlagermachern einen gewissen Spielraum zugestand, um sie bei der Stange zu halten - jedenfalls kamen in einer Reihe von Schlagern und Filmmusiken durchaus Swing-Elemente zum Tragen, nicht zuletzt in den Arrangements des 1942 auf Initiative von Franz Grothe gegründeten "Deutschen Tanz- und Unterhaltungsorchesters", das einen wesentlichen Teil der während des Krieges über Hörfunk verbreiteten Instrumentalmusik einspielte.

Daneben standen natürlich auch Schlager konventioneller Machart, ob operettenselig oder volkstümlich, beim Publikum hoch im Kurs. Stimmungslieder wie die

1938er Hits *Kornblumenblau* oder *Gib acht auf den Jahrgang*, beide von Gerhard Jussenhoven komponiert, sind im Grunde zeitlos und haben mit der von den braunen Kulturwächtern geforderten "völkischen" Identität nichts zu tun. Ebenso lassen sich Soft-Schlager wie *Ich tanze mit dir in den Himmel hinein* (1937), *Ich werde jede Nacht von Ihnen träumen* (1938) oder *O mia bella Napoli* (1939) nicht so ohne weiteres als zeittypische Realitätsflucht charakterisieren, wie es von heutiger Warte aus manchmal geschieht; das Spiel mit der - gegebenenfalls auch exotischen - Illusion ist allen Zeitepochen des Schlagers gemeinsam.

Hans Fritz Beckmann   *Interfoto*

Ein wenig anders sieht es freilich mit einer Reihe von Schlagern aus, die vornehmlich während des Krieges erfolgreich waren, und die heute mit dem Begriff "Durchhalte-Schlager" in ihrer Doppelbödigkeit nur unvollkommen erfaßt sind. Denn zwischen der großmäuligen Macho-Pose von *Das kann doch einen Seemann nicht erschüttern* und dem penetranten "Jetzt-erst-recht!"-Getue bei *Wir werd'n das Kind schon richtig schaukeln* einerseits und dem angesichts der Realität schon verzweifelt fröhlichen *Davon geht die Welt nicht unter* andererseits bestehen handfeste Unterschiede, so daß ein gemeinsamer Oberbegriff unzulässig nivellieren würde. Gerade der letztgenannte Schlager, der auf den ersten Blick einseitig die Kriegsbegeisterung schürte bzw. die Kriegsmüdigkeit dämpfte, trug seine makabre Komponente offen zur Schau, legte gleichermaßen den Finger auf die blutende Wunde wie er ein Menetekel für das herrschende Regime an die Wand malte. Die sarkastischen Untertöne in *Ich weiß, es wird einmal ein Wunder gescheh'n* oder *Es geht alles vorüber* wurden von den Nazis durchaus mit Skepsis registriert. Der resignative Grundzug von *Für eine Nacht voller Seligkeit* paßte sich nahtlos in die Stimmung der Zeit ein, wie kurz vor Kriegsende und im Angesicht der Katastrophe die utopische Szenerie von *Kauf dir einen bunten Luftballon* wie ein Narkotikum verabreicht wurde.

Überhaupt waren die NS-Propagandastrategen, allen voran Goebbels, schlau genug, ihre dumpfen Ziele auf dem Unterhaltungssektor nicht mit dem Holzhammer zu verfolgen. Amüsement und Gefühl statt markigem Hau-Ruck-Optimismus beherrschten auch die während des Krieges populärste Hörfunksendung, das "Wunschkonzert": Allsonntäglich präsentierte der Moderator Hans

Goedecke die erste Garnitur der deutschen Unterhaltungsbranche. Das "Wuko", als "Brücke zwischen Front und Heimat", spiegelte und prägte die musikalischen Präferenzen der deutschen Bevölkerung (daß hier auch zeittypische Soldaten- und Marschlieder wie *Erika* und *O du schöner Westerwald*, die nicht im engeren Sinne zum Schlager zählen, zu häufig gewünschten Titeln gehörten, sei nebenbei festgehalten).

Kein Schlager des Dritten Reichs aber wurde so berühmt wie *Lili Marleen*. Dabei war das Lied, schon 1915 während des ersten Weltkriegs von Hans Leip gedichtet, 1935 in erweiterter Textfassung erstmals vertont und 1938 von Norbert Schultze mit einer neuen Melodie unterlegt, lange Zeit kein Renner. Erst als im August 1941 der Soldatensender Belgrad das Stück allabendlich ausstrahlte - eine Notlösung aufgrund des knappen Tonträgerbestands - trat die Wachtpostenklage ihren Siegeszug buchstäblich um die ganze Welt an. Die Nazis mochten das Lied, das trotz seines soldatischen Sujets eine anti-militaristische Grundtendenz vertritt, übrigens nicht. Sie belegten denn auch die Sängerin Lale Andersen 1942 mit Auftrittsverbot.

Bei allen totalitären Versuchen, die Kultur auf ihre Linie zu zwingen und trotz der Terror-Methoden, die die Nazis dabei anwandten, schafften sie es nicht, Individualität und Kreativität gänzlich zu unterdrücken. Dies läßt sich gerade an einigen Schlagerproduktionen ablesen, die bis heute nichts an Popularität eingebüßt haben. Gleichwohl konnte sich der deutsche Schlager nach dem Ende der Nazi-Diktatur nicht mehr so organisch weiterentwickeln, wie es für vergleichbare Popularmusik anderer Nationen selbstverständlich war.

Also wissen Se, nee

Der erste Hit der Nachkriegszeit war eigentlich ein Produkt der Kriegszeit: Gerhard Winkler und Ralph Maria Siegel hatten den Schlager *Capri-Fischer* bereits 1943 geschrieben und produziert, doch erst 1946 wurde er für Rudi Schuricke zur Erfolgsnummer. In der Zwischenzeit war nicht nur die rote Sonne im Meer versunken, sondern das gesamte Dritte Reich im Abgrund der Geschichte. In der Stunde Null dachte angesichts von Ruinen und drükkender Not keiner an Amüsement und Unterhaltung. Auch waren Organisation und Produktionsstätten der deutschen Musikindustrie weitgehend zerstört. Aber wieder einmal bestätigte sich die alte Erfahrung, daß gerade in schweren Zeiten das Bedürfnis nach Ablenkung besonders groß ist.

Zwischen Chaos und Neubeginn (1945-1952)

Als angeblich kaum einer was zu lachen hatte, lachten alle über die schwangere Frau des Sultans (*Skandal im Harem*, Peter Igelhoff 1946) und den im Boogie Woogie-Rhythmus näselnden Theo Lingen (*Der Theodor im Fußballtor*, 1948). Als die tatsächlichen Träume vornehmlich um ausreichend Nahrung und Wohnraum kreisten, träumte man in den Schlagern bereits - oder wieder - von Capri und der Südsee (*Komm mit mir nach Tahiti*, Undine von Medvey und Peter Rebhuhn 1947). Gleichwohl blieb die Ausgangslage zunächst ungünstig. Der Rundfunk als das entscheidende Medium zur Verbreitung von Schlagern stand zunächst unter der Kontrolle der alliierten Siegermächte, denen an der Förderung der deutschen Schlagerindustrie naturgemäß nichts lag. Und aus Übersee importierte Erfolgsmelodien standen nach den Jahren der unfreiwilligen Isolation bei einem wesentlichen Teil des

Ralph Maria Siegel   *ringpress*

Publikums in höherem Ansehen als die althergebrachten, teilweise auch durch die NS-Propaganda-Maschinerie korrumpierten Traditionsmuster. Wie in fast allen anderen Epochen offenbaren auch die Schlagertexte der unmittelbaren Nachkriegszeit zwei grundsätzlich unterschiedliche Tendenzen: Während ein Teil der Texte die politische Situation und das gesellschaftliche Klima gezielt erfaßte und reflektierte, setzte eine nicht unerhebliche Zahl von Schlagerproduktionen bewußt auf die Negation der Realität und die Flucht aus ihr. Speziell für die Schlager des

zweiten Typs entstand Ende der 40er Jahre die volkstümliche Bezeichnung "Schnulze".

Den zeitgenössischen Problemen näherte sich der
Schlager von zwei Seiten. Die Krisen des Alltags - wirtschaftliche Not, unsichere Zukunftsperspektiven, politische Entmündigung und organisatorische Provisorien -
wurden durch selbstironische, in der Regel aber jedenfalls
humoristische Aufarbeitung heruntergespielt (*Also wissen
Se, nee*, Bully Buhlan und *Trizonesien-Song*, Karl Berbuer,
beide 1948). Dagegen ließen die Tragik der ostdeutschen
Heimatvertriebenen und das vielfach noch ungewisse
Schicksal der Kriegsgefangenen diese gleichsam
kabarettistische Distanz nicht zu. Magda Hain (die auch die
ursprüngliche Interpretin der Capri-Fischer war) hatte das
Lied *Möwe, du fliegst in die Heimat* schon 1943 aufgenommen; die Neuveröffentlichung im Jahr 1946 traf den
Zeitgeist an einer sensiblen Stelle, und der Erfolg war
garantiert. Überhaupt erfreute sich die Projektion des
Heimat-Themenkreises auf das vordergründig unverfäng-
liche Gebiet der Seemannsromantik großer Beliebtheit
(*Auch Matrosen haben eine Heimat*, Gustav Neidlinger
1949). Konkrete landsmannschaftliche Bezugnahmen wie
bei der *Egerländer Polka* von 1952 blieben im engeren
Rahmen des Schlagers selten. Rudi Schurickes *Auf
Wiedersehn* wurde 1949/50 vor dem Hintergrund der
zurückliegenden, aber noch nachwirkenden Kriegsereig-
nisse zu einem vollen Erfolg, der sich sogar international
fortsetzte. Die Währungsreform vom 21. Juni 1948 brachte zwar ein erweitertes Warenangebot in die Schaufenster
und Regale, aber "Otto Normalverbraucher" (die
Personifikation dieser Zeit schlechthin) war nach wie vor
finanziell nicht in der Lage, zuzugreifen - eine allgemeine

Erfahrung, die Jupp Schmitz im Schlager *Wer soll das bezahlen* 1949 erfolgreich ummünzte.

Die sowjetische Besatzungsmacht im Osten antwortete auf die Währungsreform im Westen mit der sogenannten Berlin-Blockade, die die abgeriegelten West-Sektoren der Stadt zwischen dem 24. Juni 1948 und dem 12. Mai 1949 von der Versorgung durch die alliierte Luftbrücke abhängig machte. Die Schlagermacher beantworteten ihrerseits die sowjetische Provokation durch Solidaritätsadressen, die auch über die Zeit der eigentlichen Blockade hinaus Bestand hatten (*Heimweh nach dem Kurfürstendamm*, Die 3 Travellers, und *Berlin bleibt doch Berlin*, Bruno Fritz, beide 1949; *Ich hab' noch einen Koffer in Berlin*, Bully Buhlan 1951).

Unter den Schlagerproduktionen, die die konkrete Bezugnahme auf die Alltagssituation vermieden, rangierte der Themenkreis "Fernweh" an erster Stelle. In der Ferne lag immer das erträumte Paradies, die in der Heimat verlorengegangene Idylle. Die tatsächlich angesprochenen geographischen Punkte spielten in diesem Zusammenhang keine Rolle: Ob humorig oder sentimental verpackt, ob italienische Hafenstadt oder Südseeinsel - alles wirkte gleichermaßen exotisch, die Reiseziele blieben ohnehin für die meisten unerreichbar (*Ich fahr mit meiner Lisa*, Jupp Schmitz 1949; *Nimm mich mit, Kapitän, auf die Reise*, Will Höhne 1950; *Rote Rosen, rote Lippen, roter Wein*, René Carol 1952). Eine besondere Sparte innerhalb des Fernweh-Schlagers widmete sich dem Western-Genre: eine unmittelbare Reaktion auf das Musik- und Spielfilmangebot, das die führende Siegermacht verstärkt über den großen Teich schickte (*Wenn ich will, stiehlt der*

Bill für mich Pferde, Vera Molnar, und *Leise rauscht es am Missouri*, Bruce Low, beide 1950).

Die Schlager des letztgenannten Typs lehnten sich auch in musikalischer Hinsicht an die via AFN in Deutschland verbreiteten amerikanischen Vorbilder an. Ansonsten kannte die stilistische Vielfalt kaum Grenzen: Nach der Zeit staatlich verordneter Volks- und Deutschtümelei wurden internationale - darunter vor allem nordamerikanische - Modetänze und Rhythmen begeistert kopiert. Entgegen einem verbreiteten Vorurteil war es gar nicht "der" Jazz, der unmittelbar nach dem Krieg als musikalische Chiffre für alles Amerikanische galt. Der letzte Schrei (in den USA allerdings schon ein alter Hut) hieß vielmehr Boogie Woogie - eine besonders motorische Mischung aus Swing, Blues und afroamerikanischer Tanzmusik. Der Boogie Woogie nahm in rhythmischer und melodischer Hinsicht wesentliche Elemente des Rock 'n' Roll vorweg. Und möglicherweise wippten dieselben Leute, die sich fünf Jahre später über Elvis Presley entrüsteten, anfangs der 50er Jahre zu dem von Michael Jary komponierten Mäcki-Boogie mit dem Fuß (*Mäcki-Boogie*, Evelyn Künneke, auch Rita Paul und Bully Buhlan, beide Versionen 1952; Dob's Boogie, Orchester Werner Müller 1951); in diesem Zusammenhang sei erwähnt, daß die bei der Kriegs- und Nachkriegsgeneration wohl populärste amerikanische Bigband-Melodie, nämlich Glenn Millers *In the Mood*, ebenfalls auf dem Boogie Woogie basiert. Die frivolen Schlager, die Evelyn Künneke um 1950 zumeist mit Michael Jary produzierte, lehnten sich in Komposition und Arrangement häufig stark an amerikanische Swing-Vorbilder, zuweilen auch an afro-kubanische Tanzmusik an. Die brasilianische Samba avancierte in Europa zum

Modetanz der ausgehenden 40er Jahre und wurde auch prompt ins Schlagerrepertoire aufgenommen (*Am Zuckerhut*, Danielle Mac 1949).

Daneben behauptete sich natürlich auch die alte Welle im Neuaufguß: Der klassische Tango-Serenaden-Stil wurde ebenso treuherzig praktiziert (*Der alte Seemann kann nachts nicht schlafen*, Liselotte Malkowsky 1951) wie augenzwinkernd parodiert (*Egon*, Friedel Hensch & die Cyprys 1952). Und der gute alte Slowfox feierte in modischer Barbesetzung ebenso Auferstehung wie die Marschpolka *(Ich hab' mich so an dich gewöhnt*, Bully Buhlan 1951 bzw. *Schützenliesel*, Fred Rauch 1952). Überhaupt hatte es Bully Buhlan schon 1949 gewußt: *Wir tanzen wieder Polka!* Die optimistische Grundstimmung dieses Liedes artikulierte keinesfalls nur die Freude über die Renaissance des Zweiviertel-Takts, sondern ein ganzes Zeitgefühl: Die Erleichterung, noch einmal davongekommen zu sein, paarte sich mit dem Bewußtsein, daß es aufwärts ging. Noch eben machte sich Renée Franke 1950 mit *Ach, du liebe Zeit* über Pessimismus und Fatalismus lustig, da stellte Friedel Hensch 1951 lapidar fest: *Kinder, ist das Leben schön*. Was jetzt kam, nannte man schon bald "Wirtschaftswunder". Aber das ist ein Kapitel für sich.

Komm ein bißchen mit nach Italien

Jeder kennt Caterina Valente, Peter Alexander und Freddy Quinn. Man kennt auch Margot Eskens, das Hazy Osterwald-Sextett und Peter Kraus. Außerdem Bully Buhlan, Gerhard Wendland, Bill Ramsey und und und... Kennt man auch ihre Lieder? Gewiß, zwei oder drei Hits und Evergreens fallen einem zu jedem ein (zu einer Anzahl weiterer Interpreten natürlich auch!), aber die zig anderen Erfolgstitel von damals sind - ganz im Gegensatz zu ihren Interpreten - heutzutage vergessen oder werden jedenfalls keiner der oben genannten Herrschaften mehr eindeutig zugeordnet.

Wirtschafts-wunder, Heimweh und Petticoats (1953-1962)

Die 50er Jahre brachten dem deutschen Schlager eine neue Marketing-Strategie, und die war amerikanisch. Künftig hieß es "It's the singer, not the song", also: nicht die Qualität des Liedes, sondern die Akzeptanz des Sängers entscheidet über den Erfolg. In der Praxis bedeutete das: Sobald ein Interpret als Star etabliert war, spielte es keine Rolle mehr, was er von sich gab. Zugegeben, das alles ist etwas überspitzt dargestellt und liegt im Einzelfall auch einmal daneben. Aber im großen und ganzen trifft es schon zu (Sie glauben das nicht? Dann singen Sie doch mal aus dem Stand den 1955er Hit *Sing, Baby, sing* vor, den Caterina Valente und Peter Alexander im Duett ein-spielten. Der Song stammte übrigens von Heinz Gietz und Kurt Feltz, die in den 50er Jahren zur allerersten Garde der Schlagerproduzenten zählten.).

Die Sache hing mit dem Siegeszug der Schallplatte zusammen. Früher wurde ein Lied zum Hit, weil es ankam.

Seine Verbreitung erfolgte über Tanzkapellen (die es jeweils individuell interpretierten) und über die Notenausgaben (die der Käufer am heimischen Klavier individuell umsetzte). Das "Original" spielte keine Rolle, allenfalls konnte ein Filmschauspieler aufgrund seiner Prominenz das Interesse für die eine oder andere von ihm nebenbei dahergesungene Nummer wecken. In den 50er Jahren - und noch Jahrzehnte danach - lief es umgekehrt: Wer als Sänger für Hits garantierte, konnte sein meist dürftiges schauspielerisches Talent bald darauf in Filmmusicals demonstrieren.

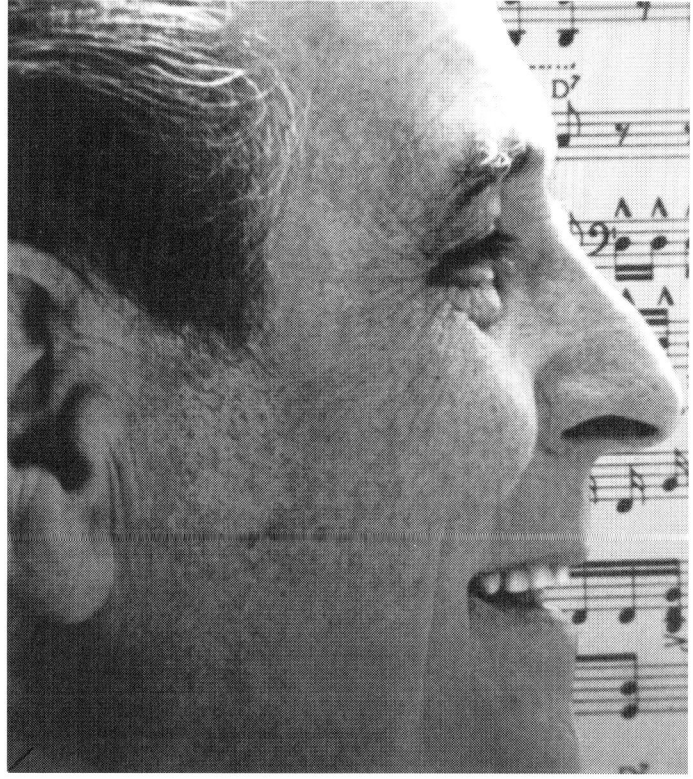

Lotar Olias   *Venus e.V.*

Ein Schlager wurde allein zum Hit, weil er von Freddy Quinn gesungen wurde. Freddy erzielte in den 50er und 60er Jahren erstaunlich viele Hits (davon etliche von Lotar Olias geschrieben), von denen es allerdings nur wenige zum Evergreen schafften - z.B. *Heimweh,* 1956; *Heimatlos,* 1957; *Die Gitarre und das Meer,* 1959; *Junge, komm bald wieder,* 1962. Verglichen mit den Evergreens früherer Jahrzehnte klangen selbst diese Highlights untereinander ziemlich ähnlich, was um so mehr auf die heute weniger bekannten Nummern Freddy Quinns zutrifft. Der Erfolg dürfte sich allerdings in erster Linie auf die Texte, mittelbar auch auf das sorgsam gepflegte Image des Interpreten zurückführen lassen. Welches Bild wäre romantischer, als das des jungen, von Heimweh geplagten Seemanns, zumal der Durchschnittshörer so selten mit jungen, heimwehgeplagten Seeleuten in Berührung kam. Jung und heimwehgeplagt war man allerdings vielfach selbst im noch nicht allzu weit zurückliegenden Krieg gewesen, weshalb man Freddys Gefühlsausbrüchen mit Verständnis begegnete. Heim- wie Fernweh waren im Schlager der 50er freilich Jacke wie Hose, beides ließ sich optimal im Idealtyp des Seemanns vereinen, den es an Land in die Ferne zieht und auf See zurück in die Heimat. Nimmt man sich die einschlägigen Lieder der 50er Jahre einmal vor, könnte man den Eindruck gewinnen, als sei die halbe damalige Menschheit an fremde Gestade verschlagen gewesen und als sei früher - d.h. vor den 50er Jahren - alles besser gewesen. Nicht übersehen darf man in diesem Zusammenhang allerdings die psychologische Situation der zahlreichen Heimatvertriebenen. Aber die Beschwörung von Heimweh und Heimat in den Schlagertexten ging oft mit einer Verklärung der Vergangenheit einher, der die realen Lebensbedingungen nicht entsprochen hatten.

Erfolgreiche und typische, dabei nicht einmal durchweg sentimentale Vertreter der Abteilung "Heimweh" im Großsortiment "Schlager der 50er" waren unter anderen: *Soviel Wind und keine Segel*, Bruce Low 1953; *Oh, Mr. Swoboda*, Fred Rauch 1954; *Wo meine Sonne scheint*, Caterina Valente 1957; *Endlos sind die Straßen*, Die Teddies 1958; *Kein Land kann schöner sein*, René Carol, und *Seemann, deine Heimat ist das Meer*, Lolita, beide 1960. Des Fernwehs nahmen sich romantisch oder touristisch, auf jeden Fall aber erfolgreich an: Maria Andergast und Hans Lang (*Du bist die Rose vom Wörthersee*, 1953), Mieke Telkamp (*Tulpen aus Amsterdam*, 1956), die Geschwister Fahrenberger (*Das Echo vom Königssee*, 1956), Rudi Schuricke (*Moulin Rouge*, 1954), Margot Eskens (*Tiritomba*, 1956) und Caterina Valente (*Ganz Paris träumt von der Liebe*, 1955, und *Steig in das Traumboot der Liebe*, 1956).

Eine Subspezies des Fernwehschlagers widmete sich dem Reiseziel Italien, wozu die Deutschen seit den Zeiten Goethes ein besonderes Sehnsuchtsverhältnis entwickelt hatten (Capri-Fischer!). Der entscheidende Unterschied zu früher war der: Durch den allmählich steigenden Wohlstand breiter Bevölkerungsschichten rückte das Traumland südlich der Alpen erstmals in Reichweite. Und der frischgebackene Italien-Tourist wollte sein Idealbild nicht durch neorealistische Filme wie "Fahrraddiebe" (Vittorio de Sica 1948) zerstört sehen, sondern rechnete auf Unterstützung seitens der Schlagermacher, die ihm ja auch zuteil wurde. So lockten Caterina Valente, Silvio Francesco und Peter Alexander 1956 im Verbund *Komm ein bißchen mit nach Italien*, während Peter Alexander als

Solist diverse Bambinas besang und von *Mandolinen und Mondschein* (1959) schwärmte.

Zeitreflexion fand selten Eingang in die Schlagertexte der Wirtschaftswunderzeit. Meist machten sie - entsprechend dem Zeitgefühl - auf Optimismus (*Es wird ja alles wieder gut*, Detlev Lais 1953; *Es liegt was in der Luft*, Mona Baptiste und Bully Buhlan 1954; *Morgen*, Ivo Robic 1959). Zeitkritik gar, auch in liebenswürdig-ironischer Form, blieb auf dem Schlagersektor die absolute Ausnahme (*Konjunktur-Cha-Cha*, Hazy Osterwald-Sextett 1961).

Und der Rock'n'Roll? Klar, es gab Conny Froboess (*Diana*, 1958), Peter Kraus (*Sugar Baby*, 1959), Ted Herold (*Moonlight*, 1960) und Connie Francis (*Schöner fremder Mann,* 1961). Aber das war eine Masche, keine Bewegung. Wer wirklich auf Jerry Lee Lewis und Little Richard stand - in Deutschland war das ohnehin nur eine verschwindene Minderheit -, konnte mit diesen Teenager-Schlagern nicht viel anfangen. Die deutschen Rock'n'Roll-Epigonen brachten der Schlagerszene nicht den Blues, sondern die Erkenntnis, daß die Teenager innerhalb der Zielgruppe "Schlagerfreunde" ein inzwischen marktbeherrschendes Käuferpotential für Schallplatten darstellten. Für Schlagermacher, die das ignorierten, brachen bald schwere Zeiten an.

Werner Scharfenberger *Interfoto*

Marmor, Stein und Eisen bricht

Wer sich in den 60er Jahren in Deutschland für populäre Musik interessierte, hatte die Wahl: Für oder gegen die Beatles, die Jugend, den Rhythmus, den Zeitgeist? Für oder gegen Peter Alexander, die Tradition, die Gemütlichkeit, die Ordnung? Die Schlagermacher hielten sich raus, bedienten beide Erwartungshaltungen und sorgten dafür, daß der Mittelweg in kommerzieller Hinsicht golden blieb.

Wie hast Du's mit dem Beat? (1963-1969)

Nicht Elvis Presley und der Rock'n'Roll lösten hierzulande den Bruch zwischen den Generationen aus, sondern die vier Pilzköpfe aus Liverpool, die nicht nur einen neuen Musikstil, sondern ein neues Lebensgefühl verkörperten. Zwei Zentimeter Haarlänge bewirkten kulturell und gesellschaftlich mehr als verzerrte Gitarren und trockene Beats. Die Sache war halt: Die Beatles hatten Charme und Humor und waren deshalb nicht zu stoppen. Komponisten und Produzenten wie Christian Bruhn, Werner Scharfenberger und Henry Mayer erkannten das ziemlich bald und sprangen auf den Zug auf. Andere wußten, daß die Beatlemanie eine Gegenbewegung auslösen mußte, und reagierten entsprechend. So stand auf der einen Seite Drafi Deutscher, auf der anderen Seite Roy Black; Peggy March bewegte sich irgendwo dazwischen.

Typisch für die 60er Jahre waren die Gleichzeitigkeit von Gegensätzen und das retrospektive Gefühl, daß doch alles irgendwie zusammengehörte. "Maßhalten!" predigte Bundeskanzler Ludwig Erhard in Deutschland, die Beatles lösten eine weltweite Massenhysterie aus, Martin Luther

King kämpfte gewaltfrei für die Gleichberechtigung der schwarzen Bevölkerung in den Vereinigten Staaten, Siw Malmkvist wußte *Liebeskummer lohnt sich nicht* (1964) und Drafi Deutscher rockte mit *Marmor, Stein und Eisen bricht* 1965 einen Klassiker des deutschsprachigen Beat in die Charts. Die Amerikaner verstärkten ihr militärisches Engagement in Vietnam, in San Francisco formierte sich die Hippie-Subkultur, die NASA schoß Raketen zum Mond, Roy Black kam *Ganz in Weiß* (1965), und Udo Jürgens goß 1967 mit *Immer wieder geht die Sonne auf* Öl auf die allmählich höher gehenden Wogen.

Es fielen die Schüsse auf John F. Kennedy, dann auf Martin Luther King, dann auf Rudi Dutschke, dann auf Robert Kennedy. Sowjetische Panzer walzten den Prager Frühling nieder, der Jazz tändelte zwischen Bossa Nova-Charme und Free Jazz-Eruptionen hin und her, Papst Paul VI. verbot die Pille, Peter Handke hatte Erfolg mit Theaterstücken ohne Handlung, die deutsche Filmindustrie mit nur in letzterer Hinsicht vergleichbaren Paukerfilmen. Währenddessen sangen die Nilsen Brothers *Aber dich gibt's nur einmal für mich* (1965), Wencke Myhre warnte *Beiß' nicht gleich in jeden Apfel* (1966), und Dorthe setzte im Schicksalsjahr 1968 mit *Wärst du doch in Düsseldorf geblieben* einen ironischen Schlußpunkt hinter die Wildwest-Begeisterung des deutschen Schlagers.

Gab es also keine zeitkritischen und zeittypischen Reflexionen im Schlager der 60er Jahre? Doch, gab es. Aber wenn sich Wencke Myhre 1968 ein *Flower Power Kleid* überstreifte oder Peggy March sich 1969 *In der Carnaby Street* umsah, war deutlich zu spüren, daß der Schlager eben das verniedlichte und sich dem anbiederte, wovor er im Grunde am meisten Angst hatte. Tatsächlich hatte er gegenüber der angloamerikanischen Konkurrenz in punkto Beliebtheit und Umsatz gewaltig an Boden verloren, und wenn man die gerade in den 60ern sehr hohe Zahl an deutschsprachigen Coverversionen internationaler Erfolgstitel von originär deutschen Produktionen abzieht, fällt die Bilanz noch ungünstiger aus. Der bei einer eher konservativen Klientel über Jahrzehnte hinweg ungebrochen beliebte Peter Alexander feierte seine herausragenden Erfolge der späten 60er (*Delilah, Der letzte Walzer, Komm und bedien dich*, alle 1968) als Trittbrettfahrer der Welthits von Tom Jones und Engelbert.

Im Gegenzug verdankten einige ausländische Interpreten ihren Erfolg dem exotischen Akzent und dem damit verbundenen mondänen Flair (Paul Anka: *Zwei Mädchen aus Germany*, 1964; Peggy March: *Memories of Heidelberg*, 1967; Graham Bonney: *Neunundneunzig Komma neun Prozent*, 1968). Der anglophile - und somit modische - Charakter derartiger Produkte wurde vielfach durch ein merkwürdiges deutsch-englisches Kauderwelsch der Texte unterstrichen. Aber auch französische, italienische oder skandinavische Anklänge erwiesen sich unter Umständen als erfolgversprechend (Mireille Mathieu: *Hinter den Kulissen von Paris*, 1969; Rita Pavone: *Arrivederci Hans*, 1968; Kirsti: *Ein Student aus Uppsala*, 1969). Ausländische Textpartikel kamen auch ohne Akzent gut an, etwa bei Udo Jürgens mit *Merci Cheri* (1966) oder Drafi Deutscher bei *Keep smiling* und *Shake hands* (beide 1964) - Hauptsache, es klang nach Jugend und Beat statt nach Fernweh und Schnulze.

Wer letztere bevorzugte, kam in den 60er Jahren

durchaus auf seine Kosten, ob mit Beat (*Monja,* Roland W. 1967) oder ohne (*Das Mädchen Carina,* Roy Black 1969). Manche Interpreten waren sogar in beiden Genres gleichermaßen erfolgreich, zum Beispiel Manuela oder Peggy March.

Die 60er Jahre bedeuten für den deutschen Schlager gleichermaßen Fortsetzung wie Wendepunkt. Textlich und gedanklich eher traditionsorientiert, musikalisch eher nach vorne schauend, wird der Schlager allmählich zum Objekt für ein - auch generationsbedingt definiertes - Spezialpublikum. Die Entscheidung für oder gegen den Schlager wird angesichts der Alternative Pop erstmals bewußt getroffen - und erstmals arbeitet die Zeit gegen den Schlager. Doch selbst aus der Defensive heraus brachte der Schlager der 60er Jahre ebensoviele Evergreens hervor wie die vergleichsweise "goldenen" 50er Jahre. Ist das etwa nichts?

Wunder gibt es immer wieder

Die politische und kulturelle Aufbruchstimmung am Ende der 60er Jahre mündete in einen allgemeinen Wertewandel, der auch den deutschen Schlager nicht unberührt ließ. Zu einer Zeit, da die Studenten weltweit gegen überkommene Gesellschaftsstrukturen auf die Straße gingen und die Blumenkinder von universeller Liebe und friedlicher Revolution träumten, schien die Uhr für den Schlager abgelaufen zu sein. Doch wieder einmal paßte er sich der veränderten Situation an und wurde beim Publikum erfolgreicher denn je.

Das silberne Zeitalter des deutschen Schlagers (1970-1981)

Neue Interpreten mit neuen Liedern betraten die Szene: Lange Haare und Blumenkleider wurden im deutschen Schlager ebenso hoffähig wie elektrische Gitarren und poppige Hammond-Orgeln. Auch im Bereich der Texte tat sich einiges. Nicht, daß Opas Schlager völlig out gewesen wäre - Träume von der Südsee und weißen Brautkleidern fanden durchaus noch ihre Liebhaber. Aber die Stimmungslage der Deutschen hatte sich verändert, und das konnte nicht ohne Auswirkung auf die Inhalte der Schlagertexte bleiben.

Zwar wagte sich die junge Garde der Texter nicht gleich an den Krieg in Vietnam oder den Umsturz des kapitalistischen Systems heran (dafür gab es die parallel entstandene Liedermacher-Szene), aber die Sprache des Schlagers wurde persönlicher und klammerte politische und soziale Themen nicht mehr grundsätzlich aus. Gleichwohl setzte der Schlager einen heiteren und gefühlvollen

Kontrapunkt zu den ideologischen Spannungen dieser Zeit. Freilich gab es d e n neuen deutschen Schlager sowenig wie in den Epochen davor und danach: Die unkomplizierte Fröhlichkeit eines Chris Roberts konnte neben den eindringlichen, sich dem Chanson annähernden Interpretationen Katja Ebsteins ebenso bestehen wie der unbekümmerte Optimismus von Jürgen Marcus neben der Nachdenklichkeit eines Reinhard Mey.

Bleiben wir zunächst bei den Texten. Die beherrschenden Themen der frühen 70er waren die politische Öffnung nach links und die sogenannte sexuelle Revolution. Vor allem letztere überschnitt sich mit dem Schlagerthema Nr. 1 - nämlich der Liebe. Von einigen verwegenen Ausnahmen der wilden 20er Jahre abgesehen, konnten sich nämlich Generationen von Schlagertextern mit blumigen Umschreibungen und romantischen Andeutungen aus der Affäre ziehen. Aber nach Kolle und Pille ging das nicht mehr so ohne weiteres. Texter wie Fred Jay oder Michael Kunze stellten sich dieser Herausforderung.

Was vorher undenkbar war, rückte nun in die Charts: Das Zusammenleben von Unverheirateten beispielsweise wurde nicht nur toleriert, sondern propagiert (*In den Augen der anderen*, Christian Anders 1973, und *Ein ehrenwertes Haus*, Udo Jürgens 1975). Und Gunter Gabriels Angebot *Komm unter meine Decke* von 1975 nahm sich gegen Gillas im selben Jahr vorgebrachte Aufforderung *Tu es!* noch vergleichsweise dezent aus.

Alle diese Schlager signalisierten eine bewußte Abkehr von gesellschaftlichen Konventionen und traditionellen Moralvorstellungen. Dagegen standen Emanzipation und Selbstverwirklichung - Begriffe, die damals zu Modewörtern wurden. Und weil wir einmal dabei sind, zitieren wir noch ein zeittypisches Schlagwort, nämlich die hier zutage tretende "politische Dimension". Wenn Michael Holm 1970 *Barfuß im Regen* tanzte, dachte wohl niemand an die klassische "Darf ich bitten?"-Situation früherer Zeiten, sondern eher an die fast allabendlichen Fernsehbilder von mehr oder weniger begeistert demonstrierenden Studenten im Strahl polizeilicher Wasserwerfer. Weniger optimistisch, dafür mit zeitgemäß erhobenem Zeigefinger, artikulierte Udo Jürgens 1971 mit *Lieb' Vaterland* gesellschaftliches Problembewußtsein und vergraulte damit seine konservative Anhängerschaft, ohne dafür von den linksintellektuellen Meinungsführern als einer der ihren akzeptiert zu werden. In diesen Genuß kamen noch viel weniger Katja Ebstein, die 1971 *Diese Welt* als gefährdeten und schützenswerten Lebensraum besang, oder Peter Maffay, dessen Hymne *Frieden* 1972 schlicht zehn Jahre zu früh erklang.

Wohlgemerkt: Nicht alle Schlager der frühen 70er Jahre gaben sich emanzipatorisch. In der ZDF-Hitparade (von der noch die Rede sein wird) wurde 1972 Rex Gildo mit seiner *Fiesta Mexicana* ebenso frenetisch beklatscht wie Heino mit *Blau blüht der Enzian* - und beide waren im oben genannten Sinne weder politisch noch avantgardistisch. Schwankte Katja Ebstein 1970 noch in *Und wenn ein neuer Tag erwacht* zwischen unerfüllter Sinnsuche und hoffnungsvollem Aufbruch zu neuen Ufern, begab sie sich nur vier Jahre später mit *Es war einmal ein Jäger* in ein ausgesprochen volkstümliches Umfeld - und kaum ein Fan empfand dies als Bruch. Gerade die Gleichzeitigkeit der verschiedenen Strömungen unterstrich, daß der neue

Schlagertyp nicht als kurzfristige Modeerscheinung, sondern als grundlegende Trendwende mit Langzeitwirkung zu werten war.

Nicht außer Acht lassen darf man in diesem Zusammenhang zwei zeitgleiche Entwicklungstendenzen, die sich beide als Kontrastprogramm zum deutschen Schlager verstanden und doch vielleicht gerade deshalb entscheidenden Einfluß auf ihn ausübten.

Da war zum einen die schon seit den späten 60er Jahren aktive Liedermacher-Szene, die in der Nachfolge amerikanischer Folk-Barden und sogenannter Singer/ Songwriter persönliche Erfahrungen und gesellschaftliches Engagement für ein vorwiegend politisch bewußtes und sozialkritisches Publikum verarbeitete. Da sich die meisten Liedermacher ein betont antikommerzielles Image gaben - oft unterstützt durch eine äußerst sparsame musikalische Begleitung - kamen Überschneidungen mit dem Schlagerbereich zunächst sehr selten vor. Ausnahmen bestätigen auch hier die Regel: etwa Peter Horton, der auch als virtuoser Gitarrist überzeugte, und - allen voran - Reinhard Mey, der sich zwischen alle Stühle setzte und es trotzdem allen recht machte.

Beeinflußte das Vorbild der Liedermacher den Schlager vor allem durch den individuellen Anspruch der Texte und die gesellschaftliche Relevanz der Inhalte, wehte noch aus einer anderen Ecke frischer Wind. Stichwort: Udo Lindenberg und mit und nach ihm die deutschsprachige Rockmusik. Mit Ausnahme der - allerdings auf ein ganz spezielles Publikum abzielenden - Politrockgruppen fand bis 1972 eine Verbindung von Rockmusik und deutschen

Texten nicht statt. Um so nachhaltiger wirkte der Paukenschlag, mit dem Udo Lindenberg seinerzeit die Szene betrat. Lindenberg artikulierte in schnoddriger Umgangssprache alltägliche (und deshalb nachvollziehbare) Empfindungen, Träume und Erlebnisse, kombinierte Sentimentalität mit Selbstironie und entschärfte schnulzenträchtige Standardsituationen, die er durchaus auch aufgriff, durch Witz und Direktheit. Wenngleich Lindenberg mit seinem brüchigen Gesangsstil und der rockigen musikalischen Verpackung für den durchschnittlichen Schlagerhörer inakzeptabel blieb, wirkte seine Art, die Dinge beim Vornamen zu nennen, spätestens seit Mitte der 70er Jahre nicht nur für Deutschrocker, sondern auch für Schlagertexter richtungsweisend.

Der Einfluß des Rock beschränkte sich keineswegs auf die Texte. Fast noch stärker - und vor allem früher - machte er sich bei der Musik bemerkbar. Und anders als bei den Beat-Schlagern der 60er Jahre wurden Rock- und Pop-Elemente nicht nur zu koloristischen Effekten (Jugendlichkeit, Ausgelassenheit) benutzt, sondern zur Steigerung von Intensität und Ausdruck. Was Komponisten wie Giorgio Moroder, Joachim Heider oder Christian Bruhn um und nach 1970 schrieben, waren eindeutig Schlager für das breite Schlagerpublikum - aber das hatte mittlerweile die Beatles akzeptiert. Dieser Tatsache trugen die Produzenten Rechnung.

Rockelemente veränderten Arrangement, Struktur und Vortragsart des Schlagers. Statt Streichorchester oder Bigband musizierten nun überwiegend kleinere Formationen mit stärker akzentuiertem Schlagzeug. Statt Tango, Walzer und Foxtrott wurden nun Beat- und Rock-

Christian Bruhn ####

Spielmuster - wenn auch in geglätteter Form - zur rhythmischen Basis des Schlagers. In Katja Ebsteins *Wunder gibt es immer wieder* von 1970 tauchte beispielsweise eine charakteristische Begleitfigur der Soul-Music auf. Schon 1969 phrasierte Christian Anders bei *Geh nicht vorbei* in einem ähnlichen stilistischen Umfeld, und Peter Maffay legte 1972 mit *Angela* einen ins Schlageridiom übertragenen Nachzügler der psychedelischen Rockmusik der Endsechziger vor. Howard Carpendale, dessen Karriere noch mit Mitklatsch-Beat in der Nachfolge von Graham Bonney und Chris Andrews begonnen hatte (*Das schöne Mädchen von Seite 1*, 1970), entwickelte seinen Personalstil seit Mitte der 70er Jahre auf der Grundlage des melodiebetonten Soft-Rock amerikanischer Prägung.

Auch hier die Gegenprobe: Tony Marshall marschierte (im wahrsten Sinne des Wortes) 1970 mit *Schöne Maid* an allen modischen Poptrends vorbei an die Spitze der Hitparaden, Peter Alexander schunkelte 1976 *Die kleine Kneipe* an dieselbe Position, und Nico Haak steppte fast gleichzeitig mit *Schmidtchen Schleicher* gar in die Charleston-Ära zurück - drei Supererfolge der 70er Jahre, die dem musikalischen (wie auch textlichen) Zeitgeist die kalte Schulter zeigten. Ganz nebenbei deutete der Erfolg von Karel Gotts *Babicka* bereits 1978 an, welches Erfolgspotential am anderen Ende des musikalischen Spektrums schlummerte.

Seit 1969 gab es ein Forum, das die experimentierfreudigen und konservativen Tendenzen des deutschen Schlagers kaleidoskopartig verschränkte, Freunde beider Strömungen einträchtig vor den Fernsehschirmen vereinte und darüber hinaus dem Schlager eine bis dahin ungekannte Publizität verschaffte: Die Rede ist von der ZDF-Hitparade, die unter der Ägide des Schlager-Propagandisten Dieter Thomas Heck dem deutschen Showbusiness der 70er Jahre als Schaufenster und Barometer diente.

Die Hitparade wurde zum monatlichen Ritual einer Fernsehgemeinde, die den Schlager nicht länger nur als Beigabe zu Unterhaltungsfilmen oder Show-Veranstaltungen konsumieren wollte, sondern in geballter Form pur. Neue Stars wurden hier gemacht, "alte Hasen" mußten sich der Konkurrenz stellen, Trends deuteten sich an, wurden stärker und verebbten wieder. Unabhängig davon blieb die ZDF-Hitparade lange Zeit in ihrer Grundform erhalten, definierte im Zweifelsfall den Begriff Schlager und steckte die Grenzen nach den Seiten hin ab. Trotzdem kam die eigentlich neue Entwicklung nicht aus der Schlager-Szene selbst, sondern von außen. Was 1982 über die ZDF-Hitparade und die sonstigen deutschen Charts hereinbrach, glich einer Lawine, die Stars und Erfolgsmuster von gestern gleich massenweise in den Abgrund riß: Die Neue Deutsche Welle gab jetzt den Takt vor, und (fast) alle tanzten mit.

Fred Jay   *Meisel*

Nur geträumt

Gezeiten-
wechsel: Die
Neue Deut-
sche Welle
(1982/83)

Sie ging so schnell wie sie gekommen war und hinterließ wenig Bleibendes. Aber während ihrer kurzen Blütezeit versetzte sie dem guten alten deutschen Schlager derart schmerzhafte Hiebe, daß er sich anschließend nicht mehr vollständig erholte: Als der Schlager sozusagen auf der Couch ein Nickerchen machte, nahm die Neue Deutsche Welle unversehens auf dem Chefsessel Platz und führte die Geschäfte.

Dabei lief beileibe nicht alles, was das Etikett "NDW" trug, vom selben Band. Was um 1980 Gruppen wie Fehlfarben, DAF oder die Krupps spielten und sangen, hatte mit dem Schlager so gut wie keine Berührungspunkte und konnte deshalb von ihm ebenso ignoriert werden wie etwa Heavy Metal Rock. Neue Deutsche Welle? Das war New Wave, Untergrund-Musik in der Nachfolge der englischen Punk-Bewegung, schrill und subversiv. Was dagegen ab 1982 von Markus, UKW und Hubert Kah zu hören war, klang für den Schlagerfreund zwar - zunächst noch - bizarr und befremdlich, aber auch witzig und unverbraucht. Neue Deutsche Welle? Das war originell und eingängig - und überhaupt: Laßt doch den Kindern ihren Spaß!

Was war geschehen? Geschehen war dreierlei: Zum einen hatte die Neue Deutsche Welle der zweiten Spielart l e i c h t e Texte mit aktueller Popmusik kombiniert, statt - wie der Deutschrock - bedeutungsschwere Texte mit traditioneller Popmusik. Zum anderen kokettierte die musikalische Umsetzung offen mit tatsächlichem oder vorgetäuschtem Dilettantismus. Und schließlich konnten sowohl Freunde des Pop wie des Schlagers das so entstandene Produkt jeweils als Parodie auf die Konkurrenz begreifen.

Mehr als alles andere sorgten Trio mit ihrer Nonsense-Nummer *Da da da ich lieb dich nicht du liebst mich nicht* 1982 für die Verbreitung des Phänomens NDW auch in musikalisch eher konservativ geprägten Bevölkerungskreisen. Musik und Text waren bei Trio nicht die entscheidenden Faktoren. Die Gruppe vermittelte sich in erster Linie über ihr Image, und das läßt sich am kürzesten mit dem Begriff "tragikomisch" umreißen: Sänger und Keyboarder Stephan Remmler verkörperte den Typus des großen linkischen Jungen, der sich naiv und staunend mit der Realität und insbesondere der Schlechtigkeit der Welt konfrontiert sieht. Gitarrist Kralle Krawinkel stand für eine Variante des "kleinen Mannes", der seine Freizeit am Tresen einer Vorstadtkneipe verbringt und die Rolling Stones mag. Und Schlagzeuger Peter Behrens spielte den Deppen, gleichermaßen doof, stumm und melancholisch.

Trio waren in mancher Hinsicht untypische Vertreter der Neuen Deutschen Welle. Altersmäßig standen sie der Elterngeneration fast näher als den "Kids", optisch ähnelten sie eher einem Kabarett Ensemble als einer Popgruppe. Musikalisch orientierte sich das Terzett weniger an den peitschenden Rhythmen und den experimentellen Sounds seiner New Wave und NDW-Kollegen, sondern verschmolz kinderliedhafte Monotonie, Anfänger-Rock und abgegriffene Schlager-Klischees zu einem raffiniert unprofessionell wirkenden Sammelsurium. Weil die drei ulkig waren, kamen sie ins Fernsehen, weil sie im

Fernsehen waren, wurden sie bekannt, weil sie bekannt waren, wurden sie beliebt, und weil sie beliebt waren, zogen sie die ganze Neue Deutsche Welle in der Publikumsgunst mit sich mit. Wer Trio mochte, hörte sich die anderen zumindest einmal an. Und wer hinhörte, sang auch bald mit.

Etliche NDW-Hits lieferten damals allseits gängige Redewendungen, zum Beispiel *Codo* von D.Ö.F. ("Ich düse, düse, düse, düse im Sauseschritt"), *Major Tom* von Peter Schilling ("Völlig losgelöst"), *Blaue Augen* von Ideal ("Deine blauen Augen machen mich so sentimental") oder *Ein Jahr* von den Fehlfarben ("Es geht voran!"). Dezente Zivilisationskritik (*Die Wüste lebt,* Peter Schilling) war ebenso gestattet wie Vorpubertätslyrik (*Fred vom Jupiter*, Andreas Dorau und die Marinas) oder dadaistische Realsatire (*Wissenswertes über Erlangen*, Foyer des Arts). Eine im Rock'n'Roll verwurzelte Gruppe wie die bayerische Spider Murphy Gang brauchte nur einmal kurz mit dem NDW-Sound anzubändeln (*Skandal im Sperrbezirk*), um im Windschatten dieses Erfolgs ihre Rock'n'Roll-Songs unters Volk zu bringen. Geier Sturzflugs satirisch überspitztes *Bruttosozialprodukt* stammte schon aus den 70er Jahren, fügte sich aber musikalisch wie textlich nahtlos ins Umfeld der NDW und kam jetzt erst zu Erfolg - begünstigt auch durch die politische Wende 82/83, die auf neue Wirtschaftsdynamik setzte ("Jetzt wird wieder in die Hände gespuckt, wir steigern das Bruttosozialprodukt!").

Wer Popmusik mit deutschen Texten machen und partout nichts mit der Neuen Deutschen Welle zu tun haben mochte, hatte es schwer in diesen Tagen. Allerdings profitierten auch Gruppen wie Relax (*Radio hör'n*) oder

Spliff (*Carbonara*) vom NDW-Boom, obwohl sie eigentlich nichts mit der Sache am Hut hatten. Von der Welle nur beeinflußt, und trotzdem zu einer ihrer Leitfiguren erkoren, präsentierte Falco (*Der Kommissar*) eine Mischung aus amerikanischer Funk- und Rap-Musik und morbidem Wiener Schmäh - als einer der wenigen NDW-Helden war er auch nach dem Abebben der Welle erfolgreich. Das trifft mit Einschränkungen auch auf Nena zu, die mit ihren Sensationserfolgen *Nur geträumt* und *Neunundneunzig Luftballons* der Neuen Deutschen Welle gleichzeitig die Schaumkrone aufsetzte wie ihr Ende einläutete. Die auch international außerordentlich erfolgreiche Nena - gelegentlich als "neues deutsches Fräulein-Wunder" apostrophiert - galt für kurze Zeit als Inbegriff unwiderstehlicher Musikalität und erotischer Attraktivität und war somit bevorzugtes Objekt kollektiver Sympathie. Sie wurde zum eigentlichen Superstar der Neuen Deutschen Welle, und sobald Wellen einen Superstar hervorbringen, verlaufen sie sich meistens. Spätestens Ende 1983 war der Spuk vorbei, auch wenn einzelne Nachzügler bis in die Mitte der 80er Jahre hinein weitermachten.

Was hat die Neue Deutsche Welle hinterlassen? Zunächst einige musikalisch-technische Neuerungen (wie den massiven Einsatz von Sequenzern und synthetischem Schlagzeug), die die Popularmusik vom Rock bis zum Schlager in der Folge prägten. Auf lange Sicht wichtiger noch war aber die Erkenntnis, daß Popmusik und deutsche Sprache sehr gut zusammenpassen. Die Früchte dieser Entwicklung kamen zum Teil erst Jahre später zum Tragen, aber der Knoten platzte in den wenigen Monaten der Jahre 1982 und 1983, als ganz Deutschland verzückt mit dem Kopf wackelte und neue deutsche Lyrik mitgrölte.

Jenseits von Eden

Die 80er Jahre brachten dem deutschen Schlager eine Menge Neuerungen: die Neue Deutsche Welle (kennen wir schon), den ersten Sieg beim Grand Prix Eurovision de la Chanson (*Ein bißchen Frieden*, Nicole 1982), ein paar neue Tendenzen, mit denen niemand etwas Rechtes anfangen konnte (vielleicht mit Ausnahme des Publikums) und einen mit erheblichen Umsatzrückgängen verbundenen Popularitätsverlust in einem vorher nicht gekannten Ausmaß.

Die Ruhe vor dem Sturm (1981-1988)

Harte Zeiten damals (Stichwort: Nachrüstungsdebatte), Pessimismus, Zukunftsangst und Friedensbewegung. Dunkelgraue statt rosaroter Schlager damals, z.B. *Die weißen Tauben sind müde* (Hans Hartz, 1982) oder *Jenseits von Eden* (Nino de Angelo, 1983). Außerdem Boris Becker, Helmut Kohl, Tschernobyl, Gorbatschow - schlechte Zeiten für Bernd Clüver, Chris Roberts, Roy Black (obwohl: *In Japan geht die Sonne auf*, 1986).

Ansonsten Phil Collins, Michael Jackson, Madonna, Bruce Springsteen, im besten Fall. Langweilige Perfektion im internationalen Pop, perfekte Langeweile im deutschen Schlager. Wenn Mitte der 80er Jahre überhaupt noch ein deutschsprachiger Titel den Sprung in die Spitzenpositionen der Charts schafft, ist es deutscher Pop, den es damals "offiziell" noch gar nicht gibt. Igitt!, sagt der Rockfan angewidert, o wei!, sagt der Schlagerfan verzagt, als die Gruppe Münchner Freiheit Mitte der 80er Jahre ins Rampenlicht tritt (*Ohne dich*,

1985; *Tausendmal du*, 1986). Auch sonst schaffen sich Leute nach vorn, für die niemand eine Schublade, dementsprechend auch keine rechte Verwendung hat: die Erste Allgemeine Verunsicherung (*Ba-Ba-Banküberfall*, 1985; *Küss' die Hand, schöne Frau*, 1987), Klaus Lage (*1000 und 1 Nacht*, 1984), Purple Schulz (*Sehnsucht*, 1984) und Clowns & Helden (*Ich liebe dich*, 1987). Falco (*Jeanny*, 1985 [Skandal!]) und Stephan Remmler (*Keine Sterne in Athen*, 1986) kennt man wenigstens noch als NDW-Veteranen, Jürgen von der Lippe gibt den Komiker (*Guten Morgen, liebe Sorgen*, 1987) und Nicki das bayerische Nesthäkchen (*I wär am liabsten mit dir ganz alloa*, 1985 und *Wenn i mit dir tanz*, 1986).

Als einen seiner letzten Nachzügler schickte der Schlager der 70er Jahre Roland Kaiser ins Rennen (*Lieb mich ein letztes Mal*, 1981 und *Manchmal möchte ich schon mit dir*, 1982), und Hanne Haller sekundierte mit *Weil du ein zärtlicher Mann bist* (1981). Deutschrocker Herbert Grönemeyer räsonierte derweil über die *Männer* (1984), Austro-Chansonnier Rainhard Fendrich über die Spielart des *Macho Macho* (1988).

Für Schlagerfreunde, die weder auf komplizierte Arrangements noch auf hintersinnige Wortspiele Wert legten, entstand in den 80ern ein Schlagertyp, der zwar kaum die Spitzenpositionen der Hitparaden besetzte, aber dafür in praktisch unveränderter Form bis heute überdauerte und der als Vorläufer und Wegweiser für den volkstümlichen Schlager gelten kann. Am Anfang standen Andy Borg (*Adios Amor*) und Tommy Steiner (*Die Fischer von San Juan*), beide 1982; es folgten G.G. Anderson (*Am weißen Strand von San Angelo*,

1984, und *Sommernacht in Rom*, 1985) und die unver-
wüstlichen Flippers (*Die rote Sonne von Barbados*,
1986). "Neu" an diesen Schlagern war dabei allenfalls
auf musikalischer Seite eine gewisse Monochromie, die
ihrerseits für Zeitlosigkeit garantiert. Textlich wurde die
Tradition der *Capri-Fischer* in die Gegenwart übertra-
gen. Aber das Stichwort ist schon gefallen: Höchste Zeit,
daß wir den 80er Jahren Goodbye sagen - oder doch
vielleicht besser "Servus"?

St. Hertel, C. Reiber, I. Holder, J. Frankfurter   *set*

So a Stückerl heile Welt

Das Phänomen an sich ist so alt wie der Schlager selbst, wenn man es recht bedenkt, sogar noch älter. Denn die volkstümliche Musik, von der hier die Rede ist, gehört zu den Teilursprüngen des Schlagers. Polka, Marsch und Walzer wurden schon gespielt und gesungen, als es die Gattung Schlager noch nicht gab, und auch später war das volkstümliche Element immer präsent: Hans Arno Simons Flüchtlingsparodie *Anneliese* beispielsweise erhielt 1953 die erste Goldene Schallplatte der deutschen Phonoindustrie (fairerweise muß man erwähnen, daß erst seit dieser Zeit Chart-Erhebungen durchgeführt werden); musikalisch handelte es sich um eine böhmische Polka. Der slowenische Akkordeon-Spieler Slavko Avsenik kreierte in den 50er Jahren den sogenannten "Oberkrainer Sound", dessen berühmtestes Exponat, das *Trompeten-Echo*, sogar die mitpfeifen können, die volkstümliche Musik ablehnen. Ernst Mosch, Gründer und Boß der Original Egerländer Musikanten, verkaufte vor Beginn der volkstümlichen Welle in Deutschland mehr Schallplatten als Elton John. Und Heino und Tony Marshall brachten schon in den 70er Jahren Leute zum Klatschen und Schunkeln, die heute in Fernsehsendungen von Karl Moik und Carolin Reiber in die Kamera winken.

Trotzdem - und damit kämen wir endlich zum Thema - bedeutete es eine Revolution. Was? Das Jahr 1988, in welchem das Original Naabtal Duo den zwischen Österreich, der Schweiz und Deutschland ausgetragenen Grand Prix der Volksmusik gewann, und der

Patrona Bavariae und die Folgen (seit 1988)

Siegertitel *Patrona Bavariae* eine Kettenreaktion auslöste, deren wirkliches Ausmaß sich bis heute noch nicht absehen läßt. Dieses Datum, dieses Lied gaben das Signal zum "Coming Out" für Millionen bislang nicht ernst genommener Freunde der volkstümlichen Musik. Deren aktive Vertreter drängten in der Folge in einer geradezu inflationären Masse auf den Musikmarkt. Alte Haudegen, in Ehren ergraut, wurden für die Szene "entdeckt", neue "Stars" aus der Retorte geboren und in sich explosionsartig ausbreitenden Fernsehsendungen einem begeisterten Publikum präsentiert.

Den zweiten Knaller des neuen Booms landeten 1989/90 die Wildecker Herzbuben mit ihrem Schunkelwalzer *Herzilein*. Die musikalische Beschreibung einer Sauftour wurde noch erfolgreicher als das stilisierte Gebet *Patrona Bavariae*, wozu allerdings auch die groteske Aufmachung der beiden schwergewichtigen Interpreten beigetragen haben mag, vielleicht auch der nicht ohne Witz nachgeahmte Wiener Akzent. Auch der im sächsischen Vogtland beheimatete Kinderstar Stefanie Hertel überließ bei seinen beiden Super-Hits *So a Stükkerl heile Welt* (1991) und *Über jedes Bacherl* (1992) rein sprachlich gesehen nichts dem mitteldeutschen Zufall, sondern setzte von vornherein auf die sichere süddeutsche Bank. Offenbar bekommt den in Texten der volkstümlichen Musik bevorzugt transportierten Werten - Heimatliebe, Frohsinn, Selbstbescheidung, Frömmigkeit - nach Meinung ihrer Macher am besten eine alpine Aufbereitung.

Ein paar klärende Worte zur Terminologie: Mit dem hin und wieder in diesem Zusammenhang noch gebrauchten Begriff "Volksmusik" hat die volkstümliche Welle herzlich wenig zu tun. Volksmusik als ein in langen Zeiträumen zu bestimmten regionalen Ausprägungen geformtes und tradiertes kulturelles Phänomen hat lediglich die Entstehung des Kunstprodukts "volkstümliche Musik" inspiriert. Daß hier vor allem der süddeutsch-österreichische Einfluß wirksam wurde, liegt auf der Hand: Die dort beheimateten Polkas und Ländler, das Jodeln, das Instrumentarium mit Akkordeon, Gitarre und Blasinstrumenten prägen auch den breiten Strom der neueren volkstümlichen Musik, jedoch - und darauf kommt es an - reduziert auf wenige einfache Klischees, die immer wieder eingesetzt werden können. Es dürfte selbst für einen Insider unmöglich sein, eine x-beliebige Instrumentalpolka einem der ungezählten Ensembles wie den "Original (...) Buam" oder dem "(...) Quintett" zuzuordnen; meistens bietet der hier ausgesparte Platz im Gruppennamen einen Hinweis auf die geographische Herkunft der Musikanten.

Als dritter - und unter musikwirtschaftlichen Gesichtspunkten entscheidender - Begriff tritt neben die "Volksmusik" und die "volkstümliche Musik" im engeren Sinne der sogenannte "volkstümliche Schlager". Bei diesem Genre vereinigen sich Elemente der volkstümlichen Musik mit Elementen des am Ende des vorigen Kapitels beschriebenen Schlagertyps zu etwas Neuem. Als prototypischer Vertreter des volkstümlichen Schlagers kann Patrick Lindner gelten, der mit *Die kloane Tür zum Paradies* (1989) und *Die kleinen Dinge des Lebens* (1990) gleichsam die Vorlagen gab. Der Schlagerabteilung scheint innerhalb des weiten Spektrums "volkstümliche Musik" die Zukunft zu gehören, weil sich hier sowohl Hörer auf der Schlagerseite wie Freunde der klassischen Oberkrainer-Besetzung angesprochen fühlen. Schlagerleute wie Freddy Breck (*Herz Ass ist Trumpf*, 1991) oder G.G. Anderson (*Rosalie*, 1992) zielen bei ihren neueren Produktionen verstärkt aufs Volkstümliche, wie sich umgekehrt die Kastelruther Spatzen (*Eine weiße Rose*, 1992) oder das Nockalm-Quintett (*Schuld sind deine himmelblauen Augen*, 1991) musikalisch am Schlager und seinem Instrumentarium orientieren, wobei sie auf der textlichen Ebene die dort obligatorischen südlichen Strände durch heimatnahe Bilder ersetzen.

Nach einer kurzen Schrecksekunde faßten auch die norddeutschen Vertreter der volkstümlichen Musik Tritt. Die volksmusikalische Tradition an Deutschlands Küsten steht dem klassischen deutschen Volks- und Wanderlied näher als ihr süddeutsches Gegenstück; ganz allgemein geben sich die Lieder von Interpreten und Gruppen wie Fiede Kay, Godewind, Speelwark oder Nordwind weniger sentimental und illusionär als die der meisten bayerischen und österreichischen Kollegen. Das Klangbild des norddeutschen volkstümlichen Schlagers tendiert zunehmend Richtung Folk und Pop, Mitklatsch-Rhythmen sind dort eher im Bereich der Stimmungsmusik zu finden.

Neben der schon weitgehend vollzogenen Fusion mit dem Schlager zeichnet sich in letzter Zeit eine Tendenz ab, die volkstümliche Musik mit Pop- und sogar Rockelementen zusammenzuführen. Im norddeutschen Bereich ist dieser Trend wie gesagt schon seit längerem zu beobachten, wobei neuerdings auch von seiten der

Pop-Musik Annäherungsversuche zu registrieren sind (*Liebst du auch den rauhen Wind?*, Dirk Busch 1991, *Sturmvögel*, Ernst Herzner, und *Immer vorm Wind*, Hans Hartz, beide 1992). Aber auch in den Alpen "groovt" es: die Zillertaler Schürzenjäger, die 1989 mit dem *Zillertaler Hochzeitsmarsch* einen Volltreffer landeten, probieren es seit 1990 auch mit Rock'n'Roll. Edith Prock läßt 1992 mit *Denk' der nix* Erinnerungen an swingende Doo Wop-Zeiten wachwerden, und das Duo Schari & Wari flirtet in *Laß mi net los* gar mit Modern Jazz und Blues.

Ob das wiedervereinigte Deutschland einen weltoffenen, zeitgemäßen Begriff von "volkstümlicher" Musik verträgt? Man wird sehen, wohin die Reise geht.

Matthias Reim   *Polydor*

Verdammt, ich lieb' dich

Im Jahre 1990 tat es in Deutschland einen großen Knall, und als sich der Rauch verzogen hatte, rieben sich alle die Augen und sagten, sie hätten es gleich gewußt. Seit Jahren hatte es wieder einmal ein deutschsprachiger Titel auf die Nr. 1-Position der Charts geschafft und sich dort monatelang behauptet. Der Titel hieß *Verdammt, ich lieb' dich* und wurde von einem gewissen Matthias Reim gesungen, der sich vorher bei Branchenkennern einen Namen als Komponist, Texter und Produzent gemacht hatte. Bei der Musik dieses Titels handelte es sich unzweifelhaft um Rock, ziemlich harten überdies - und trotzdem spürten alle: das war Schlager. Es ging um eine Liebesgeschichte, und die Sache war noch nicht entschieden. Es war das Jahr, in dem Deutschland seine staatliche Einheit wiedererlangte, aber das war Zufall.

Zu neuen Ufern? (seit 1990)

Einige von denen, die die Geburt der deutschen Popmusik ehrfürchtig bestaunten, hätten es in der Tat vorher wissen müssen. Schließlich hatten sich Ende der 80er Jahre Gruppen wie Schweizer (*13 Tage*, 1987) oder Merlin (*Alles nur geträumt*, 1989) mit härteren Klängen in die Charts gekämpft, und die deutsche Königin des Philly-Sounds der 70er Jahre, Marianne Rosenberg, hatte ein respektables Comeback erlebt (*Ich denk' an dich*, *Geh' vorbei*, beide 1989).

Innerhalb der Branche reagierten als erstes die alten Kämpen: Roland Kaiser verabschiedete sich mit der Ende 1990 veröffentlichten LP *Herz Zeit* von seinem alten Stil, der ihm über zehn Jahre lang Hits am laufenden Band garantiert hatte, und unternahm einen energischen Schritt Richtung Pop internationaler Machart (*Viva l'amor*), eine Tendenz, die Kaiser auf der 1992er LP *Südlich von mir* konsequent fortsetzte. Howard Carpendale, ohnehin seit jeher Grenzwanderungen nicht abgeneigt, überraschte Anhänger wie Gegner 1991 mit dem erdigen *Das nennt man Blues*. Udo Jürgens bot im selben Jahr auf der LP *Geradeaus* zupackenden, dabei stets melodischen Pop-Rock, und die Comeback-Produktionen von Cindy Berger (*Finito l'amore*, 1991 und *Herz unter Strom*, 1992) und Mary Roos (*Kann denn Sünde Liebe sein*, 1992) liegen stilistisch ähnlich. Tommy Steiner, der vor einigen Jahren noch in den Gewässern vor San Juan gefischt hatte, machte es anders als seine zum Volkstümlichen abwandernden Kollegen und legte 1991 mit *Sehnsucht und Abenteuer* eine Pop-LP vor, die auch Anhänger konventioneller Stilrichtungen nicht abschreckt.

Und dann natürlich die Jungen: Mal härter, mal softer, immer zugleich Schlager und Pop, füllen Gruppen wie Valerie's Garten (*Wenn du willst*) und Die Prinzen (*Das Leben ist grausam*), Interpreten wie Inka (*Tränen siehst du nicht*) und Formationen wie ZIS (*Liebeselixier*) die Lücke zwischen der volkstümlichen Schlagerschiene einerseits und dem zuweilen etwas sauertöpfischen Deutschrock andererseits.

Wenn sich diese Entwicklung fortsetzt - und im Moment spricht nichts dagegen - könnte in nicht allzu ferner Zukunft etwas eintreten, was es in Deutschland bisher nur ansatzweise gegeben hat: nämlich das Sich-Herausbilden einer niveauvoll unterhaltenden Liedgattung, die sowohl elementaren menschlichen Gefühlen und Sehnsüchten als auch geistvoller Reflexion zugänglich bleibt, gleichermaßen national eigenständig wie offen für internationale Einflüsse, in sich vielfältig und doch mit erkennbaren Konturen. Warum sollte man diese neue Gattung dann nicht Schlager nennen?

Arndt Bause *J. Schulz*

Helga Hahnemann *R. Schober*

Der Schlager in der ehemaligen DDR

Mit Gründung der Deutschen Demokratischen Republik (DDR) wurde versucht, auf allen Gebieten eigene Wege zu beschreiten, auch auf dem Gebiet der Unterhaltung. Man legte Wert darauf, sich vom "Westen" zu unterscheiden. In diesem Genre war es aber besonders schwer, da der überwiegende Teil der Bevölkerung durch Empfang der Westsender in seinen Hörgewohnheiten beeinflußt wurde. Dies verstärkte sich in den 60er Jahren durch den Empfang von Fernsehsendern der BRD.

Ein Rückblick von Arndt Bause

Dort, wo man dem staatlichen Drängen nachgab, erntete man Hohn und Gelächter (z.b. "Mais-Dixie", Mitte der 50er Jahre, resultierend aus dem von Chruschtchow verordneten Maisanbau). Auch das Erfinden neuer Tänze wie "Lipsi" und "Orion" wurde von der Bevölkerung abgelehnt.

Da man aber im Veranstaltungswesen keine Westimporte - da politisch nicht erwünscht und aus Devisenmangel - hatte, entwickelten sich bald westlich orientierte Stars (Helga Brauer, Bärbel Wachholz, Fred Frohberg, Peter Wieland etc.).

Nach dem Mauerbau (1961) war die Abschirmung noch größer und nur wenige westliche Stars (z.B. Gilbert Bécaud, Salvatore Adamo, Acker Bilk, Louis Armstrong) fanden in der ehemaligen DDR Auftrittsmöglichkeiten.

Durch den "Bitterfelder Weg" (Ulbricht) und das berühmt-berüchtigte 11. Plenum 1966 (Verbot von Filmen wie "Das Kaninchen bin ich" und "Spur der Steine" - Manfred Krug) war die Unterhaltung quasi auf dem Nullpunkt. In dieser Zeit (Mitte der 60er Jahre) formierte sich um den Chefmusikredakteur des "Berliner Rundfunks" Klaus Hugo ein Team von Autoren, die antraten um dem Publikum zu geben, was es hören wollte (Komponisten, Arrangeure und Texter: Klaus Hugo, Ralf Petersen, Günther Kretschmer, Arndt Bause, Dieter Schneider, Rudi Werlon). Diese baten republikweit junge Leute zum Vorsingen in den Rundfunk, und wenn machbar, wurde mit ihnen produziert. Dabei entstand eine neue Interpretengeneration: Frank Schöbel, Andreas Holm, Thomas Lück, Ina Martell, Regina Thoss, Monika Herz, Chris Doerk, Michael Hansen etc.)

Der Sound war westlich orientiert, und die Einschaltquoten von DDR-Sendern gaben dem Team recht. Der Obrigkeit war daran gelegen die Hörer von den westdeutschen Sendern wegzubekommen. Auf Grund der internationalen Entwicklung und wegen des Reizes des Auslotens was möglich war, formierten sich die ersten Rockgruppen (noch Beatgruppen genannt). Der Rundfunk öffnete ihnen die Studiotüren; allerdings: "Nur deutschsprachige Texte!".

Diesem Umstand ist es - Ironie des Schicksals - zu verdanken, daß im Osten Deutschlands eine poetisch anspruchsvollere Rockmusik als im Westen entstand z.B. Puhdys: *Alt wie ein Baum, Lebenszeit, Das Buch;* Karat: *Über sieben Brücken, Albatros, Der blaue Planet;* Stern Meißen: *Reise zum Mittelpunkt des Menschen;*

Veronika Fischer: *Klavier im Fluß* , *Wenn ich eine Schnee-flocke wär* etc...

Parallel zum Tagesschlager entwickelte sich in der Wechselwirkung zum Rock ein höherer Anspruch im Allgemeinen, so daß es nicht wundernahm, daß Jürgen Walter in der zweiten Hälfte der 70er Jahre mit sehr anspruchvollen Texten von Gisela Steineckert einen nicht zu erwartenden Erfolg verbuchen konnte.

Anfang der 80er Jahre kulminierte das Ganze jedoch ins Gegenteil. Man merkte, daß die zum Teil hochstilisierten Texte von einem großen Teil des Publikums nicht mehr angenommen wurden. Auch die Rockmusik hatte sich allmählich in "Kunstmusik" gewandelt. Zu dieser Zeit fielen "Heinos" u.s.w. auf fruchtbaren Boden (von der Obrigkeit verpönt). So nimmt es nicht wunder, daß Titel wie "*Erna kommt*", "*Sing mei Sachse sing*" (A. Bause), "*Der letzte Kunde*" (Silly), "*Rockerente*" (Puhdys) usw. ebenso auf starke Resonanz stießen. Im Rock änderte sich sich einiges: Pankow ("Inge Pawelcik") ist nach Meinung des Autors die Erfindergruppe der Neuen Deutschen Welle (NDW). Aber wer wußte schon im Westen, was sich in der ehemaligen DDR auf diesen Gebieten abspielte. Da wir uns orientieren mußten, wußten wir vom Westen alles. Stars von uns waren in der BRD größtenteils unbekannte Leute mit Ausnahme von Frank Schöbel, Puhdys, Karat und nicht zuletzt Helga Hahnemann.

Und wenn man nun zum Schluß fragen würde: "Hat denn die DDR-Unterhaltungsszene etwas Eigenes, Unverwechselbares hervorgebracht?", dann unter andrem, aber ganz vorne dran: Sie, "Die Süße", Helga

Hahnemann. Die große Volksentertainerin, die vom Gassenhauer (und es gab den neuen Berliner Gassenhauer durch sie), bis zum tieftraurigen Lied (*Ach Karl*), vom Reiten auf der Kuh im Zirkus bis zum Spagat im Live Fernsehen einfach alles konnte und vom Publikum geliebt und gefeiert wurde.

Hier war etwas entstanden, wo weder textlich noch musikalisch irgendetwas Pate gestanden hatte, wo auf dem Boden der ehemaligen DDR etwas Eigenes begann, seinen Platz in ganz Deutschland zu finden (Westberlin hatte sie - Helga Hahnemann - schon vor dem Fall der Mauer restlos vereinnahmt).

Es lohnt sich, dieses, für die alte Bundesrepublik entstandene kulturelle Neuland zu erforschen, man wird viel Gutes und Schönes finden.

Personenteil

*im
Lexikon
des
deutschen
Schlagers*

Abao, Rick (Richard Abao)
* 09.02.1939 in New Orleans (USA)
amerikanischer Sänger, Gitarrist
Erhielt nach einem Musikstudium in San Francisco 1963 ein Stipendium für ein vierjähriges Gitarre-Studium in Spanien. Lebt seit 1967 in Deutschland, ist seitdem hauptberuflich als Gitarrist tätig, seit 1983 mit eigenem Tonstudio.
Kokosnußliebe (1972); Der Jäger aus Churpfalz (1979)

Abraham, Paul (Pál Abrahám)
* 02.11.1892 in Apatin (Ungarn)
+ 06.05.1960 in Hamburg
ungarischer Komponist
Studierte zunächst an der Musikakademie in Budapest, lebte anschließend in Berlin, emigrierte 1933 nach Paris, 1938 in die Vereinigten Staaten, kehrte 1956 nach Deutschland zurück. Er komponierte 13 Operetten und Musicals, u.a. "Victoria und ihr Husar" (1930), "Die Blume von Hawaii" (1931), "Ball im Savoy" (1932). Außerdem schrieb er über 30 Filmmusiken.
a.d. Film "Melodie des Herzens" (1929): Bin kein Hauptmann, bin kein großes Tier;
a.d. Operette "Victoria und ihr Husar"(1930): Ja, so ein Mädel, ungarisches Mädel; Mausi, süß warst du heute nacht; Meine Mama war aus Yokohama; Nur ein Mädel gibt es auf der Welt; Pardon Madame; Reich mir zum Abschied noch einmal die Hände (Good Night); Rote Orchideen; Wir singen beide do-do-do-do;
a.d. Operette "Die Blume von Hawaii"(1931): Bin nur ein Jonny; Blume von Hawaii; Du traumschöne Perle der Südsee; Ein Paradies am Meeresstrand; Ich hab'ein Diwanpüppchen; My golden Baby; My little Boy; Will dir die Welt zu Füßen legen; Wir singen zur Jazzband; Wo es Mädels gibt, Kameraden;
a.d. Operette "Ball im Savoy"(1932): Es ist so schön, am Abend bummeln zu geh'n; Toujours l'Amour;
a.d. Filmen "Die Privatsekretärin"(1953) u. "Liebling der Götter" (1960): Ich bin ja heut' so glücklich (komp. 1931)

Adam & Eve   *Venus e.V.*

Adam & Eve (Hartmut Schairer und Eva Schairer, geb. Partova)
Gesangsduo (1967 gegründet)
Adam * 23.02.1946 in Stuttgart
Eve * 26.03.1938 in Pilsen (CSSR)
+ 17.09.1989 in Chicago
Adam besuchte das Stuttgarter Konservatorium, leitete eine Beat-Band, spielte u.a. Keyboards, Gitarre und Saxophon. Bei Auftritten in Paris lernte er seine spätere Frau, die Sängerin und Tänzerin Eva Partova kennen. Eve, die eine klassische Ballett- und Operngesangsausbildung absolviert hatte, lebte seit 1963 in Deutschland. Das Paar wurde 1970 nach einem Musikpoll der Zeitschrift "Schallplatte" zum beliebtesten deutschsprachigen Schlager-Duo gewählt. Seit den 80er Jahren verstärkte Adam Schairer seine Tätigkeit als Produzent und Komponist, u.a. für Claudia Jung, Andy Borg und die Gruppe Fernando Express.
Hey, Neandertalman (1970); Sommernacht in Santa Barbara (1970); Wenn die Sonne erwacht in den Bergen (1972); Du gehst fort (1975); Man kann nicht ohne Liebe sein (1976); In den alten Gassen (1976); Lailola (1978)

Adamo, Salvatore
* 01.11.1943 in Cosimo / Vittoria (Sizilien)
belgischer Sänger, Komponist, Texter italienischer Herkunft
Lebte seit 1946 in Belgien, begann seine Karriere 1963 in Frankreich als Beat- und Rocksänger, war seit Ende der 60er Jahre auch in Deutschland als Interpret meist selbstkomponierter Schlager und Chansons erfolgreich (1971 über 30 Millionen verkaufter Schallplatten). Schrieb u.a. auch für Udo Jürgens. Seit Ende der 80er Jahre wieder mit deutschsprachigen Produktionen in den Charts vertreten.
Inch' Allah (1967); Es geht eine Träne auf Reisen (1968); Du bist so wie die Liebe (1969); Ein kleines Glück (1970); Komm in mein Boot

Adamo   *Venus e.V.*

(1970); Rosalie, c'est la vie (1973); Klopf beim Glück an die Tür (1978); Du bist wieder da (1981); Kapitän, wohin fährt unser Boot (1985); Es gibt noch Engel (1988)

Albers, Hans
* 22.09.1891 in Hamburg-St. Georg
+ 24.07.1960 in München
deutscher Schauspieler und Sänger
Brach 1913 eine kaufmännische Lehre ab, um Schauspieler zu werden. Kam 1917 zum Film. Wurde in seinen Filmrollen (u.a. "Große Freiheit Nummer 7"; "Der blaue Engel"; "Münchhausen") zum Inbegriff des draufgängerischen Rauhbeins mit Herz. Mit dem Tonfilm begann auch seine Karriere als Sänger. Der "Blonde Hans" verkörperte mit seinem schnoddrigen Sprechgesang wie kein anderer die norddeutsche Seemannsromantik.

Hans Albers *Venus e.V.*

Hoppla! Jetzt komm ich (1932); Komm auf die Schaukel, Luise (1932); Flieger, grüß mir die Sonne (1934); Auf der Reeperbahn nachts um halb eins (1936); Jawohl, meine Herr'n (1937); Immer wenn ich glücklich bin, muß ich schrecklich weinen (1938); Goodbye, Jonny (1939); Beim erstenmal da tut's noch weh (1944); Käpt'n Bay-Bay aus Shanghai (1952); Kleine weiße Möwe (1952); Einmal noch nach Bombay (1954)

Gaby Albrecht   *Polydor*

Albrecht, Gaby (Gabriele Albrecht, geb. Müller)
* 01. November in Magdeburg
Sängerin, Gesangspädagogin
Studierte Gesang in Magdeburg und Weimar. Erster "West"-Auftritt in der volkstümlichen Hitparade des ZDF (1990), ist verheiratet mit ihrem Manager Ernst Albrecht.
Das Lied meiner Berge (1990); Eine Handvoll Heimatland (1991); Im Dorfkrug nebenan (1992); Solang der Leuchtturm noch steht (1992)

Alexander, Peter (Peter A. Neumeyer)
* 30.6.1926 in Wien
österreichischer Schlager- und Operettensänger, Schauspieler, Entertainer, Texter, Komponist
Ausbildung zum Schauspieler 1946 - 1948 am Max-Reinhardt-Seminar in Wien, spielte am Wiener Burgtheater (1948), am Kolosseum und Kabarett im Stadttheater (1952), am Theater in der Josefstadt (1957), seit 1952 in über 40 Filmen. Zahlreiche Konzerttourneen und Fernsehauftritte; erhielt zahlreiche Auszeichnungen (u.a. 10 Bambis, 4 Goldene Kameras, 9 Goldene Löwen, 3 Goldene Europas, Midem Preis, Goldenes Mikrophon, Goldener Bär, Hans Moser Preis, 3 Bravo Ottos, Österreichisches Ehrenkreuz, 5 Goldene Bildschirme, 2 Silberne Bildschirme, Hermann-Löns-Medaille, Deutscher Schallplattenpreis). Besonders erfolgreich war die "Peter Alexander Show", die in den 70er und 80er Jahren die Stars des Showgeschäfts präsentierte.
Das süße Mädi (1955); Der Mond hält seine Wacht (1956); Tango ohne Pause (1956); Schon wieder mal [mit Bibi Johns] (1956); Mama di Mandolin (1956); Auf der Piazza von Milano (1956); Im Hafen unserer Träume (1956); Ich weiß was dir fehlt (1957); Rocky Tocky Baby (1957); Kleines Haus auf der Sierra Nevada (1957); Ein bißchen mehr (1957); Das tu ich alles aus Liebe (1957); Das ist alles längst vorbei (1958); Das ganze Haus ist schief (1958); Probier dein Glück mit mir (1958); Bambina (1958); O Josefin (1958); Wunderbares Mädchen (1958); Mandolinen und Mondschein (1959); Ein kleines Haus am blauen See (1959); Ich zähle täglich meine Sorgen (1960); Komm bald wieder (1960); Schaukellied (1960); Bist du einsam heut' nacht (1961); Missouri-Cowboy (1961); Wenn erst der Abend kommt (1963); Nachts hör ich immer alle Uhren schlagen (1964); Was Frauen träumen (1964); Seide und Samt (1964); Schenk mir ein Bild von dir (1965);

Peter Alexander

BMG Ariola

Fräulein Wunderbar (1965); Jingle Bells (1965); Aba Heidschi Bum Beidschi (1966); Wenn das geschieht (1966); Müssen Frauen einsam sein (1966); Moderne Romanzen (1967); Spanisch war die Nacht (1967); Verbotene Träume (1967); Der letzte Walzer (1968); Schön muß es sein, dich zu lieben (1968); Delilah (1968); Komm und bedien dich (1968); Liebesleid (1969); Oh Lady Mary (1970); Das Wunder bist du (1970); Hier ist ein Mensch (1970); Leben heißt lieben (1970); Unser tägliches Brot ist die Liebe (1973); Pedro (Mandolinen um Mitternacht) (1973); Irgendwo brennt für jeden ein Licht (1973); Die kleine Kneipe (1976); Paß gut auf dich auf, mein Kind (1976); An der Himmelstür (1977); Feierabend (1977); Aufstehn (1978); Die Firma (1978); Und manchmal weinst du sicher ein paar Tränen (1979); Schwarzes Gold (1979); Mammutschka (1981); Der Papa wird's schon richten (1981); Und sie sehnte sich so sehr nach Liebe (1982); Immer auf die Kleinen (1982); Schön muß es sein, dich zu lieben (1983); Ebbe und Flut (1983); Liebst du mich (1983); Gestern jung, morgen alt (1989); Heut' ist der Tag der kleinen Helden (1992)
Film-Erfolge:
1955 "Bonjour Kathrin" mit Caterina Valente; 1957 "Die Beine von Dolores" mit Claus Biederstaedt; 1959 "Ich bin kein Casanova" mit Oskar Sima; 1960 "Ich zähle täglich meine Sorgen" mit Ingeborg Schöner; 1962 "Hochzeitsnacht im Paradies" mit Marika Rökk; 1962 "Das süße Leben des Grafen Bobby" mit Gunther Philipp; 1962 "Die lustige Witwe" mit Karin Hübner; 1963 "Schwejks Flegeljahre" mit Rudolf Prack; 1963 "Charley's Tante" mit Maria Sebaldt; 1965 "Das Liebeskarussell" mit Anita Ekberg; 1969 "Die Schule brennt" mit Kinderstar Heintje

Alexandra (Alexandra Doris Nefedov)
* 19.05.1944 in Heydekrug (Ostpreußen)
+ 31.07.1969 bei Heide
deutsche Schlager- und Chansonsängerin, Schauspielerin, Komponistin, Texterin
Sang bereits als Kind in einem Kirchenchor

in Kiel, studierte in Hamburg an der Meisterschule für Mode, gleichzeitig Besuch der Schauspielschule, arbeitete als Zeichnerin, um ihre Gesangsausbildung zu finanzieren; 1968 Produktion der ersten LP, Rußland-Tournee mit Hazy Osterwald, Fernsehshows mit Chris Howland, Vico Torriani, Gilbert Bécaud u.a., Theater-Engagement in Neumünster; Alexandra kam bei einem Autounfall ums Leben. Ihr Tod beendete in den Augen ihrer zahlreichen Anhänger eine der hoffnungsvollsten Karrieren des anspruchsvollen deutschen Schlagers und Chansons.

Alexandra   Venus e.V.

Zigeunerjunge (1968); Sehnsucht (1968); Auf dem Wege nach Odessa (1968); Mein Freund, der Baum (1968); Erstes Morgenrot (1969)

Alice, Ellen und Peter
Alice und Ellen Kessler und Peter Kraus
Honey Moon (1959); Mondschein und Liebe (1960)

Alisch, Heinz
* 14.05.1917 in Berlin
deutscher Komponist, Orchesterleiter
Studierte in Berlin an der Orchesterschule und an der Musikhochschule, schrieb zahl-

reiche Filmmusiken und Schlager, u.a. für Melitta Berg, Grit van Hoog, Nana Mouskouri, Peter Alexander.
Eine Rose aus Santa Monica (1960)

Allen, Edgar (Willi Kollo)
siehe Kollo, Willi

Alpenoberkrainer (Original Alpski Kvintet)
slowenisches Ensemble aus dem Bereich der volkstümlichen Musik
Joze Antonic (* 29.03.1945 in Gorje [Sänger, Gitarrist]); Ivanka Krasevec-Presern (* am 23. Oktober in Metlika [Sängerin]); Janez Per (* 09.06.1947 in Menges [Bassist, Sänger, Baritonhorn-Spieler]); Ivan Presern (*07.05.1945 in Jesenice [Trompeter, Komponist, Arrangeur]); Edi Semeja (*08.01.1942 in Dob [Akkordeon-Spieler]); Vincenc "Vinko" Sitar (* 28.03.1938 in Menges [Klarinettist]).
Wir laden ein nach Oberkrain (1978); Schöne Urlaubszeit (1981); Wir kommen aus Slowenien (1986)

Alpentrio Tirol
österreichisches Gesangstrio
Georg Astenwald (* 27.03.1948 in Innsbruck); Richard Geir (* 01.10.1948 in Navis); Mario Wolf (* 13.06.1965 in Innsbruck)
1983 als Jodlertrio auf Anregung des Innsbrucker Verkehrsvereins gegründet, zunächst als "Werbeträger" für Innsbruck erfolgreich; 1991 Sieger beim Grand Prix der Volksmusik.
Der depperte Bua (1986); Ich steh auf Volksmusik (1988); Da drob'n auf'm Berg steht a Kircherl (1990); Hast a bisserl Zeit für mi (1991)

Amberg, Charles (Karl Amberg)
* 08.12.1894 in Kessenich/Bonn

+ 16.04.1946 in Berlin
deutscher Komponist, Texter
Die Polizei, die regelt den Verkehr (1925); Ja, wenn man so eine Musik hört (1925); Wochenend und Sonnenschein (1930); Mein Bruder macht im Tonfilm die Geräusche (1930);

Ambros, Wolfgang
* 19.03.1952 in Wien
österreichischer Liedermacher, Komponist, Texter, Gitarrist
Begann mit satirischen und sozialkritischen Songs im Wiener Dialekt, übersetzte auch einige Bob Dylan Songs; gilt als einer der Wegbereiter des "Austro-Pop"; schrieb zusammen mit Manfred Tauchen und Josef Prokopetz das Rock-Musical "Der Watzmann".
Zwickt's mi (1975); Es lebe der Zentralfriedhof (1977); Schifoan (1977); Idealgewicht (1989); Langsam wochs ma z'amm (1990)

Anders, Christian (Antonio Schinzel)
* 15.01.1945 in Bruck / Mur (Österreich)

Christian Anders　　　　　*Venus e.V.*

österreichischer Sänger, Komponist, Texter, Moderator, Schauspieler, Schriftsteller Aufgewachsen auf Sardinien, in Frankfurt, Nürnberg und Garmisch-Partenkirchen. Mehrere Goldene Schallplatten, erfolgreiche TV-Shows in Deutschland, Österreich und in der Schweiz. Schrieb 1971 die Romane "Goggo" und "Blutschrei"; verfaßte eine Beat-Gitarrenschule. Lebt seit Mitte der 80er Jahre als New Age-Guru in Kalifornien.

Geh nicht vorbei (1969); Nie mehr allein (1970); Du gehörst zu mir (1970); Ich laß' dich nicht geh'n (1971); Es fährt ein Zug nach Nirgendwo (1972); Sechs Uhr früh in den Straßen (1972); In den Augen der anderen (1973); Das Schiff der großen Illusionen (1973); Einsamkeit hat viele Namen (1974); Der letzte Tanz (1975); Der Brief (1976); Verliebt in den Lehrer (1979); Du bist frei (1982)

Andersen, Lale (Eulalia Bunterberg)
* 23.3.1905 in Lehe Bremerhaven
+ 29.8.1972 in Wien

Lale Andersen   Venus e.V.

deutsche Schauspielerin, Sängerin, Kabarettistin
Besuchte die Schauspielschule des Deutschen Theaters in Berlin; erstes Engagement in Zürich (1933-1937), danach am Berliner "Kabarett der Komiker" als Chansonsängerin (1938-1942); bekannt durch das Soldatenlied *"Lili Marleen"* (1939). Sie schrieb "Wie werde ich Haifisch? - Ein heiterer Ratgeber für alle, die Schlager singen, texten oder komponieren wollen" (1969); TV-Shows.

Ein Schiff wird kommen (1960); Matrosen aus Pyräus (1961); Wenn du heimkommst (1961); Einmal sehen wir uns wieder (1961); Im roten Licht der Hafenbar (1961); Fern, so fern von hier (1962); Ein fremder Mann (1962)

Anderson, G. G. (Gerd Grabowski)
* 14.12.1949 in Eschwege
deutscher Sänger, Komponist, Texter, Produzent, Schlagzeuger
Elektrikerlehre, spielte zunächst in zahlreichen Bands, trat unter den Pseudonymen "Alexander Marco" und "Tony Bell" auf. War Schlagzeuger in der Begleitband von Michael Holm (mit Engelbert Simons, Eckhardt Stein und Bernd Dietrich). Komponierte danach u.a. für Roland Kaiser, Audrey Landers, Mireille Mathieu, Juliane Werding, Andrea Jürgens, Laura Branigan, Rex Gildo, Heino, Engelbert (*"The Spanish Night Is Over"*). Erfolg als Sänger ab Ende der 70er Jahre, zunächst mit englischen, ab 1984 mit deutschen Titeln. Zahlreiche Auszeichnungen, Goldene Schallplatten. Inzwischen Inhaber von zwei Musikverlagen. Zwei Musiker aus seiner Begleitband wurden von ihm produziert und sind inzwischen als die "Wildecker Herzbuben" bekannt.
Als Sänger:
Mama Lorraine (1981); Am weißen Strand von San Angelo (1984); Sommernacht in Rom (1985);

Mädchen, Mädchen (1986); Die Sonne von St. Helena (1986); Sommer - Sonne - Cabrio (1989); Auf einer Wolke (1990); Heut' geht's uns gut (1990); Rosalie (1992)

Als Komponist:

Wenn and're schlafen (1980); Lieb' mich ein letztes Mal (1981); Mama Lorraine (1981); Ja, ja, die Katja (1981); Manuel Goodbye (1983); Am weißen Strand von San Angelo (1984); Flieg mit mir zu den Sternen (1984); Mütter, haltet eure Töchter fest (1990); Hallo, Frau Nachbarin (1990); Hurra, die Feuerwehr ist da (1991); Zwei Kerle wie wir (1991)

G. G. Anderson   Hansa

Andy & Bernd

deutsches Gesangsduo

Andreas Hocevar (* 04.08.1971 in Lörrach),
Bernd Hocevar (* 04.07.1967 in Lörrach)
Die beiden Brüder hatten schon als Kinder
Gesangs- und Stimmbildungsunterricht,

1978 wurde die erste Single produziert, seit 1981 regelmäßige Tourneen, 1990 Teilnahme am Grand Prix der Volksmusik.

Die Süße aus dem Sauerland (1990); Bussi Bussi (1990)

Angelo, Nino de (Domenico Gerhard Gorgoglione)
* 18.12.1963 in Karlsruhe
italienischer Schlager- und Rocksänger, Komponist, Texter
Wurde von Drafi Deutscher entdeckt und produziert. Seit Anfang der 80er Jahre mit Pop-Schlagern in Deutschland und Italien erfolgreich, mehrfach in den Hitlisten vertreten. Wandte sich zu Anfang der 90er Jahre Rock-orientierten Schlagern zu. Zahlreiche Auszeichnungen, Goldene Schallplatten.

Ich sterbe nicht nochmal (1983); Engel und Teufel, Luisa (1983); Jenseits von Eden (1983); Atemlos (1984); Doch Tränen wirst du niemals sehen (1987); Flieger (1989); Samuraj (1989); La Luna (1991); Vielleicht muß man erstmal durch die Hölle (1991)

Anka, Paul
* 30.7.1941 in Ottawa (Kanada)
kanadischer Schlager- und Popsänger, Komponist, Texter
Wurde im Alter von 16 Jahren mit dem selbstgeschriebenen Lied "*Diana*" zu einem der jüngsten Großverdiener des amerikanischen Showbusiness; schrieb u.a. für Frank Sinatra ("*My Way*"), ist Inhaber zahlreicher Musikverlage und Plattenfirmen. Produzierte in den 60er Jahren einige deutsche Schlager, auch im Duett mit Rita Pavone.

Diana (1958); Zwei Mädchen aus Germany (1964); Elisabeth (1965)

Ann & Andy
belgisch-deutsches Gesangsduo

Anne: Christiane Vogt-Ellis * 07.Juni in Antwerpen (Belgien);
Andy: Luigi Eckehard Pellicioni * 25. November in Halle.
Ann ist eine klassisch ausgebildete Pianistin, war u.a. im Orchester des Belgischen Rundfunks tätig. Andy floh Ende der 50er Jahre aus der damaligen DDR nach Düsseldorf. Beide waren Mitglieder des Günther-Kallmann-Chores und wurden als Duo von Hans Bertram entdeckt und produziert. Seit den 80er Jahren hauptsächlich im Bereich der volkstümlichen Musik erfolgreich.
Zigeunerwagen (1974); Mein Herz hat Feiertag (1974); Mondschein und Gitarren (1975); Ein Zigeuner und ein blondes Mädchen (1976); Gold und Silber (1989)

Anna-Lena
* 01.05.1944 in Stockholm
schwedische Sängerin
Studierte zunächst Soziologie; hatte schon in Schweden als Sängerin Erfolg, bevor sie 1962 ihre erste deutsche Schallplatte aufnahm. Startete eine zweite Karriere als Diskjockey beim Stockholmer Rundfunk.
Iwan Iwanowitsch (1962); Morgen hast du keine Sorgen (1964); Dein Herz, das muß aus Gold sein (1967); Bleib doch stehn (1967); Dein Glück ist mein Glück (1968); Alle Blumen wollen blühen (1968); Rot ist die Liebe (1969); Zum Weinen kein Talent (1969)

Anne-Karin (Anne Karin Meyer)
* 29. März in Elversberg/Saar
deutsche Sängerin, Liedermacherin, Moderatorin, Gitarristin
Diplomsportlehrerin. Produzierte 1972 ihre erste Schallplatte, seit 1973 in den Hitlisten vertreten; moderiert seit den 80er Jahren beim Südwestfunk Schlagersendungen. Lebensgefährtin des Nachrichtensprechers Jan Hofer.
Dreh dich weiter, Ballerina (1973); Junge, Jun-

ge, ich mag dich (1977); Er war da, als ich dich brauchte (1980); Zum ersten Mal in meinem Leben (1981); Hätt' ich's geahnt (1982)

Apolleon (Norbert Daum)
siehe Daum, Norbert

Apple, Jan (Günther Birner)
siehe Birner, Günther

Arland, Rolf (Hans Mühlbauer)
siehe Mühlbauer, Hans

Arnie, Ralf (Ps: Dieter Rasch)
* 14.02.1924 in Löhne, Westfalen
deutscher Komponist, Texter, Verleger
Zunächst Mitarbeiter der Verlage Sikorski und Ralph-Maria Siegel. Gründete 1960 einen eigenen Musikverlag unter seinem Namen. Schrieb u.a. für Demis Roussos, Vicky Leandros, Friedel Hensch und die Cyprys, Mieke Telkamp.
Ansonsten, Herr Lutter (1951); Tulpen aus Amsterdam (1956); Solang' die Sterne glüh'n (1957); Die Bouzouki klang durch die Sommernacht (1973); Schön wie Mona Lisa (1975); Vagabund der Liebe (1975)

Aroni, Hanna
israelische Schlager- und Popsängerin, Komponistin
War im Alter von 10 Jahren bereits ein Kinderstar in Israel. Landete mit "Eviva Espana" den deutschen Sommerhit des Jahres 1972.
Eviva Espana (1972); Hallelujah (1972)

Aschberger, Peter
* 12.10.1937 in München
deutscher Akkordeonspieler, Komponist, Produzent
Betätigt sich hauptsächlich auf dem Gebiet der volkstümlichen Musik. Gründete und leitete die Aschberger Musikanten und die

Peter Aschberger *Hohner*

Isartaler Buam.

Ascot, Norman
* 18.06.1946 in Berlin
deutscher Komponist, Texter, Produzent
Gelernter Kaufmann. Zunächst als Bandmusiker und Diskjockey tätig, seit 1972 freischaffend. Schreibt und produziert u.a. für Roland Kaiser, The Teens, Peter Petrel, Gunter Gabriel, Tina York, Western Union, Bernhard Brink, Mary Roos, Frank Zander, Tom Astor, Roger Whittaker.
Sieben Fässer Wein (1977); Wohin gehst du (1982); Sieben Jahre, sieben Meere (1991)

Assia, Lys
* 03.03.1926 in Hürlikon (Schweiz)
schweizerische Sängerin
Gesangsstudium in Zürich, wurde 1942 Miss Frankreich, danach Karriere als Sängerin. Gewann 1956 den Grand-Prix-Eurovision

mit dem Titel *"Refrain"*. Erhielt 6 Goldene Schallplatten, verheiratet mit Oscar Pedersen (ehem. dänischer General-Konsul). Betreibt seit ihrem Rückzug aus dem Showgeschäft mehrere Hotels.
O mein Papa (1954); Arrivederci Roma (1956); Was kann schöner sein (1957); Deine Liebe (1957); Wenn die Glocken hell erklingen (1960); Johnny, nimm das Heimweh mit (1961); Die Sterne von Syrakus (1962)

Tom Astor *Electrola*

Astor, Tom (Willi Bräutigam)
* 27.02.1943 in Schmallenberg
deutscher Sänger, Komponist, Texter, Produzent
Gilt als einer der profiliertesten Vertreter des Country & Western-Genres im deutschsprachigen Bereich.
Hallo, guten Morgen Deutschland (1984); Junger Adler (1990); Freunde (1990)

Astor, Willy
* 06.09.1961 in München
deutscher Sänger, Kabarettist, Komponist, Texter, Gitarrist, Autor
Der gelernte Werkzeugmacher und Maschinenbautechniker ist seit 1983 als Musiker aktiv. 1991 erhielt er den Nachwuchsförderpreis der Hanns-Seidel-Stiftung; ist Autor des Comedy-Hörspiels "Die Feuchtgrubers".

Ein Gewinn für die Menschheit (1992); Wenn Brooke schielt (1992)

Slavko Avsenik   Hohner

Willy Astor   *Jupiter*

Avsenik, Slavko
* 26.11.1929 in Begunje (Slowenien)
slowenischer Komponist, Ensemble-Leiter, Akkordeonspieler
Wurde 1955 von Fred Rauch entdeckt und ist seitdem in allen volkstümlichen Hitparaden vertreten. Komponierte zusammen mit seinem Bruder Vilko A. für seine "Original Oberkrainer" über 500 Titel; erhielt über 30 Goldene Schallplatten, 2 Platin-LP's, 1 Diamant-LP. Wirkte als Begründer des charakteristischen Oberkrainer-Sounds stilbildend.
Auf der Autobahn [Na avtocesti](1955); Trompeten-Echo [Na Galizi] (1955); In den Bergen [No Robleku Polka] (1957); Slowenischer Bauerntanz (1973); Hinter'm Hühnerstall (1974)

Aznavour, Charles (Charles Aznavourian)
* 22.5.1924 in Paris
französischer Chansonsänger, Komponist, Filmschauspieler armenischer Herkunft
War Sekretär und Pianist von Edith Piaf; begann seine Karriere mit einer One-Man-Show im Pariser "Olympia", schrieb über 600 Chansons und zahlreiche Filmmusiken, spielte in zahlreichen Filmen (u.a. "Schießen Sie nicht auf den Pianisten" 1960; "Die Blechtrommel" 1978; "Der Zauberberg" 1981; "Die Fantome des Hutmachers" 1982) mit.
Du läßt dich geh'n (1962)

Babs, Alice (Alice Sjöblom geb. Nilsson)
* 26.01.1924 in Stockholm
schwedische Sängerin
Sang neben Schlagern auch klassische Kompositionen und Jazz; war Mitglied des Trio Swedanes; trat u.a. mit Duke Ellington auf.
Ein Mann muß nicht immer schön sein (1955); Twiedle Die (1955); Chocolata (1956); Nur du, du, du allein (1959); Fräulein, pardon (1959)

Bach, Johnny
niederländischer Sänger
Seit Ende der 80er Jahre zunächst in Holland, seit Anfang 1991 auch in Deutschland mit romantischen Schlagern erfolgreich. Wurde von Walter Gerke entdeckt.
Gänsehaut (1991); Von jetzt an (1992)

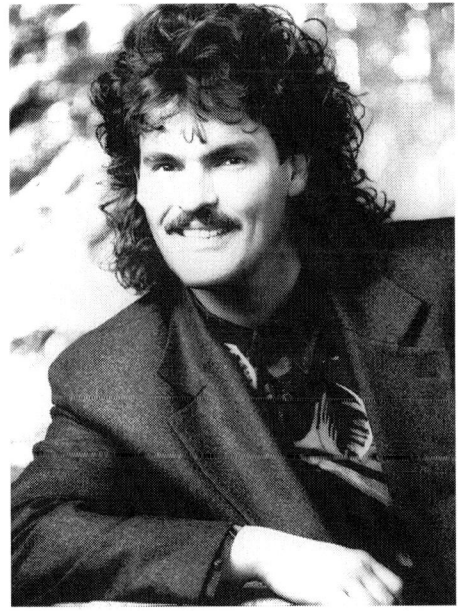

Johnny Bach   Polydor

Bach, Kristina
* 07. April in Mettmann
deutsche Sängerin
Absolvierte eine Gesangs- und Tanz-
ausbildung. Wurde Anfang der 80er Jahre von Howard O`Melley entdeckt und ist seitdem erfolgreich im Schlagerbereich tätig. Wurde u.a. mit dem Norddeutschen Schlagerpreis ausgezeichnet.
Heißer Sand (1984); Allein auf einem Stern (1985); Erst ein Cappuccino (1990); Antonio (1991); Alle Sterne von Athen (1991); Caballero, Caballero (1992)

Bach, Rainer
* 14.12.1947 in Bielefeld
deutscher Komponist, Sänger, Steel-Gitarrist, Pianist
War Mitglied der Band "Truck Stop". Tritt auch als Solist auf und bewegt sich im Grenzbereich zwischen Country & Western, Pop und Lied.
Ich möcht so gern Dave Dudley hör'n (1977); Old Texas Town, die Western-Stadt (1980); Der wilde, wilde Westen (1980); Sie hat geweint (1992); Auf meine Art (1992)

Bach, Vivi (Bak, Vivi)
* 03.09.1940 in Kopenhagen
dänische Sängerin, Filmschauspielerin, Kinderbuchautorin
Verheiratet mit dem Schauspieler Dietmar Schönherr. Startete ihre Karriere als Schlagersängerin; später auch Schauspielerin und TV-Moderatorin. Spielte in vielen deutschen Unterhaltungsfilmen mit, leitete Anfang der 70er Jahre mit ihrem Mann die Fernsehshow "Wünsch dir was".
Hey Vivi, Hey Gerhard [mit G. Wendland] (1963)

Bachmann, Erich (Ps: Piere Masens)
* 21.04.1926 in Pirmasens
Komponist, Arrangeur, Orchesterleiter
Musikstudium in Frankfurt (Klavier, Violine, Komposition). Leiter des "Orchester Erich Bachmann"; komponierte hauptsächlich Instrumentaltitel.

Gus Backus   *Venus e.V.*

Backus, Gus (Donald Edgar Backus)
* 12.09.1937 in New York
amerikanischer Sänger, Schauspieler
Studierte mehrere Semester Medizin. Hatte
mit seiner Band "The Del Vikings" 1957
zwei Top 10 Hits in den USA ("*Come go
with me*" und "*Whispering Bells*"). Kam
1957 während seiner Militärzeit bei US-
Air-Force nach Deutschland (Wiesbaden).
Heiratete in Deutschland. Sang deutsche
Texte mit unverwechselbarem Akzent.
Nahm über 50 Schallplatten auf, war
Moderator der Fernsehsendung "Party-Ge-
schichten". Spielte in mehreren Filmen mit.
Kehrte in den 70er Jahren in die USA
zurück, trat aber noch verschiedentlich in
Deutschland auf.
*Brauner Bär und weiße Taube (1960); Muß i
denn (1961); Da sprach der alte Häuptling
(1961); Auf Wiedersehn (1961); I bin a stiller
Zecher (1961); Der Mann im Mond (1961);
Sauerkraut Polka (1962); No Bier, no Wein, no
Schnaps (1962); Linda (1962); Das Lied vom
Angeln (1962); Das kleine Wunder vom großen
Glück (1962); Ein bißchen Denken beim Schen-
ken (1963); Er macht mich krank, der Mond-
schein an der Donau (1963); Mein Schimmel
wartet im Himmel (1963); Wenn doch jede
Woche mal der Erste wär' (1964); Bohnen in die
Ohr'n (1966)*

Bader, Ernst
* 07.06.1914 in Stettin
deutscher Texter, Schauspieler, Kabarettist
Studierte an der Schauspielschule in Berlin.
Hatte Engagements in Berlin, München,
Paris und Wien. Ließ sich 1958 als selbständiger Autor in Hamburg nieder.
*Über's Jahr, wenn die Kornblumen blühen
(1951); Tulpen aus Amsterdam (1956)*

Baginsky, Gaby
* 21.02.1954 in Rheine (Westfalen)
deutsche Sängerin
Studierte Musik, nahm außerdem Unter-

richt in Choreographie und Sprech-
erziehung. Schaffte den Durchbruch mit
"*Häng' die Gitarre nicht an den Nagel*",
war seitdem regelmäßig in den deutschen
Hitparaden vertreten. Seit 1991 singt sie
auch mit Gino D´Oro im Duo. Sie eröffnete
mit ihrer Schwester eine Boutique in Moskau.

Gaby Buginsky   *Koch*

*Der kluge Mr. Edison (1970); Häng' die Gitarre
nicht an den Nagel (1975); Der Mann meiner
Wünsche und Träume (1976); Ich bin mehr für
das Meer (1976); Diebe kommen am Abend
(1977); Mein Charly ist Klasse (1977); Mein
Freund Joe (1978); Der Rum von Barbados
(1979); Manos Arriba (1982); Signore, Signore
(1989); Ruf mich an (1989); Wenn du willst
gehör ich dir (1990); Ti Amo, Ti Amo [mit Gino
D´Oro] (1992); Wohin gehst Du heut' Nacht
[mit Gino D'Oro] (1992)*

Balder, Hugo Egon

* 22.05.1950 in Berlin
deutscher Sänger, TV-Moderator
Wurde Mitte der 80er Jahre zunächst als
Schlagersänger bekannt. Übernahm später
die Leitung der Fernsehshows "Tutti Frutti"
und "Alles nichts, oder?"
Erna kommt (1984)

Balz, Bruno

* 06.10.1902 in Berlin
+ 14.03.1988 in Bad Wiessee
deutscher Textdichter
Schrieb die Texte für zahlreiche Evergreens
und Film-Schlager. Arbeitete mit vielen
bedeutenden Komponisten zusammen, u.a.
mit Franz Doelle, Robert Stolz und Michael
Jary. Interpreten seiner Lieder waren Rudi
Schuricke, Vico Torriani, Gerhard
Wendland, Zarah Leander, Heinz Rühmann,
Bruce Low, Evelyn Künneke, Bully Buhlan,
Rosita Serrano, Heidi Brühl u.v.a.m.
*An einem Tag im Frühling (1933); Kleine Möwe,
flieg nach Helgoland (1934); Wie ein Wunder
kam die Liebe (1935); Auf der Heide blüh'n die
letzten Rosen (1936); Der Wind hat mir ein Lied
erzählt (1937); Ich brech' die Herzen der stolzesten Frau'n (1938); Roter Mohn (1938); Kann
denn Liebe Sünde sein (1938); Das kann doch
einen Seemann nicht erschüttern (1939); Am
Montag fängt die Woche an (1940); Junger
Mann im Frühling (1940); Er heißt Waldemar
(1940); Das wird ein Frühling ohne Ende (1941);
Du und ich im Mondenschein (1941); Davon
geht die Welt nicht unter (1942); Ich weiß, es
wird einmal ein Wunder gescheh'n (1942); Berlin bleibt doch Berlin (1949); Winke, winke
(1950); Leise rauscht es am Missouri (1950);
Das machen nur die Beine von Dolores (1951);
Mäcki-Boogie (1952); Es liegt was in der Luft
(1954); Die Bar von Jonny Miller (1955); Wir
wollen niemals auseinandergeh'n (1960)*

Banjo Boys

siehe Jan & Kjeld

Baptiste, Mona

* 21.06.1928 auf Trinidad
Sängerin, Schauspielerin
Feierte ihre größten Erfolge Mitte der 50er
Jahre als Duo Partnerin von Bully Buhlan.
*Es liegt was in der Luft (1954); Oh Jackie Joe
(1956)*

Barry, Jeff

* 03.04.1939 in Brooklyn/New York
amerikanischer Komponist, Texter
Komponierte u.a. für Gitte Haenning.
So liebst nur du (1984)

Bauer, Alfons (Ps: Fritz Kraus)

* 13.05.1920 in München-Freundorf
deutscher Komponist, Zither-Spieler, Produzent
Nahm im Alter von 15 Jahren bereits seine
erste Schallplatte auf. Erlernte zunächst
den Beruf des Mützenmachers, studierte
anschließend am Konservatorium in München Klavier und Tonsatz. Hatte bereits
1953 eine Million Schallplatten verkauft.
Gründete die Plattenfirma "Isarton" und
war seitdem auch als Produzent im Bereich
der volkstümlichen Musik tätig, u.a. für
Maria und Margot Hellwig, Hansl Krönauer,
Esther Egli. Komponierte über 200 Zither-
Stücke; zahlreiche Auszeichnungen
(u.a. Hermann-Löns-Medaille).
*Grüß mir mein München (1945); Weiß Blau
(1945); Blumen aus Bayern (1948); Bayerische
Heimat (1956); Köhlerliesel (1957); Ferien
Polka (1963)*

Bauer, Rudi

* 23.01.1932 in München
deutscher Komponist, Produzent, Pianist,
Percussionist
Seit 1950 als Pianist und Arrangeur u.a. für
Christian Bruhn und Werner Scharfenberger
tätig. Schrieb seit den 60er Jahren u.a. für
Alexandra, Ivan Rebroff, Su Kramer, Anne

Karin. Gründete das Munich Sound Orchestra. Seit den 80er Jahren hauptsächlich im Bereich der volkstümlichen Musik tätig (Patrizius, Hansl Krönauer).

Sehnsucht [Lied der Taiga] (1968); Erstes Morgenrot (1969); Glaub an dich selbst (1972); Traummelodie für zwei (1972); Mit der Troika in die große Stadt (1973); Wie das Wasser, so fließt die Zeit (1975)

Bauer, Uschi (Uschi Remmelt geb. Bauer)
* 01.10.1950 in München
deutsche Sängerin
Die gelernte Kontoristin und Stenotypistin arbeitete zunächst als Sekretärin. Studierte am Münchener Konservatorium Klavier. Begann ihre Karriere als Sängerin im Chor einer Big-Band. Beteiligte sich 1987 und 1988 erfolgreich beim Grand Prix der Volksmusik, ist seitdem als Interpretin in diesem Genre erfolgreich.

Uschi Bauer   east west

Hand auf's Herz (1987); I bin a Wetterfrosch (1988); Ave Maria-Die kleine Bergkirche (1987); Heut ist der Tag der guten Laune (1988)

Bäumler, Hans-Jürgen
* 28.01.1942 in Dachau
deutscher Sänger, Schauspieler, Eiskunstläufer, TV-Moderator
War mit Marika Kilius mehrfach Deutscher Meister im Paarlauf, später Europameister und Vize-Olympiasieger. Drehte mehrere Filme ("Eisoperetten") mit Marika Kilius (u.a. "Im weißen Rössl" 1969 und "Die Maske in Blau" 1970). Moderiert Quiz-Sendungen im deutschen Fernsehen.

Eine Träne unter 1000 (1964); Wunderschönes fremdes Mädchen (1964); Aber mein Herz ist allein (1964); Sorry Little Baby (1965); Einmal gibt's ein Wiedersehn (1965)

Bause, Arndt (Foto siehe S. 68)
* 30.11.1936 in Leipzig
deutscher Komponist, Produzent, Arrangeur, Pianist
Arbeitete nach einer Glasbläserlehre ab 1962 als Musiker, Komponist, Arrangeur und Produzent. Studierte ab 1968 Musik und Komposition in Leipzig. Schrieb ein Musical ("Gesang der Grille"), 24 Filmmusiken (für DEFA-Trickfilme) und ca. 1200 Schlagertitel für die Spitzeninterpreten der ehemaligen DDR u.a. für Jürgen Walter, Monika Herz, Helga Hahnemann, Wolfgang Lippert, Frank Schöbel sowie für seine Tochter Inka. Seine LP "Sing, mei Sachse sing" gilt als eine der meistverkauften Schallplatten in der ehemaligen DDR (über 600.000 Stück). Gilt nach einer Erhebung der AWA ("Anstalt zur Wahrung der Aufführungsrechte auf dem Gebiet der Musik") als der erfolgreichste Schlagerkomponist der damaligen DDR.

Gold in deinen Augen (1971); Dreh dich nicht mehr um (1974); Siebenmal Morgenrot (1979);

Sing, mei Sachse sing (1979); Jetzt kommt dein Süßer (1982); Spielverderber (1984); Es ist Sommer (1986); Singen macht Laune (19##); Erna kommt (1984); Man lernt nie aus (1984);

Bause, Inka
siehe Inka

Bayer, Thommie
* 22.04.1953 in Esslingen
deutscher Rock-Poet, Liedermacher, Komponist, Gitarrist, Buch-Autor, Maler
Studierte an der Kunstakademie in Stuttgart. Gründete mit Günther Tomaske das Folk-Duo "Thommie & Tomaske". Ab 1977 arbeitete er mit den Textern Thomas C. Breuer und Bernhard Lassahn zusammen, gründete 1979 die Thommie Bayer Band.
Der letzte Cowboy (1979); Ich hol dir keine Sterne mehr vom Himmel (1978); Rita (1985)

Bécaud, Gilbert (Francois Leopold Silly)
* 24.10.1927 in Toulon (Frankreich)
französischer Chansonnier, Komponist, Texter, Schauspieler
Absolvierte ein Klavierstudium an Konservatorien in Nizza und Toulon. War von 1946 - 1948 als Barpianist in Paris tätig. "Monsieur 100.000 Volt" wurde 1952 von Edith Piaf entdeckt und hatte 1953 seinen ersten Auftritt im Pariser "Olympia". Unternahm zahlreiche Tourneen durch Europa und Amerika. Trat seit 1955 auch als Schauspieler hervor. Komponierte über 400 Chansons (darunter einige Welthits), ferner auch Filmmusiken, eine Oper und ein Musical. Seine Lieder wurden u.a. von Dalida (*"Am Tag als der Regen kam"*), Marlene Dietrich (*"Marie-Marie"*) und Edith Piaf gesungen. Bécaud erhielt zahlreiche Auszeichnungen (u.a. 1973 Bundesverdienstkreuz, 1974 Ritter der Ehrenlegion).
Nathalie (1965); Überall blühen Rosen (1967);

Die Insel Nirgendwo (1978)

Becce, Giuseppe
* 03.02.1887 in Longino (Italien)
+ 05.10.1973 in Berlin
italienischer Komponist
Studierte in Berlin u.a. bei Busoni und Nikisch Musik (Promotion zum Dr. phil.). Blieb anschließend in Berlin, schrieb Opern, Operetten, Filmmusiken (u.a. für zahlreiche Filme von und mit Luis Trenker) und etliche Schlager. Veröffentlichte außerdem ein "Allgemeines Handbuch der Filmmusik".
Wir Kameraden der Berge [a.d. Film "Der Sohn der weißen Berge"] (1930); Holzhackerlied [Die allerlustigsten Leut' , a.d. Film "Der verlorene Sohn"] (1934); Serenata siciliana (1951); Souvenir de Capri (1974)

Becht, Erich
* 20.01.1926 in Frankfurt/Main
deutscher Pianist, Komponist, Interpret, Arrangeur, Orchesterleiter
Arbeitete nach der Rückkehr aus amerikanischer Kriegsgefangenschaft von 1948 - 1950 als Pianist und Arrangeur bei Kurt Edelhagen. War danach als freischaffender Arrangeur und Komponist tätig. Komponierte u.a. für Udo Jürgens, Heino & Hannelore, Bibi Johns, Caterina Valente, Willy Schneider. Hat sich inzwischen auch als Orchesterleiter im Bereich der volkstümlichen Musik einen Namen gemacht. Zahlreiche TV-Auftritte; eine Platin- und sieben Goldene Schallplatten, Hermann-Löns-Medaille, Robert Stolz Plakette.
Junggesellen mußt du Fallen stellen (1969); Blau blüht der Enzian (1971); Mohikana Shalali (1971); Als wär alles erst gestern gescheh'n (1985)

Becker, Werner (Ps: Anthony Ventura)
siehe Ventura, Anthony

Beckmann, Hans-Fritz (Foto siehe S. 24)
* 06.01.1909 in Berlin
+ 05.04.1974 in München
deutscher Texter, Kabarettist, Drehbuchautor
War als Eintänzer, Conferencier und Kabarettist tätig, bis er von Theo Mackeben 1934 entdeckt wurde. Arbeitete anschließend mit Peter Kreuder und Friedrich Schröder zusammen. In den 50er und 60er Jahren war er hauptsächlich mit Filmsynchronisationen beschäftigt. Viele seiner Titel wurden zu Evergreens.
So oder so ist das Leben (1934); Ich wollt', ich wär ein Huhn (1936); Ich tanze mit dir in den Himmel hinein (1937); Bel ami (1939); Goodbye, Jonny [Leb wohl, Peter] (1939); Auf dem Dach der Welt (1939); Musik, Musik, Musik [Ich brauche keine Millionen] (1939); Bei dir war es immer so schön (1940); Ein Senor und eine schöne Senorita (1940); Man müßte Klavier spielen können (1941); Frauen sind keine Engel (1943); Lieber Gott, laß die Sonne wieder scheinen (1953)

Beda (Fritz Löhner)
* 24.06.1883 in Wildenschwert (Böhmen)
+ im Dezember 1942 im KZ Auschwitz
österreichischer Texter
Absolvierte ein Jura-Studium in Wien. War danach zunächst als Theater-Dramaturg, später als Operettenlibrettist und Schlagertexter tätig. Er arbeitete u.a. mit Franz Lehár ("Land des Lächelns" 1929; "Giuditta" 1934; "Friederike" 1928) und Paul Abraham ("Victoria und ihr Husar" 1930; "Ball im Savoy" 1932) zusammen. Beda, dessen zahlreiche Evergreens nicht an einen bestimmten Stil gebunden waren, sondern vom Nonsense-Schlager bis zur Operettenarie alle stilistischen Facetten der 20er Jahre abdeckten, gehört zu den bedeutendsten Textautoren der deutschen Schlagergeschichte.

Ausgerechnet Bananen (1923); Was machst du mit dem Knie, lieber Hans (1925); Ich hab' mein Herz in Heidelberg verloren (1925); Reich mir zum Abschied noch einmal die Hände (1930); Blume von Hawaii (1931); Wir singen zur Jazzband (1931); Du traumschöne Perle der Südsee (1933); Freunde, das Leben ist lebenswert (1934)

Beel, Bert
* 01.12.1947 in Berlin
deutscher Sänger, Entertainer
Hör mir zu [das wünsch'ich dir] (1983); Sommer, Sonne, Strand und Meer (1987); Himmel vorhanden, Engel gesucht (1992)

Behrle, Günther
Texter, Komponist
Löste mit seinem Superhit "*Patrona Bavariae*" Ende der 80er Jahre den Beginn des Volksmusik-Booms in den deutschsprachigen Ländern aus. Schrieb u.a. auch für Bata Illic, Peter Alexander, Chris Roberts, Naabtal Duo.
Irgendwo brennt für jeden ein Licht (1973); Schwarze Madonna (1973); Ich möcht der Knopf an deiner Bluse sein (1976); Wann liegen wir uns wieder in den Armen (1977); Und manchmal weinst du sicher ein paar Tränen (1979); Patrona Bavariae (1988)

Beil, Peter (Tom Karrasch)
* 09.07.1937 in Hamburg
deutscher Sänger, Trompeter, Komponist, Bandleader
Absolvierte ein Trompetenstudium am Konservatorium und an der Musikhochschule in Hamburg. Wurde 1958 von Peter Frankenfeld in der Show "Toi, toi, toi" vorgestellt. Er erhielt eine Auszeichnung von Leonard Bernstein für die beste internationale Version des Titels *"Maria"*. Sein Produzent war zeitweilig Hans Blum. Unter dem Pseudonym "Ricky Boys" veröffent-

lichte er Anfang der 60er Jahre Schallplatten, auf denen er im "Multiplayback-Verfahren" mehrere Stimmen sang. Er war 1984 Mitglied des wieder gegründeten Hazy Osterwald Orchesters, z.Zt. spielt er im Duo mit dem Organisten Franz Lambert. Bisher veröffentlichte er ca. 50 Singles und ca. 10 LP´s.

Als Sänger:
Corinna, Corinna (1961); Carolin, Carolina (1962); Dein Zug fährt durch die Nacht (1963); Kleine Nervensäge, Monika (1963); Fremde in der Nacht (1966)

Als Komponist:
Der Blitz schlug ein (1969); Meinen Namen sollst du tragen (1969)

Bell, Marc
* in Götzis (Österreich)
österreichischer Sänger, Komponist
Autodidakt, nahm 1987 seine erste Langspielplatte auf.
Sag nochmal ich liebe dich (1987); Tschau, Tschau My Love (1987); Ich heb ab (1990)

Bella Vista　　　　　　　*toi, toi, toi*

Bella Vista
deutsches Gesangsduo
Petra Winkler (* 05.03.1968 in Essen), Michael Marin (Thomas Jünger, * 28.12.1966 in Witten). Das Duo wurde von Peter Sebastian entdeckt und produziert.

Die Stunde der Wahrheit (1991); Und wenn die Zeit auch schnell vergeht (1992); Es geht alles mal vorüber (1992)

Benatzky, Ralph (Rudolph)
* 05.06.1884 in Märisch-Budwitz
* 16.10.1957 in Zürich
österreichischer Komponist, Textdichter
Studierte Musik in München. Ging 1926 nach Berlin, 1940 nach Hollywood, lebte ab 1948 in Zürich. Schrieb zahlreiche Chansons, Lieder, Filmmusiken, Opern und Operetten, u.a. "Ich muß wieder einmal in Grinzing sein" (1915); "Casanova" (1928); "Im weißen Rössl" (1930); "Meine Schwester und ich" (1930); "Ein bezauberndes Fräulein" (1933).

a.d. Spiel mit Musik "Die drei Musketiere"(1929): Drei Musketiere
a.d. Singspiel "Im weißen Rössl" (1930): Es muß was Wunderbares sein, von dir geliebt zu werden; Im Salzkammergut; Im weißen Rössl am Wolfgangsee; Und als der Herrgott Mai gemacht
a.d. Spiel mit Musik "Meine Schwester und ich" (1930): Mein Mädel ist nur eine Verkäuferin
a.d. musikal. Lustspiel "Bezauberndes Fräulein" (1933): Ach, Luise; Was hast du schon davon, daß ich dich liebe
a.d. Film "Zu neuen Ufern" (1937): Tiefe Sehnsucht

Bendix, Ralf (Dr. Karl-Heinz Schwab)
* 16.08.1924 in Essen
deutscher Sänger, Produzent, Komponist, Texter
Nach einem kaufmännischen Studium war er Leiter des Düsseldorfer Büros der "Trans-World-Airlines". Kam durch einen gewonnenen Wettbewerb zu seinem ersten Plattenvertrag bei der Firma Electrola. Er erhielt für den *"Babysitter-Boogie"* (1961) eine Goldene Schallplatte und trat bereits 1955 in den USA auf. Er war auch als

Produzent sehr erfolgreich (u.a. mit seiner Entdeckung Heino). Er versuchte Ende der 70er Jahre ein Comeback mit "*Mein Freund Meier, mein Freund Lehmann und ich*" und "*Ich schaff die Kohlen schon ran*".
Sie hieß Mary-Ann (1956); Minne Minne Haha (1956); Wo meine Sonne scheint (1957); Buona Sera (1958); Bambina (1958); Come prima (1958); Tschau Tschau Bambina (1959); Kriminal Tango (1959); Babysitter Boogie (1961); Striptease Susi (1962); Schaffe, schaffe Häusle baue (1964); Maria Helen (1974)

Bendt, Oliver (Jürgen Koch)
* 29.10.1946 in Potsdam
deutscher Sänger, Komponist, Texter
War mehrere Jahre Mitglied der Regensburger Domspatzen. Spielte als Kind in den Filmen "Königswalzer" und "Weil du arm bist, mußt du früher sterben" mit. Studierte nach einer Lehre als Repro-Photograph in Hamburg und London Musik. Spielte eine Rolle bei der deutschen Aufführung des Musicals "Hair". War auch als Sportler erfolgreich (3. Platz bei den deutschen Kunstturnmeisterschaften der Junioren im Olympischen Zwölfkampf).
Was ich tat, tat ich nur für Maria (1971); Amarillo (19##); Mein Lied für Maria (1976)

Benny (Jürgen Schnier)
* 28.04.1957 in Rahden/Westfalen
deutscher Sänger, Schauspieler, Moderator
Wurde 1974 von Frank Farian entdeckt und trat danach auch als Schauspieler ("Popcorn und Himbeereis") in Erscheinung. 1981 wurde er Nachfolger von Thomas Gottschalk Moderator der Sendung "Pop nach 8" beim Bayerischen Rundfunk.
Du bist sechzehn (1974); Amigo Charly Brown (1976); Bin wieder frei (1978); Skateboard (1978)

Berbuer, Karl
* 26.07.1900 in Köln
+ 17.11.1977 in Köln
deutscher Komponist, Texter, Sänger
Erlernte zunächst das Bäckerhandwerk (Meisterprüfung). Kam 1919 als Laienschauspieler an die Schneider-Clauss Bühne und war ab 1924 im Kölner Karneval aktiv. Erhielt zahlreiche Auszeichnungen; in Köln errichtete man ihm ein Denkmal.
Heidewitzka, Herr Kapitän (1936); Das kannst du nicht ahnen (1938); O Mosella (1947); Trizonesien-Song (1948)

Berg, Jörg Maria
* 24.09.1930 in Schönbühel/Donau
österreichischer Sänger, Schauspieler
Zwei weiße Möwen (1955); Die Matrosen der Santa Isabella (1956); Es leuchtet das Kreuz des Südens (1957); Sieben Berge, sieben Täler [mit Ernie Bieler] (1957); Baby, ich schieß dir einen Teddybär (1958); Patricia (1958)

Berg, Melitta
deutsche Sängerin
Nur du, du, du allein (1959); Eine Rose aus Santa Monica (1960)

Berg, Tanja (Ute Kannenberg)
* 11.09.1945 in Berlin
deutsche Sängerin
Absolvierte ein Gesangs-, Tanz- und Schauspielstudium in Berlin. Sie wurde danach von Jack White entdeckt und produziert.
Ich hab' dir nie den Himmel versprochen (1972); Die nächste Liebe kommt bestimmt (1972)

Berger, Albin (Ps: Chris Manoa)
* 03.07.1955 in Friedrichshafen
deutscher Sänger, Komponist, Texter, Produzent
Studierte am Konservatorium in Bregenz (Trompete, Klavier, Gitarre, Keyboards),

War fünf Jahre lang Sänger der Flippers, startete danach erfolgreich eine Solo-Karriere.
Wenn deine Augen lügen (1989)

Albin Berger *Titan-Records*

Cindy Berger *Koch*

Berger, Cindy
siehe auch Cindy & Bert
Und leben will ich auch (1988); Bleib heut bei mir [mit Roger Whittaker (1988); Nie allein (1991); Ein Lied für Rom (1991); Herz unter Strom (1992)

Berger, Gaby
* 14.01.1952 in Überlingen/Bodensee
deutsche Sängerin
Sang bereits als 14-jährige in einer Schülerband, wurde später in der Fernsehsendung "Talentschuppen" entdeckt. Zeitweise war Giorgio Moroder ihr Produzent.
Wenn einer dir tausend Küsse verspricht (1969); Zwei Karten für's Kino (1971); Manolito (1970); Rot wie Kirschen (19##);

Berger, Norbert
* 12.09.1945 in Völklingen
siehe auch "Cindy & Bert"
Industriekaufmann, seit 1971 hauptberuflich als Musiker tätig, eigener Musikverlag, eigenes Tonstudio, arbeitet auch als Texter, Komponist und Produzent.
Sonne für dich (1975); Rosen aus Rhodos (1977)

Olaf Berger *via Ingrid Reith*

Berger, Olaf
* 24.12.1963 in Dresden
deutscher Sänger

Hatte nach einer KFZ-Mechaniker-Lehre erste Erfolge in der Band seines Vaters Lothar B. ("Virginias"). Er gewann 1985 einen Talentwettbewerb in Dresden, 1987 war er Jahressieger der DDR-Hitparaden; zahlreiche Auszeichnungen (u.a. Goldene Stimmgabel).

Nonstop ins Paradies (1990); Feuervogel (1990); Die ersten Tränen trocknen nie (1991); Geheime Zeichen (1992)

Berghagen, Lars
* 13.05.1945 in Stockholm
schwedischer Sänger, Komponist, Texter
War bereits 1965 in Schweden ein sehr erfolgreicher Sänger, der einen großen Teil seines Repertoires selbst komponierte und textete; er hatte eigene TV-Shows in Schweden. In Deutschland wurde er zunächst durch seine Zusammenarbeit mit Wencke Myhre bekannt, danach kam er auch als Einzelinterpret zu Erfolg.

Es war einmal eine Gitarre (1975); Caballero (1975)

Berking, Willy
* 22.06.1910 in Düsseldorf
+ 21.05.1979 in Frankfurt/Main
deutscher Komponist, Posaunist, Orchester-leiter
Studierte Klavier, Posaune, Harmonielehre und Komposition. War ab 1930 Musiker bei bekannten Orchestern und Big Bands (u.a. Heinz Wehner und Hans Rehmstedt). Er leitete ab 1938 eine eigene Band in Berlin. 1946 gründete er das Tanzorchester des Hessischen Rundfunks; er schrieb zahlreiche Schlager u.a. für Udo Jürgens und Willy Hagara.

Warum nur, warum? (1941); Barbara, Barbara, komm mit mir nach Afrika (1949); Zauber von Paris (1951); Du hast so wunderschöne blaue Augen (1952); Vagabundenlied (1953); Eine Kutsche voller Mädel (1955); Fridolin, ich

hab' nichts anzuzieh'n (1956)

Berlipp, Friedel (Ps: Berry Lipman)
* 11.01.1921 in Burgdorf
deutscher Orchesterleiter, Komponist, Arrangeur, Produzent
Absolvierte ein Musikstudium am Konservatorium in Hannover. War von 1940 bis 1942 beim Luftwaffen-Musik-Korps Oldenburg, 1945 am dortigen Staatstheater tätig. 1967 gründete er das Berry-Lipman-Orchester, begleitete und produzierte zahlreiche Unterhaltungskünstler. Auszeichnungen, Goldene Schallplatten.

La Parranda (1971); The Girls from Paramaribo (1971); Berry's Joke (1973); Panamericana (1976)

Bern, Ben (Gerhard Winkler)
siehe Winkler, Gerhard

Bernadette
* 11. Februar in Landshut
deutsche Sängerin

Bernadette   Jupiter

Die ehemalige Arzthelferin ist seit Anfang der 90er Jahre im Bereich des volkstümlichen Schlagers erfolgreich.
Herzipopperl (1991); Wir zwei hätten heiraten sollen (1992)

Bernauer, Ludwig (Luigi)
+ 22.01.1945
deutscher Komponist, Texter
Mein Bruder macht im Tonfilm die Geräusche (1930); In meiner Badewanne bin ich Kapitän (1937)

Bertelmann, Fred
* 07.10.1925 in Duisburg
deutscher Sänger, Schauspieler, Texter, Gitarrist, Trompeter
Verheiratet mit der Filmschauspielerin Ruth Kappelsberger. Bekam seine Ausbildung zum Schauspieler und Sänger am Konservatorium in Nürnberg und an der

UFA-Schauspielschule. Seit den 50er Jahren ist er mit volkstümlichen Schlagern erfolgreich. Von seiner Version des amerikanischen Schlagers "*Dillo Gitarra*" wurden als "*Der lachende Vagabund*" über 1 Million Platten verkauft.
In Hamburg sind die Nächte lang (1955); Tina Marie (1955); Meine kleine süße Susi (1956); Der lachende Vagabund (1957), Ich bin ja nur ein Troubadour (1958); Aber du heißt Pia (1958); Ihr zartes Lachen (1959)

Bertram, Lili (Ps: Lilibert)
siehe Lilibert

Best, Elke (Elke Droßard)
* 18.12.1956 in Duisburg
deutsche Sängerin
Sang 1972 bis 1974 bei der Kölner Band "Sandwich" (die späteren Bläck Fööss). Sie wurde zunächst von Peter Maffay und Mi-

Fred Bertelmann (mit Conny Froboess)   *Venus e.V.*

chael Kunze, später von Gunter Gabriel produziert.
Du bist die erste Liebe (19##); Hey, Mr. Musicman (1975); Die Babies krieg immer noch ich (1976); Fang mich (1977)

Bette, Karl
* 29.11.1916 in Köln
deutscher Komponist
Schloß sein Studium mit dem Konzertmeisterexamen ab. Schrieb Musik zu ca. 70 Filmen, u.a. "Charley's Tante"; "Frosch mit der Maske"; "Das unsichtbare Netz"; "Frau im Mond"; "Wo der Wildbach rauscht"; "Gruß und Kuß vom Tegernsee".
Bitte, bitte, lieber Geiger (1942); Zum Abschied reich' ich dir die Hände (1942); Ich wünsch' dir einen schlaflosen Abend (1950); Wo der Wildbach rauscht (1953); In Hamburg sind die Nächte lang (1955)

Beyer, Hans Jürgen
* 28.07.1949 in Leipzig
deutscher Sänger
Mitglied des Thomaner Chores, studierte von 1970 bis 1974 an der Musikhochschule in Leipzig Gesang. War ab Mitte der 70er Jahre als Sänger erfolgreich, siegte 1976 mit dem Titel "*Alles blüht*" und 1978 mit "*Augenblick der Ewigkeit*" beim Worldsong Festival in Tokio.
Alles blüht (1976); Augenblick der Ewigkeit (1978); Tag für Tag (1974)

Bianca (Herlinde Grobe)
* 05. Oktober in Hausen bei Offenbach
deutsche Sängerin, Komponistin, Texterin
Nach einer Lehre als Feintäschnerin wandte sie sich der Musik zu (Tanzausbildung). Erste größere Erfolge hatte sie beim Grand Prix der Volksmusik 1989 und 1990. Sie komponierte u.a. für Edith Prock, Heino und Uschi Bauer.

Bianca   *Ariola*

Als Sängerin:
Die Rosen der Madonna (1989); Hörst du die Glocken von Stella Maria (1989)
als Komponistin:
Zaubersee (1986); Lieder der Berge (1986); Die Rosen der Madonna (1989); Hörst du die Glocken von Stella Maria (1989)

Bianco, Marc
* 21.03.1967 in Passau
deutscher Sänger
Wurde nach einer kaufmännischen Lehre und einer Ausbildung zum Steuerfachgehilfen zum Sieger bei zahlreichen Nachwuchs- und Talentwettbewerben. Seitdem ist er hauptberuflich als Sänger tätig, lebt in München.
Das Glück ist so scheu wie a Nachtigall (1991); Ich schwing in meiner Hängematte (1992)

Marc Bianco DA

Bieler, Ernie
* 18.05.1925 in Wien
deutscher Sänger
Laß die Welt darüber reden (1956);
Mauerblümchen (1957); Sieben Berge, sieben
Täler (1957)

Birner, Günter (Ps: Jan Apple)
* 27.11.1937 in Selb
deutscher Komponist
Besuchte 1956 bis 1961 das Konservatorium
in Berlin, ist seitdem selbständiger Musiker
und als Mitarbeiter zahlreicher Musik-Ver-
lage tätig.
Schade, schade, schade (1961); Im kleinen Dorf
am Rio Grande (1962); Es kommt alles einmal
wieder (1964); Ich geh durch den Regen (1965);
Gestern um dreiviertelzehn (1965)

Bjelke, Ernst (Ps: Bruce Low)
siehe Low, Bruce

Bläck Fööss
Kölner Band
Anfang der 70er Jahre unter dem Namen
"Sandwich" gegründet.Mitglieder sind
Tommy Engels (* 1949 in Köln [Schlag-
zeuger]); Peter Schütten (* 1945 in Köln
[Sänger]); Erry Stocklosa (* 1945 in Köln
[Sänger, Gitarrist]). Zunächst bei Veran-
staltungen im Rahmen des Kölner Karne-
vals überregional bekannt geworden. Ab
Anfang der 80er Jahre mehrfach in den
Hitparaden vertreten.
Katrin (1984); Frankreich, Frankreich (1985);
Bye Bye My Love (1985); Du bes zu schön
(1987); Männer (1989)

Black, Roy (Gerd Höllerich)
* 25.01.1943 Straßberg bei Augsburg
+ 09.10.1991 Heldenstein in Oberbayern
deutscher Sänger, Schauspieler
Roy Black, das Idol einer ganzen Generation von Schlagerfreunden und Hauptvertreter
der sogenannten "Weichen Welle", war einer der erfolgreichsten und über die Jahre
beständigsten Künstler des deutschen
Nachkriegsschlagers. Innerhalb von 25 Jahren verkaufte er über 8 Millionen Singles
und 2 Millionen LP's. Bereits als Schüler
war er Mitglied einer Rock´n´Roll Band,
die 1964 unter dem Namen "The Canons"
einen Talentwettbewerb gewann. 1965 hatte sich Roy Black, der eigentlich Beat-
Sänger werden wollte, bereits von "Beat auf
Sweet" umgestellt und arbeitete mit dem
Komponisten Henry Arland und dem Produzenten Hans Bertram zusammen ("*Du
bist nicht allein*" und "*Ganz in Weiß*"). Roy
Black kam mit "*Irgendjemand liebt auch
dich*" 1966 bei den Deutschen
Schlagerfestspielen in Baden-Baden auf
Platz 3 und war bis in die 70er Jahre regelmäßig auf den Spitzenpositionen der deutschen Hitparaden zu finden. Persönliche
Probleme hinderten ihn später immer wie-

Roy Black   Polydor

Bläck Fööss   set

der daran, ein großes Comeback zu schaffen, bis er bei der RTL-Serie "Ein Schloß am Wörthersee" eine Hauptrolle bekam. Black spielte in mehreren Filmen und TV-Serien mit, u.a. "Immer Ärger mit den Paukern", "Unser Doktor ist der Beste", "Hilfe, ich liebe Zwillinge".

Du bist nicht allein (1965); Ganz in Weiß (1965); Leg dein Herz in meine Hände (1966); Irgendjemand liebt auch dich (1966); Frag nur dein Herz (1966); Goodnight My Love (1967); Meine Liebe zu dir (1967); Bleib bei mir (1968); Wunderbar ist die Welt (1968); Ich denk an dich (1968); Das Mädchen Carina (1969); Dein schönstes Geschenk (1969); Wenn du bei mir bist (1970); Ich hab' geträumt, das Glück kam heut' zu mir (1970); Für dich allein (1970);

Schön ist es auf der Welt zu sein (1971); Eine Rose schenk ich dir (1972); Liebt er dich, wie ich dich liebe (1976); Sand in deinen Augen (1977); Wilde Kirschen blühen früh (1983); In Japan geht die Sonne auf (1986)

Blanco, Roberto (Roberto Zerguera)
* 07.06.1937 in Tunis (Tunesien)
deutscher Sänger, Schauspieler, Entertainer kubanischer Herkunft
Der Sohn eines Entertainer-Ehepaars verbrachte seineSchulzeit in Beirut und begann ein Medizinstudium in Madrid. 1957 spielte er in dem Film "Der Stern von Afrika". 1963 hatte er erste Erfolge als Schlagersänger in Deutschland, 1969 wurde er Sieger der Deutschen Schlager-

Roberto Blanco *Interfoto*

festspiele mit dem Titel "*Heute so - morgen so*". Erwarb 1971 die deutsche Staatsbürgerschaft. Hatte zahlreiche TV-Auftritte, später eigene Fernsehshows. Singt neben Schlagern auch lateinamerikanische Folklore.

Heute so, morgen so (1969); Der Puppenspieler von Mexico (1972); Ein bißchen Spaß muß sein (1972); Samba si, Arbeit no! (1979); Am Tag, als es kein Benzin mehr gab (1979)

Blaue Engel
deutsche Popgruppe aus Dresden
Mitglieder: Tino Taubert (Bassist, Keyboarder), Uwe Hiob (Sänger, Gitarrist), Hendrik Borsitz (Schlagzeuger, Keyboarder), Holger Vogel (Gitarrist); die Musiker studierten an der Musikhochschule in Dresden, traten in der ehemaligen DDR zwar regelmäßig auf, bekamen jedoch erst nach dem Fall der Mauer einen Plattenvertrag. Die Band wird von Franz Trojan (Spider Murphy Gang) produziert.
In tränenschwerer Nacht (1991); Licht am Horizont (1992)

Blaue Jungs (Die Montecarlos)
1955 gegründetes Vokal-Quartett, bestehend aus Jörg Maria Berg, Leo Hoppe (Ps: Bob Martin), Rudi Kreuzberger, Rudi Resch. Sie traten in gleicher Besetzung häufig unter dem Namen "Die Montecarlos" auf.
Andrea (1956); Warum strahlen heut nacht die Sterne so hell (1957); Zu Hause, zu Hause (1957); Auch für mich kommt einmal die Zeit (1958); Einmal in die Ferne (1958); Solang du einen Freund hast (1959); Santa Catalina (1959); Wenn weiße Wolken wandern (1960); Fahr uns heim, Kapitän (1961)

Blaue Jungs
Marine-Chor aus Bremerhaven, von Hauptbootsmann Faber am 5. Oktober 1960 aus Anlaß der 25-Jahr-Feier der Marineschule gegründet. Der Chor, der neben Shanties auch Schlager singt, steht z.Zt. unter der Leitung von Hauptbootsmann Siegfried Knapke.

Blue Diamonds (Rudy & Riem de Wolff)
indonesisches Gesangsduo
Seit 1949 leben die Brüder in Holland und unternahmen Tourneen durch Europa, Asien, Australien und Amerika. Erster Welterfolg war das Remake des bereits 1928 komponierten Titels "*Ramona*".
Ramona (1960); Wie damals in Paris (1961); Ahoi-Ohe (1961); Ein Schiff fährt nach Schanghai [Die blaue See] (1961); Blaues Boot der Sehnsucht (1962); Sukiyaki (1963); Liebe mich (1965)

Blum, Hans (Ps: Henry Valentino)
siehe Valentino, Henry

Bochmann, Werner (Ps: Miguel Cortez)
* 17.05.1900 in Meerane / Sachsen
deutscher Komponist, Pianist
Studierte zunächst Chemie an der Technischen Hochschule in Dresden; gleichzeitig Musikstudium am Konservatorium in Dresden, später in Neapel, wo er auch als Korrepetitor am Theater tätig war. Ab 1925 arbeitete er als Pianist in verschiedenen Tanzorchestern. Seit 1934 schrieb er als freischaffender Komponist zahlreiche Filmmusiken (über 120), Schlager (ca 350), darunter mehrere Evergreens. 1967 erhielt er den Bundesfilmpreis in Gold, 1984 das Bundesverdienstkreuz, 1985 den Paul-Lincke-Ring.
Du warst für mich der schönste Liebestraum (1936); Die kleine Stadt will schlafen geh'n (1938); Abends in der Taverne (1939); Wenn ich wüßt', wen ich geküßt [Um Mitternacht am Lido] (1939); Wenn du einmal ein Mädel magst (1940); Das wird ein Frühling ohne Ende (1941); Du und ich im Mondenschein (1941); Heimat, deine Sterne (1941); Glocken der Heimat (1942); Wer ist hier jung, wer hat hier Schwung ?

(1942): Mit Musik geht alles besser (1943); Der Theodor im Fußballtor (1948); Carina Carissima (1954); Bolero (1955)

Bohlen, Dieter
* 07.02.1954 in Oldenburg
deutscher Sänger, Produzent, Komponist, Keyboarder, Gitarrist
Komponierte u.a. für seine eigenen Bands Modern Talking und Blue System, außerdem für Peter Alexander, Roy Black, Nino de Angelo, Mary Roos.
Flieger (1989); Der Tag der kleinen Helden (1992)

Böhm, Werner (Ps: Gottlieb Wendehals)
siehe Wendehals, Gottlieb

Böhmelt, Harald
* 23.10.1900 in Halle / Saale
+ 15.10.1982
deutscher Komponist
Studierte an der Universität in Halle, war danach zunächst als Kapellmeister in Nordhausen und Halberstadt tätig. Ab 1931 an der Kammeroper Berlin. Schrieb zahlreiche Bühnenwerke (u.a. "Ein Mann kommt in die Stadt" und "Der Zauberer"), Filmmusiken und Schlager.
Kleiner Mann - was nun? (1933); Warum hat die Adelheid keinen Abend für mich Zeit (1939)

Bolten-Baeckers, Heinrich
* 10.04.1871 in Chemnitz
+ 30.01.1938 in Dresden
deutscher Texter
Schrieb Libretti für Paul Lincke, außerdem Texte für zahlreiche Schlager.
Luna-Walzer (1899); Lose munt´re Lieder (1899); O Theophil (1899); Berliner Luft (1899)

Bonney, Graham (Graham Bradley)
* 02.06.1945 in Basildon (England)
englischer Sänger, Tänzer, Komponist,

Texter und Produzent
Kam nach seiner Gesangs- und Tanzausbildung 1964 nach Deutschland und moderierte zunächst die Fernsehsendung "Hits a go go". 1966 nahm er seine erste Schallplatte auf. Gilt als der Hauptvertreter des "Happy Beat" im deutschen Schlager der 60er Jahre.

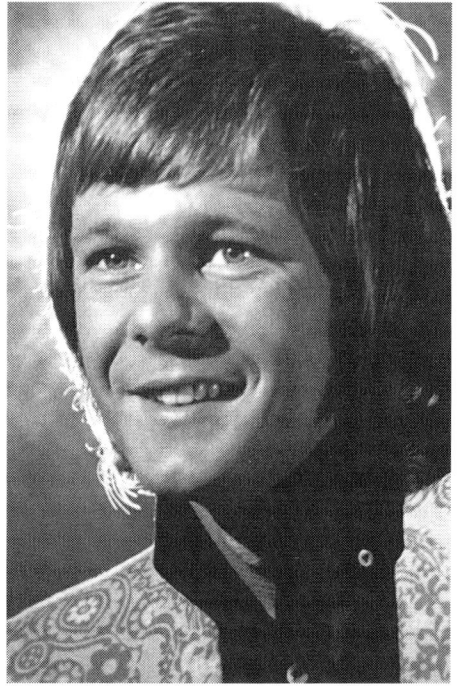

Graham Bonney   Venus e.V.

Supergirl (1966); Das Girl mit dem La-la-la (1966); Siebenmeilenstiefel (1967); Neunundneunzig Komma Neun Prozent (1968); Wähle 3-3-3 (1969); Hey Little Lady (1969); Ich mach ein Interview mit deinem Herzen (1970); Tennis Made in Germany (1991)

Bootz, Erwin
* 30.06.1907 in Stettin
+ 28.12.1982
deutscher Komponist, Pianist
War als führendes Mitglied der Comedian

Harmonists deren Komponist und Klavierbegleiter.

Schöne Isabella von Kastilien (1932)

Borg, Andy (Andreas Meier)
* 02.11.1960 in Wien
österreichischer Sänger
Nach einer Lehre als Mechaniker hatte er seinen ersten Erfolg bei dem ORF-Wettbewerb "Die große Chance". Er wurde von Kurt Feltz entdeckt und produziert, trat auch im Duo mit dem Kinderstar Alexandra Sükar im volkstümlichen Umfeld auf. Erhielt mehrere Goldene und auch Platin-Schallplatten. Derzeitiger Produzent ist Adam Schairer (Adam & Eve).

Andy Borg   *Venus e.V.*

Adios Amor (1982); Die Fischer von San Juan (1982); Arrivederci, Claire (1982); Die berühmten drei Worte (1983); Weil wir uns lieben (1983); Ich will nicht wissen, wie du heißt

(1984); Nur der Kondor war sein Freund (1989); Jeder braucht sei Kuscheltier (1990); Komm setz di auf an Sonnenstrahl (1990); Bleib bei mir heut Nacht (1992)

Botho Lucas Chor
siehe Lucas, Botho

Böttcher, Gerd (Detlev Engel)
* 18.07.1936 in Berlin
+ 26.02.1985
deutscher Sänger, Schauspieler
Sang zunächst in Bars, wurde dann von Werner Müller in Berlin entdeckt. Hatte in den 60er Jahren zahlreiche Rundfunk- und Fernsehauftritte.
Ich komme wieder (1960); Adieu - Lebe wohl - Goodbye (1961); Ich such dich auf allen Wegen (1961); Weil du meine große Liebe bist (1961); Oh Billy, Billy Black (1961); Geld wie Heu (1962); Ein Dutzend and're Männer (1962); Für Gaby tu ich alles (1962); Meine Braut, die kann das besser (1963); Du schaust mich an (19##); Jambalaya (19##)

Böttcher, Martin (Ps: Michael Thomas)
* 17.6.1927 in Berlin
deutscher Komponist, Orchesterleiter
War bereits im Alter von 18 Jahren Gitarrist und Arrangeur beim NWDR. Schrieb ab 1952 als freischaffender Komponist die Musik für über 60 Filme, darunter zehn Karl-May- und sieben Edgar Wallace-Filme; außerdem ca. 100 Fernseh-Serien (u.a. "Forsthaus Falkenau"). Lebt in Lugano.
Old Shatterhand Melodie (1963); Schut Melodie (1964); Winnetou Melodie (1963); Forsthaus Falkenau (1989)

Bottner, Claus (Franz Bummerl)
siehe Bummerl, Franz

Boyer, Jaqueline
* 1941 in Paris
französische Sängerin

Mit dem Schauspieler und Regisseur Timothy West verheiratet. Gewann 1960 mit dem Titel *"Tom Pillibi"* im Alter von 19 Jahren den Grand-Prix-Eurovision, hatte danach auch Erfolge in Deutschland. *Mitsou (1963); Mucho amore (1969); Oh Cherie, je t'aime (1968); Very good, c'est ci bon (1969); Parlez vous francais, Monsieur (1972); Spatzen von Paris (1972)*

Bradtke, Hans
* 21.07.1920 in Berlin
deutscher Texter
Begann ein Architektur-Studium in Berlin, arbeitete nach Kriegsgefangenschaft als Pressezeichner und Karikaturist. Über Aufträge zur Gestaltung von Notenblättern kam er in Kontakt mit der Musikbranche und schrieb ab 1948 Schlagertexte. Der erste Erfolg war *"Pack die Badehose ein"*. Er wurde einer der erfolgreichsten Schla-

Hans Bradtke　　　*privat*

gertexter in Deutschland, war mehrere Jahre Mitglied des Aufsichtsrats der GEMA, erhielt zahlreiche Auszeichnungen (u.a. Goldene Feder, Verdienstkreuz am Bande). Schrieb u.a. für Fred Bertelmann, Conny Froboess, Bill Ramsey, Bibi Johns, Chris Howland, Vico Torriani, Wencke Myhre, Johanna von Koczian, Nana Mouskouri, Peggy March.
Pack die Badehose ein (1950); In Hamburg sind die Nächte lang (1955); Siebenmal in der Woche (1957); Ananas aus Caracas (1959); Uncle Satchmos Lullaby (1959); Kalkutta liegt am Ganges (1960); Zwei Verliebte in Paris (1960); Pigalle (1961); Zuckerpuppe (1961); Hämmerchen Polka (1961); Weiße Rosen aus Athen (1961); Gartenzwerg-Marsch (1962); Lady Sunshine und Mister Moon (1962); Ohne Krimi geht die Mimi nie ins Bett (1962); Ich schau den weißen Wolken nach (1962); Für Gaby tu ich alles (1962); Wenn du musikalisch bist (1964); Der Sommerwind (1965); Romeo und Julia (1967); In der Carnaby Street (1969); Er steht im Tor (1969); Er hat ein knallrotes Gummiboot (1970); Baden mit und ohne (1973); Das bißchen Haushalt (1977)

Brandenburg, Nero
* 28.09.1941 in Berlin
deutscher Sänger, Entertainer
Seit 1968 Rundfunkmoderator und Redakteur bei RIAS Berlin, zahlreiche Funk- und Fernsehauftritte, Auszeichnungen (u.a. Goldene Stimmgabel, Ehrensängerknabe der Schöneberger Sängerknaben).
Dingeling (1972); Laubenpieper-Polka (1986)

Brandes, David
* in Basel
schweizerischer Sänger, Gitarrist
Begann als Band-Musiker und Teilnehmer an Wettbewerben. Dann Wechsel zu der Gruppe "Xanadu", seit 1991 als Solist tätig.
Ich hab' mir geschwor'n (1990); Im Dschungel der Nacht (1992)

Brandes, Will
* 1928 in Peine
+ 1990 in Peine
deutscher Sänger
Kaufmännische Ausbildung. Wurde bekannt durch die Zusammenarbeit mit Conny Froboess. Sein größter Erfolg *"Baby Twist"* war dem von Ralf Bendix gesungenen *"Babysitter-Boogie"* nachempfunden.
Teenager Melodie [mit C. Froboess] (1959); Ich möcht mit dir träumen [mit C. Froboess](1959); Marina (1959); Baby Twist (1962); Baby Babbel Bossa Nova (1963)

Brandin, Walter
* 05.10.1920 in Cottbus
deutscher Texter
Schrieb zahlreiche Schlager- und Chanson-Texte, war ebenso erfolgreich als Übersetzer von Musicals und Musikfilmen vor allem aus den Französischen.
Das alte Försterhaus (1954); Für zwei Groschen Musik (1958); Ich bin ja nur ein Troubadour (1958); Anuschka (1969)

Brandmayer, Dolf (Axel Brieg; Carlo Lezza; Jack Slan)
* 13.04.1913 in Leipa / Böhmen
deutscher Komponist, Bandleader, Sänger, Pianist
Studierte Komposition, Gesang und Klavier in Prag, gleichzeitig auch Jura. War ab 1934 zunächst beim Prager Rundfunk als Sänger und Pianist tätig, während des Krieges Orchester-Leiter beim Soldatensender Oslo. Nach dem Krieg arbeitete er zunächst in Mailand, schrieb nach seiner Rückkehr nach Deutschland (1958) zahlreiche Filmmusiken, Schlager und Instrumental-Titel.
Josefin (1939); Kleines Mädchen aus Berlin (1959)

Brauer, Helga
* 02.05.1936 in Leipzig
* 15.06.1991 in Leipzig
deutsche Sängerin
Die gelernte Zahntechnikern war in der ehemaligen DDR u.a. Sängerin des Rundfunk-Tanzorchesters Leipzig (Walter Eichenberg). Sie galt dort in den 50er und 60er Jahren neben Bärbel Wachholz als die populärste Schlagersängerin. Zahlreiche Rundfunk- und Schallplattenaufnahmen.
Singen macht Laune (1966); Hör mein Herz (1958); Ein Pärchen von damals (19##)

Brecht, Bertolt
* 10.02.1898 in Augsburg
+ 14.08.1956 in Berlin
deutscher Schriftsteller, Texter
Lebte zunächst in München und in Berlin, emigrierte 1933 nach Skandinavien, später in die USA. Kam 1948 zurück nach (Ost-) Berlin und leitete das "Berliner Ensemble" am Theater am Schiffbauerdamm. Seine sozialkritischen und agitatorischen Opern-Texte wurden u.a. von Kurt Weill vertont ("Aufstieg und Fall der Stadt Mahagonny" 1927; "Dreigroschenoper" 1928).
Mäcki Messer (1928)

Breck, Freddy (Gerhard Breker)
* 21.01.1942 in Sonneberg/Thüringen
deutscher Sänger, Entertainer, Rundfunk-Moderator, Komponist, Produzent
Nach dem Maschinenbau-Studium wurde er von Heinz Gietz entdeckt und hatte seinen ersten Erfolg mit einer modernisierten Version von Verdis Gefangenen-Chor aus der Oper "Nabucco". Hierfür erhielt er seine erste Goldene Schallplatte. Nach zahlreichen Erfolgen in Deutschland wandte er sich einem internationalen Publikum zu (seine 1978 veröffentlichte LP "Years Of Love" kam auf Platz 9 der Top 100 in

England). Inzwischen wieder in Deutschland und auch als Moderator für div. Rundfunkanstalten tätig (u.a. SWF 4 - Landeswelle Rheinland-Pfalz, BR-1). Schreibt u.a. für das Naabtal-Duo, die Kastelruther Spatzen und Nina & Mike.(Erhielt bisher 31 Goldene und 4 Pla-

Freddy Breck   *DA*

tin-Schallplatten.)
Überall auf der Welt (1972); Bianca (1973); Rote Rosen (1973); Halli, Hallo (1974); Die Sonne geht auf (1974); Der große Zampano (1975); Mit einem bunten Blumenstrauß (1975); Das ist die wahre Liebe (1976); Der weiße Flieder (1976); Die Sterne steh'n gut (1977); Mach was Schönes aus diesem Tag (1978); Amigo Perdido (1978); Mädchen (1979); Frauen und Wein (1981); Bodega Blanca (1982); Herz Ass ist Trumpf (1991); Ich will alles (1992)

Brendel, Gus (Gustav Brendel)
* 16.08.1926 in Berlin
deutscher Komponist, Saxophonist, Produzent

Schrieb u.a. für Anne-Karin und produziert zusammen mit seinem Sohn Klaus u.a. auch Instrumentaltitel.
Dreh dich weiter Ballerina (1973)

Brice, Pierre (Pierre Louis de Bris)
* 06.02.1929 in Brest (Frankreich)
französischer Schauspieler, Sänger
Besuchte die Schauspielschule in Paris; seinen größten Erfolg als Schauspieler hatte er in der Rolle des "Winnetou" in zahlreichen Karl May-Verfilmungen der 60er Jahre. In den 80er und 90er Jahren spielte er auch in deutschen Fernseh-Serien.
Ich steh' allein (1965)

Brieg, Axel (Dolf Brandmayer)
siehe Brandmayer, Dolf

Brink, Bernhard
* 17.05.1952 in Nordhorn
deutscher Sänger, TV-Moderator
Studierte ab 1972 in Berlin Jura, war kurz

Bernhard Brink   *via Inge Reith*

darauf als Sänger erfolgreich. Hatte zahlreiche TV-Auftritte, war regelmäßig in den Hitparaden vertreten. Moderator der TV-Sendung "Die deutsche Schlagerparade".
Bombenfest (1972); Liebe auf Zeit (1977); Danielle (1977); Alles braucht seine Zeit (1978); Madeleine (1979); Frei und abgebrannt (1979); Ich wär' so gern wie du (1980); Viel zu jung (1981); Du, entschuldige - ich kenn' dich (1981); Ich komme zu dir zurück (1982); Dafür leb' ich (1983); Nikita - Du in Deiner Welt (1986); So bin ich ohne dich (1987); Amandas Augen (1987); Komm ins Paradies (1988); Griechische Nacht (1989); Blondes Wunder (1990); Hast du Lust (1992)

Brokken, Corry
* 03.12.1932 in Breda (Holland)
holländische Sängerin
War nach ihrem Jurastudium zunächst als Richterin tätig. Ihr erster Schlager-Erfolg war die deutsche Version des Edith-Piaf-Liedes "*Milord*".

Burkhardt Brozat   *Extra-Records*

Milord (1960); Er sah aus wie ein Lord (1961); La Mamma (1965)

Brozat, Burkhard
* 19.09.1953
deutscher Sänger, Komponist, Texter, Produzent, Gitarrist
Absolvierte eine Fernmeldelehre, besuchte danach die Fachoberschule, um ein Studium der Betriebswirtschaft zu beginnen. Widmete sich dann seiner Karriere als Sänger, komponierte und textete u.a. für Nana Mouskouri und Peter Maffay ("*Sonne in der Nacht*").
Auf der Suche (1987); Ich würd' dich gern mal wiederseh'n (1989); Piraten (1990); Keine Zeit (1990)

Brück, Inge
* 12.11.1936 in Mannheim
deutsche Sängerin, Schauspielerin
Verheiratet mit Michael Pfleghar (Regisseur), danach mit Klaus Überall (TV-Regisseur); sang seit den 70er Jahren auch Lieder mit religiösen Inhalten.
Peter, komm heut' abend zum Hafen (1957); Anouschka (1967)

Brühl, Heidi
* 30.01.1942 in München
+ 08.06.1991 in Starnberg
deutsche Sängerin, Schauspielerin
Erhielt von Fritz Wunderlich Gesangsunterricht, war verheiratet mit dem amerikanischen Schauspieler Brett Halsey. Wurde zunächst bekannt durch ihre "Immenhof"-Filme. Dann auch als Schlagersängerin erfolgreich. Sie erhielt ihre erste Goldene Schallplatte für "*Wir wollen niemals auseinandergehn*".
Chico Chico Charlie (1959); Wir wollen niemals auseinandergehn (1960); Das kann morgen vorbei sein (1961); Tag für Tag bekomme ich drei Rosen (1962); Hundert Mann und ein Befehl (1966)

Heidi Brühl   *Polydor*

Bruhn, Christian (Foto siehe S. 48)
* 17.10.1934 in Wentdorf bei Hamburg
deutscher Komponist, Arrangeur, Produzent, Klarinettist, Pianist
Verbrachte seine Kindheit bis 1945 in
Kärnten. Studium an der Musikhochschule
in Hamburg, war dann ab 1958 als Komponist und Produzent tätig. Er schrieb zahlreiche Titel mit Peter Meisel, belegte 1962
("*Zwei kleine Italiener*", Conny Froboess)
und 1964 ("*Liebeskummer lohnt sich nicht*",
Siw Malmkvist) den 1. Platz bei den Deutschen Schlagerfestspielen. Schrieb u.a. für
Katja Ebstein, Mireille Mathieu, Peter Alexander, Roy Black, Freddy Quinn, Drafi
Deutscher, Manuela, Wencke Myhre,
Catarina Valente, Rita Pavone, Peter

Maffay. Zahlreiche Goldene Schallplatten.
Ex-Ehemann von Katja Ebstein, verheira-
tet mit Erica. (Gitti & Erica)
*Zwei kleine Italiener (1962); Siebentausend
Rinder (1962); Ich geh' noch zur Schule (1963);
Mitsou (1963); Liebeskummer lohnt sich nicht
(1964); Cinderella Baby (1964); Die Rose von
Mexico (1964); Marmor, Stein und Eisen bricht
(1965); Irgendjemand liebt auch dich (1966);
Winter in Kanada (1966); Monsieur Dupont
(1967); Lord Leicester aus Manchester (1967);
Neunundneunzig Komma neun Prozent (1968);
Wärst du doch in Düsseldorf geblieben (1968);
Hinter den Kulissen von Paris (1969); Bene,
bene, bene (1969); Wunder gibt es immer wieder (1970); Akropolis Adieu (1971); Oh, wie
wohl ist mir (1972); Ein bißchen Spaß muß sein
(1972); Der Stern von Mykonos (1973);Es war
einmal ein Jäger (1974); Der Zar und das*

Mädchen (1975); Ich möcht der Knopf an deiner Bluse sein (1976); In Petersburg ist Pferdemarkt (1976); Heidi (1977), Aus Böhmen kommt die Musik (1978)

Brühne, Lothar
* 19.07.1900 in Berlin
+ 14.12.1958 in München
deutscher Komponist
Schrieb in den 30er und 40er Jahren zahlreiche Filmmusiken (u.a. "La Habanera", "Der Blaufuchs", "Romanze in Moll"), Schlager und Evergreens.
Der Wind hat mir ein Lied erzählt (1937); Ich brech' die Herzen der stolzesten Fraun (1938); Kann denn Liebe Sünde sein (1938); Von der Puszta will ich träumen (1938)

Buchholz, Heinz (Werner Müller)
siehe Müller, Werner

Buhlan, Bully (Hans Joachim Buhlan)
* 03.02.1924 in Berlin-Lichterfelde
+ 07.11.1982 in Berlin-Zehlendorf
deutscher Sänger, Schauspieler, Pianist, Komponist, Produzent
Studierte Jura und Volkswirtschaft in Berlin, war zunächst als Pianist bei Michael

Bully Buhlan   *Interfoto*

Jary tätig, dann Schlagersänger und Schauspieler, später auch Komponist und Produzent.
Ich hab noch einen Koffer in Berlin (1951); Mäcki-Boogie (1952); Ich möcht auf deiner Hochzeit tanzen (1955); Wir zahlen keine Miete mehr (1965); Kleine Mädchen müssen schlafen geh'n (1968)

Bummerl, Franz (Ps: Claus Bottner)
* 11.01.1927 in Labant
deutscher Komponist, Trompeter, Pianist
Ab 1940 studierte er an der Musikhochschule in Prag (Komposition, Trompete, Klavier). Kam 1951 zum Südfunk-Tanzorchester, war ab 1966 Komponist und Arrangeur bei Ernst Mosch.
Trompeten Party (1964); Der Lieblingstrommler (1970); Tränen der Liebe (1972); Im Rosengarten (1980); Trompeten Ballade (1983); Egerländer Trachtenpolka (1983)

Burkhard, Paul
* 21.12.1911 in Zürich (Schweiz)
schweizerischer Komponist
Absolvierte ein Kompositions-, Klavier- und Gesangsstudium am Konservatorium in Zürich, war danach 1938 bis 1945 als Dirigent und Komponist am Schauspielhaus Zürich, 1945 bis 1957 Leiter des Studioorchesters des Landessenders Beromünster. Er schrieb Filmmusiken, Chansons, mehrere Operetten (u.a. "Feuerwerk" 1948), einige seiner Lieder wurden zu Schlagern.
O mein Papa (1948)

Busch, Dirk
* 1951
deutscher Sänger, Komponist, Texter
Hauptberuflich als Soziologie-Professor in Bremen tätig. Seit Ende der 80er Jahre auch als Schlager- und Pop-Sänger erfolgreich.
Du bist keine Mona Lisa (1988); Willkommen in

der Traumfabrik (1989); So ist sie (1990); Bis an's Ende der Zeit (1990); Liebst du auch den rauhen Wind (1991); Ich zieh den Bauch nicht mehr ein (1992)

Dirk Busch   Polydor

Busch, Fini
* 18.02.1928 in München
deutsche Komponistin, Texterin
War zunächst als Sekretärin bei Radio München (später Bayerischer Rundfunk) tätig. Schrieb ihre ersten Texte für Rudi Schuricke und Hans Albers. Bekam Kontakt zu Werner Scharfenberger, der damals Pianist bei Max Greger war. Scharfenberger/Busch wurde zu einem der erfolgreichsten Autorenteams in der Geschichte des deutschen Schlagers. Sie schrieb u.a. für Peter Kraus, Lolita, Gus Backus, Ted Herold, Connie Francis.
Es läuten die Glocken am Königsee (1957); Der weiße Mond von Maratonga (1957); Zuhause, zuhause (1957); Sugar Baby (1958); Seemann, deine Heimat ist das Meer (1960)

Buschor, Georg
* 14.03.1923 in Athen
deutscher Textdichter

Studierte Philosophie und Theaterwissenschaft in München. Begann seine Karriere als Liedermacher im Schwabinger Milieu. War 1949 zunächst Komponist, dann hauptsächlich als Textdichter tätig. Lebt heute als Hobbywinzer im Tessin. Schrieb u.a. für Mireille Mathieu, Rita Pavone, Kirsti, Katja Ebstein, Elfie Graf, Roy Black, Peggy March, Conny Froboess, Jacqueline Boyer, Manuela, Dorthe, Freddy Quinn.
Der Königsjodler (1959); Midi-Midinette (1960); Zwei kleine Italiener (1962); Schuld war nur der Bossa Nova (1963); Mitsou (1963); Liebeskummer lohnt sich nicht (1964); Memories of Heidelberg (1967); Monsieur Dupont (1967); Wärst du doch in Düsseldorf geblieben (1968); Arrivederci Hans (1968); Der Computer Nr. 3 (1968); Ein Student aus Uppsala (1969); Das Mädchen Carina (1969); Hinter den Kulissen von Paris (1969); Es geht mir gut, Cherie (1970); Akropolis Adieu (1971); Der Stern von Mykonos (1973); Herzen haben keine Fenster (1973); Es war einmal ein Jäger (1974); Pariser Tango (1978); Die Hälfte seines Lebens (1975); Der Zar und das Mädchen (1975)

Busse, Uwe
* 01.09.1960 in Wuppertal
deutscher Sänger, Komponist, Texter, Produzent
Der gelernte Elektroinstallateur spielte zunächst Keyboards und war Sänger in verschiedenen Bands (u.a. Phoenix), ab 1982 entstanden in Zusammenarbeit mit Karl-Heinz Rupprich zahlreiche Titel für die Flippers.
Als Sänger:
Gloria (1988); Buenos Dias weiße Taube (1989)
Als Komponist/Texter:
Mama Lorraine (1987); Buenos Dias weiße Taube (1989)

C

Cagey Strings

deutsche Band (1985 in München gegründet). Mitglieder sind: Georg Angerer (Sänger, Gitarrist), Peter Biermeier (Bassist), Bernd Bircks (Pianist), Werner Heizenreder (Schlagzeuger). Die Band wird von Harald Steinhauer und Franz Trojan (siehe Spider Murphy Gang) produziert. Sie spielt eine Mischung aus zeitgenössischem Schlager-Pop und der Musik der 50er und 60er Jahre.

Tausendmal in meinen Traumen (1990); Heute nacht (1990); Unbekannte Nacht (1992); Heiß wie Feuer (1992)

Cagey Strings   Virgin

Carol, René (Gerhard Tschierschnitz)

* 11.04.1920 in Berlin
+ 09.04.1978 in Minden
deutscher Sänger, Schauspieler, Showmaster
Hatte erste Rundfunkerfolge mit Parodien auf Theo Lingen, Zarah Leander und Hans Moser. Seit 1949 war er als Schlager-Sänger erfolgreich.

Am Zuckerhut, am Zuckerhut (1949); Rote Rosen, rote Lippen, roter Wein (1953); Kein Land kann schöner sein (1960); Das Schiff deiner Sehnsucht (1960); Mitten im Meer (1960); Hafenmarie (1961); Ein Vagabundenherz (1961); Der rote Wein (1962); Prinzessin Sonnenschein (1963); Bianca Rosa (1964)

René Carol   Venus e.V.

Carpendale, Howard (Howard Victor C.)

* 14.02.1946 in Durban (Südafrika)
deutscher Sänger, Komponist, Textdichter
Im Alter von 14 Jahren war er Sieger bei einem Nachwuchswettbewerb für Sänger in Durban. Hatte Rundfunkauftritte in Johannesburg und Pretoria, ging 1965 nach London. War in Europa bei Tourneen durch Italien, Österreich, die Schweiz und Deutschland erfolgreich. Siegte 1970 mit dem Titel: *"Das schöne Mädchen von Seite 1"* bei den Deutschen Schlagerfestspielen in Baden-Baden. Erwarb 1983 die deutsche Staatsbürgerschaft. Lebt z.Zt. in Amerika und macht jetzt auch als Fernseh-Schauspieler Karriere. Er gilt als einer der profiliertesten Vertreter des deutschen Schlagers; seit Anfang der 90er Jahre vollzog er eine richtungsweisende Wende zur deutschsprachigen Pop-Musik.

Howard Carpendale   *Polydor*

Als Sänger:

Ich geb' mir selbst 'ne Party (1969); Das schöne Mädchen von Seite 1 (1970); Da nahm er seine Gitarre (1974); Du fängst den Wind niemals ein (1974); Deine Spuren im Sand (1975); Fremde oder Freunde (1976); Tür an Tür mit Alice (1977); Nimm den nächsten Zug (1977); Ti Amo (1977); ... dann geh doch (1978); Nachts, wenn alles schläft (1979); Wie frei willst du sein (1980); Es geht um mehr (1980); Wer von uns (1981); Wem (1981); Ich will den Morgen mit dir erleben (1982); Morgen früh wirst du geh'n (1982); Hello Again (1984); Samstag nacht (1984); Shine On [Der Regen von New York] (1985); Laura Jane (1987); Das nennt man Blues (1991); Mit viel, viel Herz (1992)

Als Komponist:

Da nahm er seine Gitarre (1974); Du fängst den Wind niemals ein (1974); Nimm den nächsten Zug (1977); Auf der langen Reise durch die Nacht (1978); Sag nicht, es war einmal (1979); Nachts, wenn alles schläft (1979); Es geht um mehr (1980); Wem (1981); Hurrah, hurrah, der Pumuckl ist da (1981); Hello Again (1984); Schade (1984); Shine on [Der Regen von New York] (1985)

Carpenter, Cliff (Dieter Zimmermann)
siehe Zimmermann, Dieter

Carras, Matthias
* 1965
deutscher Sänger
Ausbildung zum Textil-Einzelhandels-kaufmann; arbeitet auch als Discjockey in Frankfurt.Ist mit dem Zither-Spieler Anton Karas ("Der dritte Mann") verwandt.
Am Anfang der Zärtlichkeit (1991); Gib mir die Hitze der Nacht (1992)

Carrell, Rudi (Rudolf Kesselaar)
* 19.12.1934 in Alkmaar (Holland)
holländischer Sänger, Showmaster, Enter-tainer

War 1960 Sieger beim holländischen Schlagerfestival, hatte dann über 40 Shows in den Niederlanden. Wurde 1964 mit der "Silbernen Rose" in Montreux für die Sendung "Allein auf der Insel" (mit Esther Ofarim) ausgezeichnet. Produzierte in den 60er und 70er Jahren im Deutschen Fernsehen die "Rudi Carrell Show" und "Am laufenden Band", später "Rudi's Tages-show", "Herzblatt" und "Rudis Tiershow".
Wann wird's mal wieder richtig Sommer? (1975); Goethe war gut (1978); Zuviel Schaum, zuwenig Bier (1980)

Carste, Hans
* 05.09.1909 in Frankenthal
+ 11.05.1971 in Bad Wiessee
deutscher Komponist, Orchesterleiter
Studierte Staatswissenschaften (Promotion), daneben an der Musikakademie in Wien Musik. War seit 1930 Arrangeur und Dirigent für zahlreiche Verlage, Plattenfirmen und Filmstudios in Berlin tätig. Kam 1949 als Dirigent zum RIAS Berlin. War von 1958 bis 1967 Aufsichtsratsvorsitzender der GEMA, Vorstandsmitglied des DKV. Erhielt zahlreiche Auszeichnungen (u.a. Paul-Lincke-Ring 1961); komponierte die Musik für 24 Tonfilme, außerdem zahlreiche Schlager.
*a.d. Operette "Lump mit Herz" (1952); Schön ist diese Abendstunde
Küß mich, bitte, bitte, küß mich (1937); Glückliche Menschen (1938); Sie will nicht Blumen und nicht Schokolade (1941); Du trägst ein entzükkendes Kleidchen (1942); In der Schweiz (1950); Mei Schihaserl hat a kalt's Naserl (1950); Lieber Gott, laß die Sonne wieder scheinen (1953); Excursion ins Gestern (1955); Auf meinem Konto steht das Komma zu weit links (1956); Heiter musiziert (1960); Promenade im Frühling (1964); Ich bin so gern zu Hause (1969); Hallo, wie wär's mit einer Fahrt ins Glück (1969); Ein Strauß Vergißmeinnicht (1969)*

The Cats
niederländische Popgruppe
Waren seit 1963 in den Niederlanden erfolgreich, schafften den Durchbruch in Deutschland 1971 mit "*One Way Wind*", wovon sie selbst eine deutschsprachige Version vorlegten. International erfolgreich außerdem mit dem Titel "*Let's Dance*".
One Way Wind (1971); Du bist mein Zuhaus' (1972); Cindy (1977)

Cebotari, Maria
* 20.02.1910 in Kischineff (Bessarabien)
+ 09.06.1949 in Wien
deutsche Sängerin, Schauspielerin
War als Sopranistin u.a. an der Staatsoper Dresden, ab 1947 an der Staatsoper in Wien engagiert. Spielte u.a. in dem Film "Mädchen in Weiß"; war mit dem Schauspieler Gustav Diessl verheiratet.
Ich bin auf der Welt, um glücklich zu sein (1936)

Cerne, Ralf
* 15.12.1975 in Herne
deutscher Sänger
Wird von Peter Sebastian produziert und ist z.Zt. einer der jüngsten Schlagerinterpreten.
Schwester Marie (1992)

Ralf Cerne   *toi, toi, toi*

Christian, Dennie (Bernhard Althoff)
* 22.05.1956 in Bensberg
deutscher Sänger, Rundfunk- und Fernseh-Moderator
War in den 70er Jahren vor allem als Sänger, später auch als Moderator von Rundfunk- und Fernsehsendungen bekannt. Wandte sich seit den 80er Jahren verstärkt der volkstümlichen Musik zu.
Rosamunde (1975); Habe ich dich heute nacht verloren (1977); Wo warst du heut' nacht (1976); Ich geb' heut' ne Party (1992)

Christian, Ralf
* 06.08.1965 in Mannheim
deutscher Sänger
Spielte in zahlreichen Bands, bevor er als Solist auftrat. Nahm bereits 1981 als 16-jähriger seine erste Platte "*Liebe heißt das Wort*" auf.

Ralf Christian   *Polydor*

Herz aus Eis (1987); Spanische Sonne (1989); Ein Schloß am Wörthersee (1990)

Christina (Christina Gschell)
* 22.04.1959 in München
deutsche Harfenistin
Möwen im Wind (1992); Die Hirtenmelodie (1992)

Cindy & Bert (Jutta Berger, geb. Gusenburger & Norbert Berger)
deutsches Gesangsduo

Cindy (siehe auch Berger, Cindy)
* 26.01.1948 in Zweibrücken
Bert (siehe auch Berger, Norbert)
* 12.09.1945 in Völklingen
Das inzwischen geschiedene Ehepaar brach-
te 1969 seine erste Schallplatte als Duo
Cindy & Bert heraus und errang zahlreiche
Auszeichnungen (u.a. 1970, 1972 und 1973
Goldene Europa, 1973 Bronzener Löwe).
Norbert Berger war bis 1971 zunächst als
Industriekaufmann tätig, danach mit seiner
Frau hauptberuflich im Showgeschäft. Er
ist inzwischen als Komponist und Produzent erfolgreich. Cindy Berger arbeitete zunächst als Versicherungskauffrau. Sie tritt
inzwischen auch als Solo-Interpretin (u.a.
auch mit Roger Whittaker) auf.
*Immer wieder sonntags (1973); Ich komm bald
wieder (1973); Spaniens Gitarren (1974); Aber
am Abend, da spielt der Zigeuner (1974); Wenn
die Rosen erblühen in Malaga (1975)*

Cinquetti, Gigliola
* 20.12.1947 in Verona (Italien)
italienische Sängerin, Schauspielerin
War bereits mit 11 Jahren ein Kinderstar.
Gewann 1963 sowohl den Grand-Prix-
Eurovision, als auch das San Remo-Festival
mit dem Titel "*Non ho l'eta per amarti*".
Spielte die Hauptrollen in mehreren Filmen
(u.a. "Di come ti amo" und "Testadirapa").
Erhielt zahlreiche Auszeichnungen, Goldene Schallplatten. Kam mit dem Titel "*Si*"
beim Grand-Prix-Eurovision 1974 in
Brighton auf den 2. Platz.
*Non ho l'eta per amarti (1963); Oh, warum
(1965); Auf der Straße der Sonne (1973); Ja
(1974);*

Clarin, Hans
* 14.09.1929 in Wilhelmshaven
deutscher Schauspieler, Sänger
Stimme des Pumuckl in der Fernsehserie
"Meister Eder und sein Pumuckl" (mit Gustl

Bayrhammer).
Hurrah, Hurrah, der Pumuckl ist wieder da (1981)

Clark, Petula
* 15.11.1932 in Epsom (England)
englische Sängerin
Trat als Kinderstar während des Krieges bei
über 500 Konzerten der BBC London auf.
Hatte bereits im Alter von 18 Jahren ihre
erste Fernseh Show und spielte in zahlreichen Filmen mit. Unternahm 1960 eine Welt-
tournee. Erhielt zahlreiche Goldene Schallplatten. International bekannt wurde sie mit
ihrem Welthit "*Downtown*". Seit 1961 lebte
sie in Paris, ist verheiratet mit dem französischen Journalisten Claude Wolff.
*Monsieur (1963); Casanova Baciami (1963);
Cheerio [Chariot] (1963); Mille Mille Grazie
(1963); Warum muß man auseinandergehn
(1964); Downtown (1965); My Love (1966);
Verzeih die dummen Tränen (1966); Love - so
heißt mein Song (1966); This is my Song (1967);
Alle Leute wollen in den Himmel (1967)*

Bernd Clüver   *Bellaphon*

Clüver, Bernd

* 10.04.1948 in Hildesheim
deutscher Sänger, Rundfunkmoderator
Absolvierte ein Jurastudium. Nahm 1972
seine erste Platteauf, der Durchbruch gelang ihm 1973 mit dem Titel "*Der Junge mit
der Mundharmonika*". Erhielt zahlreiche
Auszeichnungen, Goldene Schallplatten.
Seit Anfang der 90er Jahre erfolgreiches
Comeback als Sänger.

*Der Junge mit der Mundharmonika (1973); Der
kleine Prinz [Ein Engel, der Sehnsucht heißt]
(1973); Das Tor zum Garten der Träume (1974);
Bevor du einschläfst (1974); Mike und sein Freund
(1976); Mexican Girl (1979); Schau mal herein
(1979); Sechs Jahre später (1981); Mit siebzehn
(1983); Der ganz normale Wahnsinn (1991); Die
Mädchen am Strand (1992)*

Cogan, Alma

* 19.05.1932 in London
+ 26.10.1966 in London
englische Schauspielerin, Sängerin,
Moderatorin

*Tennessee Waltz (1964); Ich war allein (1965);
Hill Billy Boy (1965)*

Comedian Harmonists

1928 in Deutschland von Harry Frohmann
(Harry Frommermann, * 12.10.1906 in Berlin, + 29.10.1975 in Bremen [Tenor])) gegründetes Vokal-Ensemble, das nur von einem Klavier begleitet wurde; als Vorbild
galt das amerikanische Quartett "Revellers".
Mitglieder waren Robert Biberti
(* 05.06.1902 in Berlin, + 02.011.1985 in
Berlin), Erwin Bootz (*30.06.1907 in Stettin,
+ 28.12.1982), Erich Collin (* 26.08.1899
in Berlin, + 1961 in Los Angeles), Roman
Cycowski (* um 1905 [Bariton]), Alfred
Grunert, Fred Kassen, Ari Leschnikoff (* in
Bulgarien, + 1978 in Sofia [Tenor, Meister
Sextett]), Herbert Imlan. Neben Schlagern
und Volksliedern wurden auch
Opernausschnitte bearbeitet, z.B. die Ou-
vertüre von Rossinis "Barbier von Sevilla".
Die Comedian Harmonists emigrierten 1936
nach Amerika, konnten aber nicht mehr an
die alten Erfolge anknüpfen.

*Veronika der Lenz ist da (1930); Wochenend und
Sonnenschein (1930); Das ist die Liebe der Matrosen (1931); Hofsänger-Serenade (1931); Schö-*

Comedian Harmonists   *Interfoto*

ne Isabella von Kastilien (1932); Kleiner Mann - was nun? (1933);Wenn die Sonja russisch tanzt (1934); Mein kleiner grüner Kaktus (1934)

Conny (Conny Froboess)
siehe Froboess, Conny

Constantine, Eddie (Edward Constantinewski)
* 29.10.1917 in Los Angeles (USA)
französisch-amerikanischer Schauspieler, Sänger
War in den 50er Jahren in Frankreich ein gefragter Filmschauspieler, wurde in Deutschland vor allem durch die "Lemmy Caution"-Filmserie bekannt. Trat daneben auch als Chansonnier und Schlagersänger in Erscheinung.
Ich wünsch dir einen schlaflosen Abend (1950); Der Vagabund und das Kind (1957); Jeder macht mal eine Pause (1957)

Cordalis, Costa
* 01.05.1944 in Ellatia (Griechenland)
griechischer Sänger, Komponist, Gitarrist, Produzent
Kam im Alter von 16 Jahren nach Deutschland, studierte bis 1968 an der Musikhochschule in Frankfurt. Trat zunächst als Folklore-Sänger auf und hatte noch während seines Studiums 1965 seinen ersten großen Erfolg in Deutschland. Unternahm zahlreiche Tourneen, trat in Frankreich und Deutschland regelmäßig im Fernsehen auf. Gilt als einer der erfolgreichsten deutschsprachigen Interpreten.
Tränen in den Augen (1965); Carolina, komm (1973); Steig in das Boot heute nacht, Anna Lena (1974); Es stieg ein Engel von Olymp (1975); Die Blumen der Nacht (1976); Anita (1976); Die süßen Trauben hängen hoch (1977); Don Pedro [Ein Küßchen in Ehren] (1977); Ich zeige dir das Paradies (1978); Nimm das nächste Schiff nach Rhodos (1978); Der Wein von Samos (1979);

Pan (1980); Feuer verglüht mit der Zeit (1982); Ich mag dich (1983); Wenn der Regen auf uns fällt [mit Lena Valaitis](1985); Im Zeichen der Venus (1991)

Costa Cordalis   Hohner

Peter Cornelius   set

Cornelius, Peter
* 29.01.1951 in Wien
österreichischer Sänger, Komponist, Texter,
Gitarrist
Nach einer Ausbildung zum Bankkaufmann
siegte er 1973 bei einem Talentwettbewerb
des Österreichischen Rundfunks, war Mitglied im "Hair-Ensemble" bei den Auffüh-
rungen in Hamburg und Berlin. Wurde danach als Schlagersänger bekannt.
*Calafati (1980); Der Kaffee ist fertig (1980); Du
entschuldige - i kenn' di (1981); Reif für die Insel
(1982); Segel im Wind (1985); Zufällig (1990)*

Corren, Carmela
* 1938 in Tel Aviv (Israel)
israelische Sängerin, Tänzerin
War 1956 Soldatin in der israelischen Ar-
mee, wurde im gleichen Jahr von Ed Sullivan,
einem amerikanischen TV-Produzenten, entdeckt und nach New York zu dessen TV-
Show eingeladen. Hatte nach der Entlas-
sung aus dem Militärdienst zahlreiche Film-
und TV-Engagements, ist in vielen Ländern
als Sängerin und Schauspielerin tätig.
*Sei nicht traurig, geliebte Mama (19##); Eine
Rose aus Santa Monica (1962); Wann kommt der
Tag (1962); Rosen haben Dornen (1963);
Abschiednehmen tut so weh (1965)*

Cortez, Miguel (Werner Bochmann)
siehe Bochmann, Werner

Covi, Liane (Eliane Hans)
* 10.11.1948 in Zürich (Schweiz)
schweizerische Sängerin, Schauspielerin
*In einer Walzernacht (19##); Wenn Du mir Blu-
men schenkst (19##)*

Cowler, Jim (Herbert Noack)
Ps: Herbert Henderson / Herbert Kauler
* 23.01.1898
deutscher Komponist, lebt in Berlin.
Heut' war ich bei der Frieda (1927); Es gibt eine

*Frau, die dich niemals vergißt (1928); Kleine
Möwe, flieg nach Helgoland (1934); Liebling mit
dem blonden Haar (1934)*

Cyprys, Werner
* 19. April
deutscher Komponist, Pianist, Produzent
Schrieb u.a. für seine Frau Friedel Hensch.
Gründete das Ensemble "Friedel Hensch &
die Cyprys" (Mitglieder außerdem: Karl
Geithner, Kurt Krysock)
*Über's Jahr, wenn die Kornblumen blühen (1951);
Solang' die Sterne glüh'n (1957)*

Daffodil, Dave (Josef Niessen)
* 24.11.1922 in Escherbrück/Rheinland
deutscher Komponist, Orchesterleiter
Studierte an den Musikhochschulen in Köln
und in Berlin (Komposition, Kirchenmusik).
Seit 1945 Dirigent beim Bayerischen Rundfunk. Seit Ende der 60er Jahre als Musiker
und Komponist freischaffend tätig. Zahlreiche Schallplatten mit Instrumental-Titeln
("Dave Daffodil & his Honey Sax"). Komponierte zahlreiche Filmmusiken (u.a. "Mein
ganzes Herz ist voll Musik"), Schlager u.a.
für Jimmy Makulis, Erika Köth und für Ilse
Werner, mit der er zeitweise verheiratet
war.
Aber mei Hans, der kanns (1949); Baciare (1960);
Nachts in Rom (1960)

Dagmar (Dagmar Tietz)
* 03. Oktober in Rüsselsheim
deutsche Sängerin aus den Bereich der
deutschsprachigen Country & Western-
Musik
Gelbe Rosen (1991); Laß mich damit bloß in
Ruhe (1992)

Dalida (Yolande Gigliotti)
* 17.01.1933 in Kairo
+ 03.05.1987 in Paris
italienische Sängerin, Schauspielerin
Tochter des Violinisten Pietro Gigliotti. Die
Eltern waren italienische Emigranten aus
Calabrien; sie verbrachte ihre Jugend in
Ägypten, besuchte die High-School und ar-
beitete danach als Sekretärin. Wurde 1954
zur "Miß Ägypten" gewählt, siedelte an-
schließend nach Paris um. War seit 1956 im
Showgeschäft erfolgreich, hatte zahlreiche
TV-Auftritte (in Frankreich, Italien und
Deutschland). Verkaufte ca. 30 Millionen
Schallplatten. Zog sich ab 1962 aus dem
Showgeschäft zurück, versuchte 1974
Comeback mit anspruchsvolleren Titeln,
eher im Chanson- als im Schlager-Bereich.
Ciao, ciao, Bambina (1956); Am Tag als der
Regen kam (1959); Milord (1960); Grau war der
Ozean (1961); Pepe (1961); Er war gerade 18
Jahr' (1974)

Dagmar   Koch   *Dalida*   Interfoto

Dall, Karl
* 01.02.1941 in Emden
deutscher Komiker, TV-Moderator, Sänger
War Gründungsitglied der Blödel-Gruppe
Insterburg & Co. Ist inzwischen Moderator
und Produzent mehrerer TV-Shows.
Millionen Frauen lieben mich (1988)

Karl Dall   *BMG Ariola*

Dana (Rosemarie Brown)
* 30.08.1951 in Londonderry (Nordirland)
irische Sängerin, Gitarristin, Pianistin,
Schauspielerin
Nahm ihre erste Platte im Alter von 16
Jahren auf, siegte 1970 mit dem Titel "*All
Kinds Of Everything*" beim Grand-Prix-
Eurovision. War anschließend auch mit deut-
schen Titeln erfolgreich.
*Wenn ein Mädchen verliebt ist (1971); Spiel
nicht mit mir und meinem Glück (1975); Fairytale
(1976)*

Daniela (Danica Daniela Milatovic)
* 13.12.1949 in München
deutsche Sängerin

Bekam eine Klavierausbildung und
Ballettunterricht, spielt außerdem Gitarre,
Akkordeon und Schlagzeug. Trat auch als
Konzertpianistin im klassischen Rahmen
auf. Studierte außerdem Medizin. Produ-
zierte mit Hans Blum mehrere Schlager-
LP's.
*Im Jahre 2002 (1971); Ich bin nicht gern allein
(1971); Ich glaub an dich (19##)*

Danzer, Georg
* 07.10.1946 in Wien
österreichischer Sänger, Liedermacher
Studierte zunächst Philosophie- und Psy-
chologie, danach Gitarre-Studium am
Konservatorium in Wien. Schrieb seit 1968
Texte u.a. auch für Marianne Mendt und
Erika Pluhar. Als Interpret seit 1976 erfolg-
reich. Er gilt als einer der führenden
Liedermacher Österreichs.
*Weiße Pferde (1985); Ihr seid alle so normal
(1985)*

Darek Ensemble
deutsches Kaffeehaus und Salon - Ensem-
ble, das hauptsächlich Evergreens der 20er
Jahre spielt. Steht unter der Leitung seines
Gründers Jiri Darek, der seit 1973 als
Violinist Mitglied und seit 1979
Konzertmeister des Rundfunkorchesters des
Südwestfunks ist. Zahlreiche Rundfunk- und
Fernsehauftritte, Schallplatten.

Dassin, Joe
* 05.11.1940 in New York
+ 21.08.1980 in Papeete (Tahiti)
französischer Sänger, Schauspieler, Regisseur
Sohn des Regisseurs Jules Dassin ("Rififi"
und "Sonntags nie"), Stiefmutter: Melina
Mercouri. Kam im Alter von 11 Jahren nach
Europa, studierte in Genf, Paris, London,
Michigan und Rom. Schloß seine Studien
als promovierter Völkerkundler ab. Arbei-

tete zunächst als Regie-Assistent, danach als Schauspieler. Produzierte 1965 seine erste Schallplatte und wurde einer der beliebtesten Sänger in Frankreich, war ab Anfang der 70er Jahre auch in Deutschland sehr erfolgreich.

Les Champs Elysees (1970); Noch eine letzte Zigarette (1971); Das sind zwei linke Schuh' (1971); Dieser Sänger braucht nur ein Chanson (1972); In Versailles im großen Garten (1973); Septemberwind (1975)

Daum, Norbert (Ps: Apolleon)
* 06.09.1948 in Braunau / Inn (Österreich)
österreichischer Komponist, Arrangeur, Dirigent, Produzent
War Mitglied der Wiener Sängerknaben. Studierte am Konservatorium in Wien, erhielt Klavier- und Kompositionsunterricht. War zunächst als Assistent bei Gerd Wilden tätig. Seit Ende der 70er Jahre als Komponist erfolgreich.

China Boy (1979); Wir werden uns wiedersehen (1981); Die Nacht, in der ich mich verlor (1981); Als die Sonne nicht mehr kam (1981)

Dehmel, Willy
* 26.02.1909 in Berlin
+ 15.06.1971 in Bad Wiessee
deutscher Texter
Studierte in Berlin Theaterwissenschaft, nahm außerdem Schauspielunterricht. Startete seine musikalische Karriere zunächst als Pianist in Stummfilmkinos und war bei verschiedenen Tanzkapellen tätig. Kam 1931 als Texter zur Zusammenarbeit mit seinem Vetter Franz Grothe. Schrieb die Texte zu zahlreichen Filmschlagern und Evergreens. War seit 1950 Mitglied im Aufsichtsrat der GEMA.

Man kann sein Herz nur einmal verschenken (1939); Wenn ein junger Mann kommt (1941); In der Nacht ist der Mensch nicht gern alleine (1944); Ich zähl' mir's an den Knöpfen ab (1952)

Dehn, Kurt
* 19.07.1920 in Bad Dürkheim
deutscher Sänger
Absolvierte eine Ausbildung als Kaufmann. Wurde als Sänger und Komponist von Pfälzer Wein- und Heimatliedern in ganz Deutschland bekannt. Trat auch als Heimatdichter (Mundart) hervor. Arbeitete u.a. auch mit Alfons Bauer zusammen.

In de Palz geht de Parre mit de Peif in die Kerch (1973); En echte Pälzer raacht keen Husch (1973); Die Pälzernaas (1970)

Delgado, Roberto (Horst Wende)
* 15.11.1919 in Zeitz / Sachsen
deutscher Komponist, Arrangeur, Bandleader
Studierte an der Musikhochschule in Leipzig. Begleitete mit seinem Orchester zahlreiche Schlager-Interpreten auf der Bühne und im Studio.

Letkiss (1965)

Demis (Demis Roussos)
siehe Roussos, Demis

Dempwolff, Horst (Ps: Fen Mico, A.Michell)
* 09.07.1913 in Rodemachern / Elsaß
+ 30.10.1983 in St. Erhard (Schweiz)
deutscher Komponist
Studierte nach einer kaufmännischen Ausbildung in Leipzig Musik. Schrieb seit 1948 als freischaffender Komponist zahlreiche Filmmusiken, Instrumentalwerke und Schlager (u.a. auch die Melodien für die Mainzelmännchen-Spots des ZDF).

Denise (Heike Hielscher)
* 29. März in Duisburg
deutsche Sängerin, Gitarristin, Texterin
Stand bereits als 9-jährige auf der Bühne. Während ihrer Ausbildung an der

Fachhochschule für Sozialpädagogik bekam sie ihren ersten Schallplattenvertrag, wurde von Joachim Heider produziert und ist seit Anfang der 80er Jahre als Sängerin erfolgreich.

Schenk mir keine Rosen (1983); Genug ist genug (1984); Liebe ist viel mehr als ein Wort (1987); Frau im Spiegel (1987); Mal Astronaut sein (1991)

Denise   *Teldec*

Densow, Klaus
* 24.01.1962 in Hassinghausen
deutscher Sänger
Holi-Holiday (1989); Mütter, haltet eure Töchter fest (1990); Wir sind doch alle keine Engel (1992)

Depenheuer, Walter (Ps: Bert Lindenthal)
* 18.01.1951 in Köln
deutscher Komponist, Pianist, Arrangeur
Studierte Musik in Frankfurt, war danach als Musikpädagoge und als Musikredakteur tätig. Schrieb überwiegend instrumentale Unterhaltungsmusik.
Only a Dream (1982); Springtime (1985); Shuffle Mac (1991); First Waltz (1992)

Deter, Ina
* 14.01.1947 in Berlin
deutsche Rock-, Pop-, Schlagersängerin
Gründete 1962 ihre erste Band und beteiligte 1975 mit dem Titel "*Wenn du so bist wie dein Lachen*" an der Grand-Prix Ausscheidung. Hatte danach erste Erfolge als Sängerin. Nach Abschluß eines Graphik-Design-Studiums gründete sie eine eigene Agentur in Köln. Anfang der 80er Jahre wandte sie sich der Rockmusik mit zum teil politisch engagierten Texten zu; arbeitete u.a. mit Edo Zanki zusammen.
Wenn du so bist wie dein Lachen (1975); Neue Männer braucht das Land (1983); Mit Leidenschaft (1984); Du hast ne Ladung Dynamit (1986)

Ina Deter   *Mercury*

Deutsche Fußball-Nationalmannschaft
Aus Anlaß der Teilnahme an Weltmeisterschafts-Endturnieren produzierten die jeweiligen Mitglieder der Fußball-Nationalmannschaft seit 1973 regelmäßig Schall-

Drafi Deutscher   *Interfoto*

platten, die teilweise Hitcharakter annahmen. Zu den Produzenten bzw. musikalischen Begleitern gehörten u.a. Jack White, Michael Schanze und Udo Jürgens. *Fußball ist unser Leben (1973); Buenos Dias Argentina (1978); Wir sind schon auf dem Brenner (1991)*

Deutscher, Drafi (Karlheinz D.Ps: Jack Goldbird / Dave Boland / Kurt Gebegern / Hektor von Usedom / Renate Vaplus)
* 09.05.1946 in Berlin
deutscher Sänger, Komponist, Texter, Produzent
Wurde 1964 entdeckt, erhielt 1965 seine erste Goldene Schallplatte für den Hit "*Marmor, Stein und Eisen bricht*". Erlitt 1967 einen Karriere-Knick wegen eines ihm zur Last gelegten Sittlichkeitsdelikts. Comeback Anfang der 80er Jahre als Komponist und Produzent (u.a. Nino de Angelo). Ist Mitglied des englischsprachigen Duo-Projekts Mixed Emotions. Deutscher gehörte zu den erfolgreichsten Vertretern der deutschsprachigen Beatmusik der 60er Jahre.
Shake Hands (1964); Keep Smiling (1964); Cinderella Baby (1964); Heute male ich dein Bild, Cindy Lou (1965); Hast du alles vergessen (1965); Marmor, Stein und Eisen bricht (1965); Nimm mich so wie ich bin (1966); Honey Bee (1966); Weil ich dich liebe (1971); Mama Leone (1979); Herz an Herz Gefühl (1986); Sweetheart - Darlin' - My Deer (1987)

Dietrich, Bernd
* 04.02.1944 in Nörten-Hardenberg
deutscher Komponist, Texter, Produzent, Verleger
Wandte sich nach Beendigung seines Studiums zum Grundschullehrer professionell der Unterhaltungsmusik zu. War Mitglied in der Bleitband von Michael Holm, traf dort mit G.G.Anderson zusammen, mit dem er von 1979 bis 1985 zahlreiche Titel schrieb und produzierte. Es folgten Produktionen für Andrea Jürgens, Roland Kaiser, Mireille Mathieu u.v.a.m. 1990 entdeckte er seinen eigenen Tontechniker und machte aus ihm einen Star: Matthias Reim. Der Inhaber des Känguruh-Verlages produziert z.Zt. Heike Neumeyer.
C'est la vie (1976); Schach matt (1979); Wenn and're schlafen (1980); Ja, ja, die Katja (1981); Lieb mich ein letztes Mal (1981); Manuel Goodbye (1983); Flieg mit mir zu den Sternen (1984); Sommernacht in Rom (1985), Verdammt, ich lieb dich (1990)

Dietrich, Marlene (Maria Magdalena von Losch)
* 27.12.1901 in Berlin
+ 06.05.1992 in Paris
deutsch-amerikanische Sängerin, Schauspielerin
Mußte ein Geigenstudium wegen einer Sehnenentzündung aufgeben, absolvierte danach ein Schauspielstudium an der Max-Reinhardt-Schule in Berlin. Schaffte ihren Durchbruch zum Weltruhm in der Heinrich-Mann-Verfilmung "Der blaue Engel" (*"Ich bin von Kopf bis Fuß auf Liebe eingestellt"*). Sie spielte die Hauptrollen in einigen Hollywood-Erfolgen u.a. "Herzen in Flammen" (1930), "Shanghai-Express" (1931), "Engel" (1937), "Der große Bluff" (1939). 1939 nahm sie die amerikanische Staatsbürgerschaft an, während des 2. Weltkrieges spielte sie vor amerikanischen Soldaten in Europa und lehnte mehrere Angebote der Nazis zur triumphalen Rückkehr ab. Nach dem Krieg spielte sie u.a. in "Martin Roumagnac" (1946), "Eine auswärtige Affäre" (1947/48), "Zeugin der Anklage" (1957). Als Chanson- und Liedersängerin war sie in einer zweiten Karriere ebenfalls erfolgreich. Ab 1975 lebte zurückgezogen in Paris.

Marlene Dietrich   *Interfoto*

a.d. Film: "Der blaue Engel" (1930):
Ich bin die fesche Lola ; Ich bin von Kopf bis Fuß
auf Liebe eingestellt;
Lili Marleen (1945); Ich hab' noch einen Koffer
in Berlin (1951); Wer wird denn weinen, wenn
man auseinander geht (1960); Sag mir wo die
Blumen sind (1962); Die Antwort weiß ganz
allein der Wind (1964); Wenn ein Mädel einen
Herrn hat (1965)

Distel, Sacha

* 29.01.1933 in Paris
französischer Schauspieler, Sänger, Gitarrist, Komponist
War zunächst als Gitarrist erfolgreich (wurde 1953 als "bester Gitarrist Frankreichs"
ausgezeichnet) und spielte mit den führenden Jazz-Musikern in Frankreich zusammen. Er begleitete u.a. Juliette Greco, die
ihn ermunterte selbst zu singen, hatte dann
1958 seinen ersten Hit in Frankreich
("*Scoubidou*"). Unternahm weltweite Tourneen, trat in zahlreichen TV-Shows in Frankreich, England, Belgien und Deutschland
auf. Er komponierte u.a. für Frank Sinatra,
Petula Clark, Dionne Warwick. Distel singt
in französischer, deutscher, englischer, spanischer und italienischer Sprache, erhielt
zahlreiche Auszeichnungen und Goldene
Schallplatten.
Adios Amigo (1962); Wir könnten Freunde sein
(1963); Ein paar Tränen (1963); Der Platz ne-
ben mir (1964); Die Frau mit dem einsamen
Herzen (1965)

Dobschinski, Walter (Ps: Max Telke)
* 29.10.1908 in Berlin
deutscher Komponist, Bandleader, Arrangeur, Posaunist
Studierte am Konservatorium in Berlin-Lichtenberg, war 1930 bis 1939 beim Orchester Teddy Stauffer, 1940 bis 1941 beim Orchester Kurt Hohenberger, 1941 bis 1945 beim Deutschem Tanz- und Unterhaltungsorchester, ab 1947 Tanz-Kapelle des Berliner Rundfunks. War danach als Komponist und Arrangeur für die Rolf-Budde-Musikverlage tätig. Gründete ein eigenes Orchester, sein größter Erfolg war der Sieg bei der Grand-Prix Endausscheidung 1966 mit der von Margot Eskens gesungenen Komposition "*Die Zeiger der Uhr*". Schrieb insgesamt über 200 Titel und ca. 2000 Arrangements.
Dob's Boogie (1947); Dob´s Dixie (1952); Holzschuh-Dixie (1956); Florida Stomp (1956); Bier, Bier, Bier ist die Seele vom Klavier (1964); Die Zeiger der Uhr (1966)

Doelle, Franz
* 09.11.1883 in Mönchengladbach
+ 15.03.1965 in Leverkusen
deutscher Komponist
Wurde nach einer Ausbildung als Orchestermusiker (Hornist) Theater-Kapellmeister am Metropoltheater in Berlin. Schrieb über 30 Filmmusiken (u.a. "Kollege kommt gleich", "Die englische Heirat", "Königswalzer", "Die Nacht in Venedig"). Außerdem zahlreiche Schlager.
Wenn der weiße Flieder wieder blüht (1928); An einem Tag im Frühling (1933); Heut' könnte ich die ganze Welt umarmen (1934); Liebe ist ein Geheimnis (1934); Amphitryon-Walzer (1935); Wie ein Wunder kam die Liebe (1935); Für wen macht eine Frau sich schön (1937)

Dohrenkamp, Jürgen (Jürgen v. d. Lippe)
siehe Lippe, Jürgen von der

Door, Daisy (Evelyn van Ophuisen)
* 1943 in Duisburg
deutsche Sängerin, Schauspielerin
Sang im Kinderfunk des Kölner Rundfunks, war später Mitglied des Botho-Lucas-Chores, wurde bekannt als sie in der TV-Serie "Der Kommissar" den Titelsong "*Du lebst in deiner Welt*" sang (innerhalb von 3 Monaten wurden 500.000 Platten verkauft).
Du lebst in deiner Welt (1971); Denn ich liebe die Welt (1972); Komm und wir sind frei (1972)

Dörflinger, Kurt (Ps: Collano)
* 05.08.1910 in Karlsruhe
+ 06.01.1986
deutscher Komponist
Besuchte von 1920 bis 1930 das Münzsche Konservatorium Karlsruhe (Cello, Klavier, Saxophon, Theorie, Komposition, Dirigieren). War als Saxophonsolist bei zahlreichen Rundfunk-Anstalten und Orchestern (u.a. Orchester Willi Berking, Deutsches Tanz-Orchester Willi Stech, Orchester Kurt Widmann).
Ganz leis´ erklingt Musik (1940); Heiße Tage (1941); Schön warmer Tag (1962); Hochzeitstango (1966); Niedersachsen-Marsch (1981)

Dorkas   *Jupiter*

Dorkas
* 21.06.1972 in Offenbach
deutsche Sängerin
Hatte seit ihrem neunten Lebensjahr Ballett- und Klavierunterricht. Nahm bereits 1989 bei der Vorentscheidung des Grand-Prix-Eurovision teil. Wurde von Ralf Siegel und Bernd Meinunger produziert.
Ich hab' Angst (1989); Wir sind stark genug (1990); Ich hab geträumt, daß du mich liebst (1992); Oh Tom (1992)

Dörr, Peter
* 07.03.1952 in Saarbrücken
deutscher Komponist, Produzent, Verleger
Absolvierte ein Studium der Rechtswissenschaften, gründete danach einen Musikverlage sowie die Schallplattenfirma "Caribic". Komponierte zahlreiche Werbe-Musiken und Instrumentaltitel. Produziert u.a. Severine, Sandy & Andy, Marcus Wendorf, Duo California, Gloria.

Dorthe (Dorthe Kollo, geb. Larsen)
* 17.07.1947 in Kopenhagen
dänische Sängerin
Hatte als Kind Klavier-, Gesangs- und Ballettunterricht, nahm ihre erste Schallplatte im Alter von 12 Jahren auf und wurde in Dänemark zum Star. War von 1967 bis 1971 mit dem Opernsänger Rene Kollo verheiratet. Widmete sich nach der Scheidung wieder ihrer Karriere als Sängerin.
Junger Mann mit roten Rosen (1964); Rot ist die Liebe (1964); Dip-di-dip (1965); Blondes Haar am Paletot (1965); Heut' hab ich mein Herz verloren (1966); Sind Sie der Graf von Luxemburg (1967); Wärst du doch in Düsseldorf geblieben (1968); Jeder Schotte (1968); Ein rosaroter Apfelbaum (1970); Tobago Helloh (1976); Lieder im Wind (1978); Und dann war es Liebe (1978); Bei Nacht (1982); Spanische Nacht (1990); Heimat ist nicht bloß ein Wort (1991)

Dorthe   set

Dostal, Nico
* 27.11.1895 in Korneuburg (Österreich)
+ 27.10.1981 in Salzburg (Österreich)
österreichischer Komponist
Studierte Jura an der Universität in Wien, danach Musik an der Akademie für Kirchenmusik in Klosterneuburg. War danach als Kapellmeister u.a. in Salzburg, Innsbruck und Berlin. Dort als Kapellmeister am Theater Nollendorfplatz tätig, später am Theater am Kurfürstendamm. Ging 1942 nach Wien und widmete sich hauptsächlich der Filmmusik, lebte ab 1954 in Salzburg. Erhielt zahlreiche Auszeichnungen, u.a. 1969 Paul-Lincke-Ring, 1976 Ehrenmitglied der Dramatiker-Union Bundesrepublik Deutschland, 1981 Ehrenmitglied des Österreichischen Komponistenbundes. Schrieb zahlreiche Operetten, musikalische Lustspiele, komische Opern, Orchester- und Chorwerke, Filmmusiken, Schlager.
a.d. Operette "Clivia" (1934): Man muß mal ab und zu verreisen;
a.d. Film "Das Lied der Wüste" (1939): Ein paar

Tränen werd' ich weinen;
a.d. Operette "Die ungarische Hochzeit" (1939):
Heimat, deine Lieder;
Weitere Erfolge:
Es wird in hundert Jahren wieder so ein Frühling
sein (1931); Am Manzanares (1933); Kleine
Etelka (1939)

Drabek, Kurt (Ps: Pierre Blanchard)
* 25.03.1912 in Berlin
deutscher Akkordeon-Solist, Komponist
Erhielt privaten Musikunterrich (Violine,
Klavier, Cello, Harmonielehre). War in den
30er Jahren als Saxophonist, Akkordeon-

Nico Dostal (mit Lilly Dostal)   *Interfoto*

Doucet, Suzanne
* 27.08.1946 in Tübingen
deutsche Sängerin, Komponistin, Gitarri-
stin, Pianistin, Produzentin
Arbeitete zunächst als technische Zeichne-
rin, hatte 1964 erste Erfolge als Schlager-
sängerin, dann auch als Schauspielerin und
TV-Moderatorin (moderierte u.a. mit Ilja
Richter ein Jahr lang die Sendung "4-3-2-1
Hot and Sweet"). Spielte in mehreren
Fernsehserien mit, war seit Ende der 60er
Jahre auch als Produzentin tätig.
*Das geht doch keinen etwas an (1964); Okay, ich
geh' (1964); So long, so long (1965); Glück und
Liebe (1966)*

Solist und Arrangeur in zahlreichen Formationen tätig. Leitete seit 1945 ein eigenes
Ensemble. Kompositionen in erster Linie
Unterhaltungs- und Tanzmusik, daneben
auch Filmmusiken. *Sandmännchenlied (19###)*

Drews, Jürgen
* 02.04.1948 in Berlin
deutscher Sänger, Rundfunk- u. TV-
Moderator, Komponist, Schauspieler
Gründete die Band "Die Anderen", die in
der TV-Sendung "Show Chance" siegte.
Arbeitete dann auch als Schauspieler und
war Mitglied der Les Humphries-Singers.

Jürgen Drews   *Polydor*

Seine größten Erfolge waren ins Deutsche übersetzte Titel der Bellamy Brothers. Seit einigen Jahren ist er auch als TV-Moderator tätig (Schlager-Parade).

Dieser Tag hat so vieles verändert (1972); Osaka (1972); Schreib mir keine Briefe (1972); Zeit ist eine lange Straße (1973); Weil ich dich liebe (1974); Ein Bett im Kornfeld (1976); Es ist kalt in meinem Zimmer (1976); Barfuß durch den Sommer (1977); Unnahbarer Engel (1977); Wir zieh'n heut' abend auf's Dach (1978); Du schaffst mich (1979); Schulschluß (1979); Du wirst auch ohne mich leben (1980); Dein Gesicht (1980); Ich spür deinen Herzschlag (1984); Irgendwann, irgendwo, irgendwie (1989)

Drexler, Werner (Ps. Ralph Marco)
* 19.07.1928 in Nürnberg
deutscher Bandleader, Arrangeur, Komponist, Pianist
War nach einem Studium an der Musikhochschule München von 1953 bis 1957 Pianist und Arrangeur beim Orchester Kurt Edelhagen. Übernahm 1959 die Produktionsleitung beim SWF-Tanzorchester, lebt seit 1965 als freier Komponist, Arrangeur und Orchesterleiter in Baden-Baden. Schrieb über 1000 Instrumentaltitel (u.a. die offizielle Fanfare der Fußballweltmeisterschaft 1974 "*World Cup Fanfare*").

World Cup Fanfare (1974); Poesie (1981); Musica Antiqua (1984); Concerto d'amore (1984)

Dschinghis Khan
Die Gruppe wurde von Ralph Siegel für den bereits komponierten Titel *"Dschinghis Khan"*, der 1979 an der Grand-Prix-Vorentscheidung teilnehmen sollte, zusammengestellt (Mitglieder: u.a. Henriette Heichel, Edina Pop, Steve Bender, Wolfgang Heichel, Leslie Mandoki, Louis Henrik Potgieter). In der Folge gelangen der Gruppe noch einige Hiterfolge im Grenzbereich von Disco-Musik und Schlager.

Dschinghis Khan (1979); Moskau (1979); Hadschi Halef Omar (1979); Rom (1980); Pistolero (1981); Loreley (1981); Wir sitzen alle im selben Boot (1981); Klabautermann (1982); Der Dudelmoser (1982); Himalaya (1983)

Duo California (Gerd und Gitte Kappes)
deutsches Gesangsduo
Das Duo wird von Michael Zai und Jürgen Renfordt produziert und verzeichnet seit Mitte der 70er Jahre Erfolge.

Wenn die Sehnsucht deinen Namen nennt (1975); Ein weiter Weg nach Rhodos (1989)

Duo California   Polymedia

Durand, Angele (Angele Caroline De Geest)
* 23.10.1925 in Antwerpen (Belgien)
belgische Sängerin, Schauspielerin
Sang als Jazz-Sängerin in der Band des Trompeters Rex Stewart, unternahm dann eine Tournee mit Duke Ellington. Bekam 1953 eine Rolle in dem Film "Käpt'n Bay-Bay", war danach als Schlagersängerin auch in Deutschland erfolgreich.

So ist Paris (1956); Johannes (1957); Melodie d'amour (1958); Chanson d'amour (1958); Bonjour tristesse (1958); Hula Hoop (1958); Die

Cowboys von der Silver Ranch (1960)

Duval, Frank
* 22.11.1940 in Berlin
deutscher Komponist, Bandleader,
Arrangeur, Sänger
Arbeitete 1956 als Regieassistent (Vaganten-
Bühne Berlin), trat dann auch zusammen
mit seiner Schwester Maria als Gesangsduo
auf (*"Ich leg' mein Schicksal in Deine
Hand"*). War von 1958 bis 1966 Schauspieler und Sänger, von 1966 bis 1977 hauptsächlich als Komponist von
Hörspielmusiken tätig. Seit 1977 schrieb er
die Musik für "Tatort - Schüsse in der Schon-
zeit" sowie zahlreiche Folgen der Serie
"Derrick", "Der Alte". Komponierte u.a.
auch für Alexandra und Ivan Rebroff.
*Todesengel (1979); Angel Of Mine (1980), Liebe
und Tod (1986)*

EAV (Erste Allgemeine Verunsicherung)   *Interfoto*

Esther Egli   *privat*   *Gunther Emmerlich*   *Ariola*

EAV
siehe Erste Allgemeine Verunsicherung

Ebeler, Gerhard
* 28.01.1877
+ 10.11.1956 in Bergisch Gladbach
deutscher Texter, Karnevals-Sänger
Arbeitete meist mit dem Komponisten Hans
Otten zusammen.
Du kannst nicht treu sein (1925); Aber heut sind wir fidel (1928)

Ebner, Christina
* 09.08.1966 in Wolfratshausen
deutsche Sängerin
Spielte bereits als Kind zahlreiche Musikinstrumente (u.a. Akkordeon, Hackbrett) und sang in einem Kinderchor. Nahm an Talentwettbewerben teil, trat als Jodlerin regelmäßig im Münchener Hofbräuhaus auf. Jean Frankfurter und Irma Holder schreiben für sie.
Du traust di net, i trau mi net (1991); Aber streicheln derfst mi nur du (1991)

Christina Ebner   Virgin/Luna

Ebinger, Blandine (Blandine Loeser)
* 04.11.1999 in Berlin
deutsche Sängerin, Schauspielerin, Kabarettistin, Chansonette
War mit Friedrich Hollaender verheiratet. Emigrierte 1937 in die USA, kehrte nach dem Krieg nach Europa zurück, lebte 1946 in Zürich, ab 1947 wieder in Berlin. Viele ihrer Chansons schrieb Friedrich Hollaender.
Jonny, wenn du Geburtstag hast (1920)

Ebstein, Katja (Karin Witkiewicz)
* 09.03.1945 in Girlachsdorf bei Breslau
deutsche Sängerin, Schauspielerin
Ging in Berlin zur Schule, studierte dann Romanistik und Archäologie. Volontierte beim SFB im Ressort "Klassische Musik". Wurde 1965 von Heino Gaze als Sängerin entdeckt, begann eine klassische Gesangsausbildung, wandte sich jedoch bald dem Schlager, dem Chanson und der Folklore zu (z.B. als Brecht-Interpretin bei diversen Burg-Waldeck-Festivals der späten 60er Jahre). Erreichte 1970 ("*Wunder gibt es immer wieder*") und 1971 ("*Diese Welt*") den 3. Platz und 1980 ("*Theater*") den 2. Platz beim Grand-Prix-Eurovision. War von 1972 bis 1976 mit dem Komponisten Christian Bruhn verheiratet, seit 1981 mit dem Filmregisseur Klaus Überall. Seit Mitte der 80er Jahre verfolgt sie vor allem eine Karriere als Bühnenschauspielerin, tritt daneben auch als Fernseh-Moderatorin in Erscheinung. Erhielt zahlreiche Auszeichnungen und Goldene Schallplatten. Katja Ebsteins ausdrucksvolle Art der Schlagerinterpretation wirkte zu Anfang der 70er Jahre stilbildend.
Wunder gibt es immer wieder (1970); Diese Welt (1971); Der Stern von Mykonos (1973); Es war einmal ein Jäger (1974); In Petersburg ist Pferdemarkt (1976); Dieser Mann ist ein Mann (1978); Abschied ist ein bißchen wie sterben (1978); Es müssen keine Rosen sein (1979);

Katja Ebstein   *Interfoto*

Trink mit mir (1979); Theater (1980); Dann heirat doch dein Büro (1980); Ich bin ein Berliner Kind (1981); Ich bereue keinen Augenblick (1982); Mann bist du schön (1983)

Echner, Hansi (Hanne Haller)
siehe Haller, Hanne

Eckert, Heinz
* 01.07.1929 in Plettenburg
deutscher Komponist
Studierte ab 1946 am Konservatorium in Dortmund Klavier und Komposition. War dann zunächst als Pianist tätig, später als Produzent (u.a. für die "Swinging Girls" und Tanja May) und Komponist. Arbeitet regelmäßig mit Heinz Kretzschmar zusammen.
Halt mal die Sonne an (1973); Mal etwas Beat, mal etwas Swing (1976); Tanz doch mal einen Tango mit mir (1976)

Edelhagen, Kurt
* 05.06.1920 in Herne/Westfalen
+ 08.02.1982 in Köln
deutscher   Pianist,   Klarinettist, Orchesterleiter
Erhielt seine Musikalische Ausbildung an der Folkwang-Schule in Essen (Klavier, Klarinette, Dirigieren). Leitete 1946 sein erstes eigenes Orchester, kam 1947 zum Stuttgarter Rundfunk, 1949 zum Bayerischen Rundfunk in Nürnberg, 1952 zum Südwestfunk in Baden-Baden, 1957 zum WDR in Köln (Edelhagen All Stars). Besorgte 1972 die musikalische Untermalung beim Einzug der Nationen im Münchener Olympiastadion. Edelhagen arbeitete mit fast allen bekannten Künstlern in den Bereichen Jazz und Unterhaltungsmusik zusammen (u.a. Roy Black, Peter Alexander, Evelyn Künneke, Fred Bunge, Rolf Schneebiegel, Peter Herbolzheimer, Dieter Reith); gilt als Entdecker Caterina Valente.

Ederer, Pepe (Josef Ederer; Ps:Pit / Rocky Till)
* 21.03.1932 in Wald-Rossbach
deutscher Sänger, Komponist, Texter
War bereits im Alter von 9 Jahren Mitglied der Regensburger Domspatzen. Besuchte die Staatliche Gesangslehrer- und Dirigentenschule in Augsburg. War in den 60er Jahren Gründungsmitglied der Nilsen Brothers, ließ sich später als Komponist und Produzent in der Schweiz nieder. Schrieb u.a. für Monica Morell.
Aber dich gibt's nur einmal für mich (1965); Hurra, unsere Eltern sind nicht da (1970); Ich fange nie mehr was an einem Sonntag an (1972); Später - wann ist das (1973); Hallo, ist denn keiner hier (1974); Hey, Nachbar, komm rüber (1975); Die lange Nacht in dem kleinen Hotel (19##); Das Leben schreibt nicht auf Papier (1975)

Eggerth, Martha
* 17.04.1912 in Budapest
deutsche Sängerin, Schauspielerin
War verheiratet mit dem polnischen Sänger Jan Kiepura (gest. 1966), mit dem sie auch gemeinsam auftrat. Zahlreiche Filmrollen.
Du traumschöne Perle der Südsee (1933); Musikanten sind da (1935); Schön wie der junge Frühling (1935); Immer, wenn ich glücklich bin (1938)

Egli, Esther
* 06. November in Eschenbach (Schweiz)
schweizerische Sängerin
War zunächst als kaufmännische Angestellte und als Kinderkrankenschwester tätig, machte ihr Hobby zum Beruf, ist seit im Bereich der volkstümlichen Musikszene erfolgreich. Zahlreiche Rundfunk- und TV-Auftritte.
Mein Platz an der Sonne ist bei dir, mein Schatz (1990); Heimweh-Jodler (1992)

Ehrlinger, Hans (Ps: G.Flat, Juan Erlando)
* 16.01.1931 in Nürnberg
deutscher Posaunist, Bandleader, Komponist, Arrangeur
Absolvierte ein Studium am Konservatorium in Nürnberg, war danach als Arrangeur und Komponist beim Nürnberger Rundfunk-Tanz-Orchester tätig, später bei Hugo Strasser (damals Saarländisches Rundfunk-Tanz-Orchester). Betätigte sich anschließend als Produzent für zahlreiche Verlage. Gründete und leitete ein eigenes Orchester, weitgespannte Verlags- und Kompositionstätigkeit.
Bossa Novum (1969); Cha-Cha Gitano (1974); Das hohe Lied der Berge (1980); Serenade (1984)

Eilemann-Trio
siehe Eilemann, Günter

Eilemann, Günter
* 14.04.1923 in Köln
deutscher Komponist, Pianist, Sänger
Studierte in Köln Klavier, arbeitete nach dem Krieg als selbständiger Musiker, Entertainer, Bandleader und Komponist; gründete das Eilemann-Trio (später: Die Eilemänner)
Vater ist der Beste (1958); Du alter Räuber (1958); Sie vill ja (1960); Der Ziegenbock (1972); Camelle üs Cölle (1983); Morgens Tango, abends Tango (19##)

Eilenberg, Richard
* 13.01.1848 in Merseburg
+ 06.12.1927 in Berlin
deutscher Komponist
War als Kapellmeister in Stettin tätig, später in Berlin. Schrieb Operetten, Ballette, Tänze, Märsche und zahlreiche Klavier-Salonstücke.
Petersburger Schlittenfahrt (1885); Die Mühle im Schwarzwald (1890)

Eisbrenner, Werner
* 02.12.1908 in Berlin
+ 07.11.1981 in Berlin
deutscher Komponist, Dirigent, Arrangeur
Studierte an der Staatlichen Akademie für Kirchen- und Schulmusik in Berlin. Schrieb 1934 seine erste Filmmusik, leitete ab 1954 das Studio-Orchester Berlin, war ab 1959 freier Mitarbeiter des SFB. Komponierte über 100 Filmmusiken (u.a. *"Zwischen Hamburg und Haiti"*), fünf Rhapsodien, ein Klavierkonzert, ein Violinkonzert, Suiten, Liedkompositionen, Liedbearbeitungen. Zahlreiche Auszeichnungen u.a. Paul-Lincke-Ring, Filmband in Gold.
Beim ersten Mal da tut s noch weh (1944); Spiel im Sommerwind (1950); Ein Atelierfest [a.d.Film "Solange du da bist"] (1953); Froher Beginn (1965)

Electronicas
Niederländisches Ensemble
Der bisher größte Hit dieser Formation war der bereits 1958 von dem Schweizer Akkordeonisten Werner Thomas komponierte Instrumental-Titel *"Dance Little Bird"*, der auch 1973 als *"Dance Birdie Dance"* ein Jahreshit in Holland war. Die Electronicas spielten den Titel 1980 als "Vogeltjedans", die Bühnenshow mit sechs als Enten verkleideten Go-Go-Girls verhalf dem *"Ententanz"* in der Karnevalsaison zu neuen Hitparadenplazierungen. Frank Zander hatte einen seiner größten Erfolge mit einer gesungenen Version unter dem Titel *"Wenn wir alle Englein wären"*.
Dance Little Bird (1981); Dance Little Cat (1981)

Emmerlich, Gunther
* 18.09.1944 in Eisenberg/Thüringen
deutscher TV-Moderator, Sänger
Absolvierte ein Gesangsstudium (Bass). War schon in der damaligen DDR als Fernsehmoderator und Entertainer populär,

sang auch regelmäßig Schlager und Pop-Musik, blieb aber Mitglied im Ensemble der Dresdener Staatsoper. Seit der Wiederherstellung der staatlichen Einheit Deutschlands ist Emmerlich als Sänger und Fernsehmoderator im ganzen Bundesgebiet erfolgreich.
Die Tür geht auf (1991); Lady (1992)

Engel, Detlev (Ps: Gerd Böttcher)
siehe Böttcher, Gerd
Mr. Blue (1959); Ein Engel ohne Flügel (1961)

Erhardt, Heinz
* 20.02.1909 in Riga (Lettland)
+ 05.06.1979 in Hamburg
deutscher Komiker, Sänger, Schriftsteller, Komponist und Filmproduzent
Sein Vater war Kapellmeister. Sein Großvater hatte eine Gastspiel-Agentur, die Heinz Erhardt übernehmen sollte. Absolvierte von 1926 bis 1928 ein Musikstudium in Leipzig, um die Pianistenlaufbahn einzuschlagen. Begann seine Karriere am Berliner "Kabarett der Komiker". Ging nach dem Krieg nach Hamburg und war im Rundfunkbereich tätig. Wurde seit den 50er Jahren vor allem als Filmschauspieler bekannt ("Witwer mit fünf Töchtern", "Der Haustyrann", "Immer die Radfahrer", "Natürlich die Autofahrer", "So ein Millionär hat´s schwer" u.a.). Schrieb auch eine "Zehnpfennig-Oper" mit dem Titel "Noch ´ne Oper" (1939).
Skat-Polka (1960); Hämmerchen-Polka (1962); Fährt der alte Lord fort (1964)

Erpel, Karl (Will Glahé)
siehe Glahé, Will

Erste Allgemeine Verunsicherung (EAV)
österreichische Pop-Kabarett-Band
Nino Holm (* 22.12.1950 [Keyboarder]); Andreas Stenmo (* 14.02.1956 [Schlag-zeuger]); Gerhard Breit (* 14.08.1954 [Bassist]); Tom Spitzer (* 06.04.1953 [Gitarrist, Texter]); Klaus Eberhartinger (* 12.06.1950 [Sänger]); Günter Schönberger (*08.02.1952 [Gitarrist])
Aus der Wiener Band "Antipasta" enstand 1977 die "Rock Comix Gruppe", 1978 wurde die erste Platte produziert, gleichzeitig änderte die Band den Namen in "Erste Allgemeine Verunsicherung" (EAV) und wurde bereits 1981 mit dem Deutschen Schallplattenpreis ausgezeichnet. Kam seit Mitte der 80er Jahre mit relativ schlagernahen Songs verschiedentlich in die Hitparaden, behielt aber auf Platten und bei Live-Präsentationen das ursprüngliche kabarettistische Konzept bei, was auch als Ursache für den außergewöhnlichen Erfolg einer Band dieses Genres verstanden werden kann.
Alpenrap (1983); Afrika (1983); Ba-Ba-Banküberfall (1986); Fatamorgana (1986); Märchenprinz (1986); Heiße Nächte in Palermo (1986); Küss die Hand schöne Frau (1987); Sandlerkönig Eberhard (1987); Kurti (1987); An der Copacabana (1988); Ding Dong (1990); Samurai (1990)

Erwin, Ralph (Erwin Vogel)
⊢ 1945
deutscher Komponist
Ich kusse Ihre Hand, Madame (1928)

Eskens, Margot
* 12.08.1939 in Düren
deutsche Sängerin
Arbeitete zunächst als Zahnarzt-Assistentin, gewann dann bei einem Nachwuchswettbewerb der Firma Polydor. Nahm 1955 ihre erste Schallplatte, hatte bereits 1956 den ersten Nr. 1 Hit ("Tiritomba"). Kam 1962 mit dem Titel "*Ein Herz, das kann man nicht kaufen*" auf Platz 3 bei den Deutschen Schlagerfestspielen. Zahlreiche Auszeich-

nungen und Goldene Schallplatten. Ist seit Ende der 80er Jahre auch mit volkstümlichen Schlagern erfolgreich.

Ich möcht heut ausgehn (1955); Tiritomba (1956); Mamatschi (1956); Cindy, oh Cindy (1957); Calypso Italiano (1957); Wenn du wieder mal auf Cuba bist (1957); Wenn du wiederkommst (1958); Himmelblaue Serenade (1958); Du bist mir lieber als die andern (1959); Mondschein Partie (1959); Wenn du heimkommst (1961); Ein Herz, das kann man nicht kaufen (1962); Mama (1964); Denk nicht an morgen, wenn du bei mir bist [mit Silvio Francesco] (1977); Du siehst nur das Beste in mir (1987); Mein Traumland am Wörthersee (1990)

Etzel, Roy (Hans Joachim Etzel)
* 06.03.1925 in Breslau

Margot Eskens   *Interfoto*

Trompeter, Bandleader
Absolvierte von 1941 bis 1943 eine Ausbildung an der Heeresmusikschule in Frankfurt am Main. Spielte von 1947 bis 1952 im Orchester Kurt Edelhagen, von 1956 bis 1962 im Orchester Max Greger, von 1962 bis 1966 bei Hugo Strasser. Tritt seit 1966 bevorzugt als Solo-Trompetenvituose auf, u.a. mit eigenem Orchester.

Jenny (1961); Mexican Holiday (1966); La Trombe Espanola (1966); Traumlandmelodie (1980); Frag'nur Dein Herz (1982); Serenade (1983);

Extrabreit
deutsche Band
Kai Havaii [Sänger]; Stefan Kleinkrieg [Gitarrist]; Public Ulrich [Gitarrist]; Hunter Jäger [Bassist]; Rolf Möller [Schlagzeuger]
War eine der ersten "Neue Deutsche Welle"- Bands, kam Anfang der 80er Jahre mehrfach, danach erst wieder 1990 mit einer Neuversion des bereits 1932 von Hans Albers gesungenen Titels "*Flieger, grüß mir die Sonne*" in die Hitlisten.

Hurra, hurra die Schule brennt (1981); Polizisten (1982); Kleptomanie (1983); Flieger, grüß mir die Sonne (1990)

Roy Etzel *privat*

Falco   *Interfoto*

Roland Kaiser & Frank Farian   *set*

F

Fahrenkroog-Petersen, Joern
* 10.03.1960 in Berlin
deutscher Komponist, Keyboarder
Hatte seine größten Erfolge mit seinen für
die Sängerin Nena geschriebenen Titeln.
War auch Mitglied der Band.
*Nur geträumt (1982); Fragezeichen (1983);
Leuchtturm (1983); Neunundneunzig Luftballons (1983); Irgendwie, irgendwo, irgendwann
(1984)*

Falco (Johann Hölzel)
* 19.02.1957 in Wien
österreichischer Sänger, Pianist, Gitarrist
Besuchte das Wiener Konservatorium, spiel-
te in zahlreichen Bands. 1982 wurde der
Titel *"Der Kommissar"* im Zuge der Neuen
Deutschen Welle zum Hit. 1983 kam der
gleiche Titel mit neuem englischen Text
sogar in die US-Charts.
*Der Kommissar (1982); Maschine brennt (1982);
Rock Me Amadeus (1985); Jeanny, Part 1 (1985);
Coming Home [Jeanny, Part 2] (1986); Wiener
Blut (1988)*

Fall, Leo
* 02.02.1873 in Olmütz (Mähren)
+ 16.09.1925 in Wien
österreichischer Komponist, Violinist
Bruder von Richard Fall. Studierte am Wiener Konservatorium, ging danach als
Kapellmeister nach Berlin, Hamburg und
Köln. Lebte ab 1906 in Wien als freischaffender Komponist; schrieb mehrere Operetten (u.a. "Der fidele Bauer" 1907; "Die
Dollarprinzessin" 1907; "Der liebe
Augustin" 1912; "Die Rose von Stambul"
1916); viele seiner Melodien wurden zu
Evergreens.
*Dollarwalzer (1907); Heinerle, Heinerle, hab'
kein Geld (1907); Und der Himmel hängt voller
Geigen (1912); Wo steht denn das geschrieben
(1912); Ein Walzer muß es sein (1916); Rose von
Stambul (1916)*

Fall, Richard
* 03.04.1882 in Gewitsch (Mähren)
+ 1943 im KZ Auschwitz
österreichischer Komponist
Bruder von Leo Fall. Komponierte
Filmmusiken und Operetten, viele seiner
Schlager schrieb er zu Texten von Fritz
Löhner (Beda). Er emigrierte 1938 nach
Frankreich und wurde am 20.11.1943 in
Richtung KZ Auschwitz verschleppt.
*Was machst du mit dem Knie, lieber Hans (1925);
Wo sind deine Haare, August (1925); In Nischni
Nowgorod (19##)*

Faltermeyer, Harold
* 05.10.1952 in München
deutscher Komponist, Produzent, Texter,
Bandleader
Schrieb zahlreiche Filmmusiken (u.a.
"Beverly Hills Cop") und Schlager, u.a. für
Hanne Haller.
Deckel auf, Deckel zu (1978); Axel F. (1984)

Farian, Frank (Franz Reuther)
* 18.07.1941 in Kirn/Nahe
deutscher Sänger, Komponist, Produzent,
Texter
Der gelernte Koch gründete 1962 seine erste
Band und nahm bereits 1964 seine erste
Schallplatte auf. Bis 1976 erschienen seine
Platten vorwiegend in deutscher Sprache,
sein größter Erfolg als Interpret war der
Titel *"Rocky"* (1976). Er ist seit 1975 haupt-
sächlich als Produzent meist englisch ge-
sungener Titel tätig (Boney M., Milli
Vanilli); verkaufte über 100 Millionen
Schallplatten.
Als Sänger:
*So muß Liebe sein (1973); Rocky (1976); Spring
über deinen Schatten, Tommy (1976); Sie war
erst siebzehn und neu in der Stadt (1977)*
Als Komponist/Texter:
Tu es! (1975); El Lute (1979)

Feddersen, Helga
* 14.03.1930 in Hamburg
+ 24.11.1990 in Hamburg
deutsche Sängerin, Schauspielerin, Autorin, TV-Moderatorin
Nach ihrer Schauspiel-Ausbildung zunächst Engagements an den Hamburger Kammerspielen, danach in Gelsenkirchen. Film- und Fernsehrollen. Nach einer Operation konnte sie für längerere Zeit nicht auftreten und arbeitete als Autorin (schrieb u.a. Drehbücher für Fernsehfilme). Später war sie wieder als Schauspielerin am Theater, dann auch als Komikerin u.a. mit Dieter Hallervorden und Frank Zander im Fernsehen erfolgreich.
Du, die Wanne ist voll (1978); Ausziehn (1979); Gib mir bitte einen Kuß (1981)

Felgen, Camillo (Ps: Jean Nicolas)
* 17.11.1920 in Tetange (Luxemburg)
luxemburgischer Sänger, Schauspieler, Texter, Komponist
War zunächst als Volksschullehrer tätig und hatte nach einem abgeschlossenen Opernstudium zahlreiche Filmrollen, war Discjockey bei Radio Luxemburg, Fernseh-Moderator bei "Die Show Chance" und "Spiel ohne Grenzen".
Als Sänger:
Ich hab Ehrfurcht vor schneeweißen Haaren (1974); Sag warum (1959); Ich hab das Glück bestellt für heute abend (1964); Bianca Rosa (1964)
Als Texter:
Ich zähle täglich meine Sorgen (1960); Schöner fremder Mann (1961); Ich hab Ehrfurcht vor schneeweißen Haaren (1974)

Feller, Linda
* 23. September in Ohrdruf / Thüringen
deutsche Sängerin
Wurde in der TV-Sendung "Sprungbrett" entdeckt und hatte seitdem zahlreiche Rund-

funk- und Fernseh-Auftritte, war 1988 als Stargast beim Country-Festival in Kloten (Schweiz) engagiert. Die Country & Western Sängerin wird von Jonny Hill und Bernd Jost produziert.

Linda Feller   *Koch*
Du bist das Salz in meiner Suppe (1991); Ich weiß genau was ich will (1992); Ich kann ohne dich nicht leben (1992)

Feltz, Kurt
* 14.04.1910 in Krefeld
+ 03.08.1982 auf Mallorca
deutscher Texter, Produzent
Der Schulfreund von Ralph Maria Siegel studierte an der Universität Köln. Er hatte 1934 seinen ersten großen Erfolg mit dem Titel "*Gib acht auf dein Herz, Margarete*". Feltz, der auch zeitweise beim WDR tätig war, schrieb ca. 2000 Schlagertexte, mehrere Filmdrehbücher und einige Opernlibretti. Er gilt als einer der erfolgreichsten und

Camillo Felgen *Interfoto*

geschäftstüchtigsten Schlagerautoren.
Gib acht auf dein Herz Margarete (1934); Und die Musik spielt dazu (1938); Es geht alles vorüber (1942); Der Theodor im Fußballtor (1948); Am Zuckerhut, am Zuckerhut (1949); Wer soll das bezahlen (1949); Maria aus Bahia (1949); Im Hafen von Adano (1950); Die süßesten Früchte (1952); Rote Rosen, rote Lippen, roter Wein (1953); Jim, Jonny und Jonas (1954); Ganz Paris träumt von der Liebe (1955); Das alte Haus von Rocky Docky (1955); Steig in das Traumboot der Liebe (1955); Wo meine Sonne scheint (1957); Kriminal-Tango (1959); Souvenirs (1959); Heißer Sand (1962); Was Frauen träumen (1964); Der letzte Walzer (1968); Delilah (1968); Hier ist ein Mensch (1970); Eine Melodie geht um die Welt (1976); Adios Amor (1982)

Hatte 1980 am Theater in Wien eine Rolle bei "Jesus Christ Superstar". Als Sänger wurde er mit seinem ersten großen Erfolg "*Strada del Sole*" bekannt und ist seitdem immer wieder in den Hitparaden vertreten.
Strada del Sole (1981); Schickeria (1981); Es lebe der Sport (1982); Kein schöner Land (1986); Macho Macho (1988); Tango korrupti (1988); Es ist ein Alptraum ohne Stammbaum (1989); Von Zeit zu Zeit (1990)

Fernando Express
deutsches Ensemble
Wird von Adam Schairer (siehe auch Adam & Eve) produziert.
Fly Away Flamingo (1989); Weiße Taube Sehnsucht (1990); Die versunkene Stadt (1990); Farewell Kontiki (1992)

Fernando Express   *Intercord*

Fesl, Fredl
* 07.07.1947 in Grafenau
deutscher Sänger, Liedermacher, Gitarrist
Begann Mitte der 70er Jahre als sogenannter Blödel-Barde mit bayerischen Texten.
Der Königsjodler (1976); Der Anlaß-Jodler (1976); Fußball-Lied (1976)

Rainhard Fendrich   *BMG Ariola*

Fendrich, Rainhard
* 27.02.1955 in Wien
österreichischer Sänger, Liedermacher, Schauspieler

Fischer, Ernst
* 10.04.1900 in Magdeburg
deutscher Komponist
Studium am Konservatorium in Frankfurt und Berlin.

Linzer Torte (1936); Am Zuckerhut, am Zuckerhut (1949); Vis-à-vis vom Wendelstein (1949)

Fischer, Gotthilf
* 11.02.1928 Deizisau bei Plochingen
Chorleiter, Komponist
Gründete im Alter von 15 Jahren seinen ersten Chor, war 1949 Sieger beim schwäbischen Sängerfest in Göppingen. Seitdem fanden sich unter seiner Leitung immer mehr Einzelchöre zusammen (bis zu 1500 Einzelsänger). Zahlreiche Konzerttourneen und TV-Auftritte (u.a. "Verstehen Sie Spaß"). Fischer komponierte und bearbeitete einige meist einstimmig aufzuführende Werke. Er schrieb u.a. den Chorsatz "Frieden", die Oper "Schicksal", eine "Friedensmesse" und ein Krönungslied für Königin Beatrix der Niederlande.

Gotthilf Fischer　　　　*east-west*

Fischer, Horst
deutscher Trompeter, Komponist
Mitternachts-Blues (1958); Kennst du das kleine Haus am Michigansee (1965)

Fischer, Veronika
* 28.07.1951 in Wölfis
deutsche Sängerin
War bereits in der ehemaligen DDR eine bekannte Sängerin. Bekam ein Visum in die Bundesrepublik und kehrte nicht mehr zurück. Seit Anfang der 80er Jahre im Schlager-, Pop- und Rock-Bereich erfolgreich.
Halt mich fest (1981); Du willst deinen Spaß (1984), Sehnsucht nach Wärme (1985); Ein Gefühl wie das Leben (1988); Hey Du (1989)

Fisher, Andy (Johann Fischer)
* 03.05.1930 in Wien
österreichischer Sänger, Texter, Arrangeur
Musikstudium in Wien. War zunächst als Pianist, von 1957 bis 1962 als Jazz-Bassist im Orchester Kurt Edelhagen / WDR Big-Band tätig. Wurde 1966 von Otto Demmler als Sänger entdeckt. Seit 1977 als Arrangeur und Texter bei Jupiter Records tätig.
Mr. Cannibal (1966); Der Babyspeck ist weg (1967)

Fitz, Lisa
* 15.09.1951 in Zürich
deutsche Schauspielerin, Sängerin, Entertainerin, Kabarettistin, Moderatorin
Besuchte die Schauspielschule in München. Erste Erfolge mit Mona Freiberg als Duo "Mona und Lisa". Hatte 1972 ihren bislang größten Hit "*I bin bled*", war danach wieder mehr als Schauspielerin und Kabarettistin tätig. Ist seit 1974 Moderatorin des Bayerischen Rundfunks für die Sendung "Bayerische Hitparade".
I bin bled (1972); Jetzt und hier (1989)

Five Tops (siehe auch: Leandros, Leo)
Anfang der 50er Jahre von Leo Leandros gegründetes Ensemble. Mitglieder waren Günther Kallmann, Bernd Golonski, Sigurd Hilkenbach, Karl-Heinz Welbers.
Rag Doll (1965); Warte auf das Glück (1965); Frag doch nur dein Herz (1966)

Die Flippers   *Ariola*

Fleming, Joy (Erna Strube)
* 15.11.1944 in Rockenhausen/Pfalz
deutsche Rock-, Blues-, Schlager-Sängerin
Ausbildung als Verkäuferin. War 1966
Gründungsmitglied der Mannheimer Band
"Joy & The Hit Kids" (u.a. mit Ricky
King).Startete 1971 eine Solo-Karriere, er-
hielt zahlreiche Auszeichnungen. Gilt als
eine der besten deutschen Blues-
Sängeringen.
Neckarbrücken-Blues (1972); Halbblut (1974);
Ein Lied kann eine Brücke sein (1975); Ich sing
fürs Finanzamt (1977); Er ist ein Ehemann (1979)

Flippers (Die Flippers)
1965 als Sextett unter dem Namen "Dancing
Show Band" gegründet. 1969 vom Entdek-
ker und Produzenten Willi Sommer in "Die
Flippers" umbenannt. Hatten danach ihren
erstengroßen Erfolg mit "*Weine nicht kleine*
Eva". Die Mitglieder der Urbesetzung waren Claus Backhaus (* 30.05.1943 [Bassist,
Saxophonist]), Roland Bausert (* 17.01.1944
[Sänger, Gitarrist]), Manfred Durban (*
28.09.1942 [Schlagzeuger, Trompeter]),
Franz Halmich (* 10.01.1944 [Organist, Pianist, Baritonsaxophonist]), Bernd Hengst
(* 18.04.1947 [Sänger, Gitarrist, Schlagzeu-
ger]) und Olaf Malolepski (* 27.03.1946
[Sänger, Gitarrist], sie betätigten sich ein-
zeln oder im Team auch als Komponisten
und Texter. Ab 1983 wurde die Band vom
Produzenten- und Autoren-Team Mick Han-
nes/Walter Gerke betreut. Uwe Busse und
Karl-Heinz Rupprich produzieren und schreiben seit 1985 für die Band. Bisher wurden
über 1 Million Langspielplatten und mehr als
3 Millionen Singles verkauft.
Weine nicht kleine Eva (1969); Sha La La, I Love
You (1970); Kinder des Sommers (1977); Die
rote Sonne von Barbados (1986); Mexico (1987);
Malaika (1987); Lotosblume (1989); Sieben Tage
(1990); Mädchen von Capri (1992)

Flor, Arno (Addy Flor)
* 31.10.1925 in Berlin
deutscher Orchesterleiter, Komponist
Studierte in Berlin Musik war ab 1948
Arrangeur und Dirigent beim RIAS
Tanzorchester. Seit 1954 freischaffend. Be-
gleitete zahlreiche Schlagerinterpreten im
Studio und auf der Bühne.

Flotte Franz & seine Bierbrummer
deutsches Ensemble aus dem Bereich der
Stimmungsmusik.
*So leben wir (1961); Wenn das so weitergeht
(1961); Na, dann wolln wir noch einmal (1961)*

Forst, Willi (Wilhelm Anton Froß)
* 07.04.1903 in Wien
+ 11.08.1980 in Wien
österreichischer Schauspieler, Produzent,
Sänger, Autor, Regisseur
Seit 1930 im Filmgeschäft, oft in
Personalunion als Schauspieler und Regisseur. Inszenierte zahlreiche Operettenfilme.
*Wir zahlen keine Miete mehr (1932); Wie ein
Wunder kam die Liebe (1935); Gnädige Frau, wo
war'n Sie gestern (1939); Ich bin ja heute so
verliebt (1941); Wir geh'n so leicht am großen
Glück vorbei (1941)*

Forstner, Thomas
* 03.12.1969 in Steier (Österreich)
österreichischer Sänger
Begann seine musikalische Karriere bei den
Wiener Sängerknaben. Vertrat Österreich
bereits zweimal beim Grand-Prix-
Eurovision. ("*Nur ein Lied*", "*Venedig im
Regen*").
*Nur ein Lied (1989); Wenn nachts die Sonne
scheint (1989); Venedig im Regen (1991)*

Francesco, Silvio
* 13.07.1927 in Paris
Sänger, Klarinettist
Bruder von Caterina Valente, mit der er

Silvio Francesco   Venus e.V.

auch im Duo auftrat.
Babatschi (1956); Hello Mary Lou (1961)

Franchi, Nando (Ps: Ferdi Eifel)
* 04.10.1920 in Gladbeck
deutscher Klarinettist, Komponist, Texter,
Produzent
Studierte fünf Jahre lang an der Folkwang-
schule in Essen Musik. Ging danach an die
Westdeutsche Akademie in Detmold. Grün-
dete ein eigenes Ensemble: Nando Franchi's
Hüttenmusikanten.
*Gipsy Blues (1956); Tanz auf der Tenne (1983);
My way of life (1983); Danke Berlin (1984); Mir
geht es gut (1984)*

Francis, Conny (Constance Franconero)
* 12.12.1938 in Newark/New Jersey (USA)
amerikanische Sängerin, Schauspielerin
War bereits im Alter von 12 Jahren ein Star.
Hatte 1958 mit dem Titel "*Who's sorry*

Der in Augsburg lebende Einzelhandels-
kaufmann wurde 1985 von Erika Krug bei
einem Talentwettbewerb entdeckt und wird
seitdem von Howard O´Melley produziert.
*Palermo bei Nacht (1986); Zum Frühstück nach
Paris (1992)*

Conny Francis   Venus e.V.   Oliver Frank   Sound Around

now" ihren ersten Welthit. War ab 1960
auch in Deutschland erfolgreich, und galt
Anfang der 60er Jahre als eine der beliebtesten Schlagersängerinnen in den USA. Hatte auch Erfolg in Japan, Italien, Frankreich
und Spanien. Lebt heute zurückgezogen in
den USA. Wurde 1992 durch ein Disco-
Remix (*"Jive, Connie, jive"*) auch einem
jüngeren Publikum bekannt. Zahlreiche
Goldene Schallplatten.
*Die Liebe ist ein seltsames Spiel (1960); Schöner
fremder Mann (1961); Einmal komm ich wieder
(1961); Eine Insel für Zwei (1961); Lili Marleen
(1962); Tu mir nicht weh (1962); Wenn du gehst
(1962); Barcarole in der Nacht (1963); Die
Nacht ist mein (1963); Du mußt bleiben, Angelino
(1965); Meine Reise ist zu Ende (1966)*

Frank, Oliver
* 01.09.1963 in Göttingen
deutscher Sänger

Franke, Christian
* 15.02.1956 in Nürnberg
deutscher Sänger, Produzent
*Ich wünsch´ dir die Hölle auf Erden (1981); Was
wäre wenn... (1982); Wenn du gehst stürzt nicht
der Himmel ein (1982)*

Frankenfeld, Peter
* 31.05.1913 in Berlin-Lichtenberg
+ 04.01.1979 in Hamburg
deutscher Entertainer, Sänger, Moderator,
Schauspieler
Sang meist humoristische Titel, u.a. auch
mit seiner Frau Lonnie Kellner.
*Bum Budi Bum, das kann gefährlich sein (1961);
Der Überzieher (1977)*

Frankfurter, Jean (Erich Liessmann)
* 09.03.1948 in Frankfurt/Main
deutscher Komponist, Texter, Produzent
Studierte Musik an der Hochschule in

Frankfurt/Main, ist seitdem freischaffend als Komponist tätig. Hatte seinen ersten großen Erfolg als Texter der deutschen Version des Danyel-Gerard-Hits *"Butterfly"*. War international mit Disco- und Poptiteln in zahlreichen Hitparaden vertreten (schrieb u.a. für die Gruppe Arabesque). Seit 1985 bildete er mit der Texterin Irma Holder ein festes Team und wandte sich der Weiterentwicklung des deutschen Schlagers im volkstümlichen Bereich zu. Er entdeckte und produzierte u.a. Patrick Lindner. Schrieb u.a. für Nicole, Ingrid Peters, Ireen Sheer, Gaby Baginsky, Paola, Costa Cordalis, Bata Illic, Die Flippers, Claudia Jung, Kristina Bach, Andy Borg, Stefanie Hertel, Kastelruther Spatzen, Marianne & Michael, Alpentrio Tirol, Nockalm Quintett, Die Paldauer.

Michaela (1972); Es stieg ein Engel vom Olymp (1975); Anita (1976); Hey, Mr. Musicman (1978); Feuer (1978); Du bist nicht frei (1979); Der Rum von Barbados (1979); Vogel der Nacht (1979); Der alte Mann und das Meer (1981); Flieg nicht so hoch, mein kleiner Freund (1981);Die kloane Tür zum Paradies (1989); Etwas für die Ewigkeit (1989); Die kleinen Dinge des Lebens (1990); Komm setz di auf ein Sonnenstrahl (1990); Feuer im ewigen Eis (1990); So a Stückerl heile Welt (1991); Über jedes Bacherl (1992); Eine weiße Rose (1992)

(Foto siehe S. 58)

Franko, Mladen
* 10.10.1937 in Rijeka (Kroatien)
kroatischer Komponist, Bandleader, Keyboarder
Kompositionsstudium in München. Schrieb Film-, Jazz- und Unterhaltungsmusik. Arbeitete u.a. mit Gerhard Narholz zusammen.

Fräulein Menke (Franziska Menke)
siehe Menke, Franziska

Frederik, Dagmar
* 15.04.1945 in Eberswalde
deutsche Sängerin
Die ausgebildete Apothekenhelferin nahm Gesangsunterricht bei Peter Wieland (Musical-Gesang, Schlager-Gesang). Hatte zahlreiche Auftritte im Friedrichstadt Palast und war als Fernseh-Moderatorin tätig. Bekam später eine eigene Sendung.
Was hielten Sie vom Tango (1978); Bunte Wagen (1981)

Freddy (Freddy Quinn)
siehe Quinn, Freddy

Freund, Julius
* 08.12.1862 in Breslau
+ 06.10.1914 in Partenkirchen
deutscher Texter, Librettist
Die Kirschen in Nachbars Garten (1902); Donnerwetter-tadellos! (1908); Im Walzerrausch (1909); In der Nacht, wenn die Liebe erwacht (1913)

Freundorfer, Georg
* 23.07.1881
+ 18.12.1940 in Berlin
deutscher Komponist, Bandleader
An der schönen grünen Isar (1933); Gruß an Oberbayern (1937); Lachendes München (1938); Von Linz bis Wien (1939)

Frey, Helmut
* 29.09.1947 in München
deutscher Sänger, Texter, Gitarrist, Produzent
War zunächst als Begleitmusiker tätig, sang im Münchener Studio-Chor. Arbeitet seit 1979 mit Harald Steinhauer zusammen, schrieb u.a. für Nicki, Peter Maffay, Cagey Strings.
Nicht ein Wort davon ist wahr (1982); Nachts hör ich dich manchmal weinen (1983); I wär am liebsten mit dir ganz alloa (1985); Wenn i mit dir tanz (1986); I bin a bayrisches Cowgirl (1988); Tausendmal in meinen Träumen (1991)

Frey, Hermann
* 01.07.1886
+ 05.03.1948
deutscher Texter, Librettist
Arbeitete vor allem mit Walter Kollo zusammen.
Immer an der Wand lang (1907); Max, du hast das Schieben raus [Schiebermax](1914); Bummel-Petrus (1920); Mein Papagei frißt keine harten Eier (1927)

Fritsch, Thomas
* 16.01.1944 in Dresden
deutscher Schauspieler, Sänger
Sohn des Schauspielers Willy Fritsch. Auch als Moderator der Fernseh-Sendung "Meine Melodie" erfolgreich.
Wenn der Mondschein nicht so romantisch wär (1963); Einundzwanzig wird die Susann (1968)

Frische Bries
siehe Kahl, Addi

Frohberg, Fred
* 27.10.1925 in Halle
deutscher Sänger
Studierte in der Jazzklasse des Konservatoriums in Erfurt. War danach als Solist im Rundfunktanzorchester (K. Henkels) tätig. Produzierte seit Anfang der 50er Jahre zahlreiche Schallplatten.
Tina Marie (1954); Gabriela (19##); Steuermann halte Kurs (19##); Zwei gute Freunde (19##)

Froboess, Conny (Cornelia Froboess)
* 28.10.1943 in Wrietzen a.d. Oder
deutsche Sängerin, Schauspielerin
Tochter des Komponisten und Verlegers Gerhard Froboess. Trat bereits 1950 im Titania-Palast in Berlin mit dem Schlager *"Pack die Badehose ein"* auf. Nahm in Berlin Schauspielunterricht und war 1958 ein Teenager-Idol. Spielte in mehreren Filmen

mit (u.a. "Wenn die Conny mit dem Peter", "Mariandl"). Zahlreiche Fernseh-Auftritte.
Pack die Badehose ein (1950); Hei, hei, hei so eine Schneeballschlacht (1951); Lieber Gott, laß die Sonne wieder scheinen (1953); Diana (1958); Auch du hast dein Schicksal in der Hand (1958); Blue Jean Boy (1958); Midi-Midinette (1960); Mariandl (1961); Zwei kleine Italiener (1962); Lady Sunshine und Mr. Moon (1962); Verliebt, verlobt, verheiratet (1963); Drei Musketiere (1963)

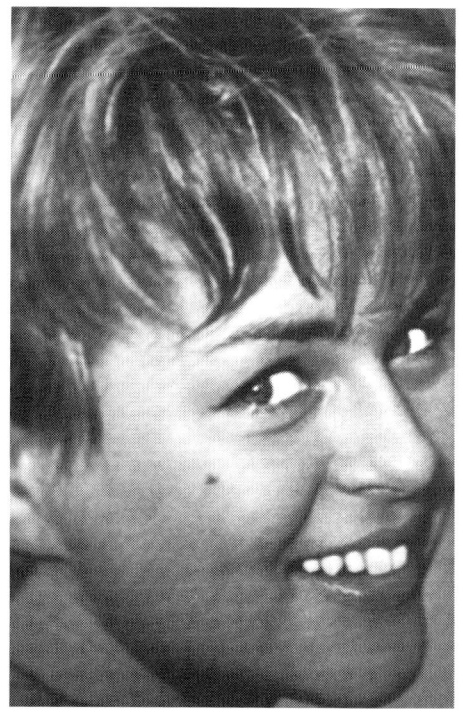

Conny Froboess   *Venus e.V.*

Froboess, Gerhard (Ps: Erich Langenfeld)
* 10.05.1906
+ 1976
Komponist, Produzent, Verleger
Vater von Cornelia Froboess. Leitete die Musikverlage "Metronom" und "Melodie" in Berlin. Schrieb Film- und Unterhaltungsmusiken, Schlager.

Pack die Badehose ein (1950); Hei, hei, hei so eine Schneeballschlacht (1951)

Fuhlisch, Günter
* 01.08.1921 in Cottbus
deutscher Komponist, Posaunist, Bandleader
Studierte Musik am Konservatorium in Leipzig. War von 1948 bis 1950 erster Posaunist im Orchester J. Llossas in Hamburg, von 1950 bis 1980 Soloposaunist im NDR Tanz-Orchester. Gleichzeitig leitete er auch ab 1952 ein eigenes Orchester. War ab 1980 Dirigent des Hafenkonzertorchesters des NDR.
Der alte Seemann kann nachts nicht schlafen (1951); Skat-Polka (1951)

Funk, Franz
* 22.11.1902 in Schifferstadt
+ 12.01.1987 in Dumont/New Jersey (USA)
deutscher Komponist, Texter
Gitarren-Serenade [Zwei Gitarren am Meer] (1940); Ich liebe die Sonne (1940); Schönes Wetter heute (1941)

Fux
deutsche Band
Mitglieder sind Sissi (Sigmar) Hunold (* 08.01.1964 in Lennestadt [Bassist]); Bernd Klüser (* 27.07.1965 in Waldbröhl [Sänger, Komponist, Keyboarder]); Ferdinand Förster (24.07.1954 in Neustadt [Gitarrist, Arrangeur]); Claus Mathias (06.05.1955 in Naila [Sänger], auch bei "Relax"), Uli Sprenger (* 01.09.1962 in Finnentrop [Komponist, Gitarrist]).
Bernd Klüser schreibt u.a. auch für Nicole, Chris Roberts und Peter Rafael.
Überdosis Glück (1987); Einsam für mich (1988); Ich und du - Rendezvous (1989)

Gunther Gabriel   *Interfoto*

G

Gabbai, Elisa
israelischeSchlager- und Folklore-Sängerin
War in der zweiten Hälfte der 60er Jahre auch in Deutschland erfolgreich.
Winter in Canada (1966); Was bin ich ohne dich (1966); Nur wenn du bei mir bist (1966)

Gabriel, Gerda
* 24.01.1956 in Bernburg/Saale
deutsche Sängerin aus dem Bereich des volkstümlichen Schlagers.
Die Heimat darfst du nie vergessen (1991); Wetten, daß die Welt nicht untergeht (1991)

Gabriel, Gunter (Günther Caspelherr)
* 11.06.1942 in Bünde
deutscher Sänger, Komponist, Texter, Produzent, TV-Moderator
Begann nach einer Maschinenschlosser-Lehre ein Ingenieur-Studium. Startete seine Karriere als Songschreiber bei einem Verlag, musikalisch orientierte er sich meist am Country & Western Stil. Wurde 1974 als "bester Nachwuchssänger" mit der "Goldenen Europa" ausgezeichnet, seine Texte brachen mit dem üblichen Schlager-Klischee, sprachen dem "Mann auf der Straße" jedoch aus der Seele ("*Hey Boss, ich brauch' mehr Geld*") Er schrieb für zahlreiche Kollegen (u.a. Juliane Werding, Frank Zander, Wencke Myhre, Elke Best, Peter Petrel, Peter Alexander, Bert Beel).
Als Sänger:
Hey Boss, ich brauch mehr Geld (1974); Er ist ein Kerl - Der 30-Tonner-Diesel-Song (1974); Hey Yvonne, warum weint die Mami (1974); Komm unter meine Decke (1975); Willy Klein, der Fernsehmann (1976); Intercity Linie Nr. 4 (1976); Papa trinkt Bier (1977); Ich bin CB-Funker (1978); Ohne Moos nichts los (1978); Die gelben Engel vom ADAC (1989)
Als Komponist, Texter, Produzent:
Ich trink auf dein Wohl, Marie (1974); Wenn du denkst du denkst, dann denkst du nur du denkst (1975); Das wär John nie passiert (1975); Die Babies krieg immer noch ich (1976); Ein Sonntag im Bett (1976)

Galatis, Hagen (Peter Harling)
* 30.06.1928 in Lippstadt
deutscher Komponist, Bandleader
Schrieb die Musiken für ca. 200 Filme, Fernsehsendungen und Serien, komponierte außerdem für Caterina Valente, Gitte, Cindy und Bert, Peter Alexander u.v.a.m. Seine Instrumental-Stücke wurden u.a. auch von den Orchestern Kurt Edelhagen und Werner Müller gespielt.
Bianca Rosa (1964); Zaubermelodie (1984)

Gall, France
* 09.10.1947 in Paris
französische Schlager-, Chanson- und Pop-Sängerin
Gewann 1965 den Grand-Prix-Eurovision in London ("*Poupée de cire, poupée de son*") und hatte danach auch einige deutschsprachige Hits. Belegte 1968 bei den Deutschen Schlagerfestspielen den 3. Platz mit dem Titel "*Der Computer Nr. 3*". Sie landete 1988 mit dem französischen gesungenen "*Ella elle l'a*" in Deutschland auf Platz 1 der Charts.
Das war eine schöne Party (1965); Der Computer Nr. 3 (1968); A Banda (1968); Merci, Herr Marquis (1968); Ein bißchen Goethe, ein bißchen Bonaparte (1969); Links vom Rhein und rechts vom Rhein (1969); Zwei Verliebte zieh'n durch Europa (1971)

Gänsehaut
deutsche Band
Gründungsmitglieder sind: Gerald Dellmann (* 08.08.1954 [Keyboarder]); Dieter Roesberg (Gitarrist); Wolfgang Hieronymi (Sänger).
Karl der Käfer (1983); Autos (1984)

Gardens, Helmut
* 15.05.1914 in Berlin
deutscher Komponist
Schrieb u.a. für Lale Andersen, Rudi Schuricke, Sven Olof Sandberg.
Mondnacht auf Cuba (1939); Sing schon am Morgen (1941); Bleib immer bei mir (1941); Unser Chef ist nicht da (1952); Wenn es Nacht wird in Montana (1952)

Gassenhauer
deutsches Vocal-Ensemble
In Honolulu (1961); Caramba, Caracho, ein Whisky (1962); Tirol, mein Heimatland (1962); Lebewohl, auf Wiedersehn (1962)

Gaze, Heino
* 20.02.1908 in Halle/Saale
+ 24.10.1967 in Berlin
deutscher Komponist, Dirigent, Texter, Arrangeur
Studierte zunächst Jura und war bis 1945 als Rechtsanwalt tätig. Fungierte von 1945 bis 1949 als musikalischer Leiter und Hauskomponist beim "Berliner Kabarett der Komiker". War seitdem freischaffender Komponist; schrieb zahlreiche Revuen, Filmmusiken und Schlager.
La-Le-Lu (1950); Hab'n Sie nicht 'ne Braut für mich (1951); Ich hab' mich so an dich gewöhnt (1951); Egon (1952); Die Bar von Jonny Miller (1955); Aber nachts in der Bar (1957); Kalkutta liegt am Ganges (1960); Schnaps, das war sein letztes Wort (1960); Berliner Polka (1961); Shake Hands (1964)

Gebrüder Blattschuß
deutsche Blödel-Band
Mitglieder waren Beppo Pohlmann, Hans Werner Olm, Harald Gibkowsky, Harald Wolff, Hans Marquardt und Jürgen von der Lippe. Zunächst wurden Blödel-Texte zu bekannten Melodien geschrieben, bis 1978 die Eigenkomposition "*Kreuzberger Nächte*" zum Hit wurde.

Kreuzberger Nächte (1978); Früh-Stück (1979); Indiana (1981)

Gee, Tara (Gabriele Zintel)
* 07.05.1963 in Ludwigshafen
deutsche Sängerin, Schlagzeugerin, Komponistin, Texterin
Begann als singende Schlagzeugerin in verschiedenen Bands. Seit 1991 ist sie auch solistisch erfolgreich.
Fang nochmal von vorne an (1991); Du und ich (1992)

Tara Gee   *Intercord*

Gehlert, Heidi
deutsche Sängerin
Hauptsächlich im Bereich der deutschsprachigen Country & Western Musik erfolgreich.
Country Welt (1988); Dein Lachen steckt an (1989); Ich sag ja (1989)

Geier Sturzflug
deutsche Band
Mitglieder: Deff Ballin (Keyboarder), Werner Borowski (Bassist, Sänger), John Fiehe (Saxophonist, Sänger), Friedel Geratsch (Sänger, Gitarrist), Uwe Kellerhoff (Schlagzeuger, Sänger), Hannes Stappert (Sänger), Michael Volkmann (Gitarrist, Sänger). Friedel Geratsch trat ab Mitte der 80er Jahre auch als Solist hervor.
Bruttosozialprodukt (1983); Besuchen Sie Europa, solange es noch steht (1983); Pure Lust am Leben (1984); Einsamkeit (1984)

Geiger, Walter
* 1936
deutscher Komponist
La Pastorella (1975); Sag Dankeschön mit roten Rosen (1982); Die kleine Bergkirche [Ave Maria] (1987)

Geller, Ute
deutsche Sängerin
Guten Tag Regenbogen (1985); Weil er dich liebt (1988); Spuren im Wind (1991)

Gerard, Danyel (Gérard Daniel Kherlakian)
* 07.03.1941 in Paris
französischer Komponist und Sänger italienisch-armenischer Herkunft
Verbrachte seine Jugend in Rio de Janeiro, kehrte 1953 nach Paris zurück. War Chorknabe an der Kathedrale von Notre-Dame. Landete 1971 als Sänger einen Welterfolg mit *"Butterfly"*. Komponierte für Dalida, Caterina Valente, Udo Jürgens, Sylvie Vartan, Marie Laforét, u.v.a.m.; zahlreiche Goldene Schallplatten.
Butterfly (1971); Harlekin (1972); Meine Stadt (1972); Isabella (1973); Ti-Lai-Lai-Li (1974)

Gerron, Kurt (Kurt Gerson)
* 11.05.1897 in Berlin
+ 28.10.1944 im KZ in Auschwitz

deutscher Schauspieler, Kabarettist, Regisseur
Das Nachtgespenst (1929);

Geschwister Fahrnberger
deutsches Gesangsduo
Das Echo von Königsee (1956); Es läuten die Glocken am Königsee (1957); Das Edelweiß vom Wendelstein (1957); Zwei Täler weiter (1959); Zwischen den Bergen (1960)

Geschwister Jacob
siehe Jacob-Sisters

Geszty, Sylvia (S. Witkowski, geb. Duncker)
* 28.02.1934 in Budapest
deutsch-ungarische Sängerin
Studium am Konservatorium und an der Musikhochschule in Budapest. Die Koloratursopranistin war ab 1961 an der Berliner Staatsoper, seit 1968 Kammersängerin. Internationale Tourneen, lebt in Hamburg. Singt neben dem klassischen Opernrepertoire auch Operetten, Schlager und gehobene Unterhaltungsmusik.
Lied der Nachtigall (1969); Heimat, deine Lieder (1970); Spiel' mir das Lied von Glück und Treu' (1970); Reich' mir zum Abschied noch einmal die Hände (1972); Will dir die Welt zu Füßen legen (1972); Immerzu singt dein Herz meinem Herzen zu (1975)

Gietz, Heinz
* 31.03.1924 in Frankfurt
+ 24.12.1989 in Köln
deutscher Komponist, Arrangeur, Texter
Absolvierte ein Studium am Hoch'schen Konservatorium in Frankfurt. War ab 1945 Jazz-Pianist in verschiedenen Bands, ab 1952 bei verschiedenen Plattenfirmen beschäftigt. Gründete 1966 eine eigene Plattenfirma (Cornet). Zusammen mit dem Texter Kurt Feltz bildete er eines der erfolg-

reichsten Autoren- und Produzenten-Ge-
spanne des deutschen Nachkriegsschlagers.
Zahlreiche Goldene Schallplatten. Er schrieb
u.a. für Gitta Lind, Caterina Valente, Bill
Ramsey, Hazy Osterwald, Chris Howland,
Conny Froboess, Ireen Sheer, Gitte
Haenning, Freddy Breck, Cindy und Bert
u.v.a.m.

*Blumen für die Dame (1952); Steig in das
Traumboot der Liebe (1955); Tipitipitipso
(1957); Musik liegt in der Luft (1958); Spiel
noch einmal für mich, Habanero (1958);
Zuckerpuppe (1961); Musik ist Trumpf (1961);
Hämmerchen Polka (1961); Lady Sunshine and
Mister Moon (1962); Ohne Krimi geht die Mimi
nie ins Bett (1962); Wenn du musikalisch bist
(1964); Spaniens Gitarren (1974); Wenn die
Rosen erblühen in Malaga (1975); Der große
Zampano (1975); So zart wie Mozart (1979);
Bodega Blanca (1982); Frau im besten
Mannesalter (1989)*

Gilbert, Jean (Max Winterfeld)
* 11.02.1879 in Hamburg
+ 20.12.1942 in Buenos Aires
deutscher Komponist, Dirigent
Studierte am Konservatorium in Berlin;
schrieb zahlreiche Operetten (u.a. "Die keu-
sche Susanne" 1910; "Die moderne Eva"
1911; "Die Kinokönigin" 1913). Mußte 1933
aus Deutschland fliehen, ging zunächst ins
europäische Ausland, 1939 nach Buenos
Aires und leitete dort das Orchester der
Radiostation El Mundo.

*Wenn der Vater mit dem Sohne (1910); Wie
schön bist du, Berlin (1912); Fräulein, könn'n
Sie linksrum tanzen ? (1912); Geh'n wir mal zu
Hagenbeck (1912); Puppchen, du bist mein
Augenstern (1912); In der Nacht, wenn die
Liebe erwacht (1913); Durch Berlin fließt im-
mer noch die Spree (1925)*

Gilbert, Robert
* 29.09.1899 in Berlin
+ 26.03.1978 in Locarno

deutsch-amerikanischer Texter, Librettist
Sohn von Jean Gilbert; Studierte Philosophie und Kunstgeschichte in Berlin und
Freiburg, emigrierte 1933 in die USA, lebte
bis 1949 in New York, danach Rückkehr
nach Deutschland, schrieb die Texte für ca.
60 Operetten (u.a. "Im weißen Rössl" 1930;
"Zwei Herzen im Dreivierteltakt") und ca.
100 Musikfilme (u.a. "Drei von der Tankstelle", "Der letzte Walzer").

*Durch Berlin fließt immer noch die Spree (1925);
Am Sonntag will mein Süßer mit mir Segeln
geh'n (1929); Ein Freund, ein guter Freund
(1930); Es muß was Wunderbares sein, von dir
geliebt zu werden (1930); Im Salzkammergut
(1930); Und als der Herrgott Mai gemacht
(1930); Im weißen Rössl am Wolfgangsee (1930);
Liebling, mein Herz läßt dich grüßen (1930);
Das gibt's nur einmal (1931); Das muß ein
Stück vom Himmel sein (1931); Was kann der
Sigismund dafür (1932); Hoppla! Jetzt komm'
ich (1932); Verliebte muß man gar nicht erst in
Stimmung bringen (1956)*

Gildo, Rex (Ludwig Alexander Hirtreiter)
* 02.07.1939 in München
deutscher Sänger, Entertainer, Filmschauspieler
War Mitglied der Regensburger Domspatzen, nahm Schauspielunterricht, absolvierte ein Gesangs- und Tanz-Studium. War
zunächst im Duo mit Gitte (Haenning) erfolgreich. Seitdem zahlreiche Goldene
Schallplatten, spielte in über 30 Filmen und
zahlreichen Musical-Inszenierungen mit.

*Sieben Wochen nach Bombay (1960); Das Ende
der Liebe (1960); Geh nicht vorbei (1962);
Kleiner Gonzales (1962); Maddalena (1963);
Zwei blaue Vergißmeinnicht (1963); Wenn es
sein muß kann ich treu sein (1965); Chim Chim
Cheree (1965); Dondolo (1969); Fiesta
Mexicana (1972); Marie, der letzte Tanz ist nur
für dich (1974); Der letzte Sirtaki (1975); Sally
komm wieder (1979); Saragossa (1979); Wenn
ich je deine Liebe verlier' (1981); Wenn du mich
brauchst (1982); Und sie hieß Julie (1983);*

Rex Gildo   *Pilz-Music*

Mamma mia (1985); Copacabana (1989); Toujours amour (1992)

Gilla (Gisela Wuchinger)
* 07.02.1950 in Linz (Österreich)
österreichische Sängerin, Gitarristin
Studierte in Salzburg Musik, gründete eine Rock-Band ("Seventy Five Music"), wurde von Frank Farian entdeckt und produziert, ihr Titel "*Willst du mit mir schlafen geh´n*" wurde u.a. vom Bayerischen Rundfunk nicht gesendet, erreichte jedoch (bzw. gerade deswegen) Platz 24 der Deutschen Charts.
Willst du mit mir schlafen geh´n (1975); Tu es ! (1975); Ich brenne (1976)

Giorgio
siehe Moroder, Giorgio

Gitte (Gitte Haenning-Johansson)
siehe Haenning, Gitte

Gitti & Erica (bzw. Erika)
deutsches Gesangsduo, Schwestern
Gitti Goetz (* 17.01.1959 in Obernburg), Erica Bruhn, geb. Goetz (* 17.07.1958 in Obernburg).
Beide spielen Orgel, Akkordeon und Gitarre, hatten Ballettunterricht. 1972 siegten sie bei einem Talentwettbewerb. Wurden seit 1973 von Christian Bruhn produziert, der 1976 Erica heiratete. Die Titel des Duos bewegen sich meist im volkstümlichen Bereich. "*Heidi*" kann als Vorläufer des volkstümlichen Schlagers angesehen werden. Gitti Goetz tritt unter ihrem Namen inzwischen auch als Einzelinterpretin auf. Zeitweilig ersetzte die Sängerin Janine Karen Olsen - "Erika" - (* 21. Juni in Berlin) Erica Bruhn.
Ein bißchen süß, ein bißchen bitter (1976); Mädchen aus dem Odenwald (1976); Kornblumenwalzer (1976); Heidi (1977); Solang´ noch rote Rosen blüh´n (1990); Mein Schatz, das ist ein Feuerwehrmann (1991)

Glahé, Will (Ps: Karl Erpel)
* 12.02.1902 in Elberfeld
+ 21.11.1989 in Unterengstringen
deutscher Akkordeonist, Komponist, Arrangeur, Orchesterleiter
Studierte am Konservatorium in Köln (1918), verdiente sich das Geld für sein Studium als Pianist in Kinos und Cafés. Gründete 1932 sein eigenes Orchester. Erhielt ca. 20 Goldene Schallplatten, zahlreiche Auszeichnungen. *Quecksilber-Polka (1936); Huckepack (1939); Im Gänsemarsch (1940); Am 30. Mai ist der Weltuntergang (1954)*

Glas, Uschi
* 02.03.1944 in Landau/Isar
deutsche Schauspielerin, Sängerin
Zunächst als Sekretärin tätig, nahm ab 1964 Schauspielunterricht. Spielte 1965 in Winnetou-Filmen mit und konnte sich als Schauspielerin etablieren ("Zur Sache, Schätzchen" 1968). War Ende der 60er Jahre auch als Schlagersängerin erfolgreich, trat seit den 80er Jahre überwiegend in Fernsehserien auf ("Unsere schönsten Jahre", "Zwei Münchener in Hamburg").
Laylalon (1968); Denn ich liebe die Welt (1971);

Gloria (Sandra Wagner)
* 18.06.1972 in Gonnesweiler/Saarland
deutsche Sängerin
Absolvierte eine Ausbildung bei der Deutschen Bundespost. Wurde von Musikredakteuren des Saarländischen Rundfunks entdeckt. Wird von Peter Dörr produziert.
Hallo guter Stern (1989); Träumen - das heißt leben (1989); Kalt wie Stein (1990); Wenn Planeten weinen (1991)

Godewind
1979 gegründete nordfriesische Gruppe
Larry Evers (* 18.04.1951 [Sänger, Gitarrist]); Shanger Ohl (* 23.04.1952 [Sänger, Keyboarder, Gitarrist]); Annegret Behrend

(* 16. Mai [Sängerin, Flötistin, Gitarristin]); Verena Hocke (* 12. Juni [Sängerin, Gitarristin, Mandolinen-Spielerin]); Carsten Böhm (* 30.01.1945 [Schlagzeuger, Mundharmonika-Spieler])
Die Band ist in den Bereichen Folklore, Schlager und Pop erfolgreich. Zahlreiche Auszeichnungen (u.a. 1990 Hermann-Löns-Medaille), Fernseh Auftritte.
Surfen in'ne Sünn (1989); Cabrio (1989); Fährmann (1989); Straatencafé (1990); Regenbogenkinder (1990); Peppermint un suure Drops (1991)

Ekki Göpelt   Zett Records

Gloria   Caribic

Göpelt, Ekki
* 01.01.1950 in Grimma/Sachsen
deutscher Sänger
War zunächst als Deutsch- und Musiklehrer tätig. Arbeitete danach als Entertainer und Rundfunkmoderator. Tritt mit dem Humoristen Harry Wuchtig auf.
Begrab mich in der Kneipe (1990); Ich will nach oben (1991); Alle kuscheln (1992)

Gordan, Alexander
* 24.06.1926 in Berlin
deutscher Komponist, Arrangeur, Texter
Studium am Konservatorium in Berlin (Klavier, Dirigieren, Gesang, Komposition). Arrangierte viele Jahre für das Orchester Cliff Carpenter, komponierte über 400 Instrumentaltitel, schrieb über 900 Texte (bzw. Subtexte). Arrangierte, komponierte und textete u.a. für Manuela, Erik Silvester, Peter Orloff, Gaby Baginski, Ilse Werner, Bernd Clüver, Caterina Valente, Renate & Werner Leismann, Graham Bonney, Bernhard Brink.
Speedy Gonzales (1962); Hawaiiana Melodie (1963); Komm an meine grüne Seite (1969); Ich mach ein Interview mit deinem Herzen (1970); Madeleine (1979); Laubenpieper-Polka (1986); Himmel vorhanden, Engel gesucht (1992)

Gott, Karel
* 14.07.1939 in Pilsen (CSFR)
tschechischer Sänger, Komponist, Schauspieler, Entertainer
Arbeitete zunächst als Elektriker, erhielt danach eine Gesangsausbildung am Konservatorium in Prag. Hatte 1958 sein

Karel Gott   *Polydor*

erstes Theater-Engagement. Gründete 1964 ein eigenes Theater in Prag. Unternahm 1968 seine erste Deutschland Tournee, seitdem auch als "Die Goldene Stimme aus Prag" bekannt. Zahlreiche Auszeichnungen, Goldene Schallplatten, Fernseh-Shows. War sowohl im Bereich des volkstümlichen Schlagers, als auch im Bereich des Pop-Schlagers erfolgreich. Veröffentliche inzwischen über 100 Langspielplatten.

Weißt du wohin (1968); Lady Carneval (1969); Was damals war (1969); Einmal um die ganze Welt (1970); Schicksalsmelodie (1971); Biene Maja (1976); Babicka (1978); Wenn ich dich nicht hätte (1980); Vera (1982); Nun bist du da (1983); Fang das Licht (1986); Nie mehr Bolero (1989); Spanisch war der Sommer (1990); Malaguena, schwarze Rose (1992);

Gitti Götz   *Dino*

Goetz, Gitti
siehe: Gitti & Erica

Götz, Karl (Ps: Joe Burgner)
* 20.08.1922 in Frankfurt/Main
deutscher Komponist
Studierte an der staatlichen Musikhoch-schule in Frankfurt / Main. Zahlreiche Goldene Schallplatten, zahlreiche Auszeichnungen.

Seemann, wo ist deine Heimat (1954); Eine Handvoll Heimaterde (1960); Tanze mit mir in den Morgen [Mitternachts-Tango] (1961); Monsieur (1963); Casanova baciami (1963); Wenn die Cowboys träumen (1964); Mit verbundenen Augen (1968); [Dich erkenn ich] mit verbundenen Augen (1968); Wo Liebe ist, da ist auch ein Weg (1970);

Grabowski, Gerd (G.G. Anderson)
siehe Anderson, G.G.

Graf, Elfi (Elfriede Sepp)
* 20.11.1952 in Dornbirn (Österreich)
österreichische Sängerin
Absolvierte ein klassisches Gesangs-studium, war 1971 Siegerin der Sendung "Show Chance". Trat danach in der Sendung "Talentschuppen" auf. Wird seit 1976 von Peter Orloff produziert. Zog sich in den 80er Jahren vorübergehend aus dem Showgeschäft zurück, hatte Anfang der 90er Jahre ein Comeback im Bereich der volkstümlichen Musik.

Herzen haben keine Fenster (1973); Am schönsten ist es zu Hause (1976); Die Stunde der Wahrheit (1977); Mozartgasse 10 (1978); Sunday Girl (1979); Rote Rosen lügen nicht (1992)

Granata, Rocco
* 16.08.1938 in Figline Vigliaturo (Italien)
in Belgien lebender Sänger italienischer Herkunft
Hatte 1959 einen Welthit mit dem Titel *"Marina"*. War auch mit deutschsprachigen Titeln erfolgreich, erlebte Ende der 80er Jahre ein Comeback. Zahlreiche Rundfunk-und Fernsehauftritte, Auszeichnungen, Goldene Schallplatten.

Marina (1959); Ein Italiano (1959); Irena (1961); Buona Notte (1963); Sarah (1992)

Max Greger   *Polydor*

Greger, Max
* 02.04.1926 in München
deutscher Saxophonist, Bandleader, Komponist
Absolvierte eine Ausbildung am Konservatorium. War nach dem Krieg zunächst als Jazz-Musiker in amerikanischen Clubs in Deutschland tätig. Spielte mit vielen Jazz-Stars (u.a. Duke Ellington, Ella Fitzgerald, Count Basie). Gründete 1948 das "Enzian-

Sextett", 1963 ein eigenenes Orchester, das innerhalb kurzer Zeit zu einem der beliebtesten Unterhaltungsorchester in Europa wurde. Zahlreiche Tourneen, Goldene Schallplatten.

Greger Jr., Max
* 10.10.1951 in München
deutscher Pianist, Komponist
Sohn von Max Greger, der auch den Vater als Orchesterleiter inzwischen gelegentlich vertritt. Spielt mit einem eigenen Ensemble und produziert zahlreiche Schallplatten mit Instrumentaltiteln.

Greyhounds
deutsche Country-Band
Erich Maurer (Schlagzeuger); Alfred Höller (Gitarrist, Banjo- und Akkordeon-Spieler); Hanns-Wolf Klos (Bassist); Jürgen Leuchauer (Gitarrist, Bassist, Mundharmonika-Spieler); Wolfgang Schönberger (Sänger). Zahlreiche Rundfunk- und Fernsehauftritte.
Geisterfahrer (1980); Hallo Taxi (1989)

Griesser, Max (Foto siehe S. 166)
* 18.11.1928 in Kufstein
deutscher Schauspieler, Sänger
Als Volksschauspieler erfolgreich (u.a. "Komödienstadl", "Königlich Bayrisches Amtsgericht"), als Sänger vorwiegend mit volkstümlichen Liedern, die meist aus der Feder des Texters Fritz Graas und des Komponisten Georg Schwenk stammen.
Ohne Bass macht's koan Spaß (1991); Jetzt trink ma noch a Flaschl Wein (1991); Fiaker Lied (1991)

Groh, Herbert Ernst
* 27.05.1906 in Luzern (Schweiz)
+ 28.07.1982 in Norderstadt/Bad Segeberg
schweizerischer Schauspieler, Sänger

Greyhounds   *Koch*

*Vor meinem Vaterhaus steht eine Linde (1934);
Frauen sind so schön, wenn sie lieben (1936);
Sonne über Capri (1938); Frühling in Sorrent
(1940); Hörst du mein heimliches Rufen (1940);
Ach, ich liebe alle Frauen (1941); Heimatlied
(1941); Schön ist diese Abendstunde (1952)*

Max Grießer   *Bogner*

Grothe, Franz
* 17.09.1908 in Berlin-Treptow
+ 12.09.1982 in Köln
deutscher Komponist
Vetter des Texters Willy Dehmel. Studierte
an der Musikhochschule Berlin, war danach als Pianist und Arrangeur in verschiedenen. Orchestern tätig. Arrangierte u.a.
für Lehár, Kálmán und Stolz. War von 1940
bis 1945 Leiter des deutschen Rundfunk-
Tanzorchesters in Berlin. War
Aufsichtsratsvorsitzender der GEMA, gründete die Franz Grothe Stiftung. Schrieb ca.
200 Film- und Fernsehmusiken, zahlreiche

Operetten, musikalische Lustspiele und
Musicals (u.a "Moral" 1974, "Das Wirts-
haus im Spessart" 1977), zahlreiche
Evergreens.
*Jede Frau hat ein süßes Geheimnis (1939);
Schließ deine Augen und träume (1939); Guten
Tag, liebes Glück (1939); Hoch drob´n auf dem
Berg (1940); Einen Walzer für dich und für mich
(1941); Frühling in Wien (1941); So schön wie
heut´, so müßt´ es bleiben (1941); Wenn ein
junger Mann kommt (1941); In der Nacht ist der
Mensch nicht gern alleine (1944); Ich zähl´
mir´s an den Knöpfen ab (1952); Mitternachts-
Blues (1957)*

Grünbaum, Fritz (Franz Friedrich
Grünbaum)
* 07.04.1880 in Brünn/Mähren
+ 14.01.1941 im KZ Dachau
österreichischer Schauspieler, Texter, Kabarettist
*Dollarwalzer (1907); Du sollst der Kaiser mei-
ner Seele sein (1915); Ich hab´ das Fräulein
Helen´ baden ´seh´n (1925); Montevideo (1925)*

Grünwald, Alfred
* 16.02.1886 in Wien
+ 25.02.1951 in New York
österreichischer Texter
Schrieb Libretti u.a. für Paul Abraham, Leo
Fall, Emmerich Kálmán. Arbeitete in den
20er Jahren oft mit Fritz Löhner (siehe
Beda) zusammen.
*Komm mit nach Varasdin (1924); Meine Mama
war aus Yokohama (1930); Reich mir zum Abschied noch einmal die Hände (1930); Ich hab´
ein Diwanpüppchen (1931); Blume von Hawaii
(1931); Will dir die Welt zu Füßen legen (1931);
Wir singen zur Jazzband (1931); Warum soll
eine Frau kein Verhältnis haben (1932); Bin nur
ein Jonny (1933); Du traumschöne Perle der
Südsee (1933)*

Gschell, Christina (Christina)
siehe Christina

Franz Grothe   *F. Grothe Institut*

Gualdi, Nana
* 1932 in Basel (Schweiz)
italienisch-deutsche Sängerin, Schauspielerin
*Fridolin, ich hab´ nichts anzuzieh´n (1956); Wo
ist der Mann (1957); Junge Leute brauchen
Liebe (1958); Einen Ring mit zwei blutroten
Steinen (1960)*

Guley, Heinz
Gemeinsames Pseudonym von Gerd Gudera
(siehe Nilsen Brothers) und Walter Leykauf
(siehe Patrizius).

H

Haak, Nico (Nicolaas Oliver Haak)
* 16.10.1939 in Delft (Holland)
+ 13.11.1990 in Baarn (Holland)
holländischer Sänger, Entertainer

Schmidtchen Schleicher (1976); Unter dem Schottenrock ist gar nichts (1977); Stepper-Teddy (1977); Gold-Steffi (1988)

Haenning, Gitte (Gitte Haenning-Johansson)
* 29.06.1946 in Kopenhagen
dänische Sängerin, Schauspielerin
Nahm 1954 im Duett mit ihrem Vater ihre erste Schallplatte auf. Hatte bereits 1955 ihren ersten Auftritt im dänischen Fernsehen. Siegte 1963 bei den deutschen Schlagerfestspielen in Baden-Baden. Spielte in zahlreichen Filmen mit (u.a. "Liebesgrüße aus Tirol"). Sang Anfang der 60er Jahre öfter im Duett mit Rex Gildo. Hatte mehrere eigene Fernsehshows. Zahlreiche Auszeichnungen und Goldene Schallplatten. Gitte Haenning zählt seit dem Beginn ihrer Karriere bis in die Gegenwart hinein zu den beständigsten und gleichzeitig viel-seitigsten Interpreten der deutschen Schlagerszene. Ihre stilistische Bandbreite reicht vom sogenannten Mainstream-Schlager bis in die Bereiche Pop, Jazz, Musical und Chanson.

Ich will 'nen Cowboy als Mann (1963); Vom Stadtpark die Laternen (1963); Jetzt dreht die Welt sich nur um dich (1964); Man muß schließlich auch mal nein sagen können (1966); Weiße Rosen (1969); Ich hab' die Liebe verspielt in Monte Carlo (1974); Laß mich heute nicht allein (1976); Von Hollywood träumen (1978); Freu dich bloß nicht zu früh (1980); Die Frau, die dich liebt (1980); Etwas ist geschehen (1981); Ich will alles (1983); Ich bin stark (1983); Lampenfieber (1983); So liebst nur du (1984); Mac Arthur Park (1989)

Hagara, Willy
* 04.06.1927 in Wien
österreichischer Sänger, Schauspieler
War zunächst als Postbeamter tätig, bis er einen Schlagerwettbewerb im Wiener Konzerthaus gewann. Hatte mehrere Filmrollen, zahlreiche Rundfunk- und Fernsehauftritte.
Eine Kutsche voller Mädels (1955); Ich schlendere langsam durch die Stadt (1957); Casetta in Canada (1958); Mandolinen und Mondschein (1959); Freunde für's Leben (1960); Pepe (1961); Liebe kleine Stadt (1961); Caterina (1962)

Willy Hagara   Venus e.V.

Hagen, Nina (Catherina Hagen)
* 11.03.1955 in Berlin
deutsche Schlager-, Pop-, Rock- und Punk-Sängerin
Absolvierte eine Ausbildung am Studio für Unterhaltungsmusik. Gründetete Anfang der 70er Jahre ihre erste Band "Automobil", war dann als Schlagersängerin in der damaligen DDR erfolgreich. Wurde 1976

Gitte Haenning   *Interfoto*

"ausgebürgert", weil sie sich für Wolf Biermann engagierte. Danach keine weiteren Schlager-Aktivitäten, stattdessen im Pop-, Rock- und Punk-Bereich international erfolgreich.

Nina Hagen   *Mercury*

Hahnemann, Helga (Foto siehe S. 68)
* 08.09.1937 in Berlin
+ 20.11.1991 in Berlin
deutsche Sängerin, Schauspielerin, Kabarettistin, Rundfunk-Moderatorin
Den ersten großen Erfolg hatte sie mit dem Titel "*Jetzt kommt dein Süßer*", der ihr auch den Spitznamen "Die Süße" einbrachte. Sie galt in den 80er Jahren als die führende Entertainerin der ehemaligen DDR, hatte eine eigene wöchentliche Rundfunksendung (12 Jahre lang) und eine Fernsehshow, Revuen im Friedrichstadtpalast, zahlreiche Live-Auftritte. War beim Publikum der ehemaligen DDR sehr beliebt, bei der Obrigkeit eher weniger. Ihre Erfolgstitel wurden ausnahmslos von dem Autorenteam Bause/

Gentzmer geschrieben.
Jetzt kommt dein Süßer (1982); Dicke (1983); Berlin (1985); 100 mal Berlin (1986); Ne Frau zu sein (1986); Big Helga (1989)

Hain, Magda
* 1920 in Berlin
deutsche Sängerin
War zunächst als Angestellte tätig, bis sie 1942 von Gerhard Winkler entdeckt wurde. Nahm 1943 ihre erste Schallplatte auf; war Erstinterpretin der legendären "*Capri-Fischer*". Sang u.a. auch im Duett mit Rudi Schuricke.
Die Vöglein im Prater (1943); Capri-Fischer (1943); Komm, Casanova, küß mich (1943); Möwe, du fliegst in die Heimat (1950)

Haller, Hanne (Ps: Hansi Echner)
* 14.01.1950 in Rendsburg
deutsche Sängerin, Komponistin, Texterin, Produzentin, Tonmeisterin
Mußte ihr Sportstudium wegen Krankheit aufgeben, danach Ausbildung zur Medizinisch Technischen Assistentin, 1970 erste Single "*Frühling in Vietnam*". Ausbildung zur Tonmeisterin, seit 1978 als Schlagersängerin, seit 1985 als Komponistin und Produzentin etabliert. Schreibt und produziert u.a. für Lena Valaitis, Wind, Daliah Lavi, Katja Ebstein, Rex Gildo, Ingrid Peters, Milva, Jürgen Drews, Johannes Heesters, Margot Werner, Rosanna Rocci, Edith Prock. Zahlreiche Auszeichnungen und Goldene Schallplatten.
Das kannst du also auch nicht (1978); Deckel auf, Deckel zu (1978); Good Bye Chérie (1979); Ich warte hier unten (1980); Samstag abend (1980); Weil du ein zärtlicher Mann bist (1981); Resi i hol di mit mei´m Traktor ab (1984); Mein lieber Mann (1989); Bratkartoffeln mit Spiegelei (1990); Komm doch noch rein auf einen Kaffee (1990); Willkommen im Leben (1991); Am Tag, als die Liebe zu mir kam (1991); Du bist einmalig (1992)

Hanne Haller   *Metronome*

Haller, Hermann
* 24.12.1871 in Berlin
+ 05.05.1943 in London
deutscher Texter, Librettist
Ach Jott, was sind die Männer dumm (1917);
Was nützt denn den Mädchen die Liebe (1917);
Batavia Fox (1921); Ich bin nur ein armer
Wandergesell (1921); Solang noch untern Lin-
den (1923)

Hallervorden, Dieter (Didi)
* 05.09.1935 in Dessau
deutscher Schauspieler, Komiker, Sänger
Romanistik- und Publizistikstudium in Ost-
Berlin, gleichzeitig Studium der
Theaterwissenschaft in West-Berlin.
Siedelte 1958 nach West-Berlin über. Grün-
dete 1960 das Kabaretts "Die Wühlmäuse",
seitdem als Kabarettist erfolgreich. Produ-
zierte zahlreiche Fernseh-Sendungen (u.a.
"Nonstop-Nonsens") und Kinofilme (u.a.
"Der Doppelgänger"). Er kam mit einigen
Blödel-Hits sogar in die Hitparaden.
Du, die Wanne ist voll [zusammen mit Helga
Feddersen](1978); Punker Maria (1981); Tieri-
scher Tango (1981); Der Würger vom Finanzamt
(1982)

Halletz, Erwin
* 12.07.1923 in Wien
österreichischer Komponist
Absolvierte ein Studium an der Akademie
in Wien. Er leitete ein eigenes Tanzorchester,
komponierte Unterhaltungs- und Filmmusiken.
Andrea (1956); Siebenmal in der Woche (1957);
Ananas aus Caracas (1959); Uncle Satchmos
Lullaby (1959); Sauerkraut-Polka (1962)

Hämmerle, Toni
* 11.12.1914 in Mainz
+ 08.12.1968 in Mainz
deutscher Komponist, Pianist, Organist,
Violinist

Studierte Musik in Mainz, war ab 1933 als
Musiklehrer tätig. Verlor im Krieg sein
Augenlicht. Seinen größten Erfolg in den
Hitparaden hatte er 1964 mit dem Titel
"*Humbta Täterä*". Er schrieb zahlreiche
Stimmungs- und Fastnachtslieder, kompo-
nierte u.a. für Ernst Neger, Margit
Sponheimer, Camillo Felgen, Ralf Bendix,
Paul Kuhn.
Hier am Rhein geht die Sonne nicht unter (1959);
Das Humbta-Täterä (1963); Hoppe Hoppe Rei-
ter (1964); Gib dem Bub die Geige nicht (1964);
Ich hab das Glück bestellt für heute abend (1966);
Gell, du hast mich gelle gern (1967)

Hammerschmid, Hans (Ps: Henry Stuck)
* 12.03.1930 in Wien
österreichischer Komponist, Texter, Pianist,
Bandleader, Arrangeur, Dirigent
Schrieb u.a. für Hildegard Knef, Curd
Jürgens. Komponierte u.a. die Titelmusiken
der Fernsehserien "Die Schwarz-
waldklinik", "Hotel Paradies", "Insel der
Träume".
Von nun an gings bergab (1966); Für mich solls
rote Rosen regnen (1967); Ich brauch' Tapeten-
wechsel (1970); Sechzig Jahre - und kein biß-
chen weise (1976)

Hammerschmidt, Norbert
* 15.05.1944 in Dortmund
deutscher Texter
Begann als Autodidakt auf der Gitarre. Bekam als Texter einen Vertrag bei der Edition
Meisel in Berlin. Arbeitet seit 1985 mit Jack
White zusammen. Hatte seine größten Erfolge mit Texten für Roland Kaiser, Andrea
Jürgens, G.G. Anderson, Frank Zander.
Santa Maria (1980); Dich zu lieben (1981); Lieb
mich ein letztes Mal (1981); Manchmal möchte
ich schon mit dir (1982); Joana (1983); Es kann
der Frömmste nicht in Frieden leben (1984);
Flieg mit mir zu den Sternen (1985); Amore,
Amore (1986); Midnight Lady (1986); Haut an

Haut (1987); Amore, Amore (1989); Resi bring Bier (1990); Ich bin so treu wie Gold (1991); Rosalie (1992)

Hansen Quartett
deutsches Vocal-Ensemble
Ich hab dich so lieb (1956); Wenn ich dich verliere (1957)

Harden, Michael (Franz-Leo Andries)
* 22.12.1912 in Trier
+ 21.04.1979 in Fürstenfeldbruck
deutscher Komponist
Rote Rosen, rote Lippen, roter Wein (1953); Soviel Wind und keine Segel (1953)

Hardy, Françoise
* 17.01.1944 in Paris
französische Sängerin, Texterin, Komponistin
Studierte in Paris, war seit 1960 in Frankreich, später auch in Deutschland erfolgreich im Chanson- und Schlagerbereich.
Peter und Lou (1963); Wer du bist (1964); Frag den Abendwind (1965); Ich bin nun mal ein Mädchen (1966); Souvenirs der ersten großen Liebe (1969)

Hartz, Hans (Foto siehe S. 203)
* 1946
deutscher Sänger, Texter
Spielte in zahlreichen Bands, bevor er als Solist erfolgreich war. Schreibt seit den 70er Jahren eigene Songs. Wurde u.a. von Bernie Paul und Christoph Busse produziert. Seit 1991 auch im Duo mit Bernd Kaczmarek tätig.
Die weißen Tauben sind müde (1982); Fünfundneunzig Tage (1983); Musik aus der Ferne...Dacapos im Wind (1984); Katamaran (1991); Immer vorm Wind (1992)

Hauff, Andreas (Paul Zach)
* 26.01.1944 in Preßburg (Österreich)
österreichischer Sänger, Texter

Erhielt seine musikalische Ausbildung am Bruckner Konservatorium in Linz. Hatte seine ersten Erfolge als Schlagzeuger der Gruppe "Manhattans", danach als Sänger. War bisher vor allem im Bereich des volkstümlichen Schlagers tätig.
Sag Dankeschön mit Roten Rosen (1982); Maddalena adieu (1985); Sommernacht in der stillen Taiga (1985); Die Sterne von Athen (1985); Die Sonne schien um Mitternacht (1985); Rose für den Winter (1987); Ein Lied führt uns zueinander (1991); Einen wunderschönen Blumenstrauß (1992)

Andreas Hauff   Bogner

Hauff & Henkler
deutsches Sängerduo
Monika Hauff (* 17.04.1944 in Wernigerode/Harz) und Klaus Dieter Henkler (* 19.01.1949 in Seebenau/Heide)
Gesangsduo aus dem Bereich des volkstümlichen Schlagers. Klaus Dieter Henkler studierte Gesang und Klavier, er betätigt sich ebenfalls als Komponist. Das Duo war in

der ehemaligen DDR außerordentlich erfolgreich (zahlreiche internationale Tourneen, auch ins westliche Ausland).
Gib dem Glück eine Chance (1977); Heimat (1990); Es blühen wieder Rosen in Berlin (1990); Kinder Europas (1990)

Hause, Alfred
* 08.081920 in Ibbenbüren
deutscher Orchesterleiter, Arrangeur, Komponist
Studierte Violine an der Musikhochschule in Weimar. War während des Krieges in div. Tanzorchestern tätig. War nach 1945 Konzertmeister im Orchester Willy Steiner, ab 1947 Leiter des Tanz- u. Unterhaltungsorchesters des NWDR (NDR). Wurde als Komponist und Orchesterleiter hauptsächlich mit Tango-Musik bekannt.

Hausmann, Wolf (Wolfgang Roloff)
weiteres Pseudonym: Ronny
siehe Ronny

Headline
1980 von Jutta van den Berg, Monika Wagener, Hans Günter Wagener und Werner Aurin gegründetes Vokalensemble, Hans Günter Wagener hat die Gruppe inzwischen verlassen.
Für eine Nacht voller Seligkeit (1985); Wenn der weiße Flieder wieder blüht (1985); Pustekuchen (1992)

Heck, Dieter Thomas (Carl-Dieter Heckscher)
* 29.12.1937 in Flensburg
deutscher Sänger, Moderator, Entertainer, Texter, Schauspieler
Absolvierte zunächst eine kaufmännische Lehre, danach eine klassische Gesangsausbildung und eine Schauspielausbildung. Wurde als Moderator von Peter Frankenfeld in der Fernsehsendung "toi-toi-toi" entdeckt,

kam 1965 als Discjockey zu Radio Luxemburg, 1966 zur Europawelle Saar, 1969 zur "Schlagerparade" im ZDF (später "ZDF Hitparade"). Spielte in mehreren Filmen mit und nahm einige LP's auf.
Good Morning (1970); Ringe-dinge-ding (1973); Jeder hat einmal eine Chance (1975); Baby von Hawaii (1979); Du bist für mich all mein Leben (1982)

Heck, Roland
* 27.03.1943 in Mannheim
deutscher Komponist, Produzent
Studierte an der Musikhochschule in Mannheim (Hauptfach: Klavier). War Mitglied der Band "Joy & The Hit Kids" (mit der Sängerin Joy Fleming), schrieb (zusammen mit Gerd Köthe) zahlreiche Film- und Fernsehmusiken (u.a. "Aspekte", "Nimm Dir Zeit", "Ein Kessel Buntes"). Produzierte (mit Gerd Köthe) u.a. Ricky King, Paola, Ivan Rebroff, Peter Hofmann, Daliah Lavi, Peter Alexander, Gunter Emmerlich, Michael Kunze.
Neckarbrückenblues (1972); Der Teufel und der junge Mann (1980): Liebe ist nicht nur ein Wort (1981); Liebe Pur (1985); Die Tür ist auf (1991)

Hee, Hans
* 30.01.1924 in Sao Paulo (Brasilien)
deutscher Texter, Schriftsteller, Produzent
Verbrachte seine Jugend in Tailfingen (Schwäbische Alb). War bis 1959 Polizeibeamter in Bremen. Schrieb während dieser Zeit u.a. für den Simplicissimus. Lernte die Peheiros (Peter, Heinz & Rolf) bei einem Konzert kennen und wurde deren Texter ("*Es hängt ein Autoreifen an der Wand*"). Schrieb ab Ende der 50er Jahre zahlreiche Rundfunkfeatures und Fernsehdrehbücher. Heute widmet er sich als Autor und Produzent hauptsächlich dem volkstümlichen Schlager. Hee schrieb fast alle Texte für Ronny und Heintje, sowie in letzter Zeit

auch für die Mühlenhof Musikanten und die Zillertaler Schürzen-jäger. Er ist Vizepräsident des Deutschen Textdichterverbandes und im Aufsichtsrat der GEMA.

Es hängt ein Autoreifen an der Wand (1955); Wasser ist zum Waschen da (1956): Oh, My Darling Caroline (1964); Kein Gold im Blue River (1964); Kleine Annabell (1964); Kenn ein Land (1964); Anja-Anja (1965); Eine kleine Träne (1966); Mama (1967); Laß die Sonne wieder scheinen (1967); Du sollst nicht weinen (1968); Heidschi Bumbeidschi (1969); Sie war so wunderbar (1969); Schneeglöckchen im Februar (1971); Sierra Madre (1988); Glückwunsch an die Braut (1989); Barfuß bis zum Hals (1990); Dat noch in 100 Johren (1991)

Johannes Heesters   *Venus e.V.*

Heesters, Johannes
* 05.12.1903 in Ütrecht (Holland)
niederländischer Schauspieler, Sänger
Schauspiel- und Gesangsausbildung in Amsterdam. Ab 1922 Engagements an zahlreichen Schauspiel- und Operettenbühnen

(u.a. in Den Haag, Wien, Berlin, München und Hamburg). Hatte seinen ersten großen Film-Erfolg 1936 in "Der Bettelstudent". Gilt als formvollendeter Kavalier und Charmeur der "alten Schule", seine Glanzrolle war "Graf Danilo" in "Die lustige Witwe". Zahlreiche weitere Film- und Fernsehrollen.

Jede Frau hat ein süßes Geheimnis (1939); Da geh' ich ins Maxim (1940); Man müßte Klavier spielen können (1941); Liebling, was wird nun aus uns beiden (1941); Ein Glück, daß man sich so verlieben kann (1942); Durch dich wird diese Welt erst schön (1943); Mein Herz müßte ein Rundfunksender sein (1944); Was hast du schon davon, wenn du mich liebe (1959)

Heider, Joachim (Ps: Alfie Khan)
* 02.07.1944 in Bad Landeck
deutscher Komponist, Pianist, Sänger
Lebt seit 1948 in Berlin, schloß 1960 einen Kompositionsvertrag mit Edition Meisel. Erster großer Erfolg 1965 mit *"Alle Wünsche kann man nicht erfüllen"* (Michael Holm). Arbeitete mit vielen namhaften Künstlern zusammen (u.a. Udo Jürgens, Roland Kaiser, Michael Holm, Marianne Rosenberg, Karel Gott, Freddy Quinn, Mary Roos, Katja Ebstein, Peter Maffay). Zahlreiche Goldene Schallplatten und Auszeichnungen. Als Sänger war er Anfang der 70er Jahre in den Hitlisten vertreten. War einer der ersten Komponisten, die erfolgreich Rock- und Pop-Elemente in den deutschen Schlager einbrachten.
Als Komponist:
Alle Wünsche kann man nicht erfüllen (1965); Geh nicht vorbei (1969); Mister Paul McCartney (1970); Er ist nicht wie du (1971); Fremder Mann (1971); Nur die Liebe läßt uns leben (1972); Ich bin wie du (1975); Er gehört zu mir (1975); Und es war Sommer (1976); Lieder der Nacht (1976); Es ist Morgen und ich liebe dich noch immer (1976); Marleen (1976); Karneval (1977); Dich zu lieben (1981); Manchmal möchte ich

schon mit dir (1982); Tanz heut nacht mit mir (1982); Joana (1983); Es kann der Frömmste nicht in Frieden leben (1984); Wetten daß ... ? (1990)

Als Sänger (Alfie Khan):
Sie kommt noch heut' (1970); Olé Olé (1973)

Heilburg, Christian (Gregor Rottschalk)
siehe Rottschalk, Gregor

Heimatduo Judith & Mel

Mel Jersey (siehe dort) und seine Frau Judith Kristina Barbara Jupe (* 17. Juli in Oldenburg). Erfolgreich beim Grand Prix der Volksmusik 1990 mit dem Titel "Land im Norden". Seitdem als Sängerduo mit volkstümlichen Schlagern erfolgreich.
Land im Norden (1990); Heimatland (1991); Glaube, Hoffnung, Liebe (1990); Zauber deiner Heimat (1991)

Heino (Heinz Georg Kramm)
* 13.12.1938 in Düsseldorf
deutscher Sänger, Moderator

Erlernte zunächst das Bäckerhandwerk, war jedoch ab 1956 als Versicherungsagent tätig. Gründete Ende der 50er Jahre das Ensemble "Okay Singers". Wurde 1965 von dem Produzenten Ralf Bendix bei einer Modenschau entdeckt. Unter dem gemeinsamen Pseudonym "Adolf von Klebsattel" komponierte Erich Becht mit dem Texter Wolfgang Neukirchen Lieder für Heino, die wie Volkslieder klingen sollten - und auch solche wurden. Er tritt u.a. auch mit seiner Frau Hannelore als Moderatoren-Team auf. Seine Schallplatten wurden millionenfach verkauft. Zahlreiche Auszeichnungen.
Wir lieben die Stürme (1967); Die Sonne von

Heino   *east west*

Mexiko (1968); In einer Bar in Mexiko (1970); Mohikana Shalali (1971); Blau blüht der Enzian (1971); Tampico (1973); Edelweiß (1973); La Montanara (1973); Die schwarze Barbara (1975); Komm in meinen Wigwam (1976); Ja, ja, die Katja (1981); Enzian-Rap (1989)

Heintje (Hein Simons, a.Q. : Hendrik Nikolaus Simon)
* 12.08.1955 in Bleijerheide (Holland)
holländischer Sänger, Schauspieler
Wurde 1965 von Wolfgang Roloff (Ps: Ronny) entdeckt und bereits Ende der 60er Jahre durch den Titel "*Mama*" zum Kinderstar. Spielte in zahlreichen Filmen mit (u.a. "Zum Teufel mit der Penne", "Heintje - einmal wird die Sonne wieder scheinen"). Hatte bereits Anfang der 70er Jahre 28 Goldene Schallplatten, seine erste Karriere endete mit dem Eintritt des Stimmbruchs; trat seit Anfang der 90er Jahre als Heintje Simons im Bereich des volkstümlichen Schlagers auf.
Mama (1967); Du sollst nicht weinen (1968); Heidschi Bumbeidschi (1968); Ich sing ein Lied für dich (1969); Scheiden tut weh (1969); Schneeglöckchen im Februar, Goldregen im Mai (1971); Ich denk an dich (1973); Und alles, weil wir uns lieben (1978); Ein Mutterherz soll niemals weinen (1992); Ich hab so lange gesucht nach dir (1992)

Helgar, Eric (Eric Hilger)
* 08.02.1910
deutscher Schauspieler, Sänger, TV-Moderator
War verheiratet mit Lola Müthel.
Wir wollen Freunde sein fürs ganze Leben (1934); Du bist meine große Leidenschaft (1934); Lebe wohl, kleine Frau (1936); Träumen von der Südsee (1937)

Hellberg Duo
deutsches Gesangsduo

Änne Hellberger (* 10.08.1932 in Weingarten in Baden) und Kurt Hellberger (* 11.02.1922 in Weingarten in Baden)
Das Duo wurde bei der Peter-Frankenfeld-Show "Wer will, der kann" entdeckt und von Horst Heinz Henning produziert. Die größten Erfolge hatten sie im Bereich der volkstümlichen Musik.
Drei weiße Birken (1960); Hohe Tannen (1960); Auch du brauchst einen Herzensfreund (1963); Schneewalzer (1965); Der Mond hält seine Wacht (1969); Es war im Böhmerwald (1972); Ein Herz und eine Seele (1974); Wir sind zwei fröhliche Sänger (1977)

Heller, André (Franz Heller)
* 22.03.1946 in Wien
österreichischer Aktionskünstler, Sänger, Schriftsteller, Zirkusdirektor, Lieder-macher
Kam als Teenager zum Rundfunk, später zum Fernsehen, nahm zahlreiche Platten auf. Gründete den Zirkus Roncalli, inszenierte spektakuläre Multi-Media-Shows, schrieb u.a. auch für Michael Heltau und und Erika Pluhar, mit er er zeitweilig verheiratet war.
Die wahren Abenteuer sind im Kopf (1976); Abendland (1976); Mein Herr (1976)

Hellwig, Maria & Margot
Maria * 22.02.1926 in Reit im Winkel
Margot * 05.07.1945 in Reit im Winkel
Maria Hellwig (geb. Neumeier) sang nach ihrem klassischen Gesangstudium (Opernklasse der Münchener Musikakademie) zunächst an verschieden Opernhäusern, bis sie von Addi Hellwig (ihr Mann, Manager und Mitproduzent) und Franzl Lang für die Volksmusik entdeckt wurde. Sie trat zunächst als Solistin, später mit ihrer Tochter Margot im Duo auf. Mutter und Tochter moderieren zahlreiche Fernseh-Musik-Sendungen, meist im volkstümlichen Bereich.
Das Edelweiß vom Wendelstein (1976); La

Montanara (1979); Das Kufsteiner Lied (1980)

Margot Hellwig   *Polydor*

Heltau, Michael
* 05.07.1933 in Ingolstadt
österreichischer Schauspieler, Sänger
Spielte in zahlreichen Filmen mit, bekam
1972 in dem Musical "Helden" (Komponist: Udo Jürgens) eine Hauptrolle; obwohl
das Musical kein großer Erfolg wurde, eb-
nete es ihm den Weg in die Hitparaden.
Heltau wurde in Deutschland auch durch
seine Interpretationen von Chansons von
Jacques Brel u. André Heller bekannt, ebenso durch die Moderation der ZDF-Serie
"Liederzirkus".
*Amsterdam (1976); I hab die schönen Maderln
net erfunden (1979); Ich hol dir vom Himmel das
Blau (1981); Mein Mädel ist nur eine Verkäuferin (1981); Was hast du schon davon, wenn ich
dich liebe (1981)*

Hempel, Rolf (Ps: Paul Lemberg)
* 04.02.1926 in Leipzig
+ 23.09.1976 in Homberg
deutscher Komponist
Studierte an der Musikhochschule Berlin-
Charlottenburg (Klavier, Violine, Trompete, Tonsatz, Komposition). War als
Arrangeur und Komponist für verschiedene
Kapellen tätig, danach ab 1955 freier Mitarbeiter des Hessischen Rundfunks (Pro-
gramm-gestalter), danach als freiberuflicher
Komponist und Arrangeur tätig. Gilt als
"Vater der Hessenmusik".

*Drei weiße Birken (1960); Ich möchte gern dein
Skilehrer sein (1970); Hessenmusikanten-marsch
(1973)*

Henkels, Kurt
* 17.12.1910 in Solingen
+ 12.07.1986 in Hamburg
deutscher Orchesterleiter, Arrangeur, Komponist
Studierte Violine in Solingen, Wuppertal
und Köln. Wirkte nach dem Krieg als
Bandleader in Leipzig, gründete 1947 das
Tanzorchester des Senders Leipzig. Nach
seiner Übersiedlung in die Bundesrepublik
war er ab 1961 Leiter eines Studio-Orche-
sters beim Fernsehen, 1963 gründete er ein
eigenes Orchester beim ZDF.

Henning, Horst-Heinz
* 15.07.1920
deutscher Komponist, Texter, Produzent
Schrieb u.a. für Paul Kuhn und Chris
Howland, produzierte das Hellberg Duo.

*Es wird ja alles wieder gut (1953); Der Mann am
Klavier (1954); Das hab' ich in Paris gelernt
(1957); Tausend rosarote Pfeile (1968);
Herzenswunsch (1988)*

Friedel Hensch & die Cyprys   *Venus e.V.*

Hensch, Friedel (& die Cyprys)
* 07.07.1906 in Landsberg/Warthe
+ 31.12.1990 in Hamburg
Gründete 1946 in Hamburg mit Karl
Geithner und ihrem Mann Werner Cypris
das Ensemble "Friedel Hensch & die
Cyprys". War in den 50er Jahren eine der
erfolgreichsten Schlagersängerinnen.
*Über's Jahr, wenn die Kornblumen blühen
(1951); Ansonsten, Herr Lutter (1951); Egon
(1952); Tango Max (1952); Oh Jägersmann
(1956); Solang die Sterne glüh'n (1957); Das
alte Försterhaus (1960); Mein Ideal (1962); Der
Mond von Wanne-Eickel (1962)*

Herold, Ted (Harald Schubring)
* 09.09.1942 in Berlin
deutscher Sänger
Absolvierte eine Ausbildung zum Radio-
und Fernsehtechniker, legte die Meisterprüfung ab. Galt als deutschsprachige Antwort auf Elvis Presley und wurde zum deutschen Rock'n'Roll-Idol. Ende der 70er Jahre leitete eine gemeinsame Tournee mit Udo
Lindenberg sein Come-back ein. Zahlreiche Rundfunk-und Fernseh-Auftritte, Goldene Schallplatten.
*Hula Rock (1959); Moonlight (1960); Gib dein
Ziel niemals auf (1981); Vergeben, vergessen,
vorbei (1991), Zeit für Tränen (1992)*

Herr, Trude
* 04.05.1927 in Köln
+ 16.03.1991 in Aix-en-Provence (Frankreich)
deutsche Sängerin, Schauspielerin, Kabarettistin
Spielte in zahlreichen Unterhaltungsfilmen,
war auf die Rolle der molligen Ulknudel
spezialisiert. Sang Anfang der 60er Jahre
mit Gefühl für Beat wie kaum andere deutsche Interpreten zur gleichen Zeit.
*Ich will keine Schokolade (1960); In der Spelun-
ke zur alten Unke (1960); Autofahrerblues (1962);*
*Spiegeltwist (1963); Niemals geht man so ganz
(1987)*

Hertel, Eberhard
* 29.11.1938 in Oelsnitz/Sachsen
deutscher Sänger, Akkordeonspieler
Interpretierte zahlreiche Titel aus dem volkstümlichen Bereich, regelmäßige Duo-Auf-
tritte mit Hannelore Kalin, seit einigen Jahren auch mit seiner Tochter Stefanie Hertel.

Hertel, Stefanie
* 25.07.1979 in Oelsnitz/Sachsen
deutsche Sängerin
Tochter von Eberhard Hertel, tritt mit ihrem
Vater auch im Duo auf. War 1991 beim
Grand Prix der Volksmusik erfogreich mit
dem Titel "*So a Stückerl heile Welt*", siegte
1992 mit "*Über jedes Bacherl*".
*So a Stückerl heile Welt (1991); Über jedes
Bacherl (1992)*

Stefanie Hertel   *east west*

Ted Herold   *east west*

Hertha, Kurt
* 02.05.1926 in Gestungshausen-Coburg
deutscher Komponist, Texter
Hatte sich seit dem Erfolg mit "*Tanze mit mir in den Morgen*" als Texter etabliert. Schrieb u.a. für Chris Roberts, Roy Black, Peter Alexander, Gerd Wendland, Bata Illic, Andrea Jürgens, Freddy Breck, Caterina Valente. Galt in den 60er und 70er Jahren als einer der erfolgreichsten deutschen Texter. Arbeitete u.a. mit den Komponisten Heinz Gietz, Christian Bruhn und Jean Frankfurter zusammen.
Tanze mit mir in den Morgen (1961); Schläfst du schon (1962); Ganz in weiß (1965); Du bist nicht allein (1965); Dich erkenn' ich mit verbund'nen Augen (1968); Du kannst nicht immer siebzehn sein (1974); Ich mach ein glückliches Mädchen aus dir (1974); So richtig nett ist's nur im Bett (1975); Und hinterher, da nehm' ich dich in meine Arme (1975); Wo die Musikanten sind (1975); Du, sag einfach du (1975); Der große Zampano (1975); Sand in deinen Augen (1977); Ein Herz für Kinder (1979)

Herz, Monika (Monika Schmidt)
* 12.07.1951
deutsche Sängerin
Die in den 70er Jahren als eine der erfolgreichsten Schlagersängerinnen in der ehemaligen DDR geltende Interpretin wurde 1969 von dem Textdichter Dieter Schneider und dem Komponisten Arndt Bause entdeckt. Sie nahm bislang vier Langspielplatten auf.
Mama, ich komm wieder (1975); Kleiner Vogel (1977); Charlie Ade (1977);

Hess, Raimund (Ps: Ralf Henninger / Franky Parkman)
* 23.01.1935 in Neustrelitz
deutscher Chorleiter, Komponist
Studierte u.a. Musikwissenschaft und Schulmusik (Dr. phil.). War 1964 Musikredakteur beim Hessischen Rundfunk, 1967 Abteilungsleiter beim Süddeutschen Rundfunk, seit 1978 Leiter der Abteilung U-Musik beim Südwestfunk in Baden-Baden. Gründete und leitete den Raimund Hess Chor sowie die "Anstaltsband" des SWF.

Heymann, Werner Richard
* 14.02.1896 in Königsberg
+ 30.05.1961 in München
deutscher Komponist
Studierte Musik. Arbeitete regelmäßig mit dem Texter Robert Gilbert zusammen, schrieb zahlreiche Filmmusiken (u.a. "Liebeswalzer" 1930; "Die Drei von der Tankstelle" 1930; "Der Kongress tanzt" 1931). Emigrierte 1933 nach Amerika und arbeitete in Hollywood als Filmkomponist. Kehrte nach dem Krieg wieder zurück nach Deutschland und lebte in München.
Kennst du das kleine Haus am Michigansee (1928); Ein Freund, ein guter Freund (1930); Du bist das süßeste Mädel der Welt (1930); Liebling, mein Herz läßt dich grüßen (1930); Das gibt's nur einmal (1931); Das ist die Liebe der Matrosen (1931); Das muß ein Stück vom Himmel sein (1931); Du hast mir heimlich die Liebe in's Haus gebracht (1931); Eine Nacht in Monte Carlo (1931); Es führt kein andrer Weg zur Seligkeit (1932); Hoppla! Jetzt komm ich (1932); Irgendwo auf der Welt (1932); Wir zahlen keine Miete mehr (1932)

Hielscher, Margot
* 29.09.1919 in Berlin-Charlottenburg
deutsche Schauspielerin, Sängerin
Verheiratet mit dem Komponisten Friedrich Meyer. Spielte in zahlreichen Filmen (u.a. "Liebespremiere", "Das Lied der Nachtigall", "Hallo Fräulein")
Frauen sind keine Engel (1943); Anette (1950); Schau in meine Augen (1952); Heimweh nach dir (1952); Für zwei Groschen Musik (1958)

Hill, Jonny (Ferry Gilming / J. Hill-Greif)
* 27.07.1940 in Graz (Österreich)
österreichischer Sänger, Texter, Produzent,
Entertainer
Wurde von Lotar Olias entdeckt und sollte
zunächst als "zweiter Freddy Quinn" aufgebaut werden. Ist auch als Produzent erfolgreich, zahlreiche Fernseh- und Rundfunkauftritte.
*Der Schuß ins Glück (1976); Ruf Teddybär eins-
vier (1979); Deine Liebe war so zärtlich (1991);
Zur großen Freiheit (1992)*

Jonny Hill   *Polydor*

Hinnen, Peter
* 19.09.1941 in Zürich
schweizerischer Sänger
War bereits als Dreizehnjähriger mit dem
Titel "*Ro-Ro-Robinson*" erfogreich, konnte
nach dem Stimmbruch seine Karriere als
Sänger fortsetzen.
*Ro-Ro-Robinson (1954); Rosemarie (1956); Auf
meiner Ranch bin ich König (1962);*

*Siebentausend Rinder (1962); Im Tal der blauen
Berge (1963); Die Rose von Mexiko (1964)*

Hirsch, Hugo
* 12.03.1884 in Birnbaum/Posen
+ 16.08.1961 in Berlin
deutscher Komponist
Abgebrochenes Medizinstudium zugunsten
eines (von der Mutter heimlich finanzier-
ten) Musikstudiums. Nach dem Erfolg "*Eis-
palast-Walzer*" als Schlager-, Revuen- und
Operettenkomponist (u.a. "Die
Scheidungsreise") etabliert. Von 1933 bis
1950 nach London und Paris emigriert. Für
seine Verdienste um die Berliner
Unterhaltungsmusik wurde er mit dem
Bundesverdienstkreuz ausgezeichnet.
*Wer wird denn weinen, wenn wir auseinander
gehen (1918); Das hat die Welt noch nicht gesehen (1924)*

Hofer, Wolfgang (Ps: Wolfgang)
siehe Wolfgang

Hoffmann & Hoffmann
deutsches Gesangsduo
Michael Hoffmann
* 03.12.1950 in Karlsruhe
Günter Hoffmann
* 04.10.1951 in Karlsruhe
+ 15.03.1984 in Rio de Janeiro
Die beiden Brüder waren schon während
ihrer Schulzeit musikalisch aktiv, seit 1977
erfolgreich im Schlagergeschäft erfolgreich.
Michael Hoffmann ist seit dem Tod seines
Bruders als Produzent und Komponist (u.a.
für Gitte Haenning, Wencke Myhre, Nicole,
Ricchi & Poveri, Al Bano & Romina Power)
tätig, außerdem auch als Interpret ("*Johanna*", 1989).
*Himbeereis zum Frühstück (1977); Alles, was
ich brauche, bist du (1979); Wenn ich dich verlier (1980); Warten (1980); Ein Engel unterm
Dach (1981); Rücksicht (1983)*

Hoffmann & Hoffmann *set*

Hoffmann, Klaus
* 26.03.1951 in Berlin
deutscher Schauspieler, Liedermacher
Besuchte von 1970 bis 1974 die
Schauspielschule (Max-Reinhardt-Seminar)
in Berlin. Wurde durch die Plenzdorf-
Verfilmung "Die neuen Leiden des jungen
W." als Schauspieler bekannt. Seit 1975
regelmäßige Konzerttourneen. Wurde 1978
mit dem Deutschen Kleinkunstpreis ausgezeichnet. Rolle in dem Ingmar Bergmann
Film "Das Schlangenei".
Es muß aus Liebe sein (1989); Jedes Kind braucht
einen Engel (1989); Ich dachte, das wäre das
Leben (1990); Sonne, die ich meine (1992)

Hofmann, Peter
* 12.08.1944 in Marienbad (Böhmen)
deutscher Opern-, Musical- und Pop-Sän-
ger, Komponist
Hatte als Opernsänger weltweite Engage-
ments, wandte sich 1984 mit Erfolg der
Popmusik zu, sang vor allem internationale
Hits, daneben auch einige deutsche Titel.
Trat später in Musical-Inszenierungen von
Andrew Lloyd Webber auf ("Phantom der
Oper").
Liebe pur (1985)

Höhner
deutsche Band
Mitglieder sind Henning Krautmacher (Sänger, Gitarrist), Jan Peter Fröhlich (Schlagzeuger), Peter Werner-Jates (Akkordeonist,
Sänger, Keyboarder), Franz-Martin Willizill
(Sänger, Gitarrist), Günter Steinig (Bassist)
Pizza wundaba (1987); Küßchen (1991); Vorbei
es vorbei (1992)

Peter Hofmann   *Sony / Columbia*

Holder, Irma (Foto siehe S. 58)
* 27. September in Rossbach / Wald
deutsche Texterin
Ihre beispiellose Karriere begann Anfang
der 70er Jahre mit Texten, die sie an
Muikverlage schickte. Nach Arbeiten für
Peter Horton und einer Vielzahl von schwei-
zerischen Künstlern (u.a. Monica Morell)
folgten 1976 mehrere Texte für Udo Jürgens,
seit 1982 über 50 Texte für Howard
Carpendale, ab 1986 über 30 Texte für Roy
Black, mit denen der Künstler sein
Comeback einleitete. Außerdem schrieb sie
u.a. für Tommy Steiner, Karel Gott, Andy
Borg, Freddy Quinn. Seit 1985 bildet sie mit
dem Komponisten Jean Frankfurter ein festes Team und wandte sich der Weiter-
entwicklung des deutschen Schlagers im
volkstümlichen Bereich zu (u.a. für Stefanie
Hertel, Kastelruther Spatzen, Marianne &
Michael, Alpentrio Tirol, Nockalm Quin-
tett, Die Paldauer).
Das ewige Feuer (1984); Hello Again (1984);
Shine On [Der Regen von New York] (1985); In

Japan geht die Sonne auf (1985); Die kloane Tür
zum Paradies (1989); Feuer im ewigen Eis (1990);
Erst ein Cappuccino (1990); Fantasy Island
(1990); Und wenn i tanz mit dir (1991); So
a Stückerl heile Welt (1991); Komm setz di auf ein
Sonnenstrahl (1991); Über jedes Bacherl (1992)

Holiday, Tony (Peter Knigge)
* 24.12.1951
+ 14.02.1990
deutscher Sänger, Texter
Tanze Samba mit mir (1977); Disco Lady (1978);
Nie mehr allein sein [Sun of Jamaika](1980);
Rio de Janeiro (1981); Dieselben Sterne leuch-
ten (1983)

Hollaender, Friedrich
* 18.10.1896 in London
+ 18.01.1976 in München
deutscher Komponist, Texter, Kabarettist,
Pianist
Verheiratet mit Blandine Ebinger, Sohn des
Komponisten Victor Hollaender. Sein er-

ster ganz großer Erfolg war die Musik zu dem Film "Der blaue Engel" (1930). Er floh 1933 nach Amerika, arbeitete bis 1945 in Hollywood als Filmkomponist. Kehrte später wieder nach Deutschland zurück. Gilt als einer der originellsten und kreativsten Komponisten und Textdichter seiner Generation, der sowohl im Schlager, in der Filmmusik, im Kabarett-Chanson und im Revue- und Musical-Bereich Bedeutendes hinterlassen hat.

Jonny, wenn du Geburtstag hast (1920); Guck doch nicht immer nach dem Tangogeiger hin (1930); Ich bin die fesche Lola (1930); Nimm dich in acht vor blonden Frauen (1930); Ich bin von Kopf bis Fuß auf Liebe eingestellt (1930); In St. Pauli bei Altona (1930); Wie hab' ich nur leben können ohne dich (1933); Mainzer Spezialitäten (1965)

Hollaender, Victor (Ps: Arrich del Tolreno)
* 20.04.1866 in Leobschütz
+ 24.10.1940 in Hollywood (USA)
deutscher Komponist, Dirigent, Kapellmeister
Vater von Friedrich Hollaender. Studierte am Kullak-Konservatorium in Berlin, schrieb zahlreiche Revuen und Operetten. Dirigierte an allen großen Operetten-theatern in Berlin. Mußte 1933 nach Amerika emigrieren.

Die Kirschen in Nachbars Garten (1902); Schaukellied [Springe, mein Liebchen] (1905)

Holm, Michael (Lothar Walter)
* 29.07.1943 in Stettin
deutscher Sänger, Komponist, Texter, Produzent, Verleger
Spielte als Teenager im Duo mit Norbert Berger (Cindy & Bert), begann ein Jura-Studium in Erlangen, arbeitete erfolgreich von 1965 bis 1972 mit Giorgio Moroder zusammen. War danach selbständig als Produzent (u.a. Carry & Ron) tätig. Ist Inhaber des Schallplatten- und Musikverlages "Auto-

bahn". Zahlreiche Auszeichnungen, Goldene Schallplatten.
Als Sänger:
Mendocino (1969); Barfuß im Regen (1970); Ein verrückter Tag (1971); Tränen lügen nicht (1974); Wart auf mich (1975); Mußt du jetzt gerade gehen, Lucille (1977); El Lute (1979); Leb wohl (1980); Elektrisiert (1991)
Als Komponist / Texter:
Irgendjemand liebt auch dich (1966); Nur ein Kuß, Maddalena (1974); Ein Lied kann eine Brücke sein (1975)

Honey Twins
1956 von Inge Bücher und Hedy Prien gegründetes Gesangs-Duo. Ab 1958 kam Susie Anderjan hinzu, in dieser Besetzung nannte man sich auch "Die Floridas".
Charlie Brown (1959); Nur ein Küßchen (1960); Banjo-Boy (1960)

Hörbiger, Paul
* 29.04.1894 in Budapest
+ 05.03.1981 in Wieselsburg/Wien
österreichischer Schauspieler, Sänger
Bruder des Schauspielers Attila H., Vater des Schauspielers Thomas H. Spielte u.a. in den Filmen "Walzerkrieg" 1933", "Die Czardasfürstin" 1934, "Schrammeln" 1944.
Das muß ein Stück vom Himmel sein (1931); Heinerle, Heinerle, hab kein Geld (1968); Ja, ja der Wein ist gut (1968)

Hörbiger, Thomas
* 11.07.1931 in Berlin
österreichischer Texter, Schauspieler
Sohn des Schauspielers Paul Hörbiger. Der gelernte Maschinenbauingenieur wandte sich ab 1955 der Schauspielerei zu. Wurde Gastronom mit Lokalen in Wien, Innsbruck und München. Schrieb zusammen mit Udo Jürgens einige Schlagertexte.
Siebzehn Jahr, blondes Haar (1965); Merci Chérie (1966); Immer wieder geht die Sonne auf (1967); Gestern, heute, morgen (1965)

Michael Holm   *WEA / Autobahn*

Horn-Berges, Hans-Joachim
* 27.10.1949 Bochum
deutscher Komponist, Texter, Sänger
Lernte zunächst Schreiner, studierte anschließend Architektur. Kam als Musiker mit Howard Carpendale zusammen, den er auch heute produziert. Als Produzent außerdem tätig für u.a. Albano und Romina Power, Deborah Sasson, Nino de Angelo.
Als Komponist / Texter:
Nimm den nächsten Zug (1977); Auf der langen Reise durch die Nacht (1978); Nachts, wenn alles schläft (1979); Sag nicht, es war einmal (1979); Es geht um mehr (1980); Hurrah, hurrah, der Pumuckl ist da (1981); Wem (1981); Hello Again (1984); Atemlos (1984); Schade (1984); Shine on [Der Regen von New York] (1985); Jenseits von Eden (1983); Das nennt man Blues (1990); Mit viel, viel Herz (1992)
Als Sänger:
Verloren (1980)

250 Chansons. Zahlreiche Schallplatten, verschiedene internationale Preise. Seit 1985 tritt er überwiegend mit seiner Frau, der Pianistin Slava Kantchef, auf.
Wann kommt der Morgen (1972); Solang du in dir selber nicht zu Hause bist (1975); Wenn du nichst hast als die Liebe (1975); Adieu Maurice (1975); Laß das Haar mal in der Suppe (1979)

Hot Dogs
1955 in München gegründete bayerische Dixie-Band um den Pianisten und Arrangeur Gerhard Sterr. Ab Ende der 50er Jahre wurden Volkslieder im New-Orleans- bzw. Dixieland-Stil gespielt.
Ja, so warn's die alten Rittersleut (1966); Der Wildschütz Jennerwein (1970); Ja, mir san mit'm Radl da (1972)

Peter Horton (mit S. Kantcheff)   phono

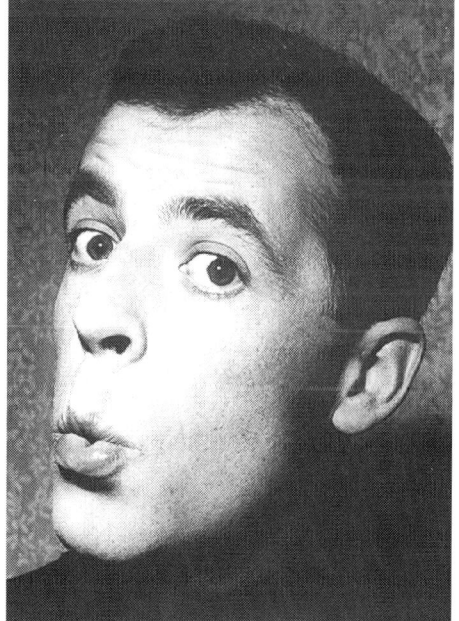

Chris Howland   Interfoto

Horton, Peter (Peter Horten)
* 19.09.1941 in Feldsberg (CSFR)
österreichischer Sänger, Gitarrist, Komponist, Liedermacher, TV-Moderator
Aufgewachsen in Wien, Klavierstudium am Wiener Konservatorium, Gesangs- und Gitarrenstudium in Stuttgart. Schrieb über

Howland, Chris
* 30.07.1928 in London
britischer Sänger, Moderator, Schauspieler
Kam nach dem Krieg als Sprecher des engli-

schen Soldatensenders BFN nach Hamburg und moderierte dann auch im deutschen Fernsehen (u.a. "Musik aus Studio B", "Vorsicht Kamera"). War auch als "Heinrich Pumpernickel" bekannt. Spielte in zahlreichen Unterhaltungsfilmen der 50er und 60er Jahre mit.

Fräulein (1957); Das hab ich in Paris gelernt (1957); Die Mutter ist immer dabei (1960); Hämmerchen Polka (1961); Das hat sich Tante Emma aus Italien mitgebracht (1962)

Huber, Lydia (geb. Rudig)
* 14. Dezember in Bremen
deutsche Sängerin
Spielte zunächst kleinere Rollen im Bernauer Volkstheater, Gesangsunterricht bei Elisabeth Hallstein, Tourneen, zahlreiche Rundfunk- und TV-Auftritte.

Mei Glück is a Hütterl (1982); Einer hat immer das Bummerl (1983); Ich bin gerne eine Frau (1988); Ich bin keine Emma (1992);

Hula Hawaiian Quartett
Anfang der 50er Jahre von Herbert Imlau gegründetes Ensemble.

Die Perle auf dem Meeresgrund (1955); Domingo Santo Domingo (1956); Wenn der Mond scheint auf Havanna (1956); Du Rose von Samoa (1956)

Humpe, Anete (Anette Humpe)
* 28.10.1950 in Hagen
deutsche Komponistin, Sängerin
Schwester von Inga Humpe. Spielte in den Bands "Humpe & Humpe" und "Ideal".

Codo (1983); Eiszeit (1981); Blaue Augen (1980); Ich küsse Ihren Mann (1990)

Humpe, Inga
* 13.01.1956 in Hagen
deutsche Sängerin
Schwester von Anete Humpe, Bands: "Neonbabies", "DÖF", "Humpe & Humpe"

Codo (1983)

Ibo (Ibo Bekirovic)
* 22.07.1961 in Skoplje (Jugoslawien)
deutsch-jugoslawischer Sänger
Seit Ende der 70er Jahre hauptberuflich als
Musiker tätig, nahm 1983 seine erste Platte
"*Verlang' ich zuviel*" auf, seitdem erfolgreicher Schlagersänger. Wird seit Beginn seiner Karriere von Mick Hannes und Walter
Gehrke produziert
Verlang' ich zuviel (1983); Ibiza (1985); Das
schaffst du nicht (1987); Das könnte dir so pas-
sen (1989); An deiner Stelle nähm ich mich
(1989); Spieglein, Spieglein an der Wand (1992)

Ibo   DA

IC Falkenberg (Ralf Schmidt)
* 10.09.1960 in Halle
deutscher Sänger, Komponist, Texter, Produzent
War von 1983 bis 1989 Sänger, Komponist
und Texter der Rockgruppe "Stern Meißen".
Gleichzeitig war er ab 1985 auch als Solist,
zunächst unter dem Namen "IC", säter "IC
Falkenberg" erfolgreich (zwei Solo-LP's).
Produzierte u.a. Ralf Bursy.

Wir sind die Sonne (1984); Wunderland (1987);
Mann im Mond (1988); Eine Nacht (1989); Dein
Herz (1989); Wo die Abenteuer sind (1991)

Igelhoff, Peter (Foto siehe S. 22)
* 22.07.1904 in Wien
+ 08.04.1978 in Bad Reichenhall
österreichischer Komponist, Sänger, Pianist, Texter
War zunächst als Verwaltungsbeamter in
Wien tätig, gab den Beruf auf, um Musik zu
studieren (Musikakademie Wien, Musikhochschule London). Ging als Pianist und
Sänger nach Berlin. Rundfunkauftritte und
Schallplattenaufnahmen. Dann immer mehr
als Komponist tätig, schrieb über 1000 Schlager und Chansons, zahlreiche Filmmusiken
(u.a. "Wir machen Musik", 1942). Wurde
1943 wegen seiner satirischen Chansons
zum Kriegsdienst eingezogen und als "un-
erwünscht" aus der Truppenbetreuung ent-
fernt. War nach dem Krieg Vorstandsmitglied des Deutschen Komponistenrates
Der Onkel Doktor hat gesagt, du darfst nicht
küssen (1938); Fips, der Pfeifer [Pfeifer
Serenade] (1941); Mein Herz hat heut' Premiere
(1942); Wir machen Musik (1942); Ach, du liebe
Zeit (1950); Allerhand, allerhand (1954); Ich
pfeif heut Nacht vor deinem Fenster (1937);
Donaudampfschiffahrtsgesellschaftskapitän
(1936); Wenn ich vergnügt bin, muß ich singen
(1936); Weil der D-Zugführer heute Hochzeit
macht (1938)

Iglesias, Julio (Julio José Iglesias de la
Cueva)
* 23.09.1944 in Madrid
spanischer Sänger, Komponist
Studierte Rechtswissenschaft. Schrieb 1968
seinen ersten Titel "*La Vida sigue igual*"
und gewann damit das Songfestival in
Benidorm. Seitdem in Europa, später auch
in Amerika erfolgreich. Zahlreiche Auszeichnungen, ca. 1000 Goldene und ca. 350

Julio Iglesias   *Interfoto*

Platin-Schallplatten, kam dafür ins Guiness Buch der Rekorde. Gilt seit Mitte der 70er Jahre als internationaler Superstar, füllt weltweit die Konzertsääle.

Wenn ein Schiff vorüberfährt (1972); Und das Meer singt sein Lied (1973); Alle Liebe dieser Erde (1974); Komm wieder Madonna (1974); Ich schick dir eine weiße Wolke (1974); Mit Tränen in den Augen ist man blind (1981); Aber der Traum war sehr schön (1981); Du bist mein erster Gedanke (1982); Engel der Nacht (1992)

Bata Illic   *Venus e.V.*

Illic, Bata
* 30.09.1939 in Belgrad
deutsch-jugoslawischer Sänger, Komponist
Studierte Englisch und Italienisch, war zwei Jahre als Lehrer tätig. Gesangsausbildung. Kam 1963 nach Deutschland, spielte jedoch fast ausschließlich in amerikanischen Clubs,

bis er 1967 seine erste Schallplatte veröffentlichte. Ende der 60er bis Ende der 70er Jahre war er regelmäßig in den oberen Positionen der Hitparaden vertreten. Zahlreiche Auszeichnungen, Goldene und Platin-Schallplatten.

Die Welt ist voller Liebe (1967); Mit verbundenen Augen (1968); Die Liebe kommt am Abend (1969); Candida (1970); Judy, I Love You (1971); Ein Herz steht nie still (1971); Michaela (1972); Solange ich lebe (1972); Komm auf das Schiff meiner Träume (1973); Schwarze Madonna (1973); Ich hab´ noch Sand in den Schuhen von Hawaii (1975); Ich möcht´ der Knopf an deiner Bluse sein (1976); Mit meiner Balaleika war ich der König auf Jamaika (1977); Amor, Amor, Amor (1978); Malinconia (1982); Einen Schritt zu weit (1990);

Inga & Wolf (Ingrid u. Wolfgang Preuß)
Ingrid Preuß (geb. Franke) * 19.08.1949 in Wittenberg;
Wolfgang Preuß * 05.10.1949 in Berlin
deutsches Chanson- und Schlagerduo
Die gelernte Laborantin Inga und der Großhandelskaufmann Wolf traten Ende der 60er Jahre zunächst in kleineren Clubs auf, hatten ihren größten Erfolg 1972 mit "*Gute Nacht, Freunde*". Das Ehepaar ist inzwischen wieder geschieden, Inga heiratete danach Schobert Schulz (Schobert & Black).

Gute Nacht, Freunde (1972); Wilfried der Räuber (1974)

Inger, Siw
* 07.03.1953 in Laholm (Schweden)
schwedische Sängerin
Arbeitete zunächst als Telefonistin, war ab Anfang der 70er Jahre in Schweden erfolgreich, sang ab 1976 auch in deutscher Sprache.

Jedes Kind braucht einen Namen (1976); San Diego Train (1977); Warum kann ich nicht die andere sein (1977); Hey, nur nicht drängeln, junger Mann (1978); Komm und spiel mit mir

(1979); Keine Angst, das kann man lernen (1982)

Inka (Inka Bause)
* 21.11.1968 in Leipzig
deutsche Sängerin, TV-Moderatorin
Die Tochter des Komponisten Arndt Bause,
der die meisten ihrer Titel schreibt und auch
als ihr Produzent tätig ist, absolvierte ein
Gesangsstudium in Berlin (Hochschule für
Musik "Hanns Eisler") und hatte bereits als
15jährige mit dem Titel "*Spielverderber*"
ihren ersten Hit in der damaligen DDR. Als
Moderatorin der Sendung "Talente-Bude"
stellt sie seit 1989 junge Künstler im Fernsehen vor.
*Spielverderber (1984); Es ist Sommer (1985);
Tränen (1986); Schritte (1989); Ich geh durch
die Nacht (1991); Tränen siehst du nicht (1991);
Wenn du gehst (1992)*

Insterburg & Co.
deutsche Musik-Kabarettgruppe
Das Ensemble existierte 1967 bis 1979.
Mitglieder waren Ingo Insterburg (Ingo
Wetzker * 06.04.1934 in Insterburg), Karl
Dall (siehe dort), Peter Ehlebracht und Jür-
gen Barz.
*Ich liebte ein Mädchen (1974); Diese Scheibe ist
ein Hit (1975)*

Irena (Irena Möbus)
deutsche Sängerin, Texterin, Komponistin,
Entertainerin, Tänzerin
*Die Männer in den Jahren (1989); Der Ast (1990);
Starker Falke (1992)*

Inka   *Virgin*

J

Jackson, Wanda
* 20.10.1937 in Maud/Oklahoma (USA)
amerikanische Sängerin
War bereits als Teenager in den USA erfolgreich, zahlreiche Tourneen (u.a. mit Elvis Presley). Hatte schon als 13jährige eine eigene Radioshow in Amerika. War in Deutschland Mitte der 60er Jahre als Sängerin erfolgreich.
Santo Domingo (1965), Doch dann kam Johnny (1966); Wenn der Abschied kommt (1966)

Jacob Sisters
deutsches Gesangs- und Show-Quartett
Besteht aus den Schwestern Rosi, Eva, Johanna und Hannelore Jacob. Durch zahlreiche Rundfunk- und Fernsehauftritte bekannt geworden; fehlten über Jahrzehnte in kaum einer wichtigen deutschen Fernsehshow.
Träume der Liebe (1964); Am blauen See im grünen Tal (1965); Gartenzwerg-Marsch (1965); Was hab' ich dir getan (1965); Auf dem Wege nach Aschaffenburg (1969)

James Brothers (Peter Kraus & Jörg Maria Berg, siehe auch dort)
Wenn (1958); Wenn du heut ausgehst (1959); Die jungen Jahre (1959), Cowboy Bill (1959); Morgen bist du alle Sorgen los (1961)

Jan & Kjeld
dänisches Gesangsduo, bestehend aus den Brüdern Jan und Kjeld Wennick.
Wegen ihres größten Hits, den Charly Niessen für die beiden schrieb, auch als "Die Banjo Boys" bekannt. Der Stimmbruch beendete die Karriere des Duos.
Banjo Boy (1959); Tingelingeling, mein Banjo singt (1960); Penny-Melodie (1960); Träumen kann man was man will (1960); Hello Mary Lou (1961); Küsse im Mondschein (1962)

Jan & Kjeld   *Venus e.V.*

Jankowski, Horst
* 30.01.1936 in Berlin-Pankow
deutscher Pianist, Bandleader, Komponist
Studierte an der Musikhochschule Berlin. War 1953/54 auf Nord-Afrika-Tournee mit Caterina Valente. Gründete 1956 das Horst Jankowski Quartett. War als Pianist beim Südfunk Orchester Stuttgart (Erwin Lehn) tätig, seit 1975 Leiter des RIAS Tanzorchesters in Berlin. Spielte mit zahlreichen Jazz-Stars zusammen (u.a. Ella Fitzgerald, Gerry Mulligan, Miles Davis, Oscar Peterson). Schrieb Instrumentaltitel, Film- und Fernsehmusiken.
Eine Schwarzwaldfahrt (1964); Ein Hoch der Liebe (1968); Rhine River Boat (1978); A Sunny Day in Heidelberg (1981);

Jarczyk, Herbert (Ps: Joe Jerkins)
* 10.02.1913 in Kattowitz-Laurahütte
+ im Oktober 1968 in München
deutscher Komponist, Dirigent
Bruder von Michael Jary. Studierte an der

Musikakademie in Berlin. War als Konzertpianist, Dirigent und Komponist tätig. Schrieb zahlreiche Film- und Fernsehmusiken, z.B. die Titelmusiken zu den Serien "Der Kommissar", "Kriminalmuseum", "Die fünfte Kolonne", "Alarm in den Bergen". Schrieb außerdem Schlager, u.a. für Heidi Brühl und Wencke Myhre.
Der Kommissar (1968)

Jary, Michael (Maximilian Michael Andreas Jarczyk) (Foto siehe S. 20)
* 24.09.1906 in Laurahütte/Oberschlesien
+ 12.07.1988 in Cureggia (Schweiz)
deutscher Komponist, Dirigent
Bruder des Komponisten Herbert Jarczyk. Studierte an den Musikkonservatorien Beuthen und Kattowitz. War von 1928 bis 1929 Theaterkapellmeister in Neisse und Beuthen. Von 1929 bis 1933 Staatliche Akademische Musikhochschule Berlin, danach Gast-dirigent zahlreicher Orchester. Ab 1946 beim Radio Tanzorchester Saarbrücken tätig. Gründete 1948 einen eigenen Musikverlag (Michael Jary Produktion). Zahlreiche Auszeichnungen, u.a. Beethovenpreis der Stadt Berlin (1931); Paul-Lincke-Ring (1977), Filmband in Gold der Bundesregierung (1980). Schrieb zahlreiche Orchester- und Bühnenwerke, Film- und Fernsehmusiken, Schlager, meistens zusammen mit dem Texter Bruno Balz. Michael Jary ist einer der bedeutentsten Schlager- und Filmkomponisten der Kriegs- und Nachkriegszeit. Obwohl seine stilistische Vielseitigkeit kaum Grenzen kannte - vom stilechten Swing-Arrangement bis zum volkstümlichen Lied ist alles vertreten - leben seine Stücke von prägnanten, unverwechselbaren melodischen Einfällen.
Der kleine Liebesvogel (1938); Der Onkel Jonathan (1938); Roter Mohn (1938); Oui Madame (1939); Das kann doch einen Seemann nicht erschüttern (1939); Am Montag fängt die Woche an (1940); Wen ich liebe (1940); Du darfst mir nie mehr rote Rosen schenken (1940); Er heißt Waldemar (1940); Laß mich heut' abend nicht allein (1941); Wir geh'n so leicht am großen Glück vorbei (1941); Davon geht die Welt nicht unter (1942); Ich weiß, es wird einmal ein Wunder gescheh'n (1942); Haben Sie schon mal im Dunkeln geküßt (1942); Hokuspokus [Eins, zwei, drei, Liebe ist nur Zauberei] (1943); Sing, Nachtigall, sing (1943); Durch dich wird diese Welt erst schön (1943); Laß dein Herz bei mir zurück (1943); Das Karussell (1943); Oh-la-la [Erst kommt der rechte Fuß] (1949); Winke, winke (1950); Happy-Happy Days [Wenn ich will, stiehlt der Bill für mich Pferde] (1950); Leise rauscht es am Missouri (1950); Liebe ist ja nur ein Märchen (1951); Ausgerechnet du [Du hast mir g'rade noch zu meinem Glück gefehlt] (1951); Das ist nichts für kleine Mädchen (1951); Das machen nur die Beine von Dolores (1951); Mäcki-Boogie (1952); Lebe wohl, du schwarze Rose (1953); Es liegt was in der Luft (1954); Ich möcht auf deiner Hochzeit tanzen (1955); Wir wollen niemals auseinandergeh'n (1960)

Jay, Fred (Fritz Jahn) (Foto siehe S. 50)
* 27.07.1914 in Linz (Österreich)
+ 27.03.1988 in Greenwich / New York
österreichischer Texter, Komponist, Produzent
Studium der Rechtswissenschaft (Dr. jur.) in Wien, verfaßte 1935 den Text zu *"Dankeschön, es war bezaubernd"*. Die Flucht vor den Nazis (1938 über Paris nach New York) beendete vorerst die Karriere als Textdichter. In New York arbeitete er für "The Voice of America". Lebte ab 1963 in Berlin, wo er Kontakt zu Peter Meisel (Edition Meisel) fand. Ab 1973 hauptberuflich wieder als Textdichter tätig. Schrieb für Howard Carpendale, Tony Marshall, Lena Valaitis, Christian Anders, Jürgen Marcus, Roland Kaiser, Udo Jürgens, Bata Illic, Renate & Werner Leismann, Gilla, Nina & Mike, Boney M. u.v.a.m. Er galt Anfang der 80er Jahre als einer der erfolgreichsten

Textdichter Deutschlands. Stiftete den Fred Jay Preis für deutschsprachige Texter, der seit 1989 vergeben wird (erste Preisträgerin: Jule Neigel).

Dankeschön, es war bezaubernd (1935); Sechs Uhr früh in den Straßen (1972); Eine neue Liebe ist wie ein neues Leben (1972); Es fährt ein Zug nach Nirgendwo (1972); Fahrende Musikanten (1973); Ein Schlafsack und eine Gitarre (1973); Ein Festival der Liebe (1973); Einsamkeit hat viele Namen (1974); Du fängst den Wind niemals ein (1974); Tu es! (1975); Ein Lied zieht hinaus in die Welt (1975); Da kommt Jose, der Straßenmusikant (1975); Nimm den nächsten Zug (1977); Mit meiner Balalaika war ich König in Jamaika (1977); Auf der langen Reise durch die Nacht (1978); Auf der Straße nach Süden (1978); Ich weiß, was ich will (1979); El Lute (1979); Es geht um mehr (1980); Wem (1981)

Jersey, Mel (Eberhard Karl Alfons Jupe)
* 01.10.1943 in Falkenau/Oberschlesien

Heimatduo Judith & Mel   Koch

deutscher Sänger, Komponist, Texter
Tritt mit seiner Frau Judith als "Heimatduo Judith & Mel" auf.
Ich sitz zwischen zwei Stühlen (1980); Ich bin wieder frei (1984); Land im Norden (1990); Glaube, Hoffnung, Liebe (1990)

Joana (Johanna Emetz)
* 11.10.1945 in Neustadt/Schwarzwald
deutsche Sängerin, Liedermacherin, Moderatorin
War nach dem Studium (Romanistik, Germanistik, Pädagogik) zunächst als Lehrerin tätig, trat dann unter dem Namen Hansi Emetz auf, gewann 1969 bei einem Talentwettbewerb einen Plattenvertrag, arbeitete danach wieder stärker im Chansonbereich.
Diese unheimlich männlichen Männer (1973); Wo ist der Schnee vom vergangenen Jahr (1975); Zu End' geliebt (1992)

Johns, Bibi (Birgit Gun Johnson)
* 21.01.1930 in Arboga (Schweden)
schwedische Sängerin, Schauspielerin
War vor ihren Erfolgen in Deutschland bereits in Schweden und Amerika bekannt.
Bella Bimba (1953); Im Hafen unserer Träume (1956); Aber nachts in der Bar (1957); Mal Regen und mal Sonnenschein (1957); Bum-Budi-Bum, das kann gefährlich sein (1961);

Joker, Rolly (Rolf Gurra)
* 02.09.1946 in Berlin
deutscher Komiker, Sänger
Tritt mit seiner Komikshow in allen deutschsprachigen Ländern auf.
Wegen einer Frau (1992); Jetzt geht's los (1992)

Jonak, Tanja
* 19.11.1970 in Tettnang
deutsche Sängerin
War 1989 Siegerin des SWF-Wettbewerbs "Star von Morgen", wird seit 1988 von Jean Frankfurter und Irma Holder produziert.

Seit 1990 studiert sie in München Theaterwissenschaft und Kunstgeschichte. *Tal der Tränen (1985); Wieviele Sterne hat eine Nacht (1986); La Isla Bonita (1987); Immer und ewig du (1989); Regen auf der Haut (1990); Hand in Hand in die Sonne (1991); In unser'm Himmel ist der Teufel los (1992)*

Tanja Jonak   *Virgin*

Jordan, Mario
* 1950 Elkhoven bei München
deutscher Sänger
Welch ein Tag (1992)

Juhnke, Harald (Harry Heinz Herbert J.)
* 10.06.1929 in Berlin
deutscher Schauspieler, Sänger, Entertainer
Hatte 1950 sein erstes Theater-Engagement, seit 1953 ("Drei Mädchen spinnen") auch Filmschauspieler. Wurde 1979 Nachfolger des verstorbenen Peter Frankenfeld als Moderator der ZDF-Sendung "Musik ist Trumpf". Arbeitete auch als Synchronsprecher (deutsche Stimme von Marlon Brando).

Wir Männer sind wirklich das Letzte (1979); Barfuß oder Lackschuh (1989)

Jung, Claudia
* 12. April in Ratingen
deutsche Sängerin
Wurde von Adam Schairer (Adam & Eve) entdeckt und produziert; zahlreiche Rundfunk- und TV-Auftritte, Auszeichnungen.
Atemlos (1988); Stumme Signale (1989); Etwas für die Ewigkeit (1990); Eine Reise ins Licht (1990); Fang mich auf (1990); Schmetterlinge (1991)

Claudia Jung   *Intercord*

Jung, Robert
* 11.09.1935 in Nieder-Lindewiese
deutscher Sänger, Texter, Komponist
Der gelernte Großhandelskaufmann begann seine Karriere im Showgeschäft zunächst als Sänger bei Max Greger. Komponierte und textete bis heute über 3.000 Titel. Als Produzent entdeckte er Nicole und brachte sie zu Ralph Siegel. Schrieb u.a. für Mireille Mathieu und Roberto Blanco.
Ich träume mit offenen Augen von dir (1971); La Pastorella (1975); Aus Böhmen kommt die Musik (1978); Mein Hit heißt Susi Schmidt (1983)

Jürgens, Andrea
* 15.05.1967 in Herne
deutsche Sängerin
War bereits als Teenager erfolgreich und ist

seit Ende der 70er Jahre regelmäßig in den Hitparaden vertreten. Produzenten der Sängerin sind Jack White und Peter Wagner. Zahlreiche Auszeichnungen, Goldene Schallplatten.

Und dabei lieb' ich euch beide (1978); Ich zeige dir mein Paradies (1978); Ein Herz für Kinder (1979); Eine Rose für dich (1979); Mama Lorraine (1981); Japanese Boy (1981); Manuel Goodbye (1983); Amore, Amore (1989), Wir tanzen Lambada (1990); Morgens vor dem Radio (1992)

Andrea Jürgens   Ariola / White Rec.

Jürgens, Curd
* 13.12.1915 in München-Solln
+ 18.06.1982 in Wien
deutscher Schauspieler, Sänger, Autor, Regisseur
Verheiratet mit den Schauspielerinnen Lulu Basler, Judith Holzmeister, Eva Bartok, dem Fotomodell Simone Bichéron und Margie Schmitz. Spielte u.a. in den Filmen "Des Teufels General" (1955), "Dreigroschenoper" (1963)

Hühner-Boogie (1954); 60 Jahre - und kein bißchen weise (1975)

Curd Jürgens   Venus e.V.

Jürgens, Udo (Udo Jürgen Bockelmann)
* 30.09.1934 in Klagenfurt
österreichischer Sänger, Pianist, Komponist
Absolvierte ein Musikstudium am Konservatorium in Klagenfurt. Siegte als 16-jähriger bei einem Komponistenwettbewerb in Österreich. Seit 1951 hauptberuflich Musiker, Sänger und Pianist. Bekam 1954 seinen ersten Plattenvertrag. Ging auf Rußland-Tournee mit Max Greger, war auch als Filmschauspieler tätig (u.a. "Unsere tollen Tanten"; "Drei Liebesbriefe aus Tirol"). Siegte 1966 beim Grand-Prix-Eurovision in Luxemburg mit "*Merci Chérie*". Unternahm 1967 seine erste Tournee durch die Bundes-

republik. Viele seiner Titel bewegen sich im Bereich zwischen Schlager und Chanson, sozialkritische Titel wurden auch schon von einigen Sendeanstalten nicht ausgestrahlt (u.a. *"Gehet hin und vermehret Euch"* 1988). Schrieb über 600 Titel, u.a. auch für Kollegen wie z.B. Caterina Valente, Sacha Distel, Brenda Lee, Sarah Vaughn. Zahlreiche Auszeichnungen, u.a. Deutscher Schallplattenpreis, Goldene Europa, Goldene Kamera, Goldene Stimmgabel, Paul-Lincke-Ring. Er gilt als einer der erfolgreichsten deutschsprachigen Interpreten und Autoren. Er spricht als einer der wenigen Künstler im Bereich des deutschen Schlagers seit über 30 Jahren gleichzeitig mehrere Generationen von Schlagerhörern an.

Wann kommt die Liebe (1958); Jenny (1961); Sag ihr, ich laß sie grüßen (1965); Siebzehn Jahr, blondes Haar (1965); Merci Chérie (1966); Sag mir wie (1966); Immer wieder geht die Sonne auf (1967); Cottonfields (1968); Mathilda (1968); Es wird Nacht Senorita (1969); Anuschka (1969); Babuschkin (1970); Zeig mir den Platz an der Sonne (1971); Der Teufel hat den Schnaps gemacht (1973); Griechischer Wein (1974); Ein ehrenwertes Haus (1975); Aber bitte mit Sahne (1976); Tante Emma (1976); Gefeuert (1977); Boogie Woogie Baby (1977); Mit sechsundsechzig Jahren (1977); Buenos dias, Argentinia (1978); Superstar (1978); Rhodos im Regen (1979); Ich weiß, was ich will (1979); Ich schrieb nie ein Lied für Karin (1979); Alles im Griff auf dem sinkenden Schiff (1980); Paris - einfach so nur zum Spaß (1981); Gaby wartet im Park (1981); Fünf Minuten vor Zwölf (1982); Die Sonne und du (1983); Liebe ohne Leiden (1984); Masken, Masken (1989); Na und (1991); Geradeaus (1991)

Jurmann, Walter
* 12.10.1903 in Wien
+ 1971
österreichischer Komponist
Schrieb Musik für Tonfilme, außerdem zahlreiche Schlager.

Veronika, der Lenz ist da (1930); Du bist nicht die Erste (1931); Immer, wenn ich glücklich bin, muß ich schrecklich weinen (1933)

Jussenhoven, Gerhard
* 30.01.1911 in Köln
deutscher Komponist
Studierte Komposition in Köln, außerdem Rechtswissenschaft (Dr. jur.). Komponierte u.a. für Peter Alexander, Willy Hagara, Ralf Bendix, Margot Eskens, Evely Künneke, Fred Bertelmann, Willy Millowitsch, Bill Ramsey, Bibi Johns, Johannes Heesters. Schrieb über 1000 Titel, ca. 50 Karnevalslieder.
Ab 1952 Vorsitzender des Komponistenverbandes; Aufsichtsratsmitglied der GEMA und seit 1970 im Vorstand der Dramatiker-Union. Erhielt zahlreiche Auszeichnungen, u.a. Bundesverdienstkreuz, Ostermann-Medaille in Gold, Goldene Nadel der Dramatiker Union.
Kornblumenblau (1938); Gib acht auf den Jahrgang (1938); Man müßte nochmal zwanzig sein (1952); Badewannentango (1961)

Udo Jürgens   *Ariola*

Roland Kaiser   Hansa/Ariola

K

Kaczmarek (Bernd Kaczmarek)
* 04.07.1952 in Schkeudnitz bei Leipzig
deutscher Sänger, Pianist, Komponist,
Texter
Studierte an der Musikhochschule in Leipzig (Komposition, Klavier, Gesang). War
zunächst als Sänger in Amateurbands tätig.
Siedelte 1984 nach Hamburg über und nahm
1985 seine erste Schallplatte auf. Ist seit
1991 auch im Duo mit Hans Hartz tätig.
Schrieb u.a. für Nana Mouskouri.
Als Sänger:
*Ich will die Eins (1987); Leben wie im Traum
(1987); Sommer in der City (1987); Warte nicht
auf mich, mein Herz (1989); Katamaran [im
Duo mit Hans Hartz] (1991)*
Als Komponist/Texter:
*Liebe bleibt, Liebe geht (1987); Schmetterling
(1990)*

Bert Kaempfert   *privat*

deutscher Komponist, Bandleader,
Arrangeur, Pianist, Klarinettist,
Saxophonist, Akkordeonspieler
Besuchte ab 1937 (als 14jähriger) die Musikhochschule Hamburg, 1939 Examen.
War zunächst im Orchester Hans Busch
engagiert, während des Krieges Mitglied
des Marine-Musikkorps. Gründete 1946 ein
eigenes Sextett in Bremerhaven. Schloß
einen Vertrag mit Polydor als Komponist
und Talentsucher, produzierte u.a. mit
Freddy Quinn dessen Hit "*Die Gitarre und
das Meer*", mit Ivo Robic "*Morgen*". Wagte
bereits 1960 eine Produktion (auf eigenes
Risiko) mit den Beatles, für die sich damals
noch keine Plattenfirma interessierte. Hatte
seinen ersten Welterfolg mit "*Wunderland
bei Nacht*", danach Welthits mit Frank
Sinatra (u.a. "*Strangers in the Night*") und
Al Martino (u.a. "*Spanish Eyes*"). Kaempfert
entwickelte als Komponist und Arrangeur
einen einzigartigen Orchestersound. Er sicherte sich durch seine Tätigkeit als Produ-

Hans Hartz & Bernd Kaczmarek   *Mercury*

Kaempfert, Bert
* 16.10.1923 in Hamburg-Barmbek
+ 22.06.1980 auf Mallorca

zent einen Platz in der Schlager- und Pop-geschichte. Zahlreiche Auszeichnungen, Ehrungen, Goldene Schallplatten.
Mitternachts-Blues (1958); Wunderland bei Nacht (1960); A Swingin' Safari (1962); Afrikaan Beat (1962); Danke schön (1963); Fremde in der Nacht (1966); Rot ist der Wein (1966)

KaH, Hubert (Hubert Kemmler)
* 21.03.1961 in Tübingen
deutscher Sänger, Komponist, Texter
Spielte zunächst in einigen Amateurbands, war Anfang der 80er Jahre im Rahmen der "Neuen deutschen Welle" erfolgreich. Hatte später auch einige internationale Erfolge im Pop-Bereich.
Rosemarie (1982); Sternenhimmel (1982); Engel 07 (1984); Wenn der Mond die Sonne berührt (1984); Limousine (1986)

Kahl, Addi
* 08.10.1936 in Süsel
Sänger, Texter, Komponist
Absolvierte eine kaufmännische Ausbildung, hatte 1988 seinen ersten Erfolg mit dem Titel "*Schleswig-Holstein-Reggae*", singt in plattdeutscher Mundart. Seit 1992 auch im Duo mit André Urban (* 25.02.1967 in Neumünster) unter dem Namen "Frische Bries" erfolgreich.
Schleswig-Holstein-Reggae (1988); Rock un Roll dansen (1992); Sommertied (1992); Havenfest (1992)

Kaiser, Roland (Roland Keiler)
* 10.05.1952 in Berlin
deutscher Sänger, Schauspieler
Spielte als Kind in dem Film "Die Zürcher Verlobung" mit. Leitete nach einer kaufmännischen Lehre die Werbeabteilung eines Autohauses. Wurde von dem Produzenten Gerd Kämpfe entdeckt und ist seit Mitte der 70er Jahre als Sänger bekannt. Galt in den 80er Jahren als einer der erfolgreich-

sten Schlagerinterpreten, widmet sich seit Anfang der 90er Jahre der deutsch-sprachigen Pop-Musik. Zahlreiche Goldene Schallplatten, Auszeichnungen.
Frei - das heißt allein (1976); Sieben Fässer Wein (1977); War das eine Nacht (1979); Schach-Matt (1979); Santa Maria (1980); Lieb mich ein letztes Mal (1981); Dich zu lieben (1981); Wohin gehst du (1982); Manchmal möchte ich schon mit dir (1982); Ich will dich (1983); Die Gefühle sind frei (1983); Joana (1983); Flieg mit mir zu den Sternen (1985); Haut an Haut (1987); Ich glaub es geht schon wieder los (1989); Viva l'amor (1990); Sag niemals nie (1992)

Kallmann, Günter
* 19.11.1927 in Berlin
deutscher Sänger, Chorleiter, Komponist
Studierte Musik in Berlin, gründete 1961 den Günter-Kallmann-Chor, Mitglieder: Rosie Rohr (Hoffmann), Ute Mann, Erich Werner und die Eriwers, sowie das Sunshine Quartett. Arbeite u.a. auch mit dem Medium Terzett zusammen (unter dem Namen "Domingos").
Elisabeth Serenade (1961)

Kálmán, Emmerich (Imre Kálmán)
* 24.10.1882 in Siófok (Ungarn)
+ 30.10.1953 in Paris
ungarischer Komponist
Studierte in Budapest Musik, lebte und arbeitete bis 1938 in Wien, emigrierte dann 1940 nach Amerika, ging 1945 nach Paris. Schrieb zahlreiche Operetten (u.a. "Die Csárdásfürstin", 1915; "Gräfin Mariza", 1924), deren Lieder teilweise zu Schlagern wurden. Bei seinen Kompositionen verwandte er häufig Elemente der ungarischen Volksmusik.
Das ist die Liebe (1915); Ganz ohne Weiber geht die ganze Chose nicht (1915); Machen wir's den Schwalben nach (1915); Die kleine Bar, dort am Boulevard (1921); Komm mit nach Varasdin (1924); Grüß mir mein Wien (1924)

Karas, Anton
* 07.07.1906 in Wien
+ 09.05.1985 in Wien
Komponist, Zither-Spieler
Harry Lime Theme [Der dritte Mann] (1949)

Karat
deutsche Band
Die Band wurde 1975 in der damaligen DDR gegründet, hatte 1979 den ersten Auftritt in der Bundesrepublik, erhielt 1983 als erste "Ost-Band" für den Titel "*Über sieben Brücken mußt du geh'n*" eine Goldene Schallplatte im Westen. Mitglieder: Herbert Dreilich (Gesang, Gitarre), Christian Liebig (Bass), Bernd Römer (Gitarre), Thomas Kurzhals (Keyboards), Michael Schwandt (Schlagzeug).
Über sieben Brücken mußt du geh'n (1980); Der blaue Planet (1981); Jede Stunde (1982); Atemlos (1992)

Karrasch, Tom (Peter Beil)
siehe: Peter Beil

Kartner, Pierre (Vader Abraham)
siehe: Vader Abraham

Kastelruther Spatzen
Südtiroler Band
Mitglieder: Albin Gross (* 02.04.1955), Karl Heufler (* 23.09.1959), Walter Mauroner (* 20.06.1956), Norbert Rier (* 14.01.1960), Oswald Sattler (* 07.12.1957), Valentin Silbernagl (* 18.06.1956). Die Band war 1990 Sieger des Grand Prix der Volksmusik, zweimal Sieger der volkstümlichen Hitparade des ZDF. Zahlreiche Goldene und Platin-Schallplatten.
Ave Maria der Heimat (1989); Doch die Sehnsucht bleibt (1989); Tränen passen nicht zu dir (1990); Feuer im ewigen Eis (1990); Gefunden auf der Autobahn (1990); Eine weiße Rose (1992)

Katscher, Robert
* 20.05.1894 in Wien
+ 23.02.1942 in Wien

Karat   *Jupiter*

Kastelruther Spatzen *Koch*

österreichischer Komponist, Texter
Studierte Jura (Dr. jur.), schrieb zahlreiche
"Revue-Operetten" (u.a. "Die Wunderbar").
*Madonna, du bist schöner als der Sonnenschein
(1924); Es geht die Lou lila (1925); Wenn die
Elisabeth nicht so schöne Beine hätt [Das neue
lange Kleid] (1930)*

Kay, Fiede
* 26.09.1941 in Breklum/Nordfriesland
deutscher Sänger
Besuchte die Technikerschule für Hoch-
und Tiefbau, war danach als Gastronom
tätig. Wurde von Knut Kiesewetter entdeckt und produziert.
*Mir scheint die Sonne ins Gesicht (1977); Der
Wind treibt mich weiter (1977); Herrn Pastor
sien Koh (1979); De Buerfru ut Freesenland
(1992)*

Kellner, Lonny
* 08.03.1930 in Remscheid
deutsche Schauspielerin, Sängerin
War mit dem Rundfunk-Moderator Werner
Labriga verheiratet, danach mit Peter

Frankenfeld. Sang u.a. auch mit René Carol.
*Im Hafen von Adano (1950); Bum-Budi-Bum,
das kann gefährlich sein (1961)*

Kemmler, Hubert
siehe KaH, Hubert

Kern, Renate (Renate Poggensee)
(weiteres Ps: Nancy Wood)
* 23.01.1945 in Tann/Rhön
+ 18.02.1991
deutsche Sängerin
Tochter der Pianistin Gertrud Poggensee.
Absolvierte eine Gesangs- und Tanz-Aus-
bildung. Ging Ende der 60er Jahre mit dem
Orchester James Last auf internationale
Tournee. Wurde von Kai Warner (Werner
Last) und Peter Meisel produziert.
*Du bist meine Liebe (1965); Bis Morgen (1966);
Laß den dummen Kummer (1966); An irgendei-
nem Tag (1967); Lieber mal weinen im Glück
(1968); Du mußt mit den Wimpern klimpern
(1968); Laß doch den Sonnenschein (1969);
Lieber heute geküßt (1969); Alle Blumen brau-*

chen Sonne (1970); Er nahm ein anderes Mädchen (1971); Morgen früh lachst du schon wieder (1972); Wenn du gehst (1974); Tonio (1976)

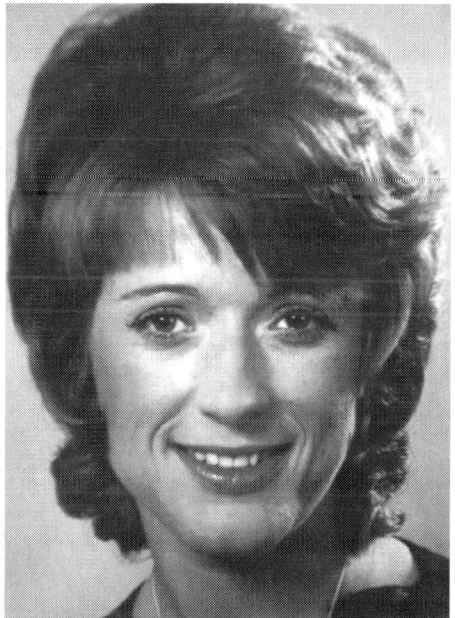

Renate Kern   Venus e.V.

Kessler, Alice & Ellen (A. & E. Käßler)
Alice * 20.08.1936 in Nerchau/Sachsen
Ellen * 20.08.1936 in Nerchau/Sachsen
Schauspielerinnen, Sängerinen, Tänzerinnen (Zwillinge)
Zunächst als Kinderstars erfolgreich, sie fehlten später als Sängerinnen und Tänzerinnen in kaum einer bekannten Fernseh-Show. Die Zwillinge sind seit vielen Jahren auch in Italien erfolgreich.
Schreib mir eine Karte (1958); No Capito (1970)

Khan, Alfie
siehe Heider, Joachim

Kiepura, Jan
* 16.05.1902 in Sosnowiec (Polen)
+ 15.08.1966 in New York
polnisch- amerikanischer Schauspieler,

Sänger, amerikanischer Staatsbürger, lebte seit 1944 in USA, war mit Martha Eggerth verheiratet. Spielte in zahlreichen Filmen (u.a. "Das Lied einer Nacht" 1932, "Mein Herz ruft nach dir" 1932, "Ein Lied für dich" 1932, "Ich liebe alle Frauen" 1935).
Heute Nacht oder nie (1932); Mein Herz ruft immer nur nach dir (1932); Ninon (1933); Ob blond, ob braun (1935)

Alice & Ellen Kessler   Venus e.V.

Kiesewetter, Hartmut (Ps: Hardy Kingston)
siehe Hardy Kingston

Kiesewetter, Knut
* 13.09.1941 in Stettin
deutscher Sänger, Komponist, Texter, Produzent,
Bruder des Komponisten Hartmut Kiesewetter. Studierte Musik in Lübeck und Hamburg, war zunächst als Dixieland-Musiker (Posaune, Gitarre, Gesang) be-

kannt, Auszeichnung "bester Jazz-Sänger Deutschlands". Wandte sich danach dem Schlager- und Chanson-Bereich zu.
Keiner hat mich richtig lieb (1974); Mien Gott, he kann keen Plattdüütsch mehr (1977); Komm aus den Federn, Liebste (1983); Fresenhof (1986); Fahr mit mir den Fluß hinunter (1986)

Kilius, Marika
* 24.03.1943 in Frankfurt/Main
deutsche Sängerin, Eiskunstläuferin, Schauspielerin
War zunächst als Eiskunstläuferin (Partnerin von Hans-Jürgen Bäumler), dann Mitte der 60er Jahre als Sängerin erfolgreich.
Wenn die Cowboy träumen[Zwei Indianer aus Winnipeg] (1964); Honeymoon in St. Tropez (1964; Kavalier, Kavalier (1964)

Marika Kilius   Venus e.V.

Kim, Karina
* 19.06.1966 in Nordhorn
deutsche Sängerin
Ausbildung zur Einzelhandelskauffrau.

Nahm bereits als 12jährige an zahlreichen Talentwettbewerben teil, ein erfolgreicher Durchbruch gelang erst 1991 mit dem Produzententeam O`Melley - Schotten.
Ciao, Ciao amore (1991); Junges Herz (1992)

King, Ricky (Hans Lingenfelder)

Karina Kim   Sound Around

* 12.03.1946 in Rastatt
deutscher Gitarrist
Der gelernte Rundfunk- und Fernsehtechniker spielte in der Band "Hit Kids" (siehe auch Fleming, Joy). Studierte Musik mit Schwerpunkt Gitarre. Wurde 1975 vom Produzentenduo Heck/Köthe entdeckt und ist seitdem als Solist und Studiomusiker erfolgreich. Er begleitete u.a. Costa Cordalis bei einer Tournee. Zahlreiche Auszeichnungen (u.a. Goldene Europa), eine Platin und acht Goldene Schallplatten.
Verde (1976); Le reve (1976); Mare (1977); Argentina (1978); Manolito (1979); Halé, Hey Louise (1981); Fly with me to Malibu (1982); Rio Grande (1988)

Kingston, Hardy (Hartmut Kiesewetter)
* 25.11.1937 in Stettin
deutscher Komponist, Orchesterleiter

Ricky King

privat

Bruder des Sängers Knut Kiesewetter. Studierte von 1958 bis 1963 Medizin, von 1963 bis 1968 Musik an der Musikhochschule Hamburg. Seitdem Leiter des Orchesters Hardy Kingston und freier Komponist. Schrieb hauptsächlich Unter-haltungsmusik.

Kirmesmusikanten (Coby & Henry van Voskuylen)
niederländisches Akkordeonduo
Coby (* 22. Juli in Amersfoort/Holland); Henry (* 23. Mai in Bunnik/Holland)
Die beiden traten zunächst als Solisten, dann im Duo als "Las Estrellas" auf. Erfolgreich seit der Umbenennung in "Die Kirmesmusikanten". Viele Goldene Schallplatten (in Holland, Deutschland und Frankreich), zahlreiche Auszeichnungen (u.a. Hermann-Löns-Medaille, Robert Stolz-Plakette).
Amboß Polka (1981); Zigeuner Tango (1980); Tulpen aus Amsterdam (1979); Schneewalzer (1980)

Kirsti (Kirsti Sparboe)
* 07.12.1946
norwegische Sängerin
War Ende der 60er Jahre in Deutschland erfolgreich.
Du darfst nicht weinen (1968); Ein Student aus Uppsala (1969); Napoleon und Josephine (1969)

Klaus & Klaus
deutsches Blödel-Duo
Das Duo (Klaus Baumgart, Klaus Büchner) wurde 1982 gegründet. Klaus Büchner ist auch als Sänger der Band Torfrock tätig.
Da steht ein Pferd auf'm Flur (1983); An der Nordseeküste (1984); Trunkenbold (1986); Der Eiermann (1989); Radetzki Rap (1992)

Klebsattel, Adolf von
gemeinsames Pseudonym von Erich Becht, Ralf Bendix und Heino

Klaus & Klaus   *Polydor*

Knapp, Renée & Rudolz, Hartwig
Die amerikanische Sängerin Renée Knapp
und der deutsche Sänger Hartwig Rudolz
waren zunächst im Musical-Bereich erfolgreich, seit Anfang der 90er Jahre auch mit
Pop-Schlagern. Produzent, Komponist und
Texter des Duos ist Christoph Busse.
*Compagnons d'amour (1992); Für immer bei
dir (1992)*

Knef, Hildegard
* 28.12.1925 in Ulm
Schauspielerin, Sängerin, Buchautorin
amerikanische Staatsbürgerin
Jugend in Berlin, Ausbildung als Zeichne-
rin bei der Ufa (Trickfilme). Besuchte die
Schauspielschule und wurde zunächst als
Filmschauspielerin bekannt ("Die Mörder
sind unter uns", "Film ohne Titel", "Die
Sünderin", "Schnee am Kilimandscharo"),
dann auch als Musical-Star in New York.
Trat dann mit zum Teil selbst getexteten
Chansons auf und wurde als Sängerin gefeiert. Als Buchautorin schrieb sie u.a. "Der
geschenkte Gaul".
*Mäcki Messer (1963); Aber schön war es doch
(1963); Eins und eins, das macht zwei (1963);
Von nun an ging's bergab (1979); Für mich
soll's rote Rosen regnen (1979)*

Koczian, Johann von (Johanna von
Koczian-Miskolczy)
* 30.10.1933 in Berlin
österreichische Schauspielerin, Sängerin,
Autorin
Verbrachte ihre Schulzeit in Salzburg, war
dort in einer Schüler-Theatergruppe aktiv.
Wurde von Gustaf Gründgens entdeckt,
erhielt 1956 ihr erstes Engagement als Schauspielerin in Berlin. Wurde 1959 für ihre
Rolle in dem Film "Wir Wunderkinder" mit
dem Bundesfilmpreis ausgezeichnet. Drehte u.a. mit Mario Lanza. Eine zweite Karriere als Musical-Star schloß sich an. War

verheiratet mit dem Regisseur Dietrich
Haugk, danach mit dem Plattenproduzenten
Wolf Kabitzky. Als Sängerin ist sie seit
Mitte der 70er Jahre erfolgreich, sie schreibt
viele Texte ihrer Lieder selbst.
*Keinen Pfennig (1974); Das bißchen
Haushalt...sagt mein Mann (1977); Ganz der
Vater (1978)*

Kollo, René (René Kollodziezski)
* 20.11.1937 in Berlin
deutscher Schlager-, Operetten- und Opernsänger
Sohn von Willi Kollo. War verheiratet mit
der Sängerin Dorthe. Begann seine Karriere
nach dem Gesangsstudium zunächst als
Schlagersänger, wechselte dann ins
Opernfach (Tenor). Seit Anfang der 60er
Jahre als Sänger erfolgreich.
*Hello Mary Lou (1961); Schöne Rose vom Rio
Grande (1963); Zwei Herzen im Dreivierteltakt
(1979); Schön ist die Welt (1979); Du bist meine
Sonne (1980); Wolgalied [Es steht ein Soldat
am Wolgastrand] (1980); O mia bella Napoli
(1986)*

Rene Kollo   *Interfoto*

Kollo, Walter (Walter Kollodziezski)
* 28.01.1878 Neidenburg/Ostpreußen
+ 30.09.1940 in Berlin
deutscher Komponist
Vater von Willi Kollo. Klavier- und
Dirigentenstudium in Sondershausen, ging
1902 nach Berlin, war Komponist am Berliner Theater in der Charlottenstraße. War
u.a. Entdecker von Claire Waldoff. War
1916 einer der Mitbegründer der GEMA,
gründete im gleichen Jahr einen eigenen
Musik-Verlag, später ein eigenes Theater.
Schrieb zahlreiche Revuen (u.a. "Große
Rosinen", "Filmzauber", "Frau ohne Kuß"),
Lieder und Operetten (u.a. "Wie einst im
Mai", "Die tolle Komteß", "Die Königin
der Nacht", "Die tanzende Prinzessin", "Ein
Kaiser ist verliebt", "Sterne, die wieder
leuchten").
*Immer an der Wand lang (1907); Der kleine
Finkenhahn (1909); Schiebermax [Max, du hast
das Schieben raus] (1914); Ach Jott, was sind
die Männer dumm (1917); Solang noch untern
Linden (1923); Warte, warte nur ein Weilchen
(1923); Was eine Frau im Frühling träumt
(1923); Das ist der Frühling in Berlin (1924)*

Kollo, Willi (Willi Kollodziezski, Ps: Edgar Allan)
* 28.04.1904 in Königsberg
+ 04.02.1988 in Berlin
deutscher Komponist, Texter, Verleger
Sohn von Walter Kollo, Vater von René
Kollo. War nach einer Ausbildung am
Konservatorium Collini in Berlin ab 1921
als Komponist und Kabarettist tätig. War ab
Anfang der 20er Jahre Textautor von Wer-
ken seines Vater, ab 1930 Komponist und
Drehbuchautor der Ufa, Regisseur und
Theaterdirektor im eigenen Haus. Zahlreiche Auszeichnungen u.a. Bundesverdienstkreuz am Bande, Hermann-Löns-
Medaille.
Was eine Frau im Frühling träumt (1923); Das

*ist der Frühling von Berlin (1924); Grüß mir
mein Hawaii (1925); Lieber Leierkastenmann
(1926); Eine Weiße mit 'nem Schuß (1926);
Jetzt geht's der Dolly gut (1927); Mach mit mir
eine Mondscheinfahrt (1930); Das war sein
Milljöh [Zillelied] (1931); Sag' mir schnell gut'
Nacht (1936); Einmal wirst du wieder bei mir
sein (1939); Zwei in einer großen Stadt (1942)*

Korn, Heinz
* 02.12.1923 in Düsseldorf
deutscher Komponist, Texter
Studierte Musik in Düsseldorf, war nach
dem Krieg als Produktionsleiter beim Rhei-
nischen Musikverlag in Düsseldorf tätig, ab
1956 beim Gerig Verlag in Köln, dort ab
1966 künstlerischer Direktor. Gewann 1965
den 1. Preis bei den deutschen Schlagerfestspielen in Baden-Baden für den Titel "*Mit
siebzehn hat man noch Träume*", schrieb ca.
500 Schlager. Korn ist der derzeitige Präsident des deutschen Textdichterverbandes
(DTV) und im Aufsichtsrat der GEMA.
*Ich hab den Vater Rhein in seinem Bett gesehn
(1960); Wir sind alle kleine Sünderlein (1964);
Liebling, auch wir werden älter (1964); Mit
siebzehn hat man noch Träume (1965); Hey, das
ist Musik für dich (1969)*

Köthe, Gerd
* 13.04.1943 in Groß Furra/Thüringen
deutscher Komponist, Produzent, Saxophonist
Studierte an der Musikhochschule in
Karlsruhe und an Dr. Hoch's Konservatorium in Frankfurt, war Mitglied der
1971 gegründeten Band "Joy & The Hit
Kids" (mit Joy Fleming). Schrieb (zusammen mit Roland Heck) zahlreiche Film-
und Fernsehmusiken (u.a. "Traumschiff",
"Aspekte", "Nimm Dir Zeit", "Ein Kessel
Buntes"), produzierte (mit Roland Heck)
u.a. Ricky King, Paola, Ivan Rebroff, Daliah
Lavi, Peter Alexander, Gunter Emmerlich,
Michael Kunze.

Kötscher, Edmund (Ps: Mario Mariani)
* 17.04.1909 in Berlin
+ 15.01.1990 in Berlin
deutscher Komponist
Studierte an der Musikhochschule Weimar, schloß ein Violine-Studium in Berlin an. War seit Anfang der 30er Jahre als Komponist erfolgreich, zahlreiche Auszeichnungen (u.a. GEMA-Ehren-Medaille). Schrieb über 1000 Titel, darunter einige Welthits.
Feuerblumen (1933); Wenn die Sonja russisch tanzt (1934); Sensation (1938); Dorfmusikanten (1939); Tango Militaire (1939); Liechtensteiner Polka (1956); Der verliebte Auerhahn (1961)

Su Kramer   *Interfoto*

Kramer, Su (Gudrun Kramer)
* 24.03.1946 in Oldenburg
deutsche Sängerin
Absolvierte eine Ausbildung als Erzieherin. War zunächst als Sängerin in Amateurbands tätig, hatte 1968 eine Hauptrolle in der deutschen Erstaufführung des Musicals "Hair". War danach als Schlagersängerin in den 70er Jahren erfolgreich.
Glaub an dich selbst (1972); Kinder der Liebe (1974); Wie das Wasser, so fließt die Zeit (1975); Nachts in Manhattan (1979)

Kraus, Fritz (Alfons Bauer)
siehe Bauer, Alfons

Kraus, Peter (Foto siehe S. 214)
* 18.03.1939 in München
deutscher Schauspieler, Sänger
Sohn des Kabarettisten Fred Kraus. Absolvierte eine Gesangs- und Tanzausbildung. Spielte bereits als 14jähriger in mehreren Filmen mit (u.a. "Das fliegende Klassenzimmer"), wurde Ende der 50er Jahre zum "Rock´n´Roll-König" in Deutschland, trat auch im Duo mit Conny Froboess, ebenso mit Jörg Maria Berg (James Brothers), oder im Trio zusammen mit Alice und Ellen Kessler auf. Arbeitete ab Mitte der 60er Jahre wieder mehr als Schauspieler, Fernseh-Moderator, Entertainer und Musical-Star.
Susi Rock (1957); Liebelei (1957); Wenn (1958 mit J. M. Berg als "Die James Brothers); O Baby mach dich schön (1958); Wenn Teenager träumen (1958); Hula Baby (1958); Mit Siebzehn (1958); Sugar Baby (1958); Ich möcht mit dir träumen (1959); Teenager Melodie (1959); Honey Baby (1959); Kitty-Cat (1959); Wunderbar wie du (1959); Ich bin ja so allein (1959); Tiger (1959); Susi sagt es Gabi (1960); Alle Mädchen wollen küssen (1960); Va bene (1960); Blue Melody (1961); Schwarze Rose Rosemarie (1961); Silvermoon (1961); Sweety (1962); Western Rose [Unsre Reise fängt an] (1962); Ein Souvenir (1963)

Krebs, Diether
* 11.08.1947 in Essen
deutscher Schauspieler, Kabarettist, Sänger, Theaterintendant
Ich bin der Martin, ne (1991)

Peter Kraus   *Sony/Herzklang*

Peter Kreuder *Interfoto*

Krekel, Lotti (Hedwig Charlotte Krekel)
* 23.08.1941 in Köln
deutsche Sängerin
Schwester der Schauspielerin Hildegard Krekel. Sang zahlreiche Karnevals- und Köln-Lieder, u.a. auch im Duett mit Willy Millowitsch.
Mir schenke üch all e paar Blömcher (1970); Warum muß Aschermittwoch immer alles vorbei sein (1971); Ne Besuch em Zoo (1972)

Kretzschmar, Heinz
* 30.03.1926 in Gohrisch
deutscher Komponist, Arrangeur, Saxophonist
Studierte von 1940 bis 1944 Musik in Radebeul, leitete ab 1946 eine eigene Band in Dresden. Zog 1950 mit Orchester in die Bundesrepublik um. War 1959 bis 1982 im Orchester Kurt Edelhagen tätig, seit 1954 als Komponist und Arrangeur (ca. 2500 Arrangements). Schrieb mit Heinz Eckert u.a. für die Swinging Girls.
Boogie for Saxes (1985); Laß dich mit Musik verwöhnen (1986)

Kreuder, Peter (Ps: Peter Pan)
* 18.08.1905 in Aachen
+ 28.06.1981 in Salzburg
deutscher Komponist, Dirigent, Pianist
Sohn des Kammersängers Peter Kreuder. Studierte an den Musikhochschulen Hamburg und München. Danach Hauskomponist des "Thalia Theaters", später Leiter des "Deutschen Theaters" in München. Ab 1931 als Filmkomponist erfolgreich ("Mazurka" mit Pola Negri). Schrieb u.a. für Greta Keller, Willy Fritsch, Frank Sinatra, Zarah Leander, Marika Rökk, Fred Astaire, Johannes Heesters. Professuren in Österreich und in Argentinien. Schrieb ca. 200 Film-Musiken, vier Sinfonien, zwölf Musicals, eine Oper, Schlager. Zahlreiche Auszeichnungen, u.a. Schwabinger Kunstpreis, Baye-rischer Verdienstorden, Gustav-Wasa-Or-den (Stockholm). Foto siehe S. 215
Ich wollt' ich wär' ein Huhn (1936); Wenn die Sonne hinter den Dächern versinkt (1936); Sag beim Abschied leise Servus (1936); Es kann zwischen Heute und Morgen (1937); Good-bye, Jonny (1939); Ich brauche keine Millionen [Musik, Musik, Musik](1939); Auf dem Dach der Welt (1939); Für eine Nacht voller Seligkeit (1940); Wenn es Frühling wird (1940); Im Leben geht alles vorüber (1940); Traummusik (1940); Komm, spiel mit mir Blindekuh (1940); Mein Herz müßte ein Rundfunksender sein (1944)

Krönauer, Hansl
* 23.04.1932 in Benediktbeuren
deutscher Sänger, Komponist
Trat in zahlreichen Gruppen als Sänger, Gitarrist, Zitherspieler und Kontrabassist auf, zunächst hauptsächlich mit bayerischer Volksmusik, später im Schlagerumfeld, in jüngster Zeit im Bereich des volkstümli-chen Schlagers. Ist in Benediktbeuren auch als Gastronom tätig.
Golden schimmern meine Berge (1970); Westerwald wie bist du schön (1977); Die erste Liebe [Das Mutterlied] (1991)

Krug, Manfred
* 08.02.1937 in Duisburg
deutscher Schauspieler, Sänger, Texter
Jugend in der DDR, Schauspielausbildung. Spielte in zahlreichen Filmen und Fernsehserien (u.a. "Tatort", "Liebling Kreuzberg"). War auch als Jazzsänger tätig.
Jeden Tag das Weckerklingeln (1978); Da bist du ja (1978); Wenn ich dich seh (1978)

Krüger, Mike (Michael Friedrich Wilhelm Krüger)
* 14.12.1951 in Ulm
deutscher Sänger, Showmaster
Studierte nach einer Lehre als Betonbauer an der Fachhochschule in Hamburg. Unter-nahm 1975 seine erste Deutschlandtournee

mit Blödelversionen deutscher und internationaler Hits, erhielt für den Titel "*Mein Gott, Walther*" eine Goldene Schallplatte.
Mein Gott Walther (1975); Auf der Autobahn nachts um halb eins (1977); Seit ich hier wohne (1979); Der Nippel (1980); Der Gnubbel (1981)

Paul Kuhn   Venus e.V.

Kuhn, Paul
* 12.03.1928 in Wiesbaden
deutscher Pianist, Sänger, Bandleader
Besuchte das Musische Gymnasium in Frankfurt, von 1945 bis 1952 das Konservatorium in Wiesbaden. Gründete 1946 das Paul Kuhn Trio, war Pianist in verschiedenen Jazzbands. Engagements bei Rundfunk und Fernsehen, eigene Fernsehshows (u.a. "Hallo Paulchen"), von 1968 bis 1980 Leiter der SFB Bigband, danach eigenes Orchester. Zahlreiche Auszeichnungen, u.a. 1971 Goldene Kamera, 1978 Deutscher Schall-plattenpreis, Ernst-Bredow-Medaille.

Der Mann am Klavier (1954); Auf meinem Konto steht das Komma zu weit links (1956); Die Farbe der Liebe (1958); Es gibt kein Bier auf Hawaii (1963); Gib dem Bub die Geige nicht (1964); Ein paar Oldies im Radio (1988); Ich brauche keinen Walkman (1988)

Künneke, Eduard
* 27.01.1885 in Emmerich
+ 27.10.1953 in Berlin
deutscher Komponist
Vater von Evelyn Künneke. Studierte Musik in Berlin, war danach als Kapellmeister in Berlin tätig. Während des ersten Weltkrieges Militärmusiker, danach freischaffender Komponist, von 1922 bis 1933 und von 1950 bis 1953 Präsident des Verbandes Deutscher Bühnenschriftsteller und Bühnenkomponisten, dazwischen (von 1933 bis 1944) Vorstandsmitglied. War nach dem zweiten Weltkrieg Mitbegründer des Interessenverbandes deutscher Komponisten. Ehrenmitglied der GEMA, zahlreiche Auszeichnungen, u.a. Richard-Strauss-Medaille (1953). Schrieb Opern, Operetten, Singspiele, Filmmusiken, zahlreiche Einzeltitel.
Batavia-Fox (1921); Ich bin nur ein armer Wandergesell (1921); Glückliche Reise (1932); Am Amazonas (1932); Immerzu singt mein Herz deinem Herzen zu (1935)

Künneke, Evelyn
* 15.12.1921 in Berlin
deutsche Sängerin, Schauspielerin
Tochter des Komponisten Eduard Künneke. Hatte Gesangsunterricht in Berlin und Schauspielunterricht in London, wurde von Geza Cziffra als Revue-Filmschauspielerin entdeckt. Sie galt nach dem Krieg als eine der besten deutschen Swing-Sängerinnen, erhielt zahlreiche Goldene Schallplatten. Nennt sich selbst "Deutschlands heißeste Oma".
Haben Sie schon mal im Dunkeln geküßt (1942);

Hokuspokus [Eins, zwei, drei, Liebe ist nur Zauberei] (1942); Barbara, Barbara, komm mit mir nach Afrika (1949); Winke, winke (1950); Ausgerechnet du (1951); Tango-Max (1951); Mäcki Boogie (1952); Egon (1953); Solang nicht die Hose im Kronleuchter hängt (1975)

Evelyn Künneke   Interfoto

Heinz Rudolf Kunze   wea

Kunze, Heinz Rudolf
* 30.11.1956 in Espelkamp
deutscher Sänger, Komponist, Texter
Germanistik- und Philosophie-Studium. Seit
Anfang der 80er Jahre als Rock-Lieder-
macher erfolgreich, arbeitet seit 1985 mit
der Begleitband "Verstärkung", seitdem in
den Hitparaden regelmäßig vertreten.
*Lola (1984); Dein ist mein ganzes Herz (1985);
Mit Leib und Seele (1986); Finden Sie Mabel
(1987); Meine eigenen Wege (1988); Alles was
sie will (1989)*

Kunze, Michael
* 09.11.1943
deutscher Texter, Produzent

Jurastudium, (Dr. jur.),fing als Vertrags-
texter bei Ralph Siegel an. Durchbruch
nach Zusammentreffen mit Peter Maffay
("Du"). Als Musical-Librettist u.a. "Evita",
"Phantom der Oper", "Cats", "A Chorus
Line" sowie "Elisabeth" (Uraufführung
Sep.1992). Schreibt u.a. für Peter Maffay,
Peter Alexander, Udo Jürgens, Mary Roos,
Juliane Werding, Katja Ebstein. Zahlreiche
Auszeichnungen, ca. 50 Goldene Schallplatten.
*Du (1970); Angela (1972); Der Teufel hat den
Schnaps gemacht (1973); Steck dir deine Sorgen an den Hut (1974); Griechischer Wein
(1974); Ein ehrenwertes Haus (1975); Die kleine Kneipe (1976); In Petersburg ist Pferdemarkt
(1976); Rhodos im Regen (1979); Liebe ist nicht
nur eine Wort (1981); Gaby wartet im Park
(1981); Die Sonne und du (1983); Aufrecht
geh'n (1984); Drei Jahre lang (1984); Wenn
der Regen auf uns fällt (1985)*

Michael Kunze

set

James Last   Polydor

Lage, Klaus
* 16.06.1950 in Soltau
deutscher Sänger, Komponist, Texter, Gitarrist
Kaufmännische Lehre, Studium (2 Semester Geige); gewann 1968 bei einem Bandwettbewerb, im gleichen Jahr erster Fernsehauftritt. Spielte ab 1974 beim Berliner Rock-Ensemble mit. Gründete 1981 eine eigene Band, mit der er seit 1982 mit rock-orientierten Songs erfolgreich ist. Sang 1985 die Titelmusik für einen "Schimanski"-Tatort ("*Faust auf Faust*").
Komm, halt mich fest (1982); Tausend und eine Nacht (1984); Wieder zu Haus (1984); Monopoli (1984); Faust auf Faust (1985); Stille Wasser (1986); Wenn du Wärme brauchst (1987); Steig nicht aus (1987); Die Liebe bleibt (1988); Sooo lacht nur sie (1989); Zurück zu dir (1989)

Franzl Lang   *Phonogram*

Lais, Detlev
deutscher Sänger, Saxophonist
War während des Krieges als Tenorsaxophonist beim Deutschen Tanzorchester tätig, danach als Sänger erfolgreich.
Kleines Liebeslied (1948); Wenn die Glocken hell erklingen (1950); La-Le-Lu (1950); Im Café de La Paix in Paris (1950); Das machen nur die Beine von Dolores (1952); Eine weiße Hochzeitskutsche (1953); Es wird ja alles wieder gut (1953)

Lambert, Franz
* 11.03.1948 in Heppenheim-Sonderbach
deutscher Pop-Organist
Wurde als Kind am Konservatorium ausgebildet (Klavier). Absolvierte eine Lehre als Koch. Trat 1969 in der Sendung "Der blaue Bock" als Hammond-Orgelspieler auf. Seitdem erfolgreich mit seinen Instrumentaltiteln. Ausgedehnte Tourneen, auch im Duo mit Peter Beil. Zahlreiche Goldene Schallplatten.

Lang, Franzl
* 28.12.1930 in München-Obersendling
deutscher Meister-Jodler, Akkordeonist, Gitarrist, Sänger
Ausbildung als Werkzeugmacher. Das "Jodelwunder" wurde 1954 von Ludwig Schmid-Wildy entdeckt. Spielte in einigen Spielfilmen mit. Zahlreiche Auszeichnungen (wurde u.a. der erste Träger des Ehrenrings der Phonogram, Hermann-Löns-Medaille) und Ehrenbürgerschaften. Lang ist Autor mehrerer Jodel-Lehrbücher. 20 Goldene Schallplatten, 1 Platin LP.
Alte, schau mi net so deppert an (1971); Mei Vata is a Appenzeller [Appenzeller Jodler](1979); Das Kufsteiner Lied (1979); Geh', Mein Geburtstagsjodler (1979)

Laser, Petra
* 12.12.1963 in Lübeck
deutsche Sängerin, Komponistin, Saxophonistin
Sie begann ihre Karriere als Saxophonistin und Sängerin bei Amateurbands, für die sie auch komponierte. Als Gesangs-Solistin wurde sie 1992 von dem Amerikaner Joey Balin entdeckt und produziert.
So nah (1992); Das muß aus Liebe sein (1992)

Last, James (Hans Last)
* 17.04.1929 in Bremen
deutscher Saxophonist, Bassist, Bandleader, Komponist, Arrangeur, Keyboarder

Petra Laser   *Mercury*

Bruder von Werner Last (Kai Warner). Hatte 1939 seinen ersten Klavierunterricht, besuchte ab 1943 die Heeres-Musikschule Bückeburg, gründete 1948 das Last/Becker-Ensemble. Wurde 1956 Mitglied des NWDR-Tanz-Orchesters Hamburg. Arrangierte für viele bekannte Interpreten (u.a. Caterina Valente, Helmut Zacharias, Freddy Quinn). Schloß 1964 einen Plattenvertrag mit der Firma Polydor, hatte 1965 mit der Plattenproduktion *"Non Stop Dancing"* den ersten großen Erfolg, bereits 1967 mehrere LPs auf den oberen Plätzen der Hitparaden (u.a. auch in England). Zahlreiche Auszeichnungen, u.a. 1969 Arrangeur des Jahres, Deutscher Schallplattenpreis, Goldene Kamera, Midem-Trophäe, ca. 200 Goldene Schallplatten. Schrieb zahlreiche Film- und Fernsehmusiken.
Lara's Theme (1967); Happy Luxemburg

(1967); Morgens um sieben ist die Welt noch in Ordnung (1968); Wenn süß das Mondlicht auf den Hügeln schläft (1968); So eine Liebe gibt es einmal nur (1970); Jerusalem (1971); Einsamer Hirte (1977); Biscaya (1982); Beachrunner (1982)

Lauch, Peter & die Regenpfeifer
deutscher Sänger, Ensembleleiter
War mit den "Regenpfeifern" in den 60er Jahren erfolgreich.
Blaue Tavernen (1962); Das kommt vom Rudern, das kommt vom Segeln (1964); So ein Seemann macht es richtig (1965)

Lauer, Martin
* 02.01.1937
deutscher Sportler, Sänger
War 1959 Weltrekordler über 110 Meter Hürden, gewann 1960 die Olympische Goldmedaille mit der deutschen Sprintstaffel. War nach einem Ingenieurstudium ab 1962 zunächst als Country-Sänger tätig. Heute als Unternehmensberater tätig.
Sacramento (1962); Die letzte Rose der Prärie (1962); Wenn ich ein Cowboy wär (1963); Sein bestes Pferd (1964); Am Lagerfeuer (1964); Taxi nach Texas (1965)

Lavi, Daliah (Daliah Lewinbuk)
* 12.04.1942 in Shavi Zion bei Haifa (Israel)
israelische Schauspielerin, Sängerin, Tänzerin
Erhielt zunächst eine Ballet-Ausbildung in Schweden, war von 1960 bis 1968 als Schauspielerin tätig, spielte in ca. 40 Filmen mit (u.a. bei Karl May-Verfilmungen), begann ihre Karriere als Sängerin 1969 mit Folklore-Titeln, war dann mit ihrer ersten Schlager-Platte *"Oh, wann kommst du"* als Sängerin erfolgreich. Zahlreiche Goldene Schallplatten.
Oh, wann kommst du (1970); Liebeslieder jener Sommernacht (1970); Wer hat mein Lied so zerstört, Ma (1971); Willst du mit mir gehn

Daliah Lavi   *Interfoto*

Zarah Leander   *Interfoto*

Vicky Leandros

Intercord

(1971); Meine Art Liebe zu zeigen (1972); Wär ich ein Buch (1973); Nichts haut mich um - aber du (1975); Weißt du, was du für mich bist? (1977); Du bist mein Problem (1978); Ich wollt´ nur mal mit dir reden (1984); Gospodin (1991)

Leander, Zarah (Zarah Stina Hedberg)
* 15.03.1907 in Karlstad (Schweden)
+ 23.06.1981 in Stockholm
schwedische Schauspielerin, Sängerin
Zunächst als Filmschauspielerin, dann auch als Sängerin erfolgreich. Für sie schrieben Komponisten wie Michael Jary, Peter Kreuder, Theo Mackeben und Ralf Benatzky. Unternahm nach dem Krieg mehrere Comeback-Versuche, war 1958 mit dem Musical "Madame Scandaleuse" (Peter Kreuder) wieder erfolgreich.
Der Wind hat mir ein Lied erzählt (1937); Kann denn Liebe Sünde sein (1938); Eine Frau wird erst schön durch die Liebe (1938); Du darfst mir nie mehr rote Rosen schenken (1940); Er heißt Waldemar (1940); Davon geht die Welt nicht unter (1942); Ich weiß, es wird einmal ein Wunder gescheh´n (1942)

Leandros, Leo (Leo Papathanassiou)
(Ps: Five Tops)
griechischer Sänger, Komponist, Texter, Produzent
Vater von Vicky Leandros. War, bevor er nach Deutschland kam, in den 50er Jahren bereits in Griechenland als Sänger bekannt. Hatte als Komponist und Produzent seine größten Erfolge dann mit seiner Tochter Vicky.
Mustafa (1960); Der Liebling von allen (1963); Rot ist die Liebe (1974); Theo, wir fahr´n nach Lodz (1974); Schön wie Mona Lisa (1975); Ich liebe das Leben (1975); Vagabund der Liebe (1975); Tango d´amour (1976); Bouzouki, die Nacht und der Wein (1976); Auf dem Mond, da blühen keine Rosen (1977); Kali nichta (1977); Schönes Mädchen aus Arcadia (1980); Süchtig nach Geborgenheit (1990); S´agapo (1991)

Leandros, Vicky (Vassiliki Papathanassiou)
* 23.08.1948 auf Korfu (Griechenland)
griechische Sängerin, Tänzerin, Gitarristin
Tochter von Leo Leandros, der viele ihrer Titel komponierte und auch als ihr Produzent auftrat. Gesangs-, Ballett- und Gitarren-Ausbildung. Ab Mitte der 60er Jahre in Deutschland als Sängerin erfolgreich. Nahm 1967 ("*L´amour est bleu*") und 1972 ("*Après toi*") für Luxemburg am Grand-Prix-Eurovision teil. Singt in sieben Sprachen, zahlreiche Rundfunk- und Fernsehauftritte, internationale Konzerttourneen.
Messer, Gabel, Schere, Licht (1965); Morgen sehen wir uns wieder (1967); Bunter Luftballon (1968); Ich bin (1971); Dann kamst du (1972); Ich hab die Liebe geseh´n (1972); Die Bouzouki klang durch die Sommernacht (1973); Theo, wir fahr´n nach Lodz (1974); Du läßt mir meine Welt (1974); Rot ist die Liebe (1974); Ja, ja der Peter, der ist schlau (1975); Ich liebe das Leben (1975); Tango D´amour (1976); Auf dem Mond, da blühen keine Rosen (1977); Kali Nichta [Gute Nacht] (1977); Du bist gut (1981); Verlorenes Paradies (1982); Grüße an Sarah (1983); Wunderbar (1985); Süchtig nach Geborgenheit (1990); S´agapo (1991)

Andreas Lebbing　　　　　　　　*Polydor*

Lebbing, Andreas
* 1960 in Bocholt
deutscher Sänger, Komponist, Texter
War 1985 bis 1990 Mitglied der Gruppe Wind. Seit Anfang der 90er Jahre als Solist tätig.

Bis der Sturm vorüber zieht (1992); Wenn du noch lebst (1992)

Lechleiter, Lothar
siehe Schobert & Black

Lechtenbrink, Volker
* 18.08.1944 in Cranz/Ostpreußen
deutscher Schauspieler, Sänger, Regisseur, Texter
Spielte als 15jähriger in dem Film "Die Brücke" (1959), Schauspielstudium in Hamburg. Ab 1963 Engagements an verschiedenen Theatern, u.a. in Hannover. War bald auch als Regisseur tätig (Hamburger Ernst-Deutsch-Theater). Spielte in zahlreichen Filmen und Fernseh-Produktionen. Seit 1976 auch als Sänger aktiv (LP "Der Macher"), schrieb deutsche Texte zu Liedern von u.a. Kris Kristofferson. Textete dann auch für Peter Maffay. Moderierte die Fernsehsendung "Lieder und Leute", die später von Bill Ramsey übernommen wurde.
Der Macher (1976); Erst drüben die Dame (1977); Lucille (1977); Leben so wie ich es mag (1980); Ich mag (1981); Irgendwann (1987)

Lee, Brenda (Brenda Mae Tarpley)
* 11.12.1944 in Atlanta/Georgia (USA)
amerikanische Sängerin, Schauspielerin
Lebt seit 1957 in Nashville, nahm im gleichen Jahr (13 jährig) ihre erste Schallplatte auf. Sang zwischen 1960 und 1964 auch deutsche Titel, international seit Anfang der 70er Jahre als Country-Sängerin erfolgreich.
Geh am Glück nicht vorbei (1961); Wo und wann fängt die Liebe an (1963); Darling was ist los mit dir (1963); Wiedersehn ist wunderschön (1964); Ich will immer auf dich warten (1964); Ohne dich (1964)

Lehár, Franz (Ferenc Lehár)
* 30.04.1870 in Komárón (Ungarn)
+ 24.10.1948 in Bad Ischl (Österreich)
österreichischer Komponist
Studierte am Konservatorium in Prag und war danach zunächst als Orchestermusiker und Kapellmeister tätig. Hatte Anfang des 19. Jahrhunderts seine ersten großen Erfolge als Operettenkomponist, schrieb u.a. "Die lustige Witwe" 1905, "Das Land des Lächelns" 1929, "Giuditta" 1934. Lehár gilt als einer der führenden Operettenkomponisten des 20. Jahrhunderts. Seine Werke werden regelmäßig auf fast allen wichtigen Bühnen aufgeführt, viele seiner Melodien wurden zu Evergreens.
Gold und Silber (1899); Da geh ich ins Maxim (1905); Ja, das Studium der Weiber ist schwer (1905); Lippen schweigen (1905); Vilja-Lied (1905); Niemand liebt dich so wie ich (1925); Wolgalied [Es steht ein Soldat am Wolgastrand] (1927); Dein ist mein ganzes Herz (1929); Schön ist die Welt (1930); Freunde, das Leben ist lebenswert (1934)

Leinemann
deutsche Band
Wurde 1970 von Ulf Krüger, Gottfried Böttger (Pianist, Keyboarder), Jerry Bahrs (Sänger) und Uli Salm (Bassist) gegründet. Die erste Langspielplatte wurde 1974 unter dem Titel "Lonnie Donegan Meets Leinemann" veröffentlicht. Mit dem Titel "Das Ungheuer von Loch Ness" nahm Leinemann 1981 bei der nationalen Vorentscheidung zum Grand-Prix-Eurovision teil. Seitdem immer wieder Erfolge mit meist lustigen Titeln.
Volldampf Radio (1980); Das Ungeheuer von Loch Ness (1981); Mein Tuut Tuut (1985)

Leismann, Renate & Werner
deutsches Gesangsduo
Renate Leismann (* 16.04.1942 in Schmallenberg), Werner Leismann (* 31.12.1936 in Schmallenberg)
Die Geschwister Leismann waren vor ihrer Karriere als Sängerduo beide als

Textildesigner erfolgreich, wurden dann von Peter Frankenfeld entdeckt und in der Fernsehsendung "toi, toi, toi" vorgestellt. Seitdem immer wieder in den Hitparaden vertreten, zahlreiche Goldene Schallplatten, Auszeichnungen (u.a. Hermann-Löns-Medaille). Werner Leismann ist Komponist, Texter und Produzent des Duos.
Gaucho Mexicano (1962); Im kleinen Dorf am Rio Grande [Tampico] (1962); Ein Boy ist ein Boy (1964); Mir geht's genauso wie dir (1965); Ein Schlafsack und eine Gitarre (1973); Ein Häuschen auf zwei Rädern (1974)

Lehn, Erwin
* 08.06.1919 Grünstadt/Pfalz
deutscher Bandleader, Komponist, Arrangeur
Studierte Klavier, Klarinette und Violine an der Musikhochschule in Peine. War von 1945 bis 1948 Pianist und Arrangeur des Radio Berlin-Tanz-Orchesters, ab 1951 Leiter der Big Band des SDR. Ist seit 1977 auch an der Musikhochschule in Stuttgart tätig.
Gib mir einen Kuß durchs Telefon (1945); O Donna Juanita (1946); Das war wieder mal ein schöner Tag (1956)

Léon, Victor (Victor L. Hirschfeld)
* 01.01.1860 in Scenitz bei Preßburg
+ 23.02.1940 in Wien
österreichischer Texter, Opernlibrettist
Schrieb u.a. die Libretti zu "Opernball", "Die lustige Witwe", "Länd des Lächelns".
Da geh' ich ins Maxim (1905); Vilja-Lied (1905)Dummer, dummer Reitersmann (1905); Heinerle, Heinerle, hab' kein Geld (1907); Immer nur lächeln (1929)

Leonard (Carlo Schenker)
* 03.01.1964 in Seedorf (Schweiz)
schweizerischer Sänger
Ausbildung zum Werbekaufmann, seit 1985 als Sänger erfolgreich.
Angelina (1989); Bella Romantica (1989); Ich lie-

be dich (1990); Viel zu lang von euch getrennt (1991); Doch weinen muß jeder allein (1991); Die Liebe überlebt (1991); Das kann nur die Liebe sein (1992); Das wird ein heißer Sommer (1992)

Leykauf, Walter (Ps: Patrizius)
siehe Patrizius; siehe Nilsen Brothers

Lezza, Carlo (Dolf Brandmayer)
siehe Brandmayer, Dolf

Lienhard, Pepe
* 23.03.1939 in Lenzburg
schweizerischer Bandleader, Saxophonist, Flötist, Arrangeur
Zunächst als Jazz-Musiker erfolgreich. Gründete Anfang der 70er Jahre die Pepe Lienhard Band (zunächst als Sextett) und nahm zahlreiche Schallplatten auf. Begleitete mit seiner Band Udo Jürgens auf dessen Tourneen. Trat regelmäßig bei Funk- und Fernsehanstalten auf. Mit dem Titel "Swiss Lady" nahm er 1977 am Grand-Prix-Eurovision teil.
Swiss Lady (1977)

Liessmann, Erich (Ps: Jean Frankfurter)
siehe Frankfurter, Jean

Lilibert (Elisabeth Bertram)
* 30. November in Luxembourg (Stadt)
luxembourgisch-deutsche Texterin, Rundfunkmoderatorin
War verheiratet mit dem Produzenten und Verleger Hans Bertram (* 03.04.1915 / + 27.01.1991). Sie rief 1957 das deutschsprachige Programm von Radio Luxembourg ins Leben. Lebt in Köln, begann Ende der 50er Jahre ihre Karriere als Texterin und hatte ihren ersten großen Erfolg 1960 mit dem Titel "Marina". Sie schrieb u.a. für Chris Roberts, Roy Black.
Marina (1960); Baby Twist (1962); Ein Mädchen nach Maß (1970); Ich bin verliebt in die Liebe (1970); Mein Name ist Hase (1971); Hab

ich dir heute schon gesagt (1971); Schön ist es auf der Welt zu sein (1971); Mein Schatz, du bist ne Wucht (1972); Eine Rose schenk ich dir (1972)

Lincke, Paul (Carl Emil Paul Lincke)
* 07.11.1866 in Berlin
+ 03.09.1946 in Clausthal-Zellerfeld
deutscher Komponist, Kapellmeister
Besuchte die Orchesterschule Wittenberge (Violine, Fagott). War ab 1893 am Apollo-Theater in Berlin als Kapellmeister tätig. Schrieb zahlreiche "Berliner-Operetten" (u.a. "Frau Luna" 1899), die sich durch ihre Nähe zur Revue und die typische Berliner Note von anderen unterschieden. Er gilt als einer der Hauptvertreter dieses Genres. Viele seiner Titel wurden zu Evergreens. Er gründete und leitete in Berlin den Apollo-Musikverlag.
Lose munt´re Lieder (1899); Schenk mir doch ein kleines bißchen Liebe (1899); Luna-Walzer (1899); O Theophil (1899); Wenn auch die Jahre enteilen [Es war einmal] (1899); Berliner Luft (1899); Heimlich, still und leise kommt die Liebe (1905); Donnerwetter-tadellos! (1908); Geburtstags-Ständchen (1908)
(Foto siehe S. 13)

Lind, Gitta (Rita Maria Gracher)
* 17.04.1925 in Trier
+ 09.11.1974 in Tutzingen
deutsche Sängerin, Schauspielerin
War in den 50er und 60er Jahren als Sängerin erfolgreich, trat u.a. auch im Duo mit Christa Williams auf. War in zweiter Ehe mit dem Schauspieler Joachim Fuchsberger verheiratet.
Weißer Holunder (1956); Ich sage dir adieu (1957); Cindy, oh Cindy (1957); Fahre mit mir in die Ferne (1957); Das Lied der Einsamkeit (1960); Ein kleines Haus (1961)

Lindblom, Anita
* 14.12.1937 in Gävle (Schweden)
schwedische Schauspielerin, Sängerin

War zunächst in Schweden, Anfang der 60er Jahre auch in Deutschland als Sängerin erfolgreich.
Laß die Liebe aus dem Spiel (1962); Schade um die Nacht (1962); Cigarettes (1963); Danke schön (1963)

Lindenberg, Udo
* 17.05.1946 in Gronau (Westfalen)
deutscher Sänger, Schlagzeuger, Texter, Komponist, Keyboarder
Musikstudium in Münster und Duisburg. Zunächst als Schlagzeuger erfolgreich, trommelte u.a. bei Klaus Doldingers Band "Passport". Seine ersten Versuche als Sänger selbstkomponierter und -getexter englischsprachiger Titel waren nicht sehr erfolgreich, was sich aber änderte, als er die Platte "Daumen im Wind" (mit deutschen Texten) herausbrachte. Sang dann international bekannte Rock- und Pop-Songs in deutscher Sprache, gründete 1973 das "Panikorchester", zahlreiche Tourneen; seit Anfang der 80er Jahre auch beim Schlagerpublikum erfolgreich. Seine neue Version des Glenn Miller-Stücks "*Chattanooga Choo Choo*" mit dem Titel "*Sonderzug nach Pankow*", in dem er Erich Honecker um eine Auftrittsgenehmigung in der damaligen DDR bat, hatte zunächst die Folge, daß dort selbst Instrumental-Versionen dieses Titels nicht mehr öffentlich aufgeführt werden durften. Seine kürzlich entstandene neue Version "*Ist das der Sonderflug nach Chile*" war kurz vor Redaktionsschluß dieses Lexikons durch die aktuellen Ereignisse überholt.
Andrea Doria (1973); Wozu sind Kriege da (1981); Sonderzug nach Pankow (1983); Du knallst in mein Leben (1983); Horizont (1987); Ich lieb´ dich überhaupt nicht mehr (1987); Airport (1988)

Lindenthal, Bert (Walter Depenheuer)
siehe Depenheuer, Walter

Udo Lindenberg   *Polydor*

Patrick Lindner   *Virgin*

Lindner, Patrick (Friedrich Günther Raab)
* 27.09.1960 in München
deutscher Sänger, Moderator
Lehre als Koch, wurde von Irma Holder
entdeckt und von Jean Frankfurter produziert. Hatte seinen ersten großen Erfolg
1989 beim Grand Prix der Volksmusik mit
dem Titel "*Die kloane Tür zum Paradies*".
Inzwischen zahlreiche Auszeichnungen,
Platin- und mehrere Goldene Schallplatten.
*Die kloane Tür zum Paradies (1989); Die klei-
nen Dinge des Lebens (1990); Und wenn i tanz
mit dir (1990); Der Mensch in Dir (1991)*

Lindt, Rudi (R. v. d. Dovenmühle)
* 19.09.1920 in Köln
deutscher Komponist, Verleger
War nach dem Studium am Kölner
Konservatorium zunächst als Pianist in div.
Orchestern tätig und bekam so Kontakt zur
Schlagerszene. Er schrieb u.a. für Gitte

Haenning, Ray Miller, Will Glahé, Wencke
Myhre. Ist außerdem der Inhaber des
Minerva-Music Verlages.
*Liechtensteiner Polka (1956); Ich will 'nen
Cowboy als Mann (1963); Sprich nicht drüber
(1965); Caroline (1977)*

Lipmann, Berry (Friedel Berlipp)
siehe: Friedel Berlipp

Lippe, Jürgen von der (Jürgen Dohrenkamp)
* 08.06.1948 in Bad Salzuflen
deutscher Komiker, Sänger, Showmaster
Studierte Germanistik und Philosphie in
Berlin. War 1976 Mitgründer der Blödel-
Band "Gebrüder Blattschuß". Ab Ende der
70er Jahre auch Solo-Karriere als Komiker.
Dann auch als Rundfunk- und Fernseh-
moderator erfolgreich (u.a. "Donner-
lippchen", "Geld oder Liebe")
*Dann ist der Wurm drin (1987); Guten Morgen,
liebe Sorgen (1987); Is was (1989); Beamtenrap
(1990); König der City (1992)*

Löhner, Fritz (Ps: Beda)
siehe: Beda

Lolita (Ditta Einzinger, geb. Zuser)
* 17.01.1931 in St. Pölten (Österreich)
österreichische Sängerin, Moderatorin
Kaufmännische Lehre; war als Sach-
bearbeiterin, Diplom-Kindergärtnerin und
Zahnarztassistentin tätig. Gab 1957 ihren
Beruf auf, um sich ihrer Karriere als Sänge-
rin zu widmen. Spielte 1957 ihre erste Schall-
platte "*Weißer Holunder*" ein; der Titel
"*Seemann, deine Heimat ist das Meer*" kam
sogar in amerikanische und japanische
Hitparaden (über 2 Millionen verkaufte
Schallplatten). Moderierte ab 1967 über 50
Sendungen der Reihe "Im Krug zum grünen
Kranze" beim Saarländischen Rundfunk.
Wurde 1976 mit der Hermann-Löns-Me-
daille ausgezeichnet. Als Sängerin interna-

tional erfolgreich, in ihrem Heimatland Österreich seit vielen Jahren ein gefeierter Star.

Der weiße Mond von Maratonga (1957); Weißer Holunder (1957); Addio Amigo (1958); Mexicano (1958); Eine blaue Zauberblume (1958); Seemann, deine Heimat ist das Meer (1960); Sterne der Prärie (1960); Über alle sieben Meere (1961); Ich will leben (1966); Mit siebzehn hat man noch Träume (1970); Schön ist die Liebe im Hafen (1974); Die Zeit der Zärtlichkeit (1992); Über's Jahr (1992)

Lolita

Loose, Günter
* 05.02.1927 in Berlin
deutscher Texter
Begann ein Medizinstudium, gründete dann eine Gastspieldirektion. War danach als Regie-Assistent bei einer kleinen Filmfirma tätig. Nach deren Konkurs machte er zusammen mit Siegfried Gauerke die ersten

Versuche als Schlager-Texter. Sein erster Erfolg war 1955 der Titel "*Ein kleiner Negerjunge träumt von einer Schneeballschlacht*" (Leila Negra). Er textete bald darauf für Lotar Olias und schrieb mit ihm zusammen u.a. die größten Erfolge von Freddy Quinn. Mit Christian Bruhn entstand "*Marmor, Stein und Eisen bricht*". Textete außerdem u.a. für Bärbel Wachholz, René Carol, Roberto Blanco, Manuela, Renate Kern, Bill Ramsey, Vicky Leandros, Caterina Valente, Drafi Deutscher, Rex Gildo, Graham Bonney, Rita Pavone, Katja Ebstein, Marika Kilius.

La Guitarra Brasiliana (1960); Itzi Bitzi Teeni Weeni Honolulu Strandbikini (1960); Adieu, leb wohl, good bye (1961); Ich geh' noch zur Schule (1963); Wenn ich ein Junge wär (1963); Cinderella Baby (1964); Zwei Mädchen aus Germany (1964); Marmor, Stein und Eisen bricht (1965); Neunundneunzig Komma neun Prozent (1968); Heute so - morgen so (1969); Wunder gibt es immer wieder (1970); Ein bißchen Spaß muß sein (1972); Der letzte Sirtaki (1975)

Venus e.V.

Bruce Low   *Interfoto*

Low, Bruce (Ernst Bjelke)
* 26.03.1913 in Paramaribo (Surinam)
+ 04.03.1990 in München

niederländischer Sänger, Schauspieler, Journalist, Autor
Ausbildung zum Sportlehrer. War als Schlagersänger ab Anfang der 50er Jahre erfolgreich. Später als Schauspieler und Journalist tätig. Comeback in den 70er Jahren mit religiösen Titeln.
Wenn die Sonne scheint in Texas (1956); Und es weht der Wind (1956); Theo (1957); Geisterreiter (1958); Noah (1971); Das Kartenspiel (1974); Die Legende von Babylon (1978); Das alte Haus von Rocky Docky (1978); Ich weiß (1983)

Lucas, Botho

* 02.06.1923 in Köslin/Pommern
deutscher Chorleiter, Komponist
Von 1940 bis 1942 privates Musikstudium in Berlin, gründete 1950 das Lucas Trio / Quartett. Übersiedelte 1954 nach Köln, gründete 1961 den Botho Lucas Chor. Preise bei zahlreichen Liederwettbewerben.
Kleiner Bär von Berlin (1952); Sei zufrieden (1956); Salome (1961); Hotel Shanghai (1961); Das Herz von Bonn (1978)

Lutter, Adalbert

* 22.10.1896 in Osnabrück
+ 28.07.1970
deutscher Orchesterleiter
Begleitete mit seinem Orchester zahlreiche Stars der Schlagerszene bei Aufnahmen und Auftritten. Sein Orchester galt als eines der besten Unterhaltungsorchester in Deutschland.
Froh und heiter (1939); Nach Hause geh'n wir nicht (1951); Horrido [Der Sonntagsjäger] (1953); Die Bar von Jonny Miller (1955)

Peter Maffay   *east west*

M

Mackeben, Theo
* 05.01.1897 in Preußisch Stargard
+ 10.01.1953 in Berlin
deutscher Komponist
Studierte am Konservatorium in Koblenz
und Warschau. Ging 1925 nach Berlin und
war dort als Kapellmeister am Metropoltheater tätig. War 1928 Dirigent der
Uraufführung der "Dreigroschenoper".
Schrieb zahlreiche Operetten (u.a. "Lady
Fanny" 1934; "Anita und der Teufel" 1938),
Filmmusiken (u.a. "Tanz auf dem Vulkan"
1938, "Heimat" 1938, "Es war eine rau-
schende Ballnacht" 1939, "Bel Ami" 1939),
erhielt zahlreiche Auszeichnungen.
*Komm auf die Schaukel, Luise (1931); So oder
so ist das Leben (1934); Eine Frau wird erst
schön durch die Liebe (1938); Die Nacht ist
nicht allein zum Schlafen da (1938); Nur nicht
aus Liebe weinen (1939); Bel ami [Du hast
Glück bei den Frau'n] (1939); Bei dir war es
immer so schön (1940); Frauen sind keine Engel (1943)*

Mäder, Wolfgang (Ps: Lennie Portner /
Andy Novello / Franco Maduro)
* 10.01.1924 in Berlin
deutscher Komponist, Bandleader, Musik-
Verleger
Studierte von 1946 bis 1951 Musik, war ab
1948 als Arrangeur für zahlreiche
Musikverlage tätig. Seit 1960 hauptsächlich als Komponist von Instrumental-Titeln
bekannt. Gründete 1970 einen eigenen
Musikverlag (Edition Musictown), 1991
eine eigene Schallplattenfirma (Wildfire).
*Jet Liner (1970); Music Garden (1976); Wildfire
(1984); Stringtime (1986)*

Mae, Maggie
* 13.05.1960 in Karlsruhe
deutsche Sängerin, Schauspielerin
Studierte Gesang am Konservatorium in
Karlsruhe. Hatte ihren ersten großen Erfolg

als Sängerin 1974 mit dem Titel "*My Boy
Lollipop*". War als Schauspielerin u.a. in
den Serien "Klimbim" und "Die Gimmicks"
engagiert; danach Hauptrolle in dem Krimi
"Der Sturz vom Dach".
*My Boy Lollipop (1974); ... und sein Name war
No (1977); Samstag nacht bei uns zu Hause
(1977); Und dann noch eins: ich liebe dich
(1977); Dieses ist mein Land (1978); Komm'
klopf heut' nacht an die Tür (1979)*

Marion Maerz   *Polydor*

Macrz, Marion (Marion Litterscheid)
* 17.08.1946 in Flensburg
deutsche Sängerin
Wurde Mitte der 60er Jahre in Hannover auf
einer Messeveranstaltung entdeckt. War
1965 bis Ende der 70er Jahre als Schlagersängerin erfolgreich, zog sich dann aus
familiären Gründen mehrere Jahre aus dem
Show-Geschäft zurück. Anfang der 90er
Jahre Comeback im Bereich des volkstümlichen Schlagers.
Er ist wieder da (1965); Wir halten zusammen

(1966); Liebe, was ist das (1963); Lago Maggiore im Schnee (1973); Du gehst fort (1975); In Griechenland (1977); Es war nur der Sommerwind (1978); Schau mal herein (1979); Du bist die Rose vom Wörthersee (1990); Es war im Zillertal (1992); Die Sennerin vom Wendelstein (1992)

Maffay, Peter (Peter Makkey)
* 30.08.1949 in Kronstadt (Rumänien)
deutscher Sänger, Komponist ungarischer Abstammung

Kam 1963 mit seinen Eltern nach Deutschland, ging 1968 nach München und wurde dort von Michael Kunze entdeckt. Seitdem als Schlager-, Pop- und Rock-Sänger erfolgreich (trat u.a. 1982 im Vorprogramm der Rolling Stones bei deren Deutschland-Tournee auf). Seit Beginn seiner Karriere immer wieder in den deutschen Hitparaden vertreten, seine Konzerttourneen sind regelmäßig ausverkauft. Zahlreiche Auszeichnungen, Goldene und Platin-Schallplatten. Schrieb u.a. auch für Roland Kaiser. Maffay gilt als einer der erfolgreichsten Vertreter des Rock-Schlagers.

Du (1970); Du bist anders (1970); Ich hab' nur dich (1971); Wo bist du (1972); Samstagabend in unserer Straße (1974); Josie (1975); Und es war Sommer (1976); Komm doch heute nacht zu mir (1977); Steppenwolf (1979); So bist du (1979); Weil es dich gibt (1980); Über sieben Brücken mußt du geh'n (1980); Liebe wird verboten (1980); Und es war Sommer (1981); Lieber Gott (1982); Eiszeit (1982); Nessaja (1983); Karneval der Nacht (1984); Sonne in der Nacht (1985); Ein Wort bricht das Schweigen (1986); Tiefer (1989); Steh' auf (1990); Sorry Lady (1991); Zwei in einem Boot (1992)
(Foto siehe S. 234)

Mainzer Hofsänger
Das Ensemble wurde 1926 unter dem Namen "Musik-Hochschul-Sänger" am Mainzer Konservatorium von Jakob Treichler gegründet. Die heutigen Solisten sind Oswald Treber und Hans-Albert Demer (in den 50er und 60er Jahren Georg Dorbeth und Hans Schneider), die "Kapitäne" der Hofsänger seit 1926 waren Jacob Treichler, Heinrich Ackermann, Hans Gebert, Hans Schneider, Josef Schlenger, Heinz-Georg Fichtner, heute: Dieter Claus Thielen.

So ein Tag, so wunderschön wie heute (1954); Annemarie (1964); Es Bobbelche (1964); Hofsänger-Lied (1977)

Jimmy Makulis   *Venus e.V.*

Makulis, Jimmy
* 12.04.1935 in Athen
griechischer Sänger

War zunächst als Sekretär der englischen Botschaft in Griechenland tätig, siegte 1949 bei einem Nachwuchswettbewerb und war in den frühen 50er Jahren bereits ein gefeierter Star in seinem Heimatland, in den 50er und 60er Jahren auch in Deutschland. Lebte in dieser Zeit in München. Ging 1966 nach Amerika und baute seine zweite internatio-

Siw Malmkvist

nale Karriere im Show- und Musicalbereich auf. Singt in zehn Sprachen, ist seit Ende 1991 wieder verstärkt in Deutschland aktiv.

Auf Cuba sind die Mädchen braun (1956); Gitarren klingen leise durch die Nacht (1959); Nachts in Rom (1960); Ich habe im Leben nur dich (1962); Weil ich weiß, daß wir uns wiedersehn (1962); Lebe wohl, du Blume von Tahiti (1963); Einmal noch Athen sehn (1991)

Malkowsky, Liselotte (Liselotte Sebode)
* 09.10.1918 in Hannover
+ 1965
deutsche Sängerin, Schauspielerin, Kabarettistin

Ausgerechnet du [Du hast mir g´rade noch zu meinem Glück gefehlt] (1951); Der alte Seemann kann nachts nicht schlafen (1951); Ein kleiner Akkordeonspieler (1951); In der Cafeteria von Milano (1952)

Malmkvist, Siw
* 31.12.1936 in Landkrona/Malmö

set

schwedische Sängerin, Schauspielerin

War ab Mitte der 50er Jahre in Schweden als Sängerin erfolgreich, in den 60er Jahren auch in Deutschland. Siegte 1964 bei den Schlagerfestspielen in Baden-Baden mit dem Titel "*Liebeskummer lohnt sich nicht*". War über mehrere Jahre regelmäßig in den Hitparaden vertreten. Zog sich danach ins Privatleben zurück. Im Herbst 1992 (nach Drucklegung dieser Auflage des Lexikon des deutschen Schlagers) sollen wieder zwei neue Titel von ihr erscheinen, die Erik Silvester für sie komponierte.

Die Liebe ist ein seltsames Spiel (1960); Danke für die Blumen (1961); Schade, schade, schade (1961); Schwarzer Kater Stanislaus (1962); Mr. Casanova (1963); Liebeskummer lohnt sich nicht (1964); Küsse nie nach Mitternacht (1965); Sieben Tränen (1965); Frech geküsst ist halb gewonnen (1966); Harlekin (1968); Primaballerina (1969); Es kann nicht immer Rosen regnen (1992); Du hast Mut (1992)

Martin Mann   *Ariola / Jupiter*   *Manuela*   *B.Herfeldt / privat*

Mann, Martin (Mario Löprich)
* 10.03.1944 in Wien
deutscher Sänger, Komponist, Texter, Produzent, Gitarrist
Studierte Musik am Konservatorium in Wiesbaden, hat außerdem eine Schauspiel- und Tanzausbildung. Wurde von Michael Holm entdeckt und produziert. Schreibt u.a. für Jürgen Marcus, Nicole, Wind, Roland Kaiser, Veronika Fischer.
Meilenweit (1971); Heut' ist mir alles egal (1971); Strohblumen (1977); Es riecht nach Sonne (1978); Boogie Woogie (1981); Weil ich dich nicht liebe (1991)

Manuela (Doris Wegener)
* 18.08.1943 in Berlin
deutsche Sängerin, Gitarristin, Komponistin
Arbeitete zunächst am Fließband. Sang in zahlreichen Bands und wurde 1962 in einer Berliner Kneipe als Sängerin entdeckt. Sie landete bereits ein Jahr später mit der deutschen Cover-Version von "*Blame it on the Bossa Nova*" (Eydie Gorme) ihren ersten Riesenhit: "*Schuld war nur der Bossa Nova*". War danach über viele Jahre regelmäßig in den deutschen Hitparaden vertreten. Mitte der 80er Jahre Comeback mit Titeln u.a. aus dem Bereich des volkstümlichen Schlagers.
Schuld war nur der Bossa Nova (1963); Ich geh noch zur Schule (1963); Schwimmen lernt man im See (1964); Schneemann (1964); Küsse unterm Regenbogen (1965); Es ist zum Weinen (1966); Lord Leicester aus Manchester (1967); Monsieur Dupont (1967); Wenn es Nacht wird in Harlem (1968); Prost, Onkel Albert (1971); Es lebe das Geburtstagskind (1972); Rhodos bei Nacht (1985); Auf den Stufen zur Akropolis (1986)

March, Peggy (Margret Annemarie Batavio)
* 08.03.1948 in Landsdale/Pennsylvania

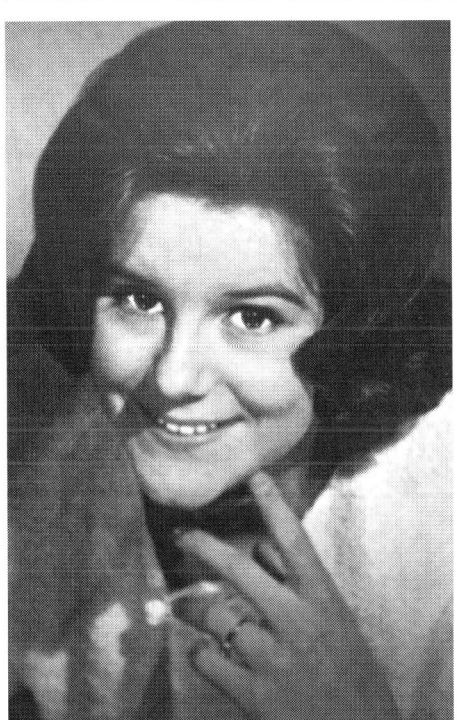

Jürgen Marcus   *Interfoto*

Peggy March   *Venus e.V.*

amerikanische Sängerin, Texterin
Absolvierte eine Gesangs-, Tanz- und
Schauspielausbildung. Landete in Amerika
ihren ersten Hit mit dem Titel "*I will follow
him*". Kam Anfang der 60er Jahre nach
Deutschland, siegte 1965 bei den
Schlagerfestspielen in Baden-Baden als da-
mals 17-jährige mit dem Titel *"Mit 17 hat
man noch Träume"*. Zahlreiche Rundfunk-
Fernsehauftritte, Auszeichnungen, Golde-
ne und Platin-Schallplatten. Hatte als
Texterin einen internationalen Erfolg mit
dem Titel "*When the Rain begins to fall*"
(Pia Zadora & Jermaine Jackson).
*Wenn der Silbermond (1964); Mit siebzehn hat
man noch Träume (1965); Memories of
Heidelberg (1967); Romeo und Julia (1967);
Telegramm aus Tennessee (1968); Canale
Grande Number One (1968); Mississippi Shuffle
Boat (1968); In der Carnaby Street (1969); Die
Maschen der Männer (1970); Einmal verliebt -*

*immer verliebt (1971); Es ist schwer dich zu
vergessen (1972); Fly Away Pretty Flamingo
(1977)*

Marcus, Jürgen (Jürgen Beume)
* 06.06.1948 in Herne
deutscher Sänger, Schauspieler
Ausbildung als Schlosser. Wurde von Jack
White entdeckt und produziert. Spielte bei
der deutschen Aufführung des Musicals
"Hair" die Rolle des Claude. Zahlreiche
Rundfunk- und TV-Auftritte, Auszeichnungen, Goldene Schallplatten.
*Eine neue Liebe ist wie ein neues Leben (1972);
Festival der Liebe (1973); Schmetterlinge können nicht weinen (1973); Irgendwann kommt
jeder mal nach San Francisco (1973); Ein Lied
zieht hinaus in die Welt (1975); Der Tingler
singt für euch alle (1976); Die Uhr geht vor, du
kannst noch bleiben (1976); Laß mich doch raus
aus meiner Jacke (1977); Was hast du heute
abend vor (1978); ... davon stirbt man nicht
(1978); Engel der Nacht [Angel of Mine] (1981);
Das Lied vom Glücklichsein (1982); Die Sterne*

Tony Marshall   *Nold / Ariola-White Records*

lügen nicht (1983); Schau was Liebe ändern kann (1989)

Marianne & Michael

deutsch-österreichisches Gesangsduo (1974 gegründet).
Marianne Hartl, geb. Reiner (* 07.02.1953 in München); Michael Hartl (* 18.03.1949 in Graz). Erste Auftritte in München, erste LP "*Rund samma, gsund samma*", zahlreiche TV-Auftritte. Seit 1979 sind die beiden verheiratet. Marianne wurde 1989 als Moderation der Fernsehsendung "Feste Feiern" engagiert, führt seit 1991 durch die Sendung "Die Heimatmelodie".
Schwiegermuatta, tanz einmal (1978); Einer hat immer das Bummerl (1982); Drei weiße Birken (1982); Zillertaler Hochzeitsmarsch (1988); Wenn Berge träumen (1988); Wann fangt denn endlich d'Musi an (1990)

Marianne & Michael   Ariola

Marischka, Ernst (Ernst Josef Marischka)
* 02.01.1893 in Wien
+ 15.05.1963 in Chur (Schweiz)
österreichischer Texter, Regisseur
Bruder des Regisseurs und Schauspielers Hubert Marischka. War Regisseur der "Sissi"-Filme. Schrieb die Texte zu einigen Evergreens.
Ich sing' mein Lied heut' nur für dich (1934);

Ob blond, ob braun, ich liebe alle Frau'n (1935); Immer wenn ich glücklich bin (1938); Jede Frau hat ein süßes Geheimnis (1939); Hoch drob'n auf dem Berg (1940)

Marshall, Tony (Herbert Anton Hilger)
* 03.02.1938 in Baden-Baden
deutscher Sänger, Entertainer, TV-Moderator
Studierte von 1960 bis 1965 Gesang in Freiburg und in Karlsruhe. Wurde von Jack White entdeckt und produziert. Gilt als einer der erfolgreichsten deutschen Stimmungssänger und ist regelmäßig in den Hitparaden vertreten. War als Fernsehmoderator u.a. mit "Fröhlicher Alltag" und "Laß das mal den Tony machen" erfolgreich.
Schöne Maid (1971); Komm, gib mir deine Hand (1971); Ich fang für euch den Sonnenschein (1972); ... und in der Heimat (1973); Junge, die Welt ist schön (1971); Auf der Straße nach Süden (1978); Ich klau dir eine Straßenbahn (1979); Ach laß mich doch in deinem Wald der Oberförster sein (1984); Resi bring Bier (1991)

Martens, Elke
* 05. Februar in Dresden
deutsche Sängerin, Schauspielerin

Elke Martens   DA

Studierte Kunsterziehung und Deutsch, wechselte zur Musikhochschule in die Abteilung Tanzmusik (Hauptfach Gesang), spielte am Theater und bei dem Film "Sing, Cowboy, sing". Trat in der ehemaligen DDR bei zahlreichen TV-Shows auf (u.a. "Ein Kessel Buntes").

Ein bißchen Liebe braucht unsere Welt (1991); Heimlich von dir geträumt (1992); Deine Worte, deine Träume (1992)

Andreas Martin   *Sony / Herzklang*

Martin, Andreas (Andreas Krause)
* 23.12.1952 in Berlin
deutscher Sänger, Komponist, Produzent
Absolvierte ein Musikstudium. Komponiert u.a. für Juliane Werding, Nino de Angelo, Roger Whittaker, Wolfgang Petry, Engelbert. Tritt mit Drafi Deutscher zusammen unter dem Namen "Mixed Emotions" auf.
Wenn du weinst (1980); Amore Mio (1982); Das erste Mal im Leben (1984); Der Himmel kann warten (1984); Du bist alles (1987); Deine Flügel fangen Feuer (1990); Mehr als Sehnsucht (1992)

Martin, Ulli (Hans Ulrich Wiese)
* 19.07.1946 in Osnabrück
deutscher Sänger
Seine Eltern waren beide am Theater tätig (Vater Schauspieler, Mutter Ballettmeisterin). Als Sänger wurde er von Leo Leandros entdeckt und erfolgreich produziert.
Monika (1971); Ich träume mit offenen Augen von dir (1971); Du mußt nicht weinen (1972); Ich liebe dich (1973); Mit siebzehn fängt das Leben an (1977); Seit es dich gibt (1983); Südseetraum (1989)

Martinetti, Nella (Nella)
* 21.01.1940 in Brissago (Schweiz)
schweizerische Sängerin, Komponistin, Texterin
War zunächst als Kindergärtnerin tätig, wurde von Lotar Olias entdeckt. Siegte beim Grand Prix Eurovision in Dublin. Seitdem als Sängerin erfolgreich. Komponierte und textete u.a. für Peter, Sue & Marc. Siegte 1986 beim Grand Prix der Volksmusik.
Junge, du bist eine Wucht (1972); Holiday am Titicaca See (1972); Bella Musica (1986); Sing noch einmal die Tarantella (1986); Gitarren im Mondlicht (1986); Die Sonne des Südens (1987)

Anja Marx   *Ariola / Coconut*

Marx, Anja

* 23.11.1961 in Bremen
deutsche Sängerin, Saxophonistin
Ausbildung zur Übersetzerin und
Fremdsprachenkorrespondentin (Englisch,
Französisch), seit 1990 Studium, als Sängerin
und Saxophonistin ab Ende der 70er Jahre in
Bands unterschiedlicher Richtungen tätig.
Mit Leib und Seele (1992)

Massary, Fritzi (Friderike Massary)

* 31.03.1882 in Wien
+ 31.03.1969 in Beverly Hills/Ca. (USA)
amerikanische Staatsbürgerin
War verheiratet mit dem Schauspieler und
Sänger Max Pallenberg, emigrierte 1938
nach London, lebte später in Beverly Hills
(Kalifornien). War ein gefeierter
Operettenstar, gilt als die erste Schlager-
sängerin in der Geschichte des deutschen
Schlagers. (Foto siehe S. 244)
*Josef, ach Josef (1922); Ich hol dir vom Himmel
das Blau (1929); Warum soll eine Frau kein
Verhältnis haben (1932)*

Mathieu, Mireille (Foto siehe S. 245)

* 22.07.1946 in Avignon (Frankreich)
französische Sängerin
War als Fabrikarbeiterin tätig. Siegte Anfang der 60er Jahre bei zahlreichen
Talentwettbewerben in Frankreich und ist
dort seitdem erfolgreich. Sang ab Ende der
60er Jahre Titel in deutscher Sprache und
kam regelmäßig in die Hitlisten. Zahlreiche
Goldene Schallplatten.
*Hinter den Kulissen von Paris (1969); Martin
(1969); Tarata-Ting, Tarata-Tong (1969); An
einem Sonntag in Avignon (1970); Ganz Paris
ist ein Theater (1971); Der Pariser Tango (1971);
Akropolis Adieu (1971); La Paloma ade (1973);
Der Zar und das Mädchen (1975); Walzer der
Liebe (1977); Santa Maria (1978); Tage wie
aus Glas (1980); Du mußt mir gar nichts von
Liebe sagen (1981); Der Clochard (1982); Tu es
aus Liebe (1983)*

May, Tanja

* 22.02.1947 in Mönchengladbach
deutsche Sängerin
Absolvierte eine Ausbildung zur Dolmetscherin. Hatte mit swing-orientierten Schlagern Erfolge.
*Halt mal die Sonne an (1973); Mal etwas Beat,
mal etwas Swing (1976); Mexico (1979); Joe
aus der Piano Bar (1986); So waren die fünfziger
Jahre (1987)*

Mayer, Henry

* 18.11.1925 in Nürnberg
deutscher Komponist, Arrangeur
Studierte in Nürnberg Musik, schrieb u.a.
für Kurt Edelhagen, Willy Berking, Peggy
March, Rita Pavone, Kirsti, Dorthe, Johan-
na von Koczian, Elfi Graf, Bata Illic.
*Memories of Heidelberg (1967); Romeo und
Julia (1967); Sind sie der Graf von Luxemburg
(1967); Arrivederci, Hans (1968); Ein Student
aus Uppsala (1969); In der Carnaby Street
(1969); Herzen haben keine Fenster (1973);
Schwarze Madonna (1973); Mit meiner
Balalaika war ich König in Jamaika (1977);
Das bißchen Haushalt (1977)*

Maywood

niederländisches Gesangsduo
Alice May (Aaltje de Vries), * 20.12.1954
in Harlingen (Holland), Sängerin, Komponistin, Texterin.
Karen Wood (Doetje de Vries) * 24.02.1953
in Harlingen (Holland), Sängerin.
Lichtermeer (1980); Gib mir Zeit (1980)

Medium Terzett

deutsches Gesangs-Trio (1960 gegründet)
Mitglieder: Helmut Niekamp (* 07.05.1933);
Wilfried Witte (* 01.03.1935); Lothar Nitschke
(* 26.05.1932). Erfolgreich in den Bereichen
Schlager, volkstümliche Musik und
Klamauk. Zahlreiche Auftritte bei fast al-
len Rundfunk- und Fernseh-Stationen, in-
ternationale Tourneen, zahlreiche Auszeich-

Fritzi Massary

Interfoto

Mireille Mathieu   Venus e.V.

Bernd Meinunger   *Jupiter*

Medium Terzett   *Hohner*

nungen. Das Medium Terzett trat auch mit Günter Kallmann unter dem Namen "Domingos" auf.

Der ganze Kahn ist voller Heimweh (1961); Der Schatz im Silbersee (1963); Winnetou (1963); Buffalo Bill (1964); Ein Loch ist im Eimer (1968); Drei Chinesen mit dem Kontrabaß (1968)

Meinunger, Bernd (Ps: Bernd Ruhla / Bernd Bastino)
* 30.09.1944 in Meiningen / Thüringen
deutscher Texter, Produzent, Gitarrist
Studierte Betriebswirtschaftlehre, Promovierte. War zunächst als wissenschaftlicher Mitarbeiter des IFO Institutes für Wirtschaftsforschung tätig. Startete 1976 seine Karriere als Texter (ist gelentlich auch als Komponist tätig). Schrieb u.a. für Katja Ebstein, Karel Gott, Dschinghis Khan, Nicole, Peter Alexander, Hanne Haller, Lena Valaitis, Peter Maffay, Wind, Jürgen Drews, Maxi & Chris Garden.

Feierabend (1977); Abschied ist ein bißchen wie Sterben (1978); Babicka (1978); Du schaffst mich (1978); Dschinghis Khan (1979); Hadschi Halef Omar (1979); So bist du (1979); Schwarzes Gold (1979); Samstag abend (1980); Liebe wird verboten (1980); Dann heirat doch dein Büro (1980); Theater (1980); Weil du ein zärtlicher Mann bist (1981); Geh nicht (1981); Johnny Blue (1981); Der Papa wird's schon richten (1981); Ich bin ein Berliner Kind (1981); Ich hab' dich doch lieb (1982); Ein bißchen Frieden (1982); Laß die Sonne in dein Herz (1987); Lied für einen Freund (1988); Mein lieber Mann (1989)

Meisel, Will (Foto siehe S. 248)
* 17.09.1897 in Berlin-Neukölln
+ 29.04.1967 in Berlin
deutscher Komponist, Verleger
War Tänzer an der Königlichen Oper Berlin, kam 1918 zum Kabarett, war später als Kabarett-Direktor tätig. Studierte Musik und war ab 1926 als Komponist (Schlager, Bühnenstücke, Filmmusiken) erfolgreich. Betätigte sich ab 1945 als Filmproduzent, gründete einen eigenen Verlag. Schrieb acht Operetten, 44 Filmmusiken und zahlreiche Einzeltitel. Auszeichnungen (u.a. Paul-Lincke-Ring [1964], Bundesverdienstkreuz).

Fräulein, pardon (1929); Ein Walzer für dich (1934); Sei ein bißchen lieb zu mir, Peter (1936); Junger Mann im Frühling (1940); Einer schönen Frau gehört die ganze Welt (1943); Berlin bleibt doch Berlin (1949)

Mendt, Marianne
* 29.09.1945 in Wien
österreichische Sängerin, Texterin
War zunächst als Jazz-Sängerin, später auch im Schlager-Bereich erfolgreich. Trat in zahlreichen Musical-Produktionen hervor.
Wie a Glock'n (1971); Gute Lieder sind wie Pistolen (1975); Komm, alter Pianospieler (1981); Ich singe (1981)

Will Meisel

Edition Meisel

Menke, Franziska (Ps: Frl. Menke)
* 04.11.1960
deutsche Sängerin, Komponistin, Produzentin, Keyboarderin
Tochter von Joe Menke. Seit Anfang der 80er Jahre erfolgreich, zunächst im Bereich der "Neuen Deutschen Welle", inzwischen als Pop- und Schlagersängerin.
Hohe Berge (1982); Traumboy (1982); Tretboot in Seenot (1983); Ich will's gefährlich (1992); Frau neben mir (1992)

Franziska Menke   *Metronome*

Menke, Joe (Ps: Joe Homsen)
* 01.04.1925 in Greven
deutscher Komponist, Produzent, Texter
Vater von Franziska Menke
Studierte Violine, Klavier und Posaune in Rheine, wurde 1942 zum Orchester "Standarte Feldherrnhalle" einberufen. War später auch als Jazz-Gitarrist in mehreren Bands tätig. Gründete nach dem Krieg u.a. das "Hansen Quartett" und "Die Starlets".

Leitet seit 1964 ein eigenes Studio und einen eigenen Musikverlag. Schrieb u.a. für Caterina Valente, Lolita, Alice und Ellen Kessler, Lys Assia, Rocco Granata, Nana Gualdi, Ted Herold, René Kollo, Ivo Robic. Produzierte u.a. die deutsche Country & Western Band Truck Stop.
Die Männer mit den grauen Schläfen (1956); Rosalie, du mußt nicht weinen (1960); Sing, kleiner Vogel (1962); Schöne Rose vom Rio Grande (1963); Schotten Twist (1969)

Mercouri, Melina (Maria Amalia Mersouris)
* 18.10.1920 in Athen
griechische Sängerin, Schauspielerin, Politikerin
Zunächst Karriere als Sängerin, ab 1974 Parlamentsabgeordnete in Griechenland, 1981 Ministerin für Kultur. War mit dem Regisseur Jules Dassin verheiratet.
Ein Schiff wird kommen (1960); Bei mir ziehst du das große Los (1971)

Merlin
deutsche Band aus dem Bereich des rockorientierten Pop-Schlagers
Mitglieder: Andreas Kröner (Sänger), Heinz Michael Melz (Gitarrist), Michael Oscheja (Gitarrist), Johann Mühleisen (Keyboarder), Oliver Schöll (Schlagzeuger), Claudius Henkel (Bassist)
Alles nur geträumt (1989); Tanzen (1989); Fräulein Wunderbar (1990); Wölfe kommen bei Nacht (1991); Zwischen jetzt und irgendwann (1992)

Metropol Vokalisten
deutsches Vokal-Ensemble
Regentropfen (1935); Das Fräulein Gerda (1938); Für wen macht eine Frau sich schön (1938); Golfstrom (1939)

Mey, Reinhard (Ps: Frédéric Mey / Alfons Yondraschek)
* 21.12.1942 in Berlin

Reinhard Mey   *Intercord*

deutscher Sänger, Liedermacher, Texter, Komponist, Gitarrist

Begann 1965, nach einer Lehre als Industriekaufmann, ein Studium der Betriebswirtschaft, nahm im gleichen Jahr seine erste LP ("Geh´ und fang´ den Wind") auf. Seit Ende der 60er Jahre als Liedermacher etabliert. Hatte 1968 erste Erfolge in Frankreich, wo er seitdem unter dem Namen "Frédéric" auftritt. Zahlreiche Auszeichnungen, Goldene Schallplatten, Rundfunk- und Fernsehauftritte in Frankreich und in Deutschland. Mey gilt als einer der erfolgreichsten deutschen Liedermacher im Bereich zwischen Chanson und Schlager.

Ich wollte wie Orpheus singen (1967); Gute Nacht Freunde (1972); Annabelle, ach Annabelle (1972); Über den Wolken (1974); Mann aus Alemania (1974); Antrag auf Erteilung eines Antragsformulars (1977); Keine ruhige Minute (1980); Wir sind alle lauter arme, kleine Würstchen (1980); Hilf mir (1983); Es ist Weihnachtstag (1986); Ich wollt´ schon immer mal nach Barbados (1992); Das Etikett (1992)

Meyer, Friedrich (Ps. Bert Oltmann)
* 05.03.1915 in Bremen
deutscher Komponist

War von 1934 bis 1937 Hauskomponist am Bremer Schauspielhaus, danach als Arrangeur und Komponist für div. Plattenfirmen tätig (u.a. Deutsche Grammophon und Electrola). War ab 1942 am Soldatensender Belgrad. Begann 1945 mit dem Aufbau des Tanzorchesters bei Radio Bremen, war ab 1947 freischaffender Komponist. Schrieb Schlager (u.a. für Margot Hielscher), Film- und Fernsehmusiken.

Das Schwabing Lied (1955); Telefon-Telefon (1957); Für zwei Groschen Musik (1958)

Michael & Michael
deutsches Gesangsduo
Michael Hofmann (* 17.12.1961 in Gie-

ßen) und Gerhard Schmid (* 10.12.1960 in Lich)

Das Duo wurde vom Produzenten Michael Wagner (früher als Schlagzeuger der Hired-Help-Band bekannt) entdeckt und produziert. Seitdem im Bereich des volkstümlichen Schlagers erfolgreich.

Alles Glück der Welt (1991); Eine Reise auf den Wolken (1992); Heimatland im Sonnenschein (1992)

Miller, Ray (Rainer Müller weitere Ps: Reiner Weingeist, Reiner Kieselstein)
* 10.02.1941 in Berlin
deutscher Sänger, Komponist, Texter

War u.a. auch als Journalist, Rundfunkmoderator und Verleger tätig.

Antoinette (1969); Gina (1969); Caroline-Caroline (1970); Engelchen (1971); Hey Baby Nana (1971); Hoch die Tassen (1974)

Millowitsch, Willy
* 09.01.1909 in Köln
deutscher Schauspieler, Sänger

Leiter einer Kölner Heimatbühne, sang zahlreiche Karnevals- und Stimmungslieder. Wurde durch zahlreiche Film- und Fernsehauftritte als Volksschauspieler über die Grenzen von Köln hinaus bekannt.

Citronella (1960); Schnaps, das war sein letztes Wort (1960); Das Herz von Köln (1961); Die Liebe ist vergänglich (1961); Wir sind alle kleine Sünderlein [s´war immer so] (1964); Heidewitzka, Herr Kapitän (1979); In meiner Badewanne bin ich Kapitän (1982)

Milva (Marina Ilva Biolcati)
* 17.07.1939 in Goro (Italien)
italienische Sängerin, Schauspielerin

War 1961 Siegerin eines Wettbewerbs der italienischen Rundfunk- und Fernsehgesellschaft RAI, hatte Ende der 70er Jahre erste Erfolge als Sängerin in Deutschland. Zahlreiche internationale Tourneen und Auszeichnungen. Spielte 1989 in dem Otto

Milva   Metronome

Sander Film "Der Himmel über Berlin".
Trat auch als Interpretin von Brecht-Songs
hervor.
*Zusammenleben (1978); Typisch Mann (1979);
Liberta (1979); Ich hab keine Angst (1981); Du
hast es gut (1981); Hurra, wir leben noch (1983);
Du gibst mir mehr (1986); Wenn der Wind sich
dreht (1988)*

Mina (Anna Maria Mazzini)
* 25.03.1940 in Busto Arsizio
italienische Sängerin, Schauspielerin
War seit Anfang der 60er Jahre in Italien
erfolgreich, kurz danach auch mit
deutschsprachigen Titeln in den Hitparaden
vertreten.
*Heißer Sand (1962); Capitano (1963); Meine
Tür steht immer offen (1963); Bis zum nächsten
Mal (1963); Ja, die Liebe lebe hoch (1964);
Fremdes Land (1964)*

Mo, Billy (Mico Joachim)
* 22.02.1923 auf Trinidad
deutsch-trinidadischer Sänger
Kam in den 50er Jahren nach Deutschland.
Hatte seinen größten Erfolg mit dem Titel
"*Ich kauf' mir lieber einen Tirolerhut*".
*Wenn die Elisabeth nicht so schöne Beine hätt
[Das neue lange Kleid] (1960); Ich kauf' mir
lieber einen Tirolerhut (1962); Bierdeckel-Polka
(1963); Das Humbta-Täterä (1964); Der
Salontiroler (1964)*

Billy Mo   Interfoto

Moik, Karl
* 19.06.1938 in Linz (Österreich)
österreichischer Sänger, Moderator, Produzent
War nach einer Lehre als Werkzeugmacher
zunächst nebenbei als Hobbymusiker tätig,
ebenso als Stadionsprecher bei einem
Fußballclub. Danach als freier Mitarbeiter
beim ORF in Salzburg, wurde später
Moderator der Sendung "Musikantenstadl".
*Servus, pfüat Gott und auf Wiedersehn (1982);
Acht Wochen Urlaub müsst' es geben (1982);
Ja, heute woll'n wir feiern (1990)*

Moonbeats   *Koch*

Molina, Olivia
* 03.01.1946 in Kopenhagen
deutsch-mexikanische Sängerin, Schauspielerin, Komponistin, Texterin
War bereits als 15-jährige in Mexiko erfolgreich, kam 1966 nach Deutschland, Schauspielunterricht, seit Mitte der 70er Jahre international erfolgreich. Tritt inzwischen nicht mehr mit Schlagern, sondern als Tango-Sängerin auf; Tourneen mit einem eigenen Tango-Ensemble.
Wo und wann (1970); Aber wie [Let it be] (1970); So ist Mexiko (1971); Du, du, du (1976); Hard Rock Cafe (1977)

Montecarlos (Die Montecarlos)
siehe: Blaue Jungs

Moonbeats
1985 in Münster gegründete Band
Mitglieder: Tommy Moon (* 19.01.1949 in Burgsteinfurt [Bassist, Sänger]), Harry Chrash (* 01.02.1949 in Osnabrück [Schlagzeuger, Sänger]), Gert Jörling (* 19.08.1950 in Münster [Gitarrist, Sänger]). Die Band wurde bei einer Tournee der Bee Gees als Vorgruppe engagiert.
Living Doll (1986); Bleib bei mir (1986); Zauberspiegel (1991); Dein blondes Haar (1990); Bis ans Ende der Nacht (1991); Hallo Mädchen (1989); So süße Schuh (1990); Angela (1992)

Morell, Monica
* 06.08.1953 in Menziken / Aargau
schweizerische Sängerin
Ich fange nie mehr was an einem Sonntag an (1972); Bitte glaub es nicht (1973); Später, wann ist das (1973); Die besten Männer sind meistens schon vergeben (1976)

Morgan, Manfred (Rudi Edelmann)
* 18.11.1948 in Stuttgart

deutscher Sänger, Komponist, Texter, Gitarrist
Der ausgebildete Lehrer war Mitglied der Begleitband von Erik Silvester. War Anfang der 70er Jahre als Sänger erfolgreich.
Zuerst kam die Sonne (1971); Dich hat der Himmel geschickt (1972); Ist das alles schon wieder vorbei (1974)

Michael Morgan   *Bellaphone*

Morgan, Michael (Michael Lamboley)
* 10.03.1968 in Merzig
deutscher Sänger
Absolvierte eine Bäckerlehre, hatte 1986 erste Erfolge als Sänger.
Nimm mein Herz (1986); Engel in Bluejeans (1987); In der Tiefe der Nacht (1989); Nur dein junges Herz (1990); Zuerst kam die Sonne (1991); Ich mag dich (1992)

Moroder, Giorgio
* 26.04.1944 in Ortisei/Südtirol
Südtiroler Komponist, Sänger, Produzent, Keyboarder

Sein erster großer Erfolg wurde 1967 die Produktion des Ricky Shayne Hits "*Ich sprenge alle Ketten*". Er komponierte u.a. für Mary Roos, Michael Holm, Donna Summer, Gianna Nanini, schrieb zahlreiche Filmmusiken (u.a. "American Gigolo", "Cat People", "Thank God, it´s Friday", "Flashdance", "Top Gun"), die Hymne der Olympischen Spiele in Seoul 1984 ("*Reach Out For The Medal*"), den FIFA-Song zur WM in Italien 1990 ("*Un 'Estate Italiana*"), zahlreiche internationale Auszeichnungen, ca. 50 Goldene Schallplatten.
Ich sprenge alle Ketten (1967); Heiß wie ein Vulkan (1967); Arizona Man (1970); Barfuß im Regen (1970); Ein verrückter Tag (1972); Wo bist du (1972)

Ernst Mosch   *Interfoto*

Mosch, Ernst (Ps: Wenzel Zittner)
* 07.11.1925 in Falkenau/Eger (CSFR)
deutscher Bandleader, Komponist, Posaunist, Sänger

Nana Mouskouri   *Philips / Metronome*

Erhielt seine musikalische Ausbildung in Ölsnitz, war während des Krieges Mitglied eines Militärorchesters. Von 1945 bis 1951 als Musiker in amerikanischen Clubs in Deutschland tätig. Von 1951 bis 1966 Mitglied im Orchester Erwin Lehn beim SDR. Seit 1966 selbständig, Gründung der Original Egerländer Musikanten. Wurde mit seinem Egerländer-Sound zum "Vater" der volkstümlichen Blasmusik, ist damit auch international außerordentlich erfolgreich.
Pfeffernüsse (1956); Mondschein an der Eger (1957); Wir sind die Kinder von der Eger (1964); Dompfaff (1968); Bis bald auf Wiedersehn (1965)

Moser, Hans (Johann Julier)
* 06.08.1880 in Wien
+ 19.06.1964 in Wien
österreichischer Schauspieler, Sänger

Wurde durch seine komischen Filmrollen populär, gilt als einer der bekanntesten Wiener Volksschauspieler..
Ich hab mir für Grinzing ein'n Dienstmann engagiert (1969)

Mösser, Peter (Ps: Günter Lex)
* 25.09.1915 in Wilhelmshaven
deutscher Komponist, Texter
Schrieb oft mit Lotar Olias zusammen, u.a. für Freddy Quinn, Ivo Robic, Fred Bertelmann. Lebt heute in der Schweiz.
Sie hieß Mary Ann (1956); Minnehaha (1956); Einmal in Tampico (1957); Heimatlos (1957); Der lachende Vagabund (1957); Der Legionär [Hundert Mann und ein Befehl] (1958); Morgen (1959)

Mouskouri, Nana
* 13.10.1936 in Athen
griechische Sängerin, Pianistin

Mühlenhof Musikanten　　　　　　　　　　　　　*east west*

Studierte am Konservatorium (Klavier, Harmonielehre, Gesang). Begann als Jazz-Sängerin, hatte 1958 ihren ersten Rundfunk-Auftritt in Griechenland, seitdem schrieb ihr der griechische Star-Komponist Manos Hadjidakis zahlreiche Titel, die sie meist in mehreren Sprachen sang. Ihren ersten großen Hit landete sie in Deutschland mit "*Weiße Rosen aus Athen*" und erhielt dafür auch ihre erste Goldene Schallplatte. International durch zahlreiche Tourneen erfolgreich, seit Anfang der 60er Jahre in Frankreich, seit Mitte der 60er Jahre in Kanada und USA (Tournee mit Harry Belafonte). Inzwischen über 200 Goldene Schallplatten, zahlreiche Auszeichnungen.
Weiße Rosen aus Athen (1961); Ich schau den weißen Wolken nach (1962); Einmal weht der Südwind wieder (1962); Am Horizont irgendwo (1962); Rote Korallen (1963); Wo ist das Glück vom vergangenen Jahr (1964); Adios (1975); Guten Morgen Sonnenschein (1977); Das Glück ist wie ein Schmetterling (1977); Lieder, die die Liebe schreibt (1978); Weil der Sommer ein

Winter war (1979); La Provence [du blühendes Land] (1981); Alles was du brauchst ist Liebe (1982); Ich leb im Traum (1983); Aber die Liebe bleibt (1985)

Mross, Stefan
* 26.11.1975 in Traunstein
deutscher Trompeter
Hatte 1989 seinen ersten Fernseh-Auftritt bei Karl Moik, war im gleichen Jahr Sieger beim Grand Prix der Volksmusik mit dem Titel "*Heimwehmelodie*". Studiert inzwischen in Salzburg am Mozarteum.
Heimwehmelodie (1989); Servus, pfüat Gott und auf Wiedersehn (1989); La Pastorella (1989)

Muck (Hartmut Schulze-Gerlach / Ps: Thommy Raiker)
siehe Schulze-Gerlach, Hartmut

Mucke, Maria
* 15. August in Mainz
deutsche Sängerin, Schauspielerin
Zauber von Paris [Erst kommt ein Blick] (1951).

Münchener Freiheit *Sony*

Heut ist ein Feiertag für mich (1954); Wer war denn die Dame (1956)

Mühlbauer, Hans (Ps: Rolf Arland)
* 04.03.1922 München
deutscher Pianist, Komponist
Studierte Klavier, war nach dem Krieg zunächst als Angestellter der Münchener Stadtverwaltung, nebenbruflich als Musiker tätig. Hatte erste Erfolge mit volkstümlichen Titeln, komponierte ab Anfang der 60er Jahre u.a. für Roy Black, Ralf Bendix und Chris Roberts. Zahlreiche Goldene Schallplatten.
Die große Nummer wird gemacht (1962); Du bist nicht allein (1965); Ganz in Weiß (1965); Goodnight My Love (1967); Die Maschen der Mädchen (1968); Das Mädchen Carina (1969)

Mühlenhof Musikanten
Frauenchor aus Ammerland (1978 gegründet), Leiterin Annelie Kuhlmann, seit 1991 (Grand Prix der Volksmusik) erfolgreich, zahlreiche TV-Auftritte.
An de Küst von de Waterkant (1990); Dat noch

in hundert Johren (1991); Luster mal mien Kind (1991)

Müller, Rainer (Ray Miller)
siehe Miller, Ray

Müller, Rolf Hans
* 10.04.1928 in Dresden
+ 26.12.1990 in Baden-Baden
deutscher Pianist, Komponist, Bandleader
War Mitglied im Dresdener Kreuzchor, studierte an der Musikhochschule Heidelberg. War ab 1949 beim SWF tätig (Pianist, Komponist), von 1958 bis 1979 Leiter des Südwestfunk-Tanz-Orchesters. Ab 1979 freischaffender Komponist, Regisseur und Arrangeur. Schrieb zahlreiche Film- und Fernsehmusiken (u.a. "Tatort", "Forellenhof", "Salto mortale").

Müller, Werner (Ps: Heinz Buchholz / Ullmer)
* 02.08.1920 in Berlin
deutscher Komponist, Orchesterleiter
Leitete ab 1948 das RIAS Tanz-Orchester,

Wencke Myhre   *Interfoto*

war ab 1967 Orchester-Chef beim West-
deutschen Rundfunk. Komponierte zahl-
reiche Film- und Fernsehmusiken (u.a. Drei
Mann in einem Boot). Schrieb u.a. für
Caterina Valente, Bully Buhlan, Paul Anka,
Rita Paul.
*Ein Gläschen Wein und du (1960); Für Gaby tu
ich alles (1962); Wenn ich ein Junge wär (1963);
Zwei Mädchen aus Germany (1964)*

Müller-Westernhagen, Marius
* 06.12.1948 inDüsseldorf
deutscher Sänger, Schauspieler
Spielte u.a. in dem Film "Theo gegen den
Rest der Welt". Seit Anfang der 80er Jahre
als Rock-Sänger erfolgreich.
*Gerti (1981); Weil ich dich liebe (1989); Fertig
(1990); Freiheit (1990)*

Münchener Freiheit
deutsche Band (Foto siehe S. 257)
Alex Grünwald (* 07.09.1954 [Keyboarder]),
Rennie Hatzke (* 30.11.1955 [Schlagzeuger]),
Micha Kunzi (* 27.08.1958 [Bassist]), Aron
Strobel (* 26.01.1958 [Gitarrist]), Stefan
Zauner (* 30.06.1952 [Sänger. Keyboarder])
Die 1981 gegründete Band gilt als eine der
erfolgreichsten Formationen im Grenzbereich
zwischen Pop, Rock und Schlager.
*Ohne dich (1985); Tausendmal du (1986); Herz
aus Glas (1987); Solang man Träume noch
leben kann (1987); Bis wir uns wiedersehn
(1988); So heiß (1988); Verlieben, verlieren
(1989); Ich will dich nochmal (1990); Liebe auf
den ersten Blick (1991)*

Munro, Klaus (Nick Munro)
* 28.06.1927 in Hamburg
deutscher Komponist, Texter, Arrangeur
Studierte von 1947 bis 1952 an der Musikhochschule Hamburg. Schreibt seit 1952
für Theater, Hörfunk und Fernsehen, seit
1960 auch für Schallplattenproduktionen.
Siegte mit "Après toi [Dann kamst du]"

(Vicky Leandros) 1972 beim Grand-Prix-
Eurovision. Schreibt u.a. für Roger
Whittaker, Vicky Leandros, Demis Roussos.
*Kiddy, Kiddy, Kiss me (1964); Dann kamst du
(1972); Alles was ich hab (1972); Goodbye, My
Love, Goodbye (1973); Schönes Mädchen aus
Arcadia (1973); Rot ist die Liebe (1974); Schön
wie Mona Lisa (1975); Ich liebe das Leben
(1975); Tango d'amour (1976); Auf dem Mond,
da blühen keine Rosen (1977); Wenn es dich
noch gibt (1982); Abschied ist ein scharfes
Schwert (1984)*

Myhre, Wencke
* 15.02.1947 in Oslo
norwegische Sängerin, Schauspielerin
Siegte im Alter von 13 Jahren bei einem
Talentwettbewerb in Norwegen und bekam
ihren ersten Plattenvertrag. Seit 1961 in
Norwegen, seit Mitte der sechziger Jahre in
Deutschland erfolgreich. 1966 bei den deut-
schen Schlagerfestspielen Siegerin mit dem
Titel "*Beiß nicht gleich in jeden Apfel*",
zahlreiche Tourneen, Auszeichnungen, Gol-
dene Schallplatten.
*Sprich nicht drüber (1965); Beiß nicht gleich in
jeden Apfel (1966); Komm allein (1967); Ein
Hoch der Liebe (1968); Er steht im Tor (1969);
Er hat ein knallrotes Gummiboot (1970); Eine
Mark für Charly (1977); Laß mein Knie, Joe
(1978); Oh No No (1981); Böse Buben (1982);
Keep Smiling (1985)*

Naabtal Duo   *Hohner*

N

Naabtal Duo (Original Naabtal Duo)
deutsches Gesangsduo (1982 gegründet)
Wolfgang Edenharder, Postangestellter
(* 10.04.1962 in Burglengenfeld/Naabtal
[Sänger, Akkordeonspieler]) und Willi
Seitz, Textilkaufmann (* 17.12.1957 in
Wolfsegg/Regensburg [Schlagzeuger, Sänger])
Das zunächst im Amateurbereich tätige Duo
wurde von Günther Behrle entdeckt und
produziert, er schrieb auch den ersten großen Hit für den Grand-Prix der Volksmusik
1988 ("*Patrona Bavariae*") und löste damit
den neuen Boom der volkstümlichen Musik
aus. Das Duo ist seitdem im Bereich des
volkstümlichen Schlagers erfolgreich.
Patrona Bavariae (1988); Schutzengel bleib bei
mir (1989); Hinter jedem Schatten ist ein Licht
(1989); Heimweh nach der Heimat (1990);
Menschen hab'n auf Gott vergessen (1992)

Narholz, Gerhard (Ps: Otto Sieben,
Norman Candler)
* 09.06.1937 in Vöcklabruck (Österreich)
österreichischer Komponist, Produzent,
Orchesterleiter, Verleger
Studierte Musikwissenschaft in Wien, schloß
ein Kompositionsstudium an der Akademie
für Musik und darstellende Kunst in Wien
an. Gründete das Orchester Otto Sieben und
die Norman Candler Magic Strings. Über
1000 Kompositionen aus dem Bereich der
Tanz-, Unterhaltungs- und Filmmusik,
Musicals (u.a. "Wiener Panoptical").
Schrieb u.a. auch für Horst Jankowski,
Mladen Franko, Peggy Brown, Bill Ramsey.
Rhine River Boat (1978); Ein Tango in der
Hafenbar (1963); Ein Student aus Heidelberg
(1964)

Natschinski, Gerd
23.08.1928 in Chemnitz
deutscher Komponist
Studierte Anfang der 50er Jahre an der

Musikhochschule in Berlin, war danach als
Lehrer tätig. Schrieb in den 50er und 60er
Jahren Filmmusiken und Musicals (u.a.
"Messeschlager Gisela" 1960, "Servus Peter" 1961, "Mein Freund Bunbury" 1964),
zahlreiche Hits.
Damals (1959); Zwei gute Freunde (1956)

Neger, Ernst
* 14.01.1909 in Mainz
+ 15.01.1989 in Mainz
deutscher Karnevalist, Sänger
Der Dachdeckermeister mit eigenem Betrieb wurde im Rahmen der Mainzer
Karnevalsaktivitäten überregional bekannt
(Fernseh-Fastnachts-Sendung "Mainz bleibt
Mainz"), gab seinen Beruf dennoch nicht
auf, stiftete einen Großteil seiner Tantiemen
für wohltätige Zwecke.
Heile, heile Gänsje (1960); Das Humbta-Täterä
(1963); Rucki Zucki (1973)

Neigel, Jule (Juliane Natascha Neigel)
* 16.04.1966 in Barnaul (UdSSR)
deutsche Sängerin, Texterin
Ihre Familie kam 1973 nach Deutschland. Sie
war seit Anfang der 80er Jahre in verschiedenen Bands aktiv, bis sie 1987 mit der Jule
Neigel Band (ehem. "The Stealers") ein eigenes Repertoire aufbauen konnte. Mitglieder
der Band sind Andreas Schmid (* 22.05.1963
in Mannheim [Gitarrist]), Alex Schwarz (*
22.05.1963 in Mannheim [Keyboarder]), Thomas Ludwig (* 26.10.1963 in Mannheim
[Schlagzeuger]) und Frank Schäfer (*
26.09.1954 in Mannheim [Bassist]).
Schatten an der Wand (1988); Nie mehr miese
Zeiten (1988); So wie noch nie (1990); Tanz mit
mir (1990); Heut' nacht (1991); Wenn Engel
reisen (1992)

Nelson, Rudolf (Rudolf Lewysohn)
* 08.04.1878 in Berlin
+ 05.02.1960 in Berlin

deutscher Komponist, Pianist
Gründete in den 20er Jahren in Berlin das Nelson-Theater, schrieb Revuen, Operetten und Kabarett-Chansons. Floh 1933 vor den Nationalsozialisten nach Amsterdam, kehrte nach dem Krieg wieder nach Berlin zurück.

Erst kamen die Blusen, die Kleider (1913); Wenn du meine Tante siehst (1924); Ich bin das Nachtgespenst [Das Nachtgespenst] (1930); Alles kommt einmal wieder (1950)

Nena   *Interfoto*

Nena (Gabriele Susanne Kerner)
* 24.03.1960 in Hagen
deutsche Sängerin
Absolvierte eine Ausbildung zur Goldschmiedin; nach ersten Karriereversuchen mit der Band "The Stripes" ging sie Anfang der 80er Jahre nach Berlin, gründete die Band "Nena", wurde von Reinhold Heil ("Spliff") produziert, zahlreiche TV-Auf-

tritte, spielte auch in dem Film "Gib Gas - ich will Spaß" mit. Kam auch in England, Japan und Amerika in die Hitlisten. Nena gilt als eine der Hauptvertreterinnen der "Neuen Deutschen Welle".

Nur geträumt (1982); Neunundneunzig Luftballons (1983); Leuchtturm (1983); Fragezeichen (1983); Rette mich (1984); Irgendwie, irgendwo, irgendwann (1984); Feuer und Flamme (1985); Haus der drei Sonnen (1985); Wunder gescheh'n (1989)

Neubach, Ernst
* 03.01.1900 in Wien
+ 21.05.1968 in München
österreichischer Texter, Librettist
Arbeitete u.a. auch mit Fritz Löhner (Beda) zusammen.

Ich hab' mein Herz in Heidelberg verloren (1925); In einer kleinen Konditorei (1928); Du bist das süßeste Mädel der Welt (1930); Ein Lied geht um die Welt (1933)

Roland Neudert   *Polydor*

Neudert, Roland
* 09.06.1940 im Böhmerwald
deutscher Sänger, TV-Moderator, Tänzer
Gehörte in der ehemaligen DDR zu den

etablierten Stars der Unterhaltung.
Der Himmel hielt den Atem an (1991); Prinzessin meines Herzens (1991)

Neumann, Ulla und Ulrik
Ulla Neumann * 23.10.1946
dänische Sängerin, Fernseh-Moderatorin
Ulrik Neumann * 1918
dänischer Sänger, Fernseh-Moderator
Vater von Ulla Neumann.
Ukulele Song (1970); Deutsche Grammatik (1974)

Nicki   Virgin

Nicki
(Doris Hrda)
* 02.11.1966 in Plattling/Deggendorf
deutsche Sängerin, Komponistin, Texterin
Ist seit 1982 erfolgreich mit Country- und Rock´n´Roll-beeinflußter Popmusik zu bayerischen Dialekt-Texten. Helmut Frey und Harald Steinhauer schreiben für sie.
Servus, mach's guat (1983); I wär am liebsten mit dir ganz alloa (1985); Wenn i mit dir tanz (1986); Wegen dir (1986); Mehr von dir (1987); I bin a bayrisches Cowgirl (1988); Samstag nacht (1988); Koana war so wie du (1989); Vasolidor (1989); Wie a Traum (1990); Du bist in meiner Macht (1992); Des geht vorbei (1992)

Nicolas, Jean (Camillo Felgen)
siehe Felgen, Camillo

Nicole (Nicole Seibert)
* 25.10.1964 in Saarbrücken
deutsche Sängerin, Komponistin, Texterin
Nahm 1980 an einem Talentwettbewerb teil und wurde von dem Komponisten und Produzenten Robert Jung entdeckt. War mit dem Titel "*Flieg nicht so hoch, mein kleiner Freund*" bereits 1981 in der ZDF-Hitparade. Siegte 1982 mit dem Titel "*Ein bißchen Frieden*" beim Grand-Prix-Eurovision. Seitdem als eine der führenden Sängerinnen des deutschen Schlagers etabliert, zahlreiche Rundfunk- und

Heike Neumeyer   Intercord

Neumeyer, Heike (Ps: June Grand)
* 17.10.1963 in Kassel
deutsche Sängerin, Komponistin, Texterin
Die ausgebildete Dolmetscherin sang 1990 die Background-Stimme bei Matthias Reims Hit "*Verdammt, ich lieb dich*" und ist inzwischen auch als Solistin erfolgreich; wird von Bernd Dietrich produziert.
Mitten ins Herz (1992); Lichterloh (1992); Kaum bin ich allein (1992)

Nicole   *Jupiter*

Nilsen Brothers *Interfoto*

Fernsehauftritte, Auszeichnungen und Goldene Schallplatten.

Flieg nicht so hoch, mein kleiner Freund (1981); Der alte Mann und das Meer (1981); Ein bißchen Frieden (1982); Papillon (1982); Ich hab' dich doch lieb (1982); Wenn die Blumen weinen könnten (1983); Laß mich nicht allein (1986); Kommst du heut' nacht (1986); Song For The World (1987); Und wenn die Nacht kommt (1987); Jeder Zaun, jede Mauer wird aus Blumen sein (1990); Gelegenheit macht Liebe (1991); Steh wie ein Mann zu mir (1991); Und ich denke schon wieder an dich (1991); Mit dir vielleicht (1992)

Niessen, Charly
* 22.08.1923 in Wien
+ 1990
österreichischer Komponist, Texter
Studierte in Weimar, Jena und Wien (Theater- und Musikwissenschaft). Wurde von Heino Gaze und Peter Schaeffers als Schlagerkomponist und -texter entdeckt. Schrieb über 1000 Titel (u.a. für Hildegard Knef, Lou van Burg), zahlreiche Film- und Fernsehmusiken.

Ein Gruß, ein Kuß, ein Blumenstrauß (1955); Blue Jean Boy (1958); Banjo Boy (1959); Der Mann im Mond (1961); Ich kauf' mir lieber einen Tirolerhut (1962); Eins und eins, das macht zwei (1963); Bin i Radi, bin i König (1965); Hallo, Herr Nachbar (1973); Komm doch mal rüber (1976)

Niessen, Josef (Ps: Dave Daffodil)
siehe Daffodil, Dave

Nilsen Brothers
deutsches Trio
Walter Leykauf (siehe Patrizius), Pepe Ederer (siehe dort) und Gerd Gudera.
Tom Dooley (1958); Sacramento (1961); Stielaugen-Tango (1962); Aber dich gibt's nur einmal für mich (1965)

Nina & Mike   *Interfoto*

Nina & Mike (Michaele u. Lothar Schäfer)
Nina * 19.06. 1946 in Halle/Saale
Mike * 14.01.1944 in Mannheim
deutsches Gesangsduo
Das Ehepaar wurde von Jack White produziert und war seit Anfang der 70er Jahre erfolgreich. Zahlreiche TV-Auftritte, Tourneen, Goldene Schallplatten. Seit 1992 schreibt auch Freddy Breck für sie.
Rund um die Welt geht das Lied der Liebe (1973); Fahrende Musikanten (1973); Kinder der Sonne (1974); Paloma blanca (1975); Ich käm am liebsten zu dir durchs Telefon (1978); Sommer auf Trinidad (1979); Wo die Träume zu Hause sind (1992); Spiel' noch einmal für mich die Gitarre (1992)

Nockalm Quintett (Original Nockalm Quintett)
österreichische Band (1982 gegründet)
Gottfried Würcher (24.10.1958 [Sänger, Gitarrist, Schlagzeuger]), Heinz Zwatz

(07.07.1951 [Akkordeon- und Keyboard-Spieler]), Wilfried Wiederschwinger (29.07.1958 [Klarinettist, Saxophonist, Trompeter, Schlagzeuger, Posaunist, Alphornspieler]), Edmund Wallensteiner (* 09.06.1962 [Bassist, Posaunist, Sänger]), Dietmar Zwischenberger (* 22.07.1962 [Trompeter, Schlagzeuger])
Die Band wird von Walter Leykauf (siehe Patrizius) und Gustl Gstettner produziert. Zahlreiche Rundfunk- und Fernseh-Auftritte, Auszeichnungen, Goldene- und Platin-Schallplatten.
Mein Mutterherz (1986); Drei Finger auf's Herz (1988); Gib mir als Souvenir ein kleines Bild von dir (1989); Spiel nie mit dem Feuer (1989); Aus Tränen wird ein Schmetterling (1990); Schuld sind deine himmelblauen Augen (1991); Weine nicht um ihn (1991); Wann kommst du wieder (1991); Und in der Nacht, da brauch i di zum Träumen (1992)

Nockarlm Quintett   *Koch*

Nold, Herbert
* 03.04.1940 in Rastatt-Niederbühl
deutscher Komponist, Texter, Produzent
War Kriminalbeamter. Ist Manager und

Produzent u.a. von Tony Marshall, Walter Scholz, Edward Simoni, Regina Thoss.

Konzertveranstalter erfolgreich, später auch im Bereich des volkstümlichen Schlagers.

Jeder Tag ist ein Geschenk (1990); Der Herbst des Lebens (1990); Eine Handvoll Glück (1990)

Ulla Norden   *toi,toi,toi*

Norden, Ulla (Ulla Kleiner)
* 04.02.1940 in Mannheim
deutsche Sängerin, Schauspielerin, Moderatorin
Erhielt eine Gesangs-, Ballett- und Schauspielausbildung in Konstanz. Gewann einen Schlagerwettbewerb und nahm danach ihre erste Platte "*Adio Romeo*" auf. Ist Inzwischen auch als Rundfunkmoderatorin beim WDR in Köln tätig.

Alle Tage Sonntag (1970); Wir sind verrückt (1979); Hol mir die Sonne (1979); Verliebt in den eigenen Mann (1980); Urlaub (1981); Du nimmst mich so wie ich bin (1992); Als zu mir die erste Liebe kam (1992); Du hast zu allem das passende Lächeln (1992)

Herbert Nold   *Nold*

Norbert K. (Norbert Kratzenberg)
* 23.03.1939 in Kleve
deutscher Sänger, Entertainer
Vater des Sängers Thomas Antoni. War zunächst als Discothekenbesitzer und

Noris, Günter
* 05.06.1935 Bad Kissingen
deutscher Komponist, Orchesterleiter, Arrangeur
Studierte Klavier und Komposition in Würzburg. War ab 1960 freier Mitarbeiter beim Hessischen Rundfunks (als Pianist

Norbert K.   *Heimat Express*

und Arrangeur), ab 1961 stellvertretender Dirigent des RIAS Tanz-Orchesters in Berlin. Wechselte 1967 zum WDR. War 1971 Gründer und bis 1983 Leiter und Dirigent der Big Band der Bundeswehr. Seit 1983 als freischaffender Komponist und Arrangeur tätig. Zahlreiche Auszeichnungen (u.a. 1979 Deutscher Schallplattenpreis, 1980 Goldener Taktstock, 1983 Goldene Ehrennadel des ADTV, 1984 Bundesverdienstkreuz).

Walter Oberbrandacher   *Koch*

Oberbrandacher, Walter
* 29.12.1951 in Salzburg
österreichischer Sänger, Komponist, Texter
Erfolgreich im Bereich des volkstümlichen
Schlagers, schrieb u.a. für Hansl Krönauer,
Sepp und die Steigerwälder Musikanten,
Alpenland Quintett und das
Alpenlandsextett Terenten.
*Das Glück, des kann man net kaufen (1991); I
hab mei Herzerl zum Verschenken (1991); In
München wohnt mei Spatzerl (1991); Hallo,
servus Evi (1992)*

Oberdörffer, Manfred (Ps: Tony)
siehe Tony

Ofarim, Esther
siehe (Ofarim, Esther & Abi)
*Melodie einer Nacht (1963); Morgen ist alles
vorüber (1963)*

Ofarim, Esther & Abi
israelisches Gesangsduo
Esther (Esther Zaied * 13.06.1941 in Safed/
Israel) und Abi (Abraham Reichstadt *
05.10.1937 in Tel Aviv/Israel)

Abi studierte Musik und Tanz in Tel Aviv,
Esther hat eine Tanzausbildung. Die erste
Platte wurde 1961 in Israel veröffentlicht
und stürmte die dortigen Hitparaden. Ab
Mitte der 60er Jahre war das Duo internatio-
nal in den Hitparaden vertreten ("*Cinderella
Rockefella*" 1968). Nach der Scheidung
(1970) verlegte Esther ihre Aktivitäten auf
anspruchsvolle Titel im Chanson-Bereich.
Abi wurde Produzent (u.a. für Ilse Werner)
*Melodie einer Nacht (1964), Noch einen Tanz
(1966); Sing Halleluja (1966)*

Esther Ofarim   *Mercury*

Offenbach, Jacques
* 20.06.1819 in Köln
+ 05.10.1880 in Paris
französischer Komponist deutscher Herkunft
Studierte am Conservatoire de Paris, gründete 1855 ein eigenes kleines Theater in
Paris. Komponierte zahlreiche Opern, gilt
als Schöpfer der Pariser-Operette. Schrieb
u.a. "Orpheus in der Unterwelt" 1858, "Die
schöne Helena" 1864, "Die Großherzogin
von Gerolstein" 1867, "Hoffmanns Erzäh-
lungen" 1880.

Ohrner, Tommi
* 03.06.1965 in München
deutscher Sänger, Schauspieler, Kinder-
darsteller, Fernseh-Moderator
Sohn der Schauspielerin Evelyn Ohrner,
Bruder der Schauspielerin Caroline Ohrner.
*Rock'n'Roll In Old Blue Jeans (1980); Im
Dschungel ist der Teufel los (1982); Nochmal
Schwein gehabt (1983)*

Okonkowski, Georg
* 11.03.1863 in Hohensalza
+ 24.03.1926 in Berlin
deutscher Texter
*Wenn der Vater mit dem Sohne (1910); In der
Nacht, wenn die Liebe erwacht (1913);*

Old Merry Tale Jazzband (OMTJ)
1956 in Hamburg von Addi Münster ge-
gründete Dixieland-Band (1985 aufgelöst).
Ein Teil der Mitglieder fand sich jedoch im
gleichen Jahr wieder zusammen, neuer
Name der Band ist jetzt "Traditional Old
Merry Tale Jazzband", Mitglieder sind Die-
ter Bergmann (Trompete, Gesang), Hellmut
Lamszus (Klarinette, Saxophon), Bernd
Reiners (Schlagzeug), Reinhard Zaum
(Bass, Tuba, Gesang), Peter Mette (Kla-
vier), Wolfgang Ahlers (Posaune), Hans-
Joachim Masch (Banjo)
*Am Sonntag will mein Süßer mit mir Segeln gehn
(1961); Der Theodor im Fußballtor (1973)*

Olias, Lotar (Foto siehe S. 34)
* 23.12.1913 in Königsberg
+ 21.10.1990 in Hamburg-Ohlsdorf
deutscher Komponist, Texter
Studierte am Konservatorium in Königsberg
und in Berlin, gründete 1960 einen eigenen
Musikverlag (Edition Esplanade). Schrieb
einige seiner größten Erfolge für Freddy
Quinn.
*Auch Matrosen haben eine Heimat (1949); Wenn
die Männer wüßten (1951); Du, du, du, laß mein*
*kleines Herz in Ruh (1954); Ich hab Heimweh
nach St. Pauli (1954); Junge, komm bald wieder
(1954); So ein Tag, so wunderschön wie heute
(1954); Einmal in Tampico (1957); Heimatlos
(1957); Unter fremden Sternen (1959); Die
Gitarre und das Meer (1959); La Guitara
Brasiliana (1960); Eine Handvoll Reis (1966)*

Olsen, Janine Karen (Erika)
siehe Gitti & Erica (bzw. Erika)

O'Melley, Howard (Franz-Peter Moorlampen)
* 29.05.1954 in Sieg/Hennef
deutscher Komponist, Orchesterleiter, Produzent
Studierte zunächst Jura. Schrieb für James
Last dessen Hit "*Biscaya*" (weltweit über 6
Millionen verkaufte Platten). Gründete 1985
das Biscaya Orchestra; produzierte zusammen mit seinem Bruder Tony O'Melley und
Thorsten Schotten u.a. Kristina Bach, Oliver Frank, Karina Kim.
*Am weißen Strand von Helgoland (1983);
Palermo bei Nacht (1986); Ciao, ciao amore
(1991); Junges Herz (1992); Zum Frühstück
nach Paris (1992)*

OMTJ
siehe Old Merry Tale Jazzband

Optimisten (Die Optimisten)
1951 gegründetes Vocal-Ensemble mit Peter Alexander, Erwin Halletz, Ernie Bieler
und zeitweise auch Jörg Maria Berg.

Orloff, Peter (Peter von Orloff)
* 12.03.1944 in Lemgo
deutscher Sänger, Komponist, Texter, Produzent russischer Abstammung
War als 14-jähriger Mitglied des
"Schwarzmeer-Kosaken-Chores". Studierte in Köln Jura. Wurde von Heinz Korn
entdeckt, nahm Mitte der 60er Jahre seine

Peter Orloff *Aladin*

Hazy Osterwald Sextett   *Interfoto*

erste Schallplatte auf. Produzierte 1969 seine Eigenkomposition "*Du*" (Peter Maffay). Schrieb u.a. für Freddy Quinn, Bernd Clüver, Renate Kern, Bata Illic, Bernhard Brink, Marion Maerz, Elfi Graf, Nina & Mike, Lolita, Julio Iglesias. Zahlreiche Auszeichnungen. Schrieb auch Film- und Fernsehmusiken.

Die Insel Niemandsland (1964); Das schönste Mädchen der Welt (1967); Es ist nie zu spät (1967); City Girl (1968); Du (1970); Ein Mädchen für immer (1969); Jeder hat dich gern - einer hat dich lieb (1972); Der kleine Prinz (1973); Das Tor zum Garten der Träume (1974); Zünd eine Kerze an und warte auf den Morgen (1975); Ich bestell' schon mal das Himmelbett (1976); Die Nacht als Christina fortlief (1977); Immer wenn ich Josy seh (1978); Cora, komm nach Haus (1979); Ich liebe dich (1979); Königin der Nacht (1979)

Ostermann, Willi
* 01.10.1876 in Köln
+ 06.08.1936 in Köln
deutscher Komponist, Texter, Musik-

verleger
Schrieb zahlreiche Kölner Lieder, rheinische Lieder und Tänze.
Rheinlandmädel (1928); Einmal am Rhein (1929); Heimweh nach Köln (1936)

Osterwald, Hazy (Rolf E. Osterwalder)
* 18.02.1922 in Bern
schweizerischer Bandleader, Produzent, Verleger, Trompeter, Pianist
Studierte am Konservatorium in Bern. Gründete 1949 das Hazy Osterwald Sextett, mit dem er im Jazz- und im Schlagerbereich erfolgreich wurde. Gründungsmitglieder: Sunny Lang (Bass), John Ward (Schlagzeug), Pierre Cavalli (Gitarre), Ernst Höllerhagen (Klarinette), Francis Burger (Klavier). Die Besetzung veränderte sich im Lauf der Jahre, später spielten u.a. auch Curt Prina (Klavier), Dennis Armettage (Saxophon), Peter Beil (Trompete).
Kriminal-Tango (1959); Panoptikum (1960); Konjunktur-Cha-Cha (1961); Musik ist Trumpf (1961); Schwarzer Kater Stanislaus (1962)

Otero, Carlos
* 1916 in Portugal
portugiesischer Sänger, Schauspieler
War in den 60er Jahren in Deutschland auch
als Schlagersänger erfolgreich.
Weine keine Träne um mich, bella Maria (1962);
Dunkle Augen in der Nacht (1963)

Otten, Hans
* 10.07.1905 in Köln
+ 31.10.1942 in Köln
deutscher Komponist
Studierte an der Musikhochschule Köln
und schrieb neben zahlreiche Schlager (zu
Texten von Gerhard Ebeler) auch Revuen
für das Theater Groß-Köln.
Du kannst nicht treu sein (1936)

Palastorchester   *Monopol*

Die Paldauer   *Polydor*    *André Parker*   *toi, toi, toi*

P

Palast-Orchester

deutsches Unterhaltungsorchester
Wurde 1986 von elf Musikern (mehrheitlich
Musikstudenten) gegründet. Musikalische
Leiterin ist Michaela Hüttich; Max Raabe
ist der Sänger des Ensembles. Das Reper-
toire besteht aus Schlagern der 20er, 30er
und 40er Jahre, die vorwiegend in Original-
Arrangements gespielt werden.

Paldauer (Die Paldauer)

österreichische Band aus dem Bereich des
volkstümlichen Schlagers. Mitglieder: Franz
Griesbacher (* 03.03.1956 in Paldau [Trom-
peter, Sänger, Schlagzeuger]), Anton Hofer
(* 18.01.1967 in Graz [Akkordeon-Spieler,
Bassist, Posaunist, Pianist, Sänger]), Erwin
Pfundner (* 25.04.1954 in Feldbach
[Saxophonist, Klarinettist, Schlagzeuger,
Sänger]), Renato Wohllaib (* 24.12.1960
in Höchst [Pianist, Keyboarder, Akkordeon-Spieler, Sänger]), Dietmar Ganshofer (*
15.06.1961 in Mürzzuschlag [Sänger, Gitarrist, Bassist, Schlagzeuger]), Manfred
Brandstätter (* 17.11.1964 in Voitsberg
[Trompeter, Flügelhorn-Spieler, Pianist,
Keyboarder]). Kopf und Gründer der Band
ist Franz Griesbacher, der mit Jean Frank-
furter zusammen auch als Produzent für die
Gruppe auftritt. Mehrere Goldene Schallplatten; u.a. Zusammenarbeit mit dem
schweizer Produzenten Egon Egemann.
*Tanz mit mir, Corinna (1989); Tränen der Liebe
(1990); Das Lächeln einer Sommernacht (1991);
Auch in der Taiga blühen Rosen (1991); Die
Nacht der 1000 Sonnen (1991); Schwarzer Engel Einsamkeit (1991)*

Paola (Paola del Medico)

* 05.10.1950 in St. Gallen
schweizerische Sängerin, Texterin,
Moderatorin
Seit 1980 mit Kurt Felix verheiratet, mit
dem sie auch die Fernseh-Show "Verstehen
Sie Spaß" moderierte. Gesangs-, Schau-
spiel- und Ballett-Ausbildung. Wurde Mitte der 60er Jahre bei einem
Talentwettbewerb entdeckt. Nahm 1969 mit
dem Titel "*Bonjour, Bonjour*" erfolgreich
am Grand-Prix-Eurovision teil (2. Platz).
Seitdem regelmäßig in den Hitlisten
deutschsprachiger Länder vertreten.

Paola   Interfoto

*Stille Wasser, die sind tief (1969); Capri Fi-
scher (1974); Addio, mein Napoli (1974); Blue
Bayou (1978); Ich bin kein Hampelmann (1978);
Vogel der Nacht (1979); Wie du (1979); Cinema
(1980); Mit dir leben (1980); Der Teufel und
der junge Mann (1980); Liebe ist nicht nur ein
Wort (1981); Mein Geschenk für dich (1982);
Wenn du heimkommst (1982); Peter Pan (1982);
Träume mal schön von Hawaii (1983); Mode
(1985); Rose der Nacht (1989)*

Parker, André

* 06.06.1966 in Lübeck
deutscher Sänger
Absolvierte eine Ausbildung zum
Bürokaufmann. Zahlreiche Live-Auftritte,
seit Mitte der 80er Jahre als Sänger erfolg-
reich.
*Hallo Monika (1991); Du gehst mit unter die
Haut (1992)*

Parker, Teddy
* 17.04.1938 in Brünn/Mähren (CSFR)
deutscher Sänger, Moderator
Studierte Jura, hatte erste Erfolge als Frank Sinatra-Imitator. Ist seit 1961 mit eigenen Titeln erfolgreich, seit Mitte der 80er Jahre vor allem im Bereich des volkstümlichen Schlagers. Auch als Moderator beim Bayerischen Rundfunk tätig.

Teddy Parker   Venus e.V.

Nachtexpress nach St. Tropez (1961); In Cocacabana (1963); Du, ich hab mein Herz verloren (1971); Wie eine Ladung Dynamit (1971); So weit von daheim (1990); Jeder Tag ist ein Geschenk (1990); Für ein kleines Gebet ist es niemals zu spät (1990)

Parsch, Peter
* 20.04.1944 in Böhmisch Kamnitz
deutscher Sänger, Trompeter, Keyboarder
Studierte nach dem Besuch des Prager Konservatoriums (Trompete) Musik an der

Universität in Mainz. Ensemble-Mitglied des Mannheimer Staatstheaters (Bass). Auch als Schlagersänger erfolgreich. Betreibt ein Lokal in der Rüdesheimer Drosselgasse, in dem er auch regelmäßig auftritt.
Spiel ein Lied auf der Trompete (1986)

Pascal, Felix
* 19.11.1961 in Aachen
deutscher Sänger
Eine Insel, die Sonne und du (1990); Gib´ mir alles von Dir (1990); Komm´ laß uns tanzen geh´n (1991); Du hast mich angemacht (1992); Darling, glaub´ mir das ist Liebe (1992)

Felix Pascal   toi, toi, toi

Pascal, Petra
* 21.12.1943 in Frankfurt/Main
deutsche Sängerin
War im Schlager-, Chanson- und Folklore-Bereich erfolgreich.
Wie das Glas in meiner Hand (1972); Drei Schritte vor und zwei zurück (1972); Ich hab´ heute nacht uns´re Jahre gezählt (1976)

Pat & Paul (Renate & Horst Schweers)
Renate * 17. April in Lüneburg
Paul * 28. Dezember in Jülich

deutsches Gesangsduo
Pat arbeitete zunächst als Bürokauffrau, Paul war als Psychotherapeut tätig. Das Duo produziert im eigenen Tonstudio meist selbstgeschriebene Lieder.
Rosen im Sand (1984); Wer wandern will, braucht Sonnenschein (1984); Lieder, die von Herzen kommen (1986); Unter meinem Friesennerz (1991)

Patrizius (Walter Heinz Leykauf)
* 08.06.1942 in Regensburg
deutscher Sänger, Komponist, Texter
War Mitglied der Nilsen Brothers, (siehe dort) sang später auch bei den Viel-Harmonikern. Als Fernseh-Moderator ("Nachbarn, kommt rüber") bekannt. War 1990 beim Grand Prix der Volksmusik als Interpret, Komponist und Texter erfolgreich. Schreibt u.a. für die Kastelruther Spatzen, das Nockalm Quintett, und zahlreiche andere Interpreten aus dem Bereich des volkstümlichen Schlagers. Gründete einen eigenen Musik-Verlag (Edition Patrizius Musik).
Aber dich gibt's nur einmal für mich (1965/ 1989); Freunde fallen nicht vom Himmel (1990); Tränen passen nicht zu dir (1990); Schuld sind deine himmelblauen Augen (1991)
(Foto siehe S. 278)

Paul, Bernie (Bernd Vonficht)
* 12.02.1950 in Schweinfurt
deutscher Sänger, Produzent
Studierte Betriebswirtschaftslehre. Gründete im Alter von 14 Jahren seine erste Band, Ende der 60er Jahre dann die Formation "Seven Up", 1973 die Gruppe "Family Child". War dann bei der Firma Ariola angestellt und erwarb sich bald den Ruf, einer der besten "Talent-Scouts" zu sein. War zunächst als Produzent erfolgreich, als Sänger ab 1978 ("*Oh no no*"). Schrieb 1980 zusammen mit Harald Steinhauer den

Welthit "It's a really good feeling" und ist seitdem als Komponist international etabliert. Schrieb auch Film- und Fernsehmusiken. Produziert z.Zt. Andy Warda.
Lucky (1978); Weil i di mog (1982); Ein weißes Blattl Papier (1985); Du bist genau was i will (1985); Bleib heut nacht bei mir (1985); Du hast mei Herz in der Hand (1986)

Paul, Rita (Rita Brigitte Paul)
* 02.12.1928 in Berlin-Charlottenburg
deutsche Sängerin, Schauspielerin
Ich zähl mir's an den Knöpfen ab (1952); Mäcki Boogie [mit Bully Buhlan] (1952); Spiel mir eine alte Melodie (1953)

Paulsen, Ralf
* 03.04.1929
deutscher Sänger
War einer der Hauptvertreter der "Wild-West-Welle" der 60er Jahre.
Tränen in deinen Augen (1959); Der rote Reiter von Texas (1960); Bonanza (1963); Immer wenn er Whisky trank (1963)

Paveier
Kölner Band, die teilweise mit kölschen Liedern, aber auch in allen Bereichen des deutschen Schlagers (u.a. Pop, volkstümlich, Klamauk) erfolgreich ist. Mitglieder sind Michael Brühl (Sänger, Schlagzeuger, Trompeter), Hans Ludwig Brühl (Keyboarder, Gitarrist, Sänger), Detlef Vorholt (Sänger, Akkordeonist, Keyboarder), Bodo Schulz (Gitarrist, Bassist), Klaus Lückerath (Gitarrist, Banjo- und Mandoline-Spieler).
Frühling (1985), Nie mehr wieder ganz allein (1988); Alles OK ... am Baggersee (1989)

Pavone, Rita
* 23.08.1945 Turin (Italien)
italienische Sängerin, Schauspielerin

Patrizius　　　　　　　　　　　　　　　　　　　　Koch

Nahm 1962 erfolgreich an einem Talentwettbewerb teil und bekam einen Plattenvertrag. War zunächst in Italien erfolgreich, ab 1964 ("*Wenn ich ein Junge wär*") auch in Deutschland. Spielte in zahlreichen Filmen mit. Verkaufte in den 60er und 70 Jahren ca. 20 Millionen Schallplatten. Ist inzwischen in Italien vorwiegend als Rock-Sängerin erfolgreich.
Wenn ich ein Junge wär (1963); Mein Jack, der ist zwei Meter groß (1964); Kiddy, Kiddy, Kiss Me [mit Paul Anka](1964); Arrivederci Hans (1968); Bene bene bene (1969)

Peheiros
deutsches Gesangsensemble
Das Trio war in den 50er Jahren erfolgreich, arbeitete u.a. auch mit Heinz Erhardt zusammen.
Es hängt ein Autoreifen an der Wand (1954); Wasser ist zum Waschen da (1956)

Peter, Sue & Marc
schweizerisches Gesangs-Trio
Peter Reber (* 1949 in Bern, schweizerischer Sänger, Komponist, Texter, Produzent), Sue Schell (* 1950 in New York, amerikanische Sängerin) und Marc Dietrich (* 1948 in Bern, schweizerischer Sänger)
Cindy (1977); Ich ohne Dich (1981)

Peters, Ingrid (Ingrid Probst)
* 19.04.1954 in Dudweiler/Saar
deutsche Sängerin, Moderatorin
Diplomsportlehrerin, seit 1976 als Sängerin erfolgreich. Hatte 1986 den nationalen Grand-Prix-Siegertitel "*Über die Brücke gehn*". Arbeitet heute hauptsächlich als Rundfunk- und Fernsehmoderatorin.
Komm doch mal rüber (1976); Schmeiß den Kuckuck aus dem Nest (1977); Du bist nicht frei (1979); Nicht zu fassen (1979); Weißt du, wo du hingehst (1980); Ich halte zu dir (1981); Viva la

Mamma (1983); Afrika (1983); Über die Brücke gehn (1986)

Ingrid Peters　　　　　　*L.Stein*

Petersbursky, Jerzy
* 20.04.1895 in Warschau
+ 07.10.1979 in Warschau
polnischer Komponist
Oh Donna Clara (1930)

Peter Petrel　　　　　　*DA*

Petrel, Peter
* 14.04.1940 in Frankenhausen
deutscher Sänger
War Mitglied der Hamburger "Rentnerband". 1968 wurde er mit dem Goldenen Mikrofon als "beste Jazz-Stimme Deutschlands" ausgezeichnet. Ist seit seinem Erfolg mit dem Titel "How do you do" (zusammen mit Jeanny McKinley) als Schlagersänger etabliert.
How do you do (1972); Ich wär gern dein treuer

Diener (1974); Wer gibt noch einen aus (1976); Ich bin viel zu bescheiden (1981); Liebe ist... (1982); Heute kaufen wir ein Brauhaus (1992)

Wolfgang Petry   *Ariola / Hansa*

Petry, Wolfgang
* 22.09.1951 in Köln
deutscher Sänger, Komponist, Texter, Produzent, Keyboard
Seit Mitte der siebziger Jahre als Schlager- und Pop-Sänger erfolgreich.
Sommer in der Stadt (1976); Jeder Freund ist auch ein Mann (1977); Ein ganz normaler Tag (1977); Gianna - Liebe im Auto (1978); Wenn ich geh (1979); Ganz oder gar nicht (1980); Jessica (1981); Tu's doch (1981); Ich geh mit dir (1982); Der Himmel brennt (1982); Wahnsinn (1983); Hey Sie..., sind Sie noch dran? (1985); Ich brauch' 'ne Dosis Liebe (1986); Nur ein kleines Stück Papier (1989); Verlieben, verloren, vergessen, verzeih'n (1991); Zwanzig Jahre danach (1992)

Phil & John
deutsches Gesangsduo
Klaus "Phil" Hill (* 08.03.1949), Hans "John" Odenthal (* 19.01.1949)
Beide waren als Schüler und später auch während des Studiums (Jura) in einigen Bands und als Discjockeys aktiv.
Hello, Mary Lou (1972); Du oder keine (1972); Marina (1973); Morgen wird die Sonne wieder scheinen (1973); Hello Martina (1974); ... denn

seit mehr als 1000 Jahren (1974); Wo warst du heut nacht [mein schönes Kind] (1974)

Pietsch, Rainer (Ps: Daniel Gernreich)
* 12.04.1944 in Walburg
deutscher Komponist, Arrangeur, Produzent, Keyboarder
War ab 1953 Mitglied des Thomanerchores in Leipzig, floh 1958 aus der ehemaligen DDR. War 1962 Mitbegründer der Bläck Fööss (damals noch Ray & the Typhoons). Produzierte 1966 seine erste eigene Schallplatte. Arbeitet u.a. für Cindy Berger.
Nur ein Kuß Maddalena (1974); Ein Lied kann eine Brücke sein (1975); Herz unter Strom (1992)

Pinelli, Aldo von
* 11.09.1913 in Cervaro (Italien)
+ 18.12.1967 in München
deutscher Texter, Drehbuchautor
Schrieb Opernlibretti und zahlreiche Schlager.
Haben Sie schon mal im Dunkeln geküßt (1942); Wir machen Musik (1942); Kauf dir einen bunten Luftballon (1943); Ich hab noch einen Koffer in Berlin (1951); Egon (1952); Sugar Baby (1958); Die Gitarre und das Meer (1959)

Pit
Gemeinsames Pseudonym von Pepe Ederer (siehe dort), Walter Heinz Leykauf (siehe Patrizius) und Gerd Gudera (siehe Nilsen Brothers)

Pleyer, Frank
* 28.06.1929 Haberspirk (CSSR)
deutscher Komponist, Orchesterleiter
Lebt seit 1948 in München. Arrangierte für diverse Rundfunkanstalten, außerdem für Hugo Strasser, Ernst Mosch, Max Greger. Leitet seit Mitte der 50er Jahre eine eigene Band. Gründete 1970 einen Musikverlag, 1984 eine Schallplattenfirma.

Die Prinzen   *Hansa / Ariola*

Pop, Edina (Marika Kesmarky)
* 04.02.1945 in Budapest
ungarische Sängerin, Entertainerin
Lebt seit 1969 in Deutschland, war Mitglied der Gruppe "Dschinghis Khan". War mit dem Schauspieler Günther Stoll verheiratet.
Komm, komm zu mir (1970); Tomatenrote Lippen (1971)

Prinzen
deutsche Band, Vokalensemble
Mitglieder sind Sebastian Krumbiegel, Tobias Künzel, Wolfgang Lenk, Henri Schmidt und Jens Sembdner. Die Texte des Ensembles sind überwiegend humoristisch-satirisch. Die Qualität des Satzgesanges des Ensembles sucht in der deutschen Schlagerszene seinesgleichen. (Die Prinzen sind allesamt ehemalige Mitglieder des Leipziger Thomanerchores)

Gaby und Klaus (1991); Mann im Mond (1991); Millionär (1992); Mein Fahrrad (1992)

Prock, Edith
* 05. Dezember in Hienheim/Kehlheim
deutsche Sängerin, Texterin
War Mitglied des Münchener Studio Chores "Munich Voices", kam 1989 beim Grand Prix der Volksmusik mit dem Titel "*Hörst du die Glocken von Stella Maria*" auf den zweiten Platz. Singt von Pop, Jazz, Schlager bis Klassik.
Hörst du die Glocken von Stella Maria (1989); Dank schön, daß d´ bei mir bist (1990); Denk´ der nix (1992)

Profes, Anton
* 26.03.1896 in Leitmeritz/Böhmen
+ 22.08.1976 in Salzburg
österreichischer Komponist, Dirigent
Am Sonntag will mein Süßer mit mir segeln gehn

Pur   *Intercord*
(1929);Was macht der Maier am Himalaya
(1926); Kauf dir einen bunten Luftballon (1943)

(1988); Du hast mir grade noch gefehlt (1990);
Bis ans Ende der Welt (1992)

Pur
deutsche Band
Ingo Reidl (* 10.06.1961 in Bietigheim
[Keyboarder]); Jörg Weber (* 28.03.1963
in Bietigheim [Bassist]); Rudi Buttas (*
1955 in Beceg/Jugoslawien [Gitarrist]);
Roland Bless (* 08.03.1961 in Bietigheim
[Sänger]); Hartmut Engler (* 24.11.1961 in
Jugersheim [Sänger]). Die Popband wird
von Dieter Falk produziert.
Funkelperlenaugen (1988); Kowalski (1989);
Freunde (1990); Lena (1991)

Purple Schulz (Rüdiger Schulz)
* 25.09.1956 in Köln
deutscher Sänger, Bandleader, Keyboarder
Nannte seine Band zunächst "Purple Schulz
und die neue Heimat", seit Mitte der 80er
Jahre wurde der Name auf "Purple Schulz"
gekürzt. Die Band ist im Grenzbereich von
Pop und Schlager erfolgreich.
Sehnsucht (1983); Nur mit dir (1985); Verliebte
Jungs (1985); Kleine Seen (1985); Viel zuwenig
Zeit (1987); Nie genug (1988); Herz voller Gold

Puschmann, Robert
* 14.08.1939 in Mährisch-Schönberg
deutscher Komponist, Texter, Arrangeur,
Musikverleger (RPM)
Studierte Betriebs- und Volkswirtschaft
sowie Jura. War zunächst als Manager in
der Computer-Branche tätig, wandte sich
1969 hauptberuflich der Musik zu. Schreibt
u.a. für Rex Gildo, Freddy Quinn, Paola,
Karel Gott, Ingrid Peters, Costa Cordalis,
Bata Illic, Tony Christie, Daniel Gerard.
Michaela (1972); Schmeiß den Kuckuck aus
dem Nest (1977); Vogel der Nacht (1979)

Pussycat
niederländische Gruppe
Die Band war in den 70er Jahren in Deutsch-
land mit englischen und deutschen Titeln
erfolgreich.
Mississippi (1976); Georgie (1976); Ein altes
Lied (1976); Abschiedssouvenir (1977)
Istanbul ist weit (1980); Du hast Tränen im
Gesicht (1980); Weil ich dich wirklich liebe
(1983)

Q

Quanz, Willibald (Ps: Marcel Costino / Rolf Hansen)
* 19.02.1905 in Frankfurt/Main
+ 09.05.1980 in Bergisch-Gladbach
deutscher Komponist, Pianist
Autodidakt, schrieb Filmmusiken und Schlager.
Bums Valdera [Wir machen durch bis morgen früh](1948); O, wie bist du schön (1951)

Quinn, Freddy (Foto siehe S. 284)
* 27.09.1931 in Wien
österreichischer Sänger, Pianist, Gitarrist, Saxophonist, Komponist, Texter, Schauspieler, Entertainer, TV-Moderator, Akrobat
Bei kaum einem anderen Vertreter der deutschen Schlager- und Filmbranche liegen so zahlreiche, untereinander sich widersprechende biographische Angaben vor. In einem persönlichen Gespräch konnte die Redaktion des Lexikons des deutschen Schlagers den Sachverhalt klären.
In Wien geboren (häufig falschgenannte Geburtsorte: Niederfladnitz in Österreich, Pula in Kroatien) ging er dreijährig mit seinem Vater Johann Quinn, einem irischen Kaufmann, in die USA. 1938 klagte seine Mutter (geb. Nidl) erfolgreich das Sorgerecht ein. Verließ vorzeitig das Wiener Albert-Gymnasium um sich einem Wanderzirkus anzuschließen. Fuhr später zur See, ließ sich 1951 in Hamburg nieder, begann als Sänger auf der Reeperbahn. 1953 (nach Erreichen der Volljährigkeit) machte er die Namensänderung in Folge der Adoption durch den zweiten Mann seiner Mutter, Baron Rudolf Freiherr Anatol von Petz, rückgängig. 1954 bekam er einen Ausbildungsvertrag bei der Firma Polydor. 1956 Durchbruch mit "*Heimweh*" (mit über 8 Millionen verkaufter Tonträger einer der meistverkauften Titel der deutschen

Schlagergeschichte). Gilt seitdem als einer der erfolgreichsten Sänger des deutschen Schlagers überhaupt. War Hauptdarsteller in über 16 Spielfilmen, Bühneninszenierungen und Musicalproduktionen. Außerdem trat er als Hochseilartist im Zirkus auf, moderierte zahlreiche Fernsehshows. Ist auch international erfolgreich (u.a. USA).
Heimweh (1956); Sie hieß Mary-Anne (1956); Rosalie (1956); So geht das jede Nacht (1956); Bel Sante (1956); Heimatlos (1957); Wer das vergißt (1957); Einmal in Tampico (1957); Der Legionär (1958); Ich bin bald wieder hier (1958); Die Gitarre und das Meer (1959); Unter fremden Sternen (191959); Melodie der Nacht (1960); Irgendwann gibt's ein Wiederseh'n (1960); Weit ist der Weg (1960); La Paloma (1961); Alo-Ahe (1962); Junge komm bald wieder (1962); Laßt mich noch einmal in die Ferne (1963); Gib mir dein Wort (1964); Fünftausen Meilen von zu Haus (1965); Abschied vom Meer (1965); Hundert Mann und ein Befehl (1966); Eine Handvoll Reis (1966); Seemann, weit bist du gefahren (1967); Sankt Helena (1971); Morning Sky (1976); Solang die Sonne scheint (1976); Istanbul ist weit (1980); Du hast Tränen im Gesicht (1980); Weil ich dich wirklich liebe (1983)

Freddy Quinn   *privat*

R

Radenkovic, Radi (Petar Radenkovic)
* 01.10.1934 in Belgrad
jugoslawischer Sänger, Fußballspieler
Der legendäre Torhüter und "Ausflugs"-
Torschütze des TSV 1860 München ver-
ewigte sein komisches Talent auch mit
einem Schlager, dessen Titel zum
geflügelten Wort wurde: *Bin i Radi ...*
*Bin i Radi - bin i König (1965); Bißchen Glück
in Liebe (1965)*

Thommy Raiker   *toi, toi, toi*

(unter seinem bürgerlichen Namen), 1976 erste Erfolge als Sänger (unter dem Pseudonym
"Muck"), seit 1981 auch Rundfunk- und
Fernsehmoderator ("Ein Kessel Buntes",
"Sprungbrett"), tritt als Sänger inzwischen
unter dem Namen Thommy Raiker auf, wird
von Peter Sebastian produziert.
*Ich bin immer noch hier (1991); Für immer und
ewig (1992)*

Peter Rafael   *Koch*

Rafael, Peter
* 17.07.1965 in Neuenkirchen/Saar
deutscher Sänger, Entertainer
Erhielt seine musikalische Ausbildung am
Wiesbadener Konservatorium und in einer
Show-Schule in München. War bei einem
Talentwettbewerb in Mainz erfolgreich,
wird seit Ende der 80er Jahre von Altera
Pars produziert.
Tanz Lambada (1989); Engel der Nacht (1991)

Raiker, Thommy (Hartmut Schulze-
Gerlach / weiteres Ps: Muck)
* 19.02.1948 in Dresden
deutscher Komponist, Sänger, Entertainer,
Moderator
Baufacharbeiterlehre, danach als Musiker
tätig, 1973 erste Erfolge als Komponist

Tina Rainford   *EKJ*

Rainford, Tina
* 25.12.1946 in Berlin
deutsche Sängerin

Arbeitete zunächst als "Ground Hostess" einer Fluggesellschaft", wurde von Drafi Deutscher entdeckt und ist seitdem als Sängerin erfolgreich. Mit dem Titel "*Silverbird*" kam sie sogar in die Top 20 der amerikanischen Country & Western Charts und trat mit den Stars der dortigen Szene (u.a. Johnny Cash, Tommy Waynette) auf.
Silverbird (1976); Charly Boy (1977)

Rajter, Dunja
* 03.03.1941 in Nasice
kroatische Sängerin
Studierte an der Theaterakademie in Zagreb, lebt seit 1964 in Deutschland, war verheiratet mit Les Humphries.
Salem Aleikum (1971); Es könnte sein - es muß nicht sein (1977); Ich überleb's (1979); Gelber Mond (1989)

Rameau, Hans
* 28.11.1901 in Berlin
+ 09.04.1980
deutscher Texter
Nur eine Stunde (1935); Ich spür in mir (1935)

Ramona (Ramona Kraft)
* 18.10.1954 in Hanau
Sängerin, Schauspielerin
War Ende der 70er Jahre Mitglied der Discoformation "Silver Convention" ("*Fly, Robin fly*")
Du - ich brauch was, und das bist du (1970); Alles was wir woll'n auf Erden (1971); Lieber dich und kein Geld (1972); Flashdance - Tanz im Feuer (1983)

Ramsey, Bill (William McCreery Ramsey)
* 17.04.1931 in Cincinnati (USA)
amerikanischer Sänger, Schauspieler, Pianist, Saxophonist
Studierte Soziologie und Wirtschaftswissenschaft in Yale, Frankfurt/Main und New Haven. Kam 1952 zur Army und so nach Deutschland. War zunächst als Jazz-Sänger erfolgreich, bevor er mit deutschen Titeln in die Hitparaden kam. Rundfunk- und TV-Moderator bei AFN, Radio Luxemburg, SR, HR, SWF. Spielte in zahlreichen Filmen mit (u.a. "Ohne Krimi geht die Mimi nie ins Bett"). Seit Mitte der 60er Jahre wieder

Ramona   *set*

Bill Ramsey   Polydor/Filipp

verstärkt als Jazzer aktiv, sehr engagiert in der Förderung des Musiker-nachwuchses.
Wumba Tumba Schokoladeneisverkäufer (1959); Souvenirs (1960); Cafe Oriental (1960); Pigalle (1961); Zuckerpuppe (1961); Ohne Krimi geht die Mimi nie ins Bett (1962); Maskenball bei Scotland Yard (1963); Wer heißt hier Jonny (1964); American Dollar (1992)

Rasch, Dieter (Ralf Arnie)
siehe Ralf Arnie

Rauch, Fred (Ps: Theo Rauthenberg / Sepp Haselbach)
* 28.09.1909 in Wien
österreichischer Texter, Kabarettist
Gründete in München das Kabarett "Der grüne Würfel", schrieb zahlreiche Schlagertexte
Aber mei Hans, der kann's (1949); Glaube mir (1952); Für zwei Groschen Musik (1958); Bin i Radi, bin i König (1965)

Rautenberg, Kai
* 05.11.1939 Arnsberg
Studium am Konservatorium in Dortmund und an der Orchesterschule Hilchenbach. Von 1969 bis 1971 als Pianist des SFB Tanzorchesters tätig, seit 1971 Pianist im RIAS Tanz-Orchester. Schrieb zahlreiche Film- und Fernsehmusiken (u.a. "Die Schöngrubers", "Ein Mann für alle Fälle", "Die Zwillinge vom Immenhof"). Komponierte u.a. für Hildegard Knef, Inge Brück, Dieter Hallervorden. Arbeitete auch mit Reinhard Mey zusammen.

Raymond, Fred (Friedrich Vesely)
* 20.04.1900 in Wien
+ 10.01.1954 in Überlingen
österreichischer Komponist
War zunächst als Bankkaufmann tätig, erster Erfolg 1924 mit *"Ich hab das Fräulein Helen baden sehn"*, seitdem freischaffender Komponist. Erster Welterfolg mit *"Ich hab mein Herz in Heidelberg verloren"*, zahlreiche Singspiele, Operetten (u.a. "Maske in Blau" 1936, "Saison in Salzburg" 1937, "Die Perle von Tokay" 1940) und Filmmusiken.
Ich hab das Fräulein Helen baden sehn (1924); Ich hab mein Herz in Heidelberg verloren (1924); In einer kleinen Konditorei (1930)

Rebroff, Ivan (geb. als Hans Rolf Rippert)
* 31.07.1931 in Berlin
deutscher Sänger, Schauspieler, Moderator
Studierte an der Musikhochschule in Hamburg. Engagements 1960 an der Oper in Gelsenkirchen, 1963 bis 1969 an der Oper in Frankfurt, danach Paris. Als Solist zahlreiche Gastspiele, weltweite Tourneen. Moderierte eigene Fernseh-Shows. Wurde vor allem durch seine Interpretationen russischer Folklore bekannt. Sein Stimmumfang beträgt 4 1/2 Oktaven. Er besitzt

seit einigen Jahren die griechische Staatsbürgerschaft, in seinem Paß wurde der Name Ivan Rebroff eingetragen.
Die Legende von den 12 Räubern (1967)

Iwan Rebroff   *Elisar*

Rehbein, Herbert
* 15.04.1922 in Hamburg
deutscher Komponist, Arrangeur, Bandleader
Studierte am Konservatorium in Hamburg. Arbeitete u.a. mit Bert Kaempfert zusammen

Reichel, Achim
* 28.01.1944 in Wentdorf bei Hamburg
deutscher Sänger, Komponist, Texter, Produzent, Verleger
Gründete 1960 die Beatband "The Rattles", die in Hamburg bei einem Talentwettbewerb siegte und 1963 mit den Rolling Stones, den Everly Brothers und Little Richard auf Englandtournee ging. Später auch als Vor-

gruppe der Beatles bei einigen Konzerten in Deutschland erfolgreich. Gründete danach 1968 die Gruppe "Wonderland" (mit Les Humphries, Frank Dostal, Helmuth Franke, Reinhard Tarrach). War letzter Besitzer des legendären "Star-Clubs" bis dieser geschlossen wurde. Seit Anfang der 80er Jahre mit deutschsprachigen Pop- und Rock-Songs erfolgreich.
Der Spieler (1983); Nachtexpress (1984); Für immer und immer wieder (1988); Fliegende Pferde (1989); Kreuzworträtsel (1990)

Achim Reichel   *wea*

Reichel, Karl-Heinz (Ps: Karl Martin)
* 21.08.1917 in Hamburg
deutscher Sänger, Komponist, Texter, Schauspieler
schrieb Filmmusiken und Schlager, seit 1966 freischaffend tätig.

Reim, Matthias (Foto siehe S. 64)
* 21.11.1957 in Korbach/Waldeck
deutscher Sänger, Komponist, Texter, Produzent, Gitarrist, Keyboarder
War zunächst als Tontechniker u.a. bei Bernd Dietrich tätig. Landete 1990 den Jahreshit. Schrieb u.a. für Bernhard Brink, Roy Black, Tina York
Verdammt, ich lieb dich (1990); Ich hab geträumt von dir (1990); Warum (1992)

Reindl, Max (Ps: Hannes Gaston)
* 20.06.1922 in München

deutscher Komponist, Texter
Vorwiegend im Bereich der volkstümlichen Musik tätig. Schreibt u.a. für Maria & Margot Hellwig. Arbeitet u.a. mit Toni Sulzböck zusammen.

Reinecke, Michael
* 20.08.1950 in Lübeck
deutscher Komponist, Produzent
Seit 1970 als Studiogitarrist, Produzent, Komponist (u.a. für Hoffmann & Hoffmann, Mary Roos, Volker Lechtenbrink, Les Huphries Singers, Bernhard Brink, Truck Stop, Margot Werner) tätig.
Ich mag (1982); Rücksicht (1983); Aufrecht gehn (1984); Liebe ist (1984)

Reipsch, Horst (Ps: Bud Sharkow, Olaf Norstad, Martin Laiser)
* 22.05.1925 Magdeburg
deutscher Komponist
Musikalische Ausbildung in Magdeburg, war ab 1949 Mitglied des Rundfunkorchesters Leipzig, seit 1960 freiberuflich tätig, war von 1964 bis 1969 Mitglied beim Orchester Max Greger, seit 1973 beim Orchester Hugo Strasser. Schrieb u.a. für Billy Mo, Jimmi Makulis, Fred Bertelmann, Silberwald Duo.
Gitarren klingen leise durch die Nacht (1959); Mondschein-Polka (1962); Auf der Hazienda fehlt eine Frau (1963); Ein Caballero genießt und schweigt (1963)

Reiser, Rio (Ralph Christian Möbius)
* 09.01.1950 in Berlin
deutscher Sänger, Schauspieler
War in den 70er Jahren Mitglied der Band "Ton Steine Scherben".
König von Deutschland (1986); Alles Lüge (1986); Für immer und dich (1987); Blinder Passagier (1987)

Rio Reiser   *Sony*

Reiter, Fritz (Ps: Fritz Joachim)
in New York lebender deutscher Texter
In München steht ein Hofbräuhaus (1936); Herz Schmerz Polka (19##); Rosamunde (1936)

Reith, Dieter (Ps: Nicky Rider, Rosh Dico)
* 25.02.1938 in Mainz
deutscher Bandleader, Keyboarder, Komponist
Studierte Physik und Musikwissenschaft, war ab 1961 Pianist beim SWF-Tanz-Orchester, ab 1971 beim Orchester Kurt Edelhagen, ab 1973 freier Komponist, Arrangeur und Dirigent. War Mitglied bei Peter Herbolzheimers "Rhythm Combination & Brass". Schrieb zahlreiche Film- und Fernsehmelodien.

Relax
deutsche Band
Mitglieder: Peter Volkmann (* 13.12.1951,

Relax

Sänger), Claus Mathias (* 06.06.1956, Gitarrist); Felix Weber (* 01.12.1960, Keyboarder), Ornie Singerl (17.08.1952, Schlagzeuger); Klaus Scheldt (09.11.1950, Bassist). Wurde bekannt durch Pop-Schlager mit bayerischen Texten.

Radio hör'n (1982); Weil i di mog (1982); Marie (1983); Ein weißes Blatt'l Papier (1985); Du bist genau was i will (1985); Bleib heute Nacht bei mir (1985); Du hast mei Herz in der Hand (1986); Blue Farewell River (1992)

Relin, Joachim
* 31.07.1921 in Beelitz/Potsdam
deutscher Texter
War nach dem Krieg Mitgründer des Kabaretts "Die Hinterbliebenen". Leitete ab 1950 die Abteilung Unterhaltung bei Radio Salzburg. Seit 1963 freiberuflich als Schlagertexter und Autor für Hörfunk und Fernsehen tätig. Arbeitete u.a. mit den Kom-

s̥

ponisten Heinz Gietz, Joachim Heider, Christian Bruhn, Charly Niessen, Erwin Halletz, Werner Scharfenberger und Otto Demler zusammen.

Badewannentango (1962); Aber schön war e doch (1963); Shake Hands (1964); Santo Don. ingo (1965); Frag den Abendwind (1965); Sa mir wie (1966); Geh nicht vorbei (1969); Nu die Liebe läßt uns leben (1972)

Remmler, Stephan
* 25.10.1946 in Dortmund
deutscher Sänger, Komponist, Texter, Produzent
Gründer der Gruppe "Trio", später auch al Einzelinterpret erfolgreich.

Keine Sterne in Athen (1986); Alles hat er Ende, nur die Wurst hat zwei (1987); Vogel de Nacht (1988); Keine Angst, hat der Papa m gesagt (1988); Einer ist immer der Loose (1989); Hong 3 - Fährt ein weißes Schiff nac Hongkong (1991)

Stephan Remmler   *Mercury*

Remy, Ulrik
* 24.02.1949 in Gelsenkirchen
deutscher Sänger, Liedermacher
*Die Kneipe (1974); Winterlied (1984);
Pflastertreter (1981)*

Rendezvous   *Koch*

Rendezvous
1988 gegründetes Vokalensemble

Claudia Schorlemmer (* 08. April in Unna),
Barbara Kostrzwa (* 08. Januar in Bottrop),
Werner Peters (* 13.10.1957 in Dortmund),
Heiner Peters (* 28.01.1955 in Dortmund).
*Du bist ein Stern für mich (1988); Das
Blumenmädchen von Napoli (1989); Eviva
(1989); Spürst du die Sehnsucht (1990); Cést la
vie (1991); Copacabana bei Nacht (1991); In
deinem Arm bin ich dem Himmel nah (1991);
Fliege, mein Drachen (1992);*

Jürgen Renfordt   *Pilz-Music*

Renfordt, Jürgen
* 25.01.1955 in Wetter / Ruhr
deutscher Sänger, Komponist, Texter, Produzent
Studierte Germanistik und Sport an der
Ruhr Universität in Bochum. Begann als
Solo-Sänger in diversen Rock-Gruppen.
Zunächst als Schlagersänger, später auch
als Produzent (u.a. mit Michael Zai) erfolgreich.
*Ich bin bei dir (1982); No amigo no (1983); Kein
Wort zuviel (1984); Zu verkaufen: ein
schneeweißes Brautkleid (1989)*

Cliff Richard   *Venus e.V.*

Rentnerband
1974 in Hamburg gegründete Band
Mitglieder waren u.a. Gottfried Böttger,
Peter Petrel, Werner Böhm (Gottlieb
Wendehals), Django Seelenmeyer, Lonzo
Westphal.
Hamburger Deern (1974)

Reutter, Otto (Otto Pfützenreuter)
* 24.04.1870 in Gardelegen
┼ 03.03.1931 in Düsseldorf
deutscher Vortragskünstler, Dichter
*Der Überzieher (1924); Ick wundere mir über
garnischt mehr (1927)*

Richard, Cliff (Harry Roger Webb)
* 14.10.1940 in Lucknow (Indien)
englischer Sänger
Gründete die Band "The Drifters", bekam
1958 seinen ersten Plattenvertrag. Die Band
mußte in "The Shadows" umbenannt werden, da es in Amerika bereits eine erfolgreiche Band gleichen Namens gab. Zunächst
in England erfolgreich, sang ab 1961 auch
in deutscher Sprache. Spielte in zahlreichen
Filmen mit, bekam 1965 eine eigene
Fernseh-Show. In den 70er Jahren wurde er
von Elton John produziert und nahm hauptsächlich Titel in seiner Muttersprache auf
und war damit immer wieder in englischen
und amerikanischen Hitparaden vertreten.
*Schön wie ein Traum (1961); Rote Lippen soll
man küssen (1963); Zuviel allein (1964); Sag
No zu ihm (1964); Das ist die Frage aller
Fragen (1964); Es war keine so wunderbar wie
du (1965); Du bist mein erster Gedanke (1966);
Es ist nicht gut allein zu sein (1967); Ein Sonntag mit Marie (1968); Congratulations (1968)*

Richartz, Willy
25.09.1900 in Köln
08.08.1972 in Bad Tölz
studierte Jura in Köln und Bonn, war von
1923 bis 1937 als Rundfunk-Kapellmeister

in München, Köln und Berlin tätig, danach
freischaffend. War Mitgründer des deutschen Komponisten-Verbandes, dann dessen Vizepräsident bis 1964. Schrieb Operetten, Film-Musiken und Schlager
*Hein spielt abends so schön auf dem
Schifferklavier (1934); Mädels, jetzt ist
Damenwahl (1934)*

Richter, Ilja
* 24.11.1952 in Berlin
Fernseh-Moderator, Sänger, Schauspieler,
Entertainer
Moderierte zahlreiche Schlager- und
Unterhaltungssendungen.

Richter, Klaus S.
* 16.08.1894
+ 26.03.1953 in Hindelang
deutscher Texter
*In München steht ein Hofbräuhaus (1936); Küss
mich, bitte, bitte, küss mich (1937)*

Peter Richter   *Sony / Columbia*

Richter, Peter
* 10.02.1954 in Schladming (Österreich)
deutscher Sänger, Komponist, Texter, Produzent
Studierte am Konservatorium, danach auch
an der Universität in Mainz. Hatte erste
Erfolge als Mitglied der Band "Die
Crackers". Seit 1986 ist der Multi-
instrumentalist auch als Solist im
Grenzbereich zwischen Rock, Pop und

Schlager aktiv. Er wurde 1990 mit der goldenen Stimmgabel ausgezeichnet. Schrieb u.a. für Purple Schulz.

Der kleine Zettel (1987); Bist du auch noch wach (1990); Tief in mir (1992)

Ricky-Boys (Peter Beil)
Peter Beil veröffentlichte unter diesem Pseudonym Schallplatten, auf denen er mehrere Stimmen selbst (Multi-Playback) sang.
Hello, Mary-Lou (1961)

Rideamus (Fritz Oliven)
* 10.05.1874
+ 30.06.1956 in Porto Alegre
deutscher Texter
Ach Jott, wat sind die Männer dumm (1917); Solang noch untern Linden (Berlin bleibt doch Berlin (1923); Das Lied vom Angeln (1926)

Rippert, Hans Rolf
siehe Rebroff, Ivan

Roberts, Chris (Christian Klusacek)
* 13.03.1944 in München
deutscher Sänger, Schauspieler, Texter, Produzent
Studierte in München. Seit Mitte der 60er Jahre als Sänger erfolgreich. Sein erster großer Hit war der Titel "Wenn du einmal einsam bist". Danach auch als Filmschauspieler tätig. Engagements bei Musicalproduktionen. Seit Mitte der 70er Jahre auch Texter und Produzent.
Wenn du mal einsam bist (1968); Die Maschen der Mädchen (1969); Ein Mädchen nach Maß (1970); Ich bin verliebt in die Liebe (1970); Mein Name ist Hase (1971); Hab' ich dir heute schon gesagt, daß ich dich liebe (1971); Hab' Sonne im Herzen (1972); Mein Schatz, du bist ne Wucht (1972); Marlena (1973); Du kannst nicht immer siebzehn sein (1974); Ich mach ein glückliches Mädchen aus dir (1974); Do You Speak English (1976); Hier ist ein Zimmer frei (1976); Wann liegen wir uns wieder in den Armen, Barbara (1977); Komm, leg deinen Kopf

Chris Roberts   we›

an meine Schulter (1979); Wo warst du (1980); Hörst du, sie spielen unser Lied (1981); Mensch Mausi (1982); Ich bin an deiner Stelle (1983); Ich vermiss´ dich [mit Claudia Roberts] (1990)

Robic, Ivo
* 29.01.1926 in Bjelovar (Kroatien)
kroatischer Sänger
Musiklehrer, während des Studiums Sänger beim Tanzorchester von Radio Zagreb. Ab 1948 begann seine Karriere als Solist in seinem Heimatland (über 100 Platten), bevor ihm mit "*Morgen*" auch in Deutschland, England und den USA der ganz große Durchbruch gelang; der Titel wurde innerhalb weniger Monate über 1 Million mal verkauft.
Morgen (1959); Muli-Song (1960); Mit 17 fängt das Leben erst an (1960); Ein ganzes Leben lang (1962); Rot ist der Wein (1966); Ich zeig dir den Sonnenschein (1971)

Ivo Robic   *Venus e.V.*

Robinson, Didi
* 01.12.1959 in Memmingen
deutscher Sänger
Gelernter Verlagskaufmann
Du hast noch nie das Meer geseh´n [Fang zu leben an] (1992); Du warst mein schönster Traum (1992)

Didi Robinson   *Intercord*

Rodgau Monotones (Foto siehe S. 296)
deutsche Band
Wurde 1978 gegründet von Peter Osterwald (Sänger), Ali Neander (Gitarrist), Henny Nachtsheim (Sänger, Saxophonist), Raimund Salg (Gitarrist), Joky Becker (Bassist) und Mob Böttcher (Schlagzeuger). Wurde 1984 mit dem Titel "*Erbarmen, zu spät die Hesse komme*" bekannt. Seit 1990 geht Henny Nachtsheim mit dem Duo "Badesalz" eigene Wege, die Lücke schlossen Ende 1991 Kerstin Pfau und Jo Reitz.
Die Hesse komme (1984); Mein Freund Harvey (1985); Hallo, ich bin Hermann (1985); St. Tropez am Baggersee (1985)

Rökk, Marika
* 03.11.1913 in Kairo
deutsche Schauspielerin, Tänzerin, Sängerin ungarischer Abstammung
Trat bereits als 8 jährige an der Budapester

Rodgau Monotones   *privat*

Oper auf, war in den 40er Jahren ein gefragter Revue-Star in Deutschland, spielte in zahlreichen Filmen (u.a. "Die Czardasfürstin", "Gasparone", "Frauen sind doch bessere Diplomaten"), Operetten und Musicals.

Rolf und seine Freunde
siehe Zuckowski, Rolf

Ronny (Wolfgang Roloff)
* 10.03.1930 in Bremen
deutscher Sänger, Pianist, Bassist, Produzent, Komponist, Texter

Ausgebildeter Tontechniker. Zunächst als Bassist im Orchester James Last tätig. Ab Anfang der 60er Jahre als Sänger erfolgreich. Zahlreiche Rundfunk- und Fernsehauftritte. War zusammen mit Hans Hee Produzent des Kinderstars Heintje, arbeitet heute als Produzent, Inhaber der SNB-Studios in Bremen.

Als Sänger:
Oh, My Darling Caroline (1964); Kein Gold im Blue River (1964); Kleine Annabell (1964); Kenn ein Land (1964); Anja-Anja (1965); Eine kleine Träne (1966); Dunja, du (1966); Laß die Sonne wieder scheinen (1967); Adios My Darling (1967); Doch dann kamst du (1968); Er war nur

ein armer Zigeuner (1969); Sie war so wunder-
bar (1969)
Als Komponist, Texter:
Adios, My Darling (1967); Laß die Sonne wie-
der scheinen (1967); Deine Tränen sind auch
meine (1970); Down by the Banks of Ohio
(1973)

Ronny   *Venus e.V.*

Roos, Mary (Marianne Rosemarie Schwab)
* 09.01.1949 in Bingen
deutsche Sängerin, Schauspielerin,
Entertainerin
Schwester von Tina York. War verheiratet
mit Werner Böhm. Nahm im Alter von 9
Jahren ihre erste Schallplatte auf und spielte in dem Film "Die Straße" mit. Seit 1970
international erfolgreich, trat als erste deutsche Sängerin im Pariser Olympia auf, spielte die weibliche Hauptrolle in dem franzö-
sisch-englischen Film "En Enfant dans la
ville", war als einzige deutsche Künstlerin
Gast in der Muppets Show, präsentierte im

deutschen Fernsehen 5 Shows mit dem Titel "Mary´s Music", sowie ihre eigene Show
"Maryland". Beim Grand-Prix-Eurovision
war sie mit den Titeln "*Nur die Liebe läßt*
uns leben" und "*Aufrecht geh´n*" erfolgreich.
Geh nicht den Weg (1965); Das hat die Welt noch
nicht erlebt (1969); Arizona Man (1970); Nur die
Liebe läßt uns leben (1972); Stop, mach das noch
einmal (1975); Nimm dir nie ein Teufelsweib (1976);
Santo Domingo (1976); Ich bin Mary und nicht
Jane (1977); Samba d´amour (1978); Ich werde
geh´n heute nacht (1979); Wenn ich dich nicht
halten kann (1980); Lady (1982); Heiß und kalt
(1982); Es ist nie zu spät (1982); Lady (1982);
Aufrecht geh´n (1984); Ich bin stark nur mit dir
(1985); Keine Träne tut mir leid (1985); Bleib wie
du bist (1986); Kann denn Sünde Liebe sein (1992);
Jetzt geht es los (1992)

Mary Roos   *DA*

Rose, Randolph
* 07.07.1954 in Bamberg
deutscher Sänger, Schauspieler

Marianne Rosenberg   *Ariola*

Spielte u.a. die Hauptrolle in der Fernsehserie "Tommy Tulpe". Ist seit den 90er Jahren mit internationalen Pop-Titeln (Duo "Twice Nice") erfolgreich.
Silver Moon Baby (1971); Nur ein Flirt (1971); Meilenstein der ersten Liebe (1972); Sylvias Mutter (1972); Hey, Amigo, muchas gracias (1973)

Rosenberg, Marianne
* 10.03.1955 in Berlin
deutsche Sängerin, Komponistin, Texterin
Gewann 1969 bei einem Talentwettbewerb und nahm danach ihre erste Single "Mr. Paul McCartney" auf, die bereits 1970 zum Hit wurde. Seitdem ist sie als Sängerin erfolgreich und regelmäßig in den Hitlisten vertreten. War in der zweiten Hälfte der 70er Jahre vor allem mit Schlagern im Philly-Sound erfolgreich, Ende der 80er Jahre Comeback mit Titeln im Pop-Bereich. Zahlreiche Auszeichnungen, Goldene und Platin-Schallplatten.
Mr. Paul McCartney (1970); Fremder Mann (1971); Er ist nicht wie du (1972); Jeder Weg hat mal ein Ende (1972); Wären Tränen aus Gold (1974); Er gehört zu mir (1975); Ich bin wie du (1975); Lieder der Nacht (1976); Marleen (1976); Schade, ich kann dich nicht lieben (1978); Wo ist Jane (1979); Sie ist kalt (1980); Ruf an! (1980); Ich hab auf Liebe gesetzt (1980); Ich sah deine Tränen (1982); Ich denk an dich (1989); Geh vorbei (1990); Ein, zwei, drei, ich hab gedacht es geht vorbei (1990); Und mein Lächeln wird dir folgen (1990); Nur eine Nacht (1992)

Rosie Singers
1966 von Rosie Rohr (Rosemarie Hoffmann) gegründetes Vocal-Quartett. Weitere Mitglieder waren: Susanne und Rolf Jage sowie Angelika Metzger.

Roski, Ulrich
* 04.03.1944 Prüm/Eifel

deutscher Liedermacher, Pianist, Gitarrist
Studierte Romanistik und Germanistik in Berlin und Paris. Seit Mitte der 60er Jahre als Komponist, Texter und Arrangeur erfolgreich. Zahlreiche LPs, Rundfunk- und Fernsehproduktionen.
Der kleine Mann von der Straße (1974); Des Pudels Kern (1975); Das ist der Dank (1976); Der Nächste, bitte (1978); Wunschkonzert (1979); Immer in der Mitte (1983)

Rothenburg, Walter (Ps: Wero von Barba Rossa)
* 28.12.1889 in Hamburg
+ 10.03.1975 in Hamburg
deutscher Texter
Arbeite u.a. mit Lotar Olias zusammen.
So ein Tag, so wunderschön wie heute (1954); Junge, komm bald wieder (1954); Du, du, du, laß mein kleine Herz in Ruh (1954)

Rotter, Fritz
* 03.03.1900 in Wien
+ 11.04.1984 in Ascona
österreichischer Texter
Lebte seit 1937 in Amerika, wurde amerikanischer Staatsbürger.
Wenn der weiße Flieder wieder blüht (1928); Ich küsse ihre Hand Madame (1928); Veronika der Lenz ist da (1930); Immer wenn ich glücklich bin, muß ich schrecklich weinen (1933); Ich hab mir für Grinzing einen Dienstmann engagiert (1938); Ich hab mich so an dich gewöhnt (1951)

Rottschalk, Gregor (Ps: Christian Heilburg)
* 12.01.1945 in Stargard / Pommern
deutscher Komponist, Texter
War nach Beendigung seines Jurastudiums Moderator bei RIAS-Berlin (u.a. in der Sendung "Treffpunkt"). Er schrieb u.a. für Marianne Rosenberg, Wolfgang Ziegler, Roy Black, Howard Carpendale, Vicky

Leandros und Peter Maffay. Er ist Inhaber des Landauer-Tonstudios in Berlin.

Samstag abend in unserer Straße (1974); Ich bin wie du (1975); Er gehört zu mir (1975); Lieder der Nacht (1976); Marleen (1976); Es ist morgen und ich liebe dich noch immer (1976); Und es war Sommer (1976); Barfuß oder Lackschuh (1989); Verdammt (1991); Ginny, dein Lächeln (1991)

Roussos, Demis
* 15.06.1946 in Alexandria (Ägypten)
griechischer Sänger
Musikalische Ausbildung in Athen. Zunächst in London und Paris erfolgreich. Gründete 1968 mit Papathanassiou Vangelis die Gruppe "Aphrodite's Child", die mit ihrem "Greek Sound" zuerst in Frankreich, danach auch in Deutschland erfolgreich wurde. Seit 1980 internationale Solokarriere als Sänger (er beherrscht acht Sprachen). Tritt seit 1980 (um 80 Pfund abgemagert) unter dem Namen Demis auf.

Good-bye, My Love, Good-bye (1973); Schönes Mädchen aus Arcadia (1973); Schön wie Mona Lisa (1975); Vagabund der Liebe (1975)

Rubin, Peter (Peter Huber)
* 05.05.1942 in Mährisch-Ostrau
deutscher Sänger, Moderator, Gitarrist; Bassist
Studierte nach einer kaufmännischen Lehre Volkswirtschaft in München. Gründete eine eigene Band. Nahm 1966 seine erste Platte auf und war ab Ende der 60er Jahre als Sänger erfolgreich. Inzwischen als Hörfunk-Moderator tätig, u.a. für SWF-1 und beim Bayerischen Rundfunk.

Azzurro (1969); Immer mehr (1969); In meinen Schuhen kannst du nicht gehen (1970); In der Nacht (1972); Wir zwei fahren irgendwo hin (1973); Mädchen im Boot (1976); Mein Verein ist spitze (1978); Können diese Augen lügen (1978); Ja, hörst du denn nie Radio? (1980); Ich glaube an Gefühle (1982); Wie ein Mann (1983)

Rühmann, Heinz
* 07.03.1902 in Essen
deutscher Schauspieler, Sänger
Gilt seit mehr als einem halben Jahrhundert als einer der beliebtesten deutschen Schauspieler. Brillierte vor allem in komischen Rollen ("Die Feuerzangenbowle")

Ein Freund, ein guter Freund (1930); Jawohl, meine Herrn (1937); Ich brech die Herzen der stolzesten Frau`n (1938);

Heinz Rühmann   Venus e.V.

Rupprich, Karl-Heinz
* 08.08.1948 in Kassel
deutscher Produzent, Komponist, Texter
Der gelernte Techniker wandte sich 1975 als Promotor und Veranstalter der Musikszene zu. Arbeitet mit Uwe Busse zusammen, schreibt u.a. für die Band "Die Flippers".

Moskau wenn es regnet (1989); Die rote Sonne von Barbados (1990);

Bernd Rusinski   *Rusinski*

Rusinski, Bernd
* 30.01.1956 in Freilaubersheim bei Bad
Kreuznach
deutscher Sänger, Komponist, Produzent,
Gitarrist, Keyboarder
Studierte am Konservatorium in Wiesbaden,
schreibt auch für Margit Anderson, Moldau
Mädels, Ulla Norden, Regina Thoss, Jessica
Mohn.
*Wir tanzten einen Sommer lang (1988); Wo
auch im Winter die Rosen noch blüh'n (1989);
Zwischen diesen Zeilen (1989); Avignon (1990);
Sieben Tage bis zur Ewigkeit (1991); Lory (1992)*

Wolfgang Sauer   *DA*

Sandy & Andy   *Caribic*

Die Schäfer   *Ariol*

Salvador, Henri
* 18.07.1917 in Cayenne
französischer Sänger, Gitarrist, Komponist,
Schauspieler
War ab 1935 im Orchester Ray Ventura,
arbeitete u.a. auch mit Kurt Edelhagen zusammen.
*Einsamkeit (1959); Der Löwe schläft heut' nacht
(1962); Sportmodell (1963)*

Sanders, Béla (Hans Schubert)
* 11.01.1905
+ 1980
Komponist, Orchesterleiter
Studierte Musik in Frankfurt (Hoch'sches
Konservatorium). Leitete ein renomiertes
Tanzorchester; u.a. arrangierte Günter
Fuhlisch für ihn. Er begleitete u.a. Vico
Torriani, Wilhelm Strienz, Fred Weyrich,
Renate Holm, Lilian Harvey

Sandy & Andy
deutsches Gesangsduo
Gabriele Gotha (* 12. Mai) und Peter
Cielinski (* 28.September). Das Duo ging
aus einer Binger Tanzkapelle hervor und
konnte sich ab 1985 solistisch profilieren;
wird seit 1987 von Peter Dörr produziert.
*C'est la vie - so ist das Leben (1989); Tanz mit
mir (1989)*

Sauer, Wolfgang (Ps: Joe Finette)
* 02.01.1928 in Wuppertal
deutscher Sänger, Komponist, Rundfunk-
moderator
Wolfgang Sauer ist seit seiner Jugend
erblindet. Studierte Philologie und
Musikwissenschaft in Marburg und Köln.
War ab 1952 als Pianist und Sänger, seit
1963 auch als Rundfunkmoderator tätig.
Zahlreiche Auszeichnungen (u.a. 1991
Bundesverdienstkreuz).
*Glaube mir (1953); Cindy oh Cindy (1957);
Warum strahlen heut nacht die Sterne so hell*

*(1957); Als ich so jung war wie du (1958); Wenn
die Glocken hell erklingen (1959); Wie die
Würfel im Leben auch fallen (1959); Es liegt mir
am Herzen (1960); Es war ein Fremder (1961)*

Schachtner, Heinz
* 14.01.1920 in Eichendorf
deutscher Trompeter
Studium in München, Solist bei zahlreichen Rundfunkorchestern (u.a. WDR)
*Sternenserenade (1961); Verdammt in alle Ewig
keit (1956)*

Schäfer (Die Schäfer)
deutsche Band
Mitglieder: Thomas Rothfuß, Uwe Erhadt,
Heike Bühler, Sabine Dorwarth,
Edith Angst.
*Halt den Sonnenstrahl fest (1991); Ich will gern
Schäfer sein (1992)*

Schäfer, Heike
deutsche Sängerin
*Die Glocken von Rom (1985); Wenn Rosen
weinen (19##)*

Schanze, Michael
* 15.01.1947 in Tutzing
Sänger, TV Moderator, Entertainer, Regisseur
Sohn des Kapellmeisters Arthur Schanze.
Studierte an der Hochschule für Film und
Fernsehen in München. War als Schlagersänger ab Anfang der 70er Jahre erfolgreich, dann auch als Fernseh-Moderator
(u.a. "Michael Schanze Show", zahlreiche
Sendungen für Kinder).
*Ich hab' dich lieb (1970); Oh wie wohl ist mir
(1972); Nie mehr (1976); Es ist morgen und ich
liebe dich noch immer (1976); Schalt dein Herz
auf Empfang (1978);*

Scharfenberger, Werner (Foto siehe S. 38)
* 25.09.1925 in Regensburg
deutscher Komponist, Dirigent, Arrangeur

schrieb zahlreiche Filmmusiken und Schlager, u.a. für Max Greger, Gus Backus, Cindy & Bert, Lolita.
Seemann, deine Heimat ist das Meer (1960); Heißer Sand (1962); Aber am Abend da spielt der Zigeuner (1974); Da sprach der alte Häuptling (1961); Ich komm bald wieder (1973);

Scheel, Walter
* 08.07.1919 in Solingen
deutscher Politiker, Sänger
War von 1961 bis 1966 Bundesminister für wirtschaftliche Zusammenarbeit, von 1969 bis 1974 Bundesminister des Auswärtigen und Vizekanzler, von 1974 bis 1979 Bundespräsident. Nahm mit seinem heimischen Gesangsverein seinen größten Hit *"Hoch auf dem gelben Wagen"* auf (1974 Nr. 5 der Single-Verkaufs-Charts)
Hoch auf dem gelben Wagen (1974)

Schenk, Heinz
* 11.12.1924 in Mainz
Sänger, Showmaster, Schauspieler, Autor
Moderator der Unterhaltungssendung "Der blaue Bock"
Es ist alles nur geliehen (1978); Was sind schon fünfzig Jahre (1971)

Schieder, Illo (Ilse Lotte Dissmann)
* 18.12.1923 in Essen
deutsche Sängerin
Teddy - mach Tanzmusik (1955); Freu dich auf Sonntag (1956); Sieben einsame Tage (1992)

Schikora, Uve
* 20.03.1942 in Breslau
deutscher Komponist, Dirigent
Schrieb Theater- und Filmmusik, Schlager
Rock'n'Roll in Old Blue Jeans (1980); Ich wünsch dir die Hölle (1981); Gospodin (1990);

Schilling, Peter
* 28.01.1956 in Stuttgart

Peter Schilling   *wea*

deutscher Sänger, Songwriter
Sein größter Erfolg "Major Tom" setzte sich auch in Amerika, England und Japan in den Hitparaden durch.
Major Tom [Völlig Losgelöst] (1982); Die Wüste lebt (1983); Hitze der Nacht (1984); Ich vermisse dich (1986); Zug um Zug (1992)

Schinzel, Antonio (Christian Anders)
siehe Christian Anders

Schlösser, Jupp
* 26.07.1902 in Köln
+ 23.02.1983 in Köln
deutscher Texter, Sänger
Arbeitete als Bäcker, als Straßenbahnfahrer und als Possendichter. Gilt als Kölner Original.
Kornblumenblau (1938); Gib acht auf den Jahrgang (1938)

Schmedes, Maria von
* 06.10.1917 in Wien
österreichische Sängerin

War mit Schlagern im Wiener Dialekt und volkstümlicher Musik erfolgreich.
Ich möcht' gern dein Herz klopfen hör'n (1953)

Schmidseder, Ludwig (Ps: Louis Fabro)
* 24.08.1904 in Passau
+ 21.06.1971 in München
österreichischer Komponist, Pianist
Lebte seit 1935 als freischaffender Komponist in München, schrieb zahlreiche Operetten (u.a. "Linzer Torte", Frauen im Metropol", "Walzerkönigin")
Ich trink den Wein nicht gern allein (1939); Komm doch in meine Arme (1940); I hab' die schönen Maderln net erfunden (1940)

Schmidt, Joseph
* 04.03.1904 in Bavideni (Rumänien)
+ 16.11.1942 in Zürich
österreichischer Sänger (Tenor)
Studierte am Konservatorium in Berlin, lebte von 1928 bis 1933 in Deutschland, dann in Belgien und Amerika, ab 1938 in der Schweiz. Sang hauptsächlich im Rundfunk oder bei populären Konzerten.
Ein Lied geht um die Welt (1933)

Schmidt-Gentner, Willy (Ps: Will Fred)
* 06.04.1894 in Neustadt/Rennsteig
+ 12.02.1964 in Wien
deutscher Komponist
Musikstudium am Konservatorium in Berlin (Geige), mußte seine Karriere an seinem Instrument wegen einer Kriegsverletzung aufgeben, war dann als Kapellmeister in Berlin tätig, schrieb auch Filmmusiken.
Einmal sagt man sich adieu (1929); Ich bin ja heute so verliebt (1941)

Schmitz, Jupp
* 15.02.1901 in Köln
+ 26.03.1991 in Köln
Sänger, Komponist, Pianist, Texter
Studierte am Konservatorium in Köln,

schrieb zahlreiche Stimmungs- und Karnevalslieder.
Ich fahr mit meiner Lisa (1949) Wer soll das bezahlen (1949); Am Aschermittwoch ist alles vorbei (1952); Wir kommen alle in den Himmel (1952); Es ist noch Suppe da (1968)

Schneebiegl, Rolf
* 08.06.1924 in Karlsbad
deutscher Trompeter, Komponist
Ausbildung an der Musikschule Petschau (Horn, Klavier, Violine, Theorie); danach Hornist im Städtischen Orchester Brüx und Marienbad, Trompeter und Vibraphonist bei Max Greger, Hugo Strasser, Kurt Edelhagen, Eddy Sauter und Rolf-Hans Müller. Gründete 1952 die Original Schwarzwaldmusikanten.

Schneider, Willy
* 05.09.1905 in Köln
+ 12.01.1989 in Köln
deutscher Sänger
Gelernter Metzger. Sang zunächst in einem Kirchenchor, und erhielt dort die Anregung, seine Stimme ausbilden zu lassen. Trat dann mit dem Trio "Die drei lustigen Gesellen" auf. Bekam 1935 seinen ersten Schallplattenvertrag und war seitdem erfolgreich mit Rhein-, Wein-, Karnevals-, Heimat- und Volksliedern, sowie "Operetten-Schlagern".
Schütt' die Sorgen in ein Gläschen Wein (1951); Man müßte noch mal zwanzig sein (1952)

Schnelldorfer, Manfred
* 02.05.1943 in München
deutscher Eisschnell-Läufer, Sänger
Als Eisläufer gewann er 1964 zwei olympische Goldmedaillen und wurde Weltmeister. Studierte dann Architektur und startete nebenbei eine Blitzkarriere als Schlagersänger.
Wenn du mal allein bist (1964); Traurigsein bringt nichts ein (1965)

Walter Scholz   *Intercord*

Schöbel, Frank
* 11.12.1942 in Leipzig
deutscher Schauspieler, Sänger, Komponist, Entertainer
War verheiratet mit der Sängerin Chris Doerk.
Wie ein Stern (1971); Gold in deinen Augen (1972); Wir brauchen keine Liebe mehr (1990); Ohne dich (1991)

Schobert und Black
deutsches Gesangsduo
Schobert (Wolfgang Schulz, * 02.07.1941 in Stettin) und Black (Lothar Lechleiter * 13.05.1942 in Ebenrode/Ostpreußen) gründeten das Duo 1966. Schobert war zunächst als Großhandelskaufmann tätig, Black begann ein Ingenieur-Studium. Das Duo wurde 1975 im Mainzer Unterhaus mit dem deutschen Kleinkunstpreis ausgezeichnet. Zahlreiche Rundfunk- und Fernsehauftritte.
Die Reifeprüfung (1975); Siebenundzwanzig (1980)

Schock, Rudolf
* 04.09.1915 in Duisburg
+ 13.11.1986
deutscher Sänger (Tenor)
War international gefeierter Opern- Operetten- und Lied-Sänger.
Vor meinem Vaterhaus steht eine Linde (1963); Mein Vater war ein Wandersmann (1964); Wir sind auf der Walz (1966); Ich hab mein Herz in Heidelberg verloren (1969)

Scholz, Gustav (Bubi Scholz)
* 12.04.1930 in Berlin
deutscher Boxer, Sänger
Sie hat nur Blue Jeans (1959)

Scholz, Walter

* 15.04.1938 in Arolsen

Musikalisches Staatsexamen, Trompeter am Landestheater Detmold, am Opernhaus Mainz, am Landestheater Darmstadt, bei den Münchner Philharmonikern, ab 1962 1. Solo-Trompeter in Sinfonie-Orchester des SWF Baden-Baden, Hermann-Löns-Medaille in Bronze und Gold.

Sehnsuchtsmelodie (1984); Echo der Liebe (1985); Heimwehmelodie (1986)

Schönfeld, Alfred

* unbekannt
+ 10.12.1917 in Berlin

Texter, Possendichter

Puppchen, du bist mein Augenstern (1912); Fräulein, könn'n Se linksrum tanzen (1912); Geh'n wir mal zu Hagenbeck (1912)

Schröder, Friedrich

* 06.08.1910 in Naefels (Schweiz)
+ 25.09.1972 in Berlin

deutscher Komponist

Studierte Kirchenmusik und Musik-geschichte in Münster, ab 1929 an der Musikhochschule in Berlin. War ab 1934 Kapellmeister am Metropoltheater Berlin, ab 1936 freischaffender Komponist. Schrieb zahlreiche Operetten (u.a. "Hochzeitsnacht im Paradies" 1942, "Nächte in Shanghai" 1946, "Die große Welt" 1950, "Isabella" 1953, "Die Jungfrau von Paris" 1969), Film- und Fernsehmusiken, Schlager. Auszeich-nungen, u.a. 1955 Paul-Lincke-Ring.

Weil der D-Zugführer heute Hochzeit macht (1938); Man müßte Klavier spielen können (1941); Ein Glück, daß man sich so verlieben kann (1942); Es kommt auf die Sekunde an (1942); Ich tanze mit dir in den Himmel hinein (1942)

Schubert, Susan

* 16.06.1959 in Botsch/Siebenbürgen

deutsche Sängerin

Gewann 1976 einen Schlagerwettbewerb in Rumänien, lebt seit 1978 in Deutschland; wurde hier von Bernd Meinunger entdeckt und produziert.

Für ein Stück Himmel mit dir (1989); Shalalaika (1992); Nie mehr allein sein (1992); Keine Angst, ich komm schon wieder (1992)

Susan Schubert   *Venus e.V.*

Schulz, Hans (Ps: Johann Schulz-Clahsen, Ronny Delmount, Tex Schultzieg)

* 15.06.1948 in Essen

deutscher Komponist, Produzent, Arrangeur

Studierte von 1968 bis 1974 an der Folkwang-Hochschule Essen (Dirigieren, Kirchenmusik). Gründete und leitete von 1970 bis 1975 die "College Singers" und die Gruppe "Rockefeller". Gründete 1986 die Gruppe "Johann Schulz Art". Produziert u.a. Andy Borg, Lee Hazlewood, Markus Wendorf, Sophia & Ron. Er erhielt zahlreiche Auszeichnungen für seine kompositorischen Leistungen.

Adios Amor (1982); Die berühmten drei Worte (1982); Arrivederci Claire (1982); Die Fischer von San Juan (1982); Ich will deine Tränen weinen (1986); Am Anfang war die Liebe (1986); In deinem Zimmer brennt noch Licht (1986)

Schulz, Rüdiger (Purple Schulz)
siehe Purple Schulz

Schulz-Reichel, Fritz (Ps: Schräger Otto)
* 04.07.1912 in Meiningen
deutscher Pianist, Komponist
Lebte seit 1934 in Berlin, war Pianist in fast allen bekannten Orchestern, seit 1946 Solist bei mehreren Rundfunkorchestern. Zahlreiche Kompositionen (Schlager, Film- und Fernsehmusik), Bundesverdienstkreuz.
In Café de la Paix (1949); Am Samstag um vier (1951); Zwei Verliebte in Paris (1960)

Schulze-Gerlach, Hartmut (Ps: Muck / Thommy Raiker) siehe Raiker, Thommy

Rudi Schuricke   *Venus e.V.*

Schuricke, Rudi (Erhard Rudolf Hans Schuricke)
* 16.03.1913 in Brandenburg/Havel
+ 28.12.1973 in München
deutscher Sänger, Komponist, Texter
Gründete Mitte der 30er Jahre das Rudi Schuricke Terzett

Caprifischer (1945); O mia bella Napoli (1938); Auf Wiedersehn (1950)

Schwabach, Kurt
* 26.02.1898 in Berlin
+ 26.10.1966 in Hamburg
deutscher Texter, Opernlibrettist
Arbeitete u.a. mit Lotar Olias, Eduard Künneke
Glückliche Reise (1932); Am Amazonas (1932); Hühner-Boogie (1954)

Schwarz, Friedrich
1895 bis 1933
deutscher Komponist, Texter
Es war einmal ein Musikus (1933); Nach Hause geh'n wir nicht (19'##)Wenn ich die blonde Inge (1929)

Schwenk, Georg
* 21.03.1935 in München
deutscher Akkordeonspieler, Komponist, Arrangeur
Lehre als Werkzeugmacher, Studierte danach an der Musikhochschule Trossingen (Akkordeon) und an der Musikhochschule München (Klarinette). Als Akkordeonsolist bei zahlreichen Rundfunkorchestern tätig, komponiert hauptsächlich volkstümliche Musik.

Schwenn, Günther
* 18.03.1903 in Berlin
+ 04.01.1991 in Montreux
deutscher Texter
Studierte in Berlin und Freiburg. War zunächst als Schriftsteller, Dramaturg und Kabarett-Leiter tätig. Lange Jahre im Aufsichtsrat der GEMA. Schrieb die Libretti zu zahlreichen Operetten (u.a. "Maske in Blau", "Die Frau im Spiegel"), über 100 Filmmusiken, zahlreiche Schlagertexte.
Ich pfeif heut nacht (1938); Ich trink den Wein nicht gern allein (1939); Für eine Nacht voller

Seligkeit (1940); Möwe, du fliegst in die Heimat (1943); Heimweh nach dem Kurfürstendamm (1949); Egon (1952); Schnaps, das war sein letztes Wort (1960); Berliner Polka (1961)

Peter Sebastian   DA / Toi, toi, toi

Sebastian, Peter
08. Januar in Fürth/Franken
deutscher Sänger, Texter, Produzent, Rundfunkmoderator
Produziert u.a. Ulla Norden, Lolita, Thommy Raiker, Duo Bella Vista
Schneewalzer (1981); Ein schneeweißes Schiff (1983); Ich hol dich aus der Einsamkeit (1984); Immer wieder will ich doch nur dich (1986); Manchmal denk ich noch an Marlen (1988); Deine Liebe tut mir weh (1990); Mit dir in Rio (1990); Rock'n'Roll Gefühl (1990); Ein bißchen Engel, ein bißchen Biest (1991); Ich will die ganze Nacht (1992)

Seelos, Ambros
* 30.01.1935 in Töging/Inn
österreichischer Klarinettist, Komponist,

Bandleader, Arrangeur
Absolvierte von 1949 bis 1952 eine Lehre als Spengler und Installateur, studierte von 1954 bis 1957 an der Musikhochschule München, leitet seit 1960 ein eigenes Orchester.

Seipp, Hilde
* 28.10.1909 in Berlin
deutsche Schauspielerin, Sängerin
Nachts ging das Telefon (1935); Sei ein bißchen lieb zu mir, Peter (1936); Schön war die Zeit (1938)

Seligmacher, Moritz (Ps: Sam Silverson)
siehe Silverson, Sam

Serrano, Rosita (Maria Martha Esther Alduante Del Campo)
* 10.06.1914 in Vina del Mar
chilenische Sängerin, Schauspielerin
Roter Mohn (1938); Küss mich, bitte, bitte, küss mich (1938); Bei dir war es immer so schön (1940); Es waren zwei Königskinder (1961)

Severine (Josiane Grizeau)
* 10.10.1948 in Paris
französische Sängerin
Studierte Romanistik und Anglistik für das Lehramt an Gymnasien. Begann als Sängerin in Amateurbands. Nahm 1969 ihre erste Schallplatte auf, siegte bereits 1971 beim Grand-Prix-Eurovision mit dem Titel "*Un banc, un arbre, une rue*", der in der deutschen Version "*Mach die Augen zu und wünsch dir einen Traum*" kurz darauf ebenfalls zum Hit wurde. Seitdem in Deutschland erfolgreich, zahlreiche Rundfunk- und Fernsehauftritte.
Mach die Augen zu und wünsch dir einen Traum (1971); Ja, der Eiffelturm (1971); Der Duft von Paris (1972); Olala l'amour (1972); Was wird aus einer verlorenen Liebe (1974); Vergessen heißt verloren sein (1974); Du bist für mich der

größte Schatz (1976); Sieben Tränen (1981); So ein Sommersonnentag (1982); Die Frau im Schatten (1988); Einer für alle - alle für einen (1992)

Severine   *Caribic*

Shapiro, Helen
* 28.09.1946 in London-East End
englische Sängerin, Schauspielerin
Wurde 1961 von John Schroeder entdeckt, hatte Anfang der sechziger Jahre mehrere große Hits in England; war auch in Deutschland erfolgreich.
Frag mich nicht, warum (1962); Komm, sei wieder gut (1962)

Shaw, Sandie (Sandra Goodrich)
* 26.02.1947 in Dagenham (England)
englische Sängerin
Wurde von Adam Faith entdeckt, nahm 1964 ihre erste Platte auf. War Ende der 60er Jahre eine der erfolgreichsten Sängerinnen in England. Vertrat ihr Land 1968 beim Grand-Prix-Eurovision und siegte mit

dem Titel "*Puppet On A String*", kam auch mit deutschen Titeln (meist Übersetzungen der englischen Originale) in die Hitparaden.
Du weißt nichts von deinem Glück (1965); Wiedehopf im Mai (1967); Du bist wunderbar (1968)·

Shayne, Ricky (George Albert Tabett)
* 04.06.1944 in Kairo
französischer Sänger, Schauspieler
Wuchs im Libanon auf und kam als 15-jähriger nach Paris, ging von dort nach Italien. Erste Erfolge als Sänger mit italienischen Titeln. Spielte mit Udo Jürgens in dem Film "Siebzehn Jahr, blondes Haar". Ab 1967 auch in Deutschland als Sänger erfolgreich.
Ich sprenge alle Ketten (1967); Das hat die Welt noch nicht gesehn (1969); Es wird ein Bettler zum König (1969); Ich mache keine Komplimente (1969); In festen Händen (1971); Ginny, komm näher (1971); Mamy Blue (1971)

Sheer, Ireen
* 25.02.1949 in Romford (England)
deutsch-englische Sängerin
Wurde Anfang der 60er Jahre bei einem Talentwettbewerb entdeckt. Absolvierte trotz des frühen Erfolges eine Banklehre. Danach Ausbildung an einer Theaterschule. Sang zunächst bei Pop-Gruppen (u.a. bei "Steve Roland and the Family Dog" mit Albert Hammond und Mike Hazlewood). Tritt seit 1970 als Solistin auf. In Deutschland seit Anfang der 70er Jahre ("*Goodbye Mama*") erfolgreich. Zahlreiche Goldene Schallplatten, Auszeichnungen. Ireen Sheer singt englische, französische und deutsche Titel.
Goodbye Mama (1973); Mach die Augen zu (1977); Hey Junge, sag das noch einmal (1978); Feuer (1978); Hey Mr. Musicman (1979); Wo soll denn die Liebe bleiben (1979); Das Lied der schönen Helena (1979); Xanadu (1980); Nur ein Clown versteckt die Tränen (1981); Geh,

wenn du willst (1982); Erst wenn die Sonne nicht mehr scheint (1983); Ich hab Gefühle (1983); Hab ich dich heute nacht verloren (1985); Fantasy Island (1990); Und heut Abend hab ich Kopfweh (1991)

Ireen Sheer   Dino

Shuman, Mort (Mortimer Shuman)
* 12.11.1936 in Brighton Beach (USA)
+ 03.11.1991 in London
amerikanisch-französischer Komponist, Sänger
Komponierte u.a. den Welthit *"Save the last dance for me"*, sang die deutsche Version *"Mit siebzehn fängt das Leben erst an"*
Ich heiße Mortimer (1979); Mein Gesicht (1979); Mein steinernes Haupt (1979)

Siegel, Ralph (Foto siehe S. 312)
* 30.09.1945 in München
deutscher Verleger, Komponist, Texter, Produzent, Sänger
Sohn des Komponisten und Verlegers Ralph Maria Siegel und der Operettensängerin Ingeborg Döderlein. Schweizer Matura, private musikalische Ausbildung (Komposition, Harmonielehre, Klavier, Gitarre). Führte Verlag und Schallplattenfirma (Jupiter Records) seines Vaters erfolgreich weiter. Zahlreiche Auszeichnungen (u.a. Paul-Lincke-Ring der Stadt Goslar). Schrieb über 1000 Titel, viele zusammen mit dem Texter Bernd Meinunger. Seit den 70er Jahren einer der produktivsten und erfolgreichsten Komponisten im Schlagerbereich, 1982 gelang ihm mit der Komposition *"Ein bißchen Frieden"* der erste Grand-Prix-Eurovision-Sieg für Deutschland.
Fiesta Mexicana (1972); Du kannst nicht immer 17 sein (1974); Feierabend (1977); Babicka (1979); Dschinghis Khan (1979); Theater (1980); La Provence (1980); Johnny Blue (1981); Ein bißchen Frieden (1982); Laß die Sonne in dein Herz (1987)

Siegel, Ralph Maria (Foto siehe S. 28)
* 08.06.1911 in München
+ 02.08.1972 in München
deutscher Texter, Komponist, Verleger, Produzent, Sänger, Theater-Direktor, Regisseur
Vater von Ralph Siegel. Gründer der R.M. Siegel Verlage. Schrieb zahlreiche Bühnenwerke (u.a. "Liebeszauber" 1936, "Frechheit siegt" 1942, "Charley´s Tante" 1969). Zahlreiche Schlagertexte und Kompositionen. Arbeitete regelmäßig mit Gerhard Winckler zusammen, etablierte sich in den 30er, 40er und 50er Jahren als einer der erfolgreichsten deutschen Schlagertexter überhaupt.
O mia bella Napoli (1938); Chianti-Lied (1939); Capri Fischer (1943); Skandal im Harem (1946); Ich hab noch einen Koffer in Berlin (1957);

Silverson, Sam (Moritz Seligmacher)
* 28.02.1895 in Kattowitz

Ralph Siegel   *Jupiter*

Hans Arno Simon   *Apis Musik*

+ 09.08.1956 in Los Angeles
deutscher Komponist, Texter
War ab Mitte der 20er Jahre in Berlin als
Pianist und Kapellmeister an Revue-Thea-
tern tätig. Emigrierte 1934 nach Amerika,
arbeitete dann als Film-Komponist in Los
Angeles.
Das isses, sprach die Misses (1927); Ich sage
Hüh! und meine Hott! (1929); Damenwahl im
Senegal (1931)

Silvester, Eric (Erik Herschmann)
* 24.09.1944 in Briesen (CSFR)
deutscher Sänger, Komponist, Texter,
Produzent
Absolvierte eine Schauspiel-Ausbildung,
studierte danach Musik. Spielt u.a. Gitarre,
Bass, Klavier, Schlagzeug und Saxophon.
Seit den 60er Jahren als Sänger erfolgreich,
schreibt viele seiner Titel selbst, komponiert auch für andere Interpreten u.a. für

Siw Malmkvist. Lebt in Berlin, Stuttgart
und Köln.
Karina-Lu (1960); Dann fiel die Tür zu (1967);
Susanna (1968); Ich seh die Mädchen gern
vorübergehn (1969); Zucker im Kaffee (1969);
Skandal um Rosie (1971); Ich hör überall Musik
(1973); Wenn die Trommel ruft (1976); Sehn-
sucht (1990)

Simon, Hans Arno
✝ 19.09.1919 in Breslau
+ 23.07.1989 in Murnau
deutscher Komponist, Pianist, Sänger,
Fernseh-Moderator, Verleger, Arrangeur,
Produzent
Vater von Pat Simon. Studierte Musik,
Germanistik, Kunstgeschichte und
Theaterwissenschaft. War Ende der 40er
Jahre zunächst Programmgestalter bei Ra-
dio Hamburg, dann Solopianist. Erster
Sensationserfolg 1953 mit der Polka "*An-*
neliese" als Sänger und Komponist; hierfür

erhielt er als erster Deutscher eine Goldene Schallplatte. Im gleichen Jahr startete seine erste Fernseh-Sendereihe "Klingendes Rendezvous bei H.A.Simon". Ab 1961 war er Inhaber der Schallplattenfirma "Simon Records", dort hauptsächlich als Produzent und Arrangeur tätig. Der Verlag wird heute von seinem Sohn fortgesetzt (Apis Musik - Bernd Simon). Hans Arno Simon schrieb zahlreiche Schlager, Film- und Fernsehmusiken.

Anneliese (1953); Ach sag doch nicht immer wieder Dicker zu mir (1953); Wodka Fox [Gib mir den Wodka, Anuschka] (1954)

Simon, Pat
* 31.08.1949 in Hamburg
deutsche Sängerin, Tochter von Hans Arno Simon.

Komplimente (1966); Ein Glück, daß man das Glück nicht kaufen kann (1969)

Edward Simoni   Sony / Herzklang

Simoni, Edward (Edward Krok)
* 1959

deutsch-polnischer Panflötist, Keyboarder, Gitarrist, Komponist
Studierte Querflöte und Klavier am Konservatorium in Kattowitz. Wurde von Herbert Nold entdeckt und produziert. Erhielt 1991 die goldene Stimmgabel.

Wenn der Tag erwacht (1990); Pan Träume (1991)

Simons, Heintje (Hein)
siehe Heintje

Hein Simons   Polydor

Slan, Jack (Dolf Brandmayer)
siehe Dolf Brandmayer

Solo, Bobby
* 18.03.1945
italienischer Sänger
Hatte einen internationalen Hit mit "*Una lacrima sul viso*", war in den 60er Jahren auch mit deutschen Schlagern erfolgreich.

Ich bin verliebt in dich, Christina (1965); Ich sehe dich weinen (1965); Du hast ja Tränen in den Augen (1966); Bella bella Marie (1969)

Sondock, Mal
* 04.07.1934 in Houston/Texas
amerikanischer Sänger, Schauspieler, Disk-
Jockey, Produzent, Moderator
*Hey, Annabella Susann (1962); Das Mädchen
mit dem traurigen Blick (1964); Ich mach mir
Sorgen um dich (1965); Juanita Banana (1966)*

Sonnenschein, Fred & seine Freunde
(siehe Frank Zander)
Ja wenn wir alle Englein wären (1981)

Karsten Speck   *Polydor*

Speck, Karsten
29.06.1960 in Schlema/Erzgebirge
deutscher Sanger, Schauspieler, Artist,
Entertainer, Fernsehmoderator
Das Multitalent wurde gesamtdeutsch durch
die Moderation der Show-Reihe "Ein Kessel Buntes" sowie durch sein Mitwirken bei
Fernsehserien bekannt.
Dein Platz ist immer noch leer (1991)

Speelwark
deutsche Gruppe
Mitglieder: Claudia-Christine Fürchtenicht
(* 23. Mai [Sängerin, Gitarristin]), Helmut

Johann Hamke (* 28.09.1951 [Sänger,
Percussionist]), Anna Kathrin Hörster (*
21. August [Flötistin, Violinistin]), Harald
Meier-Spiering (30.08.1949 [Sänger,
Akkordeonspieler]), Albrecht von Reibnitz
(* 05.06.1935 [Lautenspieler, Akkordeon-
spieler]), Jörn Szemkus (* 24.06.1935
[Bassist, Gitarrist, Akkordeonspieler,
Mandolinenspieler]).
Die Gruppe war 1989 beim Grand Prix der
Volksmusik erfolgreich und hat seitdem
Notierungen in den Hitparaden; gilt als
typischer Vertreter der norddeutschen
Volksmusik.
Freesland (1989)

Speelwark   *east west*

Spider Murphy Gang
deutsche Band
Die Pop- und Rock´n´Roll Band wurde in
den 70er Jahren gegründet. War zunächst
als Amateurband unterwegs, seit Anfang
der 80er Jahre in Deutschland erfolgreich.
Gründungsmitglieder waren: Günter Sigl
(Bassist), Barny Murphy (Gitarre), Michael
Busse (Keyboards), Franz Trojan (Schlagzeug). Zahlreiche Rundfunk- und
Fernsehauftritte, Goldene und Platin-Schallplatten.
*Skandal im Sperrbezirk (1981); Schickeria
(1982); Wo bist du (1982); Ich schau dich an*

(1982); Mir san a bayrische Band (1983); Pfüati Gott, Elisabeth (1983); Sch-Bum ['s Leben is wiara Traum (1984); Cadillac (1985); Deine Augen (1985); FFB (1989); Was ist passiert (1990); Ich grüße alle und den Rest der Welt (1990)

Bernd Spier   *Venus e.V.*

Spier, Bernd
* 06.04.1944 in Ludwigslust / Mecklenburg
deutscher Sänger
Mit 15 Jahren hatte er seine erste Band, mit 18 Jahren den ersten Plattenvertrag, mit 19 den ersten Hit. Danach als Vollprofi im Gala-Geschäft etabliert.

Das kannst du mir nicht verbieten (1963); Schöne Mädchen muß man lieben (1964); Memphis Tennessee (1964); Das war mein schönster Tanz (1965); Einmal geht der Vorhang zu (1965); Der neue Tag beginnt (1966); Pretty Belinda (1969); Klopf dreimal (1971)

Sponheimer, Margit
* 07.02.1943 in Mainz
deutsche Sängerin, Schauspielerin
Hatte Akkordeon-, Klavier-, und Gesangsunterricht. Absolvierte eine kaufmännische Ausbildung. Ist seit 1959 in der Mainzer Fastnacht aktiv, sang auch im Duo mit Ernst Neger.

Am Rosenmontag bin ich geboren (1969); Gelle gern (1970); So 'nen Mann gibt's nur beim Bäcker (1977)

Steffen, Peter
* 26.09.1930 in Duisburg
deutscher Sänger, Orchesterleiter, Entertainer
Der gelernte Dreher studierte am Konservatorium in Duisburg Kontrabass und wurde als Sänger erstmals 1958 von Margot Hielscher mit dem Orchester Erwin Lehn vorgestellt. Hatte seinen größten Erfolg mit dem Titel "*Als ich ein kleiner Junge war*", den er mit seinem Sohn Roland (* 1951) sang. 1993 erscheint (laut eigenen Angaben) eine überarbeitete Neu-Aufnahme des gleichen Titels, gesungen mit seinem Sohn David (* 1981).

Als ich ein kleiner Junge war (1959); Auf meinen Jungen kann ich mich verlassen (1962)

Steimel, Adolf
* 12.10.1907 in Berlin
+ 12.08.1962 in Berlin
deutscher Komponist
Arbeitete u.a. mit Peter Igelhoff zusammen.

Ich hab dich und du hast mich (1942); Mein Herz hat heut Premiere (1942); Wir machen Musik (1942)

Stein, Michael (Ekkehard Hessler)
* 07.08.1956 in Wolfen/Bitterfeld
deutscher Sänger
Lebte ab 1957 in der Bundesrepublik

Deutschland. Hatte Anfang der 80er Jahre erste Erfolge als Sänger einer Tanzband, nahm 1984 seine erste Single "*Die Sonne scheint für mich nicht mehr*" auf, 1987 seine erste LP "Meine Träume mit dir". Zahlreiche Rundfunk- und Fernsehauftritte (u.a. ZDF Hitparade, Schlagerparade)

Die Sonne scheint für mich nicht mehr (1984); Du gehörst zu ihm (1985); Sandy Goodbye (1985); Adios Marlena (1986); Ich hab dich lieb (1987); Du von nebenan (1989); Ich lebe in dir (1990); Martinique Cherie (1991)

Michael Stein   Electrola

Stein, Wolff-Ekkehardt
* 25.11.1943 in Potsdam

Studierte an der Staatlichen Werkkunstschule in Kassel, erhielt privaten Unterricht in Harmonielehre, Musiktheorie, Gitarre und Klavier. Ist seit 1975 als Komponist und Texter tätig. War Mitgründer eines Musikverlags (Aloha) in München. 3 Platin-, 12 Goldene Schallplatten

Sun of Jamaika (1979); Eldorado (1979); Das wird ein heißer Sommer (1992)

Steiner, Thommy
* 07.10.1962 in Aalen / Württemberg

deutscher Sänger
Studierte Jura und Betriebswirtschaft.

Die Fischer von San Juan (1983); Das Märchen von Rhodos (1983); Das ewige Feuer (1984); Jennifer (1986); Ich bin verrückt nach dir (1989); Cherchez la Femme (1990); Sehnsucht und Abenteuer (1991)

Tommy Steiner   Venus e.V.

Steingass, Toni (Anton Steingass)
* 13.04.1921 in Köln
+ 29.10.1987 in Köln

deutscher Komponist
War nach dem Krieg zunächst als Musiker tätig, gründete einen eigenen Verlag in Köln. Zahlreiche Auszeichnungen (u.a. Goldene Ostermann Medaille)

Der schönste Platz ist immer an der Theke (1950); Ich hab den Vater Rhein in seinem Bett gesehn (1960)

Steinhauer, Harald
* 08.03.1951 in Köln
deutscher Komponist, Produzent, Verleger
Begann als Musiker und Roadmanager bei
verschiedenen Kölner Bands. War von 1972
bis 1980 als Produktmanager bei Electrola
und Ariola tätig, danach Exklusiv-Produzent für Electrola. Arbeitet seit 1983
freiberuflich als Komponist, Produzent und
Musikverleger (Mambo-Musikverlag). Mitinhaber der Pilot-Studios in München.
Schrieb für Peter Kent den internationalen
Hit "It's a really good feeling", außerdem
für Nicki , Marianne Rosenberg, Juliane
Werding, Cagey Strings.
*Drei Jahre lang (1984); Wenn i mit dir tanz
(1986); Stimmen im WInd (1986); Ich denk an
dich (1989); Geh vorbei (1990); Wie a Traum
(1990); Tausendmal in meinen Träumen (1990)*

Steinwolke
1977 gegründete deutsche Band
Begann zunächst mit experimenteller Rock-
Musik, bevor sie sich seit der zweiten Hälfte der 80er Jahre zunehmend dem
schlagerhaften Pop zuwandte. Die Mitglieder sind:
Konrad Haas (Sänger, Flötist), Gustl Lütjens
(Gitarrist, Sänger), Uli Schmid (Keyboarder,
Sänger), Domikic Diaz (Schlagzeuger),
Jems Bernewitz (Bassist).
*Katharine (1983); Zugvögel (1984); Wenn du
willst (1985); Viola (1989)*

Stern, Holger
deutscher Sänger
*Einen Strauß roter Rosen (1989); Blaue Lagune
(1992)*

Stolz, Robert (Foto siehe S. 11)
* 25.08.1880 Graz
+ 27.06.1975 Berlin
österreichischer Komponist
Komponierte bereits als 10jähriger. War als

Kapellmeister u.a. in Graz, Salzburg und
Wien tätig. Hatte 1910 seinen ersten großen
Erfolg mit der Operette "Das Glücksmädel".
Emigrierte 1937 in die USA; 1946 Rückkehr nach Wien. Zahlreiche Preise, Auszeichnungen und Professoren-Titel; über
800 Kompositionen; Operetten (u.a. "Venus
in Seide" 1932, "Der verlorenen Walzer"
1933, "Der Tanz ins Glück" 1920), musikalische Lustspiele, Filmmusiken, Chansons,
Schlager.
*Die ganze Welt ist himmelblau (1930); Auch du
wirst mich einmal betrügen (1930); Adieu mein
kleiner Gardeoffizier (1930); Vor meinem
Vaterhaus steht eine Linde (1934); Ob blond, ob
braun, ich liebe alle Frau'n (1935);*

Storch, Eberhard
* 12.07.1905 Beeskow
+ 19.03.1978 Berlin
deutscher Komponist
Studierte zunächst Jura, anschließend Musik.
*Im Schwarzwald und am Bodensee (1951); Auf
Wiedersehn (1952); Deinen Namen, den hab ich
vergessen (1954); Du braune Sirene der Südsee
(1958);*

Störrle, Heinz (Marc Lester)
* 05.02.1933 in Naila / Bayern
Studierte Betriebswirtschaft (Dipl. Kaufmann), Musikwissenschaft, Musik in München (Examen 1958). Komponierte seit
1950. War von 1958 bis 1980 Leiter eines
Betriebs in der Baustoffbranche, daneben
10 Jahre Leader einer Big Band. Seit 1980
hauptberuflich als Musiker tätig. Schrieb
mehrere Orchesterwerke, Chormusik, Film-
und Fernsehmusiken, zahlreiche Big-Band-
Arrangements, Pop-Titel.

Storz, Erich
* 11.12.1927 in Rotenburg/Fulda
deutscher Sänger, Texter, Komponist, Mu-

sik-Verleger
Köhlerliesel (1957); Kleine Bimmelbahn (1957); Wasserträger-Song (1960)

Strandjungs
deutsche Band
Mitglieder: Bernd Mann (Sänger, Bassist), Georg Grewe (Sänger, Keyboarder), Axel Claus (Sänger, Schlagzeuger), Horst Schreiber (Sänger Gitarrist), Guntmar Feuerstein (Sänger, Gitarrist) Begann als deutschsprachiges Revival-Projekt des Beach-Boy-Sounds. Hatten später Erfolg mit eigenständigen Titeln.
Surfen auf'm Baggersee (1984); Kaffeebraun (1985); Heiß wie die Sonne (1986); Surf-Fieber (1987); Kleine Träume (1989)

Strasser, Hugo (Ps: Kurt Staab, Tino Molldorf)
* 07.04.1922 München
deutscher Klarinettist, Bandleader, Komponist
Seit 1945 Berufsmusiker. War Gründungsmitglied der Max-Greger-Band. Leitet seit 1955 eigenes Orchester. Produzierte zahlreiche Tanzplatten mit Instrumentalversionen von erfolgreichen Titeln aus den Bereichen Schlager und Unterhaltungsmusik.

Straus, Oscar
* 06.03.1870 in Wien
+ 11.01.1954 in Bad Ischl
österreichischer Komponist
Absolvierte ein Kompositionsstudium in Berlin. War ab 1895 als Theaterkapellmeister in Brünn, Teplitz und Berlin tätig. Gründete das Kabarett "Überbrettl", lebte ab 1927 in Wien. Von 1938 bis 1948 Emigration (zunächst Paris, dann USA). Schrieb Filmmusiken, Operetten und Schlager.
Operetten: "Ein Walzertraum" (1907); "Der tapfere Soldat" (1908); "Rund um die Liebe"

(1914); "Liebeszauber" (1916); "Der letzte Walzer" (1920); "Die Musik kommt" (1948)

Strauß, Johann (Sohn) (Foto siehe S. 10)
* 25.10.1825 in Wien
+ 03.06.1899 in Wien
österreichischer Komponist
Sohn des Komponisten Johann Strauß (Vater). Der "Walzerkönig" gründete 1844 eine Tanzkapelle, die er später zum Orchester erweiterte. Galt als einer der erfolgreichsten Komponisten seiner Zeit, unternahm zahlreiche Konzerttourneen, u.a. auch nach Amerika. Schrieb zahlreiche Walzer, die noch heute zum Standardrepertoire vieler Tanzkapellen gehören, außerdem Operetten (u.a. "Die Fledermaus" 1874, "Der Zigeunerbaron", 1885).
An der schönen blauen Donau (1867); Geschichten aus dem Wiener Wald (1868); Wein, Weib und Gesang (1869); Wiener Blut (1871); Rosen aus dem Süden (1880); Kaiserwalzer (1888)

Strecker, Heinrich Josef
* 24.02.1893 in Wien
+ 28.06.1981 in Baden bei Wien
österreichischer Komponist
Operetten (u.a. "Der ewige Walzer", 1937), Singspiele (u.a. "Ännchen von Tharau", 1932), Wiener Lieder (u.a. "Drunt´ in der Lobau", "Ja, ja der Wein ist gut")

Sükar, Alexandra (Foto siehe S. 320)
* 25.04.1981 in Fellbach (Österreich)
österreichische Sängerin
Schwester von Manuela Sükar. Ist im Bereich des volkstümlichen Schlagers erfolgreich. Sang im Duo mit Andy Borg.
Komm setz di auf ein Sonnenstrahl (1990)

Sükar, Manuela
* 06.06.1975 in Selbbach (Österreich)
österreichische Sängerin

Alexandra Sükar　　　　　　*Koch*

Schwester von Alexandra Sükar. Hatte Erfolge mit volkstümlichen Schlagern.
Jedes Herz hat a kleines Laternerl (1990); Des mog i (1992)

Sulke, Stephan
* 27.12.1943 in Shanghai (China)
schweizerischer Sänger, Komponist, Texter, Keyboarder, Gitarrist
Hatte bereits in den 60er Jahren einen kleinen Hit in Amerika (*"Where did she go"*), war danach auch in Frankreich erfolgreich. Begann Anfang der 70er Jahre ein Jura-Studium in Bern. Legte sich ein fahrbares Tonstudio zu und zeichnete Großveranstaltungen professionell auf (u.a. Jazz Festival in Montreux). War ab Anfang der 80er Jahre als Liedermacher so erfolgreich, daß er mit seinen Titeln in die Hitparaden kam.
Der Mann aus Rußland (1982); Uschi (1982); Ganz so hatt' ich's mir nicht vorgestellt (1990)

Manuela Sükar　　　　　　*Koch*

Suzie (Martina Carina Peereboom)
* 21.08.1946 in Tilburg (Holland)
holländische Sängerin, Artistin
War zunächst als Zirkusartistin tätig, ab 1960 als Schlagersängerin. Spricht außer Holländisch noch Englisch, Schwedisch, Französisch, Deutsch, Dänisch. Bekam 1963 ihren ersten Plattenvertrag in Schweden. Rundfunk- und Fernsehauftritte in Schweden. Ihren Titel *"Johnny loves me"* übersetzte sie 1964 ins Deutsche und hatte damit ihren ersten Hit in Deutschland.
Johnny, komm (1964); Du, du gehst vorbei (1964); Max und Moritz (1965); Ich war allein (1965); Ich will immer nur dich (1966)

Swinging Girls
1980 in Köln gegründetes Vokalensemble, Mitglieder sind Ulla Wiesner, Catrin Pröpper und Roswitha Bischof.
Mal etwas Beat, mal etwas Swing (1980)

T

Tahiti Tamoures

1962 gegründetes Damen-Vokal-Ensemble um die Sängerin Manuela (siehe dort) und Charlotte Marian sowie zwei weiterer Chorstimmen.
Wini-Wini (1963); Tahiti Mafatu (1963); Manana, Manana, Manana (1964)

Tauber, Werner (Ps: Werner Poetzsch)

* 18.11.1934 in Chemnitz
deutscher Saxophonist und Orchesterleiter
Erhielt an der Orchesterschule Augustusburg eine Ausbildung für Klarinette, Klavier und Musiktheorie. War von 1955 bis 1960 Saxophonist bei Max Greger, seit 1960 Saxophonist und Arrangeur bei Hugo Strasser. Gründete das Orchesters Werner Tauber, komponierte über 200 Instrumentals, meist für Tanzturniere.

Teddies

deutsches Vokalensemble
War Ende der 50er Jahre mit "Heimweh"-Schlagern erfolgreich.
Wir waren drei Kameraden (1957); Endlos sind die Straßen (1958); Morgen wirst du um mich weinen (1959)

Telkamp, Mieke (Maria Berendina Johanna Telgenkamp)

* 14.06.1934 in Oldenzaal (Holland)
niederländische Sängerin, Moderatorin
Schaffte den Durchbruch in Deutschland als Erstinterpretin des Titels "*Tulpen aus Amsterdam*".
Tulpen aus Amsterdam (1956); Du bist mein erster Gedanke (1956); Ein ganzes Herz voll Liebe (1956); Prego, Prego, Gondoliere (1960)

Tex, Pete (Peter Drischel / Ps: Frank Peters)

* 1942
deutscher Saxophonist, Komponist, Musikredakteur
Studierte an der Musikhochschule Karlsruhe. War zunächst als Jazz-Saxophonist tätig, nahm 1974 seine erste Platte auf und ist seitdem auch im Bereich der Unterhaltungsmusik erfolgreich. Schreibt u.a. für Nana Mouskouri, Edward Simoni, Roy Etzel, Karl Moik. Produziert Werbespots für einige Radiostationen und ist auch als Studiomusiker (Keyboard, Klarinette, Flöte und natürlich Saxophon) tätig. Arbeitet hauptberuflich als Musikredakteur beim Südwestfunk in Baden-Baden.
Slow Motion (1972)

Thelen, Kurt Adolf

* 09.03.1911 in Homberg
+ 17.01.1990
deutscher Sänger, Komponist, Texter
War insbesondere auch als Karnevals- und Stimmungs-Sänger erfolgreich.
Am 30. Mai ist der Weltuntergang (1954); Ich hab den Vater Rhein in seinem Bett gesehn (1961)

Thomas, Holger

* 18.07.1956 in Wilhelmshaven
deutscher Sänger
Zieh doch aus (1982); Mein Hit heißt Susi Schmidt (1983); Leih mir deine Liebe (1989)

Thomas, Michael (Martin Böttcher)

siehe Martin Böttcher

Thomas, Peter

* 01.12.1925 in Breslau
deutscher Orchesterleiter
Studierte in Berlin, war Gründer und Leiter des "Peter Thomas-Sound-Orchestra". Schrieb in den 60er und 70er Jahren zahlreiche Film- und Fernsehmusiken, u.a. für verschiedene Edgar Wallace-Filme.
Melissa (1966); Raumpatrouille (1967)

Thoss, Regina

* 10. Juli in Zwickau
deutsche Sängerin

Absolvierte ein Gesangsstudium am Robert-Schumann Konservatorium in Zwickau. War Siegerin beim Schlagerfestival der Ostseeländer 1967 in Rostock. Zahlreiche nationale und internationale Auszeichnungen, hatte eine eigene Fernseh-Show, Radiosendungen (u.a. "Nimm das Lied als Souvenir"), wird von Herbert Nold produziert.

Nächte der Sahara (1991); Dir bleibt so viel erspart (1992)

Regina Thoss   Sony / Herzklang

Tilgert, Günther
* 15.10.1927 Dortmund
deutscher Komponist, Texter, Produzent, Verleger
Erhielt seine Ausbildung am Konservatorium Dortmund. War von 1947 bis 1950 Kapellmeister an den städtischen Bühnen Dortmund. Schrieb u.a für Cornelia Froboess, Vico Torriani, Cindy & Bert, Rocco Granata, Margit Schramm, Willy Schneider, Bill Ramsey. Arbeitete u.a. mit Berry Lipmann zusammen.

Tom Dooley Trio
deutsches Vocal-Ensemble der 50er Jahre und gemeinsamer Name von Bernd Golonski, Günter Kallmann und Ralf Paulsen, sowie den Cyprys (um Werner Cyprys, siehe auch Friedel Hensch).

Tonia (Tonia Mertens, geb. Dominicus)
* 25.07.1947 in Anderlecht
belgische Sängerin
Tochter des Rennfahrers Jef Dominicus.
Wenn die Nachtigall singt (1970); Die kleinen Rädchen im Getriebe (19##)

Tony & die Strandpiraten   DA

Tony (Manfred Oberdörffer)
* 09.05.1944 in Hamburg
deutscher Sänger, Komponist, Texter, Produzent
Frontman bei "Tony & die Strandpiraten". War zunächst im Beat-Bereich erfolgreich, wandte sich um 1990 mit dem Ensemble "Strandpiraten" dem volkstümlichen Schlager zu.
Nuevo Laredo (1970); Mädchen mit roten Haaren (1971); Mädchen, du hast mich verliebt angesehn (1972); Komm mal raus, Renate (1975); Der nächste Sommer kommt bestimmt (1977); Traumfrau (1991); Und ich denke schon wieder an dich (1991)

Töpel, Arnim
* 23.08.1959 in Waldorf / Baden
Sänger, Pianist, Komponist, Texter, Rundfunkmoderator
Studierte Jura, war danach als Rechtsan-

walt, Drehbuchautor, "Solo-Musik-Kabarettist" (unter dem Namen "Töpel ohne") tätig. Seit August 1992 auch Moderator der Sendung "Gute Laune aus Südwest" (SWF-1).
Sonia (1992); Kleine Ärsche (1992)

Torfrock   *Polydor*

Torfrock
deutsche Band
Die Band wurde Mitte der 70er Jahre von Klaus Büchner (siehe Klaus & Klaus), Raymond Voss, Thomas Rieckmann, Reinhard Heinrichs und Gunnar Kämmer gegründet. Seitdem mit einigen Blödel-Hits erfolgreich. Der Titel "*Beinhart*" wurde 1991 zu einem der meistverkauften in Deutschland.
Preßlufthammer B-B-Bernhard (1978); Beinhart (1990)

Torriani, Vico (Vico Oxens)
* 21.09.1920 in Genf
schweizerischer Sänger, Schauspieler, Moderator, Autor, Showmaster

Erlernte die Berufe Konditor, Kellner und Koch. Siegte 1946 bei einem Talentettbewerb. Trat ab Ende der 40er Jahre auch in Deutschland auf, regelmäßig im Fernsehen. Spielte in zahlreichen Unterhaltungsfilmen. In den 50er Jahren eigene Fernsehserien (u.a. "Hotel Viktoria", "Der Goldene Schuß"). Wandte sich Ende der 80er Jahre dem volkstümlichen Schlager zu. (Foto siehe S. 324)
In der Schweiz (1955); Grüß mir die Damen (1956); Ein Mannequin ausParis (1957); Verlieb dich in Lissabon (1957); Siebenmal in der Woche (1957); Ananas aus Caracas (1957); Schön und kaffeebraun (1958); Kalkutta liegt am Ganges (1960); Cafe Oriental (1961); Der Hafen-Casanova (1962); Pepino (1963); Aus jedem Land ein Souvenir (1964); La Pastorella (1975); La campanella (1983); Des Himmels schönste Kinder (1991); Die weißen Sterne der Berge (1991); Und der Himmel drückt ein Auge zu (1991)

Travellers (Die Drei Travellers)
1949 von dem Sänger und Komponisten Fred Öldorp gegründete Gruppe.
Ich hab' noch einen Koffer in Berlin (1949); Romeo und Julia (1968); Der Pleitegeier (1971)

Triebel, Jürgen (Ps: Jay Tee)
* 28.07.1948 Bad Wildungen
deutscher Komponist
Absolvierte ein Musikstudium am Konservatorium Duisburg, Chorleiterexamen. Komponierte Bühnen-, Film- und Fernsehmusiken, zahlreiche Schlager, schrieb u.a. für Mary Roos, Herbert Grönemeyer, Nino de Angelo, Dorthe, Bernhard Brink, Roland Kaiser, Rex Gildo, Jürgen Marcus, Hoffmann & Hoffmann, Daliah Lavi
Heiß und kalt (1982); Currywurst (1982); Sternenstaubsucher (1984); Wenn die Erde stirbt... (1982); Kind (1992)

Vico Torriani   *Koch*

Trio   *Phomogram*

Trio
deutsche Band
War Anfang der 80er Jahre im Rahmen der
Neuen Deutschen Welle erfolgreich.
Stephan Remmler (* 25.10.1946 in Dortmund
[Sänger, Komponist, Texter]); Peter Behrens
(* 04.09.1947 [amerikanischer Schlagzeu-
ger]); Kalle Gerd Krawinkel (* 21.04.1949
[deutscher Gitarrist, Komponist, Texter])

Da da da - ich lieb dich nicht, du liebst mich
nicht (1982); Anna - laß mich rein, laß mich
raus (1982); Bum Bum (1983); Herz ist Trumpf
(1983); Turaluraluralu - ich mach Bubu, was
machst du (1983); Tutti Frutti (1984)

Trix (Foto siehe S. 327)
deutsche Frauenband, 1992 gegründet.
Du und die Nacht (1992); Es wär 1000 Worte
wert (1992)

Truck Stop   *Metronome*

Truck Stop
1972 in Hamburg gegründete deutsche
Country Band. Spielte zunächst
englischsprachigen Country-Rock, ab Mit-
te der 70er Jahre mit deutschen Texten
erfolgreich. Mitglieder: Knut Bewersdorff
(Sänger, Steel-Guitar-Spieler), Erich Doll
(Gitarrist, Banjo-Spieler), Cisco Berndt
(Sänger, Gitarrist), Uwe Lost (Bassist),
Lucius Reichling (Sänger, Geiger), Teddy
Ibing (Schlagzeuger).

Trix   *Polydor*

Ich möcht' so gern Dave Dudley hör'n (1977);
Der Tramp (1978); Take It Easy, altes Haus
(1979); Der wilde, wilde Westen (1980); Old
Texas Town, die Westernstadt (1980); Laß die
Mädels wissen (1981); Easy Rider (1981); Das
gibt's doch nur in Dallas (1982); Hillybilly
Country Lilly (1983); Ein Tag wie ein Freund
(1984); Laß dir nie den Tag verderben (1989);
Arizona-Arizona (1990); Square Dance Darling
(1990)

Twardy, Werner (Ps: Daddy Monrou)
* 28.12.1926 in Oberhausen
+ 16.01.1977
deutscher Komponist, Pianist, Arrangeur,
Orchesterleiter
Studierte an der Folkwang-Schule in Essen.
Schrieb u.a. für Roy Black und Chris Roberts.
Geisterreiter (1961); Dein schönstes Geschenk
(1969); Ein Mädchen nach Maß (1970); Ich bin
verliebt in die Liebe (1970); Hab ich dir heute
schon gesagt, daß ich dich liebe (1971); Schön
ist es auf der Welt zu sein (1971)

U

UKW
deutsche Band, gegründet im Dezember 1980, aufgelöst im September 1983
Die Mitglieder waren: Peter Hubert (Gesang), Peer Gerlach (Bass), Thomas Schütze (Schlagzeug), Andreas Schwarz (Gitarre), und Andreas Koch (Keyboards)
Erfolgreiche Vertreter der Neuen Deutschen Welle.
Sommersprossen (1982); Ich will (1982); Hey Matrosen (1983)

Ulbrich, Siegfried (Ps: Marvin Martin, Roman Romans)
* 25.05.1922 Dresden
deutscher Komponist
Erhielt Violin-, Klavier-, Saxophon- und Trompetenunterricht. War ab 1946 als freischaffender Komponist, Texter, Arrangeur und Dirigent tätig, u.a. als Assistent von Robert Stolz, Michael Jary, Franz Grothe. Schrieb Film- und Fernsehmusiken (u.a. "Ein Mann muß nicht immer schön sein" mit P. Alexander), Musicals ("Laß das, Hagen" 1967)
Wir tanzen wieder Polka (1949)

Ullo (Ulrich Berchtenbreiter)
* 14.07.1954
deutscher Sänger, Schauspieler, Entertainer
Absolvierte eine Klavierbauerlehre, war danach auch als Schauspieler tätig. Wanderte 1986 nach Australien aus, kehrte 1988 zurück. Spielte in Fernsehserien (u.a. "Der Fahnder", " Ein Fall für zwei") sowie im "Werner-Spielfilm" mit. Setzt sich einerseits für die Verbreitung des "guten alten Schlagers" ein ("Ullo's Tanzpalast"), liefert aber auch neue Titel, die sich an traditionelle Merkmale anlehnen.
Laß die Wanne ein (1992)

Ulrik (Ulrik Remy)
siehe Remy, Ulrik

Ullo   Ariola

Vader Abraham (Pierre Kartner)
* 11.04.1935 in Elst (Holland)
niederländischer Sänger, Komponist, Texter, Produzent
Lernte Konditor. Spielte in zahlreichen Amateurbands. Hatte dann ab Ende der 70er Jahre als Komponist und als Sänger zahlreiche Hits. Schrieb u.a. für Peter Alexander, Joe Dassin, Julio Iglesias, Mireille Mathieu, Nana Mouskouri, Ireen Sheer.
Als Sänger:
Das Lied der Schlümpfe (1978); Was wird sein fragt der Schlumpf (1978)
Als Komponist:
Die kleine Kneipe (1976); Und heut abend hab ich Kopfweh (1991)

Valaitis, Lena (Anelé Valaitis)
* 07.09.1943 in Memel (Litauen)
deutsche Sängerin
Schulzeit in Heidelberg, danach als Postangestellte tätig. Hatte 1971 ihren ersten großen Erfolg mit der deutschen Version des Titels "Nickel Song". Seitdem als Sängerin etabliert. Zahlreiche Auszeichnungen, Goldene Schallplatten. Verheiratet mit dem Schauspieler und Kabarettisten Horst Jüssen. (Foto siehe S. 330)
Ob es so oder so oder anders kommt (1971); Da kommt Jose, der Straßenmusikant (1976); Ein schöner Tag (1976); Johnny Blue (1981); Rio Bravo (1981); Gloria (1982); Farewell [Jeder Sommer geht zu Ende] (1984); Wenn der Regen auf uns fällt [mit Costa Cordalis] (1985)

Valdor, Frank
* 27.05.1937 Hamburg
deutscher Komponist, Orchesterleiter
Studierte an der Musikhochschule Hamburg, war danach als Posaunist und Arrangeur tätig, u.a. bei Lionel Hampton. War Aufnahmeleiter bei Plattenfirmen, danach bei diversen Orchestern u.a. Werner Müller, Kurt Henkels, Max Greger. Leitet seit 1972 ein eigenes Orchester; über 1000 Kompositionen, u.a. das Musical "Chérie noir", Film- und Fernsehmusiken.

Caterina Valente   *Venus e.V.*

Valente, Caterina
* 14.01.1931 in Paris
italienische Sängerin, Schauspielerin, Tänzerin, Entertainerin, Gitarristin
Entstammt einer Artistenfamilie, spricht Englisch, Französisch, Spanisch, Deutsch, Italienisch und Schwedisch. Sang zunächst mit ihrem Bruder Silvio (Silvio Francesco). Wurde in den 50er Jahren durch ihre Zusammenarbeit mit Kurt Edelhagen zunächst als Jazz-Sängerin bekannt, danach als Schlager-Sängerin. Spielte in zahlreichen Unterhaltungsfilmen (u.a. "Casino de Paris", "Bonjour Kathrin"). Die künstlerische Vielseitigkeit, die die stimmlichen Qualitäten nicht einmal in den Vordergrund spielt, räumt ihr eine absolute Ausnahmestellung im Europäischen Show-Business ein.
Ganz Paris träumt von der Liebe (1955); Casanova (1955); Fiesta Cubana (1955); Es ist so schön bei dir (1955); Eventuell (1955); Die Bim Bam Bin Bam Bina (1956); Bonjour Kathrin

Lena Valaitis   Ariola

*(1956); Das hab ich gleich gewußt (1956);
Tipitipitipso (1957); Dich werd ich nie verges-
sen (1957); Wo meine Sonne scheint (1957);
Spiel noch einmal für mich, Habanero (1958);
Mal sehn Kapitän (1959); Tschau, tschau
Bambina (1959); Einen Ring mit zwei blutroten
Steinen (1960); Ein Schiff wird kommen (1960);
Rosalie, mußt nicht weinen (1960); Pepe (1961);
Ein Seemannsherz (1961); Der Sheriff von
Arkansas (1961); Kommt ein Schiff nach
Amsterdam (1961); Ich mach mir nix aus Prin-
zen und Grafen (1961); Mein Ideal (1962);
Tausend rosarote Pfeile (1969); Manuel (1978);
Flamenco Espanol (1979); Das kommt nie wie-
der (1981); Männer brauchen Liebe (1984)*

Valente, Caterina & Silvio Francesco
Gesangsduo
siehe Valente, Caterina und Francesco,
Silvio
*Komm ein bißchen mit nach Italien (1956);
Steig in das Traumboot der Liebe (1956); Die
Goldenen Spangen (1956); O Billy Boy (1956);
Ich wär so gern bei dir (1957); Roter Wein
(1958); Sonnenschein (1959); Itsy Bitsy Teenie
Weenie Honolulu-Strand-Bikini (1960); Ein-
mal weht der Südwind wieder (1962); Quando,
Quando, Quando (1962); Madison in Mexico
(1962); Lup-di-lu (1963)*

Valentino, Henry (Hans Blum)
* 23.05.1928 in Hannover
deutscher Komponist, Texter, Produzent,
Sänger
War nach dem Musikstudium zunächst als
Chorleiter und Arrangeur bei EMI tätig;
gründete 1951 das Hansen-Quartett. Seine
Kompositionen nahmen mehrfach am
Grand-Prix-Eurovision teil, bei den deut-
schen Schlagerfestspielen erhielt er 4 mal
Gold.
als Komponist/Texter:
*Paradies, wo bist du ? (1965); Beiß nicht gleich
in jeden Apfel (1966); Anouschka (1967);
Harlekin (1968); Zigeunerjunge (1968);
Primaballerina (1969); Zucker im Kaffee (1969);*

Henry Valentino   Zett Records

*Das schöne Mädchen von Seite 1 (1970); Jetzt
geht die Party richtig los (1973); Der alte Wolf
(1974); Ich hab' dein Knie geseh'n (1974); Im
Wagen vor mir (1977); El Lute (1979)*
als Sänger:
*Charly Brown (1959); Henry, zeig dich mal
ohne (1974); Ich hab' dein Knie geseh'n (1974);
Im Wagen vor mir (1977); Überholen verboten
(1978); Liebes altes Haus (1981); So werd ich
nie mehr tanzen (1989); Lieber mal aus Liebe
(1991)*

Valerie's Garten   Mercury
Valerie's Garten
deutsches Gesangstrio
Martina Ahlrichs (* 1969 in Vechta), Doris
Gellhaus (* 1966 in Vechta), Stefanie
Lügger (* 1965 in Vechta).
Das Trio wurde 1991 von Achim Oppermann
entdeckt und produziert. Alle drei spielten
während ihrer gemeinsamen Schulzeit in
Amateurbands. Stefanie und Michaela er-

hielten 1987 den Bundesrockpreis.
Sanfte Gefühle (1991); Wenn du willst (1992);
Es geht mir gut (1992); Nächstes Mal am Ende
der Welt (1992)

van Burg, Lou (Louis Van Weerdenburg)
* 25.08.1917 in Den Haag (Holland)
+ 26.04.1986 in München
niederländischer Sänger, Moderator,
Entertainer
War in den 60er und 70er Jahren regelmäßig
im deutschen Fernsehen mit verschiedenen
Shows vertreten, u.a. "Der goldene Schuß".
Ich möchte dich so gern verwöhnen (1960);
Freunde für's Leben (1960); Caterina (1962)

van Veen, Hermann
* 14.03.1945 in Utrecht (Holland)
niederländischer Komponist, Texter, Sänger, Kabarettist
Studierte Musik in Utrecht (Gesang, Geige). Trat mit einem Solo-Theater-Programm
auf, gründete 1968 den Harlekijn Verlag
und produzierte zahlreiche Fernsehsendungen für Kinder. Tourneen als Sänger
durch ganz Europa. Sein bislang erfolg-
reichstes Projekt war die Zeichentrickserie
mit der Ente "Jodokus Kwack".
Ich hab ein zärtliches Gefühl (1975); Weg da
(1979)

Vaplus, Renate (Drafi Deutscher)
siehe Deutscher, Drafi

Varell, Isabell
* 31.07.1961 in Kempen
deutsche Sängerin, Schauspielerin
War verheiratet mit Drafi Deutscher.
Verträumt (1984); Die Sonne geht auf (1985);
Melodie d'amour (1990)

Ventura, Anthony (Werner Becker)
* 04.12.1943 bei Hamburg
deutscher Orchesterleiter, Multiinstrumen-

Anthony Ventura wea

talist, Arrangeur
Ausbildung als Schriftsetzer und Werbe-
grafiker. Mit dem "Orchester Anthony
Ventura" seit 1974 erfolgreich (Über 10 Mil-
lionen verkaufte Schallplatten; 3 x Gold, 2 x
Platin und 1 x Diamant). Arrangierte als Wer-
ner Becker u.a. für Engelbert, Roy Black,
Dieter Bohlen.

Viel-Harmoniker
Den Comedian Harmonists nachempfun-
denes 1976 von Gert Wilden gegründetes
Vokalensemble mit Klavierbegleitung. Mit-
glieder waren Toni Rosner, Siegfried
Hussner, Alo Schnurrer, Wolfgang Schultz
und Walter Leykauf (siehe auch Nilsen
Brothers und Patrizius)

Viellechner, Sepp (Werner Viellechner)
* 14.01.1935 in Kirchseeon/Bayern
deutscher Sänger (Tenor)
Lehre als Zimmermann, danach Gesangsausbildung an der Opernschule Bina und
am Münchner Trapp-Konservatorium. Der
"Caruso der Berge" wandte sich 1959 der
leichten Muse zu und hat gerade auch in
jüngster Zeit mehrere Erfolge im volkstümlichen Bereich. Zahlreiche Auszeichnungen (u.a. Hermann Löns Medaille).

Vittorio (Vittorio Casagrande)
* 08.07.1934 in Veneto

Sepp Viellechner   *Bogner*

italienischer Sänger, Schauspieler
Liebe, die nie vergeht (1962); Der Liebling von allen (1963); Eine Gitarre und tausend Illusionen (1969)

Vonficht, Bernd (Ps: Bernie Paul)
siehe Paul, Bernie

Stefan Waggershausen   Polydor   Andi Warda   Ariola / Hansa

Wanja   DA

W., Roland
deutscher Sänger
hatte Ende der 60er Jahre mit gefühlvollem Soft-Rock Erfolge.
Monja (1967); Mein grünes Tal (1968); Marion (1970)

Wachholz, Bärbel
* 20.10.1938 in Angermünde
+ 1984
Die gelernte Fotolaborantin galt in den 50er und 60er Jahren neben Helga Brauer als eine der populärsten Schlagerinterpretinnen der ehemaligen DDR.
Amigo (1957); Weil ich jung bin (1958); Damals (1959)

Waggershausen, Stefan
* 20.02.1949 in Friedrichshafen / Bodensee
deutscher Sänger, Komponist, Texter
Studium in Berlin. Nahm 1974 seine erste Langspielplatte "Traumtanzzeit" auf. Sein erster großer Erfolg wurde 1980 "*Hallo Engel*". Arbeitete mit der belgischen Pop-Sängerin Victor Lazlo zusammen. Sang auch mit Alice.
Verzeih'n Sie, Madame (1980); Hallo Engel (1980); Bitte, Herr Doktor (1981); Früher war alles viel früher (1981); Es geht mir gut (1982); Zu nah am Feuer (1984); Mitten ins Herz (1984); Ich hab in mir ne Überdosis von dir (1986); Das erste Mal tat's noch weh (1990); Tief im Süden meines Herzens (1990); Jesse (1990)

Wagner, Peter (Ps: Peter-Rudolph Heinen)
* 28.12.1942 in Leipzig
deutscher Komponist, Texter
Bis 1965 Musiker, bis 1971 Ausbildung bei Heino Gaze, danach Tonmeister und Produzent bei Hansa-Music, seit 1978 freiberuflicher Produzent und Autor u.a. von Udo Jürgens, Peter Maffay und Roland Kaiser.
Tabaluga (1983); Halbkind (1986); Ich glaub' es geht schon wieder los (1988)

Waikikis
deutsches Gesangsensemble
Hawaii Tattoo (1961); Honolulu Rag [Hilo Kiss] (1962); Hula Hochzeit (1963)

Waldoff, Claire
* 21.10.1884 in Gelsenkirchen
+ 22.01.1957 in Bad Reichenhall
deutsche Sängerin, Kabarettistin, Revue-Star
Sang zahlreiche Berlin-Lieder, u.a. komponierte Walter Kollo für sie
Hermann heeßt er (1928)

Walter, Jürgen (Walter Pipping)
* 07.12.1943
deutscher Sänger
Studierte in Berlin Romanistik, war danach als Chansonnier freischaffend tätig. Seinen ersten großen Durchbruch hatte er 1976 mit dem Titel "Schallala - schallali". War als Interpret meist aus dem Chansonbereich stammender Titel in der damaligen DDR erfolgreich.
Wo ich hergekommen bin (19##); Je t'aime (19##); Ab geht die Post (19##)

Wanja
* 18. September in Sofia (Bulgarien)
deutsche Sängerin, Tänzerin
Gesangs- und Tanzausbildung in Sofia, Engagements bei Musicals (u.a. "Annie Get Your Gun", "Oklahoma"), zahlreiche Rundfunk- und Fernsehauftritte.
Im Traumschiff uns'rer Liebe (1991)

Warda, Andi
* 13.03.1963 in München-Anzing
deutscher Sänger
Wurde von Bernie Paul entdeckt und produziert.
Weil i di mog (1991); Die Sterne am Himmel droben (1991); Liebesmelodie (1992);

Warner, Kai (Werner Last)
* 27.10.1926 in Bremen
+ 09.08.1982 in Hamburg
deutscher Bandleader, Komponist, Arrangeur, Produzent
Bruder von James Last. Entdeckte und produzierte u.a. Renate Kern. Im Gegensatz zum "Happy Sound" seines Bruders basierte sein rhythmisches Konzept als Bandleader und Orchesterleiter seit Mitte der 70er Jahre auf dem sogenannten "Philly-Sound".

Waterloo & Robinson
österreichisches Sängerduo (gegründet 1970)
Hans Kreuzmayr und Sepp Krassnitzer
Das Duo war Mitte bis Ende der 70er Jahre erfolgreich. Ab Anfang der 80er Jahre gingen Kreuzmayr und Krassnitzer getrennte Wege.
Hollywood (1974); Meine kleine Welt (1976); Du bist frei (1977); Ich denk' noch oft an Marianne (1979); Du, die verkaufen die Army (1980)

Waterloo & Robinson   Venus e.V.

Weill, Kurt
* 02.03.1900 in Dessau
+ 03.04.1950 in New York
amerikanischer Komponist deutscher Herkunft, arbeitete eng mit Bertold Brecht zusammen, komponierte u.a die Musik zu Brechts "Dreigroschenoper".
Mäcki-Messer-Song [Und der Haifisch, der hat Zähne] (1928)

Weille, Benny de
* 06.03.1915 in Lübeck
+ 17.12.1977 auf Sylt
deutscher Bandleader, Klarinettist, Komponist
Ich nenne alle Frauen Baby (1942)

Weis, Heidelinde
* 17.09.1940 in Villach (Österreich)
österreichische Schauspielerin, Sängerin
Seit Mitte der 60er Jahre mit Chansons erfolgreich. Arbeitete u.a. mit dem Komponisten und Keyboarder Kristian Schultze zusammen. Erhielt 1976 den deutschen Schallplattenpreis. Verheiratet mit dem Filmproduzenten Hellmuth Duna.

Wendehals, Gottlieb (Werner Böhm)
* 05.06.1941 in Thorn (Polen)
deutscher Sänger, Komponist, Pianist, Entertainer
Schulzeit in Hamburg, Lehre als Dekorateur, danach Innenarchitektur-Studium. Zunächst als Werbetexter tätig, danach Komponist und Texter von Schlagern. Außerdem Pianist bei der Hamburger "Rentnerband". Ab Anfang der 80er Jahre als Gottlieb Wendehals erfolgreich. Ex-Ehemann von Mary Roos.
Herbert (1980); Mensch ärger dich nicht (1981); Polonäse Blankenese (1981); Alles hat ein Ende, nur die Wurst hat zwei (1987)

Wendland, Gerhard
* 01.09.1921 in Berlin
deutscher Sänger
War seit Ende der 30er Jahre erfolgreich, der zweite Weltkrieg unterbrach seine Karriere. Ab Mitte der 50er Jahre war er wieder regelmäßig in den Hitparaden vertreten. Arbeitete u.a. auch mit Vivi Bach zusammen.
Bei uns in Laramie (1955); Arrivederci Roma (1956); Immer wieder lieb ich dich (1957); Die

Gerhard Wendland

Interfoto

Welt war nie so schön für mich (1958); Sie (1959); Tanze mit mir in den Morgen (1961); Schau mir nochmal in die Augen (1962); Schläfst du schon (1962); Mary-Rose (1962); Mach die Augen zu (1964); Tanz die ganze Nacht mit mir (1965)

Markus Wendorf   Caribic

Wendorf, Markus
* 06.05.1960 in Kaiserslautern
deutscher Sänger
Schulzeit im Internat des belgischen Knabenchores "Les Rossignoletes". Ausgebildet als Fremdsprachenkorrespondent für Französisch und Englisch. Wurde 1980 als Sänger bei einem RTL-Nachwuchsfestival entdeckt. Seit Mitte der 80er Jahre erfolgreich.
Blaue Nacht (1985); In Catania blüh'n jetzt schon die Rosen (1985); Komm laß uns miteinander reden (1992)

Werding, Juliane
* 19.07.1956 in Essen
deutsche Sängerin

Wurde 1970 von der "Talentschuppen"-Redaktion des Südwestfunks entdeckt und hatte als 16-jährige bereits ihren ersten Hit mit einem Joan Baez Titel, den Hans-Ulrich Weigel mit einem deutschen Text versehen hatte. Das darin angesprochene Drogen-Thema war damals hochaktuell. Gunter Gabriel war ihr Produzent und schrieb für sie u.a. *"Wenn du denkst, du denkst..."*. Sie besuchte die Handelsschule, zog sich vorübergehend aus dem Musik-Business zurück und war als Büroangestellte tätig. War dann als Sängerin wieder erfolgreich. Von 1986 bis 1989 absolvierte sie eine Ausbildung zur Heilpraktikerin ohne dabei ihre Karriere als Sängerin zu unterbrechen.
Am Tag, als Conny Kramer starb (1972); Wenn du denkst, du denkst, dann denkst du nur, du denkst (1975); Man muß das Leben eben nehmen, wie das Leben eben ist (1976); Großstadtlichter (1980); Nacht voll Schatten (1983); Geh nicht in die Stadt heut nacht (1984); Sonne auf der Haut (1985); Lohn der Angst (1985); Drei Jahre lang (1985); Stimmen im Wind (1986); Sehnsucht ist unheilbar (1986); Das Würfelspiel (1986); Vielleicht irgendwann (1987); Starke Gefühle (1988); Tarot (1988); Nebelmond (1989); Wie weit ist Eden (1989); Der Himmel schweigt (1990); Zeit für Engel (1990)

Stefanie Werger   Ariola

Werger, Stefanie
* 02.07.1951

Juliane Werding

wea

österreichische Sängerin, Komponistin, Texterin
Flamenco touristico (1989)

Werner, Ilse (Ilse Still)
* 11.07.1921 Batavia (Java)
deutsche Sängerin, Schauspielerin, Pfeiferin
Studierte am Max-Reinhardt Seminar in Wien, war danach als Schauspielerin am Theater in der Josefstadt engagiert. Wurde 1941 von Werner Bochmann entdeckt und durch ihr Pfeifen berühmt; ihre erste Schallplatte war "*Die kleine Stadt will schlafen geh'n*". Den Schlager "*So wird's nie wieder sein*" wählte sie als Titel ihrer Autobiographie.
Sing ein Lied wenn du mal traurig bist (1941); So wird's nie wieder sein (1941); Wir machen Musik (1942); Fips der Pfeifer (1943); Baciare (1959); Das kann sich alles noch ändern (1961); Ich möchte auch mal nach Paris (1961); Was sind schon fünfzig Jahre (1986); Die Sanduhr des Lebens (1988);

Werner, Margot
* 08.12.1937 Salzburg
österreichische Sängerin, Schauspielerin, Entertainerin, Ballerina
Mußte aus gesundheitlichen Gründen ihre Karriere als Tänzerin aufgeben, war überwiegend im Chanson-Bereich aktiv, drang jedoch gelegentlich in die Hitparaden vor.
So ein Mann (1977)

Werner, Pe (Petra Werner)
* 1960 in Heidelberg
deutsche Sängerin, Texterin
Ausbildung zur Friseurin, begann danach ein Designstudium. Zunächst als Kabarettistin erfolgreich, dann als Sängerin im Pop- und Schlagerbereich.
Weibsbilder (1989); Was bleibt, wenn die Liebe geht (1990); Kribbeln im Bauch (1991); Gib mir mein Geld zurück (1991)

Pe Werner   *Intercord*

Western Union
Berliner Country Band
Die Band wurde 1967 von dem Sänger und Gitarristen Larry Schuba (* 29.01.1951 in Landshut) gegründet. Weitere Bandmitglieder sind Ginger Taylor (Sänger, Gitarrist, Mandolinenspieler), Vico von Shelika (Schlagzeuger), Chris Wirsching (Pianist, Sänger), Andi Forstmann (Saxophonist, Steelguitar-Spieler), und Tom Bopp (Bassist, Sänger). Die Band gewann 1982-85 beim Marlboro County-Music Wettbewerb, begleitete zahlreiche namhafte Künstler (u.a. Gunter Gabriel) bei deren Tourneen. Die Mitglieder der Band sind Ehrenbürger und Hilfssheriffs von Nashville/Tennessee.

Wewel, Günther
* 29.11.1934 in Arnsberg/Sauerland
deutscher Sänger (Bass), Moderator
Schlug zunächst eine Inspektorenlaufbahn

bei der deutschen Bundesbahn ein, dann Opernausbildung an der Hochschule für Musik in Dortmund; danach über 80 Opern und Operetten, moderierte zahlreiche Volksmusiksendungen im Fernsehen (u.a. "Kein schöner Land"), seit 1989 auch Kammersänger; wird von Ady Zehnpfennig produziert.

Die wilde Jagd (1992); Wenn so wie heut die Wolken ziehn (1992); Das Alpenglüh'n (1992)

Günter Wewel   *Pilz-Music*

White, Jack (Horst Nussbaum)
* 02.09.1940 in Köln
deutscher Fußballspieler, Sänger, Komponist, Produzent   (Foto siehe S. 342)
Groß- und Außenhandelskaufmann, studierte Englisch, Italienisch und Holländisch, wurde zunächst von Hennes Weisweiler als Jugendspieler entdeckt, später Fußballprofi beim holländischen Club Eindhoven, machte sein Hobby Musik zum Beruf, gilt als einer der erfolgreichsten Produzenten in der deutschen Schlager-Szene, ca. 30 Goldene und ca. 15 Platin-Schallplatten, kom-

ponierte u.a. für Lena Valaitis, Andrea Jürgens, Tony Marshall, Jürgen Marcus, Nina & Mike

Schöne Maid (1971); Komm gib mir deine Hand (1971); Eine neue Liebe ist wie ein neues Leben (1972); Ich fang für euch den Sonnenschein (1972); Fahrende Musikanten (1973); Ein Herz für Kinder (1979)

Whittaker, Roger   (Foto siehe S. 343)
* 22.03.1936 in Nairobi (Kenia)
englischer Sänger, Gitarrist, Pfeifer
Studium der Biologie und Zoologie in London, Abschluß mit Auszeichnung. Während des Studiums als Amateurmusiker aktiv. Hatte danach in England 1969 seinen ersten großen Hit "Durham Town". War seitdem als Sänger erfolgreich, zunächst in England, dann auch in Deutschland. Sein gepfiffener Titel "*Mexican Whistler*" machte ihn international bekannt. Seitdem regelmäßig in Hitparaden vieler Länder vertreten. Gilt als einer der erfolgreichsten Sänger in Deutschland, obwohl er die Sprache kaum spricht.

Mexican Whistler (1975); River Lady (1976); Das alte Schiff (1976); Indian Lady (1976); Goodbye ist Goodbye (1980); Albany (1982); Wenn es dich noch gibt (1983); Tanz heut nacht mit mir (1983); Abschied ist ein scharfes Schwert (1984); Eloisa (1984); Leben mit dir (1985); Fernweh (1986); Ein bißchen Aroma (1986); Bleib heut nacht bei mir (1989); Schön war die Zeit (1990); Was ist dabei, wenn wir zwei uns lieben (1990)

Wiedl, Angela
* 1969 in München
Bevor sie als Solistin erfolgreich wurde war sie als Sängerin bei der Wasserburger Stadtkapelle, den Original Chiemgauer Buam und dem Tegernseer-Alpenquintett. Sie gewann 1990 bei einem Wettbewerb einen Plattenvertrag und gilt z.Zt. als eine der besten Jodlerinnen.

Jack White   *Ariola / White-Records*

Roger Whittaker   *Intercord*

Wieland, Peter (Peter Sauer)
* 06.07.1930 in Stralsund
deutscher Sänger
Nach einer Ausbildung zum Handels-
kaufmann studierte er von 1950 bis 1955
Gesang in Berlin. Theaterengagements in
Stralsund, Rostock und Neustrelitz. Danach zahlreiche Rundfunk- und Fernsehauftritte, Schallplattenproduktionen, Auftritte im Friedrichstadtpalast.
Chant sans paroles (19##)

Wildecker Herzbuben
Wolfgang Schwalm (* 16.08.1954 in
Görzhain), Elektriker, war als Abteilungs-
leiter eines Großhandelsunternehmens tä-
tig
Wilfried Gliem (* 19.09.1946 in Obersuhl),
Studium der Betriebswirtschaftslehre, zu-

Angela Wiedl   *Jupiter*

*La Storia Della Montagna (1991); Doch des
Herzklopfen ... des verdank i dir (1992)*

Wildecker Herzbuben   *Hansa / Ariola*

nächst als Versicherungskaufmann tätig, dann Manager von G.G. Anderson, beide waren Mitglieder der Begleitband von G.G. Anderson ("The Curocas"), Anderson, auch als Produzent tätig, suchte ein Duo für den Titel *"Herzilein"*, und die Wildecker Herzbuben waren geboren.

Herzilein (1990); Hallo, Frau Nachbarin (1990); Zwei Kerle wie wir (1991); Hurra, die Feuerwehr ist da (1992)

Wilden, Gert (Gert Wychodil)
(weitere Ps: Jerry Wilton, Frank Colter, V.Vychodil)
* 15.03.1923 Mährisch-Trübau
deutscher Orchesterleiter
Schon als Gymnasiast Leiter des Tanz-Orchesters des Reichsenders Böhmen. Studierte in Prag, komponierte und dirigierte für fast alle deutschen Rundfunkanstalten. ca. 300 LPs mit zahlreichen Künstlern u.a. Hildegard Knef, Billy Mo, Heinz Rühmann,

Ivan Rebroff, Peggy March, Roy Etzel, Johannes Heesters. Gründete, produzierte und begleitete am Klavier die "Viel - Harmoniker". War acht Jahre lang musikalischer Leiter der Fernsehsendung "Erkennen Sie die Melodie", zahlreiche Film- und Fernsehmusiken (u.a. "Jerry Cotton", "Heißer Hafen Hongkong", "Hotel der toten Gäste", "Schulmädchen-Report", "Lederstrumpf", "Heidi")

Willem (Wilken F. Dincklage)
* 21.08.1942
deutscher Sänger, Moderator
Tarzan ist wieder da (1977); Die Polizei (1978); Sie ist, wie Mädchen wohl sind (1979); Watt (1983)

Williams, Christa (Rita Maria Braun)
deutsche Sängerin
Studium an der Folkwang-Schule in Essen; trat u.a. mit Gitta Lind im Duo auf.

Himmelblaue Serenade (1958); Pilou, Pilou (1960)

Willmann, Willy-Michael
* 19.06.1959 in Freiburg
deutscher Komponist, Trompeter, Arrangeur, Produzent
Studierte an der Musikhochschule in Freiburg (Trompete, Klavier, Gesang). Seit 1990 ist er als Produzent, Arrangeur und Komponist für Koch-Records in München tätig, außerdem besonders auf dem Gebiet des volkstümlichen Schlagers als Studiomusiker und Instrumentalsolist erfolgreich. Produziert u.a. Hansl Krönauer, Teddy Parker, Patrizius, schrieb u.a. für Edward Simoni
Ein bißchen Liebe braucht unsere Welt (1990); Wenn der Tag erwacht (1991); Chili-Polka (1992)

Wilma (Wilma Landkroon)
* 28.04.1957 in Enschede (Holland)

niederländische Sängerin
Wurde Ende der 60er Jahre als weibliches Gegenstück zum Kinderstar Heintje aufgebaut, spielte in einigen Filmen mit.
Heintje, baue ein Schloß für mich (1969); Zauberfee (1969)

Wind
1985 gegründete deutsche Gruppe
Gründungsmitglieder: Andreas Haas (* 09.06.1960 in Bocholt); Alexander Heiler; Christine von Kutschenbach; Rainer Höglmaier; Willie Jakob; Sami Kalifa (* 24.08.1960 in Wiesbaden); Petra Scheeser (* 20.05.1966 in München). Im Gründungsjahr bereits Grand-Prix-Sieger. Seitdem regelmäßig in den Hitparaden.
Für alle (1985); Herz aus Stein (1985); 1001 Nacht Gefühl (1986); Laß die Sonne in dein Herz (1987); Jeder hat ein Recht auf Liebe (1987); Pina Colada (1989); In der Hitze der Nacht (1990); Keine Sekunde mehr ohne dich (1990); Freitagabend (1992)

Wind

Jupiter

Gerhard Winkler   *Interfoto*

Winkler, Gerhard (Ps: Ben Bern, G. Hermann)
* 12.09.1906 in Berlin
+ 25.09.1977 in Kempten
Absolvierte zunächst eine Lehre in einer Musikalienhandlung, studierte danach am Englert'schen Konservatorium in Berlin Komposition, Klavier und Violine. War als Pianist in div. Kapellen und Kurorchestern tätig, hatte 1936 erste Erfolge (u.a. *"Neapolitanisches Ständchen"*) und war seitdem ausschließlich als Komponist und Musiker tätig. Zahlreiche Auszeichnungen, u.a. 1957 Paul-Lincke-Ring, 1967 Bundesverdienstkreuz. Löste mit seinen meist von Ralph Maria Siegel getexteten Liedern eine regelrechte "Italien-Welle" im deutschen Schlager aus.
Neapolitanisches Ständchen (1936); O mia bella Napoli (1936); So wird's nie wieder sein (1940); Frühling in Sorrent (1940); Mach dir um mich doch bitte keine Sorgen (1942); Chiantilied (1942); Caprifischer (1943); Der Sommer ging vorbei (1947); Mandolino, Mandolino (1949); Möwe, du fliegst in die Heimat (1950); Schütt die Sorgen in ein Gläschen Wein (1951); Glaube mir (1952); Frauen und Wein (1952); Schützenliesel (1952); Nicolo, Nicolo, Nicolino (1954); Schenk mir ein Bild von dir (1965); In meiner Hängematte (1965)

Wittstatt, Hans-Artur (Ps: Hans Halger)
* 18.04.1923 in Hannover
deutscher Komponist
Ingenieur- und Musikstudium in Hannover, Musik-Assistent von Heino Gaze, Arrangeur und Lektor bei diversen Verlagen, ab 1956 freischaffender Komponist, Dozent an mehreren Musikschulen, eigenes Tonstudio
Pepe (1956); Die Wege der Liebe (1960); Goodbye Joe (1960)

Wolff, Chris
* 1955 in Chemnitz
Siedelte 1982 in die Bundesrepublik Deutschland über. Ist vor allem mit volkstümlichen Schlagern erfolgreich.
Palma de Mallorca (1987); Romantica (1987); Lady Sunshine (1988); Am Strand von Maspalomas (1988); Ay Ay Ay [Grüße aus Mexico] (1989); Sterne zu verschenken (1990); Alles paletti (1990)

Wolfgang (Wolfgang Hofer)
* 17.02.1950 in Linz (Österreich)
österreichischer Sänger, Texter, Komponist
Schrieb zahlreiche Titel für Udo Jürgens
Abraham [Das Lied vom Trödler Abraham] (1971); Komm mit mir auf die grüne Wiese (1976); So ein Mann (1976); Mit sechsundsechzig Jahren (1977); Laß mein Knie, Joe (1978), Laura Jane (1987)

Wums Gesang
(Vicco von Bülow, Ps: Loriot)
Der Satiriker und Cartoonist Loriot, Schöpfer der Figur "Wum", sang zugunsten der Aktion Sorgenkind für dieses Projekt mehrere Titel auf Schallplatten.
Ich wünsch mir eine kleine Miezekatze (1972); Abbl-Didabbl (1973)

Wunderlich, Klaus
* 18.06.1931 in Chemnitz
deutscher Poporganist, Komponist, Arrangeur
Produzierte erfolgreich fast 50 Platten mit Instrumentaltiteln auf seiner elektronischen Orgel.

Xanadu   *Ariola / Coconut*

Helmuth Zacharias   *Interfoto*

George Zamfir   *Phonogram*

X-Z

Xanadu
deutsche Band
Mitglieder: Magdalena Gietz (* 15.12.1961 [Sängerin, Pianistin]), Ralf Burkhardt (28.03.1962 [Sänger, Schlagzeuger, Gitarrist, Pianist]), Matthias Krauß (* 25.08.1969 [Sänger, Pianist]), Linda Lee (* 18.09.1969 [Sängerin, Pianistin]). Die Gruppe wurde 1989 von dem Produzenten Tony Hendrik zusammengestellt und ist seitdem erfolgreich im Schlagergeschäft, mehrfache Teilnahme am Grand-Prix-Eurovision, Auszeichnungen, u.a. ARD-Hörfunkpreis.
Einen Traum für diese Welt (1989); Wenn du willst (1989); Insel hinter'm Horizont (1990); Paloma Blue (1990); Ein Tag, eine Nacht, eine Stunde (1992); Liebe lebt (1992)

York, Tina (Monika Schwab)
* 29.04.1954 in Bingen
deutsche Sängerin
Schwester von Mary Roos. Arbeitete zunächst als Rechtsanwaltsgehilfin. Nahm Anfang der 70er Jahre ihre erste Schallplatte auf. Wurde von Peter Orloff und Jack White produziert und hatte 1974 ihren ersten großen Hit. Ende der 70er Jahre wechselte die Sängerin zu den Produzenten Norman Ascot und Roland Kaiser.
Wir lassen uns das Singen nicht verbieten (1974); Monsieur le General (1975); Marmor, Stein und Eisen bricht (1975); Gib dem Glück eine Chance (1976); Ein Mann wie du (1977); Ein Adler kann nicht fliegen (1977); Ein Lied für Maria (1978); Ich bin da (1981)

Zach, Paul (Andreas Hauff)
siehe Hauff, Andreas

Zacharias, Helmut (Ps: Charly Thomas)
* 27.01.1920 in Berlin
deutscher Violinist, Komponist
Hatte bereits als Schüler seine ersten Rundfunkauftritte. Musikstudium bei Fritz Kreisler. Von 1939 bis 1941 Mitglied des Berliner Kammerorchesters. Stellte Mitte der 40er Jahre ein eigenes Orchester zusammen und war auch als Jazz-Violinist erfolgreich. Ab 1948 beim NWDR in Hamburg tätig, ab 1952 Solist und Showstar. Komponierte über 400 Titel, schrieb das Lehrbuch "Die Jazz-Violine" (1950).

Zai, Michael (Ps: Nico Zaito)
* 07.07.1953 in Worms
deutscher Produzent, Komponist, Texter
Autodidakt. Spielte bereits als 10-jähriger Klavier. War Mitglied in zahlreichen Tanz- und Unterhaltungsbands (u.a. "Family", "Memories"). Schloß 1981 seinen ersten Autorenvertrag mit der Firma EMI. Seitdem als Produzent, Komponist und Texter erfolgreich. Produziert (meist mit Jürgen Renfordt zusammen) u.a. Duo California, Andreas Martin, Nadine Norelle.
Zaubermelodie (1983); Ein Mann von Welt (1983); Yo Te Qiero (1985)

Zamfir, Gheorghe
* 1941 in Gaesti bei Bukarest (Rumänien)
rumänischer Panflötist
Erlernte als Autodidakt Mandoline und Akkordeon, begann als 14jähriger mit dem Panflöten Spiel. Studium am Konservatorium in Bukarest (u.a. bei dem Panflöten Virtuosen Fancia Luca), danach zunächst als Dirigent des Folklore Ensemble "Ciocirlia" tätig. Zahlreiche Tourneen als Panflöten-Solist mit einem eigenen kleinen Ensemble. Kam Mitte der 70er Jahre nach Deutschland, ist seitdem international als "Der Hexer auf der Hirtenflöte" erfolgreich und in den Bereichen Folkore und Pop aktiv. Spielte seinen Welthit "*Einsamer Hirte*" mit dem Orchester James Last ein. Lebt heute in Paris.
Einsamer Hirte (1977)

Frank Zander   *Zett Records*

Zander, Frank (Ps: Fred Sonnenschein)
* 04.02.1942 in Berlin
deutscher Sänger, Texter, Komponist, Gitarrist, Entertainer, Produzent
Hatte nach einer Ausbildung als Grafiker erste Erfolge mit der Berliner Band "Gloomys", war danach Begleitmusiker von Gunter Gabriel. Seine Solokarriere begann Mitte der 70er Jahre mit "Blödel-Songs", hatte zahlreiche Rundfunk- und TV-Auftritte. Moderierte (mit Helga Feddersen) die TV-Serie "Nonstop Nonsens", danach die eigene Show "Bananas". Konnte weitere Erfolge unter dem Pseudonym "Fred Sonnenschein und seine Freunde" verbuchen. Produziert inzwischen auch andere Spaßvögel erfolgreich.
Der Ur-Ur-Enkel von Frankenstein (1975); Ich trink´ auf dein Wohl, Marie (1975); Oh, Susi [Der zensierte Song] (1976); Da Da Da, ich weiß Bescheid, du weißt Bescheid (1982); Aerobiegsam (1983); Jeannie (1986); Marlene (1988); Da hilft kein Doktor mehr (1989); Hier kommt Kurt (1990)

Zanki, Edo (Edward Zanki)
* 19.10.1952 in Jugoslawien
Sänger, Komponist, Produzent, Arrangeur
Kam 1957 mit seinen Eltern nach Deutschland. Sang als 14-jähriger in der Band seines Bruders Vilko ("The Markees"), bekam Ende der 60er Jahre seinen ersten Plattenvertrag. Trat Anfang der 70er Jahre auch unter dem Pseudonym "Don Anderson" auf. Nahm 1977 die erste Platte unter seinem richtigen Namen auf. Hatte als Interpret nie den ganz großen Erfolg, konnte sich aber als Produzent in der deutschen Szene etablieren. Produzierte u.a. Anne Haigis, Milva, Ina Deter, Herbert Grönemeyer, Ulla Meinecke. Besitzt mit seinem Bruder Vilko ein Tonstudio.
Viertel vor neun, viertel vor zehn (1977); Süße Lügen (1985); Uns bleibt die Nacht (1990)

Zillertaler Jodlertrio

Koch

Zillertaler Jodlertrio (Die Zillertaler) österreichische Band (1977 gegründet) Mitglieder: Florian Prantl (* 11.03.1955 [Gesang, Gitarre, Akkordeon, Mundharmonika]), Werner Prantl (* 05.10.1956 [Gesang, Akkordeon, Keyboard]), Toni Ringler (* 01.02.1956 [Gesang, Schlagzeug, Bass, Gitarre]). Alle drei sind im Hauptberuf als Lehrer tätig; zahlreiche TV-Auftritte, mehrfache Teilnahme beim Grand Prix der Volksmusik, inzwischen schreiben u.a. Jean Frankfurter und Irma Holder für die Band
I hab di so gern (1989); Verlier nicht den Mut (1989); Du bist mei Herzimaus (1992); A Handvoll Tirol (1992)
(Foto siehe S. 351)

Zillertaler Schürzenjäger
österreichische Band
Peter Steinlechner (* 09.01.1953 in Mayrhofen [Sänger, Bassist, Gitarrist]); John Patrick Cox (* 13.12.1960 in München [Sänger, Schlagzeuger, Gitarrist, Harfenist]); Alfred Eberharter (* 07.11.1951 in Ginzling [Sänger, Akkordeon- und Steelgitarrenspieler]); Günter Haag ([Gitarrist, Sänger]); Wilhelm Kröll (* 08.09.1949 in Finkenberg [Sänger, Gitarrist]); Freddy Pfister (* 13.01.1962 in Zell am Ziller) Die Band begann zunächst mit Titeln aus dem Bereich des volkstümlichen Schlagers, ist inzwischen jedoch mit "Alpen-Rock"-Titeln erfolgreich.
Ein kleiner Blumenstrauß (1986); Logo Logo (1988); Rock´n´Roll im Zillertal (1991); Sierra Madre (1991); Alles braucht im Leben seine Zeit (1991); Teure Heimat (1992); Der Jodelautomat (1992)

Zimmermann, Dieter (Ps: Cliff Carpenter)
* 01.12.1943 Berlin
+ 02.10.1978
deutscher Orchesterleiter, Komponist
Schlagwerkstudium am Konservatorium in Berlin. Danach als Komponist, Arrangeur und Produzent für diverse Verlage und Plattenfirmen tätig (u.a. Edition Meisel, CBS); komponierte mehrere Musicals (u.a. "Wer kennt Jürgen Beck" 1972; "Robinson darf nicht sterben" 1974), produzierte unter dem Pseudonym Cliff Carpenter zahlreiche Platten mit Instrumentalversionen bekannter Schlager. Komponierte u.a. für Katja Ebstein, Ingrid Peters
Diese Welt (1971); Komm doch mal rüber (1976)

Zuckowski, Rolf (Rolf und seine Freunde)
* 12.05.1947 in Hamburg
deutscher Sänger, Gitarrist, Texter, Komponist, Produzent
Studierte Betriebswirtschaft in Hamburg, war ab 1972 Assistent der Geschäftsleitung im Sikorski Musikverlag. Seit 1974 als Texter erfolgreich, produzierte ab 1975 Platten für Kinder. Seine Produktion Schulweg-Hitparade war so erfolgreich, daß das Projekt "Rolf & seine Freunde" daraus entstand. Schreibt u.a. auch für Peter Maffay und Peter, Sue & Marc. Produziert Rundfunk- und TV-Kindersendungen.
Cindy (1977); Radio (1977); Du da im Radio (1981); ...und ganz doll mich [Ich mag] (1982); Lieber guter Weihnachtsmann (1983); In der Weihnachtsbäckerei (1987); Leben ist mehr (1988); Ganz nah (1991)

Rolf Zuckowski   *Polydor*

Zillertaler Schürzenjäger

set

Die Schlager des Jahres

(Siehe auch die Erläuterungen im Vorwort der Herausgeber)

1890-1900:

Alte Kameraden
Berliner Luft
Die Mühle im Schwarzwald
Im Grunewald ist Holzauktion
Im Omnibus beim Regenguß
Schlößer die im Monde Liegen
Schorschel, ach kauf mir doch ein Automobil
Sportpalast-Walzer

1901:

Der lustige Ehemann
O Theophil

1902:

Die Kirschen in Nachbars Garten
Glühwürmchen-Idyll

1903:

Das Lied vom süßen Mäd`l
Küssen ist keine Sünde

1904:

Erst kamen die Blusen, die Kleider
Im Liebesfalle

1905:

Dann geh ich zu Maxim
Heimlich, still und leise

1906:

Ballgeflüster
Stolzenfels am Rhein

1907:

Heinerle, Heinerle hab kein Geld
Leise, ganz leise, klingt's durch den Raum

1908:

Geburtstagsständchen
Nach Hause geh'n wir nicht
Wo die Nordseewellen

1909:

Bist du's, lachendes Glück
Komm, mein süßes Katzi, gib mir einen Kuß

1910: Fräulein könn´n Sie linksrum tanzen
Immer an der Wand lang
Männe, hak´mir mal die Taille auf
Wenn der Vater mit dem Sohne

1911:
Auf der Lüneburger Heide
Parade der Zinnsoldaten
Pauline geht tanzen

1912:
Auf der Reeperbahn, Nachts um halb eins
Flieger-marsch
Geh´n wir mal zum Hagenbeck
Herr Meier, Herr Meier, wo bleibt denn bloß mein Reiher
Hochzeit machen, das ist wunderschön

1913:
Das war in Schöneberg
Die Männer sind alle Verbrecher
Großmütterchen träumt
In der Nacht wenn die Liebe erwacht
Kleine Mädchen müssen schlafen geh´n

1914:
Hermann heeßt er

1915:
Alles kommt einmal wieder
Ich muß einmal wieder in Grinzing sein
Tanzen möcht ich

1916:
Du sollst der Kaiser meiner Seele sein
Im Prater blüh´n wieder die Bäume
Rose von Stambul

1917:
Ach Jott, wat sind die Männer dumm
Alle Tage ist kein Sonntag
Mädle aus dem schwarzen Wald
Malwine, ach Malwine
Was nützt denn den Mädchen die Liebe
Wir sind auf der Walz

1918:
Das ist der Frühling in Wien
Im Opiumrausch

1919:
Hallo, du süße Klingelfee
Heinzelmänchens Wachtparade

In fünfzig Jahren ist alles vorbei
Links geht der Ferdinand und rechts die Luise

1920:

Bummel-Petrus
Jonny, wenn du Geburtstag hast
Salome
Ständchen
Wer wird denn weinen,wenn man auseinandergeht

1921:

Ich bin nur ein armer Wandergesell
Es gibt im Leben manchesmal Momente
Kindchen, du mußt nicht so schrecklich viel denken
Komm, mein, Schatz wir trinken ein Likörchen
Kuckucks-Walzer

1922:

Der treue Husar
Ich brauch´Zigaretten, ich brauch´rotes Licht
Josef, ach Josef was bist du so keusch
Tamerlan
Wir versaufen uns`rer Oma ihr klein´Häuschen

1923:

Hoch auf dem gelben Wagen
Kind, komm mit mir in die Mongolei
Solang noch Untern Linden
Und zum Schluß schuf der liebe Gott den Kuß
Warte, warte nur ein Weilchen
Was eine Frau im Frtühling träumt
Wer schmeißt denn da mit Lehm

1924:

Das ist der Frühling von Berlin
Der Überzieher
Es geht die Lou lila
Komm mit nach Verasdin
Madonna, du bist schöner als der Sonnenschein
Rosemarie

1925:

Die Polizei, die regelt den Verkehr
Du kannst nicht treu sein
Durch Berlin fließt immer noch die Spree
Gern hab´ ich die Fraun´ geküßt
Ich hab das Fräulein Helen baden seh´n
Ich hab´ mein Herz in Heidelberg verloren
Niemand liebt dich so wie ich

Was machst du mit dem Knie, lieber Hans
Zu Rüdesheim in der Drosselgass

1926:

Die schöne Josefine in der Badekabine
In Nischni - Nowgorod
Was macht der Maier am Himalaja
Wer hat denn den Käse zum Bahnhof gerollt
Wo sind deine Haare, August?

1927:

Benjamin, ich hab´nichts anzuzieh´n
Es steht ein Soldat am Wolgastrand
Ich fahr´mit meiner Klara in die Sahara
Ick wundre mir über jar nischt mehr
In der Bar zum Krokodil
Mein Papagei frißt keine harten Eier
Solang´nicht die Hose im Kronleuchter hängt
Trink, trink, Brüderlein trink
Wieso ist der Walter so klug für sein Alter

1928:

Bin kein Hauptmann, bin kein großes Tier
Drunt´in der Lobau
Du bist als Kind zu heiß gebadet worden
Ich küsse ihre Hand Madame
Ich weiß ein Faß in einem tiefem Keller
In einer kleiner Konditorei
Kennst du das kleine Haus am Michigan-See
Mäcki Messer Song
Tante Paula liegt im Bett und ißt Tomaten
Warum ist es am Rhein so schön
Wenn der weiße Flieder wieder blüht

1929:

Am Sonntag will mein Süßer mit mir Segeln geh´n
Das war sein Milljöh
Dein ist mein ganzes Herz
Die blauen Dragoner sie reiten
Einmal am Rhein
Ich hab´kein Auto, ich hab´kein Rittergut
Leutnant, warst du einst bei den Husaren
Schöner Gigolo, armer Gigolo
Wenn du eine Schwiegermutter hast
Wenn ich die blonde Inge

1930:

Adieu, mein kleiner Gardeoffizier
Auch du wirst mich einmal betrügen

Das Herz einer Boxers
Die ganze Welt ist himmelblau
Ein Freund, ein guter Freund
Es muß was Wunderbares sein, von dir geliebt zu werden
Guck doch nicht immer nach dem Tangogeiger hin
Ich bin von Kopf bis Fuß auf Liebe eingestellt
Im Salzkammergut
Im Weißen Rössl am Wolfgangsee
Kinder, heut´abend, da such ich mir was aus
Liebling, mein Herz läßt dich grüßen
Mein Bruder macht beim Tonfilm die Geräusche
Oh, Donna Clara
Reich mir zum Abschied noch einmal die Hände
Veronika, der Lenz ist da
Was kann der Sigismund dafür
Wenn die Elisabeth nicht so schöne Beine hätt
Zwei Herzen im Dreivierteltakt

1931:

Bin nur ein Jonny
Das gibt´s nur einmal
Das ist die Liebe der Matrosen
Das muß ein Stück vom Himmel sein
Du hast mir heimlich die Liebe in´s Haus gebracht
Komm auf die Schaukel Luise
Wir singen zur Jazzband

1932:

Flieger, grüß´ mir die Sonne
Glückliche Reise
Heute Nacht oder nie
Hoppla! Jetzt komm`ich
In Mainz am schönen Rhein
Jenseits des Tales
Warum soll eine Frau kein Verhältnis haben
Wenn die kleinen Veilchen blühen
Wir zahlen keine Miete mehr

1933:

Ach, Luise
Am Amazonas
Ein Lied geht um die Welt
Es war einmal einmal ein Musikus
Immer, wenn ich glücklich bin, muß ich schrecklich weinen

1934:

Du kannst nicht treu sein
Freunde, das Leben ist lebenswert

Kleine Möve, flieg´ nach Helgoland
Meine Lippen, sie küssen so heiß
Schön ist die Liebe im Hafen
So oder so ist das Leben
Vor meinem Vaterhaus steht eine Linde
Wenn die Sonja russisch tanzt

1935:

Auf der grünen Wiese blüh´n die letzten Rosen
Heut´ ist der schönste Tag in meinem Leben
Liechtensteiner Polka
Nachts ging das Telefon
Ob blond, ob braun, ich liebe alle Frau´n
Schön wie der junge Frühling

1936:

Ach, verzeih´n Sie, meine Dame
Auf der grünen Wiese
In München steht ein Hofbräuhaus
Heidewitzka, Herr Kapitän
Ich hab´ mir für Grinzing einen Dienstmann engagiert
Ich wollt´, ich wär´, ein Huhn
Mutterl unterm Dach ist ein Nesterl gebaut
Rosamunde
Sag´ beim Abschied leise Servus
Ungeküßt sollst du nicht schlafen geh`n

1937:

Das Lied von der Krummen Lanke
Der Wind hat mir ein Lied erzählt
Die Juliska aus Budapest
Ich steh´ im Regen
Ich tanze mit dir in dem Himmel hinein
Ich werde jede Nacht von Ihnen träumen
In meiner Badewanne bin ich Kapitän
Jawohl, meine Herren
Jung san ma, fesch san ma
O mia bella Napoli
Sassa
Wozu ist die Straße da

1938:

Auf den Flügeln bunter Träume
Das Fräulein Gerda
Eine Frau wird erst schön durch die Liebe
Gib´ acht auf den Jahrgang
Ich brech´ die Herzen der stolzesten Frau´n
Ich pfeif´ heut Nacht vor deinem Fenster

I hab´ die schönen Maderl´n net erfunden
Kann denn Liebe Sünde sein
Kornblumenblau
Weil der D-Zugführer heute Hochzeit macht

1939:

Auf dem Dach der Welt
Bel Ami
Chianti - Lied
Das kann doch einen Seemann nicht erschüttern
Die Nacht ist nicht allein zum Schlafen da
Gnädige Frau, wo war´n Sie gestern
Goodbye, Jonny
Ich trink den Wein nicht gern allein
Jede Frau hat ein süßes Geheimnis
Man kann sein Herz nur einmal verschenken
Musik, Musik, Musik
Nur nicht aus Liebe weinen
Wenn ich wüßt, wen ich geküßt

1940:

Der alte Herr Kanzleirat
Einmal noch nach Bombay
Er heißt Waldemar
Frühling im Sorrent
Für eine Nacht voller Seligkeit
Ja, das sind halt Wiener G´schichten
Zwei Gitarren am Meer

1941:

Heimat, deine Sterne
Ja, so waren´s die alten Ritterleut
Liebling, was wird nun aus uns beiden
Man müßte Klavier spielen können
Sing´, Nachtigall sing´
So schön wie heut, so müßt es bleiben
Wenn ein junger Mann kommt

1942:

Davon geht die Welt nicht unter
Ein Glück, daß man sich so verlieben kann
Es geht alles vorüber
Haben Sie schon mal im Dunkeln geküßt
Ich weiß, es wird einmal ein Wunder geschehen
Liebe kleine Schaffnerin
Wir machen Musik

1943:

Capri - Fischer

Durch dich wird diese Welt erst schön
Frauen sind keine Engel
Kauf´dir einen bunten Luftballon
Mit Musik geht alles besser
Möve, du fliegst in die Heimat
Wenn ich mit meinem Dackel

1944:

Beim ersten Mal, da tut´s noch weh
In der Nacht ist der Mensch nicht gern alleine
Mein Herz müßte ein Rundfunksender sein

1945:

Gib mir einen Kuß durch´s Telefon

1946:

Ein Wagen der Linie 8
Nach Regen scheint Sonne
Skandal im Harem

1947:

Hallo kleines Fräulein
Komm mit mir nach Tahiti
Möve, du fliegst in die Heimat
Powidltatschkerln

1948:

Also wissen Se, nee
Bumsvaldera
Der Theodor im Fußballtor
Florentinische Nächte
Mariandl

1949:

Aber mei Hans, der kann´s
Am Zuckerhut, am Zuckerhut
Auf Wiederseh´n
Heimweh nach dem Kürfürstendamm
Heute blau, morgen blau
I bin a stiller Zecher
Ich fahr´mit meiner Lisa
Wer soll das bezahlen
Wir tanzen wieder Polka

1950:

Ach, du liebe Zeit
Die Fischerin vom Bodensee
In der Schweiz
In einer Nacht am Ganges
La -Le -Lu
Meine kleine ´erz macht tick-tack für die Liebe

Nimm mich mit Kapitän auf die Reise
Wenn das Wasser im Rhein goldner Wein wär

1951:

Addio, Donna Grazia
Das machen nur die Beine von Dolores
Der alte Seemann kann nachts nichts schlafen
Der schönste Platz ist immer an der Theke
Hab´n se nicht ´ne Braut für mich
Ich hab´ mich so an dich gewöhnt
Ich hab´ noch einen Koffer in Berlin
Ich zähl´ mir´s an den Knöpfen ab
Tango - Max
Über´s Jahr, wenn die Kornblumen blühen

1952:

Egon
Mäcki - Boogie
Man müßte nochmal zwanzig sein
Schützenliesel
Wir kommen alle in den Himmel

1953:

Ach, sag doch nicht immer wieder Dicker zu mir
Es wird ja alles wieder gut
Keine Angst vor großen Tieren
Lieber Gott, laß´ die Sonne wieder scheinen
Rote Rosen, rote Lippen, roter Wein

1954:

Der Mann am Klavier
Du,du,du, laß´ mein kleines Herz in Ruh
Es liegt was in der Luft
Mein Vater war ein Wandersmann
Schenk deiner Frau doch hin und wieder rote Rosen

1955:

Der Nowak läßt mich nicht verkommen
Ich möcht´ auf deiner Hochzeit tanzen
In Hamburg sind die Nächte lang
Komm´ ein bißchen mit nach Italien
Trompeten - Echo

1956:

Das Echo vom Königssee
Smoky
Tiritomba
Tulpen aus Amsterdam
Wasser ist zum Waschen da

1957: Ananas aus Caracas
Cindy, oh Cindy
Das ganze Haus ist schief
Das tu´ ich alles aus Liebe
Ich weiß was dir fehlt
Siebenmal in der Woche
Tipitipitipso
Verliebte muß´ man gar nicht erst in Stimmung bringen
Wo meine Sonne scheint

1958: Das hab´ ich in Paris gelernt
Der lachende Vagabund
Hula Baby
Spiel´ noch einmal für mich Habanero
Sugar Baby

1959: Am Tag als der Regen kam
Die Gitarre und das Meer
Kriminal - Tango
Morgen
Souvenirs, Souvenirs
Tom Dooley
Wunderland bei Nacht (Instr.)

1960: Die Liebe ist ein seltsames Spiel
Ich zähle täglich meine Sorgen
Kalkutta liegt am Ganges
Moonlight
Ramona
Schnaps, das war sein letztes Wort
Wir wollen niemals auseinander geh´n

1961: Babysitter - Boogie
Da sprach der alte Häuptling der Indianer
Hämmerchen - Polka
Mit siebzehn fängt das Leben erst an
Pigalle
Schöner fremder Mann
Tanze mit mir in den Morgen
Weiße Rosen aus Athen
Zuckerpuppe (aus der Bauchtanztruppe)

1962: Afrikaan Beat

A swingin´ Safari
Für Gabi tu´ ich alles
Gartenzwerg - Marsch
Ich kauf´ mir lieber einen Tirolerhut
Ich schau den weißen Wolken nach
Junge, komm bald wieder
Ohne Krimi geht´ die Mimi nie ins Bett
Zwei kleine Italiener

1963:

Das Humpta Täterä
Ich will´ nen Cowboy als Mann
Mitsou
Rote Lippen soll man küssen
Schuld war nur der Bossa Nova
Vor´m Stadtpark die Laternen

1964:

Eine Schwarzwaldfahrt (Instr.)
Liebeskummer lohnt sich nicht, my darling
Oh, my darling Caroline
Schaffe, schaffe, Häusle baue
Shake Hands
Wenn du musikalisch bist
Zwei Mädchen aus Germany

1965:

Aber dich gibt´s nur einmal für mich
Der Sommerwind
Kleine Annabell
Mit siebzehn hat man noch Träume
Siebzehn Jahr, blondes Haar

1966:

Beiß` nicht gleich in jeden Apfel
Ganz in Weiß
Marmor, Stein und Eisen bricht

1967:

Immer wieder geht die Sonne auf
Memories of Heidelberg
Monsieur Dupont
Rot ist der Wein
Sind Sie der Graf von Luxembourg

1968:

Arriverderci Hans
Delilah

Dich erkenn' ich mit verbund'nen Augen
Mama
Wärst du doch in Düsseldorf geblieben

1969:

Es wird Nacht Senorita
Geh' nicht vorbei
Heute so - morgen so
Hinter den Kulissen von Paris
Mendocino
Weißt du wohin
Zucker im Kaffee

1970:

Arizona man
Barfuß im Regen
Das schöne Mädchen von Seite 1
Du
Ein Mädchen nach Maß
Wunder gibt es immer wieder

1971:

Akropolis Adieu
Butterfly
Hab' ich dir heute schon gesagt, daß ich dich liebe
Ich bin verliebt in die Liebe
Monika
Schön ist es auf der Welt zu sein
Schöne Maid

1972:

Am Tag, als Conny Kramer starb
Blau blüht der Enzian
Eine neue Liebe ist wie ein neues Leben
Es fährt ein Zug nach nirgendwo
Evivia Espana
Fiesta Mexicana
Ich fange niemehr was an einem Sonntag an
Ich wünsch mir eine kleine Mietzekatze
Michaela
Nur die Liebe läßt uns leben
Überall auf der Welt

1973:

Der Junge mit der Mundharmonika
Die Bouzouki klang durch die Sommernacht
Ein Festival der Liebe
Ein Schlafsack und eine Gitarre
Goodbye, my love, goodbye

	Wenn ein Schiff vorüberfährt
1974:	

Du fängst den Wind niemals ein
Du kannst nicht immer siebzehn sein
Es war einmal ein Jäger
Griechischer Wein
Theo, wir fahr´n nach Lodz
Tränen lügen nicht
Über den Wolken

1975:

Deine Spuren im Sand
Ein ehrenwertes Haus
Ein Lied kann eine Brücke sein
Er gehört zu mir
Mein Gott, Walther

1976:

Aber bitte mit Sahne
Die kleine Kneipe
Ein Bett im Kornfeld
Komm doch mal rüber
Rocky
Schmidtchen Schleicher

1977:

Heidi
Ich möcht´ so gern Dave Dudley hör´n
Mit sechsundsechzig Jahren
Sieben Fässer Wein

1978:

Babicka
Das Lied der Schlümpfe
Die Sonne und du
Kreuzberger Nächte

1979:

Dschingis Khan
So bist du
Take it easy, altes Haus
Über sieben Brücken mußt du geh´n

1980:

Der Nippel
Santa Maria
Wie frei willst du sein

1981:

Lieb´ mich ein letztes Mal
Polonäse Blankencsc

Skandal im Sperrbezirk

1982:

Adios Amor
Da da da - ich lieb dich nicht, du liebst mich nicht
Der Kommissar
Die Fischer von San Juan
Ein bißchen Frieden
Major Tom
Nur geträumt

1983:

Bruttosozialprodukt
Codo
Jenseits von Eden
Neunundneunzig Luftballons
Rücksicht

1984:

Abschied ist ein scharfes Schwert
Erinnerungen
Hello again
Tausend und eine Nacht

1985:

An der Nordseeküste
Frankreich, Frankreich
Rock me Amadeus
Sommernacht in Rom

1986:

Ba-Ba-Banküberfall
Die rote Sonne von Barbardos
Resi, i hol di mit meim Traktor ab
Stimmen im Wind
Tausendmal Du
Über die Brücke geh´n

1987:

Guten Morgen, liebe Sorgen
Horizont
Keine Sterne in Athen
Laß´ die Sonne in dein Herz

1988 - 1992:

Herzilein
Küss´ die Hand, schöne Frau
Macho, Macho
Patrona Bavariae
Solang´ man Träume noch leben kann
Verdammt, ich lieb dich

Geburtstagskalender & Gedenktage

im
Lexikon
des
deutschen
Schlagers

Januar

01.01.	Victor Léon (1860) + // Ekki Göpelt (1950)
02.01.	Martin Lauer (1937)
	Wolfgang Sauer (1928)
	Ernst Marischka (1893)
03.01.	Leonardo (1964)
	Olivia Molina (1946)
05.01.	Theo Mackeben (1897)+
06.01.	Hans-Fritz Beckmann (1909) +
08.01.	Peter Sebastian
09.01.	Willy Millowitsch (1909)
	Rio Reiser (1950)
	Mary Roos (1954)
10.01.	Wolfgang Mäder (1924)
11.01.	Friedel Berlipp (1921)
	Franz Bummerl (1927)
12.01.	Gregor Rottschalk (1945)
13.01.	Richard Eilenberg (1848)+
	Inga Humpe (1956)
14.01.	Gaby Berger (1952) // Ina Deter (1947)
	Hanne Haller (1950) // Ernst Neger (1909) +
	Sepp Viellechner (1935)
	Caterina Valente (1932)
	Mike (Nina &) (1944)
	Heinz Schachtner (1920)
15.01.	Christian Anders (1945)
	Michael Schanze (1947)
16.01.	Hans Ehrlinger (1931) // Thomas Fritsch(1944)
17.01.	Dalida (1933)+ // Gitte (& Erica) (1959)
	Francoise Hardy (1944) // Lolita (1931

Januar

18.01.	Walter Depenheuer (1951)
19.01.	Klaus Dieter Henkler (Hauff &) (1949)
	John (Phil &) 1949
20.01.	Erich Becht (1926)
21.01.	Freddy Breck (1942)
	Bibi Johns (1930) // Nella Martinetti (1940)
22.01.	Ludwig Bernauer (1945)
23.01.	Rudi Bauer (1932) // Jim Cowler (1898)
	Raimund Hess (1935)
	Renate Kern (1945)+
24.01.	Klaus Densow (1962) // Gerda Gabriel (1956)
25.01.	Roy Black (1943)+
	Jürgen Renfordt (1955)
26.01.	Alice Babs (1924)
	Cindy (& Bert) (1948)
	Andreas Hauff (1944)
27.01.	Eduard Künnecke (1945)+
	Helmut Zacharias (1920)
28.01.	Hans Jürgen Bäumler (1942)
	Gerhard Ebeler (1877)+ // Walter Kollo (1878)+
	Peter Schilling (1956) // Achim Reichel (1944)
29.01.	Peter Cornelius (1951)
	Sacha Distel (1933)
	Ivo Robic (1926)
30.01.	Heidi Brühl (1942)+ // Hans Hee (1924)
	Horst Jankowski (1936)
	Dr. Gerhard Jussenhoven (1911)
	Bernd Rusinski (1956)
	Ambros Seelos (1935)

Februar

01.02.	Karl Dall (1942)
02.02.	Leo Fall (1873)+
03.02.	Giuseppe Becce (1887)+
	Bully Buhlan (1924)+
	Tony Marshall (1938)
04.02.	Bernd Dietrich (1944)
	Rolf Hempel (1926)+
	Ulla Norden (1940)
	Edina Pop (1945)
	Frank Zander (1942)
05.02.	Günther Loose (1927)
	Elke Martens
	Heinz Störrle (1933)
06.02.	Pierre Brice (1929)
07.02.	Dieter Bohlen (1954) // Gilla (1950)
	Marianne (& Michael) (1953)
	Margit Sponheimer (1943)
08.02.	Eric Helgar (1910) // Manfred Krug (1937)
09.02.	Rick Abao (1939)
10.02.	Bertold Brecht (1898)+
	Ray Miller (1941) // Herbert Jarczyk (1913)+
	Peter Zichter (1954)
11.02.	Bernadette
	Gotthilf Fischer (1928) // Jean Gilbert (1879)+
	Kurt Hellberg (Duo) (1922)
12.02.	Will Glahe (1902)+
	Bernie Paul (1950)
14.02.	Ralf Arnie (1924)
	Howard Carpendale (1946)
	Richard W. Heymann (1896)+

Februar

15.02.	Christian Franke (1956)
	Wenke Myhre (1947)
	Jupp Schmitz (1901)+
16.02.	Alfred Grünwald (1886)
17.02.	Wolfgang (1950)
18.02.	Hazy Osterwald (1922) // Fini Busch (1928)
19.02.	Falco (1957) // Willibald Quanz (1905)+
	Thommy Reuker (1948)
20.02.	Heinz Erhardt (1909) +
	Heino Gaze (1908) + // Maria Cebotari (1910)
	Steffan Waggershausen (1949)
21.02.	Gabi Baginski (1954)
22.02.	Maria Hellwig (1926)
	Tanja May (1947)
	Billy Mo (1923)
	Joachim Witt (1949)
23.02.	Adam (& Eve) Schairer (1946)
24.02.	Ulrik Remy (1949)
	Heinrich Josef Strecker (1893)+
25.02.	Dieter Reith (1938)
	Ireen Sheer (1949)
26.02.	Willy Dehmel (1909) +
	Kurt Schwabach (1898)+
	Sandie Shaw (1947)
27.02.	Tom Astor (1943)
	Rainhard Fendrich (1955)
28.02.	Sylvia Geszty (1934)
	Sam Silverson (1895)+

März

01.03.	Wilfried Witte (1935)
02.03.	Uschi Glas (1944) // Kurt Weill (1900)
03.03.	Lys Assia (1926) // Dunja Rajter (1941)
	Fritz Rotter (1900)
04.03.	Blandine Ebinger (1904)
	Hans Mühlbauer (1922) // Ulrich Roski (1944)
	Joseph Schmidt (1904) +
05.03.	Friedrich Meyer (1915)
06.03.	Roy Etzel (1925) // Oscar Straus (1870)+
	Benny de Weille (1915)+
07.03.	Peter Dörr (1952) // Siw Inger (1953)
	Danyel Gerard (1941) // Danyel Gerard (1941)
	Heinz Rühmann (1902)
08.03.	Lonny Kellner (1930) // Peggy March (1943)
	Harald Steinhauer (1951)
	Phil (& John) (1949)
09.03.	Katja Ebstein (1945)
	Kurt Adolf Thelen (1911)+
	Jean Frankfurter (1948)
10.03.	Joern Fahrengrog-Petersen (1960)
	Martin Mann (1944)
	Michael Morgan (1968)
	Marianne Rosenberg (1955) // Ronny (1930)
11.03.	Nina Hagen (1955)
	Franz Lambert (1948)
	Georg Okonkowski (1863)+
12.03.	Hans Hammerschmid (1930)
	Hugo Hirsch (1884)+ // Ricky King (1946)
	Paul Kuhn (1928) // Peter Orloff (1944)
13.03.	Chris Roberts (1944) // Andy Warda (1963)

März

14.03.	Georg Buschor (1923)
	Helga Feddersen (1930)+
	Hermann van Veen (1945)
15.03.	Zarah Leander (1907)+
16.03.	Rudolf Schuricke (1913)
18.03.	Peter Kraus (1939)
	Michael (& Marianne) (1949)
	Günther Schwenn (1903)+
	Bobby Solo (1945)
19.03.	Wolfgang Ambros (1952)
20.03.	Uwe Schikora (1942)
21.03.	Marc Bianco (1967)
	Pepe Ederer (1932) // Hubert KaH (1961)
	Georg Schwenk (1935)
22.03.	Andre Heller (1946)
	Roger Whittaker (1936)
	Joachim Wolfgang Sander (1947)
23.03.	Lale Anderson (1905/08/10)+
	Pepe Lienhard (1939) // Norbert K. (1939)
24.03.	Marika Kilius (1943)
	Sue Kramer (1946) // Nena (1960)
25.03.	Kurt Drabek (1912) // Mina (1940)
26.03.	Eve (Adam &)Schairer (1938)+
	Klaus Hoffmann (1951)
	Bruce Low (1913)+ // Anton Profes (1896)+
27.03.	Roland Heck (1943)
29.03.	Anne-Karin // Denise
30.03.	Heinz Kretzschmar (1926)
31.03.	Heinz Gietz (1924)+
	Fritzi Massary (1882)+

April

01.04.	Joe Menke (1925)
02.04.	Jürgen Drews (1947)
	Max Greger (1926)
03.04.	Jeff Barry (1939) // Doris Day (1924)
	Richard Fall (1882)+
	Ralf Paulsen (1929)
06.04.	Ingo Insterburg (1934)
	Willy Schmidt-Genter (1894)+
	Bernd Spier (1944)
07.04.	Kristina Bach // Willi Forst (1903)+
	Fritz Grünbaum (1880)+
	Hugo Strasser (1922)
08.04.	Rudolf Nelson (1878)+
10.04.	Heinrich Bolten-Baeckers (1871)+
	Bernd Clüver (1948)
	Wolfgang Edenharder (Naabtal Duo) (1962)
	Ernst Fischer (1900)
	Rolf Hans Müller (1928)+
11.04.	Rene Carol (1920)
	Vader Abraham (1935)
12.04.	Claudia Jung // Daliah Lavi (1942)
	Jimmy Makulis (1935)
	Rainer Pietsch (1944)
	Bubi Scholz (1930)
13.04.	Dolf Brandmayer (1913)
	Gerd Köthe (1942)
	Tony Steingass (1921)+
14.04.	Günther Eilemann (1923) // Kurt Feltz (1910)+
	Kurt Feltz (1910) // Peter Petrel (1940)

April

15.04.	Dagmar Frederik (1945)
	Herbert Rehbein (1922)
	Walter Scholz (1938)
	Gert Wilden (1923)
16.04.	Renate Leismann (1942)
	Jule Neigel (1966)
17.04.	Martha Eggerth (1912) // Monika Hauff (1944)
	Grit van Hoog (1944)
	Bill Ramsey (1931)
	James Last (1929) // Edmund Kötscher (1909)+
	Teddy Parker (1938) // Gitta Lind (1925)
18.04.	Hans-Arthur Wittstadt (1923)
19.04.	Werner Cyprys
	Ingrid Peters (1954)
20.04.	Victor Hollaender (1866)+
	Peter Parsch (1944)
	Jerzy Petersbursky (1895)+
	Fred Raymond (1900)+
21.04.	Erich Bachmann (1926)
22.04.	Christina (1959) // Tommy Bayer (1953)
23.04.	Hansel Krönauer (1932)
24.04.	Otto Reutter (1870)+
25.04.	Alexandra Sükar (1981)
26.04.	Giorgio Moroder (1944)
28.04.	Benny (1957) // Willy Kollo (1904)+
	Wilma (1957)
29.04.	Paul Hörbiger (1894)+
	Tina York (1954)
30.04.	Franz Lehar (1870)+

Mai

01.05.	Anna-Lena (1944)
	Costa Cordalis (1944)
02.05.	Helga Brauer (1936)+ // Kurt Hertha (1926)
	Manfred Schnelldörfer (1943)
03.05.	Andy Fisher (1930)
04.05.	Trude Herr (1927)+
05.05.	Peter Rubin (1942)
06.05.	Markus Wendorf (1960)
07.05.	Tara Gee (1963)
	Helmut Niekamp (1933)
09.05.	Drafi Deutscher (1946)
	Tony (1944)
10.05.	Gerhard Froboess (1906)
	Roland Kaiser (1952)
	Rideamus (1874)+
11.05.	Kurt Gerron (1897)+
12.05.	Sandy (& Andy)
13.05.	Alfons Bauer (1920)
	Lars Berghagen (1945)
	Maggi Mae (1960)
	Black (Schobert &) (1942)
14.05.	Heinz Alisch (1917)
15.05.	Helmut Gardens (1914)
	Norbert Hammerschmidt (1944)
	Andrea Jürgens (1967)
16.05.	Jan Kiepura (1902)+

Mai

17.05.	Werner Bochmann (1900)
	Berhard Brink (1952)
	Udo Lindenberg (1946)
18.05.	Ernie Bieler (1925)
	Norman Ascot (1946)
19.05.	Alexandra (1944)+
	Alma Cogan (1932)+
20.05.	Dr. Robert Katscher (1894)+
22.05.	Charles Aznavour (1894)
	Hugo Egon Balder (1950)
	Dennie Christian (1956)
	Horst Reipsch (1925)
23.05.	Henry Valentino (1928)
25.05.	Siegfried Ulbrich (1922)
26.05.	Lothar Nieschke (1932)
27.05.	Ernst Herbert Groh (1906)+
	Frank Valdor (1937)
29.05.	Howard O'Melly (1954)
	Karl Ridderbusch (1932)
31.05.	Peter Frankenfeld (1913)+

Juni

02.06.	Graham Bonny (1945) // Botho Lucas (1923)
03.06.	Tommi Ohrner (1965)
04.06.	Willy Hagara (1927)
	Ricky Shayne (1944)
05.06.	Ralph Benatzky (1884)+
	Robert Biberti (Comedian Harmonists)(1902)+
	Gottlieb Wendehals (1941)
	Kurt Edelhagen (1920)+
	Günther Noris (1935)
06.06.	Jürgen Marcus (1949)
	Andrea Parker (1966)
	Manuela Sükar (1975)
07.06.	Ann (& Andy)
	Ernst Bader (1914)
	Roberto Blanco (1937)
08.06.	Erwin Lehn (1919)
	Jürgen von der Lippe (1948)
	Patrizius (1942)
	Rolf Scheebiegel (1924)
	Ralf Maria Siegel (1911)+
09.06.	Gerhard Narholz (1937)
	Roland Neudert (1940)
10.06.	Harald Juhnke (1929)
	Rossita Serrano (1914)
11.06.	Günter Gabriel (1942)
13.06.	Esther Ofarim (1941)
14.06.	Mieke Telkamp (1934)
15.06.	Demis Roussos (1946)
	Hans Schulz (1948)

Juni

16.06.	Klaus Lage (1950)
	Susan Schubert (1959)
17.06.	Martin Böttcher (1927)
18.06.	Gloria (1972)
	Norman Ascot (1946)
	Klaus Wunderlich (1931)
19.06.	Karina Kim (1966)
	Karl Moik (1938)
	Nina (& Mike) (1946)
20.06.	Jacques Offenbach (1819)+
	Max Reindl (1922)
21.06.	Mona Baptiste (1928)
	Dorkas (1972)
22.06.	Willy Berking (1910)
24.06.	Beda (1883)+ // Alexander Gordan (1926)
26.06.	Marcus Jürgen (1948)
28.06.	Klaus Munro (1927)
	Frank Pleyer (1929)
29.06.	Gitte Haenning (1949)
	Karsten Speck (1960)
30.06.	Peter Alexander (1926)
	Erwin Bootz (1907)+
	Hagen Galatis (1928)

Juli

01.07.	Hermann Frey (1944)
	Heinz Eckert (1929)
02.07.	Rex Gildo (1935) // Joachim Heider (1944)
	Stefanie Werger (1951)
	Schobert (& Black) (1941)
03,07.	Albin Berger (1955)
04.07.	Bernd (Andy &) Hocevar (1967)
	Fritz Schulz-Reichel (1912)
	Mal Sondock (1934) // Kaczmarek (1952)
05.07.	Margot Hellwig (1945)
	Michael Heltau (1933)
06.07.	Peter Wieland (1930)
07.07.	Fred Fesl (1947) // Friedel Hensch (1906)+
	Anton Karas (1906)+
	Randolph Rose (1954)
08.07.	Walter Scheel (1919)
09.07.	Peter Beil (1937)
	Horst Dempwolff (1913)+
10.07.	Hans Otten (1905)+ // Regina Thoss
11.07.	Thomas Hörbiger (1931)
	Ilse Werner (1921)
12.07.	Erwin Halletz (1923)
	Monika Herz (1951)
	Eberhard Storch (1905)+
13.07.	Silvio Francesco (1927)
14.07.	Karel Gott (1939) // Ullo (1954)
15.07.	Horst-Heinz Henning (1920)
17.07.	Dorthe Kollo (194
	Erica (Gitti &) (1958)
	Milva (1939) // Peter Rafael (1965)

Juli

18.07.	Gerd Böttcher (1936)+
	Frank Farian (1941)
	Henry Salvador (1917)
	Holger Thomas (1956)
19.07.	Lothar Brühne (1900)
	Kurt Dehn (1920)
	Werner Drexler (1928)
	Ulli Martin (1946)
	Juliane Werding (1956)
21.07.	Hans Bradtke (1920)
22.07.	Ibo (1961)
	Peter Igelhoff (1904)+
	Mireille Mathieu (1946)
23.07.	Georg Freundorfer (1881)+
25.07.	Stefanie Hertel (1979)
	Tonia (1947)
26.07.	Karl Berbuer (1900)+ // Jupp Schlösser (1902)+
27.07.	Jonny Hill (1940)
	Fred Jay (1914)+
28.07.	Hans Jürgen Beyer (1949)
	Veronika Fischer (1951)
	Jürgen Triebel (1948)
29.07.	Michael Holm (1943)
30.07.	Paul Anka (1941)
	Chris Howland (1928)
31.07.	Iwan Rebroff (1931)
	Joachim Relin (1921)
	Isabell Varell (1961)

August

01.08.	Günther Fuhlisch (1921)
02.08.	Werner Müller (1920)
04.08.	Andy (& Bernd) Hocevar (1971)
05.08.	Kurt Dörflinger (1910)+
06.08.	Monica Morell (1953) // Hans Moser (1880)+
	Ralf Christian (1965)
	Friedrich Schröder (1910)+
07.08.	Michael Stein (1956)
08.08.	Alfred Hause (1920)
	Karl-Heinz Rupprich (1948)
09.08.	Christine Ebner (1966)
10.08.	Änne Hellberg (Duo) (1932)
11.08.	Dieter Krebs (1947)
12.08.	Margot Eskens (1939)
	Heintje Simmons (1955)
	Peter Hoffmann (1944)
14.08.	Robert Puschmann (1939)
15.08.	Maria Mucke
16.08.	Ralf Bendix (1924) // Gus Brendel (1926)
	Wolfgang Schwahn (1954) (Wildecker Herz.)
	Rocco Granata (1938)
	Klaus S. Richter (1894)+
17.08.	Marion Maerz (1946)
18.08.	Peter Kreuder (1905)+
	Volker Lechtenbrink (1944)
	Manuela (1943)
19.08.	Inga (& Wolf) (1949)

August

20.08.	Karl Götz (1922)
	Alice & Ellen Kessler (1936)
	Michael Reinecke (1950)
21.08.	Karl-Heinz Reichel (1917)
	Willem (1942)
	Suzie (1946)
22.08.	Charly Niessen (1923)+
23.08.	Lotti Krekel (1941)
	Vicky Leandros (1948)
	Gerd Natschinski (1928)
	Armin Töpel (1959)
24.08.	Ludwig Schmiedseder (1904)+
25.08.	Robert Stolz (1880)+
	Lou van Burg (1917)+
27.08.	Suzanne Doucet (1946)
28.08.	Erich Collin (Comendian Harmonists)(1899)+
30.08.	Dana (1951)
	Peter Maffay (1949)
31.08.	Pat Simon (1949)

September

01.09.	Uwe Busse (1960) // Oliver Frank (1963)
	Gerhard Wendland (1921)
02.09.	Jack White (1940) // Rolly Joker (1946)
03.09.	Vivi Bach (1940) // Bernd einu
04.09.	Rudolf Schock (1915)
05.09.	Dr.Hans Carste (1909)+
	Dieter Hallervorden (1935)
	Willy Schneider (1905)+
06.09.	Norbert Daum (1948) // Willy Astor (1961)
07.09.	Lena Valaitis (1943)
08.09.	Helga Hahnemann (1937)+
09.09.	Ted Herold (1942)
10.09.	J.C.Falkenberg (1960)
11.09.	Tanja Berg (1945) // Robert Jung (1935)
	Aldo von Pinelli (1913)+
12.09.	Gus Backus (1937) // Norbert Berger (1945)
	Bert (Cindy &) (1945)
	Gerhard Winkler (1906)+
13.09.	Knut Kiesewetter (1941)
14.09.	Hans Clarin (1929)
15.09.	Lisa Fitz (1951)
17.09.	Franz Grothe (1908)+ // Will Meisel (1897)+
	Heidelinde Weis (1940)
18.09.	Gunther Emmerlich (1944) // Wanja
19.09.	Burkhardt Brozat (1953)
	Peter Hinnen (1941)
	Peter Horton (1941)
	Nini Rosso (1926)
	Hans Arno Simon (1919)+
	Wielfried Gliem (1946)

September

21.09.	Vico Torriani (1920)
22.09.	Hans Albers (1891)+
	Wolfgang Petry (1951)
23.09.	Linda Feller
	Julio Iglesias (1944)
24.09.	Jörg Maria Berg (1930)
	Michael Jary (1906)+
	Eric Silvester (1944)
25.09.	Peter Moesser (1915)
	Willy Richartz (1900)+
	Werner Scharfenberger (1925)
26.09.	Angelo Carino (1966)
	Fiede Kay (1941)
	Peter Steffen (1930)
27.09.	Irma Holder // Freddy Quinn (1931)
	Patrick Lindner (1960)
28.09.	Andy (Sandy &) // Nero Brandenburg (1941)
	Fred Rauch (1909)
	Helen Shapiro (1946)
29.09.	Helmut Frey (1947)
	Robert Gilbert (1899)+
	Margot Hielscher (1919)
	Marianne Mendt (1945)
30.09.	Bata Illic (1939) // Bernd Meinunger (1944)
	Udo Jürgens (1934)
	Bernd Meinunger (1944)
	Ralph Siegel (1945)

Oktober

01.10.	Uschi Bauer (1950)
	Mel Jersey (1943)
	Willi Ostermann (1876)+
	Radi Radenkovic (1934)
03.10.	Dagmar
04.10.	Nando Franchi (1920)
	Günther Hoffmann (& Hoffmann) (1951)+
05.10.	Bianca // Walter Brandin (1920)
	Harold Faltermeyer (1952)
	Wolf (Inga &) (1949)
	Abi Ofarim (1937) // Paola (1950)
06.10.	Bruno Baltz (1902)+
	Maria Von Schmedes (1917)
07.10.	Fred Bertelmann (1925)
	Georg Danzer (1946)
08.10.	Addi Kahl (1952)
09.10.	France Gall (1947)
	Lieselotte Malkowsky (1918)+
10.10.	Mladen, Franco (1937)
	Max Greger Jr. (1951)
	Severine (1948)
11.10.	Joana (1945)
12.10.	Harry Frohmann (Comedian Harm.)(1906)+
	Walter Jurmann (1903)+
	Adolf Steimel (1907)+
13.10.	Nana Mouskouri (1936)
14.10.	Cliff Richard (1940)
15.10.	Günter Tilgert (1927)
16.10.	Nico Haak (1939)
	Bert Kaempfert (1923)+

Oktober

17.10.	Christian Bruhn (1934)
	Heike Neumeyer (1963)
18.10.	Friedrich Hollaender (1896)+
	Melina Mercouri (1920) // Ramona (1954)
19.10.	Edu Zanki (1952)
20.10.	Bärbel Wachholz (1938)+
	Wanda Jackson (1937)
21.10.	Claire Waldoff (1884)+
22.10.	Adalbert Lutter (1896)+
23.10.	Harald Böhmelt (1900)+
	Angele Durand (1925)
24.10.	Gilbert Becaud (1927)
	Emmerich Kalman (1882)+
25.10.	Nicole (1964)
	Stefan Remmler (1946)
	Johann Strauss (Sohn) (1825)+
27.10.	Fred Frohberg (1925)
	Hans-Joachim Horn-Bernges (1949)
	Kai Warner (1926)+
28.10.	Conny Froboess (1943)
	Anete Humpe (1950)
	Hilde Seipp (1909)
29.10.	Oliver Bendt (1946)
	Eddi Constantine (1917)
	Walter Dobschinski (1908)
30.10.	Johanna von Koczian (1933)
31.10.	Arno Flor (1925)

November

01.11.	Salvatore Adamo (1943)
	Gaby Albrecht //
	Paul Abraham (1892)+
02.11.	Andy Borg (1960)
	Nicki (1966)
03.11.	Marika Rökk (1943)
04.11.	Frl. Menke (1960)
05.11.	Joe Dassin (1940)+
	Kai Rautenberg (1939)
06.11.	Ray Conniff (1916)
	Esther Egli
07.11.	Paul Lincke (1866)+
	Ernst Mosch (1925)
09.11.	Franz Doelle (1883)+
	Michael Kunze (1943)
10.11.	Liane Covi (1948)
12.11.	Inge Brück (1936)
	Mort Shuman (1936)+
15.11.	Petula Clark (1932)
	Roberto Delgado (1919)
	Joy Flamming (1944)
	Lawrence Winters (1915)+
17.11.	Camillo Felgen (1920)
18.11.	Max Griesser (1928)
	Henry Mayer (1925)
	Manfred Morgan (1948)
	Werner Tauber (1934)
19.11.	Tanja Jonak (1970) // Felix Pascal (1961)
	Günther Kallmann (1927)

November

20.11.	Elfi Graf (1952)
	Wanda Jackson (1937)
	Rene Kollo (1937)
	Walter Poepping (1900)+
21.11.	Inka (1968)
	Matthias Reim (1957)
22.11.	Frank Duval (1940)Franz Funk (1902)+
23.11.	Anja Marx (1961)
24.11.	Dave Daffodil (1922)
	Ilja Richter (1952) // Blandine Ebinger (1899)
25.11.	Andy (Ann &)
	Hardy Kingston (1937)
	Wolff-Ekkehardt Stein (1943)
26.11.	Slavko Avsenik (1929)
	Herbert Deutler (1924)
	Stefan Mross (1975)
27.11.	Günther Birner (1937)
	Nico Dostal (1895)+
28.11.	Hans Rameau (1901)+
29.11.	Karl Bette (1916)
	Eberhard Hertel (1938)
	Günther Wewel (1934)
30.11.	Arndt Bause (1936)
	Heinz Rudolf Kunze (1956)
	Lilibert (Lili Bertram)

Dezember

01.12.	Bert Beel (1947) // Didi Robinson (1959)
	Peter Thomas (1925)
	Dieter Zimmermann (1943)+
02.12.	Werner Eisbrenner (1908)+
	Heinz Korn (1923)
	Rita Paul (1928)
03.12.	Corry Brokken (1932)
	Thomas Forstner (1969)
	Michael Hoffmann (& Hoffmann) (1950)
04.12.	Ulla Norden
	Anthony Ventura (1943)
05.12.	Johannes Heesters (1903)
	Edith Prock
06.12.	Marius Müller-Westernhagen (1948)
07.12.	Jürgen Walter (1943)
08.12.	Charles Amberg (1894)+
	Julius Freund (1862)+
	Margot Werner (1937)
10.12.	Gerhard Schmid (Michael & Michael) (1960)
11.12.	Toni Hämmerle (1914)+
	Brenda Lee (1944) // Heinz Schenk (1924)
	Erich Storz (1927) // Frank Schöbel (1942)
	Bela Sanders (1905)+
12.12.	Connie Francis (1938)
	Petra Laser (1963)
13.12.	Daniela (1949) // Heino (1938)
	Curd Jürgens (1915)+
14.12.	G.G. Anderson (1949)
	Rainer Bach (1947) // Lydia Hube
	Mike Krüger (1951) // Anita Lindblom (1937)

Dezember

15.12.	Evelyn Künneke (1921) // Ralf Cerne (1975)
17.12.	Michael Hoffmann (Michael & Michael) (1961)
	Kurt Henkels (1910)+
	Willi Seitz (Naabtal Duo) (1957)
18.12.	Nino de Angelo (1963) //
	Elke Best (1956)
	Illo Schieder (1923)
19.12.	Rudi Carrell (1934)
20.12.	Gigliola Cinquetti (1947)
21.12.	Paul Burkhard (1911) // Reinhard Mey (1942)
	Petra Pascal (1943)
22.12.	Michael Harden (1912)+
23.12.	Andreas Martin (1952)
	Lothar Olias (1912)
24.12.	Olaf Berger (1963) // Hermann Haller (1871)+
	Tony Holiday (1951)
25.12.	Tina Rainford (1946)
27.12.	Marlene Dietrich (1901)+
	Stephan Sulke (1943)
28.12.	Richard Clayderman (1953)
	Hildegard Knef (1925)
	Franzl Lang (1930)
	Walter Rothenburg (1889)
	Peter Wagner (1942)
	Werner Twardy (1926)+
29.12.	Dieter Thomas Heck (1937)
	Alter Oberbrandacher (1951)
31.12.	Werner Leismann (1936)
	Siw Malmkvist (1936)

Januar

04.01.	Peter Frankenfeld (1979)
	Günther Schwenn (1991)
06.01.	Kurt Dörflinger (1986)
10.01.	Theo Mackeben (1953)
	Fred Raymond (1954)
11.01.	Oscar Straus (1954)
12.01.	Franz Funk (1987)
	Willy Schneider (1989)
14.01.	Fritz Grünbaum (1941)
15.01.	Edmund Kötscher (1990)
	Ernst Neger (1989)
16.01.	Werner Twardy (1977)
17.01.	Kurt Adolf Thelen (1990)
18.01.	Friedrich Hollaender (1976)
22.01.	Claire Waldoff (1957)
30.01.	Heinrich Bolten-Baeckers (1938)

Februar

04.02	Willi Kollo (1988)
05.02.	Rudolf Nelson (1960)
08.02.	Kurt Edelhagen (1982)
12.02.	Willy Schmidt-Genter (1964)
14.02.	Tony Holiday (1990)
18.02.	Renate Kern (1991)
23.02.	Robert Katscher (1942)
	Victor Leon (1940)
	Jupp Schlösser (1983)
25.02.	Alfred Grünwald (1951)
26.02.	Gerd Böttcher (1985)

März

03.03.	Otto Reutter (1931)
04.03.	Bruce Low (1990)
05.03.	Hermann Frey (1948)
	Paul Hörbiger (1981)
10.03.	Walter Rothenburg (1975)
14.03.	Bruno Balz (1988)
15.03.	Franz Doelle (1965)
	Günter Hoffmann (& Hoffmann) (1984)
16.03.	Trude Herr (1991)
19.03.	Eberhard Storch (1978)
24.03.	Georg Okonkowski (1926)
26.03.	Robert Gilbert (1978)
	Willy Schmidt-Genter (1964)
	Jupp Schmitz (1991)
27.03.	Fred Jay (1988)
31.03.	Fritzi Massary (1969)

April

03.04.	Kurt Weill (1950)
05.04.	Hans-Fritz Beckmann (1974)
08.04.	Peter Igelhoff (1978)
09.04.	Rene Carol (1978)
	Hans Rameau (1980)
11.04.	Fritz Rotter (1984)
16.04.	Charles Amberg (1946)
21.04.	Michael Harden (1979)
26.04.	Lou Van Burg (1986)
29.04.	Will Meisel (19

Mai

03.05.	Dalida (1987)
05.05.	Haller Hermann (1943)
06.05.	Paul Abraham (1960)
	Marlene Dietrich (1992)
09.05.	Anton Karas (1985)
11.05.	Hans Carste (1971)
15.05.	Marischka (1963)
19.05.	Willibald Quanz (1980)
21.05.	Willy Berking (1979)
	Ernst Neubach (1968)
30.05.	Werner Richard Heymann (1961)

Juni

05.06.	Heinz Erhardt (1979)
08.06.	Heidi Brühl (1991)
09.06.	Maria Cebotari (1949)
15.06.	Willy Dehmel (1971)
	Helga Brauer (1991)
18.06.	Curd Jürgens (1982)
19.06.	Hans Moser (1964)
21.06.	Ludwig Schmidseder (1971)
22.06.	Bert Kaempfert (1980)
23.06.	Zarah Leander (1981)
27.06.	Robert Stolz (1975)
28.06.	Peter Kreuder (1981)
	Josef Heinrich Strecker (1981)
30.06.	Rideamus (1956)

Juli

12.07.	Kurt Henkels (1986)
	Michael Jary (1988)
23.07.	Hans Arno Simon (1989)
24.07.	Hans Albers (1960)
25.07.	Walter Poepping (1969)
28.07.	Ernst Herbert Groh (1982)
	Adalbert Lutter (1970)
31.07.	Alexandra (1969)

August

02.08.	Ralph Maria Siegel (1972)
03.08.	Kurt Feltz (1982)
06.08.	Willi Ostermann (1936)
08.08.	Willy Richartz (1972)
09.08.	Kai Warner (1982)
	Sam Silverson
11.08.	Willy Forst (1980)
12.08.	Adolf Steimel (1962)
14.08.	Bertold Brecht (1956)
15.08.	Jan Kiepura (1966)
16.08.	Hugo Hirsch (1961)
21.08.	Joe Dassin (1980)
22.08.	Anton Profes (1976)
29.08.	Lale Andersen (1972)

September

03.09.	Paul Lincke (1946)
12.09.	Franz Grothe (1982)
16.09.	Leo Fall (1925)
17.09.	Eve (Adam &) Schairer (1989)
23.09.	Rolf Hempel (1976)
24.09.	Lawrence Winters (1965)
25.09.	Friedrich Schröder (1972)
	Gerhard Winkler (1977)
30.09.	Walter Kollo (1940)

Oktober

02.10.	Dieter Zimmermann (1978)
05.10.	Giuseppe Becce (1973)
	Jacques Offenbach (1880)
06.10.	Julius Freund (1914)
07.10.	Jerzy Petersbursky (1979)
09.10.	Roy Black (1991)
15.10.	Harald Böhmelt (1982)
16.10.	Ralph Benatzky (1957)
24.10.	Heino Gaze (1967) Franz Lehar (1948)
	Victor Hollaender (1940)
26.10.	Alma Cogan (1966)
	Kurt Schwabach (1966)
27.10.	Nico Dostal (1981)
	Eduard Künneke (1953)
28.10.	Kurt Gerron (1944)
29.10.	Harry Frohmann (1975)
	Toni Steingass (1987)
30.10.	Horst Dempwolff (1983)
	Emmerich Kalman (1953)
31.10.	Hans Otten (1942)

November

02.11.	Robert Biberti (Comed.Harmoni.)(1985)
03.11.	Mort Shumann (1991)
07.11.	Bully Buhlan (1982)
	Werner Eisbrenner (1981)
09.11.	Leonelle Casucci (1975)
	Gitta Lind (1974)
10.11.	Gerhard Ebeler (1956)
13.11.	Nico Haak (1991)
	Rudolph Schock (1986)
16.11.	Joseph Schmidt (1942)
17.11.	Karl Berbner (1977)
20.11.	Helga Hahnemann (1991)
21.11.	Will Glahe (1989)
24.11.	Helga Fedderson (1990)

Dezember

06.12.	Richard Eilenberg (1927)
08.12.	Toni Hämmerle (1968)
14.12.	Lothar Brühne (1958)
17.12.	Benny de Weille (1977)
18.12.	Georg Freundorfer (1940)
	Aldo von Pinelli (1967)
20.12.	Jean Gilbert (1942)
24.12.	Heinz Gietz (1989)
26.12.	Rolf Hans Müller (1990)
28.12.	Erwin Bootz (1982)
	Rudolf Schuricke (1973)
31.12.	Friedel Hensch (1990)

Nützliche Adressen

Deutsches Schlager Archiv

c/o Karl Heinz Dauben
Adolfstr. 81
5300 Bonn 1
Tel.: 0228 / 69 28 44
Fax : 0228 / 63 91 40

Karl Heinz Dauben gibt -monatlich erscheinend- die Zeitschrift "Das deutsche Schlager Archiv" heraus, welches kostenlos von obiger Adresse bezogen werden kann.

Memory

c/o Manfred Günther
Am Stutenanger 5 A
8042 Oberschleissheim
Tel.: 089 / 315 19 13
Fax : 089 / 315 40 14

Manfred Günther gibt die vierteljährlich erscheinende Zeitschrift "Memory - Magazin für Freunde deutscher Oldies" heraus.

Venus e.V.

c/o Josef Fimpel
Postfach
8082 Grafrath
Tel. & Fax : 08144 / 72 78

Venus e.V. (= Verein zur Erhaltung und Förderung nationaler Unterhaltungs- und Schlagerkultur) schickt auf Anforderung weiteres Informationsmaterial zu. Vierteljährlich erscheint eine Mitgliederzeitschrift.

Alphabetisches Titelverzeichnis

Titel	Komposition	Text	Interpret	Jahr
A Banda	Buarque de Hollanda	Conta, F./Weyrich, F.	Gall, F.	1968
			Alpert, Herb	1968
A Handvoll Tirol	Müssig, R.	Greiner, H.	Die Zillertaler	1992
A Jodler und a frische Maß	Meiler, T.	Büttner, R.	Viellechner, S.	1984
A Sunny Day In Heidelberg	Jankowski, H.	instr.	Jankowski, H.	1978
A Swinging Safari	Kaempfert, B.	instr.	Kaempfert, B.	1962
Ab geht die Post	Bause, A.	Steineckert, G.	Walter, J.	
Aba Heidschi Bum Beidschi	Peters	Feltz, K.	Alexander, P.	1966
Abbl-Didabbl	Ochoa, E.	Loriot	Wums Gesang	1973
Abendland	Hoffmann, I. / Heller, A.	Heller, A.	Heller, A.	1976
Abendlied [Rosemarie]	Jöde, F.	Löns, H.	div.	1917
Abends in der Mondscheinallee	Scharfenberger, W.	Feltz, K.	Francis, C.	1964
Abends in der Taverne	Bochmann, W.	Pinelli, A. von	div.	1939
			Torriani, V.	1961
Abends wenn ich schlafen geh′	Meyer, F.	Huber, B.	div.	1951
Aber am Abend, da spielt der Zigeuner	Scharfenberger, W.	Feltz, K.	Cindy & Bert	1974
Aber bitte mit Sahne	Jürgens, U.	Hachfeld, E./Spahr, W.	Jürgens, U.	1976
Aber dennoch hat sich Bolle	trad.	trad.	div.	
Aber der Traum war sehr schön	Porter, C.	Kunze, M.	Iglesias, J.	1981
Aber dich gibts nur einmal für mich	Pit	Guley, H.	Nilsen Brothers	1965
			Patrizius	1989
Aber die Liebe bleibt	Cosma, V.	Kunze, M.	Mouskouri, N.	1985
Aber du heißt Pia			Bertelmann, F.	1958
Aber heut sind wir fidel	Otten, Hans	Ebeler, G.	div.	1928
Aber mei Hans, der kann′s	Niessen, J.	Rauch, F.	Reichlin, F. von	1949
			Lolita	1976
Aber nachts in der Bar	Gaze, H.	Schwenn, G.	Johns, B.	1957
Aber mein Herz ist allein	Götz, K.	Loose, G.	Bäumler, H.-J.	1964
Aber schön war es doch	Niessen, Ch.	Relin, J.	Knef, H.	1963
Aber streicheln derfst mi nur du	Frankfurter, J.	Holder, I.	Ebner, Chr.	1991
Aber wie [Let it be]	Lennon,J./McCartney,P.	Bradtke, H.	Molina, O.	1970
Abraham [Das Lied vom Trödler Abraham]	Hofer, W.	Hofer, W.	Wolfgang	1971
			Backus, G.	1972
Abschied ist ein bißchen wie Sterben	Siegel, R.	Meinunger, B.	Ebstein, K.	1978
Abschied ist ein scharfes Schwert	Munro, N.	Munro, N.	Whittacker, R.	1984
Abschied vom Liebchen	Lüdecke, W.	Lüdecke, W.	div.	1900
Abschied vom Meer	Olias, L.	Rothenburg, W.	Quinn, F.	1965
Abschiednehmen tut so weh			Corren, C.	1965
Abschiedssouvenir	Theunissen, W.	Möring	Pussycat	1977
Ach, du liebe Zeit	Igelhoff, P.	Freytag,M./Schwenn,G.	Franke, R.	1950
Ach ich hab sie ja nur auf die Schulter geküßt	Millöcker, K.		div.	1882
Ach, ich liebe alle Männer	Grothe, F.	Dehmel, W.	Rökk, M.	1941
Ach, ich liebe alle Frauen	Grothe, F.	Dehmel, W.	Groh, H.E.	1941
Ach Jott, was sind die Männer dumm	Kollo, Wa.	Haller, He./Rideamus	div.	1917
Ach laß mich doch in deinem Wald der Oberförster sein	White, J.	Hertha, K.	Marshall, T.	1984

Alphabetisches Titelverzeichnis

Titel	Komposition	Text	Interpret	Jahr
Ach, Luise	Benatzky, R.	Benatzky, R.	Hansen, M.	1933
			Platte, R.	1947
			Alexander, P.	1959
Ach, sag doch nicht immer wieder Dicker zu mir	Simon, H.A.	Ströhm, P.	Simon, H.A.	1953
Ach, verzeih'n Sie, meine Dame	Kirchstein, H.M.	Beckmann, H.F.	Igelhoff, P.	1936
Acht Wochen Urlaub müßt' es geben	Sulzböck, T.	Reindl, M.	Moik, K.	1982
Addio Amigo	Scharfenberger, W.	Busch, F. / Relin, J.	Lolita	1958
Addio, Donna Grazia	Rust, F.W.	Rust, F.W.	Torriani, V.	1951
Addio, mein Napoli	Twardy, W.	Frankfurter, J.	Paola	1974
Addio, mia bella musica	Gietz, H.	Feltz, K.	Cindy & Bert	1976
Addio Romeo	Birner, G.	Hertha, K.	Norden, U.	1984
Adieu Adeline	Senneville,P.	Mürmann, W.	Beil, P.	1978
Adieu - Lebe wohl - Goodbye	Offenbach, J. / Buchholz	Berling / Loose, G.	Böttcher, G.	1961
Adieu mein Kapitän	Jersey,M./Petersburg,W.	Krings, P.	Heimat-Duo	1991
Adieu, mein kleiner Gardeoffizier	Stolz, R.	Reisch, W.	Haid, L.	1930
Adieu, Maurice	Horton, P.	Horton, P.	Horton, P.	1975
Adios	Jose, E./Ithier, H.	Kunze, M.	Mouskouri, N.	1975
Adios Amigo	Livingston, Jay	Feltz, K.	Distel, S.	1962
Adios Amor	Shultzieg, T.	Feltz, K.	Borg, A.	1982
Adios Marlena	Power, P. / Jonas, U.	Poer / Jonas / Mekro	Stein, M.	1985
Adios, My Darling	Hausmann,W/Jorge, J.	Hausmann, W./Jorge, J.	Ronny	1967
Aerobiegsam	Zander, F.	Zander, F. / Marcard, R.	Zander, F.	1983
Afrika	Goussaud, J.P.	Schüler, W.	Peters, I.	1983
Afrika	EAV	EAV	EAV	1983
Afrikaan Beat	Kaempfert, B.	instr.	Kaempfert, B.	1962
Afrikan Holiday	Simon, H.A.	instr.	Orch. H.A.Simon	1969
Ahoi-Ohe	Allison, B / Allison, J	Munro, K.	Blue Diamonds	1961
Airport	Lindenberg, U.	Lindenberg, U.	Lindenberg, U.	1988
Akropolis Adieu	Bruhn, Chr.	Buschor, G.	Mathieu, M.	1971
Albany	Munro, N.	Munro, N.	Whittaker, R.	1982
Alle Blumen brauchen Sonne	Kunze, M.	Kunze, M.	Kern, R.	1970
Alle Blumen wollen blühen	Blum, H.	Blum, H.	Anna-Lena	1968
Alle Englein lachen	Kollo, W.	Bernauer,R./Schanzer,R.	div	1915
Alle kuscheln	Bruhn, H.	Brzhn, H.	Göpelt, E.	1992
Alle Liebe dieser Erde	Olden, B./Heilburg, Chr.	Olden, B./Heilburg, Chr.	Iglesias, J.	1974
Alle Leute wollen in den Himmel	Kluger, J.	Blecher, K.-U.	Clark, P.	1967
Alle Mädchen wollen küssen	Menke,J/Panas,M/Lüth,T	Menke,J/Panas,M/Lüth,T	Kraus, P.	1960
Alle Sterne von Athen	Frankfurter, J.	Holder, I.	Bach, K.	1991
Alle Tage ist kein Sonntag	Clewing, C.	Ferdinands, C.	div.	1917
			Schock, R.	1963
Alle Tage Sonntag	White, J.	Jay, F.	Norden, U.	1970
Alle Wünsche kann man nicht erfüllen	Heider, J.	Binder, M.	Holm, M.	1965
Allein auf einem Stern	Ventura, A.	Kunze, M.	Bach, K.	1985
Allerhand, allerhand	Igelhoff, P.	Hoff, A.	Kuhn, P.	1954
Alles blüht	Hoffmann, M.		Beyer, H.J.	1976
Alles braucht im Leben seine Zeit	Müssig, R.	Müssig, R.	Zillert. Schürzenj	1991
Alles braucht seine Zeit	Chinn	Marcard	Brink, B.	1978

Alphabetisches Titelverzeichnis

Titel	Komposition	Text	Interpret	Jahr
Alles Glück der Welt	Schmid,G/Hofmann,M	Schmid,G/Hofmann,M.	Michael & M.	1991
Alles hat ein Ende, nur die Wurst	Remmler, St.	Remmler, St.	Remmler, St.	1987
hat zwei			Wendehals, G.	1987
Alles im Griff auf dem	Jürgens, U.	Hofer, W.	Jürgens, U.	1980
sinkenden Schiff				
Alles kommt einmal wieder	Nelson, R.	Nelson, R.	Paulsen, D.	1950
Alles nur geträumt	Merlin	Merlin	Merlin	1989
Alles OK ... am Baggersee	Hömig, H. / Petry, W.	Hömig, H. / Petry, W.	Paveier	1989
	Brühl, H.L. / Knipp, H.	Brühl, H.L. / Knipp, H.		
Alles paletti	Häring, R.	Brocker, B.	Wolff, Chr.	1990
Alles was du brauchst ist Liebe	Jürgens, U.	Hofer, W.	Mouskouri, N.	1982
Alles was ich brauche bist du	Sorrenti, A.	Kunze, M.	Hoffmann&Hoff.	1979
Alles, was ich hab	Munro, K./Panas, M.	Munro, K./Panas, M.	Leandros, V.	1972
Alles, was ich will bist du	Masser, M.	Tegge, J.	Berling, U.	1986
Alles was sie will	Lürig, H.	Kunze, H.R.	Kunze, H.R.	1989
Alles was wir woll´n auf Erden	Henning, H.H.	Mainzel, M.	Ramona	1971
Alo-Ahe	Olias, L.	Loose, G.	Quinn, F.	1962
Aloa-he	Liliuokalani, L.K.	Bruhn, Chr.	Matthieu, M.	1976
Alpenrap	EAV	EAV	EAV	1983
Als ich ein kleiner Junge war	Simmons / Randolf	Balz, B.	Steffen, P.	1959
[Di-di-o-day]				
Als ich so jung war wie du	Finette, J.	Orling	Sauer, W.	1958
Als ob sie Bette Davis wär	Weiss, D. / Shannon, J.	Waggershausen, S.	Berling, U.	1981
Als wär´ alles erst gestern	Becht, E.	Deutsch, R. /Mareike, S.	Schneider, W.	1985
gescheh´n				
Als zu mir die erste Liebe kam	Ascot,G./Gehrke,S.	Ascot,G./Gehrke, S.	Norden, U.	1992
Also wissen Se, nee	Neumann,G.	Neumann,G./Buhlan,B.	Buhlan, B.	1948
Alte Kameraden	Teike, C.	Haaren, K. van	div.	1897
Alte Lieder, traute Weisen	Paasch, L.	Liere, F.	Strienz, W.	1952
Am Amazonas	Künneke, Ed.	Schwabach,K/Bertuch,M	div.	1932
			Dahlberg, M. &	
			Friedauer, H.	1969
Am Anfang der Zärtlichkeit	Perquée, P./Parker-Tanja	Perquée, P.	Caras, M.	1991
Am Anfang war die Liebe	Holm, M.	Moroder, G.	Roos, M.	1971
Am Anfang war die Liebe	Schulz, H./Schultzieg, T.	Feltz, K./Holder, I.	Borg, A.	1986
Am Aschermittwoch ist alles	Schmitz, J.	Jonen, H.	Schmitz, J.	1952
vorbei				
Am blauen See im grünen Tal	Götz, K.	Hertha, K.	Jacob Sisters	1965
Am 30. Mai ist Weltuntergang	Erpel, K.	Roda, B.	Thelen, K.A.	1954
Am Horizont irgendwo	Burgie, I.L.	Bradtke, H.	Mouskouri, N.	1962
Am Kai bei der alten Laterne	Kallipke	Hemes	Andersen, L.	1963
Am Lagerfeuer	Laine, P.	Laine, P.	Lauer, M.	1964
Am Manzanares	Dostal, N.	Amberg, Ch./Maregg, F.	Sweet,L./Ode, E.	1933
Am Montag fängt die Woche an	Jary, M.	Balz, B.	Schuricke, R.	1940
Am Rio Negro	Raymond, F.	Schwenn,G.	div.	1937
			Köth,E. &	
			Hoppe, H.	1965
Am Rosenmontag bin ich geboren	Niessen, Ch.	Rüger, F.	Sponheimer, M.	1969
Am schönsten ist es zu Hause	Kartner, P.	Orloff, P.	Graf, E.	1976
Am Samstag um vier	Schulz-Reichel, F.	Buhlan, B.	Buhlan/Kellner	1951

Alphabetisches Titelverzeichnis

Titel	Komposition	Text	Interpret	Jahr
Am Samstag werd die Gass gekehrt	Hurry, L./Ullas, U.	Hermannsdörfer, H.	Dings & Dingb.	1980
Am Sonntag will mein Süßer mit mir segeln geh´n	Profes, A.	Gilbert, R.	D´Amara, E.	1929
			OMTJ	1961
			Myhre, W.	1979
Am Strand von Maspalomas	Häring, R.	Brocker, B.	Wolff, Chr.	1988
Am Tag als Conny Kramer starb	Robertson	Weigel, H.-U.	Werding, J.	1972
Am Tag als der Regen kam	Becaud, G.	Bader, E.	Dalida	1959
Am Tag, als die Liebe zu mir kam	Haller, Ha.	Meinunger, B.	Haller, Ha.	1991
Am Tag als die Sonne nicht mehr kam	Daum, N.	Schüler, W.	Cordalis, C.	1981
Am Tag, als es kein Benzin mehr gab	Siegel, R.	Meinunger,B/Schüler,W	Blanco, R.	1979
Am weißen Strand von Helgoland	O´Melley, H.	O´Melley, H.	Niko	1983
Am weißen Strand von San Angelo	Dominioni,G./Gehrke,K. Grabowski, G.	Dominioni,G./Gehrke,K. Grabowski, G.	Anderson, G.G.	1984
Am Zuckerhut, am Zuckerhut	Fischer, E.	Feltz, K.	Mac, D.	1949
			Carol, R.	1949
Amandas Augen	Heider, J.	Bärtels, A.	Brink, B.	1987
Amarillo	Sedaka, N.	Thumser, G.	Bendt, O.	1971
Amboß-Polka	Parlow, A.		div.	1864
American Dollar	Gietz, H.	Lewinsky, Ch.	Ramsey, B.	1992
Amigo	Natschinski, G.	Loose, G.	Wacholz, B.	1957
Amigo Charly Brown	di Paula, B.	Jay, F.	Benny	1976
Amigo Perdido	Gietz, H.	Feltz, K.	Breck, F.	1978
Amor, Amor, Amor	Ruiz, G.	Marian, M.	Illic, B.	1978
Amore, Amore	White, J.	Hammerschmidt, N.	Kaiser, R.	1985
			Jürgens, A.	1989
Amore, Amore	Frankfurter,J./Schairer,A. Offierowski, E.	Frankfurter,J./Schairer,A. Offierowski, E.	Jung, C.	1987
Amore Mio	Hendrik, T. / Krause, A.	Meinunger, B.	Martin, A.	1982
Amorada	Azevedo, W. de	instr.	Guitar Twins	1979
Amorcito mio	Mackeben, Th.	Beckmann, H.F.	Serrano, R.	1940
Amore Mio	Hendrik, T.	Meinunger, B.	Martin, A.	1982
Amphitryon Walzer [Aus den Wolken kommt das Glück]	Doelle, F.	Amberg, Ch.	div.	1935
			Orch. H.G. Arlt	1959
Amsterdam	Brel, J.	Heltau, M.	Heltau, M.	1976
Amtsgerichtspolka	Rosenberger, R.	instr.	Scherfler, P.	1969
An de Küst von de Waterkant	Hee, H.	Hee, H.	Mühlenhof Mus.	1990
An deiner Stelle nähm ich mich	Gerke, W./Hannes, M.	Gerke, W.	Ibo	1989
An dem Baume, da hängt ne Pflaume	Behling, A.	Behling, A.	div.	1900
An der Copacabana	EAV	Spitzer, Th.	EAV	1988
An der Donau, wenn der Wein blüht	Grothe, F. / Melichar, A.	Dekner, H.	Müller, R.	1933
			Torriani, V.	1968
An der Ecke steht ein Schneemann	Müller, W.	Bradtke, H.	Froboess, C.	1951
An der Himmelstür	Kartner, P.	Kunze, M.	Alexander, P.	1977
An der schönen blauen Donau	Strauß, J. (Sohn)	instr.	div.	1867
An irgendeinem Tag	Last, W.	Loose, G.	Kern, R.	1967
An der Nordseeküste	trad.	Büchner, K.	Klaus & Klaus	1985
An der schönen grünen Isar	Freundorfer, G.	instr.	Freundorfer, G.	1933

Alphabetisches Titelverzeichnis

Titel	Komposition	Text	Interpret	Jahr
An einem Sonntag in Avignon	Bruhn, Chr.	Buschor, G.	Matthieu, M.	1970
An einem Tag im Frühling	Doelle, F.	Balz, B.	Müller, R.	1933
An irgendeinem Tag	Last, W.	Loose, G.	Kern, R.	1967
Ananas aus Caracas	Halletz, E.	Bradtke,H.	Torriani, V.	1957
Andrea	Halletz, E.	Bradtke, H.	Die Montecarlos	1956
Andrea Doria [Alles klar auf der]	Lindenberg, U.	Lindenberg, U.	Lindenberg, U.	1973
Anette	Meyer, F.	Brandin, W.	Hielscher, M.	1950
Angel Of Mine [Engel der Nacht]	Duval, F.	Maloyer, K.	Orch. F. Duval	1980
			Marcus, J.	1981
Angela	Maffay, P.	Kunze, M.	Maffay, P.	1972
Angela	Jörling, G./Gasse, A.	Passmann-Engel,Th.	Moonbeats	1992
Angelina	Solera, G.	Schwegeler,A/ Goldstein, D.	Leonard	1988
Anita	Cordalis, C.	Frankfurter, J.	Cordalis, C.	1976
Anja - Anja	Orloff, P./Hee, H.	Orloff, P./Hee, H.	Ronny	1965
Anna-laß mich rein, laß mich raus	Remmler, St.	Krahwinkel, K.	Trio	1982
Annabelle, ach Annabelle	Mey, R.	Mey, R.	Mey, R.	1972
Anneliese	Simon, H.A.	Simon, H.A.	Simon, H.A.	1953
Annemarie	trad. / Twardy, W.	trad.	Mainzer Hofsän.	1965
Anno dazumal vor vielen Jahren	Otten, H.	Ebeler, G.	div.	
Anouschka	Blum, H.	Blum, H.	Brück, I.	1967
Ansonsten, Herr Lutter	Arnie, R.	Lach, P.	Hensch, F.	1951
			Die 3 Travellers	1951
Antoinette	Müller, R.	instr.	Müller, R.	1969
Antonio	Frankfurter, J.	Holder, I.	Bach, K.	1991
Antrag auf Erteilung eines An- tragsformulars	Mey, R.	Mey, R.	Mey, R.	1977
Anuschka	Jürgens, U.	Brandin, W.	Jürgens, U.	1969
Argentina	Janschen & Janschens	instr.	King, R.	1978
Arizona - Arizona	Bach, R. / Doll, E.	Doll, E.	Truck Stop	1990
Arizona Man	Moroder, G.	Moroder, G.	Roos, M.	1970
Arrivederci, Claire	Shultzieg, T.	Feltz, K.	Borg, A.	1982
Arrivederci, Hans	Mayer, H.	Buschor, G.	Pavone, R.	1968
Arrivederci Roma	Rascel/Garinei- Giovannini	Glando	Assia, L.	1956
			Wendland, G.	1956
Atemlos	Horn-Bernges, H.-J.	Horn-Bernges, H.-J.	Angelo, N. de	1984
Atemlos	Schairer,A/Frankfurter,J Offierowski, E.	Schairer.A./Frankfurter,J. Offierowski, E.	Jung, C.	1988
Atemlos	Brozat, B.	Brozat, B.	Karat	1992
Auch du brauchst einen Herzens- freund	Werner, H. /Burgner, J. Hellmer, H.	Werner, H. / Burgner, J. Hellmer, H.	Hellberg Duo	1963
Auch du hast dein Schicksal in der Hand	trad.	Ström, P.	Froboess, C.	1958
Auch du wirst mich einmal betrügen	Stolz, R.	Reisch,W./Robinson,A.L.	Eisinger, I. & Wirl, E.	1930
Auch für mich kommt einmal die Zeit			Blaue Jungs	1958
Auch in der Taiga blühen Rosen	Frankfurter, J.	Holder, I.	Paldauer	1991
Auch Matrosen haben eine Heimat	Olias, L.	Büsing, G.	Neidlinger, G.	1949
Auf all meinen Wegen	Kreuder, P.	Beckmann, H.F.	Waldmüller, L. & Heester, J.	1944

Alphabetisches Titelverzeichnis

Titel	Komposition	Text	Interpret	Jahr
Auf Cuba sind die Mädchen braun			Makulis, J.	1956
Auf dem Dach der Welt	Kreuder, P.	Beckmann, H.F.	Rökk, M.	1939
Auf dem Wege nach Aschaffenburg	Schmitz, J.	Korn, H.	Jacob Sisters	1969
Auf dem Wege nach Odessa	Blum, H./Weyrich, F.	Blum, H./Weyrich, F.	Alexandra	1968
Auf dem Mond, da blühen keine Rosen	Leandros, L. / Munro, K.	Munro, K.	Leandros, V.	1977
Auf den Flügeln bunter Träume	Grothe, F.	Dehmel, W.	Delissen, D.	1938
			Milva	1977
Auf den Stufen zur Akropolis	Häring, R.	Garsson, L.	Manuela	1986
Auf der Autobahn [Na avtocesti]	Avsenik, S.	Avsenik, V.	Avsenik, S.	1955
Auf der Autobahn nachts um halb eins	Roberts, R.A.	Krüger, M.	Krüger, M.	1977
Auf der Hazienda fehlt eine Frau	Reipsch, H.		Reipsch, H.	1963
Auf der Heide blüh'n die letzten Rosen	Stolz, R.	Balz, B.	Slezak, L.	1936
			Kollo, R.	1973
Auf der langen Reise durch die Nacht	Carpendale, H. / Horn-Bernges, H.-J.	Jay, F.	Carpendale, H.	1978
Auf der Lüneburger Heide	Rahlfs, L.	Löns, H.	div.	1929
			Schock, R.	1979
Auf der Piazza von Milano	Giacomazzi / Hamilton	Feltz, K.	Alexander, P.	1956
Auf der Reeperbahn nachts um halb eins	Roberts, R.A.	Roberts, R.A.	Roberts, R.A.	1912
			Albers, H.	1936
Auf der schwäb'sche Eisebahne	trad.	trad.	Papa Bue	1961
Auf der Straße der Sonne	Pace, D. / Panzeri / Pilat	Veith, G.	Cinquetti, G.	1956
Auf der Straße nach Süden	White, J.	Jay, F.	Marshall, T.	1978
Auf der Suche	Brozat, B.	Brozat, B.	Brozat, B.	1987
Auf einer Wolke	Simons,E./Grabowski,G. Hammerschmidt, N.	Simons,E./Grabowski,G. Hammerschmidt, N.	Anderson, G.G.	1990
Auf einmal ist man fünfzig	Adam, D.	Podehl, H.	Neger, E.	1973
Auf geht's Leut', die Musik kommt	Franke, H.	Rauch, F.	Hellwig, M.	1974
Auf Jamaika schenken abends die Matrosen	Gedarro, C.	Hoff, A.	Johns, B.	1953
Auf los geht's los			Cerne, R.	1992
Auf meine Art	Bach, R.	Henatsch, C.	Bach, R.	1992
Auf meinem Konto steht das Komma zu weit links	Carste, H.	Ballerstädt / Ströhm	Kuhn, P.	1956
Auf meinen Jungen kann ich mich verlassen	Niessen, Ch.	Relin, J.	Steffen, P.	1962
Auf meiner Ranch bin ich König	Ramos, S.R.	Auerbach, G.	Hinnen, P.	1962
Auf Wiederseh'n	Storch, E.	Storch, E.	Schuricke, R.	1949
			Backus, G.	1961
Aufforderung zum TÜV	Roski, U.	Roski, U.	Roski, U.	1977
Aufrecht geh'n	Reinecke, M.	Kunze, M.	Roos, M.	1984
Aufstehn	Siegel, R.	Hertha, K.	Alexander, P.	1978
Augenblick der Ewigkeit	Hoffmann, M.		Beyer, H.J.	1976
Aus Böhmen kommt die Musik	Bruhn, Chr.	Jung, R.	Gitti & Erika	1978
Aus den Wolken kommt das Glück [Amphitryon Walzer]	Doelle, F.	Amberg, Ch.	div.	1935
			Orch. H. G. Arlt	1959

Alphabetisches Titelverzeichnis

Titel	Komposition	Text	Interpret	Jahr
Aus grauer Städte Mauern	Götz, R.	Riedel, H. / Löns, H.	div.	1920
Aus jedem Land ein Souvenir			Torriani, V.	1964
Aus Tränen wird ein Schmetterling	Frankfurter, J.	Holder, I.	Nockalm Quint.	1990
Aus weißen Nebeln	Kiesewetter, K.	Löns, H.	Kay, F.	1986
Ausgerechnet Bananen	Silver, F. / Cohn, I.	Beda	div.	1923
Ausgerechnet du	Borders, H.	Beckmann, H.F.	Keller, G.	1935
Ausgerechnet du [Du hast mir	Jary, M.	Scheu, J. / Nebhut, E.	Malkowsky, L.	1951
g´rade noch zu meinem Glück gefehlt]			Künneke, Ev.	1951
Autofahrerblues	Twardy, W.	Coren, H,	Herr, T.	1963
Autos	Gänsehaut	Gänsehaut	Gänsehaut	1984
Ave Maria [Die kleine Bergkirche]	Geiger, W.	Wolf, K.	Bauer, U.	1987
Ave Maria der Heimat	Garsson, L.	Leissle, W.	Kastelruther Sp.	1989
Avignon	Rusinski, B.	Offierowski, E.	Rusinski, B.	1990
Axel F.	Faltermeyer, H.	instr.	Faltermeyer, H.	1984
Ay Ay Ay [Grüße aus Mexico]	Garsson, L.	Garsson, L.	Wolff, Chr.	
Azzurro	Conte, P.	Feltz, K.	Rubin, P.	1969
Ba-Ba-Banküberfall	EAV	EAV	EAV	1986
Babatschi			Francesco, S.	1956
Babicka	Siegel, R.	Meinunger, B.	Gott, K.	1978
Babuschkin	Jürgens, U.	Brandin, W.	Jürgens, U.	1970
Baby Babbel Bossa Nova	Twardy, W.	Lilibert	Brandes, W.	1963
Baby, ich schieß dir einen Teddybär	Tepper / Bennet	Blecher, C.-U.	Berg, J.M.	1958
Baby Twist	Twardy, W.	Lilibert	Brandes, W.	1962
Babysitter Boogie	Parker, J.	Relin, J.	Bendix, R.	1961
Baciare	Niessen, Ch.	Dehmel, W.	Werner, I.	1959
Baden mit und ohne	Schmidt, B.	Bradtke, H.	Myhre, W.	1973
Badewannentango	Jussenhoven, G.	Relin, J.	Alexander, P.	1962
Baio-Bongo	Gietz, H.	Gietz, H.	Valente, C.	1955
Balla, Balla	Lippok, H.	Lippok, H.	The Rainbows	1965
Ballade pour Adeline	Senneville, P	instr.	Clayderman, R.	1978
Ballgeflüster	Meyer-Hellmund, E.	Meyer-Hellmund, E.	div.	1906
Ballsirenen Walzer	Lehár, F.	Léon, V. / Stein, L.	div.	1905
Bambina	Modugno, D.	Feltz, K.	Alexander, P.	1958
			Bendix, R.	1958
Banjo-Benny	Schulz-Reichel, F.	Bradtke, H.	Negra, L.	1952
Banjo Boy	Niessen, Ch.	Niessen, Ch.	Jan & Kjeld	1959
			Honey Twins	1960
Barbara, Barbara, komm mit mir nach Afrika	Berking, W.	Stassar, W.T.	Künnecke, Ev.	1949
Barcarole in der Nacht	Scharfenber, W.	Feltz, K.	Francis, C.	1963
Barfuß bis zum Hals	Hee, H. / Notnagel, A.P.	Hee, H.	Zillert. Schürzenj	1990
Barfuß durch den Sommer	Rabbitt, E.	Kunze, M.	Drews, J.	1977
Barfuß im Regen	Moroder, G.	Holm, M.	Holm, M.	1970
Barfuß oder Lackschuh	Rottschalk, G ärtels, A.	Rottschalk, G/Bärtels, A.	Juhnke, H.	1989
Batavia-Fox	Künneke, Ed.	Haller, He.	Rex, E.	1921
Bayerische Heimat	Bauer, A.	instr.	Bauer, A.	1956
Bayerische Polka	Lohmann, G.	instr.	div.	1936
			Hot Dogs	1977
Beamtenrap	Dohrenkamp, J.	Haverkamp, W.	Lippe, J.v.d.	1990

Alphabetisches Titelverzeichnis

Titel	Komposition	Text	Interpret	Jahr
Begrab mich in der Kneipe	Rottschalk,G./Scholz,U.	Rottschalk, G.	Göpelt, E.	1990
Behalt mich lieb, Chérie	Stolz, R.	Morenau, A.	div.	1955
			Jürgens, U.	1975
Bei der blonden Kathrein	Leux, L.	Hannes, H.	Bernauer, L.	1933
Bei dir war es immer so schön	Mackeben, Th.	Beckmann, H.F.	Serrano, R.	1940
Bei mir zu Haus	Mihm, H. / Woezel, H.	Mihm, H. / Woezel, H.	Woezel, H.	1951
Bei Pfeiffers ist Ball	Schulenburg, H.	Schulenburg, H.	Hartung, E.	1934
Bei uns in Laramie	Jäger, L.	Dehmel, W.	Wendland, G.	1955
Bei uns ziehst du das große Los	Dassin, J.	Weyrich, F.	Mercouri, M.	1971
Bei zärtlicher Musik	Mohr, G.	Richter, K.S.	div.	1934
Beim erstenmal da tut´s noch weh	Eisbrenner, W.	Käutner, H.	Hildebrand, H.	1944
			Albers, H.	1944
Beinhart	Büchner, K. / Voß, R.	Büchner, K. / Voß, R.	Torfrock	1990
Beiß nicht gleich in jeden Apfel	Blum, H.	Raschek, W.	Myhre, W.	1966
Bel ami [Du hast Glück bei den Frau´n]	Mackeben, Th.	Beckmann, H.F.	Waldmüller, L.	1939
Bel Sante	Chait, B. / Lex, G.	Chait, B. / Lex, G.	Quinn, F.	1956
Bella, bella donna	Winkler, G.	Feltz, K.	Alexander, P.	1953
Bella bella Marie	Winkler, G.	Siegel, R.M.	Solo, B.	1969
Bella Bimba	de Hejo, O.	Feltz, K.	Johns, B.	1952
Bella Musica	Martinetti, N.	Meinunger, B.	Martinetti, N.	1986
Bella Romantica	Solera, G.	Dahmen, R./Goldstein,D.	Leonard	1988
Bene, bene, bene	Bruhn, Chr.	Bruhn, Chr.	Pavone, R.	1969
Bergvagabunden	Kolesa	Hartinger	div.	
Berlin	Bause, A.	Gentzmer, A.	Hahnemann, H.	1985
Berlin bleibt doch Berlin	Meisel, W.	Balz, B.	Fritz, B.	1949
Berlin, dein Gesicht hat Sommersprossen	Niessen, Ch.	Knef, H.	Knef, H.	1966
Berliner Luft	Lincke, P.	Bolten-Baeckers, H.	div.	1899
Berliner Polka	Gaze, H.	Schwenn, G,	B.Lucas Chor	1961
Berry´s Joke	Berlipp, F.	instr.	B.Lipman Orch.	1973
Besuchen Sie Europa, solange es noch steht	Geier Sturzflug	Geier Sturzflug	Geier Sturzflug	1983
Bevor du einschläfst	Orloff, P.	Orloff, P.	Clüver, B.	1974
Bianca	Volkslied a. Italien	Hertha, K.	Breck, F.	1973
Bianca Rosa	Harden, M.	Nicolas	Carol, R.	1964
			Felgen, C.	1964
			Breck, F.	1988
Biene Maja	Svoboda, K.	Cusano, F.	Gott, K.	1976
Bier, Bier, Bier ist die Seele vom Klavier	Dobschinski,W/Oldörp F	Bradtke, H.	Kuhn, P.	1964
Bierdeckel-Polka	Jussenhoven, G.	Bradtke, H.	Mo, B.	1963
Big Helga	Bause, A.	Gentzmer, A.	Hahnemann, H.	1989
Bin i Radi, bin i König	Niessen, Ch.	Rauch, F.	Radenkovic, R.	1965
Bin kein Hauptmann, bin kein großes Tier	Abraham, P.	Szekely, H.	Fritsch, W.	1929
Bin nur ein Jonny	Abraham, P.	Grünwald, A. / Beda	Paulsen, H.	1933
Bin wieder frei	Deprijk, L.	Marcard, R.	Benny	1978
Bis an´s Ende der Nacht	Weindorf, A.	Paßmann-Engel, Th. Geratsch, F.	Moonbeats	1991

Alphabetisches Titelverzeichnis

Titel	Komposition	Text	Interpret	Jahr
Bis ans Ende der Welt	Schulz, P. / Piek, J.	Schulz, P.	Purple Schulz	1988
Bis ans Ende der Zeit	Busch, D.	Busch, D.	Busch, D.	1990
Bis bald auf Wiedersehn	Zittner, W.	Zwinger, B.	Mosch, E.	1965
Bis der Sturm vorüberzieht	Beyerl, N. / Schüler, W. Verdell, B.	Beyerl, N. / Schüler, W. Verdell, B.	Lebbing, A.	1992
Bis Morgen	Last, W.	Loose, G.	Kern, R.	1966
Bis wir uns wiedersehn	Zauner, St./Strobel, A.	Zauner, St./Strobel, A.	Münchener Freih	1988
Bis zum nächsten Mal			Mina	1963
Biscaya	O'Melley, H.	instr.	Orch. J. Last	1982
Bist du auch noch wach	Richter, P.	Richter, P.	Richter, P.	1990
Bist du einsam heut' nacht	Turk, R. / Handmann, L.	Feltz, K.	Alexander, P.	1961
Bißchen Glück in Liebe	Niessen, Ch.	Rauch, F.	Radencovic, R.	1965
Bitte, bitte, lieber Geiger	Bette, K.	Holm, P.	div.	1942
Bitte glaub es nicht	Ederer, P.	Ederer, P.	Morell, M.	1973
Bitte, Herr Doktor	Waggershausen, St.	Waggershausen, St.	Waggershausen	1981
Black Flip	Bachmann, E.	instr.	Bachmann, E.	1981
Blau blüht der Enzian	Becht, E.	Becht, E.	Heino	1971
Blaue Berge, grüne Täler	Hampel, V.	Fiebinger, O.	div.	1938
[Riesengebirglers Heimatlied]			Wewel, G.	1979
Blaue Lagune	Noderer, E.	Stern, H. / Balu, T.	Stern, H.	1992
Blaue Nacht	Schultzieg, T.	Jay, F.	Wendorf, M.	1985
Blaue Tavernen	Hoest, J.	Christ, H.	Lauch, P.	1962
Blauer Himmel, weiße Wolken	Möhrens	Ernst	Benicarlos	1958
Blaues Boot der Sehnsucht	Pomus, D. / Shuman, M.	Pomus, D. / Lach, P.	Blue Diamonds	1962
Bleib bei mir	Twardy, W.	Lilibert	Black, R.	1968
Bleib bei mir	King, Ben E. / Stoller, M.	Paßmann-Engel, Th.	Moonbeats	1986
Bleib bei mir heut Nacht	Schairer,A./Tielmann,G. Herrmann, P. B.	Schairer,A./Tielmann,G. Herrmann, P. B.	Borg, A.	1992
Bleib doch stehn	Heider, J.	Holm, M.	Anna-Lena	1962
Bleib heut bei mir	Whittaker, R.	Munro, N.	Berger, C. & Whittaker, R.	1988
Bleib heut'Nacht bei mir	Angelis,G./Angelis,M.	Orloff, P.	Clüver, B. Black, R.	1981 1981
Bleib' heut Nacht bei mir	Hoffmann, M.	Jung, R.	Nicole	1988
Bleib heute Nacht bei mir	Mathias-Clamath, C.	Volkmann, P.	Relax	1985
Bleib immer bei mir	Gardens, H.	Elsner, B.	Sandberg, S.O.	1941
Bleib wie du bist	Bohlen, D.	Bohlen, D.	Roos, M.	1986
Blindekuh	Kreuder, P.	Beckmann, H.F.	Hildebrand, H.	1936
Blinder Passagier	Reiser, R.	Reiser, R.	Reiser, R.	1987
Blondes Haar am Paletot	Dovenmühle, R. v. d.	Berlipp, F.	Dorthe	1965
Blondes Wunder	Ricanek, Ch. / Reyn, M.	Meinunger,B./Weitberg,P	Brink, B.	1990
Blue Bayou	Orbison, R. / Melson, J.	Mürmann, W.	Paola	1978
Blue Farewell River	Clamath,C.M./Förster,F.	Greiner, A. / Michl, R.	Relax	1992
Blue Jean Boy	Niessen, Ch. / Ström. P.	Niessen, Ch. / Ström. P.	Froboess, C.	1958
Blue Melodie	Scharfenberger, W.	Busch, F.	Kraus, P.	1961
Blume von Hawaii	Abraham, P	Grünwald, A. / Beda	Abranovic, S. Schock, R.	1931 1955
Blumen aus Bayern	Bauer, A.	instr.	Bauer, A.	1948
Blumen für die Damen	Gietz, H.	Fuchsberger, J.	Lind, G.	1952
Bobby's Girl	Hoffmann, H. / Klein, G.	Hoffmann, H. / Klein, G.	Malmquist, L.	1963

Alphabetisches Titelverzeichnis

Titel	Komposition	Text	Interpret	Jahr
Bodega Blanca	Gietz, H.	Möckli, P.	Breck, F.	1982
Bohnen in die Ohr'n	Lochandler / Colpet, M.	Backus, G.	Backus, G.	1966
Bolero	Durand, P.	Schwenn, G.	Torriani, V.	1989
Bombenfest	Moesser, P.	Juwens, Chr.	Brink, B.	1972
Bonanza	Livingston, J. /Evans, R.	Nicolas	Paulsen, R.	1963
Bonjour, Kathrin	Gietz, H.	Feltz, K.	Valente, C.	1956
Bonjour, mon amour	White, J.	Jay, F.	Valaitis, L.	1973
Boogie for Saxes	Kretzschmar, H.	instr.	Kretzschmar	1985
Boogie Woogie	Bauer	Thumser	Mann, M.	1981
Boogie Woogie Baby	Jürgens, U.	Hofer, W.	Jürgens, U.	1977
Böse Buben	Shepstone / Dibbens	Kunze, M.	Myhre, W.	1982
Bossa Novum	Ehrlinger, H.	instr.	Ehrlinger, H.	1969
Bouzouki, die Nacht und der Wein	Leandros, L.	Arnie, R.	Roussos, D.	1976
Bratkartoffeln mit Spiegelei	Haller, H.	Meinunger, B.	Haller, Ha.	1990
Brauner Bär und weiße Taube	Richardson, J. P.	Bradtke, H.	Backus, G.	1960
Bremer Stadtmusikanten	Krome, H.	Weiss, W.	div.	1934
Brennendes Herz	Hendrick, T.	Meinunger, B.	Xanadu	1991
Bruttosozialprodukt	Baierle, R. / Geratsch, F.	Baierle, R. / Geratsch, F.	Geier Sturzflug	1983
Buenos dias, Argentinia	Jürgens, U.	Hofer, W.	Jürgens, U. & die dt. National-Elf	1978
Buenos Dias weiße Taube	Busse, U. / Rupprich. K.	Busse, U. / Rupprich, K.	Busse, U.	1989
Buffalo Bill	Ramthor, H.	Ramthor, H.	Medium Terzett	1964
Bum-Budi-Bum, das kann gefährlich sein	Lee, D. / Kretzmer, H.	Bartels, J.	Johns,B&Ward,J Kellner, L. & Frankenfeld, P.	1961 1961
Bum Bum	Remmler,St / Krahwinkel	Remmler, St / Krahwinkel	Trio	1983
Bummel-Petrus	Werner-Kersten, M.	Frey, H.	div.	1920
Bums Valdera [Wir machen durch bis morgen früh]	Quanz, W.	Quanz, W. / Weber, B.	div.	1948
Bunte Wagen	Ruser	Schneider, D.	Frederik, D.	1981
Bunter Luftballon	Panas, M.	Arnie, R.	Leandros, V.	1968
Buona Notte	Granata, R. / Verard	Granata, R. / Verard	Granata, R.	1963
Buona Sera	DeRose, P.	Sigman, C,/Weingarten, E.	Bendix, K.	1958
Bussi Bussi	Bruhn, Chr.	Bruhn, E.	Andy & Bernd	1990
Butterfly	Gérard, D.	Juris, B.	Gérard, D.	1971
Bye-Bye, Bel Ami	Möhlen,T./Moslener,HG	Arling, K.	Heanning, G.	1977
Bye Bye My Love	Bläck Fööss	Bläck Föss	Bläck Fööss	1985
C´est ca, c`est la vie	Farina, D.	Kunze, M.	Milva	1991
C'est la vie	Dietrich, B. / Stein,W. Pietsch, R.	Dietrich, B. / Stein,W. Holm, M.	Gott, K.	1976
C´est la vie	Petersburg, W.	Schade, H.R.	Rendezvous	1991
C´est la vie - so ist das Leben	Dörr, P.	Dörr, P.	Sandy & Andy	1988
Caballero			Berghagen, L.	1975
Caballero, Caballero	Frankfurter, J.	Holder, I.	Bach, K.	1992
Cabrio	Ohl, S.	Rust, J.	Godewind	1989
Cadillac	Spider Murphy	Spider Murphy	Spider Murphy	1985
Café Oriental	Alstone	Schwabach, K.	Ramsey, B. Torriani, V.	1960 1961
Calafati	Cornelius, P.	Cornelius, P.	Cornelius, P.	1980
Calypso Italiano	Monte / Merelli	Feltz, K.	Eskens, M. & Francesco, S.	1957

Alphabetisches Titelverzeichnis

Titel	Komposition	Text	Interpret	Jahr
Camelle üs Cölle	Eilemann, G.	Ibach, M.	Eilemann Trio	1983
Candida	Levine, I. / Wine, T.	Loose, G.	Illic, B.	1970
Canale Grande Number One	Mayer, H.	Buschor, G.	March, P.	1968
Capitano	Scharfenberger, W.	Feltz, K.	Mina	1963
Capri-Fischer	Winkler, G.	Siegel, R.M.	Hain, M.	1943
			Schuricke, R.	1945
			Paola	1974
Capriolen (Wenn ein Flugzeug...)	Kreuder, P.	Beckmann, H.F.	Helgar, E.	1937
Caramba, Caracho, ein Whisky	Klebsattel, A. v.	Klebsattel, A. v.	Gassenhauer	1962
Carina Carissima	Bochmann, W.	Crohn, C.	Torianni, V.	1954
Carola, Carolina	Siegel, R.M.	Siegel, M.	Schuricke-Terz.	1938
Carolin, Carolina			Beil, P.	1962
Carolina, komm	Siegel, R.	Hertha, K.	Cordalis, C.	1973
Caroline - Caroline	Posel, P. / Weingeist, R.	Posel, P. / Weingeist, R.	Miller, R.	1970
Casanova	Gietz, H.	Feltz, K.	Valente, C.	1955
Casanova Baciami	Götz, K.	Hertha, K.	Clark, P.	1963
Casanova Lied	Winkler, G.	Siegel, R.M.	Hain, M.	1943
Cäsar und Cleopatra	Berlipp, F.	Tilgert, G.	Cindy & Bert	1969
Casetta in Canada	Panzeri, M.	Faber, R.	Hagara, W.	1958
Caterina	Alisch, H./ Schumann	Feltz, K.	Hagara, W.	1962
			Burg, L. van	1962
Cha-Cha Gitano	Ehrlinger, H.	instr.	Strasser, H.	1974
Chanson d'amour	Shanklin, W.	Mösser	Durand, A.	1958
Chant sans paroles			Wieland, P.	1975
Charlie Ade	Bause, A.	Schneider, D.	Herz, M.	1977
Charly Boy	Deutscher, D.	Deutscher, D.	Rainford, T.	1977
Charly Brown	Stoller, M.	Blecher, H.-U.	Blum, H.	1959
			Honey Twins	1959
Charly, laß dir einen Bart stehn	Kongos, J.	Behrle, G.	Cramer, D.	1976
Cheerio [Chariot]	Kent	Kent	Clark, P.	1963
Cherchez la femme	Steiner, T. / Schmid, W.	Steiner, T. / Dahmen, R.	Steiner, T.	1990
Chianti-Lied	Winkler, G.	Siegel, R.M.	Groh, H.E.	1939
Chico Chico Charlie	Abro, J. / Santer, J.	Bennt, T / Seltzer, F.	Brühl, H.	1959
Chili-Polka	Willmann, W.	instr.	Willmann, W.	1992
Chim Chim Cheree	Sherman, R.	Bradtke, H.	Gildo, R.	1965
China Boy	Daum, N.	Schüler, W.	Dschinghis Khan	1979
Chocolata	Mizzi, V.	Bradtke, H.	Babs, A.	1956
Ciao, ciao amore	O`Melley / Schotten	O`Melley, H.	Kim, K.	1991
Ciao, ciao, Bambina	Verde / Modugno	Feltz, K.	Dalida	1956
Cigarettes	Götz, K.	Hertha, K.	Lindblom, A.	1963
Cinderella Baby	Bruhn, Chr.	Loose, G.	Deutscher, D.	1964
Cindy	Reber,P./Zuckowski,R.	Reber,P./Zuckowski,R.	Peter,Sue&Marc	1977
			The Cats	1977
Cindy, oh Cindy	Barron, B. / Long, B.	Feltz, K.	Eskens, M.	1957
			Sauer, W.	1957
			Lind, G.	1957
Cinema	Reber, P.	Reber, P. / Muller, V.	Paola	1980
Citronella	Astroth, W.	Rothenburg, W.	Millowitsch, W.	1960
City Girl	Gietz, H.	Michael, R.	Orloff, P.	1968
Codo (...düse im Sauseschritt)	Humpe,A./Prokopetz,J.	Januszewski, G.	DÖF	1983
Come Prima	Paola, V. di / Taccani, S.	Schwenn, G.	Bendix, R.	1958

Alphabetisches Titelverzeichnis

Titel	Komposition	Text	Interpret	Jahr
Coming Home [Jeanny, Part 2]	Bolland, R. / Bolland, F.	Bolland, R. / Bolland, F.	Falco	1986
Compagnons d´amour	Busse, Chr.	Busse, Chr.	Knapp, R. & Rudolz, H.	1992
Concerto d´amore	Drexler, W.	instr.	Drexler, W.	1984
Congratulations [Man gratuliert mir]	Martin, B. / Coulter, P.	Fleming, L.	Richard, C.	1968
Copacabana	Busse, U. / Rupprich, K.	Busse, U. / Rupprich, K.	Gildo, R.	1989
Copacabana bei Nacht	Petersburg,W./Schade,H.	Petersburg,W./Schade,H.	Rendezvous	1991
Cora, komm nach Haus	Chinn, N. / Chapman, M.	Orloff, P.	Orloff, P.	1979
Corinna, Corinna	Chatman, B. & J.M.	Bradtke, H.	Beil, P.	1961
Cottonfields	Ledbetter, H.	Jürgens, U.	Jürgens, U.	1968
Country Welt	Lost, U.	Eckhardt, C.D.	Gehlert, H.	1989
Cowboy Bill	Scharfenberger, W.	Busch, F.	James Brothers	1959
Currywurst	Triebel, J.	Krause, H. / Krebs, D.	Grönemeyer, H.	1982
Da bist du ja	Krug,M. / Hoffmann,I.	Krug, M. / Hoffmann, I.	Krug, M.	1978
Da da da ich lieb dich nicht, du liebst mich nicht	Remmler, St.	Francis, D	Trio	1982
Da Da Da, ich weiß Bescheid, du	Remmler, St.	Zander, F.	Zander, F.	1982
Da drob´n auf´m Berg steht a Kircherl	Obernosterer, M. & D.	Obernosterer, M. & D.	Alpentrio Tirol	1990
Da geh´ ich ins Maxim	Lehár, F.	Léon, V. /Stein, L.	div.	1905
			Heesters, J.	1940
Da hilft kein Doktor mehr	Zander, F.	Zander, F. / Bruhn, H.	Zander, F.	1989
Da kommt Jose, der Straßenmusikant	White, J.	Jay, F.	Valaitis, L.	1975
Da nahm er seine Gitarre	Carpendale, H.	Jay, F.	Carpendale, H.	1974
Dann nehm ich mein Lasso in die rechte Hand	Bruhn, Chr.	Blecher, C.U.	Hinnen, P.	1963
Da sprach der alte Häuptling	Scharfenberger, W.	Wehle, P.	Backus, G.	1961
Da sprach der Scheich zum Emir	Niessen, Ch.	Niessen, Ch.	Mo, B.	1966
Da steht ein Pferd auf´m Flur	Duin, A. v.	Büchner, K. / Gunzer, M.	Klaus & Klaus	1983
Dafür leb´ ich	DeRouge, C. /Mende, G.	Hammerschmidt, N.	Brink, B.	1983
Damals	Natschinski, G.		Wachholz, B.	1959
Dance Little Bird	Thomas, W. / Rendall, T.	Hoes, J.	Electronicas	1981
Dance Little Cat	Kraft, J. / Heeren, M.		Electronicas	1981
Danielle	Carpendale, H. / Horn-Bernges, J.	Thorsten, F.	Brink, B.	1977
Danke	Schneider, M. G.	Schneider, M. G.	B.Lucas Chor	1963
Danke, Berlin	Franchi, N.	Holder, I.	Heck, D.Th.	1984
Danke für die Blumen	Barron, A.	Blecher, C.U.	Malmkvist, S.	1961
Danke schön	Kaempfert, B.	Schwabach, K.	Kaempfert, B.	1963
Dankschön, daß d´ bei mir bist	Krönauer, H.	Leissle, W.	Zillertaler Jodler	1991
			Prock, E.	1990
Dann fiel die Tür zu	Lind, R.	Ström, P.	Silvester, E.	1967
... dann geh' doch	Carpendale, H. / Horn, J.	Jay, F.	Carpendale, H.	1978
Dann heirat doch dein Büro	Siegel, R.M.	Meinunger, B.	Ebstein, K.	1980
Dann ist der Wurm drin	Dohrenkamp/Haverkamp	Dohrenkamp/Haverkamp	Lippe, J.v.d.	1987
Dann kamst du	Munro, K. / Panas, M.	Dessca, Y./ Arnie, R.	Leandros, V.	1972
Darf ich um den nächsten Tango bitten	Rosen, W.	Schwabach, K.	div.	1930

Alphabetisches Titelverzeichnis

Titel	Komposition	Text	Interpret	Jahr
Darling, glaub´ mir das ist Liebe			Pascal, F.	1992
Darling, was ist los mit dir	Kaempfert, B.	Schwabach, K.	Lee, B.	1963
Das Alpenglüh´n			Wewel, G.	1992
Das alte Försterhaus	Stemmler, R.	Brandin, W.	Rodgers Duo	1954
			Hensch, F.	1960
Das alte Haus von Rocky Docky	Hamblen, S.	Feltz, K.	Low, B.	1955
Das alte Schiff	Adams, G.	Kunze, M.	Whittaker, R.	1976
Das bißchen Haushalt...	Mayer, H.	Bradtke, H.	Koczian, J. von	1977
Das Blumenmädchen von Napoli	Petersburg,W./Schade,H.	Gröters, J.	Rendezvous	1989
Das Echo vom Königsee	Bern, B.	Haselbach, S.	Ges. Fahrnberger	1956
Das Edelweiß vom Wendelstein	Strasser, H.	Ritter, K.	Ges.Fahrnberger	1957
Das Ende der Liebe	Barry, J. /Raleigh, B.	Hansen, Th.	Gildo, R.	1960
Das erste Mal im Leben	Batt, M.	Kunze, M.	Martin, A.	1984
Das erste Mal tat´s noch weh	Waggershausen	Waggershausen	Waggershausen	1990
Das Etikett	Mey, R.	Mey, R.	Mey, R.	1992
Das ewige Feuer	Mende,G./Rouge,C. de	Horn-Bernges, H.-J. / Holder, I.	Steiner, T.	1984
Das Fräulein Gerda	Wernicke, H.	Walter, E.	Metropol Vokal.	1938
Das ganze Haus ist schief	Gietz, H.	Feltz, K.	Alexander, P.	1958
Das geht doch keinen etwas an	Revaux, J. / Menicioli, B.	Loose, G.	Doucet, S.	1964
Das gibt´s doch nur in Dallas	Doll, E. / Ibing, T.	Ibing, T. / Doll, E.	Truck Stop	1982
Das gibt´s nur einmal	Heymann, W.R.	Gilbert, R.	Harvey, L.	1931
Das Girl mit dem La-la-la	Bonney, G./Mason, B.	Blum, H.	Bonney, G.	1966
Das Glück, des kann man net kaufen	Oberbrandacher, W.	Kreissl-Würth, H.	Oberbrandacher	1991
Das Glück fällt keinem in den Schoß	Götz, K.	Loose, G.	Sponheimer, M.	1969
Das Glück ist wie ein Schmetterling	Parton, D.	Arnie, R.	Mouskouri, N.	1977
Das Glück kommt unverhofft	Schätzel	Steffen	Brück, I.	1966
Das hab ich gleich gewußt	Gietz, Heinz	Feltz, Kurt	Valente, C.	1956
Das hab ich in Paris gelernt	Henning, H.-H.	Henning, H.-H.	Howland, Chr.	1957
Das hat die Welt noch nicht erlebt	Henning, H.H.	Mainzel, M.	Roos, M.	1969
Das hat die Welt noch nicht gesehen	Hirsch, H.	Jay, F.	Shayne, R.	1969
Das hat sich Tante Emma aus Italien mitgebracht	Gietz, H.	Bradtke, H.	Howland, Chr.	1962
Das Herz von Bonn	Lucas, B.	Herchenbach, R.	Lucas, B.	1978
Das Herz von Köln	Astroth, W.	Millowitsch, W.	Millowitsch, W.	1961
Das Humbta-Täterä	Hämmerle, T.	Hämmerle, T.	Neger, E.	1963
			Mo, B.	1964
Das ist alles längst vorbei	Gietz, H.	Feltz, K.	Alexander, P.	1958
Das ist Berlin	Leux, L. / Perl, M.	Balz, B. / Hannes, H.	Heyn-Quartett	1938
Das ist der Dank	Rosky, U.	Rosky, U.	Roski, U.	1976
Das ist der Frühling von Berlin	Kollo, Wa.	Kollo, Wi.	Christians, M. & Heidemann, P.	1924
Das ist die Frage aller Fragen	Spector, Ph.	Blecher, C.U.	Richard, C.	1964
Das ist die Liebe	Kálmán, E.	Jenbach, B. / Stein, L.	König, J.	1915
Das ist die Liebe der Matrosen	Heymann, W.R.	Gilbert, R.	Comedian Harmonists	1931

Alphabetisches Titelverzeichnis

Titel	Komposition	Text	Interpret	Jahr
Das ist nichts für kleine Mädchen	Jary, M.	Balz, B.	Franke, R.	1951
Das ist zu schön um wahr zu sein	Gietz, H.	Loose, G.	Norden, U.	1984
Das Jodeln kann man nicht lernen	Tipotsch, M.	Tipotsch, M.	Hertel, E.	1989
Das kann doch einen Seemann nicht erschüttern	Jary, M.	Balz, B.	Rühmann, H. & Brausewetter, H. & Sieber, J.	1939
Das kann morgen vorbei sein	Scharfenberger, W.	Pinelli, A. von	Brühl, H.	1961
Das kann nur die Liebe sein	Reinert, P/Lindenberg,J.K	Reinert,P/Lindenberg,J.K	Leonard	1992
Das kann sich alles noch ändern			Werner, I.	1961
Das kannst du also auch nicht	Faltermeier, H.	Dahmen, R.	Haller, Ha.	1978
Das kannst du mir nicht verbieten	Samwell, J / Slater, J.	Bradtke, H.	Spier, B.	1963
Das kannst du nicht ahnen	Berbuer, K.	Berbuer, K.	Neumann, F.	1938
Das Kartenspiel	Tyler, T.	Bjelke, E.	Low, B.	1974
Das Karussell	Jary, M.	Beckmann, H.F.	Heesters, J.	1943
Das kleine Wunder vom großen Glück	Scharfenberger, W.	Feltz, K.	Backus, G.	1962
Das kommt nie wieder	Savio, T.	Feltz, K.	Valente, C.	1981
Das kommt vom Rudern, das kommt vom Segeln	Nagel	Christ, H.	Lauch, P.	1964
Das könnte dir so passen	Hannes, M.	Gerke, W.	Ibo	1989
Das Kufsteiner Lied	Ganzer, K.	Ganzer, K.	div.	
Das Lächeln einer Sommernacht	Frankfurter, J.	Holder, I.	Paldauer	1991
Das Leben schreibt nicht auf Papier	Ederer, P	Gudera / Holder	Morell, M.	1975
Das Lied der Einsamkeit	trad.	Bradtke, H.	Lind, G.	1960
Das Lied der Liebe (ist eine süße Melodie)	Meisel, W.	Schwabach, K.	div. Schramm, M.	1929 1967
Das Lied der Schlümpfe	Kartner, P.	Dostal, F.	Vader Abraham	1978
Das Lied der schönen Helena	Gietz, K.	Feltz, K.	Sheer, I.	1979
Das Lied ist aus	Stolz, R.	Reisch,W./Robinson,A.L.	Wittrisch, M.	1930
Das Lied meiner Berge	Scheur, L.	Henning, K.	Albrecht, G.	1990
Das Lied vom Angeln	Kollo, W.	Rideamus	div. Backus, G.	1926 1962
Das Lied vom Glücklichsein	Marcus, J. / Schikora, U.	Spieker, O.	Marcus, J.	1982
Das Lied vom schwachen Stündchen	Götze, W.W.	Bars, R.	div. Hallstein, I.	1919 1983
Das Lied von der Krummen Lanke	Sieg, F.	Sieg, F.	Sieg, F.	1937
Das Lied von Manuel	Gietz, H.	Feltz, K.	Manuel & Pony	1979
Das machen nur die Beine von Dolores	Jary, M.	Balz, B.	Wendland, G.	1951
Das Mädchen aus Athen	Siegel, R.	Hertha, K.	Gott, K.	1978
Das Mädchen Carina	Arland, R.	Buschor, G.	Black, R.	1969
Das Mädchen mit dem traurigen Blick	Bruhn, Chr.	Buschor, G.	Sondock, M.	1964
Das Märchen von Rhodos	DeRouge, C.	DeRouge, C.	Steiner, T.	1983
Das muß ein Stück vom Himmel sein	Heymann, W.R.	Gilbert, R.	Hörbiger, P.	1931
Das muß Liebe sein	Gräser,A./Papendiek,Chr.	Gräser, A.	Laser, P.	1992
Das Nachtgespenst [Ich bin das Nachtgespenst]	Nelson, R.	Hollaender, F.	Gerron, K. Kowa, V. de	1929 1967

Alphabetisches Titelverzeichnis

Titel	Komposition	Text	Interpret	Jahr
Das Nachtgespenst	Winkler, G.	Siegel, R.M.	Igelhoff, P.	1938
Das nennt man Blues	Carpendale, H. / Horn-Bernges, H.-J.	Horn-Bernges, H.-J.	Carpendale, H.	1990
Das neue lange Kleid [Wenn die Elisabeth nicht so schöne Beine hätt]	Katscher, R.	Katscher, R. / Farkas, K.	Arno, S. Kuhn, P.	1930 1986
Das Rennsteiglied	Roth, H.	Roth, H.	H. Roth Duo	1975
Das schaffst du nicht	Hannes, M. / Gerke, W.	Hannes, M. / Gerke, W.	Ibo	1987
Das Schiff deiner Sehnsucht	Werner	Relin	Carol, R.	1960
Das Schiff der großen Illusionen	Anders, Chr.	Anders, Chr.	Anders, Chr.	1973
Das schöne Mädchen von Seite 1	Blum, H.	Blecher, C.U.	Carpendale, H.	1970
Das schönste Mädchen der Welt	Geissler, G.	Geissler, G.	Orloff, P.	1967
Das Schwabing-Lied	Meyer, F.	Grandenz, K.-H.	Hielscher, M.	1955
Das sind zwei linke Schuh'	Bruhn, Chr.	Bradtke, H.	Dassin, J.	1971
Das Sternenlied	Grothe, F.	Dehmel, W.	Grothe, F.	1955
Das süße Mädi	Tepper, S. / Bennett, R.	Feltz, K.	Alexander, P.	1955
Das Tor zum Garten der Träume	Orloff, P.	Orloff, P.	Clüver, B.	1974
Das tu ich alles aus Liebe	Gietz, H.	Feltz, K.	Alexander, P.	1957
Das Ungeheuer von Loch Ness	Krüger, U.	Seelenmeyer, J.-Chr.	Leinemann	1981
Das war eine schöne Party	Gainsbourg, S.	Blecher, C.U.	Gall, F.	1965
Das war in Schöneberg	Kollo, Wa.	Bernauer, R./Schanzer,R.	div.	1913
Das wär John nie passiert	Gabriel, G.	Gabriel, G.	Myhre, W.	1975
Das war mein schönster Tanz	Smith	Hertha, H.	Spier, B.	1965
Das war sein Milljöh	Kollo, W.	Kollo, W. / Pflanzer, H.	Waldoff, C.	1929
Das wird ein Frühling ohne Ende	Bochmann, W.	Balz, B.	Werner, I.	1941
Das wird ein heißer Sommer	Stein, W.E./Daum, N.	Feldmann, A.	Leonard	1992
Das wird ein heißer Sommer	Morawitz, B.	Morawitz, B.	Steiner, T.	1992
Das Wunder bist du	Baka, K.	Feltz, K.	Alexander, P.	1970
Das Würfelspiel	Steinhauer, H.	Kunze, M.	Werding, J.	1986
Das Zauberlied	Meyer-Helmund, E.	Erler, H.	div. Schock, R.	1911 1968
Dat du mien Levsten büst	trad.	trad.	Kay, F.	1985
Dat noch in 100 Johren	Hee, H.	Hee, H.	Mühlenhof-Musikanten	1991
Davon geht die Welt nicht unter	Jary, M.	Balz, B.	Leander, Z.	1942
... davon stirbt man nicht	Morelli	Heilburg, Chr.	Marcus, J.	1978
De Buersfru ut Freesenland	Kiesewetter, K.	Kiesewetter, K.	Kay, F.	1992
Deckel auf, Deckel zu	Faltermeyer, H.	Dahmen, R.	Haller, Ha.	1978
Dein blondes Haar	Paßmann-Engel/Jörling	Paßmann-Engel/Jörling	Moonbeats	1990
Dein Gesicht	Siegel, R.	Meinunger, B.	Drews, J.	1980
Dein Glück ist mein Glück	Müller, R.H.		Anna-Lena	1968
Dein Herz	Falkenberg	Falkenberg	Falkenberg	1989
Dein Herz, das muß aus Gold sein	Miller	Blecher, C.-U.	Anna-Lena	1967
Dein ist mein ganzes Herz	Lehár, F.	Löhner, F. / Herzer, L.	Tauber, R.	1929
Dein ist mein ganzes Herz	Lürig, H.	Kunze, H.R.	Kunze, H.R.	1985
Dein Lachen steckt an	Lost, U.	Eckhardt, C.D.	Gehlert, H.	1989
Dein Platz ist immer noch leer	Römer, E./Bruletti, F.	Horn-Bernges, H.-J.	Speck, K.	1991
Dein schönstes Geschenk	Twardy, W.	Lilibert	Black, R.	1969
Dein Zug fährt durch die Nacht	Jeffries, H.	Bader, E.	Beil, P.	1963
Deine Augen	Sigl, G.	Sigl, G.	Spider Murphy G	1985
Deine Flügel fangen Feuer	Krause,A/Horn-Bernges	Hon-Bergnes, H.-J.	Martin, A.	1990

Alphabetisches Titelverzeichnis

Titel	Komposition	Text	Interpret	Jahr
Deine Liebe [True Love]	Porter, C.	Glando	Assia, L.	1957
Deine Liebe tut mir weh	Luca, P. / Naitsabes, P.	Naitsabes, P.	Sebastian, P.	1990
Deine Liebe war so zärtlich	Hill-Greif, J. / Jost, B.	Hill-Greif, J.	Hill, J.	1991
Deine Spuren im Sand	Lancaster, N.	Jay, F.	Carpendale, H.	1975
Deine Tränen sind auch meine	Hausmann, W.	Jorge, J.	Heintje	1970
Deine Worte, Deine Träume	Rouge, C.de	Rouge, C.de	Martens, E.	1992
Deinen Namen, den hab ich vergessen	Storch, E.	Hoff, A.	Carol, R.	1954
Delilah	Reed, L / Mason, B.	Feltz, K.	Alexander, P.	1968
Denk an unsere Tiere	Oberbrandacher / Leissle	Oberbrandacher / Leissle	Viellechner, S.	1991
Denk der nix	Thöner, G.E.	Prock, E.	Prock, E.	1992
Denk doch auch mal an mich	Siegel, R.	Meinunger, B.	Alexander, P.	1980
Denk nicht an morgen, wenn du bei mir bist	Conde, A.	Lilibert	Eskens, M. & Francesco, S.	1977
Denke heute nicht an morgen	Schöll, P.	Relin, J.	Straßensänger	1957
Denn ich liebe die Welt	Moroder, G.	Kunze, M.	Door, D.	1972
Denn kein Engel tanzt Rock´n´Roll			David, D.	1976
... denn seit mehr als 1000 Jahren	Blaha	Richter	Phil & John	1974
Denn sie fahren hinaus auf das Meer	Scharfenberger, W.	Busch, F.	Brown, P.	1961
Der alte Lumpensammler	Storz, E. / Golgowski, K.	Storz, E. / Golgowski, K.	Eichner Duo	1959
Der alte Mann und das Meer	Frankfurter, J.	Jung, R.	Nicole	1981
Der alte Seemann kann nachts nicht schlafen	Fuhlisch, G.	Franz, E.A.	Malkowsky, L.	1951
Der alte Wolf	Blum, H.	Blum, H. / Knef, H.	Knef, H.	1974
Der Anlaß-Jodler	Fesl, F.	Fesl, F.	Fesl, F.	1978
Der Ast	Möbus, I.	Möbus, I.	Irena	1992
Der Babyspeck ist weg	Hertha, K.	Mayer, H.	Fisher, A.	1967
Der blaue Planet	Swillms, U.	Kaiser, N.	Karat	1981
Der Blitz schlug ein	Blum. H. / Beil, P.	Loose, G.	Beil, P.	1969
Der Brief	Anders, Chr.	Anders, Chr.	Anders, Chr.	1976
Der Clochard	Mende, G.	Dettmann, H.U.	Mathieu, M.	1982
Der Computer Nr. 3	Bruhn, Chr.	Buschor, G.	Gall, F.	1968
Der depperte Bua	Chmela, H.	Chmela, H.	Alpentrio Tirol	1986
Der dritte Mann [Harry Lime Theme]	Karas, A.	instr.	Karas, A.	1949
Der Dudelmoser	Siegel, R.	Meinunger, B.	Dschinghis Khan	1982
Der Duft von Paris	White, J.	White, J.	Severine	1972
Der Eiermann	Seelscheid, P.	Büchner, K.	Klaus & Klaus	1989
Der fröhliche Wanderer	Möller, F.W.	Siegesmund, F.	div.	1955
[Mein Vater war ein Wandersmann]			Heino	1979
Der ganz normale Wahnsinn	Flanger, Chr. / Clüver, B.	Clüver, B. / Flanger, Chr.	Clüver, B.	1991
Der ganze Kahn ist voller Heimweh			Medium Terzett	1961
Der Geburtstagsjodler	Sulzböck, T.	Rauch, F.	Hellwig, M.&M.	1967
Der Gnubbel	Krüger, M.	Krüger, M.	Krüger, M.	1981
Der goldene Reiter	Witt, J.	Witt, J.	Witt, J.	1981
Der große Zampano	Gietz, H.	Hertha, K.	Breck, F.	1975
Der Hafen-Casanova	Telke, M./Goetz, H.	Bradtke, H.	Torriani, V.	1962
Der Hamster	Kohnert, K.	Skaan, R.	Timmy	1979

Alphabetisches Titelverzeichnis

Titel	Komposition	Text	Interpret	Jahr
Der Herbst des Lebens	Willmann, M.	Leissle, W.	Norbert K.	1990
Der Himmel brennt	Hendrik, T.	Meinunger, B.	Petry, W.	1982
Der Himmel hielt den Atem an	Geiger, W.	Hauff, A.	Neudert, R.	1991
Der Himmel kann warten	Hendrik, T. / Krause, A.	Kunze, M.	Martin, A.	1984
Der Himmel schweigt	Simon, E./Grabowski, G.	Kunze, M.	Werding, J.	1990
Der Jäger aus Churpfalz	trad. / Abao, R.	trad. / Abao, R.	Abao, R.	1979
Der Jodelautomat	Fiedler, P.	Fiedler, P.	Zillertaler Schürz	1992
Der Junge mit der Mund- harmonika	Arbéx, F.	Orloff, P.	Clüver, B.	1973
Der Kaffee ist fertig	Cornelius, P.	Cornelius, P.	Cornelius, P.	1980
Der kleine Finkenhahn	Kollo, Wa.	Steidl, R. / Hardt, F.W.	div.	1909
Der kleine Liebesvogel	Jary, M.	Balz, B.	Serrano, R.	1938
Der kleine Mann von der Straße	Roski, U.	Roski, U.	Roski, U.	1974
Der kleine Postillon	Winkler, G.	Siegel, R.M.	Schuricke, R.	1939
Der kleine Prinz [Ein Engel, der Sehnsucht heißt]	Orloff, P.	Orloff, P.	Clüver, B.	1973
Der kleine Zettel	Richter, P.	Richter, P.	Richter, P.	1987
Der kluge Mr. Edison	Cardello, R.	Bradtke, H.	Baginsky, G.	1970
Der Kommissar	Jarczyk, H.	instr.	Orch. Joe Jerkins	1968
Der Kommissar	Ponger / Falco	Ponger / Falco	Falco	1982
Der Königsjodler	Jäger, E.	Buschor, G.	div.	1959
Der Königsjodler	Jäger, E.	Buschor, G.	Fesl, F.	1984
Der lachende Vagabund	Lowe, J.	Mösser, P.	Bertelmann, F.	1957
Der Legionär	Mösser, P. / Olias, L.	Mösser, P. / Olias, L.	Quinn, F.	1958
Der Lenz	Hildach, E.	Dahn, F.	div.	1894
Der letzte Cowboy	Bayer, T / Lassahn, B.	Lassahn, B.	Bayer, T.	1979
Der letzte Sirtaki	Siegel, R.	Loose, G.	Gildo, R.	1975
Der letzte Tanz	Anders, Chr.	Anders, Chr.	Anders, Chr.	1975
Der letzte Walzer	Reed, L. / Mason, B.	Feltz, K.	Alexander, P.	1968
Der Liebling von allen	Leandros, L.	Bradtke, H.	Vittorio	1963
Der Lieblingstrommler	Bummerl, F.	instr.	Mosch, E.	1970
Der Löwe schläft heut' Nacht	Weiss / Peretti / Creatore	Feltz, K.	Salvador, H.	1962
Der Macher	Silverstein/ Kristofferson	Lechtenbrink/Kiesewetter	Lechtenbrink, V.	1976
Der Mann am Klavier	Henning, H.-H.	Therningsohn, H.	Kuhn, P.	1954
Der Mann aus Rußland	Sulke, S.	Sulke, S.	Sulke, S.	1982
Der Mann, der vor dir war	Scheu, J.	Scheu, J. / Nebhut, E.	Höhne, W.	1948
Der Mann im Mond	Niessen, Ch.	Niessen, Ch.	Backus, G.	1961
Der Mensch in Dir	Frankfurter, J.	Holder, I.	Lindner, P.	1991
Der Mond hält seine Wacht	Jerez, P.	Feltz, K.	Alexander, P.	1956
			Hellberg Duo	1969
Der Mond von Wanne Eickel	Perrin, P.	Bader, E.	Hensch, F.	1962
Der Morgen danach	Anders, Chr.	Anders, Chr.	Steiner, T.	1984
Der Nächste bitte	Roski, U.	Roski, U.	Roski, U.	1978
Der nächste Sommer kommt bestimmt	Oberdörffer, M.	Moslener, H.G.	Tony	1977
Der neue Tag beginnt	Götz, K.	Falk, H.	Spier, B.	1966
Der Nippel	Krüger, M.	Krüger, M.	Krüger, M.	1980
Der Onkel Doktor hat gesagt, du darfst nicht küssen	Igelhoff, P.	Reiter, F. / Richter, K.S.	Igelhoff, P.	1938
Der Onkel Jonathan	Jary, M.	Kirsten, P.	Serrano, R.	1938

Alphabetisches Titelverzeichnis

Titel	Komposition	Text	Interpret	Jahr
Der Papa wird's schon richten	Siegel, R.	Meinunger, B.	Alexander, P.	1981
Der Pariser Tango	Bruhn, Chr.	Buschor, G.	Mathieu, M.	1971
Der Platz neben mir	Peeters, C.M.	Feltz, K.	Distel, S.	1964
Der Pleitegeier	Robles, D.A.	Oldörp, F.	Travellers	1971
Der Puppenspieler von Mexico	Carr, E.	Siegel, R.	Blanco, R.	1972
Der Regen von New York	Carpendale, H.	Holder, I.	Carpendale, H.	1985
[Shine on]	Horn-Bernges, H.-J.	Horn-Bernges, H.-J.		
Der Reigen	Straus, O.	Ducreux, L.	Wohlbrück, A.	1950
Der rote Reiter von Texas			Paulsen, R.	1960
Der Rum von Barbados	Frankfurter,J./Möring,J.	Regal, S. / Simone, H.	Baginsky, G.	1979
Der Salontiroler	Niessen, Ch.	Niessen, Ch.	Mo, B.	1964
Der Schatz im Silbersee	Arland, H.	Hertha, K.	Medium Terzett	1963
Der schönste Platz ist immer an	Steingass, T.	Steingass, T.	Steingass Terzett	1951
der Theke			Der flotte Franz	1960
Der Schuß ins Glück			Hill, J.	1976
Der Sheriff von Arkansas	Oldörp, F.	Lüth, T.	Valente, C.	1961
Der Sommer ging vorbei	Winkler, G.	Orling, H.G.	div.	1947
Der Sommer ist vorbei	Puschmann, R.	Gildo, R.	Gildo, R.	1973
Der Sommerwind	Mayer, H.	Bradtke, H.	Wunderlich, K.	1965
Der Sonntagsjäger [Horrido]	Bern, B.	Haselbach, S.	Rauch, F.	1953
Der Spieler	Reichel, A.	Fauser, J.	Reichel, A.	1983
Der Stern von Mykonos	Bruhn, Chr.	Buschor, G.	Ebstein, K.	1973
Der Student von Paris	Gedarro, C.	Feltz, K.	Durand, A.	1954
Der Tag der kleinen Helden	Bohlen, D.	Horn-Bernges, H.-J.	Alexander, P.	1992
Der Tag kommt für uns zwei	Heider, J.	Marcard, R.	David, D.	1976
Der Teufel hat den Schnaps gemacht	Jürgens, U.	Kunze, M.	Jürgens, U.	1973
Der Teufel und der junge Mann	Heck, R.	Kunze, M.	Paola	1980
Der Theodor im Fußballtor	Bochmann, W.	Feltz, K.	Lingen, Th.	1948
			OMTJ	1973
Der Tingler sing für euch alle	White, J.	Jay, F.	Marcus, J.	1976
Der Tramp	Eckardt, C.D.	Reichling, B.	Truck Stop	1978
Der treue Husar	Frantzen, H.	Frantzen, H.	div.	1922
Der Überzieher	Reutter, O.	Reutter, O.	Reutter, O.	1924
			Alexander, P.	1962
			Frankenfeld, P.	1977
Der Ur-Ur-Enkel von Frankenstein	Zander, F.	Zander, F.	Zander, F.	1975
Der Vagabund und das Kind	Shanklin	Bradtke, H.	Constantine, E.	1957
Der verliebte Auerhahn	Kötscher, E.	Erissen, H.	Naumann, H.J.	1961
Der Wein von Samos	Cordalis, C.	Hofer, W.	Cordalis, C.	1979
Der weiße Flieder	Gietz, H.	Feltz, K.	Breck, F.	1976
Der weiße Mond von Maratonga	Scharfenberger, W.	Busch, F.	Lolita	1957
Der wilde, wilde Westen	Bach, R.	Doll, E.	Truck Stop	1980
Der Wildschütz Jennerwein	trad.	trad.	Hot Dogs	1970
Der Wind hat mir ein Lied erzählt	Brühne, L.	Balz, B.	Leander, Z.	1937
Der Wind treibt mich weiter	Kiesewetter, K.	Kiesewetter, K.	Kay, F.	1977
Der Wind und die Wolken wandern	Mattes, W.	Beckmann, H.F.	Schramm, M.	1970
			Köth, E.	1972
Der Würger vom Finanzamt	Kuhnt, G. / Frahm, K.	Berkowski, R.	Hallervorden, D.	1982
Der Zar und das Mädchen	Bruhn, Chr.	Buschor, G.	Mathieu, M.	1975

Alphabetisches Titelverzeichnis

Titel	Komposition	Text	Interpret	Jahr
Der zensierte Song [Oh Susi]	Zander, F.	Zander, F ./ Marcard, R.	Zander, F.	1976
Der Ziegenbock	Eilemann, G.	Wüst	Eilemann, G.	1972
Des geht vorbei	Steinhauer, H.	Frey, H.	Nicki	1992
Des Glück, des kann man net kaufen	Oberbrandacher, W.	Fischer-Thurn, A.	Oberbrandacher	1992
Des Himmels schönste Kinder	Pleickner, K.	Leissle, W.	Torriani, V.	1991
Des is a Wahnsinn (Wenn i tanz mit dir	Frankfurter, J.	Holder, I.	Lindner, P.	1990
Des mog i	Ruletti, F / Römer, E.	Andergast, A.	Sükar, M.	1992
Des Pudels Kern	Rosky, U.	Rosky, U.	Rosky, U.	1975
Deutsche Grammatik	Neumann, U. & U.	Neumann, U. & U.	Neumann, U&U	1974
Deutschland vor, noch ein Tor	Hechenberger		Müller, R.	1974
Diana	Anka, P.	Ströhm, P.	Anka, P.	1958
			Froboess, C.	1958
Dich hat der Himmel geschickt	Edelmann, R.	Schobert	Morgan, Ma.	1972
Dich erkenn ich mit verbund´nen Augen	Götz, K.	Hertha, K.	Illic, B.	1968
Dich werd ich nie vergessen	Gietz, H.	Feltz, K.	Valente, C.	1957
Dich zu lieben	Heider, J.	Hammerschmidt, N.	Kaiser, R.	1981
Dicke	Bause, A.	Gentzmer, A.	Hahnemann, H.	1983
Die Antwort weiß ganz allein der Wind	Dylan, B.	Bradtke, H.	Dietrich, M.	1964
Die Arbeit läuft uns nicht davon	Leykauf, W.	Gstettner, G.	Patrizius	1985
Die Babies krieg immer noch ich	Gabriel, G.	Gabriel, G.	Best, E.	1976
Die Bar von Jonny Miller	Gaze, H.	Gaze, H. / Balz, B.	Torriani, V.	1955
			Orch. A. Lutter	1955
Die berühmten drei Worte	Schulz, H.	Feltz, K.	Borg, A.	1982
Die besten Männer sind meistens schon vergeben	Ederer, P.	Holder, I. / Gudera, G.	Morell, M.	1976
Die Bim Bam Bim Bam Bina	Gietz, H. / Parsons	Turner	Valente, C.	1956
Die Blumen der Nacht	Cordalis, C.	Kunze, M.	Cordalis, C.	1976
Die Bouzouki klang durch die Sommernacht	Arnie, R. / Munro, K. / Panas, M.	Arnie, R. / Munro, K. / Panas, M.	Leandros, V.	1973
Die Brotzeitpolka	Sulzböck, T.	Rauch, F.	div.	1961
			Hot Dogs	1972
Die Cowboys von der Silver Ranch	Wilden/Ströhm/Berlipp	Wilden/Ströhm/Berlipp	Durand, A.	1960
Die erste Liebe	Kreisel-Würth, H.	Kreisel-Würth, H.	Krönauer, H.	1991
Die ersten Tränen trocknen nie	Frankfurter, J.	Holder, I.	Berger, O.	1991
Die Farbe der Liebe	Robbins, M.	Siegel, R.	Kuhn, P.	1958
Die Firma	Chinn, N. / Chapman, M.	Nowy, R.	Alexander, P.	1978
Die Fischer von San Juan	Shultzieg, T.	Feltz, K.	Borg, A.	1982
			Steiner, T.	1983
Die Frau, die dich liebt	Gibb, B. / Gibb, R.	Kunze, M.	Haenning, G.	1980
Die Frau im Schatten	Dörr, P.	Dörr, P.	Severine	1988
Die Frau mit dem einsamen Herzen	Laine, P.	Feltz, K.	Distel, S.	1965
Die ganze Welt dreht sich um dich	Schröder, F.	Beckmann, H.F.	div	1941
Die ganze Welt ist himmelblau	Stolz, R.	Gilbert, R.	div	1930
Die Gefühle sind frei	Heider, J.	Hammerschmidt, N.	Kaiser, R.	1983

Alphabetisches Titelverzeichnis

Titel	Komposition	Text	Interpret	Jahr
Die gelben Engel vom ADAC	Gabriel, G.	Gabriel, G.	Gabriel, G.	1989
Die Gitarre und das Meer	Olias, L.	Pinelli, A. von	Quinn, F.	1959
Die Gipsy-Band (Polly-Dolly-Du)	Gaze, H.	Feltz, K.	Johns, B.	1955
Die Girls von Mexico	Wittstatt, H.	instr.	div.	1961
Die Glocken von Rom	Siegel, R.	Meinunger, B.	Schäfer, H.	1985
Die goldene Zeit	Bruhn, Chr.	Buschor, G.	Deutscher, D. & Manuela	1966
Die große Nummer wird gemacht	Mühlbauer, H.	Hertha, K.	Bendix, R.	1962
Die Hälfte seines Lebens	Bruhn, Chr.	Buschor, G.	Ebstein, K.	1975
Die Heimat darfst du nie vergessen	Geiger, W.	Hofer, W.	Gabriel, Ge	1991
Die heiße Schlacht am kalten Buffet	Mey, R.	Mey, R.	Mey, R.	1971
Die Hesse komme	Rodgau Monotones	Rodgau Monotones	Rodgau Monot.	1984
Die Hochzeitsmelodie	Sherman, D & B.	Bradtke, H.	Brühl, H.	1985
Die Holzauktion [Im Grunewald ist Holzauktion]	Teich, O.	Teich, O.	div.	1891
			Froboess, C.	1963
Die hübschen Girls aus Germany	Goetz, K.	Hellmer, F.	Fats & his Cats	1965
Die Insel Niemandsland	Orloff, P.	Orloff, P.	Orloff, P.	1964
Die Insel Nirgendwo	Bécaud, G.	Kunze, M.	Bécaud, G.	1978
Die Juliska aus Budapest	Raymond, F.	Schwenn, G.	div.	1937
Die jungen Jahre	Reynolds / Nance	Bradtke, H.	James Brothers	1959
Die Kinder vom Montparnasse	Bruhn, Chr.	Buschor, G.	Mathieu, M.	1971
Die Kirschen in Nachbars Garten	Hollaender, V.	Freund, J.	div.	1902
Die kleine Bank am "Großen Stern"	Kollo, Wa.	Brennecke, H.	div.	1935
			Froboess, C.	1963
Die kleine Bar dort am Boulevard	Kálmán, E.		div.	1921
Die kleine Bergkirche[Ave Maria]	Geiger, W.	Wolf, K.	Bauer, U.	1987
Die kleine Bimmelbahn	Storz, E.	Storz, E.	Storz, E.	1954
Die kleine Fischerhütte von Lugano	Brandner, E.	Bree, E.	Wendland, G.	1949
			Reimann, K.	1949
Die kleine Kneipe	Kartner, P.	Kunze, M.	Alexander, P.	1976
Die kleine Stadt will schlafen geh'n	Bochmann, W.	Bergner, M.	Strienz, W.	1938
Die kleinen Dinge des Lebens	Frankfurter, J.	Holder, I.	Lindner, P.	1990
Die kleinen Mäderln im Trikot	Kálmán, E.	Brammer,J./Grünwald,A.	div.	1926
Die kleinen Rädchen im Getriebe	Mainzel / Henning	Mainzel / Henning	Tonia	
Die Kloane aus der letzten Bank	Frankfurter, J.	Holder, I.	Lindner, P.	1991
Die kloane Tür zum Paradies	Frankfurter, J.	Holder, I.	Lindner, P.	1989
Die Kneipe	Remy, U.	Remy, U.	Remy, U.	1974
Die Legende von Babylon	Farian, F. / Reyam, G.	McNaughton / Dowe, B.	Low, B.	1978
Die Legende von den 12 Räubern	trad.	trad.	Rebroff, I.	1967
Die letzte Rose der Prärie	Halletz, E.	Bartels	Lauer, M.	1962
Die Liebe bleibt[As Time goes by]	Hupfeld, H.	Virch, E.	Lage, K.	1988
Die Liebe ist ein seltsames Spiel	Greenfield, H.	Siegel, R.	Francis, C.	1960
			Malmkvist, S.	1960
Die Liebe ist Schuld daran	Otten, H.	Ebeler, G.	div.	1973
Die Liebe ist vergänglich	Hoffmann, W.	Schwabach, K.	Millowitsch, W.	1961
Die Liebe kennt nur der, der sie verloren hat	Bruhn, Chr.	Behrle, G.	Mathieu, M.	1977
Die Liebe kommt am Abend	Götz, K.	Hertha, K.	Illic, B.	1969

Alphabetisches Titelverzeichnis

Titel	Komposition	Text	Interpret	Jahr
Die Liebe überlebt	Schairer,A./Tillmann,G. Herrmann, P. B.	Schenker, L.	Leonard	1991
Die liebste Jodlerin der Welt	Hertha, K.	Bauer, R.	Egli, E.	1991
Die Lustige Witwe	Lehár, F.	instr.	div.	1905
Die Mädchen am Strand	Flanger, Chr. / Clüver, B.	Clüver, B.	Clüver, B.	1992
Die Mädis von Chantant	Kálmán, E.	Jenbach, B.	div.	1915
Die Männer in den Jahren	Eckert, H.	Möbus, I. / Valentin, E.	Irena	1989
Die Männer mit den grauen Schläfen	Menke, J.	Renard, S.	Gualdi, N.	1956
Die Männer sind alle Verbrecher	Kollo, Wa.	Bernauer,R./Schanzer,R.	div. Mira, B.	1913 1961
Die Männer sind schon die Liebe wert	Steimel, A.	Siegel, R.M.	div. Werner, I.	1941 1976
Die Maschen der Mädchen	Mühlbauer, H.	Buschor, G.	Roberts, Chr.	1968
Die Maschen der Männer	Mayer, H.	Buschor, G.	March, P.	1970
Die Matrosen der Santa Isabella			Berg, J.-M.	1956
Die Mühle im Schwarzwald	Eilenberg, R.	instr.	div.	1890
Die Musi, Musi, Musi	Siegel, R.M.	Siegel, R.M.	Lohse, M./Siegel	1940
Die Musik kommt	Straus, O.	Liliencron, D.	div.	1901
Die Mutter ist immer dabei	Jogert, W.	Schwabach, K.	Howland, Chr.	1960
Die Nacht als Christina fortlief	Chinn, N. / Chapman, M.	Orloff, P.	Orloff, P.	1977
Der Nacht der 1000 Sonnen	Frankfurter, J.	Holder, I.	Paldauer	1991
Die Nacht, die Musik und dein Mund	Igelhoff, P.	Beckmann, H.F.	Igelhoff, P. Hausser, M.	1938 1965
Die Nacht, in der ich mich verlor	Daum, N.	Schülrt,W./Meinunger,B.	Myhre, N.	1981
Die Nacht ist mein	Davis, B./Murry, T.	Nicolas	Francis, C.	1963
Die Nacht ist nicht allein zum Schlafen da	Mackeben, Th.	Hesse, O.E.	Gründgens, G. Bertelmann, F.	1938 1969
Die nächste Liebe kommt bestimmt	White, J.	Jay, F.	Berg, T.	1972
Die Pälzernaas	Schaaf, W.	Schaaf, W.	Dehn, K.	1970
Die Perle auf dem Meeresgrund	Gedaro, C.	Hoff, A.	Hula Hawaiian Q	1955
Die Polizei	Leis-Bendorf,J./Hudel,L.	Hudel, L. / Quirl, Q.	Willem	1978
Die Polizei, die regelt den Verkehr	Amberg, Ch.	Amberg, Ch.	div. Igelhoff, P.	1925 1965
Die Reifeprüfung	Schobert / Schulz	Schobert / Eikelberg	Schobert&Black	1975
Die Rose von Mexico	Bruhn, Chr.	Bruhn, Chr.	Hinnen, P.	1964
Die Rosen der Madonna	Bianca	Mareike, S.	Bianca	1989
Die rote Sonne von Barbados	Rupprich, K.H./Busse, U.	Rupprich, K.H. / Busse, U.	Flippers	1986
Die Sanduhr des Lebens	Schmidt, B.	Schenk, H.	Werner, I.	1986
Die schöne Adrienne hat eine Hochantenne	Leopoldi, H.	Leopoldi, H.	div.	1925
Die schwarze Barbara	Kummer, W. / Mahr, S. / Jung, E. / Schatz, G.	Kummer, W. / Mahr, S. Jung, E. / Schatz, G.	Heino	1975
Die Sennerin vom Königsee	Herter, U.	Gaiser, J.	Kiz	1982
Die Sennerin vom Wendelstein	Jaspers, C.	Langhals, D.	Maerz, M.	1992
Die Sommermelodie	Scharfenberger, W.	Feltz, K.	Cindy & Bert	1974
Die Sonne des Südens	Martinetti, N.	Meinunger, B.	Martinetti, N.	1987
Die Sonne geht auf	trad.	trad.	Breck, F.	1974
Die Sonne geht auf	Breitung, A.	Moray, D.	Varell, I.	1985

Alphabetisches Titelverzeichnis

Titel	Komposition	Text	Interpret	Jahr
Die Sonne scheint für mich nicht mehr	Power, P.	Jonas, U.	Stein, M.	1984
Die Sonne schien um Mitternacht	trad.	Hauff, A.	Hauff, A.	1985
Die Sonne und du	Jürgens, U.	Kunze, M.	Jürgens, U.	1983
Die Sonne von Mexiko	Hein, R.	Hein, R.	Heino	1968
Die Sonne von St. Helena	Grabowski, G / Stein, E.	Lindner, K. / Kastning, S.	Anderson, G.G.	1986
Die Sterne am Himmel droben	Kirchdörfer-Weindorf, G.	Vonficht, B. / Muschler, F.	Warda, A.	1991
Die Sterne lügen nicht	Siegel, R.	Meinunger, B.	Marcus, J.	1983
Die Sterne steh'n gut	Gietz, H.	Feltz, K.	Breck, F.	1977
Die Sterne von Athen	Bauer, R.	Hauff, A.	Hauff, A.	1985
Die Sterne von Syrakus	Hadjidakis, M.	Bradtke, H.	Assia, L.	1962
Die Stunde der Wahrheit	Orloff, P.	Orloff, P.	Graf, E.	1977
Die Stunde der Wahrheit	Wilke	Fabri	Bella Vista	1991
Die Süße aus dem Sauerland	Bruhn, Chr.	Korn, H.	Andy & Bernd	1990
Die süßen Trauben hängen hoch	Cordalis, C.	Frankfurter, J.	Cordalis, C.	1977
Die süßesten Früchte	Mascheroni / Hoffmann	Feltz, K.	Alexander, P.	1962
Die total verrückte Zeit	Mayer, H.	Buschor, G.	Mae, M.	1975
Die Tür ist auf	Heck, R. / Köthe, G.	Rottschalk/Horn-Bernges	Emmerlich, G.	1991
Die Uhr am Bahnhof Zoo	Jack, A.	Orling, H.G.	Die 3 Travellers	1951
Die Uhr geht vor, du kannst noch bleiben	White, J.	Hertha, K.	Marcus, J.	1976
Die versunkene Stadt	Schairer, A. & E.	Schairer, A. & E.	Adam & Eve	1978
			FernandoExpress	1990
Die Vöglein im Prater	Winkler, G.	Siegel, R.M.	Hain, M.	1942
Die wahren Abenteuer sind im Kopf	Hoffmann, I.	Heller, A.	Heller, A.	1976
Die Wege der Liebe sind wunderbar	Wittstatt, H.	Schwenn, G.	Malmkvist, S.	1961
Die weißen Sterne der Berge	Leykauf,W./Gstettner,G.	Leykauf,W./Gstettner,G.	Torriani, V.	1991
Die weißen Tauben sind müde	Busse, J.-Chr.	Busse, J.-Chr.	Hartz, H.	1982
Die Welt war nie so schön für mich	Young, V.	Feltz, K.	Wendland, G.	1958
Die Welt ist voller Liebe	Smith, D. / Juihn, J.	Hertha, K.	Illic, B.	1967
Die wilde Jagd			Wewel, G.	1992
Die Wüste lebt	Schilling, P.	Schilling, P.	Schilling, P.	1982
Die Zeiger der Uhr	Dobschinski, W.	Bradtke, H.	Eskens, M.	1966
Die Zeit der Zärtlichkeit	Wilke, G.	Fabri, Chr.	Lolita	1992
Diebe kommen am Abend	Schairer, A. & E.	Bradtke, H.	Baginsky, G.	1977
Diese Nacht kennt kein Tabu	Haller, H.	Mürmann, W.	Werner, M.	1980
Diese Scheibe ist ein Hit	Dall, K.	Dall, K.	Insterburg & Co.	1975
Diese unheimlich männlichen Männer	Rosky, U.	Rosky, U.	Joana	1973
Diese Welt	Zimmermann, D.	Jay, F.	Ebstein, K.	1971
Diese Welt ist unsere Welt	Hee, H.	Hee, H.	Mühlenhof Mus.	1992
Dieselben Sterne leuchten	Bohlen, D.	Holiday, T.	Holiday, T.	1983
Dieser Mann ist ein Mann	Heider, J.	Heilburg, Chr.	Ebstein, K.	1978
Dieser Sänger braucht nur ein Chanson	Lemessle,C./Dassin,J.	Bradtke, H.	Dassin, J.	1972
Dieser Tag hat so vieles verändert	Heider, J.	Relin, J.	Drews, J.	1972
Dieses ist mein Land	Heider, J.	Heilburg, Chr.	Mae, M.	1978
Diesmal muß es Liebe sein	Maluck, R.	Schwabach, K.	Griffel, G.	1953

Alphabetisches Titelverzeichnis

Titel	Komposition	Text	Interpret	Jahr
Ding Dong	EAV	Spitzer, Th.	EAV	1990
Dingeling	Berry, Ch.	Heilburg, Chr.	Brandenburg, N.	1972
Dip-di-dip	Maresca, E. / Zerato, I.	Buschor, G.	Dorthe	1965
Dir bleibt so viel erspart	Siegel, R.	Hammerschmidt, N.	Thoss, R.	1992
Disco Lady	Monn, A. / Lear, A.	Holiday, T.	Holiday, T.	1978
Disco-Polka	Zander, F.	Zander, F.	Zander, F.	1975
Do You Speak Englisch	Siegel, R.	Hertha, K.	Roberts, Chr.	1976
Dob's Boogie	Dobschinski, W.	instr.	Orch. W. Müller	1947
Dob's Dixie	Dobschinski, W.	instr.	Orch. W. Müller	1952
Doch dann kam Johnny	Olden, B.	Relin, J.	Jackson, W.	1966
Doch dann kamst du	Roloff, W.	Hee, H.	Ronny	1968
Doch des Herzklopfen ... des verdank i dir	Rebensburg, T. / Moll, G.	Jung, R.	Wiedl, A.	1992
Doch die Sehnsucht bleibt	Gross, A.	Gross, A.	Kastelruther Sp.	1989
Doch Tränen wirst du niemals sehen	Steinhauer, H.	Frey, H.	Angelo, N. de	1987
Doch weinen muß jeder allein	Bruletti,F./Ricanek,Ch.	Meinunger, B.	Leonard	1991
Dollarwalzer	Fall, L.	Grünbaum,F./Willner,A.	div.	1907
Domingo Santo Domingo	Schönleitner	Ströhm, P.	Hula Hawaiian Q	1956
Dompfaff	Mosch, E.	instr.	Mosch, E.	1968
Don Pedro [Ein Küßchen in Ehren]	Cordalis, C.	Fray, B.	Cordalis, C.	1977
Donaudampfschiffahrtsgesellschaftskapitän	Loub, Ch.	Meder, E.	Igelhoff, P.	1936
Dondolo	Kaylan, H. / Volman, M.	Holm, M.	Gildo, R.	1969
Donnerwetter - tadellos!	Lincke, P.	Freund, J.	div.	1908
Dorfmusikanten	Kötscher, E.	instr.	Glahé, W.	1939
Downtown	Hatch, T.	Blecher, C.-U.	Clark, P.	1965
Dream Story	Bachmann, E.	instr.	Orch. Bachmann	1989
Dreaming	Müller, R.		Müller, R.	1978
Dreh dich nicht mehr um	Bause, A.		Albert, P.	1974
Dreh dich weiter Ballerina	Brendel, G.	Leissle, W.	Anne-Karin	1973
Drei Chinesen mit dem Kontrabaß	trad.	trad.	Medium Terzett	1968
Drei Finger auf's Herz	Zwatz, H.	Zwatz, H.	Nockalm Quint.	1988
Drei Jahre lang	Steinhauer, H.	Kunze, M.	Werding, J.	1984
Drei kleine Geschichten	Jary, M.	Orling, H.P.	Künneke, Ev.	1947
Drei Münzen im Brunnen	Styne, J.	Beckmann, H.-F.	Winters, L.	1956
Drei Musketiere	Benatzky,R./Riesenfeld	Schanzer, R./Welisch, E.	Commedian Harmonists	1929
Drei Musketiere	Bruhn, Chr.	Buschor, G.	Froboess, C.	1963
Drei Schritte vor und zwei zurück	Bécaud, G.	Zimber, G.	Pascal, P.	1972
Drei Sterne sah ich scheinen	Mackeben, Th.	Brennert, H.	Leander, Z.	1938
Drei Tage war der Papa krank	Werner, H. / Hellmer, H.	Burgner, J.	Stimmungssext.	1963
Drei weiße Birken	Lemberg, P.	Kaegbein, P.	Hellberg Duo	1960
			Rosner Duo	1961
			Marianne&Mich.	1982
Dreh dich noch einmal um	Gaze, H.	Balz, B.	Schuricke, R.	1952
Dreh dich weiter, Ballerina	Brendel, G.	Leissle, W.	Anne-Karin	1973
Drina Marsch	trad. /Binicki, St.		Urosevic Ens.	1963
Drüben in der Heimat	Künneke, Eduard	Bertuch,M/Schwabach,K	div.	1932
Dschingis Khan	Siegel, R.	Meinunger, B.	Dschingis Khan	1979

Alphabetisches Titelverzeichnis

Titel	Komposition	Text	Interpret	Jahr
Du	Orloff, P.	Kunze, M.	Maffay, P.	1970
Du alter Räuber	Eilemann, G.	Urban, P.	Eilemann, G.	1958
Du bes zu schön	Bläck Fööss	Bläck Fööss	Bläck Fööss	1987
Du bist alles	Deutscher, D.	Deutscher,D/Meinunger,B	Martin, A.	1987
Du bist anders	Bruhn, Chr.	Kunze, M.	Maffay, P.	1970
Du bist das Salz in meiner Suppe	Jost, B.	Jost, B.	Feller, L.	1990
Du bist das süßeste Mädel der Welt	Heymann, W.R.	Liebmann,R./Neubach,E.	Fritsch, W.	1930
Du bist der Wind	Hocke, V.	Hocke, V.	Godewind	1991
Du bist die Rose vom Wörthersee	Lang, H.	Meder, E.	Maerz, M.	1990
Du bist ein Stern für mich	Schade, H./Petersburg;W.	Schade,H./Petersburg,W.	Rendezvous	1988
Du bist einmalig	Haller, H.	Meinunger, B.	Haller, H.	1992
Du bist frei	Anders, Chr.	Anders, Chr.	Anders, Chr.	1982
Du bist für mich all mein Leben	Müller-Franz, B.	Heckscher, C.D.	Heck, D. Th.	1982
Du bist für mich der größte Schatz	Orloff, P. / Bruhn, Chr.	Orloff, P. / Bruhn, Chr.	Severine	1976
Du bist genau was i will	Paul, B.	Volkmann, P.	Relax	1985
Du bist gut	Ballard, C.	Mürmann, W.	Leandros, V.	1981
Du bist in meiner Macht	Steinhauer, H.	Frey, H.	Nicki	1992
Du bist keine Mona Lisa	Busch, D.	Busch, D.	Busch, D.	1988
Du bist mei Herzimaus	Temmel, M. /Jaklitsch, F.	Temmel, M. / Jaklitsch, F.	Zillertaler Jodler	1992
Du bist mein erster Gedanke	Roig, G.	Siegel, R.M.	Telkamp, M.	1956
			Richard, C.	1966
			Iglesias, J.	1982
Du bist mein Problem	Bowling, R.	Mürmann, W.	Lavi, D.	1978
Du bist mein Zuhaus´	Mühren / Lego / Möring	Mühren / Lego / Möring	The Cats	1972
Du bist meine große Leidenschaft	Kirchstein, H.M.	Siegel, R.M.	Helgar, E.	1934
Du bist meine Liebe	Last, J.	Bader, E.	Kern, R.	1965
Du bist meine Sonne	Lehár, F.	Knepler, P. / Löhner, F.	Tauber, R.	1934
Du bist mir lieber als die anderen	Gietz, H.	Feltz, K.	Eskens, M.	1959
Du bist nicht allein	Arland, R.	Hertha, K.	Black, R.	1965
Du bist nicht die Erste	Jurmann, W.	Bernauer, R. Oesterreicher, R.	Commedian Harmonists	1931
Du bist nicht frei	Möring,J./Frankfurter,J.	Möring,J./Frankfurter,J.	Peters, I.	1979
Du bist sechzehn	Sherman, R & R	Weigel	Benny	1974
Du bist so a lieber Kerl	Kreissl-Würth, H.	Kreissl-Würth, H.	Zillertaler	1992
Du bist so wie die Liebe	Adamo, S.	Hertha, K.	Adamo	1969
Du bist wieder da	Adamo, S.	Erek, R.	Adamo, S.	1981
Du braune Sirene der Südsee	Storch, E.		div.	1958
Du da im Radio	Zuckowski, R.	Zuckowski, R.	Rolf & seine Freunde	1981
Du darfst mich lieben für drei tolle Tage	Hammer, M.	Lonsdorfer, H.-L.	div.	1949
Du darfst mir nie mehr rote Rosen schenken	Jary, M.	Balz, B.	Leander, Z.	1940
Du darfst nicht weinen	Mayer, H.	Buschor, G.	Kirsti	1968
Du, die verkaufen die Army	Soja, R. / Dostal, F.	Soja, R. / Dostal, F.	Waterloo & Robinson	1980
Du, die Wanne ist voll	Farrar, J.	Dostal, F.	Feddersen, H. & Hallervorden, D.	1978
Du, du, du	Molina, O. / Wolf, P. Schönherz, R.	Heller, A. / Windisch, G.	Molina, O.	1976

Alphabetisches Titelverzeichnis

Titel	Komposition	Text	Interpret	Jahr
Du, du, du, laß mein kleines Herz in Ruh	Olias, L.	Rothenburg, W.	Kellner, L.	1954
Du, du, du, schließ deine Augen zu	Stolz, R.	Hardt-Warden, B. Robinson, A.L.	div.	1932
Du, du gehst vorbei	Finneran, V.C.	Relin, J.	Suzie	1964
Du, du liegst mir am Herzen	trad.	trad.	Trio Kolenka	1961
Du entschuldige - i kenn di	Cornelius, P.	Cornelius, P.	Cornelius, P.	1981
Du, entschuldige - ich kenn dich	Cornelius, P.	Cornelius, P.	Brink, B.	1991
Du fängst den Wind niemals ein	Carpendale, H.	Jay, F.	Carpendale, H.	1974
Du gefällst mir sehr	Daansen, J.	Meinunger, B.	Sheer, I.	1991
Du gehörst zu ihm	Power, P./Jonas, U.	Power,P/ Jonas,U/ Mekro	Stein, M.	1985
Du gehörst zu mir	Anders, Chr.	Anders, Chr.	Anders, Chr.	1970
Du gehst durch all meine Träume	Kreuder, P.	Beckmann, H.F.	Waldmüller, L.	1940
Du gehst fort	Barriere, A.	Hachfeld, E.	Adam & Eve Maerz,M. & Anthony Sheer, I & Brink, B.	1975 1975 1992
Du gehst mir unter die Haut	Wilke, G. / Naitsabes, P. Gerritzen, C.	Wilke, G. / Naitsabes, P. Gerritzen, C.	Parker, A.	1992
Du gibst mir mehr	Vangelis, P.	Kunze, M.	Milva	1986
Du hast es gut	Vangelis, P.	Woitkewitsch, Th.	Milva	1981
Du hast Glück bei den Frau'n [Bel ami]	Mackeben, Th.	Beckmann, H.F.	Waldmüller, L.	1939
Du hast ja Tränen in den Augen	Glenn, A.	Bradtke, H.	Sauer, W. Solo, B.	1954 1966
Du hast mei Herz in der Hand	Weber, F. / Klarmann, I.	Klier, D. / Röhrken, K.	Relax	1986
Du hast mich angemacht	Wilke, G.	Fabry, Chr. / Naitsabes, P.	Pascal, F.	1992
Du hast mir grade noch gefehlt	Piek, J. / Schulz, P.	Schulz, P. / Richter, P.	Purple Schulz	1990
Du hast mir heimlich die Liebe in's Haus gebracht	Heymann, W.R.	Gilbert, R.	Harvey L. & Fritsch, W.	1931
Du hast Mut	Silvester, E.	Fabri, Chr. / van Tell, F.	Malmkvist, S.	1992
Du hast ne Ladung Dynamit	Steinebach, J. / Deter, I.	Zanki, E. / Steinebach, J.	Deter, I	1986
Du hast noch nie das Meer gesehn [Fang zu leben an]	Frankfurter, J.	Holder, I.	Robinson, D.	1992
Du hast so wunderschöne blaue Augen	Berking, W.	Woezel, H.	Woezel, H.	1952
Du hast Tränen im Gesicht	Leandros, L.	Munro, K. / Mürmann, W.	Quinn, F.	1980
Du hast zu allem das passende Lächeln	Wilke, G.	Fabry, Chr.	Norden, U.	1992
Du hattest keine Tränen mehr	Maffay, P.	Lechtenbrink, V.	Maffay, P.	1979
Du - ich brauch was, und das bist du	Andrews, Chr.	Henning, H.H.	Ramona	1970
Du, ich hab mein Herz verloren	Mayer, H.	Begrle, G.	Parker, T.	1971
Du kannst nicht immer 17 sein	Siegel, R.	Hertha, K.	Roberts, Chr.	1974
Du kannst nicht treu sein	Otten, H.	Ebeler, G.	div.	1934
Du knallst im mein Leben	Petersen, D.	Lindenberg, U.	Lindenberg, U.	1983
Du läßt dich geh'n	Aznavour, Ch.	Bader, E.	Aznavour, Ch.	1962
Du läßt mir meine Welt	Endrigo	Arnie, R.	Leandros, V.	1974
Du lebst in deiner Welt	Thomas, P.	Francropolus, G	Door, D.	1971

Alphabetisches Titelverzeichnis

Titel	Komposition	Text	Interpret	Jahr
Du lieber Gott, komm doch mal runter	Sulke, St.	Sulke, St.	Sulke, St.	1977
Du mußt bleiben, Angelino	Scharfenberger, W.	Busch, F.	Francis, C.	1965
Du mußt mir gar nichts von Liebe sagen	Heider, J.	Kunze, M.	Mathieu, M.	1981
Du mußt mit den Wimpern klimpern	Last, W.	Kern, R.	Kern, R.	1968
Du mußt nicht weinen	Panas, M.	Munro, N.	Martin, U.	1972
Du nimmst mich so wie ich bin	Wilke, G.	Fabry, Chr.	Norden, U.	1992
Du oder keine	Hendrik	Weigel	Phil & John	1972
Du paß auf	Twardy, W.	Lilibert	Roberts, Chr.	1975
Du Rose von Samoa			Hula Hawaiian Q	1956
Du, sag einfach du	Hertha, K.	Hertha, K.	Roberts, Chr.	1975
Du schaffst mich	Chinn, N. / Chapman, M.	Schüler, W.	Drews, J.	1979
Du schaust mich an	Stoller, M.	Relin, J.	Böttcher, G.	1962
Du schläfst nicht ein	Dörr, P.	Dörr, P.	Wendorf, M.	1989
Du schwarzer Zigeuner	Vacek, K.	Beda	div.	
			Sebastian, P.	1983
Du siehst nur das Beste in mir	Keene, W.	Keene, W.	Eskens, M.	1987
Du sollst der Kaiser meiner Seele sein	Stolz, R.	Grünbaum, F. / Sterk, E.	div.	1915
Du sollst nicht weinen	Saradell, N.	Roloff, W.	Heintje	1968
Du stehst nicht im Adressbuch	Paasch, L.	Wallnau, E.	Heyn-Quartett	1939
Du trägst ein entzückendes Kleidchen	Carste, H.	Holm, P.	Winter, H.	1942
Du traumschöne Perle der Südsee	Abraham, P.	Grünwald, A. / Beda	Eggerth, M.	1933
			Schock, R.	1955
Du traust di net, i trau mi net	Frankfurter, J.	Holder, I.	Ebner, Chr.	1991
Du und die Nacht	Axelson, B. / Bagge, S.	Hammerschmidt, N. / Karge, C.	Trix	1992
Du und ich	Gee, T.	Gee, T.	Gee, T.	1992
Du und ich im Mondenschein	Bochmann, W.	Balz, B.	Werner, I.	1941
Du von nebenan	Hessler, E.	Fabry, Chr.	Stein, M.	1989
Du warst für mich der schönste Liebestraum	Bochmann, W.	Hübner, E.	Rosay, F.	1936
			Schock, R.	1977
Du warst mein schönster Traum	Frankfurter, J.	Holder, I.	Robinson, D.	1992
Du weißt nichts von deinem Glück			Shaw, S.	1965
Du willst deinen Spaß	Simon, C. / Wood, P.	Woitkewitsch, Th.	Fischer, V.	1984
Du wirst auch ohne mich leben	Dorff, S. / Brown, M.	Schüler,W./Meinunger,B.	Drews, J.	1980
Du wirst wieder tanzen gehn	Siegel, R.	Hertha, K.	Roberts, Chr.	1975
Dummer, dummer Reitersmann	Lehár, F.	Léon, V. / Stein, L.	div.	1905
Dunja, du	Roloff, W.	Hee, H.	Ronny	1966
Dunkle Augen in der Nacht			Otero, C.	1963
Durch Berlin fließt immer noch die Spree	Gilbert, J.	Gilbert, R.	div.	1925
			Dietrich, M.	1965
Durch dich wird diese Welt erst schön	Jary, M.	Pinelli, A. von	Heesters, J. & Komar, D.	1943
Easy Rider	Reichling, B.	Eckardt, C.D.	Truck Stop	1981
Echo der Liebe	Schneebiegl, R.	Jung, R.	Schneebigl, R.	1981
			Scholz, W.	1985

Alphabetisches Titelverzeichnis

Titel	Komposition	Text	Interpret	Jahr
Edelweiß [soll ich denn mein junges Leben]	Jung, E. /Röckelein, J.	Schatz, G.	Heino	1973
Egerländer Polka	Spieler, E.	Birk, L. / Ritter, C.	div.	1952
Egerländer Trachtenpolka	Bummerl, F.	instr.	Mosch, E.	1983
Egon	Gaze, H.	Pinelli,A.von/Schwenn, G	Hensch, F.	1952
			Künneke, Ev.	1953
Ein Adler kann nicht fliegen	White, J / Athan, J.	White, J. / Athan, J.	York, T.	1976
Ein altes Lied	Theunissen, W.	Möring, J.	Pussycat	1976
Ein Atelierfest	Eisbrenner, W.	instr.	div.	1953
Ein Bett im Kornfeld	Williams, L.	Kunze, M.	Drews, J.	1976
Ein Bild kann nicht lachen so wie du	Maffay, P.	Holm, M.	Maffay, P.	1976
Ein bisserl Glück	Brüggemann, W.	Cordes, J.	Prock, E.	1986
Ein bißchen Aroma	Munro, N.	Kleinwort, B.	Whittaker, R.	1986
Ein bißchen Denken beim Schenken			Backus, G.	1963
Ein bißchen Engel [ein bißchen Biest]	Wilke, G.	Fabry, Chr.	Sebastian, P.	1991
Ein bißchen Frieden	Siegel, R.	Meinunger, B.	Nicole	1982
Ein bißchen Goethe, ein bißchen Bonaparte	Bruhn, Chr.	Bradtke, H.	Gall, F.	1969
Ein bißchen Liebe braucht unsere Welt	Aschberger, P.	Leissle, W.	Martens, E.	1990
Ein bißchen mehr	Gietz, H.	Feltz, K.	Alexander, P.	1957
Ein bißchen Sonnenschein für alle	Becht/Röckelein/Jung	Becht/Röckelein/Jung	Heino/Hannelore	1984
Ein bißchen Spaß muß sein	Bruhn, Chr.	Loose, G.	Blanco, R.	1972
Ein bißchen süß, ein bißchen bitter	Bruhn, Chr.	Jung, R.	Gitti & Erica	1979
Ein Boy ist ein Boy	Nowa, Ch.	Rasch, D.	Leismann, R&W	1964
Ein Dutzend and're Männer	Buchholz, H.		Böttcher, G.	1962
Ein ehrenwertes Haus	Jürgens, U.	Kunze, M.	Jürgens, U.	1975
Ein Engel, der Sehnsucht heißt [Der kleine Prinz]	Orloff, P.	Orloff, P.	Clüver, B.	1973
Ein Engel ohne Flügel	Kalita, N.	Kalita, N.	Dolomiten Sext.	1961
Ein Engel unterm Dach	Neary,B. / Diamond,St.	Kunze, M.	Hoffmann & H.	1981
Ein Festival der Liebe	White, J.	Jay, F.	Marcus, J.	1973
Ein fremder Mann	Young, U.A.	Siegel, R.	Andersen, L.	1962
Ein Freund, ein guter Freund	Heymann, W.R.	Gilbert, R.	Rühmann,H. & Fritsch,W. & Karlweis, O.	1930
Ein ganz normaler Tag	Hendrik, T.	Weigel, H.U.	Petry, W.	1977
Ein ganzes Leben lang	Meisel, W.	Bader, E.	div.	1933
Ein ganzes Herz voll Liebe			Telkamp, M.	1956
Ein Gefühl wie das Leben	Ocasek, R.	Teimann, U.	Fischer, V.	1988
Ein Gewinn für die Menschheit	Astor, W.	Astor, W.	Astor, W.	1992
Ein Gläschen Wein und du	Müller, W.	Verch, E.	div.	1960
Ein Glück, das man das Glück nicht kaufen kann	Bauer, R.	Hertha, K.	Simon, P.	1969
Ein Glück, daß man sich so verlieben kann	Schröder, F.	Schwenn, G.	Heesters, J.	1942
Ein Gruß, ein Kuß, ein Blumenstrauß	Jussenhoven, G.	Niessen, Ch.	Holm, R.	1955

Alphabetisches Titelverzeichnis

Titel	Komposition	Text	Interpret	Jahr
Ein Häuschen auf zwei Rädern	White, J.	Jay, F.	Leismann, R&W	1974
Ein Herz, das kann man nicht kaufen	Carsten, W.	Lach, P.	Eskens, M.	1962
Ein Herz für Kinder	White, J.	Hertha, K.	Jürgens, A.	1979
Ein Herz steht nie still	Mattone, C.	Orloff, P.	Illic, B.	1971
Ein Herz und eine Rose	Olias, L.	Loose, G.	Hill, J.	1970
Ein Herz und eine Seele	Becht, E.	Raschek	Hellberg Duo	1974
Ein Hoch der Liebe	Jankowski, H.	Schäuble, C.J.	Jankowski-Chor	1968
Ein Hoch der Liebe	Jankowski, H.	Schäuble, C.J.	Myhre, W.	1968
Ein Indiojunge aus Peru	Bruhn, Chr.	Buschor, G.	Ebstein, K.	1974
Ein Italiano	Niessen, Ch.	Ströhm, P.	Granata, R.	1959
Ein kleiner Akkordeonspieler	Winkler, G.	Breiten, L.	Malkowsky, L.	1951
Ein kleiner Blumenstrauß	Steinlechner, P.	Mariacher, B.	Zillertaler Schürz	1986
Ein kleines Glück	Adamo, S.	Brandin, W.	Adamo	1970
Ein kleines Haus	Lewis, A. / Stock, L.	Cypris, W.	Lind, G.	1961
Ein kleines Haus am blauen See	Gietz, H.	Feltz, K.	Alexander, P.	1959
Ein Küßchen in Ehren [Don Pedro]	Cordalis, C.	Fray, B.	Cordalis, C.	1977
Ein leises Lied	Löhmer, K.	Esp. H.-U.	Nicole	1991
Ein Lied führt uns zueinander	Geiger, W.	Hauff, A.	Hauff, A.	1991
Ein Lied für Maria	Lloyd / Etkins	Athan, J.	York, T.	1978
Ein Lied für Rom			Berger, C.	1991
Ein Lied geht um die Welt	May, H.	Neubach, E.	Schmidt, J.	1933
Ein Lied kann eine Brücke sein	Holm, M. / Pietsch, R.	Holm, M. / Pietsch, R.	Fleming, J.	1975
Ein Lied zieht hinaus in die Welt	White, J.	Jay, F.	Marcus, J.	1975
Ein Loch ist im Eimer	trad. / Twardy, W.	trad.	Medium Terzett	1968
Ein Mädchen für immer	Andrews, Chr.	Orloff, P.	Orloff, P.	1969
Ein Mädchen nach Maß	Twardy, W.	Lilibert	Roberts, Chr.	1970
Ein Mann muß nicht immer schön sein	Blecher,C.U./Ulbrich.S	Blecher,C.U./Ulbrich, S.	Babs, A.	1955
Ein Mann von Welt	Zai, M.	Zai, M.	Belten, H.	1983
Ein Mann wie du	Parker, Ta. / John, D.	Heilburg, Chr.	York, T.	1977
Ein Mannequin aus Paris	Halletz, E.	Bradtke, H. / Werner, H.	Torriani, V.	1957
Ein Musikus, ein Musikus	Gaze, H.	Feltz, K.	Buhlan, B.	1952
Ein Mutterherz soll niemals weinen	Schikora, U.	Remmelt, V.	Simons, H.	1992
Ein paar Oldies im Radio	Raschek, W./Dieter, Ch.	Raschek, W. / Dieter, Ch.	Kuhn, P.	1988
Ein paar Tränen	Peeters, C.M.	Feltz, K. / Rüger, F.	Distel, S.	1963
Ein paar Tränen werd´ ich weinen	Dostal, N.	Balz, B.	Leander, Z.	1939
Ein Paradies am Meeresstrand	Abraham, P.	Grünwald, A. / Beda	Barsony, R.	1931
			Schock, R.	1965
Ein Pärchen von damals	Eichenberg, W.		Brauer, H.	
Ein rheinisches Mädchen bei rheinischem Wein	Hoppe, P.	Mertens, H.W.	div.	1927
Ein rosaroter Apfelbaum	Blum, H.	Weyrich, F.	Dorthe	1970
Ein Schiff fährt nach Schanghai	Kennedy, J.	Beckmann, H.F.	Blue Diamonds	1961
Ein Schiff wird kommen	Hadjidakis, M.	Busch, F.	Andersen, L.	1960
			Mercouri, M.	1960
			Valente, C.	1960
Ein Schlafsack und eine Gitarre	White, J.	Jay, F.	Leismann,R.&W.	1973
Ein Schloß am Wörthersee	Andolfo, F.	Müssig, R.	Christian, R.	1990
Ein schneeweißes Schiff	Schutzieg, T.	Feltz, K.	Sebastian, P.	1983

Alphabetisches Titelverzeichnis

Titel	Komposition	Text	Interpret	Jahr
Ein schöner Tag	trad. / White, J.	trad. / Jay, F.	Valaitis, L.	1976
Ein Seemannsherz	Godwin, R.	Bradtke, H.	Valente, C.	1961
Ein Senor und eine schöne Senorita	Kreuder, P.	Beckmann, H.F.	Waldmüller, L. & Helgar, E.	1940
Ein Sonntag im Bett	Gabriel, G.	Gabriel, G.	Myhre, W.	1976
Ein Sonntag mit Marie	Marvin, H.	Bradtke, H.	Richard, C.	1968
Ein Souvenir	Scharfenberger, W.	Feltz, K.	Kraus, P.	1963
Ein spanischer Tango und ein Mädel wie du	Jurmann, W. / Rotter, F.	Jurmann, W. / Rotter, F.	Frank, L.	1931
Ein Strauß Vergißmeinnicht	Carste, H.	Carste, H.	Lolita	1969
Ein Student aus Heidelberg	Narholz, G.	Relin, J.	Ramsey, B.	1964
Ein Student aus Uppsala	Mayer, H.	Buschor, G.	Kirsti	1969
Ein Tag, eine Nacht, eine Stunde	Hendrik, T.	Meinunger, B.	Xanadu	1992
Ein Tag wie ein Freund	Brozat, B. / Reichling, B.	Brozat, B. / Reichling, B.	Truck Stop	1984
Ein Tango in der Hafenbar	Narholz, G.	Relin, J.	Brown, P.	1963
Ein Vagabundenherz			Carol, R.	1961
Ein verrückter Tag	Moroder, G.	Budde, A. / Turba, F.	Holm, M.	1971
Ein Wagen von der Linie Acht	Ritt, Hans	Weiß, F.	Weiß, F.	1946
Ein Walzer für dich	Meisel, W.	Hannes, H.	Bergen, W. von	1934
Ein Walzer muß es sein	Fall, L.	Brammer,J./Grünwald A.	div.	1916
Ein Walzer zu zweien	Dostal, N.	Hermecke, H.	div.	1937
Ein weißes Blattl Papier	Mathias-Clamat,C/Paul,B.	Scheldt, K.	Relax	1984
Ein weiter Weg nach Rhodos	Renfordt, J. / Zai, M.	Renfordt, J. / Zai, M.	Duo California	1989
Ein Wiener Walzer	Benatzky, R.	Benatzky, R.	div.	1915
Ein Wort bricht das Schweigen	Maffay, P.	Brozat, B.	Maffay, P.	1986
Ein Zigeuner und ein blondes Mädchen	Korn, H.	Korn, H.	Ann & Andy	1976
Eine blaue Zauberblume	Scharfenberger, W.	Busch, F.	Lolita	1958
Eine Frau wird erst schön durch die Liebe	Mackeben, Th.	Gesell, M.	Leander, Z. / Schramm, M.	1938 / 1969
Eine Freundin, so goldig wie du	Meisel, W.	Lion, M. / Rosen, W.	div.	1930
Eine Handvoll Glück	Willmann, M.	Leissler, W.	Norbert K.	1990
Eine Gitarre und 1000 Illusionen			Vittorio	1969
Eine Handvoll Heimaterde	Götz, K.	Kaegbein, P.	Tom & Tommy	1960
Eine Handvoll Heimatland	Siegel, R.	Meinunger, B.	Albrecht, G.	1991
Eine Handvoll Reis	Olias, L.	Grasshoff, F.	Quinn, F.	1966
Eine Insel aus Träumen geboren	Kreuder, P. / Schröder, F.	Beckmann, H.F.	Rökk, M.	1938
Eine Insel, die Sonne und Du	Wilke, G. / Naitsabes Gerritzen, C.	Wilke, G. / Naitsabes Gerritzen, C.	Pascal, F.	1990
Eine Insel für Zwei	Niessen, Ch.	Relin, J.	Francis, C.	1961
Eine kleine Dorfgeschichte	Bund, H.	instr.	Berger, F.	1961
Eine kleine Träne	Roloff, W.	Hee, H.	Ronny	1966
Eine Kutsche voller Mädel	Berking, W.	Scheu, J.	Hagara, W.	1955
Eine Liebe ist viele Tränen wert	Siegel, R.	Meinunger, B.	Gott, K.	1980
Eine Mark für Charly	Ortega / Fransen / Pade	Ortega / Fransen / Parde	Myhre, W.	1977
Eine Melodie geht um die Welt	Chaplin, Ch.	Feltz, K.	Adam & Eve	1975
Eine Miezekatze hat´se	Stafford, F.	Amberg, Ch.	div.	1924
Eine Nacht	Falkenberg	Falkenberg	Stern Meißen	1989
Eine Nacht in Monte Carlo	Heymann, W.R.	Gilbert, R.	div.	1931

Alphabetisches Titelverzeichnis

Titel	Komposition	Text	Interpret	Jahr
Eine Nacht in San Remo [Komm ein bißchen mit nach Italien]	Gietz, H.	Feltz, K.	Valente, C. & Alexander, P. & Francesco, S.	1956
Eine neue Liebe ist wie ein neues Leben	White, J.	Jay, F.	Marcus, J.	1972
Eine Reise auf den Wolken	Schmid,G./Hoffmann M. Wagner, M.	Schmid,G./Hoffmann,M. Wagner, M.	Michael & Mich.	1991
Eine Reise ins Licht	Frankfurter, J /Schairer, A.	Frankfurter / Schairer, A.	Jung, C.	1990
Eine Rose aus Papier	Cornelius, P.	Cornelius, P.	Cornelius, P.	1978
Eine Rose aus Santa Monica	Alisch, H. / Richter, W.	Alisch, H. / Richter, W.	Berg, M. Corren, C.	1960 1962
Eine Rose für den Winter	Geiger, W.	Hauff, A.	Hauff, A.	1987
Eine Rose für dich	White, J.	Heilburg, Chr.	Jürgens, A.	1979
Eine Rose schenk ich dir	Twardy, W.	Lilibert	Black, R.	1972
Eine Schwarzwaldfahrt	Jankowski, H.	Jankowski, H.	Jankowski, H.	1964
Eine Träne unter 1000	Lunero / Mogol	Bradtke, H.	Bäumler, H.-J.	1964
Eine weiße Hochzeitskutsche	Fontenoy, M.	Siegel, R.M.	Lais,D/Franke,R	1953
Eine weiße Rose	Frankfurter, J.	Holder, I.	Kastelr. Spatzen	1992
Einen Ring mit zwei blutroten Steinen	Kück, H.	Kück, H.	Valente, C. Gualdi, N.	1960 1960
Einen Schritt zu weit	Grabowski,G./Simons,E.	Grabowski,G./Simons,E.	Illic, B.	1990
Einen Sommer lang	Nick, E.	Heynicke, K.	Dorsch, K.	1935
Einen Strauß roter Rosen	Noderer, E.	Noderer,E/Stern,H/Balu,T	Stern, H.	1989
Einen Traum für diese Welt	Hendrik, T.	Lasch, B.	Xanadu	1989
Einen Walzer für dich und für mich	Grothe, F.	Dehmel, W.	Rökk, M.	1941
Einen wunderschönen Blumenstrauß	Geiger, W.	Hauff, A.	Hauff, A.	1992
Einen wie dich könnt ich lieben	Brühne, L.	Balz, Bruno	Leander, Z.	1943
Einer für alle - alle für einen	Dörr, P.	Dörr, P.	Severine	1992
Einer hat immer das Bummerl	Chmela, , H.	Rödelberger, W.	Marianne&Mich.	1982
Einer ist immer der Looser	Chmela, H/Remmler, St.	Chmela,H./Remmler,St.	Remmler, St.	1989
Einer schönen Frau gehört die ganze Welt	Meisel, W.	Scheu, J/Nebhut, B.	div.	1943
Einer wird kommen	Lehár, F.	Jenbach, B. / Reichert, H.	div.	1927
Einer wird kommen	Frankfurter, J. / Orloff, P.	Frankfurter, J. / Orloff, P.	York, T.	1972
Einmal am Rhein	Ostermann, W.	Ostermann, W.	Ostermann, W.	1929
Einmal geht der Vorhang zu	Pomus/Shuman	Bradtke, H.	Spier, B.	1965
Einmal gibt's ein Wiederseh'n	Dokin, R.	Loose, G.	Bäumler, H.-J.	1965
Einmal in die Ferne	Scharfenberger, W.	Busch, F.	Blaue Jungs	1958
Einmal in Tampico	Olias, L. / Mösser, P.	Olias, L. / Mösser, P.	Quinn, F.	1957
Einmal komm ich wieder	Scharfenberger, W.	Busch, F.	Francis, C.	1961
Einmal noch Athen sehn	Aschberger, P.	Buttner, R. / Leissle, W.	Makulis, J.	1991
Einmal noch nach Bombay	Germer, R.	Leip, H.	Andersen. L. Albers, H.	1940 1954
Einmal sagt man sich adieu	Schmidt-Gentner, W.	Rotter, F.	Tauber, R.	1929
Einmal sehen wir uns wieder	Maluck, R.	Bader, E.	Andersen, L.	1961
Einmal um die ganze Welt	Svoboda, K.	Weyrich, F.	Gott, K.	1970
Einmal verliebt - immer verliebt	Siegel, R.	Jung, R.	March, P.	1971
Einmal von Herzen verliebt sein	Kreuder, P.	Beckmann, H.F.	Heesters, J.	1937

Alphabetisches Titelverzeichnis

Titel	Komposition	Text	Interpret	Jahr
Einmal weht der Südwind wieder	Hadjidakis, M.	Bader, E.	Mouskouri, N.	1962
			Valente, C. &	
			Francesco, S.	1962
Einmal wirst du wieder bei mir sein	Kollo, Wi.	Kollo, Wi.	Raddatz, C.	1939
			Schuricke, R.	1941
Eins und eins, das macht zwei	Niessen, Ch.	Niessen, Ch.	Knef, H.	1963
Eins, zwei, drei, ich hab gedacht es geht vorbei	Daansen, J.	Rosenberg,M./Karges,C.	Rosenberg, M.	1990
Eins, zwei, drei, vier, fünf, sechs, sieben	Kreuder, P.	Beckmann, H.F.	Godden, R.	1939
			Lingen, Th.	1976
Einsam für mich	Clüser, B. /Sprenger, U.	Clüser, B. / Sprenger, U.	Fux	1988
Einsamer Hirte	Last, J.	instr.	Zamfir, G.	1977
Einsamkeit	Salvador, H.	Stellmann, M. / Feltz, K.	Salvador, H.	1963
Einsamkeit	Geier Sturzflug	Geier Sturzflug	Geier Sturzflug	1984
Einsamkeit hat viele Namen	Anders, Chr.	Jay, F.	Anders, Chr.	1974
Einundzwanzig wird die Susann	Lindt, R.	Ströhm, P.	Fritsch, Th.	1968
Eiszeit	Humpe, A.	Humpe, A.	Ideal	1981
Eiszeit	Maffay, P. / Kravetz, J.-J.	Moray, D. / Marian, M.	Maffay, P.	1982
El Lute	Blum,H/Farian,F/Jay,F	Blum,H/Farian,F/Jay,F	Kaiser, R.	1979
			Holm, M.	1979
El Matador	Pietsch, R.	Holm, M.	Holm, M.	1974
Eldorado	Jass, W. / Stein, W.-E.	Jass, W. / Stein, W.-E.	Goombay Dance Band	1980
Elektrisiert	Mann, M. / Holm, M.	Mann, M. / Holm, M.	Holm, M.	1991
Elisabeth	Buchholz, H.	Loose, G.	Anka, P.	1965
Elisabeth Serenade	Binge, R.	Hassall, C.	Kallmann Chor	1961
Eloisa	Munro, N.	Munro, N.	Whittaker, R.	1984
En echte Pälzer raacht keen Hasch	Dehn, K.	Dehn, K.	Dehn, Kurt	1971
Endlos sind die Straßen	Götz, K.	Heinzelmann, H.	Teddies	1958
Endstation Sehnsucht	Frankfurter, J.	Holder, I.	Borg, A.	1988
Engel der Nacht [Angel Of Mine]	Duval, F.	Maloyer, K.	Marcus, J.	1981
Engel der Nacht	Camo, J.M.	Kunze, M.	Iglesias, J.	1992
Engel der Nacht	Sprenger, K. / Clüser, B.	Sprenger, K. / Clüser, B.	Rafael, P.	1991
Engel haben niemals frei	Heinen, P.-R.	Lehmann, F.	Kaiser, R.	1985
Engel in Blue Jeans	Busse,U./Rupprich,K.H.	Busse,U./Rupprich,K.H.	Morgan, Mi.	1987
Engel 07	Kemmler, H.	Killer,M.	KaH, H.	1984
Engel und Teufel, Luisa	Horn-Bernges, H.-J. / Carpendale, H.	Horn-Bernges, H.-J.	Angelo, N. de	1983
Engelchen	Nijs	Weingeist, R.	Miller, R.	1971
Enzian	Krause/Yarden/Klebsattel	Krause/Yarden/Klebsattel	Heino	1989
Er gehört zu mir	Heider, J.	Heilburg, Chr.	Rosenberg, M.	1975
Er hat ein knallrotes Gummiboot	Schmidt, B.	Bradtke, H.	Myhre, W.	1970
Er heißt Waldemar	Jary, M.	Balz, B.	Leander, Z.	1940
Er ist ein Ehemann	Bugatto, F / Musker, F.	Meinunger, B.	Fleming, J.	1979
Er ist ein Kerl [Der 30-Tonner-Diesel-Song]	Gabriel, G.	Gabriel, G.	Gabriel, G.	1974
Er ist nicht wie du	Heider, J.	Weigel, H.U.	Rosenberg, M.	1971
Er ist wieder da	Bruhn, Chr.	Loose, G.	Maerz, M.	1965
Er ist wieder da	Bruhn, Chr.	Loose, G.	Ebstein, K.	1980
Er macht mich krank, der Mondschein an der Donau	Scharfenberger, W.	Feltz, K.	Backus, G.	1963

Alphabetisches Titelverzeichnis

Titel	Komposition	Text	Interpret	Jahr
Er nahm ein anderes Mädchen	Kristoffersen, K.	Orloff, P.	Kern, R.	1971
Er sah aus wie ein Lord	Veran, F./Gall, R.	Bradtke, H.	Brokken, C.	1961
Er steht im Tor	Zeeden, P.	Bradtke, H.	Myhre, W.	1969
Er war da, als ich dich brauchte	Hannes, M.	Gerke, W.	Anne-Karin	1980
Er war gerade 18 Jahr	Auriat, P.	Hachfeld, E.	Dalida	1974
Er war nur ein armer Zigeuner	Hausmann, W. / Jorge, J.	Hausmann, W. / Jorge, J.	Ronny	1969
Erklingen zum Tanze die Geigen	Jessel, L.	Neidhart, A.	div.	1917
Erna kommt	Bause, A.	Brandenstein, W.	Balder	1984
			Lippert, W.	19##
Erpel Ernst	Roski, U.	Roski, U.	Roski, U.	19##
Erst drüben die Dame	Kiesewetter, K.	Hoop, H.	Lechtenbrink, V.	1977
Erst ein Cappuccino	Frankfurter, J.	Holder, I.	Bach, K.	1990
Erst kamen die Blusen, die Kleider	Nelson, R.	Wolff, W.	div.	1913
			Buhlan, B.	1952
Erst kommt der rechte Fuß [Oh-la-la]	Jary, M.	Farkas, K.	Rath, D.	1949
			Künneke, Ev.	1949
Erst wenn die Sonne nicht mehr scheint	Haller, H.	Meinunger, B.	Sheer, I.	1983
Erstes Morgenrot	Bauer, R.	Weyrich, F.	Alexandra	1969
Es blühen wieder Rosen in Berlin	Frank-Jacobi, R.	Frank-Jacobi, R.	Hauff & Henkler	1989
Es fährt ein Zug nach Nirgendwo	Anders, Chr.	Jay, F.	Anders, Chr.	1972
Es führt kein andrer Weg zur Seligkeit	Heymann, W.R.	Gilbert, R.	Comedian Harmonists	1932
Es geht alles vorüber	Raymond, F.	Feltz, K.	div.	1942
			Andersen, L.	1965
Es geht besser, besser, besser	Gietz, H.	Feltz, K.	Valente, C.	1956
Es geht die Lou lila	Katscher, R.	Beda	div.	1925
Es geht eine Träne auf Reisen	Adamo, S.	Blecher, C.U.	Adamo	1968
Es geht mir gut	Waggershausen, St.	Waggerhausen, St.	Waggershausen	1982
Es geht mir gut	Hartman, D.	Kreutz, S./Prodoehl, B.	Valerie´s Garten	1992
Es geht mir gut, Cherie	Bruhn, Chr.	Buschor, G.	Mathieu, M.	1970
Es geht um mehr	Carpendale, H. Horn-Bernges, H.-J.	Jay, F.	Carpendale, H.	1980
Es gibt eine Frau, die dich niemals vergißt	Cowler, J.	Schwabach, K.	div.	1928
			Schock, R.	1957
Es gibt im Leben manchesmal Momente	Bromme, W.	Steinberg,W./Gilbert,R.	div.	1921
			Dietrich, M.	1965
Es gibt kein Bier auf Hawaii	Rolle, J.	Röckelein, J.	Kuhn, P.	1963
Es gibt noch Engel	Bilgeri,R/ Zuschrader,H Bognermayr, H.	Kunze, M.	Adamo, S.	1988
Es gibt nur die Liebe	Künneke, Eduard	Cremer, H.M.	Graveure, L.	1933
Es hängt ein Autoreifen an der Wand	Robinson, C.J.	Winn, R.	Peheiros	1954
Es ist alles nur geliehen	Grothe, F.	Schenk, H.	Schenk, H.	1978
Es ist ein Alptraum ohne Stammbaum	Fendrich, R.	Fendrich, R.	Fendrich, R.	1989
Es ist kalt in meinem Zimmer	Siegel, R.	Kunze, M.	Drews, J.	1976
Es ist Mitternacht, John	Berger,N/Schwendler,U	Feltz, K.	Heck, D.Th.	1981
Es ist morgen und ich liebe dich noch immer	Heider, J.	Heilburg, Chr.	Schanze, M.	1976

Alphabetisches Titelverzeichnis

Titel	Komposition	Text	Interpret	Jahr
Es ist nie zu spät	Osten, S. / Schöne, W.	Osten, S. / Schöne, W.	Orloff, P.	1967
Es ist nie zu spät	Cretu, M.	Cornelius, P.	Cornelius, P.	1980
Es ist nie zu spät	Böhm,W./ Hanselmann,D	Böhm/W/Hanselmann,D	Roos, M.	1982
Es ist noch Suppe da	Schmitz, J.	Schmitz, J.	Schmitz, J.	1968
Es ist nur die Liebe	Grothe, F.	Dehmel, W.	Rökk, M.	1942
Es ist schwer dich zu vergessen	Siegel, R.	Behrle, G. / Holm, M.	March, P.	1972
Es ist so schön, am Abend Bummeln zu gehn	Abraham, P.	Grünwald, A. / Beda	Barsony, R. u. Dénes, O.	1935
			Alexander, P.	1967
Es ist so schön bei dir	Durand	Feltz, K.	Valente, C.	1955
Es ist Sommer	Bause, A.	Brandenstein	Inka	1986
Es ist Weihnachtstag	Mey, R.	Mey, R.	Mey, R.	1986
Es ist zum Weinen	Bruhn, Chr.	Buschor, G.	Manuela	1966
Es kann der Frömmste nicht in Frieden leben	Heider, J.	Kaiser, R./ Hammerschmidt, N.	Kaiser, R.	1984
Es kann nicht immer rote Rosen regnen	Silvester, E.	Fabri, Chr. / van Tell, F.	Malmkvist, S.	1992
Es kann zwischen Heute und Morgen	Kreuder, P.	Beckmann, H.-F.	div.	1937
Es klopft mein Herz bum-bum	Fux, F. / Toldi, O.	Meder,E./Pinelli,A. von	Mathan, M.	1942
Es kommt alles einmal wieder	Birner, G.		Corren, C.	1964
Es kommt auf die Sekunde an	Schröder, F.	Schwenn, G.	Heesters, J.	1942
Es könnte sein - es muß nicht sein	Hemert, H.van	Weyrich, F.	Rajter, D.	1977
Es läuten die Glocken am Königsee	Busch, F. / Uetrecht, F.E. Ogermann, K.	Busch, F. / Uetrecht, F.E. Ogermann, K.	Ges. Fahrnberger	1957
Es lebe das Geburtstagskind	White, J.	Jay, F.	Manuela	1972
Es lebe der Sport	Fendrich, R.	Fendrich	Fendrich, R.	1982
Es lebe der Zentralfriedhof	Ambros, W.	Prokopetz, J.	Ambros, W.	
Es leuchten die Sterne	Leux, L. / Perl, M.	Balz, B. / Hannes, H.	Serrano, R.	1938
Es leuchtet das Kreuz des Südens			Berg, J.M.	1957
Es liegt mir am Herzen			Sauer, W.	1960
Es liegt was in der Luft	Jary, M.	Balz, B. / Flatow, C.	Baptiste, M. u. Buhlan, B.	1954
Es müssen keine Rosen sein	Siegel, R.	Meinunger, B.	Ebstein, K.	1979
Es muß aus Liebe sein	Hoffmann, K.	Hoffmann, K.	Hoffmann, K.	1989
Es muß was Wunderbares sein, von dir geliebt zu werden	Benatzky, R.	Gilbert, R.	Hansen, M.	1930
			Hallstein, I. & Alexander, P.	1973
Es riecht nach Sonne	Mann, M.	Schüler,W. /Meinunger,B.	Mann, M.	1978
Es sang der kleine Finkenhahn	Kollo, Wa.	Steidl, R./Hardt, F.W.	div.	1909
			Sonnenschein, F.	1977
Es schmeckt der Branntwein	Götze, W.	Bibo, G. / Pordes-Milo,A.	div.	1926
Es steht ein Soldat am Wolga- strand [Wolgalied]	Lehár, F.	Jenbach, B. / Reichert, H.	div.	1927
			Schock, R.	1967
Es stieg ein Engel vom Olymp	Cordalis, C.	Frankfurter, J.	Cordalis, C.	1975
Es war ein Fremder			Sauer, W.	1961
Es war ein Mädchen und ein Matrose	Grothe, F.	Dehmel, W.	Martens, V. von	1939
Es war einmal ein Jäger	Bruhn, Chr.	Buschor, G.	Ebstein, K.	1974
Es war einmal ein Musikus	Schwarz, F.	Schwarz, F.	div.	1933

Alphabetisches Titelverzeichnis

Titel	Komposition	Text	Interpret	Jahr
Es war einmal eine Gitarre	Twardy, W.	Feltz, K.	Berghagen, L.	1975
Es war einmal eine Liebe	Jack, A.	Balz, B.	div.	1946
Es war im Böhmerwald	trad.	Raschek, W.	Hellberg Duo	
Es war im Zillertal	Schmitz	Schmitz	Maerz, M.	1992
Es war in der Wüste Sahara	Schmitz, J.	Schmitz, J.	Johns, B.	1961
Es war in Schöneberg	Kollo, Wa.	Bernauer, R. /Schanzer,R	div.	1913
			Papa Bue	1960
Es war keine so wunderbar wie du	Shadows	Blecher, C.U.	Richard, C.	1965
Es war nur der Sommerwind	Orloff, P.	Orloff, P. / Bergmann	Maerz, M.	1978
Es wär 1000 Worte wert	Bak, F.	Winckler, T.	Trix	1992
Es waren zwei Königskinder	trad.	trad.	Serrano, R.	1961
Es wird ein Bettler zum König	Zimmermann, D.	Jay, F. / Weigel, H.U.	Shayne, R.	1969
Es wird in hundert Jahren wieder so ein Frühling sein	Dostal, N.	Gilbert, R.	div.	1931
			Schock, R.	1964
Es wird ja alles wieder gut	Henning, H.-H.	Andrae, H.	Lais, D.	1953
Es wird Nacht, Senorita	Aufray, H.	Brandin, W.	Jürgens, U.	1969
Etwas für die Ewigkeit	Frankfurter/Schairer Offierowski	Frankfurter/Schairer Offierowski	Jung, C.	1990
Etwas ist geschehen	Cook, R./Greenaway, R	Kunze, R.	Haenning, G.	1981
Etwas leise Musik	Grothe, F.	Dehmel, W.	Alexander, P.	1959
Eventuell, eventuell	Gietz, H.	Feltz, K.	Valente, C. & Alexander, P.	1955
Eviva Espana	Caerts,L/Rozenstraten,L	Bradtke, H.	Aroni, H.	1972
Excursion ins Gestern	Carste, H.	instr.	Orch. H. Carste	1955
Fahr mich in die Ferne	Pfeil, J.	Pfeil, J.	div.	1937
Fahr mit mir den Fluß hinunter	Kiesewetter, K.	Kiesewetter, K.	Kiesewetter, K.	1986
Fahre mit mir in die Ferne		##	Lind, G.	1957
Fahrende Musikanten	White, J.	Jay, F.	Nina & Mike	1973
Fährmann	Evers, L.	Evers, L.	Godewind	1989
Fährt der alte Lord fort	Lang, H.	Petrak, J.	Erhardt, H.	1964
Fang das Licht	Zmozek, J.	Kunze, M.	Gott, K.	1986
Fang mich	Gabriel, G.	Gabriel, G.	Best, E.	1976
Fang mich auf	Frankfurter / Schairer Offierowski	Frankfurter / Schairer Offierowski	Jung, C.	1990
Fang nochmal von vorne an	Gee, T.	Gee, T.	Gee, T.	1991
Fantasy Island	Frankfurter, J.	Holder, I.	Sheer, I.	1990
Farewell [Jeder Sommer geht zu Ende]	Dietrich,B/Grabowski, G Simons, E.	Moray, D. / Preuß, W.	Valaitis, L.	1984
Fatamorgana	EAV	EAV	EAV	1986
Faust auf Faust	Lage, K.	Heirel, N.	Lage, K.	1986
Fairytale	Greedus, P.	Greedus, P.	Dana	1976
Farewell Kontiki	Frankfurter,J/Schairer,A Offierowski, E.	Frankfurter,J/Schairer,A Offierowski, E.	Fernando Expr.	1992
Feierabend	Siegel, R.	Meinunger, B.	Alexander, P.	1977
Feierabend-Jodler	Sulzböck, T.	Rauch, F.	Hellwig,M. & M.	1964
Ferien Polka	Bauer, A.		Hellwig, M & M	1963
Fern, so fern von hier	Ferguson, P.J.	Retter, R.	Andersen, L.	1962
Fernandos Bodega	Häring, R.	Brocker, B.	Nina & Mike	1990
Fernweh	Munro, N.	Kunze, M.	Whittaker, R.	1986
Fertig	Müller-Westernhagen, M.	Müller-Westernhagen, W.	Müller-Westernh	1990

Alphabetisches Titelverzeichnis

Titel	Komposition	Text	Interpret	Jahr
Feuer	Frankfurter,J. / Möring,J.	Frankfurter,J. / Möring,J.	Sheer, I.	1978
Feuer im ewigen Eis	Frankfurter, J.	Holder, I.	Kastelruther Sp.	1990
Feuer und Flamme	Karges, C.	Karges, C.	Nena	1985
Feuer verglüht mit der Zeit	Cordalis, C.	Frankfurter, J.	Cordalis, C.	1982
Feuervogel	Frankfurter, J.	Holder, I.	Berger, O.	1990
FFB	Sigl, G.	Sigl, G.	Spider Murphy	1989
Fiaker-Lied	Piek, G.	Pieck, G.	div.	
			Griesser, M.	1991
Fiesta Cubana	Gietz, H.	Feltz, K.	Valente, C.	1955
Fiesta Mexicana	Siegel, R.	Holm, M.	Gildo, R.	1972
Finden Sie Mabel	Lürig, H. / Kunze, H.R.	Kunze, H.-R.	Kunze, H.-R.	1987
Fips, der Pfeifer[Pfeifer Serenade]	Igelhoff, P.	Holm, P.	Igelhoff, P.	1941
			Werner, I.	1943
First Waltz	Lindenthal, B.	instr.	Orch. St. Pola	1992
Fischers Fritz fischt frische Fische	Koelewijn, P.	Krüger, U.	Haak, N.1976	
Flamenco Espanol	Gietz, H.	Feltz, K.	Valente, C.	1979
Flamenco touristico	Werger, St.	Werger, St.	Werger, St.	1989
Flammen im Wind	Shore, S.	Holder, I.	Black, R.	1991
Flashdance - Tanz im Feuer	Forsey, K. / Cara, I.	Kunze, M.	Ramona	1983
Flieg mit mir zu den Sternen	Dietrich, B/Simons, E/	Hammerschmidt, N. /	Anderson, G.G.	1984
	Grabowski, G.	Kaiser, R.	Kaiser, R.	1985
Flieg nicht so hoch, mein kleiner Freund	Frankfurter, J.	Jung, R.	Nicole	1981
Fliege, mein Drachen	Petersburg/Schade	Kostrzewa/Schorlemmer	Rendezvouz	1992
Fliegende Pferde	Reichel, A.	Reichel, A.	Reichel, A.	1989
Flieger	Bohlen, D.	Horn-Bernges, H.-J.	Angelo, N. de	1989
Flieger, grüß mir die Sonne	Gray, A.	Reisch, W.	Albers, H.	1932
			Extrabreit	1990
Florentinische Nächte	Dostal, N.	Meder, E.	Schuricke, R.	1948
Florida Stomp	Dobschinski, W.	instr.	Orch. W. Müller	1956
Fly Away Flamingo	Häring, R.	Brocker, B.	Fernando Expr.	1989
Fly Away Pretty Flamingo	Goldbird, J.	Goldberg, J.	March, P.	1977
Fly with me to Malibu	Bohlen, D.	instr.	King, R.	1982
Forsthaus Falkenau	Böttcher, M.	instr.	Böttcher, M.	1989
Frag den Abendwind	Gordoni	Relin, J.	Hardy, I.	1965
Frag doch nur dein Herz	Leandros, L.		Five Tops	1966
Frag mich nicht warum	Barry, J.	Siegel, R.M.	Shapiro, H.	1962
Frag nur dein Herz	Monrou, D. / Holt, W.	Lilibert	Black, R.	1966
			Etzel, R.	1982
Fragezeichen	Fahrenkroog-Petersen, J.	Kerner, N.	Nena	1983
Frankreich, Frankreich	Bläck Fööss	Bläck Fööss	Bläck Fööss	1985
	Hömig,R/Stoklosa, E.	Hömig,R/Stoklosa, E.		
Frau im besten Mannesalter	Gietz, H.	Lewinsky, Ch.	Vrethammar, S.	1989
Frau im Speigel	Gerke, W. / Hannes, M.	Gerke, W. / Hannes, M.	Denise	1987
Frau neben mir	Menke, F. / Sieg, S.	Menke, F.	Menke, F.	1992
Frauen sind keine Engel	Mackeben, Th.	Beckmann, H.F.	Hielscher, M.	1943
Frauen sind so schön wenn sie lieben	Plessow, E.	Balz, B.	Groh, H.E.	1936
Frauen und Wein	Winkler, G.	Feltz, K. / Hoff, A.	Schuricke, R.	1952
			Breck, F.	1981

Alphabetisches Titelverzeichnis

Titel	Komposition	Text	Interpret	Jahr
Fräulein	Williams, L.	Fleming, L.	Howland, Chr.	1958
Fräulein, könn´n Sie linksrum tanzen?	Gilbert, J.	Schönfeld, A.	div.	1912
Fräulein, pardon	Meisel, W.	Rillo, R.	div.	1929
			Babs, A.	1959
Fräulein Wunderbar	Shannon, J. / Sheel, Ch.	Feltz, K.	Alexander, P.	1965
Fräulein Wunderbar	Merlin	Merlin	Merlin	1990
Frech geküsst ist halb gewonnen	Lindt, R.	Lindt, R.	Malmkvist, S.	1966
Fred vom Jupiter	Dorau, A./Maureschat, O.	Kreffter, J.	Die Doraus	1981
Feesland	Schulz,K.-H./Szemkus,J.	Szemkus, J.	Speelwark	1989
Frei - das heißt allein	Angelis / Angelis	Thorsten, F.	Kaiser, R.	1976
Frei und abgebrannt	Chinn, N. / Chapman, M.	Marcard, R.	Brink, B.	1979
Freiheit	Müller-Westernhagen, M.	Müller-Westernhagen, M.	Müller-Westernh	1990
Freitagabend	Siegel, R.	Meinunger, B.	Wind	1992
Fremde in der Nacht [Strangers in the Night]	Kaempfert, B.	Feltz, K.	Beil, P.	1966
			Robic, I.	1969
Fremde oder Freunde	Palmeira/Zan/Hamilton	Jay, F.	Carpendale, H.	1976
Fremder Mann	Heider, J.	Jay, F.	Rosenberg, M.	1971
Fresenhof	Kiesewetter, K.	Kiesewetter, K.	Kiesewetter, K.	1985
Freu dich bloß nicht zu früh	Lloyd-Webber, A.	Kunze, M.	Haenning, G.	1980
Freunde	Astor, T./ Löhmer, K.	Astor, T.	Astor, T.	1987
Freunde	Engler, H. / Reidl, I.	Engler, H. / Reidl, I.	Pur	1990
Freunde, das Leben ist lebenswert	Lehár, F.	Knepler, P. / Löhner, F.	Tauber, R.	1934
Freunde fallen nicht vom Himmel	Leykauf, W.	Leykauf, W.	Patrizius	1990
Freunde für´s Leben	trad. / Blum, H.	trad. / Hertha, K.	Hagara, W.	1960
			Hagara, W.	1960
Fridolin, ich hab' nichts anzuzieh'n	Berking, W.	Schwabach, K. / Weille, K. de	Gualdi, N.	1956
Frieden	Maffay, P.	Kunze, M.	Maffay, P.	1972
Friesenlied [Wo die Nordsee-wellen]	Krannig, S.	Fischer-Friesenhausen, F.	div.	1908
		Müller-Graehlert, M.	Andersen, L.	1962
Froh und heiter	Michalski, C.	instr.	Orch. A. Lutter	1939
Früh-Stück	Wolff-Berg,H.	Pohlmann, B.	Gebr. Blattschuß	1979
Früher war alles viel früher	Waggershausen, St.	Waggershausen, St.	Waggershausen	1981
Frühling	Knipp, H. / Brühl, H.L.	Knipp, H.	Paveier	1985
Frühling in Sorrent	Winkler, G.	Siegel, R.M.	Groh, H.E.	1940
Frühling in Wien	Grothe, F.	Dehmel, W.	Rökk, M.	1941
Fünf Minuten vor zwölf	Jürgens, U. / Kunze, M.	Jürgens, U. / Kunze, M.	Jürgens, U.	1982
Fünftausend Meilen von zu Haus	Bare, B.	Williams, Ch. / Loose, G.	Quinn, F.	1965
Fünfundneunzig Tage	Busse, Chr.	Busse, Chr.	Hartz, H.	1983
Funkelperlenaugen	Engler, H. / Reidl, I.	Engler, H. / Reidl, I.	Pur	1988
Für alle	Haller, H.	Haller, H.	Wind	1985
Für dich allein	Twardy, W.	Lilibert	Black, R.	1970
Für ein kleines Gebet ist es nie-mals zu spät	Willmann, W.	Willmann, W.	Parker, T.	1990
Für ein Stück Himmel mit dir	Deutscher, D.	Meinunger, B.	Schubert, S.	1989
Für eine Nacht voller Seligkeit	Kreuder, P.	Schwenn, G.	Rökk, M.	1940
			Headline	1985
Für Gaby tu ich alles	Buchholz, H.	Bradtke, H.	Böttcher, G.	1962
Für immer bei dir	Busse, Chr.	Busse, Chr.	Knapp, R. &	

Alphabetisches Titelverzeichnis

Titel	Komposition	Text	Interpret	Jahr
			Rudolz, H.	1992
Für immer und dich	Reiser, R.	Reiser, R.	Reiser, R.	1987
Für immer und immer wieder	Reichel, A.	Reichel, A.	Reichel, A.	1988
Für mich soll's rote Rosen regnen	Hammerschmidt, N.	Knef, H.	Knef, H.	1974
Für wen macht eine Frau sich schön	Doelle, F.	Amberg, Ch.	Söhnker, H.	1937
			Metropol Vokal.	1938
Für zwei Groschen Musik	Meyer, F.	Brandin, W. / Rauch, F.	Hielscher, M.	1958
Fußball ist unser Leben	White, J.	White, J.	dt Fußball-National-mannschaft '74	1973
Fußballblues	Dill, B. / Bauer, M.	Bauer, M.	Bauer, M.	1975
Fußball-Lied	Fesl, F.	Fesl, F.	Fesl, F.	1976
G'sundheit ist das größte Glück auf Erden	Behrle, G.	Behrle, G.	Naabtal Duo	1991
Gaby wartet im Park	Jürgens, U.	Kunze, M.	Jürgens, U.	1981
Galanterie	Borchert, W.		Berger, F.	1988
Gänsehaut	Deutscher, D.	Meinunger, B.	Bach, J.	1991
Ganz der Vater	Frankfurter, J.	Hofer, W.	Koczian, J.v.	1978
Ganz in weiß	Arland, R.	Hertha, K.	Black, R.	1965
Ganz leis' erklingt Musik	Dörflinger, K.	Feltz, K. / Wallnau, E.	SchurickeTerzett	1940
Ganz leise kommt die Nacht	Grothe, F.	Dehmel, W.	Heiberg, K.	1939
Ganz ohne Weiber geht die Chose nicht	Kálmán, E.	Jenbach, B. / Stein, L.	div.	1915
Ganz Paris ist ein Theater	Bruhn, Chr.	Buschor, G.	Mathieu, M.	1971
Ganz Paris träumt von der Liebe	Porter, C.	Feltz, K.	Valente, C.	1955
Gartenzwerg Marsch	Bruhn, Chr.	Bradtke, H.	Sanders, B.	1962
			Jacob Sisters	1965
Gaucho Mexicano	Vorzon, B. de	Kröll, K.H.	Leismann, R&W	1962
Geburtstagsjodler	Sulzböck, T.	Rauch, F.	Hellwig, M&M	1980
Geburtstags-Ständchen	Lincke, P.	instr.	div.	1908
Gefeuert	Jürgens, U. / Kunze, M.	Jürgens, U. / Kunze, M.	Jürgens, U.	1977
Gefunden auf der Autobahn	Frankfurter, J.	Holder, I.	Kastelruther Sp	1990
Geh, Alte, schau mi net so deppert an	Szálat, F. / Ull, B.	Geiger, E. / Daniel, F.	Lang, F.	1971
Geh nicht	Haller, H.	Meinunger, B.	Haller, H.	1981
Geh nicht am Glück vorbei	Fulton, K.	Horst	Lee, B.	1961
Geh nicht in die Stadt	Steinhauer, H.	Kunze, M.	Werding, J.	1983
Geh nicht vorbei	Heider, J.	Relin, J.	Anders, Chr.	1969
Geh vorbei	Eisenmann	Jay, F.	Fabian, M.	1976
Geh vorbei	Steinhauer, H.	Rosenberg/Enzensberger	Rosenberg, M.	1990
Geh, wenn du willst	Dietrich,B./ Grabowski,G	Kunze, M.	Sheer, I.	1982
Geh'n wir mal zu Hagenbeck	Gilbert, J.	Schönfeld, A.	div.	1912
Geheime Zeichen	Frankfurter, J.	Holder, I.	Berger, O.	1992
Geisterreiter	Jones, St.	Verch. E.	Low, B.	1959
Gelbe Rosen	Parton, D.	Teitz, H.	Dagmar	1991
Gelber Mond	Bartels, A.	Bartels, A.	Rajter, D.	1989
Geld wie Heu	Evans, J.	Bradtke, H.	Böttcher, G.	1962
Gelegenheit macht Liebe	Frings, G. / Lehrheuer, F.	Kaiser, R. / Dreksler, J.	Nicole	1991
Gell du hast mich gelle gern	Hämmerle, T.	Hämmerle, T.	Sponheimer, M.	1977
Genug ist genug	Aitken, M. / Stock, M.	Kunze, M.	Denise	1984
Georgie	Theunissen, W.	Theunissen, W.	Pussycat	1976

Alphabetisches Titelverzeichnis

Titel	Komposition	Text	Interpret	Jahr
Geradeaus	Jürgens, U. / Christen, Th. Wagner, P.	Jürgens, U. / Christen, Th. Wagner, P.	Jürgens, U.	1991
Gern hab´ ich die Frau´n geküßt	Lehár, F.	Jenbach, B. / Knepler, P.	div.	1925
Gerti [von Drüben]	Müller-Westernhagen, M.	Müller-Westernhagen, M.	Müller-Westernh	1981
Geschichten aus dem Wiener Wald	Strauß, J. (Sohn)	instr.	div.	1868
Gestern, heute, morgen	Jürgens, U.	Jürgens, U. / Hörbiger, T.	Hörbiger, T.	19##
Gestern jung, morgen alt	Kartner, P.	Kartner, P. / Kunze, M.	Alexander, P.	1989
Gestern um dreiviertelzehn	Birner, G.	Blecher, C.-U.	Froboess, C.	1965
Gianna - Liebe im Auto	Gaetano, R.	Haaren, K. van / Prost, U.	Petry, W.	1978
Gib acht auf dein Herz, Margarete	Schmitz, J.	Feltz, K.	Schmitz, J.	1973
Gib acht auf den Jahrgang	Jussenhoven, G.	Schlösser, J.	div.	1938
Gib dein Ziel niemals auf	Lynne, J.	Krüger,U/Jörn-Christoph	Herold, T.	1981
Gib dem Bub die Geige nicht	Hämmerle, T.	Hämmerle, T.	Kuhn, P.	1968
Gib dem Glück eine Chance	Siebholz, G.	Schneider, D.	York, T.	1976
			Hauff & Henkler	1991
Gib mir alles von Dir	Wilke, G.	Gerritzen, K.	Pascal, F.	1990
Gib mir als Souvenir ein kleines Bild von dir	Würcher, G.	Würcher, G.	Nockalm Quint.	1989
Gib mir bitte einen Kuß	Thomas, W.	Feddersen, H.	Feddersen, H.	1981
Gib mir dein Wort	Olias, L.	Rothrnburg, W.	Quinn, F.	1964
Gib mir die Hitze der Nacht	Giesecke, P.	Giesecke, P.	Carras, M.	1992
Gib mir einen Kuß durchs Telefon	Lehn, E.		Buhlan, B.	1947
Gib mir mein Geld zurück	Werner, P.	Werner, P.	Werner, Pe	1991
Gib mir Zeit	May, A.	Mührmann, W.	Maywood	1980
Ginny, dein Lächeln	Geld, G.	Heilburg, Chr.	Black, R.	1991
Ginny, komm näher	Fletcher / Flett	Orloff, P.	Shayne, R.	1971
Gipsy Blues	Franchi, N.		Franchi, N.	1956
Gisela [Hallo kleines Fräulein]	Oldörp, F. / Tautz, W.	Skodda, B.	Die 3 Travellers	1947
Gitarren im Mondlicht	Lazzaro, E. di	Meinunger, B.	Martinetti, N.	1986
Gitarren klingen leise durch die Nacht	Reipsch, H.	Moderer, E.	Makulis, J.	1959
Gitarren Serenade [Zwei Gitarren am Meer]	Funk, F.	Holm, P.	div.	1940
			Bertelmann, F.	1987
Gitarren spielt auf	Schmidseder, L.	Siegel, R.	Commedian Harmonists	1934
Glaub an dich	Bauer, R. / Thumser, G.	Bauer, R. / Thumser, G.	Kramer, S.	1972
Glaube, Hoffnung, Liebe	Jersey,M./Petersburg,W.	Krings, P.	Heimatduo J&M	1990
Glaube mir [Mütterlein]	Winkler, G.	Rauch, F.	Sauer, W.	1952
			Negra, L.	1952
Glocken der Heimat	Bochmann, W.	Knauf, E.	div.	1942
			Strienz, W.	1954
Glockenpolka	Scharfenberger, W.	Busch, F.	div.	1950
Gloria	Tozzi, U. / Bigazzi, G.	Kunze, M.	Valaitis, L.	1982
Gloria	Busse,U. / Rupprich, K.	Busse, U. / Rupprich, K.	Busse, U.	1988
Glück und Liebe	Heider, J. / Moesser, P.	Heider, J. / Moesser, P.	Doucet, S	1966
Glückliche Menschen	Carste, H.	instr.	Orch. H. Carste	1938
Glückliche Reise	Künneke, Ed.	Bertuch,M/Schwabach,K	div.	1932
Glückwunsch an die Braut	Hee, H.	Hee, H.	Zillertaler Schürz	1989
Gnäd´ge Frau, komm´ und spiel mit mir	Heymann, W.R.	Liebermann, R.	Albers, H. & Harvey, L. & Hörbiger, P.	1932

Alphabetisches Titelverzeichnis

Titel	Komposition	Text	Interpret	Jahr
Gnädige Frau, wo war´n Sie gestern	Schröder, F.	Beckmann, H.F.	Forst, W.	1939
Goethe war gut	Coben, C.	Woitkewitsch, Th.	Carrell, R.	1978
Gold in deinen Augen	Bause, A.	Kerstin	Schöbel, F	1971
Gold Steffi	Haak, N. / Romein, G. Mortel, H. v.d. / Frank, R.	Haak, N. / Romain, G. Mortel, H.v.D./ Frank, R.	Haak, N.	1988
Gold und Silber	Lehár, F.	instr.	div.	1899
Gold und Silber	Wellnitz, G. / Zobel, G.	Wellnitz, G. / Zobel, G.	Ann & Andy	1989
Golden schimmern meine Berge	Felten, J.	Amper	Krönauer, H.	1970
Goldener Reiter	Witt, J.	Witt, J.	Witt, J.	1981
Golfstrom	Wernicke, H.	Wernicke, H.	Metropol Vokal.	1939
Goodbye, Jonny [Leb wohl, Peter]	Kreuder, P.	Beckmann, H.F.	Albers, H.	1939
Goodbye Mama	Siegel, R.	Loose, G.	Sheer, I.	1973
Goodbye, My Love, Goodbye	Munro, K. / Panas, M.	Munro, K. / Panas, M.	Roussos, D.	1973
Good Night [Reich mir zum Abschied noch einmal die Hände]	Abraham, P.	Grünwald, A. / Beda	div. Moffo / Schock	1930 1975
Goodnight My Love	Arland, R.	Hertha, K.	Black, R.	1967
Gospodin	Schikora, U.	Kunze, M.	Lavi, D.	1990
Graf Zeppelin	Teike, C.	instr.	div.	1908
Grau war der Ozean	Renard, J.	Bader, E.	Dalida	1961
Griechische Nacht	Reim, M. / Wiesner, J.	Reim, M. / Fiscian, B	Brink, B.	1989
Griechischer Wein	Jürgens, U.	Kunze, M.	Jürgens, U.	1974
Großstadtlichter	Sklerov, G. / Lloyd, H.	Kunze, M.	Werding, J.	1980
Grün ist die Heide	Blume, K.	Löns, H.	div.	1919
Gruß an Oberbayern	Freundorfer, G.	instr.	Freundorfer, G.	1937
Grüß mir die Damen	Gaze, H.	Balz, B.	Torriani, V.	1956
Grüß mir mein Hawaii	Kollo, Wi.	Kollo, Wi.	div.	1925
Grüß mir mein München	Bauer, A.	instr.	Bauer, A.	1945
Grüß mir mein Wien	Kálmán, E.	Brammer, J./Grünwald,A	div.	1924
Grüße an die Heimat	Krome, K.	Krome, K.	div.	1948
Grüße an Sarah	Horn-Bernges, H.-J.	Heilburg, Chr.	Leandros, V.	1983
Guck doch nicht immer nach dem Tangogeiger hin	Hollaender, F.	Hollaender, F.	Bois, C. Frank, L.	1930 1930
Gute Lieder sind wie Pistolen	Schönherz, R./Rigoni, E.	Heller, A.	Mendt, M.	1975
Gute Nacht, Freunde	Yondraschek, A.	Yondraschek, A.	Inga & Wolf Mey, R.	1972 1972
Gute Nacht, Kameraden	Frauenberger, E.	Frauenberger, E.	Moik, K.	1990
Gute Nacht, Mutter	Bochmann, W.	Lehnow, E.	Strienz, W.	1938
Guten Morgen, liebe Sorgen	Dohrenkamp, J.	Dohrenkamp, J.	Lippe, J.v.d.	1987
Guten Morgen Sonnenschein	Villa, M.d./Delanoe, P.	Reber, P. / Zuckowski, R.	Mouskouri,N.	1977
Guten Tag, liebes Glück	Grothe, F.	Dehmel, W.	Harvey, L.	1939
Guten Tag, Musik	Leykauf / Leissle / Helm	Leykauf / Leissle / Helm	Bertelmann, F.	1990
Guten Tag Regenbogen	Lipman, B.	Geller, U.	Geller, U.	1985
Hab ein blaues Himmelbett	Lehár, F.	Willner,A.M./Reichert,H.	div.	1922
Hab ich dir heute schon gesagt, daß ich dich liebe	Twardy, W.	Lilibert	Roberts, Chr.	1971
Hab mich lieb	Frankfurter, J.	Holder, I.	Hertel, St.	1991
Hab Sonne im Herzen	Twardy, W.	Lilibert	Roberts, Chr.	1972
Habe ich dich heute nacht verloren	Hendrik, T.	Roever, U.	Christian, D.	1977

Alphabetisches Titelverzeichnis

Titel	Komposition	Text	Interpret	Jahr
Haben Sie schon mal im Dunkeln geküßt	Jary, M.	Beckmann, H.F. Pinelli, A. von	Künneke, E. Valente, C.	1942 1961
Hab´n Sie nicht ´ne Braut für mich	Gaze, H.	Gaze, H.	Buhlan, B.	1951
Hadschi Halef Omar	Siegel, R.	Meinunger, B.	Dschinghis Khan	1979
Hafenmarie	Gietz, H.	Feltz, K.	Carol, R.	1961
Halbblut	Caps, A.	Schäuble, C.J.	Fleming, J.	1974
Halé, Hey Louise	Benson, S. / Styx, E.		King, R.	1981
Halleluja	Aroni, H. / Holm, M.	Holm, M.	Aroni, H.	1972
Halli, Hallo	Rossini	Hertha, K.	Breck, F.	1974
Hallo, du süße Klingelfee	Stolz, R.	Rebner, A.	div.	1919
Hallo Engel	Waggerhausen, St.	Waggerhausen, St.	Waggershausen	1980
Hallo, Frau Nachbarin	Grabowski,G/Simons,E	Grabowski,G/Simons,E	Wildecker Herzb	1990
Hallo, guten Morgen Deutschland	Astor, T. / Löhmer, K.	Astor, T. / Löhmer, K.	Astor, T.	1984
Hallo guter Stern	Dörr, P.	Dörr, P.	Gloria	1989
Hallo, Herr Nachbar	Unwin, G.	Niessen, Ch.	Cindy & Bert	1973
Hallo, ich bin Hermann	Rodgau Monotones	Rodgau Monotones	Rodgau Monot.	1985
Hallo, ist denn hier keiner	Ederer, P. / Gudera, G.	Ederer, P. / Gudera, G.	Morell, M.	1974
Hallo Klaus	Bocker, N.	Bocker, N.	Nickerbocker & Biene	1983
Hallo kleines Fräulein [Gisela]	Oldörp, F. / Tautz, W.	Skodda, B.	Die 3 Travellers	1947
Hallo Mädchen	Paßmann-Engel / Jörling	Paßmann-Engel / Jörling	Moonbeats	1989
Hallo Monika	Wilke, G.	Naitsabes,P./Gerritzen, C.	Parker, A.	1991
Hallo Nachbar	Becker, F. / Lentz, P.	Bärtels, A.	Beel, B.	199#
Hallo, servus Evi	Oberbrandacher, W.	Leissle, W.	Oberbrandacher	1992
Hallo, wie wär´s mit einer Fahrt ins Glück	Carste, H.	Balz, B.	div.	1969
Halt den Sonnenstrahl fest	Rothfuß, T. / Erhardt, U. Thomas, A.	Rothfuß, T. / Erhardt, U. Thomas, A.	Die Schäfer	1991
Halt mal die Sonne an	Eckert, H.	Valentin, E.	May, T.	1973
Halt die Welt an	Kreissl-Würth, H.	Kreissl-Würth, H.	Alpentrio Tirol	1990
Halt mich fest	Bartzsch, F.	Kunze, M./Meinunger, B.	Fischer, V.	1981
Hamburger Deern	Behan, D. / Lob, H.	Behan, D. / Lob, H.	Rentnerband Petrel, P.	1974 1985
Hämmerchen Polka	Gietz, H.	Bradtke, H.	Howland, Chr.	1961
Hand auf´s Herz	Geiger, W.	Wolf, K.	Bauer, U.	1987
Hand in Hand geh´n wir zwei	Kreuder, P.	Beckmann, H.F.	Fritsch, W.	1943
Hand in Hand in die Sonne	Frankfurter, J.	Holder, I.	Jonak, T.	1991
Häng die Gitarre nicht an den Nagel	Orienx, Ch.	Bradtke, H.	Baginsky, G.	1975
Happy-Happy Days [Wenn ich will, stiehlt der Bill für mich Pferde]	Jary, M.	Balz, B.	Molnar, V. Hensch, F.	1950 1951
Happy Luxemburg	Last, J.	instr.	Last, J.	1967
Hard Rock Cafe	King, C.	Aggerbach, N.	Molina, O.	1977
Harlekin	Blum, H.	Blum, H.	Malmkvist, S. Gerard, D.	1968 1972
Harry Lime Theme [Der dritte Mann]	Karas, A.	instr.	Karas, A.	194#
Hast a bisserl Zeit für mi	Brunner, K & H	Brunner, K & H	Alpentrio Tirol	1991
Hast du alles vergessen	Bruhn, Chr.	Loose, G.	Deutscher, D.	1965
Hast du Lust	Bruletti, F./Römer, E.	Meinunger, B.	Brink, B.	1992

Alphabetisches Titelverzeichnis

Titel	Komposition	Text	Interpret	Jahr
Hätt' ich's geahnt	Gerke / Hannes	Gerke / Hannes	Anne-Karin	1982
Hätte Rembrand dich gekannt	Munro, N.	Arnie, R.	Whittaker, R.	1989
Hätten wir lieber das Geld vergraben	Servos, F.	Servos, F.	Golgowski-Quartett	1953
Haus der drei Sonnen	Fahrenkroog-Petersen	Karges, C.	Nena	1985
Haut an Haut	Müssig, R.	Hammerschmidt, N.	Kaiser, R.	1987
Hawaii Tattoo	Thomas, M.	instr.	Die Waikikis	1961
Hawaiiana Melodie	Gordan, A.	Gordan, A.	Valente, C.	1963
Hei, hei, hei so eine Schneeballschlacht	Froboess, G.	Bradtke, H.	Froboess, C.	1951
Heia Safari [Wie oft sind wir geschritten]	Götz, R.	Aschenborn, H.A.	div.	1921
			Heino	1968
Heideröslein	Hansen, P.J.	Rozhrnburg, W.	Golgowski-Quartett	1954
Heidewitzka, Herr Kapitän	Berbuer, K.	Berbuer, K.	Berbuer, K.	1936
			Millowitsch, W.	1979
Heidi	Bruhn, Chr.	Wagner,A/Weinzierl,W	Gitti & Erika	1977
Heidschi Bumbeidschi	Jorge, J. / Hausmann, W.	Jorge, J. / Hausmann, W.	Heintje	1968
Heile, heile Gänsje	Mundo, M.	Mundo, M.	Neger, E.	1960
Heimat	Henkler, K.D.	Henkler, K.D.	Hauff & Henkler	19##
Heimat, deine Lieder	Dostal, N.	Hermecke, H.	Kapper, P.	1939
			Geszty, S.	1970
Heimat, deine Sterne	Bochmann, W.	Knauf, E.	Strienz, W.	1941
Heimat ist nicht nur ein Wort	Schmidt-Potemke, H.-U.	Rust, J.	Dorthe	1991
Heimatland	Jersey, M.	Krings, P.	Heimatduo J&M	1991
Heimatland im Sonnenschein	Schmid, G./Hofmann, M.	Schmid, G./Hofmann, M.	Michael&Mich.	1992
Heimatlied [Heimatland, dein gedenk ich immerdar]	Dostal, N.	Hermecke, H.	div.	1937
			Wewel, G.	1979
Heimatlied [Wer die Heimat liebt]	Böhmelt, H.	Beckmann, H.F.	Groh, H.E.	1941
Heimatlos	Olias, L. / Mösser, P.	Olias, L. / Mösser, P.	Quinn, F.	1957
Heimlich, still und leise kommt die Liebe	Lincke, P.	Schönfeld, A.	div.	1905
			Mira, B.	1968
Heimlich von dir geträumt	Haller, H.	Meinunger, B.	Martens, E.	1992
Heimweh	Gilkyson / Dehr / Miller	Rasch / Bader	Quinn, F.	1956
Heimweh-Jodler	Walther, G.	Rast, W.	Egli, E.	1992
Heimweh nach dem Kurfürstendamm	Kamp, B.	Kamp, B. / Schwenn, G.	Die 3 Travellers	1949
			Knef, H.	1964
Heimweh nach den Bergen	Rosenberger	Hertha, K.	Vielllechner, S.	1984
Heimweh nach der Heimat	Behrle, G.	Behrle, G.	Naabtal Duo	1990
Heimweh nach dir	Gaze, H.	Pinelli, A. von / Schwenn, G.	Hielscher, M. & Wendland, G.	1952
Heimweh nach Köln	Ostermann, W.	Ostermann, W.	Ostermann, W.	1936
			Krekel, L.	1971
Heimwehmelodie	Trumm, P.		Scholz, W.	1986
			Mross, S.	1989
Hein spielt abends so schön auf dem Schifferklavier	Richartz, W.	Kirsten, P.	Commedian Harmonists	1934
Heinerle, Heinerle, hab kein Geld	Fall, L.	Léon, V.	div.	1907
			Hörbiger, P.	1968
Heintje, baue ein Schloß für mich	Timmermann, D.	Timmermann, D.	Wilma	1969

Alphabetisches Titelverzeichnis

Titel	Komposition	Text	Interpret	Jahr
Heinz Schwalbe, der Pauschaltourist [Rosita]	Zander, F.	Zander, F.	Zander, F.	1976
Heinzelmännchens Wachtparade	Noack, K.	instr.	div.	1919
Heiß und kalt	Triebel, J.	Kaiser / Hammerschmidt	Roos, M.	1982
Heiß wie die Sonne	Harders, H. / Kopp, H.	Harders, H. / Kopp, H.	Strandjungs	1986
Heiß wie ein Vulkan	Moroder, G.	Loose, G.	Shayne, R.	1967
Heiß wie Feuer	Clark, D. / Smith, M.	Angerer, G.	Cagey Strings	1992
Heiße Nächte in Palermo	EAV	Spitzer, T.	EAV	1986
Heiße Tage	Dörflinger, K.		Dörflinger	1941
Heißer Sand	Scharfenberger, W.	Feltz, K.	Mina	1962
			Francis, C.	1966
			Bach, K.	1984
Heiter musiziert	Carste, H.	instr.	Orch. H. Carste	1960
Hello Again	Carpendale, H. / Horn-Bernges, H.-J.	Carpendale,H. /Holder, I. Horn-Bernges, H.-J.	Carpendale, H.	1984
Hello Martina	Hendrik, T.	Thöner, E.	Phil & John	1974
Hello Mary Lou	Pitney, G.	Blecher, C.U.	Francesco, S.	1961
			Jan & Kjeld	1961
			Ricky-Boys	1961
			Kollo, R.	1961
			Phil & John	1972
Henry zeig dich mal ohne	Blum, H.	Blum, H.	Valentino, H.	1974
Herbert	Böhm-Thorn, W.	Hanselmann-Brehmer, D.	Wendehals, G.	1979
Hermann heeßt er	Mendelssohn, L.	Mendelssohn, L.	Waldoff, C.	1928
Herrgott am blühenden Neckarstrand	May, H.	Pflanzer, H.	div.	1927
			Heino	1979
Herz an Herz Gefühl	Deutscher, D.	Meinunger, B. (dt)	Deutscher, D.	1986
Herz Ass ist Trumpf	Jubel, H.	Kwaier, B.	Breck, F.	1991
Herz aus Eis	Bartzsch, F.	Hammerschmidt, N.	Christian, R.	1987
Herz aus Glas	Zauner, S. / Strobel, A.	Killer / Kunzi / Strobel	Münchener Freih	1987
Herz aus Stein	Pietsch, R.	Meinunger,B./Schüler, W.	Wind	1985
Herz ist Trumpf	Krawinkel,G/Remmler,St	Krawinkel,G/Remmler,St	Trio	1983
Herz-Schmerz-Polka	Blàha, V.	Ritcher, K.S..	Gebr. Pfarr	
Herz unter Strom	Pietsch, R.	Meinunger, B.	Berger, C.	1992
Herz voller Gold	Schulz, P. / Piek, J.	Schulz, P	Purple Schulz	1988
Herzen haben keine Fenster	Mayer, H.	Buschor, G.	Graf, E.	1973
Herzenswunsch	Jussenhofen, G.	Henning, H.H.	Bertelmann, F.	1988
Herzilein	Lüdtke, B. & C.	Lüdtke, B. & C.	Wildecker Herzb	1990
Herzipopperl	Zylka, W.	Jung, R.	Bernadette	1991
Hessenmusikanten-Marsch	Hempel, R.	instr.	div.	1973
Heut´ hab´ ich mein Herz verloren			Dorthe	1966
Heut´ hat mein Herz tausend Flügel	Grothe, F.	Dehmel, W.	Koczian, J. von	1959
Heut´ist der Tag der guten Laune	Niessen, Ch.	Redl, B / Bauer, U.	Bauer, U.	1988
Heut´ ist der Tag der kleinen Helden	Bohlen, D.	Horn-Bernges, H.-J.	Alexander, P.	1992
Heut´ ist ein Feiertag für mich	Olias, L.	Woezel, H.	Mucke, M.	1954
Heut´ ist mir alles egal	Siegel, R. / Holm, M.	Siegel, R. / Holm, M.	Mann, M.	1971
Heut' könnte ich die ganze Welt umarmen	Doelle, F.	Balz, B.	Orch. W. Glahé	1934

Alphabetisches Titelverzeichnis

Titel	Komposition	Text	Interpret	Jahr
Heut' war ich bei der Frieda	Cowler, J.	Rotter, F.	Egen, A.	1927
Heut' woll'n wir lustig sein	Linder, O.	Linder, O.	div.	1936
Heute blau und morgen blau	Wendorf, F.	Wendorf, F.	div.	1949
Heute kaufen wir ein Brauhaus	Möring, J.	Möring, J.	Petrel, P.	1992
Heute male ich dein Bild, Cindy Lou	Stuart	Buschor, G.	Deutscher, D.	1965
Heute nacht	Steinhauer, H.	Frey, H.	Cagcy Strings	1990
Heute nacht oder nie	Spoliansky,M.	Schiffer, M.	Kiepura, J.	1932
Heute so, morgen so	Schmidt, G.	Loose, G.	Blanco, R.	1969
Hey Amigo, muchas gracias	Zimmermann, D.	Weygel, H.U.	Rose, R.	1973
Hey Annabella Susann	Schroeder, A./Wayne, S.	Blecher, C.U.	Sondock, M.	1962
Hey Baby Nana	Simon, B. / Weingeist, R.	Simon, B. / Weingeist, R.	Müller, R.	1971
Hey Boss, ich brauch mehr Geld	Gabriel, G.	Gabriel, G.	Gabriel, G.	1974
Hey, das ist Musik für mich	Korn, H.	Korn, H.	March, P.	1969
Hey du	Klarmann, I. / Weber, F.	Maurenbrecher, M.	Fischer, V.	1989
Hey Junge, sag das noch einmal	Möring, J. / Frankfurter, J.	Möring, J. / Frankfurter, J.	Sheer, I.	1978
Hey Kleiner, mit dir spielt wohl keiner	Gabriel, G.	Gabriel, G.	Best, E.	1977
Hey Little Lady	Bruhn, Chr.	Loose, G.	Bonney, G.	1969
Hey Matrosen	Hubert, P.	Hubert, P.	UKW	1983
Hey Mr. Banjo	Campi, F.	##	##	1955
Hey Mr. Musicman	Frankfurter, J./Möring, J.	Frankfurter, J./Möring, J.	Sheer, I.	1978
			Best, E.	19##
Hey, Nachbar, komm rüber	Ederer, P.	Gudera, G. / Holder, I.	Indra, I.	1975
Hey, Neandertalman	Godley/Cream/Steward	Lego	Adam & Eve	1970
Hey, nur nicht drängeln, junger Mann	Gabriel, G.	Gabriel, G.	Inger, S.	1978
Hey Sie ..., sind Sie noch dran?	Petry, W.	Schultz, E.	Petry, W.	1985
Hey Vivi, Hey Gerhard	Hildebrand, R.	Munro, K.	Bach, V. und Wendland, G.	1963
Hey Yvonne	Gabriel, G.	Gabriel, G.	Gabriel, G. & Yvonne	1974
Hier am Rhein geht die Sonne nicht unter	Hämmerle, T.	Hämmerle, T.	Neger, E.	1959
Hier in der Kneipe	Müller-Westernhagen, M.	Müller-Westernhagen, M.	Müller-Westernhagen, M.	1981
Hier ist ein Mensch	Doven, M.	Halvey, J. / Feltz, K.	Alexander, P.	1970
Hier ist ein Zimmer frei	Siegel, R.	Hertha, K. / Schüler, W.	Roberts, Chr.	1976
Hier kommt Kurt	Zander, F.	Zander, F.	Zander, F.	1990
Hilf mir	Mey, R.	Mey, R.	Mey, R.	1983
Hill Billy Boy	trad.	Blackwell, Ch./Verard, J.	Cogan, A.	1965
Hilly Billy Country Lilly	Truck Stop	Truck Stop	Truck Stop	1983
Himalaya	Siegel, R.	Meinunger, B.	Dschinghis Khan	1983
Himbeereis zum Frühstück	Caraega, J. / Holler, D.	Meinunger, B.	Hoffmann & H.	1977
Himmel vorhanden, Engel gesucht	Gordan, A.	Hammerschmidt, N.	Beel, B.	1992
			Andy & Bernd	1992
Himmelblaue Serenade	Redi	Feltz, K.	Eskens, M.	1958
			Williams, C.	1958
Hinter den Kulissen von Paris	Bruhn, Chr.	Buschor, G.	Mathieu, M.	1969
Hinter den sieben Bergen	Mattes, W.	Beckmann, H.F.	Busch, E.	1944

Alphabetisches Titelverzeichnis

Titel	Komposition	Text	Interpret	Jahr
Hinter jedem Schatten ist ein Licht	Behrle, G.	Behrle, G.	Naabtal Duo	1989
Hinter´m Hühnerstall	Avsenik, S.	instr.	Avsenik, S.	1974
Hitze der Nacht	Sabol, A.	Schilling, P.	Schilling, P.	1984
Hirten-Blues	Roberts, R./Jacobson, K.	Plante, J.	Valente, C.	1960
Hoch auf dem gelben Wagen	Höhne, H.	Baumbach, R.	div.	1923
			Scheel, W.	1973
Hoch die Tassen	Twardy, W.	Frankfurter, J.	Miller, R.	1974
Hoch drob´n auf dem Berg	Grothe, F.	Marischka, E.	Holt, H.	1940
Hochzeitstango	Dörflinger, K.	##	##	1966
Hofsänger-Lied	Bonnewitz, H.	Bonnewitz, H.	Mainzer Hofsän.	1977
Hofsängerserenade	Roland, M.	Brandt, J.	Commedian	
			Harmonists	1931
Hohe Berge	Menke, F.	Menke, F./ Gutowski, H.	Menke, F.	1982
Hohe Tannen	Rodà, B.	Rodà, B.	Heimatsänger	1960
			Hellberg Duo	1960
Hokuspokus [Eins, zwei, drei, Liebe ist nur Zauberei]	Jary, M.	Pinelli, A. von	Künneke, Ev.	1943
Hol´mir die Sonne	Heilburg, Chr.	Heilburg, Chr.	Norden, U.	1979
Holdrio, liebes Echo	Weille, B. de	Rothenburg, W.	Hensch, F.	1950
Holi Holiday	Simons,E./Grabowski,G.	Simons,E./Grabowski,G.	Densow, K.	1989
Holiday am Titicaca See	Olias, L.	Jung, R.	Martinetti, N.	1972
Hollywood	Kolonovits, Chr.	Jay, F.	Waterloo & Robinson	1974
Holzhackerlied [Die aller-lustigsten Leut]	Becce, G.	Knorr, H.	Trenker, L.	1934
Holzschuh Dixie	Bradtke, H. / Dobschinski, W.	Bradtke, H. / Dobschinski, W.	div.	1956
Honey Baby	Endsley, M.	Siegel, R.M.	Kraus, P.	1959
Honey Bee	Bruhn, Chr.	Loose, G.	Deutscher, D.	1966
Honey Moon	Scharfenberger, W.	Busch, F.	Alice, Ellen & Peter	1959
Honey Moon in St. Tropez	Götz, K.	Loose, G.	Kilius, M.	1964
Hong 3 - fährt ein weißes Schiff nach Hongkong	Olias, L.	Pinelli, A. von	Remmler, St.	1991
Honolulu Rag [Hilo Kiss]	Roole, J. / Albimoor, W.	Rolle, J. / Albimoor, W.	Waikikis	1962
Hoppe Hoppe Reiter	Hämmerle, T.	Hämmerle, T.	Bendix, R.	1964
Hoppla! Jetzt komm ich	Heymann, W.R.	Gilbert, R. / Kolpe, M.	Albers, H.	1932
Hör mir zu [das wünsch´ich dir]	Clarke, B. / Lewis, T.	Scherer, H.	Beel, B.	1983
Horizont	Lindenberg, U.	Reszat, B.	Lindenberg, U.	1987
Hör mein Herz	Eichenberg, W.		Brauer, H.	1958
Horrido [Der Sonntagsjäger]	Bern, B.	Haselbach, S.	Rauch, F.	1953
			Orch. A. Lutter	1953
Hörst du die Glocken von Stella Maria	Grobe,H./Zehnpfennig,A.	Mareike, S.	Bianca	1989
			Prock, E.	1989
Hörst du mein heimliches Rufen	Plato, G.	Stöcklein, E.	Groh, H.E.	1940
Hörst du, sie spielen unser Lied	Mann, M.	Roberts, Chr.	Roberts, Chr.	1981
Huckepack	Glahé, W.	instr.	Glahé, W.	1939
Hüh-a-hoh - Vier Schimmel ein Wagen	Petty, N.	Kragbein, P.	Trio Kolenka	1961
Hühner-Boogie	Olias, L.	Schwabach, K.	Jürgens, C.	1954

Alphabetisches Titelverzeichnis

Titel	Komposition	Text	Interpret	Jahr
Hula Baby	Knox, B. /Bowen, J.	Bradtke, H.	Kraus, P.	1958
Hula Hochzeit			Waikikis	1963
Hula Hoop	Davie / Grean	Nicolas, J.	Durand, A.	1958
Hula Rock	Legarde	Busch, F.	Herold, T.	1959
Hundert Mann und ein Befehl	Sadler, B.	Bader, E.	Brühl, H.	1966
[Der Legionär]			Quinn, F.	1966
Hundert volle Gläser	Grothe, F.	Dehmel, W.	Schock, R.	1971
Hurra, die Feuerwehr ist da	Grabowski,G/Simons,E.	Grabowski, G.	Wildecker Herzb	1991
Hurra-Marsch	Steingass, T.	Steingass, T.	Steingass Terzett	1959
Hurra, unsere Eltern sind nicht da	Ederer, P.	Guley, G.	div.	1970
Hurra, wir leben noch	Doldinger, K.	Woitkewitsch, Th.	Milva	1983
Hurrah, hurrah, der Pumuckl ist da	Carpendale / König / Horn-Bernges / Muschler	Carpendale / König / Horn-Bernges / Muschler	Clarin, H.	1981
Hurrah, hurrah, die Schule brennt	Sperling, G./Schlasse, K.	Sperling, G./Schlasse, K.	Extrabreit	1981
I bin a bayrisches Cowgirl	Steinhauer, H.	Frey, H.	Nicki	1988
I bin a stiller Zecher	Leopoldi, H.	Salpeter	Backus, G.	1961
I bin a Wetterfrosch	Niessen, Ch.	Niessen, Ch./Remmelt, R.	Bauer, U.	1988
I bin bled	Fitz, L.	Fitz, L.	Fitz, L.	1972
I hab a bisserl träumt von dir	Lenz, M.	Lenz, M.	Lenz, M.	1990
I hab des Schlüsserl zu dei´m Herzen	Frankfurter, J.	Holder, I.	Alpentrio Tirol	1992
I hab di so gern	Zillertaler Jodlertrio	Zillertaler Jodlertrio	Zillertaler Jodler	1989
I hab die schönen Maderln net erfunden	Schmidseder, L.	Prosel, Th.	Godden, R.	1940
			Hörbiger, P.	1965
			Heltau, M.	1979
I hob mei Herzerl zum Verschenken	Oberbrandacher, W.	Oberbrandacher, W.	Oberbrandacher	1991
I´m a lonesome Rider	Roski, U.	Roski, U.	Roski, U.	1973
I wär am liabsten mit dir ganz alloa	Steinhauer, H.	Frey, H.	Nicki	1985
I was Kaiser Bill´s Batman	Greenaway, R./Cooke, R.		Smith, J.	1967
Ibiza	Raven, E. / Gerke, W.	Raven, E. / Gerke, W.	Ibo	1985
Ich bau dir ein Schloß	Hee, H.	Hee, H.	Heintje	1968
Ich bereue keinen Augenblick	Siegel, R.	Meinunger, B.	Ebstein, K.	1982
Ich bestell schon mal das Himmelbett	Orloff, P.	Hertha, K.	Orloff, P.	1976
Ich bin	Munro, N. / Panas, M.	Munro, N.	Leandros, V.	1971
Ich bin an deiner Seite	Heider, J.	Roberts, Chr.	Roberts, Chr.	1983
Ich bin auf der Welt, um glücklich zu sein	Mackeben, Th.	Beckmann, H.F.	Cebatori, M.	1936
			Holm, R.	1936
Ich bin bald wieder hier	Olias, L.	Moesser, P.	Quinn, F.	1958
Ich bin bei dir	Haller, H.	Meinunger, B.	Renfordt, J.	1982
Ich bin CB Funker	Ascot, N.	Gabriel, G.	Gabriel, G.	1978
Ich bin da	May, A.	Hammerschmidt, N.	York, T.	1981
Ich bin das Nachtgespenst [Das Nachtgespenst]	Nelson, R.	Hollaender, F.	Gerron, K.	1930
Ich bin der Martin, ne	Bruhn, H.	Krebs, D.	Krebs, D.	1991
Ich bin die Christel von der Post	Zeller, C.	Zeller, C.	div.	1891
Ich bin die fesche Lola	Hollaender, F.	Hollaender, F. / Liebmann, R.	Dietrich, M.	1930
			Vita, H.	1958

Alphabetisches Titelverzeichnis

Titel	Komposition	Text	Interpret	Jahr
Ich bin ein Berliner Kind	Siegel, R.	Meinunger, B.	Ebstein, K.	1981
Ich bin ein Tramp	Olias / Uhlemann	Olias / Uhlemann	Hill, J.	1970
Ich bin eine anständige Frau	Lehár, F.	Léon, V. / Stein, L.	div.	1905
Ich bin gerne eine Frau	Geiger, W.	Kammerer, W.	Huber, L.	1988
Ich bin immer noch hier	Schulze-Gerlach, H.	Schulze-Gerlach, H.	Raiker, T.	1991
Ich bin ja heut' so glücklich	Abraham, P.	Gilbert, R. / Beda	Müller, R.	1931
Ich bin ja heute so verliebt	Schmidt-Gentner, W.	Beckmann, H.F.	Forst, W.	1941
Ich bin ja nur ein Troubadour	Götz, K.	Brandin, W.	Bertelmann, F.	1958
Ich bin ja so allein	Anka, P.	Nicolas	Kraus, P.	1959
Ich bin kein Hampelmann	Wilson, W.H.	Medico, P. del	Paola	1978
Ich bin keine Emma	Leykauf, W.	Leykauf, W.	Huber, L.	1992
Ich bin Klempner von Beruf	Mey, R.	Mey, R.	Mey, R.	1974
Ich bin Mary und nicht Jane	Brown	Goldfield, S.L.	Roos, M.	1977
Ich bin mehr für das Meer	Bruhn, Chr.	Bradtke, H.	Baginski, G.	1976
Ich bin nicht gern allein	Siegel, R.	Hertha, K.	Daniela	1971
Ich bin nun mal ein Mädchen			Hardy, F.	1966
Ich bin nur ein armer Wander-gesell	Künneke, Ed.	Haller, He. / Rideamus	div.	1921
			Wunderlich, F.	1960
Ich bin so gern zu Hause	Carste, H.	Bader, E.	Wendland, G.	1969
Ich bin stark	Bohlen, D.	##	Haenning, G.	1983
Ich bin stark nur mit dir	Bohlen, D.	Bohlen, D.	Roos, M.	1985
Ich bin verliebt	Dostal, N.	Amberg, Ch./Maregg, F.	div.	1933
Ich bin verliebt in dich, Christina			Solo, B.	1965
Ich bin verliebt in die Liebe	Twardy, W.	Lilibert	Roberts, Chr.	1970
Ich bin verrückt nach dir	Pietsch, R.	Steiner, T./Schwegeler,A.	Steiner, T.	1989
Ich bin viel zu bescheiden	Davis, M.	Preuß, W. / Thorsten, F.	Petrel, P.	1981
Ich bin von Kopf bis Fuß auf Liebe eingestellt	Hollaender, F.	Hollaender, F.	Dietrich, M.	1930
			Monn, U.	1978
Ich bin wie du	Heider, J.	Heilburg, Chr.	Rosenberg, M.	1975
Ich bin wieder frei	Jersey, M./Petersburg, W.	Krings, P.	Heimatduo J&M	1984
Ich brauch dich jeden Tag	Frankfurter, J.	Holder, I.	Borg, A.	1988
Ich brauch' ne Dosis Liebe	Petry, W. / Krause, A.	Kunze, M.	Petry, W.	1986
Ich brauch' Tapetenwechsel	Hammerschmid, H.	Knef, H.	Knef, H.	1970
Ich brauche keine Millionen [Musik, Musik, Musik]	Kreuder, P.	Beckmann, H.F.	Rökk/Godden	1939
			Kreuder, P.	1975
Ich brauche keinen Walkman	Kuhn, P.	Raschek, W.	Kuhn, P.	1988
Ich brech' die Herzen der stolzesten Fraun	Brühne, L.	Balz, B.	Rühmann, H.	1938
			Kuhn, P.	1982
Ich brenne	Farian, F.	Jay, F.	Gilla	1976
Ich dachte, das wäre das Leben	Hoffmann, K.	Hoffmann, K.	Hoffmann, K.	1990
Ich denk an dich	Arland, R.	Lilibert	Black, R.	1968
Ich denk an dich	trad.	trad.	Heintje	1973
Ich denk an dich	Steinhauer / Björklund	Rosenberg / Reiser	Rosenberg, M.	1980
Ich denk noch oft an Marianne	Soja, R.	Zentner, P.	Waterloo & Robinson	1979
Ich fahr mit meiner Lisa	Schmitz, J.	Rothenburg, W.	Schmitz, J.	1949
Ich fang für euch den Sonnen-schein	White, J.	White, J.	Marshall, T.	1972
Ich fange nie mehr was an einem Sonntag an	Ederer, P.	Gudera, G.	Morell, M.	1972

Alphabetisches Titelverzeichnis

Titel	Komposition	Text	Interpret	Jahr
Ich freue mich, daß wieder Sonntag ist	Bochmann, W.	Knauf, E.	Fritsch, W. Werner, I.	1943 1976
Ich fühl mich wohl in deinem Leben	Heinen, P.-R.	Hammerschmidt, N. Kaiser, R.	Kaiser, R.	1987
Ich geb heut ne Party	Jersey, M.	Petersburg, W.	Christian, D.	1992
Ich geb' mir selbst 'ne Party	Heider, J.	Holm, M.	Carpendale, H.	1969
Ich geh' durch den Regen	Birner, G.		Froboess, C.	1965
Ich geh durch die Nacht	Bause, A.	Brandenstein, W.	Inka	1991
Ich geh mit dir	Hendrik, T.	Haaren, K. van	Petry, W.	1982
Ich geh' noch zur Schule	Bruhn, Chr.	Loose, G.	Manuela	1963
Ich glaub an dich	Cook, R. / Hogin, S.	Kunze, M.	Mouskouri, N.	1984
Ich glaub es geht schon wieder los	Bartzsch, F. / Wagner, P.	Kaiser, R.	Kaiser, R.	1989
Ich glaube an die Zärtlichkeit	Stein,W.E./Grabowski,G.	Kastning, S.	Anderson, G.G.	1986
Ich glaube an Gefühle	Thöner, G.	Kunze, M.	Rubin, P.	1982
Ich grüße alle und den Rest der Welt	Sigl, G.	Sigl, G.	Spider Murphy	1990
Ich hab an dich gedacht [Tango Notturno]	Borgmann, H.O.	Beckmann, H.F.	Negri, P.	1937
Ich hab Angst	Siegel, R.	Meinunger, B.	Dorkas	1990
Ich hab auf Liebe gesetzt	Gibb, B. & R.	Meinunger, B.	Rosenberg, M.	1980
Ich hab' das Fräulein Helen' baden 'seh'n	Raymond, F.	Grünbaum, F.	div. Hartung, E.	1925 1959
Ich hab' das Glück bestellt für heute abend	Hämmerle, T.	Becker, K. / Becht, E.	Felgen, C.	1964
Ich hab' dein Knie gesehn	Blum, H.	Blum, H.	Valentino, H.	1974
Ich hab' den Vater Rhein in seinem Bett geseh'n	Steingass, T. / Korn, H.	Korn, H.	Thelen, K.A.	1960
Ich hab' dich doch lieb	Siegel, R.	Meinunger, B.	Nicole	1982
Ich hab' dich einmal geküßt	Hajos, J.	Schwarz, F.	Maximilian, J.	1931
Ich hab dich lieb	Rödelberger, W.	Kunze, M.	Schanze, M.	1970
Ich hab dich lieb	Power, P. / Jonas, U.	Power,P./Jonas,U./Mekro	Stein, M.	1987
Ich hab' dich so lieb			Hansen Quartett	1956
Ich hab' dich und du hast mich	Igelhoff, P. / Steimel, A.	Käutner,H./Pinelli,A.von	Werner, I.	1942
Ich hab´ die Liebe geseh´n	Theodorakis, M.	Arnie, R.	Leandros, V.	1972
Ich hab' die Liebe verspielt	Moslener,H.G./Möring,J.	Moslener,H.G./Möring,J.	Haenning, G.	1974
Ich hab dir nie den Himmel versprochen	White, J.	Jay, F.	Berg, T.	1972
Ich hab' Ehrfurcht vor schnee- weißen Haaren	Schoepen, B. J.	Nicolas, J.	Felgen, C.	1973
Ich hab' ein Diwanpüppchen	Abraham, P.	Grünwald, A. / Beda	div.	1931
Ich hab ein zärtliches Gefühl	Bruining, R. / Veen, H.v.	Woitkewitsch, Th.	Veen, H.van	1975
Ich hab' für dich 'nen Blumentopf bestellt	Bootz, E.	Karlick, G.	Commedian Harmonists	1930
Ich hab Gefühle	Pentinghaus, W.	Gröters, J.	Sheer, I.	1983
Ich hab' geträumt, das Glück kam heut' zu mir	Arland, R.	Lilibert	Black, R.	1970
Ich hab geträumt, daß du mich liebst	Siegel, R.	Meinunger, B.	Dorkas	1992
Ich hab geträumt von dir	Reim, M.	Reim, M.	Reim, M.	1990
Ich hab' Heimweh nach St. Pauli	Olias, L.	Schwabach, K.	Quinn, F.	1962

Alphabetisches Titelverzeichnis

Titel	Komposition	Text	Interpret	Jahr
Ich hab heute nacht uns´re Jahre gezählt			Pascal, P.	1976
Ich hab in mir ne Überdosis von dir	Waggershausen, St.	Waggershausen, St.	Waggershausen	1986
Ich hab' kein Auto, ich hab' kein Rittergut	May, H.	Gilbert, R.	Egen, A.	1930
			Howland, Chr.	1968
Ich hab keine Angst	Vangelis, P.	Woitkewitsch, Th.	Milva	1981
Ich hab' mein Herz in Heidelberg verloren	Raymond, F.	Neubach, E. / Beda	div.	1925
			Schock, R.	1969
Ich hab' mich so an dich gewöhnt	Rotter, F. / Gaze, H.	Rotter, F. / Gaze, H.	Buhlan, B.	1951
Ich hab' mir für Grinzing ein'n Dienstmann engagiert	Uher, B.	Rotter, F.	Igelhoff, P.	1938
			Alexander, P.	1984
Ich hab mir geschworen	Kamen, N.	Meinunger, B.	Brandes, D.	1991
Ich hab' noch einen Koffer in Berlin	Siegel, R.M.	Pinelli, A. von	Buhlan, B.	1951
			Dietrich, M.	1951
Ich hab noch Sand in den Schuhen von Hawaii	Mayer, H.	Jay, F.	Illic, B.	1975
Ich hab' nur dich	Bruhn, Chr.	Kunze, M.	Maffay, P.	1971
Ich hab zu Haus ein Grammophon	Hasler /Benes	Beda	div	
Ich hab solange gesucht nach dir	Schikora, U.	Jung, R.	Simons, H.	1992
Ich habe im Leben nur dich			Makulis, J.	1962
Ich habe sonst nichts als dich und deine Liebe auf der Welt	Schmitz, J.	Feltz, K.	Carol, R.	1952
Ich halte zu dir	Russell, G.	Schüler, W.	Peters, I.	1981
Ich heb ab	Willmann, W.	Leissle, W.	Bell, M.	1990
Ich hol dich aus der Einsamkeit	Wegen, W. / Thorsten, F.	Wegen, W. / Thorsten, F.	Sebastian, P.	1984
Ich hol dir keine Sterne mehr vom Himmel	Bayer, T.	Bayer, T./Lassahn, B.	Bayer, T.	1978
Ich hol' dir vom Himmel das Blau	Lehár, F.	Schanzer, R. / Welisch, E.	Massary, F.	1929
			Heltau, M.	1981
Ich hör' so gern Musik	Drabek, K.	Dehmel, W.	Schuricke, R.	1940
Ich hör überall Musik	Silvester, E.	Jay, F.	Silvester, E.	1973
Ich käm am liebsten zu dir durchs Telefon	Orloff, P. / Power, P. Jonas, U.	Orloff, P. / Power, P. Jonas, U.	Nina & Mike	1978
Ich kann ohne dich nicht leben	Jost, B. / Hill-Greif, J.	Jost, B. / Hill-Greif, J.	Feller, L.	1992
Ich kauf' mir lieber einen Tirolerhut	Niessen, Ch.	Rüger, F.	Mo, B.	1962
			Vielharmoniker	1978
Ich klau dir eine Straßenbahn	White, J.	Athan, J.	Marshall, T.	1979
Ich knüpfte manche zarte Bande	Millöker, K.	Zell, F.	div.	1882
Ich komm bald wieder	Scharfenberger, W.	Feltz, K.	Cindy & Bert	1973
Ich komme wieder [O sole mio]	Di Capua, E.	Loose, G.	Böttcher, G.	1960
Ich komme zu dir zurück	Triebel, J.	Krause, H.-H.	Brink, B.	1982
Ich küsse Ihre Hand, Madame	Erwin, R.	Rotter, F.	Tauber, R.	1928
Ich küsse ihren Mann	Humpe, A.	Humpe, A.	Humpe, A.	1990
Ich lade gerne Gäste ein	Strauß, J. (Sohn)		div.	1874
Ich lade Sie ein, Fräulein	Benatzky, R.	Benatzky, R.	div.	1930
Ich laß dich nicht geh'n	Anders, Chr.	Anders, Chr.	Anders, Chr.	1971
Ich laß mich nicht verführen	Lincke, P.	Großmann, P.	div.	1906
Ich leb im Traum	Andersson,B./Ulvaeus,B.	Däumer, K.	Mouskouri, N.	1983
Ich lebe in dir	Hessler, E.	Fabry, Chr.	Stein, M.	1990

Alphabetisches Titelverzeichnis

Titel	Komposition	Text	Interpret	Jahr
Ich lieb dich überhaupt nicht mehr	Lindenberg, U.	Lindenberg, U.	Lindenberg, U.	1987
Ich liebe das Leben	Leandros, L. / Munro, K.	Leandros, L. / Munro, K.	Leandros, V.	1975
Ich liebe dich	Panas, M.	Munro, K.	Martin, U.	1973
Ich liebe dich	Deutscher, D,	Loose, G.	Orloff, P.	1979
Ich liebe dich	Panzeri, M. / Conti, C.	Steiner, E.	Leonard	1990
Ich liebe die Sonne	Wittkop, G.	Funk, F.	Schuricke, R.	1940
Ich liebte ein Mädchen	Insterburg, I.	Insterburg, I.	Insterburg, & Co.	1974
Ich mach ein glückliches Mädchen aus dir	Siegel, R.	Hertha, K.	Roberts, Chr.	1974
Ich mach ein Interview mit deinem Herzen	Gordan, A.	Weigel	Bonney, G.	1970
Ich mach mir Sorgen um dich			Sondock, M.	1965
Ich mach mir nix aus Prinzen und Grafen	Hoes, J.		Valente, C.	1961
Ich mache keine Komplimente	Zimmermann, D.	Jay, F.	Shayne, R.	1969
Ich mag	Reinecke, M.	Lechtenbrink, V.	Lechtenbrink, V.	1981
Ich mag dich	Cordalis, C.	Frankfurter, J.	Cordalis, C.	1983
Ich mag dich	Silverstone,I. / Clüver,B.	Flanger, Chr.	Morgan, Mi.	1992
Ich möcht' auf deiner Hochzeit tanzen	Jary, M.	Balz, B.	Buhlan, B.	1955
Ich möcht der Knopf an deiner Bluse sein	Bruhn, Chr.	Behrle, G.	Illic, B.	1976
Ich möcht einmal wieder verliebt sein	Stolz, R.	Gilbert,R./Robinson,A.L.	div.	1931
			Schramm, M.	1964
Ich möcht gern dein Herz klopfen hör'n	Sirowy, J.	Werner, H.	Schmedes, M. v.	1953
Ich möcht heut ausgehn			Eskens, M.	1955
Ich möcht mit dir Träumen	Scharfenberger, W.	Ströhm, P.	Kraus, P.	1959
Ich möcht so gern Dave Dudley hör'n	Bach, R.	Grabowsky, H.	Truck Stop	1977
Ich möchte auch mal nach Paris	Niessen, Ch.	Hertha, K.	Werner, I.	1961
Ich möchte dich so gern verwöhnen			Burg, L. van	1960
Ich möchte so gerne	Grothe, F.	Dehmel, W.	Rökk, M.	1942
Ich muß wieder einmal in Grinzing sein	Benatzky, R.	Benatzky, R.	Hagara, W.	1966
			Alexander, P.	1984
Ich nenne alle Frauen Baby	Weille, B. de	Böttger, F.	Winter, H.	1942
Ich pfeif' heut nacht vor deinem Fenster	Huber, B.E. / Weiss, H.	Schwenn, G.	Igelhoff, P.	1938
Ich reiß mir eine Wimper aus	Raymond, F.	Amberg, Ch.	Hansen, M.	1928
Ich sag ja	Lost, U.	Eckardt, C.D.	Gehlert, H.	1989
Ich sage dir adieu	Bragg, J.	Groof, C. de	Lind, G.	1957
Ich sah deine Tränen	Andersson,B./Ulvaeus,B.	Meinunger, B.	Rosenberg, M.	1982
Ich schau den weißen Wolken nach	Hadjidakis, M.	Bradtke, H.	Mouskouri, N.	1962
			Andersen, L.	1962
Ich schau dich an	Sigl, G.	Sigl, G.	Spider Murphy	1982
Ich schenk dir mein Geheimnis	Orloff, P.	Orloff, P.	Clüver, B.	1975
Ich schick dir eine weiße Wolke	Olden, B.	Werner, H.H.	Iglesias, J.	1974
Ich schlendere langsam durch die Stadt			Hagara, W.	1957

Alphabetisches Titelverzeichnis

Titel	Komposition	Text	Interpret	Jahr
Ich schrieb nie ein Lied für Karin	Jürgens, U.	Hofer, W.	Jürgens, U.	1979
Ich schwing in meiner Hängematte	Winkler, G.	Poppenberg, W.	Bianco, M.	1992
Ich seh die Welt nur himmelblau	Hämmerle, T.	Hämmerle, T.	Sponheimer, M.	1968
Ich sehe dich weinen			Solo, B.	1965
Ich sing ein Lied für dich	Roloff, W. / Kaleta, G. Jorge, J.	Roloff, W. / Kaleta, G. Jorge, J.	Heintje	1969
Ich sing fürs Finanzamt	Levay, S.	Schäuble, C.	Fleming, J.	1977
Ich sing' mein Lied heut' nur für dich	Stolz, R.	Marischka, E.	Kiepura, J.	1934
			Schock, R.	1963
Ich singe	Wolf, P.	Mendt, M.	Mendt, M.	1981
Ich sitz zwischen zwei Stühlen	Steinhauer,H./Promo,V.	Orloff, P.	Jersey, M.	1980
Ich spiel' mit dir und du mit mir	Schröder, F.	Schwenn, G.	Heesters, J.	1942
Ich sprenge alle Ketten	Moroder, G.	Holm, M.	Shayne, R.	1967
Ich spür deinen Herzschlag	Rea, Chr.	Schüler, W.	Drews, J.	1984
Ich spür' in mir [Mazurka]	Kreuder, P.	Rameau, H.	Negri, P.	1935
Ich steh' allein	Böttcher, M.	Reichel, K.H.	Brice, P.	1965
Ich steh' auf Volksmusik	Chmela, H.	Chmela, H.	Alpentrio Tirol	1988
Ich sterbe nicht nochmal	Deutscher, D.	Horn-Bernges, H.-J.	Angelo, N. de	1983
Ich such dich auf allen Wegen			Böttcher, G.	1961
Ich suche einen Schatz	Werner, E.	Feltz, K.	Cindy & Bert	1975
Ich tanze mit dir in den Himmel hinein	Schröder, F.	Beckmann, H.-F.	Harvey, L. & Fritsch, W.	1937
Ich träume in der Heide	Deutsch, R.	Grobe, H.	Bianca	1990
Ich träume mit offenen Augen von dir	Siegel, R.	Jung, R.	Martin, U. Roberts, Chr.	1971 1977
Ich träume von Liebe	Schmidseder, L.	Schwenn, G.	Heyn-Quartett	1940
Ich trink auf dein Wohl, Marie	Zander, F.	Gabriel, G.	Zander, F.	1974
Ich trink den Wein nicht gern allein	Schmidseder, L.	Schwenn, G.	Müller, W. Schneider, W.	1939 1973
Ich überleb's	Fekaris, D.	Danzer, G.	Rajter, D.	1979
Ich und du - Rendezvous	##	##	Fux	1989
Ich vermiss dich	Farian, F. / Kawohl, D.	Roberts, Chr.	Roberts, Chr.	1990
Ich vermisse dich	Schilling, P.	#Schilling, P.	Schilling, P.	1986
Ich war allein	Nitsch, H.		Cogan, A. Suzie	1965 1965
Ich wär gern dein treuer Diener			Petrel, P.	1974
Ich wär so gern bei dir	Gietz, H.	Feltz, K.	Valente, C. & Francesco, S.	1957
Ich wär' so gern wie du	Chinn, N. / Chapman, M.	Marcard, R.	Brink, B.	1980
Ich wär so gerne Millionär	Krumbiegel, S.	Krumbiegel, S.	Prinzen	1992
Ich war zu lang allein	Andersson,B./Ulvaeus,B.	Chambosse, M.	Wilke, A.	1983
Ich warte auf dich	Grothe, F.	Dehmel, W.	Rökk, M.	1944
Ich warte hier unten	Haller, Ha.	Meinunger, B.	Haller, Ha.	1980
Ich weiß	Bruhn, Chr.	Bjelke, E.	Low, B.	1978
Ich weiß, es wird einmal ein Wunder gescheh'n	Jary, M.	Balz, B.	Leander, Z. Werner, M.	1942 1981
Ich weiß genau was ich will	Jost, B.	Hill-Greif, J.	Feller, L.	1992
Ich weiß, was dir fehlt	Gaze, H. / Gietz, H.	Feltz, K.	Alexander, P.	1957
Ich weiß, was ich will	Jürgens, U.	Jay, F.	Jürgens, U.	1979
Ich werde geh'n heute nacht	Tarney, A.	Preuß, W.	Roos, M.	1979

Alphabetisches Titelverzeichnis

Titel	Komposition	Text	Interpret	Jahr
Ich werde jede Nacht von Ihnen	Schröder, F.	Beckmann, H.F.	Heesters, J.	1937
Träumen			Toriani, V.	1968
Ich will	Hubert, P.	Hubert, P.	UKW	1982
Ich will alles	Angelis / Angelis	Kunze, M.	Haenning, G.	1983
Ich will alles für dich geben	Jubel, H.	Rekerb, G.	Breck, F.	1992
Ich will deine Tränen weinen	Schultzieg, T.	Holder, I.	Borg, A.	1986
Ich will den Morgen mit dir er-	Carpendale, H.	Horn-Bernges, H.-J.	Carpendale, H.	1982
leben		Holder, I.		
Ich will dich	Smith, T / Skarbek, Ch.	Hammerschmidt, N.	Kaiser, R.	1983
Ich will dich nochmal	Zauner, St. / Strobel, A.	Zauner, St. / Strobel, A.	Münchener Freih	1990
Ich will die Eins	Kaczmarek, B.	Kaczmarek, B.	Kaczmarek, B.	1987
Ich will die ganze Nacht	Wilke, G.	Gerritzen, K.	Sebastian, P.	1992
Ich will die Nacht	Heider, J.	Hammerschmidt, N.	Sanders, M.	1983
Ich will heim zu dir, Blue Bayou	Orbison, R./Melson, J.	Dostal, F / Bader, E.	Mouskouri, N.	1978
Ich will gern Schäfer sein	Thomas, A.	Thomas, A.	Die Schäfer	1992
Ich will immer auf dich warten	Astroth, W.	Meiser, H.	Lee, B.	1964
Ich will immer nur dich	Sabatino / Finneran	Blecher, C.-U.	Suzie	1966
Ich will keine Schokolade	Morrow, J.	Blecher, C.-U.	Herr, T.	1960
Ich will leben	Last, H.	Bader, E.	Lolita	1966
Ich will leben	Maffay, P.	Meinunger,B./Kunze,M.	Maffay, P.	1982
Ich will nach oben	Bruhn, H.	Bruhn, H.	Göpelt, E.	1991
Ich will nen Cowboy als Mann	Lindt, R.	Ströhm, P.	Haenning, G.	1963
			Malmquist, L.	1963
Ich will nicht wissen, wie du heißt	Gietz, H.	Lewinsky, Ch.	Borg, A.	1984
Ich will's gefährlich	Menke, F. / Askew, A.	Menke, F. / Askew, A.	Menke, F.	1992
Ich will Spaß	Klopprogge, A.	Klopprogge, A.	Markus	1982
Ich wollt, ich wär ein Huhn	Kreuder, P.	Beckmann, H.F.	Harvey, L.	1936
Ich wollt nur mal mit dir reden	Wonder, St.	Kunze, M.	Lavi, D.	1984
Ich wollt' schon immer mal nach	Mey, R.	Mey, R.	Mey, R.	1992
Barbados				
Ich wollte immer schon ein	Mey, R.	Mey, R.	Mey, R.	1971
Mannequin sein				
Ich wollte wie Orpheus singen	Mey, R.	Mey, R.	Mey, R.	1967
Ich wünsch dir die Hölle auf Erden	Schikora, U.	Andergast, A.	Franke, Chr.	1981
Ich wünsch' dir einen schlaflosen	Bette, K.	Rauch, F. / Breiten, L.	Constantine, E.	1950
Abend			Low, B.	1964
Ich wünsch mir eine kleine	Claus, B. / Ochoa, E.	Loriot	Wum`s Gesang	1972
Mietzekatze				
Ich würd' dich gern mal wieder-	Brozat, B.	Brozat, B.	Brozat, B.	1989
sehen				
Ich zähl mir's an den Knöpfen ab	Grothe, F.	Dehmel, W.	Paul, R.	1952
Ich zähle täglich meine Sorgen	Howard, H.	Nicolas, J.	Alexander, P.	1960
Ich zeig dir den Sonnenschein	Last, W.	Loose, G.	Robic, I.	1971
Ich zeige dir das Paradies	Cordalis, C.	Fray, B.	Cordalis, C.	1978
Ich zeige dir mein Paradies	White, J.	White, J.	Jürgens, A.	1978
Ich zieh den Bauch nicht mehr ein	Busch, D.	Busch, D. / Neuhoff, P.	Busch, D.	1992
Ick wundere mir über gar nischt	Reutter, O.	Reutter, O.	Reutter, O.	1927
mehr				
Idealgewicht	Koller, P. / Dzikowski	Nowak	Ambros, W.	1989
Ihr seid alle so normal	Danzer, G.	Danzer, G.	Danzer, G.	1985

Alphabetisches Titelverzeichnis

Titel	Komposition	Text	Interpret	Jahr
Ihr zartes Lachen			Bertelmann, F.	1959
Il Silenzio	Rosso / Celeste / Brezza		Rosso, N.	1965
Im Café de La Paix in Paris	Schulz-Reichel, F.	Gaze, H.	Lind, G.	1950
			Lais, D.	1950
Im Casino, da steht ein Pianino	Stolz, R.	Hardt-Warden, B.	div.	1932
Im Dorfkrug nebenan	Vargis, A.	Meinunger, B.	Albrecht, G.	1992
Im Dschungel der Nacht	Klüter, W.	Meinunger, B.	Brandes, D.	1992
Im Dschungel ist der Teufel los	Vonficht,B./Ricanek,Ch.	Vonficht, B.	Ohrner, T.	1983
		Bischof-Fallenstein, P.		
Im Gänsemarsch	Glahé, W.	instr.	Glahé, W.	1940
Im Grunewald ist Holzauktion	Teich, O.	Teich, O.	div.	1891
[Die Holzauktion]			Froboess, C.	1963
Im Hafen unserer Träume	Gaze, H. / Gietz, H.	Feltz, K.	Alexander, P.	1956
			Johns, B.	1956
Im Hafen von Adano	Pelosi, D. / Fields, H.	Feltz, K.	Kellner, L. &	
			Carol, R.	1950
Im Harem sitzen heulend die	Winkler, G.	Siegel, R.M.	Igelhoff, P.	1946
Eunuchen [Skandal im Harem]				
Im Himmel ist der Teufel los	Faltermeier,H./Schöner H.	Kunze, M.	Schöner, H.	1983
Im Hotel zur Nachtigall	Weiß, St.	Eisner, R. / Schick, Z.	div.	1920
Im kleinen Dorf am Rio Grande	Birner, G.	Rüger, F.	Leismann,R&W	1962
[Tampico]				
Im Leben geht alles vorüber	Kreuder, P.	Schaeffers,P./Schwenn,G.	Helgar, E.	1940
Im Prater blüh´n wieder die Bäume	Stolz, R.	Robitschek, K.	div.	1916
Im Rosengarten von Sanssouci	Ailbout, H / Niel, H.	Niel, H.	div.	1929
Im roten Licht der Hafenbar	Nowa, Ch.	Wilke	Andersen, L.	1961
Im Salzkammergut	Benatzky, R.	Gilbert, R.	div.	1930
			Hallstein, I.	1971
Im Schwarzwald und am Bodensee	Storch, E.	Storch, E.	Storch, E.	1951
Im Tal der blauen Berge	Arnie / Cilly / Nowa	Arnie / Cilly / Nowa	Hinnen, P.	1963
Im Traumschiff uns´rer Liebe	Wolter, J.	Blum, H.	Wanja	1991
Im Wagen vor mir	Blum, H.	Blum, H.	Valentino, H.	1977
Im Walzerrausch	Lincke, P.	Freund, J.	div.	1909
Im Wartesaal zum großen Glück	Schwarz, W.A.	Schwarz, W.A.	Schwarz, W.A.	1956
Im weißen Rössl am Wolfgangsee	Benatzky, R.	Gilbert, R.	Hansen, M.	1930
			Hallstein, I. &	
			Schock, R.	1971
Immer an der Wand lang	Kollo, Wa.	Frey, H.	div.	1907
Immer auf die Kleinen	Siegel, R.	Meinunger, B.	Alexander, P.	1982
Immer bei Nacht	Gerke, W. / Hannes, M.	Meinunger, B.	Brandes, D.	1992
Immer in der Mitte	Roski, U.	Roski, U.	Roski, U.	1983
Immer mehr	Scharfenberger, W.	Feltz, K.	Rubin, P.	1969
Immer nur lächeln	Lehár, F.	Löhner, F. / Herzer, L. /	Tauber, R.	1929
		Léon, V.	Anders, P.	1951
Immer und ewig	Kreuder, P.	Beckmann, H.F.	Hain, M.	1943
Immer und ewig du	Frankfurter, J	Holder, I.	Jonak, T.	1989
Immer vorm Wind	Promo, V. / Fisher, T.	Kunze, M.	Hartz, H.	1992
Immer wenn er Whisky trank	Gietz, H.	Hertha, K.	Paulsen, R.	1963
Immer, wenn ich glücklich bin	Grothe, F.	Marischka, E.	Eggerth, M.	1938
Immer, wenn ich glücklich bin,	Jurmann, W. / Kaper, B.	Rotter, F.	Albers, H.	1933
muß ich schrecklich weinen				

Alphabetisches Titelverzeichnis

Titel	Komposition	Text	Interpret	Jahr
Immer wenn ich Josy seh	Chinn, N / Chapman, M.	Orloff, P.	Orloff, P.	1978
Immer wieder geht die Sonne auf	Jürgens, U.	Jürgens,U./Hörbiger, Th.	Jürgens, U.	1967
Immer wieder lieb ich dich	Presley, E. / Matson, V.	Mösser, P.	Wendland, G.	1957
Immer wieder sonntags	Dries-Holten	Halvey, J.	Cindy & Bert	1973
Immerzu singt dein Herz meinem Herzen zu	Künneke, Ed.	Römmer, H / Stoll, K.	div.	1935
			Moffo, A.	1970
			Gestzy, S.	1975
In Catania blüh´n jetzt schon die Rosen	Schultzieg, T.	Holder, I.	Wendorf, M.	1985
In de Palz geht de Parre mit de Peif in die Kerch	Dehn, K.	Dehn, K.	Dehn, K.	1973
In deine Hände	Kollo, W.	Kollo, W.	Wittrisch, M.	1933
In deinem Arm bin ich dem Himmel nah	Petersburg, W.	Jupe, E.	Rendezvouz	1991
In deinem Zimmer brennt noch Licht	Schulz, H.	Korn, H.	Borg, A.	1986
In den alten Gassen	Frankfurter, J.	Behrle, G.	Adam & Eve	1976
In den Augen der anderen	Anders, Chr.	Jay, F.	Anders, Chr.	1973
In den Bergen [No robleku polka]	Avsenik, S. / Avsenik, R.	Souvan, F.	Avsenik, S.	1957
In der Bar nebenan	Hohenberger, K.	Amberg, Ch.	Hohenberger, K.	1941
In der Cafeteria von Milano	Lang, H.	Meder, E.	Malkowski, L.	1952
In der Carnaby Street	Mayer, H.	Bradtke, H.	March, P.	1969
In der Hitze der Nacht	Hofmann, M.	Schüler, W.	Wind	1986
In der Nacht			Rubin, P.	1972
In der Nacht, da gib acht	Böhmelt, H.	Brandt, J.	div.	1934
In der Nacht ist der Mensch nicht gern alleine	Grothe, F.	Dehmel, W.	Rökk, M.	1944
			Alexander, P.	1968
In der Nacht, wenn die Liebe erwacht	Gilbert, J.	Okonkowski, G. / Freund, J.	div.	1913
In der Schweiz	Carste, H.	Carste, H.	Torriani, V.	1950
In der Spelunke zur alten Unke	Götz, K.	Blecher, C.-U.	Herr, T.	1960
In der Tiefe der Nacht	Clemenceau, M./Krell,L	Werdin, Th.	Morgan, Mi.	1989
In der Weihnachtsbäckerei	Zuckowski, R.	Zuckowski, R.	Zuckowski, R.	1987
In einer Bar in Mexiko	Klebsattel, A.	Klebsattel, A.	Heino	1970
In einer kleinen Konditorei	Raymond, F.	Neubach, E.	div.	1928
In einer Nacht im Mai	Kreuder, P. / Schröder, F.	Beckmann, H.F.	Rökk, M.	1938
In festen Händen	Zimmermann, D.	Jay, F.	Shayne, R.	1971
In Griechenland	Kartner, P.	Orloff, P.	Maerz, M.	1977
In Hamburg sagt man Tschüss	Winterberger / Klöss	Winterberger / Klöss	Kabel, H.	1976
In Hamburg sind die Nächte lang	Bette, K.	Bradke, H. / Ritter, C.	Bertelmann, F.	1955
In Japan geht die Sonne auf	DeRouge, C.	Holder, I.	Black, R.	1986
In Mainz am schönen Rhein [Komm, trink und lach am Rhein]	Raymond, F.	Amberg,Ch./Andersen,L.	div.	1932
			Stern, G.	1970
In meinen Schuhen kannst du nicht gehen	Scharfenberger, W.	Feltz, K.	Rubin, P.	1970
In meiner Badewanne bin ich Kapitän	Berco, O.	Bernauer, L. / Krug, W.	Berco, O.	1937
			Millowitsch, W.	1982
In meiner Hängematte	Winkler, G.	Poppenberg, W.	div.	1965
In München steht ein Hofbräuhaus	Gabriel, W.	Reiter, F. / Richter, K.S.	div.	1936
In München wohnt mei Spatzerl	Oberbrandacher, W.	Fischer-Thurn, A.	Oberbrandacher	1992
In Nischni-Nowgorod	Fall, R.	Löhner, F.	div.	193#

Alphabetisches Titelverzeichnis

Titel	Komposition	Text	Interpret	Jahr
In Petersburg ist Pferdemarkt	Bruhn, Chr.	Kunze, M.	Ebstein, K.	1976
In St. Pauli bei Altona	Hollaender, F.	Hollaender, F.	Mosheim, G.	1930
In tränenschwerer Nacht	Borsitz, H. /Gertz, F.	Borsitz, H. / Gertz, F.	Blaue Engel	1991
In Treue fest	Teike, C.	Mörike	div.	1950
			Hot Dogs	1964
In unser'm Himmel ist der Teufel los	Frankfurter, J.	Holder, I.	Jonak, T.	1992
In Versailles im großen Garten	Blum, H.	Blum, H.	Dassin, J.	1973
Indiana	Gunzer/Menke/Pohlmann	Gunzer/Menke/Pohlmann	Gebr. Blattschuß	1981
Indian Lady	Whittaker, R.	Relin, J.	Whittaker, R.	1976
Indianer Kriesche nit	Bläck Fööss	Bläck Fööss	Bläck Fööss	1980
Intercitylinie Nr. 4	Gabriel, G.	Gabriel, G. / Thorsten, F.	Gabriel, G.	1976
Irena	Tilgert, G.	Linz, J. / Poll	Granata, R.	1961
Irgendjemand liebt auch dich	Bruhn, Chr.	Holm. M.	Black, R.	1966
Irgendwann gibt's ein Wiederseh'n	Olias, L.	Loose,G.	Quinn, F.	1960
Irgendwann, irgendwo, irgendwie	Valance, J.P.	Valance, J.P.	Drews, J.	1989
Irgendwann kommt jeder mal nach San Francisco	White, J.	Jay, F.	Marcus, J.	1973
Irgendwie, irgendwo, irgendwann	Fahrenkroog-Petersen, J.	Karges, C.	Nena	1984
Irgendwo auf der Welt	Heymann, W.R.	Gilbert, R.	Harvey, L.	1932
Irgendwo brennt für jeden ein Licht	Siegel, R.	Behrle, G.	Alexander, P.	1973
Is was	Dohrenkamp/Haverkamp	Dohrenkamp/Haverkamp	Lippe, J. v.d.	1989
Isabella	Danyel, G.	Puschmann, R.	Danyel, G.	1973
Isola bella	Lincke, P.	Bolten-Baeckers, H.	div.	1933
Ist das alles schon wieder vorbei	Edelmann, R.	Edelmann, R.	Morgan, Ma.	1974
Istanbul ist weit	Leandros, L.	Arnie, R.	Quinn, F.	1980
Itsy Bitsy Teenie Weenie Honolulu Strand-Bikini	Vance, P. / Pockriss, L.	Loose, G.	Valente, C. & Francesco, S.	1960
Iwan Iwanowitsch			Anna-Lena	1962
Ja	Pace / Panzeri	Kunze, M.	Cinquetti, G.	1974
Ja, das ist meine Melodie	Bochmann, W.	Balz, B.	Werner, I.	1940
Ja, das macht ich alles nur die Liebe	Hämmerle, T.	Hämmerle, T.	Sponheimer, M.	1968
Ja, das Studium der Weiber ist schwer	Lehár, F.	Léon, V. / Stein, L.	div.	1905
Ja, das Temp'rament	Raymond, F.	Schwenn, G.	div.	1937
Ja, der Chiantiwein	Winkler, G.	Siegel, R.M.	Groh, H.E.	1939
Ja, der Eiffelturm	White, J.	Jay, F.	Severine	1971
Ja, der Peter	Plessow, E.	Balz, B.	Schuricke, R.	1939
Ja, die Liebe lebe hoch	Westgard, U.	Bradtke, H.	Mina	1964
Ja, heute woll'n wir feiern	Brunner, C.	Lewinsky, Ch.	Moik, K.	1990
Ja hörst du denn nie Radio?	Rubin / Berlitz	Rubin / Berlitz	Rubin, P.	1980
Ja, ja der Peter, der ist schlau	Katzaros / Pythagoras	Munro, K.	Leandros, V.	1975
Ja, ja, der Wein ist gut	Strecker, H.	Gribitz, F.J.	div.	1920
			Hörbiger, P.	1968
Ja, ja, die Katja	Dietrich, B. / Grabowski, G.	Dietrich, B. / Binder, F.	Heino	1981
Ja, mir san mit'm Radl da	trad.	trad.	Hot Dogs	1972

Alphabetisches Titelverzeichnis

Titel	Komposition	Text	Interpret	Jahr
Ja, so ein Mädel, ungarisches	Abraham, P.	Grünwald, A.	div.	1930
Mädel			Alexander, P.	1959
Ja, so ein Teufelsweib	Kálmán, E,	Jenbach, B. / Stein, L.	div.	1915
Ja, so ist sie, die Dubarry	Mackeben, Th.	Knepler,P. /	div.	1931
		Willeminsky, I.M.	Hallstein, I.	1965
Ja, so warn´s de alten Rittersleut	Valentin, K.	Valentin, K. / Hafner, M.	Valentin, K.	1941
			Hot Dogs	1966
Ja, wenn das der Petrus wüßte	Gilbert, J.	Schönfeld, A.	div.	1913
Ja, wenn die Musik nicht wär	Mackeben, Th.	Pinelli, A. von	Wanja, I.	1941
Ja, wenn man so eine Musik hört	Amberg,Ch.	Amberg, Ch.	div.	1925
	Raymond, F. / Egen, A.	Raymond, F. / Egen, A.	Schöneb. Sänger	1973
Ja wenn wir alle Englein wären	Thomas, W. / Rendall, T.	Marcard, R. / Zander, F.	Sonnenschein, F.	1981
Jambalaya	Williams, H.	Feltz, K.	Wendland, G.	1954
Japanese Boy	Heatlie, B.	Kunze, M.	Jürgens, A.	1981
Japanischer Laternentanz	Yoshitomo	instr.	div.	1904
Jawohl, meine Herrn	Sommer, H.	Busch, R.	Albers/Rühmann	1937
Je t´aime	Bause, A.	Steineckert, G.	Walter, J.	
Jeannie	Bolland, R & F	Zander, F.	Zander, F.	1986
Jeanny, Part 1	Bolland, R & F	Falco	Falco	1985
Jede Frau hat ein süßes Geheimnis	Grothe, F.	Marischka, E.	Heesters, J.	1939
Jede Stunde	Swilms, U.	Dreilich,H./Kaiser,N.	Karat	1982
Jeden Tag das Weckerklingeln	Krug, M. / Hoffmann, I.	Krug, M. / Hoffmann, I.	Krug, M.	1978
Jeder braucht sei Kuscheltier	Frankfurter, J.	Holder, I.	Borg, A. &	
			Sükar, A.	19##
Jeder Freund ist auch ein Mann	Hendrik, T.	Heilburg, Chr.	Petry, W.	1977
Jeder hat dich gern - einer hat	Bruhn, Chr.	Orloff, P.	Orloff, P.	1972
dich lieb				
Jeder hat ein Recht auf Liebe	Siegel, R.	Meinunger, B.	Wind	1987
Jeder hat einmal eine Chance	Vangarde, D. / Holm, M.	Vangarde, D. / Holm, M.	Heck, D.Th.	19##
Jeder macht mal eine Pause	Davis / Siegel	Davis / Siegel	Constantine, E.	1957
Jeder Schotte	Mayer, H.	Weyrich, F.	Dorthe	1968
Jeder Tag ist ein Geschenk	Aschberger, P.	Leissle, W.	Norbert K.	1990
Jeder tragt sein Pinkerl	Fall, L.	Léon, V.	div.	1907
Jeder Weg hat mal ein Ende	Heider, J.	Weigel, H.-U.	Rosenberg, M.	1972
Jeder Zaun, jede Mauer wird aus	Musumara, R.	Jung, R.	Nicole	1990
Blumen sein				
Jedes Herz hat a kleines Laternerl	Frankfurter, J.	Holder, I.	Sükar, M.	1990
Jedes Kind braucht einen Engel	Hoffmann, K.	Hoffmann, K.	Hoffmann, K.	1989
Jedes Kind braucht einen Namen	Heider, J.	Relin, J.	Inger, S.	1976
Jennifer	Dietrich,B./Simons,E.	Dietrich,B./Simons,E.	Steiner, T.	1986
		Grabowski, G.		
Jenny	Jürgens, U.	Jürgens, U.	Jürgens, U.	1961
			Etzel, R.	1961
Jenseits des Tales	Götz, R.	Münchhausen, B. von	div.	1932
Jenseits von Eden [Guardian	Evans-Ironside, Chr. /	Evans-Ironside, Chr. /	Angelo, N. de	1983
Angel]	Gebegern/Horn-Bernges	Gebegern, K.		
Jerusalem	Last, J.	##	Orch. J. Last	1971
Jesse	Waggershausen, St.	Waggershausen, St.	Waggershausen	1990
Jessica	Norell, T. / Hakensson, B.	Meinunger, B.	Petry, W.	1981
Jet Liner	Mäder, W.	instr.	div.	

Alphabetisches Titelverzeichnis

Titel	Komposition	Text	Interpret	Jahr
Jetzt dreht die Welt sich nur um dich	Gietz, H.	Feltz, K.	Haenning, G. & Gildo, R.	1964
Jetzt geht die Party richtig los	Blum, H.	Blum, H.	Severine	1973
Jetzt geht's der Dolly gut	Kollo, Wi	Kollo, Wi.	Hansen, M.	1927
Jetzt geht's los	Aldolphi / Backert	Naitsabes / Gurra	Joker, R.1992	
Jetzt geht es los	Slizzy Bob	Mielchen, D.	Roos, M.	1992
Jetzt kommen die lustigen Tage	trad.	Wilke, G.	Cerne, R.	1991
Jetzt kommt dein Süßer	Bause, A.	Gentzmer, A.	Hahnemann, H.	1982
Jetzt trink ma noch a Flascherl Wein	Lorens, C.		Griesser, M.	1991
Jetzt und hier	Fitz, M.	Sosna, J.	Fitz, L.	1989
Jim, Jonny und Jonas	Bond, J.	Feltz, K.	Hula Hawaiian	1954
Jingle Bells	Albrecht, L.	Augartner, U.	Alexander, P.	1965
Joana	Heider, J.	Hammerschmidt, N.	Kaiser, R.	1983
Joe aus der Piano Bar	Briedel, F.	Grabbe, H.	May, T.	1986
Johanna	Weller, Chr.	Hoffmann, M.	Hoffmann, M.	1989
Johnny Blue	Siegel, R.	Meinunger, B.	Valaitis, L.	1981
Johnny, nimm das Heimweh mit			Assia, L.	1961
Jonny, wenn du Geburtstag hast	Hollaender, F.	Hollaender, F.	Ebinger, B.	1920
Josef, ach Josef	Fall, L.	Schanzer, R./Welisch, E.	div.	1922
Josefin	Brandmayer, D.	Arnolds, P.	div.	1939
Josie	DiMucci / Fasce	Heilburg, Chr.	Maffay, P.	1975
Jou-Jou (kleines Mädel aus Paris)	Igelhoff, P.	Schaeffers,P./Schwenn,G.	Igelhoff, P.	1937
Juanita Banana	Howard, T.	Loose, G.	Sondock, M.	1965
Judy's Café	Kawohl, D.	Hofer, W.	Schöner, H.	1980
Jump in F	Gardens, H.	instr.	Orch. E. Lehn	1958
Jung san ma, fesch san ma	Stolz, R.	Gilbert, R.	div.	1937
Junge, die Welt ist schön	White, J.	White, J.	Marshall, T.	1971
Junge, Junge, ich mag dich	Siegel, R.	Meinunger, B.	Anne-Karin	1977
Junge, komm bald wieder	Olias, L.	Rothenburg, W.	div.	1954
			Quinn, F.	1962
Junge Leute brauchen Liebe	Allen, R.	Niessen, Ch.	Gualdi, N.	1958
Junger Adler	Astor/Löhmer/Müssig	Astor, T.	Astor, T.	1990
Junger Mann aus gutem Hause	Steimel. A.	Siegel, R.M.	Müller, H.	1941
Junger Mann im Frühling	Meisel, W.	Balz, B.	Lilienborn, G.	1940
Junger Mann mit roten Rosen	Heckscher, C.D.	Hee, H.	Dorthe	1964
Junger Tag	Thöner, G.E.	Lego, St.	Haenning, G.	1973
Junges Herz	O'Melley, H.	O'Melley, H.	Kim, K.	1992
Junggesellen mußt du Fallen stellen	Becht, E.	Feltz, K.	Johns, B.	1969
Kaffeebraun	Wilson, B.	Feuerstein/Mann/Geratsch	Strandjungs	1985
Kaiserlich Böhmische Polka	Rosenberger, R.	instr.	Die Kaiserlich Böhmischen	1973
Kaiserwalzer	Strauß, J. (Sohn)	instr.	div.	1888
Kalenderlied	Grothe, F.	Dehmel, W.	Holm, R.	1963
Kali Nichta [Gute Nacht]	Leandros, L.	Munro, K	Leandros, V.	1977
Kalkutta liegt am Ganges	Gaze, H.	Bradtke, H.	Torriani, V.	1960
Kalt wie Stein	Dörr, P.	Dörr, P.	Gloria	1990
Kameraden auf See	Küssel, R.	Stoffregen, G.O.	div.	1938
Kann denn Liebe Sünde sein	Brühne, L.	Balz, B.	Leander, Z.	1938

Alphabetisches Titelverzeichnis

Titel	Komposition	Text	Interpret	Jahr
Kann denn Sünde Liebe sein	Slizzy Bob	Mielchen, D./Slizzy Bob	Roos, M.	1992
Kapitän, wohin fährt unser Boot	Adamo, S.	Kunze, M.	Adamo	1985
Käptn Bay-Bay aus Shanghai	Schultze, N.	Grasshoff, F.	Albers, H.	1952
Karamba, Karacho, ein Whisky	Kleebsattel, A.	Kleebsattel, A.	Heino	1969
Karl der Käfer	Rösberg,D./Dellmann,G.	Dellmann, G.	Gänsehaut	1983
Karneval	Heider, J.	Heilbuurg. Chr.	Rosenberg, M.	1977
Karneval der Nacht	Kravetz, J.J. / Maffay, P.	Meinunger, B.	Maffay, P.	1984
Katamaran	Kaczmarek, B.	Busse, Chr.	Kaczmarek, B. & Hartz, H.	1991
Katharine	Haas, C.M.	Haas, C.M.	Steinwolke	1983
Katrin	Bläck Fööss	Bläck Fööss	Bläck Fööss	1984
Kauf dir einen bunten Luftballon	Profes, A.	Pinelli, A. von	Noni, A.	1943
Kaum bin ich allein	Dietrich, B.	Gunzer	Neumeyer, H.	1992
Kautschuk	Bochmann, W.	instr.	Orch. E. Wolff	1938
Kavalier, Kavalier	Götz, K.	Loose, G.	Kilius, M.	1964
Keep Smiling	Bruhn, Chr.	Loose, G.	Deutscher, D.	1964
Keep Smiling	Albertelli, L. / Malepasso	Mürmann, W.	Myhre, W.	1985
Keferloher-Polka	Seelos, A.	instr.	Seelos, A.	19##
Kein Gold im Blue River	trad./Hausmann/Jorge	trad./Hausmann/Jorge	Ronny	1964
Kein Land kann schöner sein	Werner, E.	Relin, J.	Carol, R.	1960
Kein schöner Land	Fendrich, R.	Fendrich, R.	Fendrich, R.	1986
Kein Wort zuviel	Woolfson, E. / Parsons, A.	Kunze, M.	Renfordt, J.	1984
Keine Angst, das kann man lernen	Seddin, R. / List, C.	Hammerschmidt, N.	Inger, S.	1982
Keine Angst, hat der Papa mir gesagt	Vieira, D. /Rubenito	Remmler, St.	Remmler, St.	1988
Keine Angst, ich komm schon wieder	Klüter, W.	Meinunger, B.	Schubert, S.	1992
Keine ruhige Minute	Mey, R.	Mey, R.	Mey, R.	1980
Keine Sekunde mehr ohne dich	Sprenger, U. / Klüser, B.	Sprenger, U. / Klüser, B.	Wind	1990
Keine Sterne in Athen	Remmler, St.	Remmler, St.	Remmler, St.	1986
Keine Träne tut mir leid	Bohlen, D.	Bohlen, D.	Roos, M.	1985
Keine Zeit	Brozat, B.	Brozat, B.	Brozat, B.	1990
Keinen Pfenning	Howard, H.	Bradtke, H.	Koczian, J.von	1974
Keiner hat mich richtig lieb	Kiesewetter, K.	Kiesewetter, K.	Kiesewetter, K.	1974
Kenn ein Land	trad./Jorge/Hausmann	trad./Jorge/Hausmann	Ronny	1964
Kennst du das kleine Haus am Michigansee	Heymann, W.R.	Schiffer, M.	Mosheim, G.	1928
			O´Montis, P.	1928
			Fischer, H.	1965
Kiddy, Kiddy, kiss me	Munro, K. / Arnie, R.	Munro, K. / Arnie, R.	Pavone, R. & Anka, P.	1964
Kind	Triebel, J.	Krause, H.	Karat	1992
Kind, ich schlafe so schlecht	Kollo, W.	Schanzer,R/Bernauer,R.	div.	1912
Kindchen, du mußt nicht so schrecklich viel denken	Künneke, Ed.	Haller, He./ Rideamus	Müller, J.	1921
			Holm / Schock	1965
Kinder der Liebe	Pallavicini, V. / Leali, F.	Weyrich, F.	Kramer, S.	1974
Kinder der Sonne	White, J.	Jay, F.	Nina & Mike	1974
Kinder des Sommers	Frankfurter, J.	Frankfurter, J.	Flippers	1977
Kinder Europas	Makowsky, R.	Makowsky, R.	Hauff & Henkler	1990
Kinder, heut' abend, da such ich mir was aus	Hollaender, F.	Liebermann, R.	Dietrich, M.	1930

Alphabetisches Titelverzeichnis

Titel	Komposition	Text	Interpret	Jahr
Kinder, ist das Leben schön	Hanschmann, E.	Krüger, M.C.	Hensch, F.	1951
Kinder, wie die Zeit vergeht	Schröder, F.	Schaeffers,P./Schwenn,G.	Hartung, E.	1938
Kitty-Cat	Halletz, E.	Pinelli,A.von/Bradtke,H.	Kraus, P.	1959
Klabautermann	Siegel, R.	Meinunger, B.	Dschinghis Khan	1982
Kleine Annabell	trad./Roloff, W./Hee, H.	trad./Roloff,W./Hee, H.	Ronny	1964
Kleine Anuschka	Payer, R.	Felten, J.	Burgenl. Kapelle	1972
Kleine Ärsche	Töpel, A.	Töpel, A.	Töpel, A.	1992
Kleine Bimmelbahn	Storz, E.	Wilden, G.	div.	1957
Kleine Etelka	Dostal, N.	Hermecke, H.	Kittel,H / Buchta	1939
Kleine Mädchen müssen schlafen geh'n	Kollo, W.	Wolff, W.	Buhlan,B & Paul, R.	1968
Kleine Möwe, flieg nach Helgo- land	Cowler, J.	Balz, B.	div.	1934
			Quinn, F.	1971
Kleine Nervensäge, Monika	Boone, P.	Munro, K.	Beil, P.	1963
Kleine Seen	Moritz, Ch. / Schmitz, H.	Hoff, D.	Purple Schulz	1985
Kleine Taschenlampe, brenn	Taylor-King, K.	Klopprogge, A.	Markus	1983
Kleine Träume	Morawitz, B.	Morawitz, B.	Strandjungs	1989
Kleine weiße Möwe	Schultze, N.	Grasshoff, F.	Albers, H.	1952
Kleine Winzerin vom Rhein	Sommer, H.	Sommer, H.	Schneider, W.	1951
Kleiner Bär von Berlin	Lucas / Hinze / Kriegler	Kriegler	Lucas, B.	1952
Kleiner Gonzales			Gildo, R.	1962
Kleiner Harmonikaspieler	Kötscher, E.	Fago, P. / Alson, C.	A. Lutter Orch.	1937
Kleiner Mann, was nun?	Böhmelt, H.	Busch, R. / Neuhaus, D.	Commedian Harmonists	1933
Kleiner Vogel	Baus, A.	Schneider, D.	Herz, M.	1977
Kleines Haus auf der Sierra Nevada			Alexander, P.	1957
Kleines Liebeslied	Hohenberger, K.	Veit, I.	Orch. K. Hohen- berger	1941
			Lais, D.	1948
Kleines Mädchen aus Berlin	Brandmayer / Hagen / Rüger	Brandmayer / Hagen / Rüger	Howland, Chr.	1959
Kleptomanie	Jäger, W.	Jäger, W.	Extrabreit	1983
Klopf beim Glück an die Tür	Adamo, S.	Hachfeld, E.	Adamo	1978
Klopf dreimal	Levine / Russell / Brown	Loose, G.	Spier, B.	1971
Koana war so wie du	Steinhauer, H.	Fray, H.	Nicki	1989
Köhler-Liesel	Uhlisch, K.T.	Uhlisch, K.T.	Storz, E.	1955
			Bauer, A.	1957
			Heimatsänger	1957
Kokosnußliebe	Abao, R.	Abao, R.	Abao, R.	1972
Komm allein	Moesser, P.	Relin, J.	Myhre, W.	1967
Komm, alter Pianospieler	Danzer, G.	Danzer, G.	Mendt, M.	1975
Komm an meine grüne Seite	Gordan, A.	Gérard, Ch.	Leismann, W&R	1969
Komm auf das Schiff meiner Träume	Montez, Chr. / Meshel, B.	Lego, St.	Illic, B.	1973
Komm auf die Schaukel, Luise	Mackeben, Th.	Herbert, H.	Albers, H.	1931
Komm aus den Federn, Liebste	Kiesewetter, K.	Kiesewetter, K.	Kiesewetter, K.	1983
Komm bald wieder	Carste, H.	Bader, E.	Alexander, P.	1960
Komm, Casanova, küß mich	Winkler, G.	Siegel, R.M.	Hain, M.	1943
Komm doch heute nacht zu mir	Maffay, P.	Heilburg, Chr.	Maffay, P.	1977

Alphabetisches Titelverzeichnis

Titel	Komposition	Text	Interpret	Jahr
Komm doch in meine Arme	Schmidseder, L.	Schwenn, G.	Mayerhofer, E. &	
			Godden, R.	1940
Komm doch mal rüber	Zimmermann, D.	Niessen, Ch.	Peters, I.	1976
Komm doch noch rein auf einen	Haller, H.	Meinunger, B.	Haller, Ha.	1990
Kaffee				
Komm ein bißchen mit nach	Gietz, H.	Feltz, K.	Valente, C. &	
Italien			Francesco, S.	1956
Komm, gib mir deine Hand	White, J.	White, J.	Marshall, T.	1971
Komm, halt mich fest	Lage, K.	Lage, K. / Lerryn	Lage, K.	1982
Komm', hilf' mir mal die Rolle	Kollo, W.	Frey, H.	div.	1908
dreh'n			Lins, H.M.	1962
Komm in den Park von Sanssouci	Stolz, R.	Rillo, R.	div.	1925
Komm in mein Boot	Adamo, S.	Brandin, W.	Adamo	1970
Komm in meinen Wigwam	Jung, E. / Schatz, G.	Röckelein, J.	Heino	1976
Komm ins Paradies	Reim, M. / Wiesner, J.	Reim, M./ Reith, I.	Brink, B.	1988
Komm, klopf heut nacht an die Tür	Schroeder, A. / Wayne, S.	Relin, J.	Mae, M.	1979
Komm, komm zu mir	Carter/Stephens/Weyrich	Carter/Stephens/Weyrich	Pop, E.	1970
Komm laß uns miteinander reden	Dörr, P.	Dörr, P.	Wendorf, M.	1992
Komm' laß uns tanzen geh'n	Wilke, G.	Gerritzen, C.	Pascal, F.	1991
Komm, leg den Kopf an meine	Siegel, R.	Behrle, G.	Roberts, Chr.	1978
Schulter				
Komm mal raus, Renate	Oberdörffer./Moslener	Oberdörffer/Moslener	Tony	1975
Komm mein Schatz, wir trinken	Preil, P.	Preil, P.	div.	1921
ein Likörchen			Scherfling, R.	1961
Komm mit mir auf die grüne			Wolfgang	1976
Wiese				
Komm mit mir nach Tahiti	Schröder, F.	Schwenn, G.	Medvey, U. von	1947
			Ziemann, S.	1947
Komm mit nach Varasdin	Kálmán, E.	Brammer,J./Grünwald,A.	div.	1924
Komm, nimm mich doch mit	Jubel, H.	Rekerb, G.	Kastelruther Sp.	1992
Komm, sei wieder gut	Schröder, A. / Rabin, J.	Schröder, F. / Ranbin, J.	Shapiro, H.	1962
Komm setz di auf an Sonnenstrahl	Frankfurter, J.	Holder, I.	Borg, A. &	
			Sükar, A.	1990
Komm, spiel mit mir Blindekuh	Kreuder, P.	Beckmann, H.F.	div.	1940
Komm, trink und lach am Rhein	Raymond, F.	Amberg,Ch./Andersen,L.	div.	1932
[In Mainz am schönen Rhein]			Stern, G.	1970
Komm und bedien dich	Donida, C.	Bradtke, H. / Feltz, K.	Alexander, P.	1968
Komm und gib mir deine Hand	Grothe, F.	Dehmel, W.	Rökk, M.	1942
Komm und spiel mit mir	Jaschen / Jaschens	Heilburg, Chr.	Inger, S.	1979
Komm und spiel mit mir	Fischer, G.	Krug, M.	Krug, M.	1980
Komm und wir sind frei	Thomas / Francopolus	Thomas / Francopolus	Door, D.	1972
Komm unter meine Decke	Gabriel, G.	Gabriel, G.	Gabriel, G.	1975
Komm wieder Madonna	Olden, B.	Werner, H.H.	Iglesias, J.	19##
Komm, Zigány	Kálmán, E.	Brammer,J./Grünwald,A.	div.	1924
Komm zu mir heut nacht	Rixner, J.	Schwenn, G.	div.	1939
Kommst du heut nacht	Siegel, R.	Meinunger, B.	Nicole	1986
Kommt ein Schiff nach	Bruhn, Chr.	Buschor, G.	Valente, C.	1961
Amsterdam				
Komplimente			Simon, P.	1966
König der City	Dohrenkamp/Haverkamp	Dohrenkamp/Haverkamp	Lippe, J. v.d.	1992

Alphabetisches Titelverzeichnis

Titel	Komposition	Text	Interpret	Jahr
König von Deutschland	Reiser, R.	Reiser, R.	Reiser, R.	1986
Königin der Nacht	Orloff, P. / Clüver, B.	Orloff, P. / Clüver, B.	Orloff, P.	1979
Konjunktur Cha-Cha	Durand, P. / Lemarqué, F.	Feltz, K.	Osterwald, H.	1961
Können diese Augen lügen	Thöner / Taxis / Berlitz	Thöner / Taxis / Berlitz	Rubin, P.	1978
Kornblumenblau	Jussenhoven, G.	Schlösser, J.	Orch.W.Raatzke	1938
Kornblumenwalzer	Bruhn, Chr.	Jung, R.	Gitti & Erica	1976
Kosmetik [Ich bin das Glück der Erde]	Witt, J.	Witt, J.	Witt, J.	1981
Kowalski	Engler, H. / Reidl, I.	Engler, H. /Reidl, I.	Pur	1989
Kreuzberger Nächte	Pohlmann, B.	Pohlmann, B.	Gebr. Blattschuß	1978
Kreuzworträtsel	Reichel, A.	Reichel, A.	Reichel, A.	1990
Kribbeln im Bauch	Werner, P.	Werner, P.	Pe Werner	1991
Kriminal-Tango	Trombetta, P.	Feltz, K.	Bendix, R.	1959
			Osterwald, H.	1959
Kuckuckswalzer	Jonasson, J.E.	Ronnay, R.	div.	1916
Kurti	EAV	Spitzer, Th.	EAV	1987
Küsse im Mondschein			Jan & Kjeld	1962
Küsse nie nach Mitternacht	Bruhn, Chr.	Buschor, G.	Malmkvist, S.	1965
Küsse unterm Regenbogen	Bruhn, Chr.	Bradtke, H.	Manuela	1965
Küß die Hand schöne Frau	EAV	Spitzer, Th.	EAV	1987
Küß mich, bitte, bitte, küß mich	Carste, H.	Reiter, F, / Richter, K. S.	Schuricke, R.	1937
			Valente, C. und Francesco, S.	1961
Küßchen	Höhner / Henseler, W.	Höhner / Henseler, W.	Höhner	1991
La Guitarra Brasiliana	Olias, L.	Loose, G.	Quinn, F.	1960
La Isla Bonita	Ciccone/Leonard/Gaitsch	Holder, I.	Jonak, T.	1987
La la la la vie	Vangarde/Kluger/Bradtke	Vangarde/Kluger/Bradtke	Aroni, H.	1972
Lalala Song	Adolphi, Th./Backert, M.	Fabri, Ch. / Naitsabes, P.	Sebastian, P.	1992
La-Le-Lu	Gaze, H.	Gaze, H.	Buhlan, B.	1950
			Lais, D.	1950
La Luna	de Angelo / Bärtels	de Angelo / Bärtels	Angelo, N. de	1991
La Mamma	Aznavour, Ch. / Gall, R.	Niessen, Ch.	Brokken, C.	1965
La Montanara	Ortelli, T.	Siegel, R.M.	Rosso, N.	1966
			Heino	1973
La Paloma	trad./Wende/Bach/Quinn	trad/Wende/Bach/Quinn	Quinn, F.	1961
La Paloma ade	Yradier, S. de	Buschor, G.	Mathieu, M.	1973
La Parranda	Berlipp, F.	instr.	B.Lipman Orch.	1971
La Pastorella	Geiger, W.	Jung, R.	Torriani, V.	1975
La Provence (du blühendes Land)	Siegel, R.	Schenckendorf, J.	Mouskouri, N.	1981
La Storia Della Montagna	Siegel, R.		Wiedl, A.	1991
La Trombe Espanola			Etzel, R.	1966
Lachendes München	Freundorfer, G.	Breuer, F.J.	Freundorfer, G.	1938
Lady	Böhm-Thorn, W.	Chambosse, M.	Roos, M. & Hanselmann, D.	1982
Lady	Kartner, P.	Kunze, M.	Emmerlich, G.	1992
Lady Carneval	Svoboda / Staidl	Relin, J.	Gott, K.	1969
Lady Sunshine	Beier, T. / Back, K.	Wirth, G.	Wolff, C.	1988
Lady Sunshine und Mister Moon	Gietz, H.	Bradtke, H.	Froboess, C.	1962
Lago Maggiore	Siegel, R.	Meinunger, B.	Gott, K.	1979
Lago Maggiore im Schnee	Shuman, M.	Munro, K.	Maerz, M.	1976

Alphabetisches Titelverzeichnis

Titel	Komposition	Text	Interpret	Jahr
Lailola	Gimenez/Dardo/Rettore	Schairer, A & E	Adam & Eve	1978
Lampenfieber	Barry, J.	Kunze, M.	Haenning, G.	1983
Land im Norden	Jersey,M./Petersburg,W.	Krings, P.	Heimatduo J&M	1990
Lang, lang ist´s her			Steimel, A.	1947
Lang scho nimmer g´seh´n	Buchner, H.J.	Böglmüller, U.	Haindling	1983
Lange Schatten	Maffay, P.	Hopfenmüller, A.	Maffay, P.	1987
Langsam wochs ma z´amm	Ambros, W.	Ambros, W.	Ambros, W.	1990
Lara´s Theme	Last, J.		Orch. J. Last	1967
Laß das Haar mal in der Suppe	Horton, P.	Horton, P.	Inga & Wolf	1976
			Horton, P.	1976
Laß dein Herz bei mir zurück	Jary, M.	Balz, B.	Winter, H.	1943
Laß den dummen Kummer	Last, W.	Loose, G.	Kern, R.	1966
Laß dich mit Musik verwöhnen	Kretzschmar, H.	Kretzschmar, H.	Swinging Girls	1986
Laß die Frau, die dich liebt	Schröder, F.	Beckmann, H.F.	Schuricke, R.	1938
niemals weinen			Black, R.	1969
Laß die Liebe aus dem Spiel	Cook, B.	Bradtke, H.	Lindblom, A.	1962
Laß die Mädels wissen	Grabowsky / Eckhardt	Grabowsky / Eckardt	Truck Stop	1981
Laß die Sonne in dein Herz	Siegel, R.	Meinunger	Wind	1987
Laß die Sonne wieder scheinen	Hausmann, W.	Jorge, J.	Ronny	1967
Laß die Wanne ein	Seifert, I / Hoffmann, H.	Seifert, I.	Ullo	1992
Laß die Welt darüber reden	Livingston, J.	Rotter, F.	Bieler, E.	1956
Laß dir nie den Tag verderben	Lost, U. / Eckardt, C.-D.	Lost, U. / Eckardt, C.-D.	Truck Stop	1989
Laß doch den Sonnenschein	Last, W.	Loose, G.	Kern, R.	1969
Laß mein Knie, Joe	Scott, R. / Wolfe, S.	Hofer, W.	Myhre, W.	1978
Laß mich damit bloß in Ruhe	Müller, H. / Sehrt, J.	Müller, H. / Sehrt, J.	Dagmar	1992
Laß mich dein Pirat sein	Brendel, R. / Kerner, N.	Brendel, R. / Kerner, N.	Nena	1984
Laß mich doch raus aus meiner	White, J.	Athan, J.	Marcus, J.	1977
Jacke				
Laß mich heut abend nicht allein	Jary, M.	Balz, B.	Lilienborn, G.	1941
Laß mich heute nicht allein	Armath	Armath / Rasch / Dieter	Haenning, G.	1976
Laß mich nicht allein	Siegel, R.	Meinunger, B.	Nicole	1986
Laß mich noch einmal in die Ferne	Olias, L.	Rothenburg, W.	Quinn, F.	1963
Laßt den Kopf nicht hängen	Lincke, P.	Bolten-Baeckers, H.	div.	1899
Laubenpieper-Polka	Gordan, A.	Gordan, A.	Brandenburg, N.	1986
Laura Jane	Farina, D.	Kunze, M.	Carpendale, H.	1987
Laylalou	Moroder, G.	Kunze, M.	Glas, U.	1968
Le Reve	Heck/Köthe/Lingenfelder		King, R.	1976
Leb wohl	Kluger, J.	Holm, M. / Pietsch, R.	Holm, M.	1980
Lebe wohl, du Blume von Tahiti			Makulis, J.	1963
Lebe wohl, du schwarze Rose	Jary, M.	Balz, B.	Wendland, G.	1953
Lebe wohl, kleine Frau	Jäger, W.	Jäger, W. / Nebhut, E.	Orch. A. Lutter	1936
			Helgar, E.	1936
Leben heißt lieben	Scharfenberger, W.	Feltz, K.	Alexander, P.	1970
Leben ist mehr	Zuckowski	Zuckowski	Zuckowski, R.	1983
Leben mit dir	Munro, N.	Munro, N.	Whittaker, R.	1985
Leben so wie ich es mag	Flowers, D.	Lechtenbrink, V.	Lechtenbrink, V.	1980
Leben wie im Traum	Kaczmarek, B.	Busse, Chr.	Kaczmarek, B.	1987
Leg dein Herz in meine Hände	Arland, R.	Lilibert	Black, R.	1966
Leider nur eine schlechte Kopie	Gietz, H.	Bradtke, H.	Kauffeld, G.	1961
Leih mir deine Liebe	Brozat, B.	Brozat, B.	Thomas, H.	1989

Alphabetisches Titelverzeichnis

Titel	Komposition	Text	Interpret	Jahr
Leila	Dauber, D.	Beda	div.	1928
Leise rauscht es am Missouri	Jary, M.	Balz, B.	Low, B.	1950
Lena	Engler, H. / Reidl, I.	Engler, H. / Reidl, I.	Pur	1991
Les Champs Elysees	Wilsh, M. / Deighan, M.	Delanoe, P.	Dassin, J.	1970
Letkiss	Lehtinen, R.	Menke, J	Delgado, R.	1965
Leuchtturm	Fahrenkroog-Petersen, J.	Kerner, N.	Nena	1983
Liberta	Lucignani / Morricone	Woitkewitsch, Th.	Milva	1979
Licht am Horizont	Borsitz / Hiob	Borsitz / Hiob	Blaue Engel	1992
Lichterloh	Bassen/Lipport/Neumeyer	Gunzer / Dietrich	Neumeyer, H.	1992
Lichtermeer	May, A.	Mürmann, W.	Maywood	1980
Lieb mich ein letztes Mal	Dietrich,B./Michalsky,S. Grabowski, G.	Dietrich, B. Hammerschmidt, N.	Kaiser, R.	1981
Liebe auf den ersten Blick	Kemmler / Löhr	Zauner / Strobel	Münchener Freih	1991
Liebe auf Zeit	trad.	Thorsten, F.	Brink, B.	1977
Liebe bleibt, Liebe geht	Kaczmarek, B.	Kaczmarek, P.	Mouskouri, N.	1987
Liebe, die nie vergeht	Rigual, C.	Menke, J.	Vittorio	1962
Liebe, du Himmel auf Erden	Lehár, F.	Knepler, P. / Jenbach, B.	div.	1925
Liebe ist ein Geheimnis	Doelle, F.	Amberg, Ch.	Hildebrand, H.	1934
			Torriani, V.	1968
Liebe ist ja nur ein Märchen	Jary, M.	Balz, B.	Rothenberger, A.	1951
Liebe ist nicht nur ein Wort	Heck, R.	Kunze, M.	Paola	1981
Liebe ist viel mehr als ein Wort	##	Denise	Denise	1987
Liebe kann man nicht verbieten	Petrik, H.	Marcard, R.	Brink, B.	1974
Liebe kleine Schaffnerin	Lang, H.	Meder, E.	Carl, R.	1942
Liebe kleine Stadt	Berking, W.	Feldt, H.	Hagara, W.	1961
Liebe lebt	Hendrik, T. /Haaren, K.v.	Meinunger, B.	Xanadu	1992
Liebe mich	Simons / Marks	Siegel, R.M.	Blue Diamonds	1965
Liebe ohne Leiden	Jürgens, U.	Hofer, W.	Jürgens, U.	1984
Liebe pur	Heck, R. / Köthe, G.	Rottschalk, G. /Horn- Bernges, H.-J.	Hoffmann, P.	1985
Liebe und Tod	Duval, F.	Maloyer, K.	Duval, F. & Maloyer, K.	1986
Liebe war es nie	Markush, F.	Rotter, F.	L. Ruth Band	1932
Liebe, was ist das	Kunze, M.	Kunze, M.	Maerz, M.	1973
Liebe wird verboten	Maffay, P.	Meinunger,B/Heinze,Chr.	Maffay, P.	1980
Lieber dich und kein Geld	Siegel, R.	Hertha, K.	Ramona	1972
Lieber Gott	Maffay, P.	Meinunger, B./Kunze, M.	Maffay, P.	1982
Lieber Gott, laß die Sonne wieder scheinen	Carste, H.	Beckmann, H. F.	Froboess, C.	1953
Lieber guter Weihnachtsmann	Mozart, W.A.	Zuckowski, R.	Zuckowski, R.	1983
Lieber heute geküßt	Last, W.	Loose, G.	Kern, R.	1969
Lieber Leierkastenmann	Kollo, W.	Kollo, W.	Hansen, M.	1928
Lieber mal aus Liebe	Blum, H.	Blum, H.	Valentino, H.	1991
Lieber mal weinen im Glück	Henning / Christin	Henning / Christin	Kern, R.	1968
Liebes altes Haus	Blum, H.	Blum, H.	Valentino, H.	1981
Liebeskummer	Rupprich,K.H. / Busse,U.	Rupprich,K.H. / Busse,U.	Flippers	1992
Liebeskummer lohnt sich nicht	Bruhn, Chr.	Buschor, G.	Malmkvist, S.	1964
Liebesleid	Scharfenberger, W.	Feltz, K.	Alexander, P.	1969
Liebeslied jener Sommernacht	Kluger, J.	Frances, M.	Lavi, D.	1970
Liebesmelodie	Vonficht, B. / Mascher, F.	Vonficht, B. / Mascher, F.	Warda, A.	1992

Alphabetisches Titelverzeichnis

Titel	Komposition	Text	Interpret	Jahr
Liebliche kleine Dingerchen	Gilbert, J.	Freund,J./Okonkowski,G.	div.	1913
Liebling, auch wir werden älter	Korn, H.	Korn, H.	div.	1964
			Schneider, W.	1973
Liebling, mein Herz läßt dich grüßen	Heymann, W.R.	Gilbert, R.	Harvey, L. & Fritsch, W.	1930
Liebling mit dem blonden Haar	Cowler, J.	Balz, B.	Orch. L. Rüth	1934
Liebling, was wird nun aus uns beiden	Schröder, F.	Beckmann, H.F.	Heesters, J.	1941
			Alexander, P.	1968
Liebst du auch den rauhen Wind	Busch, D.	Busch, D.	Busch, D.	1991
Liebst du mich	Siegel, R.	Meinunger, B.	Alexander, P.	1983
Liebt er dich, wie ich dich liebe	Hornung, H.	Schenckendorff, J. von	Black, R.	1976
Liechtensteiner Polka	Kötscher, E. / Lindt, R.	Kötscher, E. / Lindt, R.	Glahé, W.	1956
Lied der Nachtigall	Grothe, F.	Dehmel, W.	Werner, I.	1941
			Geszty, S.	1969
Lied der Taiga [Sehnsucht]	Bauer, R.	Weyrich, F.	Alexandra	1968
Lieder der Berge	Bianca	Mareike, S.	Bianca	1986
Lieder der Nacht	Heider, J.	Heilburg, Chr.	Rosenberg, M.	1976
Lieder , die die Liebe schreibt	Soja, R.	Dostal, F.	Mouskouri, N.	1978
Lieder, die von Herzen kommen	Bruhn, Chr.	Bruhn, E.	Pat & Paul	1988
Lieder im Wind	Heider, J.	Hofer, W.	Dorthe	1978
Lieder, so schön wie der Norden	Frankfurter, J.	Holder, I.	Die Nordlichter	19##
Lili Marleen	Schultze, N.	Leip, H.	Andersen, L.	1939
			Dietrich, M.	1945
			Francis, C.	1962
Limousine	Soja, R. / Dostal, F.	Soja, R. / Dostal, F.	KaH, H.	1986
Linda	Halletz, E.	Feltz, K.	Backus, G.	1962
Links vom Rhein und rechts vom Rhein			Gall, F.	1969
Linzer Torte	Fischer, E.	instr.	div.	1936
Lippen schweigen	Lehár, F.	Stein, L. / Léon, V.	div.	1905
Living Doll	Bart, L.	Neukirchner, W.	Moonbeats	1986
Logo Logo	Mader,A./Eberharter,A.	Mader,A./Eberharter,A.	Zillertaler Schürz	19##
Lohn der Angst	Steinhauer, H.	Kunze, M.	Werding, J.	1985
Lola	Davies, R.	Kunze, H.-R.	Kunze, H.-R.	1984
Lore, leih mir dein Herz	Korn, H. / Kivel, D.	Norden-Real, F.	Kivel, D.	1954
Lord Leicester aus Manchester	Bruhn, Chr.	Buschor, G.	Manuela	1967
Loreley	Siegel, R.	Meinunger, B.	Dschingis Khan	1981
Lory	Rusinski, B.	Sante, V.	Rusinski, B.	1992
Lose munt´re Lieder	Lincke, P.	Bolten-Baeckers, H.	div.	1899
Lotos-Blumen	Ohlsen, E.	instr.	div.	1904
Lotosblume	Busse, U. / rupprich, K.	Busse, U. / Rupprich, K.	Flippers	1989
Love - so heißt mein Song	Chaplin, Ch.	Relin, J.	Clark, P.	1966
Lovetide	Birner, G.	instr.	Jankowski, H.	1981
Lucille	Bowling, R. / Bynum, H.	Gabriel, G.	Lechtenbrink, V.	1977
Lucky	Bi, St.	Bi, St.	Paul, B.	1978
Luna-Walzer	Lincke, P.	Bolten-Baeckers, H.	div.	1899
Lup-di-lu	Buchholz, H.	Berling, P.	Calente, C. & Francesco, S.	1963
Luster mal mien Kind	Scheelken, M.	Scheelken, M.	Mühlenhof Mus.	1991
Lustiges Wien	Meisel, W.	Meisel, W.	div.	1929

Alphabetisches Titelverzeichnis

Titel	Komposition	Text	Interpret	Jahr
Luxemburg-Walzer	Lehár, F.	Willner,A./Bodanzky,R.	div.	1909
Mac Arthur Park			Haenning, G.	1989
Mach die Augen zu	Götz, K.	Hertha, K.	Wendland, G.	1964
Mach die Augen zu	Hemert, H.	Möring, K.	Sheer, I.	1977
Mach die Augen zu und wünsch dir einen Traum	Bourtayre / Dessa	White, J.	Severine	1971
Mach dir nichts daraus	Grothe, F.	Dehmel, W.	Rökk, M.	1944
Mach dir um mich doch bitte keine Sorgen	Winkler, G.	Schwenn, G.	div.	1942
Mach es wie die Sonnenuhr	Hanschmann, E.	Krüger, M.C.	div.	1935
Mach was schönes aus diesem Tag	Gietz, K.	Hertha, K.	Breck, F.	1978
Machen Sie doch bitte kein so böses Gesicht	Olias, L.	Wallnau, E.	Barnet, K.	1952
Machen wir´s den Schwalben nach	Kálmán, E.	Stein, L. / Jenbach, B.	div.	1915
Macho Macho	Fendrich, R.	Fendrich, R.	Fendrich, R.	1988
Mäcki Boogie	Jary, M.	Balz, B.	Künneke, Ev.	1952
			Buhlan,B/Paul,R	1952
Mäcki-Messer-Song [Und der Haifisch, der hat Zähne]	Weill, K.	Brecht, B.	Gerron, K.	1928
			Knef, H.	1963
Mädchen	Gietz, H.	Feltz, K.	Breck, F.	1979
Mädchen aus dem Odenwald	Bruhn, Chr.	Bruhn, Chr. / Jung, R.	Gitti & Erica	1979
Mädchen, du hast mich verliebt angesehen	Oberdörffer, M.	Moslener, G.	Tony	1972
Mädchen im Boot	Scharfenberger, W.	Feltz, K.	Rubin, P.	1976
Mädchen, Mädchen	Grabowski / Stein	Grabowski / Stein	Anderson, G. G.	1986
Mädchen mit roten Haaren	Moslener/Oberdörffer	Moslener/Oberdörffer	Tony	1971
Maddalena	Gietz, H.	Bradtke, H.	Gildo, R.	1963
Maddalena Adieu	Yradier, S.	Hauff, A.	Hauff, A.	1985
Mädel gibt es wunderfeine	Kálman, E.	Stein, L. / Jenbach, B.	div.	1915
Mädel, ich bin dir so gut	Enders, G.	Felsing, H.	div.	1923
Mädel, jung gefreit	Kollo, W.	Bernauer,R./Schanzer,R.	div.	1911
Madeleine	Gordan, A.	Kämpfe, G.	Brink, B.	1979
Mademoiselle Ninette	Hildebrandt-Winhauer,H.	Hildebrandt-Winhauer,H.	SoulfulDynamics	1970
Mädels, jetzt ist Damenwahl	Richartz, W.	Richter, K. S.	div.	1934
Mädi (mein süßes Mädi)	Stolz, R.	Grünwald, A. / Stein, L.	div.	1923
Madison in Mexico	Buchholz, H.	Berling, P.	Valente, C. & Francesco, S.	1976
Mädle aus dem schwarzen Wald	Jessel, L.	Neidhart, A.	div.	1917
Madonna, du bist schöner als der Sonnenschein	Katscher, R.	Katscher, R.	div.	1924
			Wendland, G.	1958
Magical Spiel	Ryan, P.	Ryan, P.	Ryan, B.	1970
Mainzer Spezialitäten	Hollaender, F.	Hollaender, F.	Vita, H. & Hauke, E.	1965
Major Tom [Völlig losgelöst]	Schilling, P.	Schilling, P.	Schilling, P.	1982
Mal Astronaut sein	Häring, R.	Brocker, B.	Denise	1991
Mal etwas Beat, mal etwas Swing	Eckert, H.	Valentin, E.	May, T.	1976
			Swinging Girls	1980
Malaguena, schwarze Rose	Ramirez, E.	Meinunger, B.	Gott, K.	1991
Malaika	Busse, U./Rupprich, K.	Busse, U. /Rupprich, K.	Flippers	1987
Malinconia	Fabrizio, M.	Kunze, M.	Illic, B.	1982

Alphabetisches Titelverzeichnis

Titel	Komposition	Text	Interpret	Jahr
Mallorca			Traversi, A.	1965
Malwine, ach Malwine	Jessel, L.	Neidhart, A.	div.	1917
Mama	Last, H.	Balz, B.	Eskens, M.	1964
Mama	Bixio	Balz, B.	Heintje	1967
Mama, ich komm wieder	Bause, A.	Schneider, D.	Herz, M.	1975
Mama Leone	Deutscher, D.	Deutscher, D.	Bino	1978
Mama Lorraine	Busse, U.	Dietrich, B.	Anderson, G. G.	1981
			Jürgens, A.	1981
Mamatschi	Schima, O.	Schima,O. / Kappus,F.X.	div.	1936
			Eskens, M.	1956
			Alexander, P.	1969
Mamutschka	Siegel, R.	Meinunger, B.	Alexander, P.	1981
Mamy Blue	Giraud, H.	Weigel	Shayne, R.	1971
Man kann nicht ohne Liebe sein	Schairer, A. & E.	Möring, J.	Adam & Eve	1976
Man kann sein Herz nur einmal verschenken	Grothe, F.	Dehmel, W.	div.	1939
			Heesters, J.	1967
Man lernt nie aus	Bause, A.		Federowski, J.M.	
Man muß schließlich auch mal nein sagen können	Scharfenberger, W	Feltz, K.	Haenning, G.	1966
Man muß das Leben eben nehmen, wie das Leben eben ist	Gabriel, G.	Gabriel, G.	Werding, J.	1976
Man muß mal ab und zu verreisen	Dostal, N.	Amberg, Ch.	Ode, E.	1934
Man müßte Klavier spielen können	Schröder, F.	Beckmann, H.F.	Heesters, J.	1941
Man müßte nochmal zwanzig sein	Jussenhoven. G.	Feltz, K.	Schneider, W.	1952
Man spricht heut nur noch von Clivia	Dostal, N.	Amberg, Ch. / Maregg, F.	div.	1933
			Hallstein/Clarin	1983
Man steigt nach	Fall, L.	Léon, V.	div.	1908
Manana, manana, manana			Tahiti Tamoures	1964
Manchmal denk ich noch an Marlen	Strecker, S.	Gerritzen, C.	Sebastian, P.	1988
Manchmal möchte ich schon mit dir	Heider, J.	Hammerschmidt, N. / Kaiser, R.	Kaiser, R.	1982
Manchmal, wenn ich dich berühr	Petrik, H.	Gahlen, G.	Kaiser, R.	1980
Mandolinen um Mitternacht[Pedro]	Siegel, R.	Holm, M.	Alexander, P.	1973
Mandolinen und Mondschein	Weiss, G.D./Schröder, A.	Bartels, J.	Alexander, P.	1959
			Hagara, W.	1959
Mandolino, Mandolino	Winkler, G.	Siegel, R.M.	Schuricke, R.	1949
Mann aus Alemania	Mey, R.	Mey, R.	Mey, R.	1974
Mann bist du schön	Bohlen, D.	Kunze, M.	Ebstein, K.	1983
Mann im Mond	Niessen, Ch.	Niessen, Ch.	Backus, G.	1961
Mann im Mond	Falkenberg	Falkenberg	IC Falkenberg	1988
Mann im Mond	Künzel, T.	Künzel, T.	Prinzen	1992
Männe, hak mir mal die Taille auf	Gilbert, J.	Schönfeld, A.	div.	1912
Männer	Grönemeyer, H.	Grönemeyer, H.	Grönemeyer, H.	1984
			Bläck Fööss	1989
Männer brauchen Liebe	Haller, H.	Meinunger, B.	Valente, C.	1984
Manolito		Holm, M.	Berger, G.	1980
			King, R.	1979
Manos Arriba	Griffin, P.	Möring, J.	Baginsky, G.	1982
Manuel	Gietz, H.	Feltz, K.	Valente, C.	1978

Alphabetisches Titelverzeichnis

Titel	Komposition	Text	Interpret	Jahr
Manuel Goodbye	Dietrich, B/Simons, E/ Grabowski, G.	Dietrich, B/Moray, D.	Landers, A. Jürgens, A.	1983 1983
Märchenprinz	EAV	Spitzer, Th.	EAV	1986
Märchentraum der Liebe	Dostal, N.	Hermecke, H.	Mikorey, K.	1939
Marcel	Niessen, Ch.	Niessen, Ch.	Brühl, H.	1962
Mare	Angelis / Angelis		King, R.	1977
Maria aus Bahia	Misraki, P.	Feltz, K.	Travellers	1949
Maria Helen	Fucik / Raschek	Fucik / Raschek	Bendix, R.	1974
Mariandl	Lang / Nachmann	Lang / Nachmann	Froboess, C.	1961
Marie	Novkovic, D.	Vonficht/Scheldt	Relax	1983
Marie, der letzte Tanz ist nur für dich	Siegel, R.	Holm, M.	Gildo, R. Etzel, R.	1974 1975
Marina	Granata, R.	Weingarten, A./ Lilibert	Granata, R. Brandes, W. Phil & John	1959 1959 1973
Marleen	Heider, J.	Heilburg, Chr.	Rosenberg, M.	1976
Marlena	Goldsboro	Lilibert	Roberts, Chr.	1973
Marlene	Zander, F.	Bruhn, H. / Zander, F.	Zander, F.	1988
Marmor, Stein und Eisen bricht	Bruhn,Chr/Deutscher,D	Loose, G.	Deutscher, D. York, T.	1965 1975
Martin	Bruhn, Chr.	Buschor, G.	Mathieu, M.	1969
Martinique Cherie	Power, P. / Jonas, U. Künzel, J.	Torsy, C.	Stein, M.	
Mary Ann Good-Bye	Puschmann, R.	Puschmann, R.	Gildo, R.	1973
Mary-Rose			Wendland, G.	1962
Maschine brennt	Ponger, R.	Falco	Falco	1982
Masken-Masken	Jürgens, U.	Christen, Th.	Jürgens, U.	1989
Maskenball bei Scatland Yard	Gietz, H.	Bradtke, H.	Ramsey, B.	1963
Mathilda	Span, N.	Span, N.	Jürgens, U.	1968
Matrosen aus Pyräus	Hadjidakis, M.	Bradtke, H.	Andersen, L.	1961
Mauerblümchen			Bieler, E.	1957
Mausi, süß warst du heute nacht	Abraham, P.	Grünwald, A. / Beda	Waldmüller, L. u. Dénes, O.	1930
Max, du hast das Schieben raus [Schiebermax]	Kollo, Wa.	Frey, H.	div.	1914
Max und Moritz			Suzie	1965
Mazurka [Ich spür' in mir]	Kreuder, P.	Rameau, H.	Negri, P.	1935
Mehr als Sehnsucht	Horn-Bernges, J.	Horn-Bernges, J.	Martin, A.	1987
Mehr von dir	Steinhauer, H.	Frey, H.	Nicki	1987
Mei Glück is a Hütterl	Neumann, E.	Linderer, E.	Huber, L.	1982
Mei Schihaserl hat a kalt's Naserl	Carste, H.	Richter, K. S.	Rauch, F.	1950
Mei Vata is a Appenzeller [Appenzeller Jodler]	Sulzböck, T. / Lang, F. Frauenberger, E.L.	Sulzböck, T. / Lang, F. Frauenberger, E.L.	Lang, F.	19##
Meilenstein der ersten Liebe	Battin / Fowley	Orloff, P.	Rose, R.	1972
Meilenweit	Siegel, R.	Holm, M.	Mann, M.	1971
Mein Bruder macht beim Tonfilm die Geräusche	Amberg,Ch/Bernauer,L Raymond, F.	Amberg,Ch/Bernauer,L Raymond, F.	Bois, C. Piper, T.	1930 1976
Mein Charly, der ist Klasse	Schairer, A. & E.	Bradtke, H.	Baginsky, G.	1977
Mein Fahrrad	Krumbiegel, S.	Krumbiegel,S./Künzel,T.	Prinzen	1991
Mein Frauchen	Lüdke, C. & B.	Lüdke, C. & B.	Wildecker Herzb	1992

Alphabetisches Titelverzeichnis

Titel	Komposition	Text	Interpret	Jahr
Mein Freund der Baum	Alexandra	Alexandra	Alexandra	1968
Mein Freund Harvey	Rodgau Monotones	Rodgau Monotones	Rodgau Monot.	1985
Mein Freund Joe	Chinn / Chapman	Bradtke, H.	Baginsky, G.	1978
Mein Geschenk für dich	Stephens, G. / Black, D.	Kunze, M.	Paola	1982
Mein Gott Walther	Krüger, M.	Krüger, M.	Krüger, M.	1975
Mein Herr	Hoffmann, I / Heller, A.	Heller, A.	Heller, A.	1982
Mein Herr Marquis	Strauß, J. (Sohn)		div.	1874
Mein Herz hat Feiertag	Conde, A.	Mor	Ann & Andy	1974
Mein Herz hat heut Premiere	Igelhoff, P. / Steimel, A.	Käutner,H./Pinelli,A. von	Werner, I.	1942
Mein Herz müßte ein Rundfunk- sender sein	Kreuder, P.	Beckmann, H.F.	Heesters, J.	1944
Mein Herz ruft immer nur nach dir, o Marita	Stolz, R.	Marischka, E.	Kiepura, J.	1934
Mein Hit heißt Susi Schmidt	Frankfurter, J.	Jung, R.	Thomas, H.	1983
Mein Ideal	Aznavour, Ch.	Bader, E.	Hensch, F.	1962
			Valente, C.	1962
Mein Jack, der ist zwei Meter groß	Raleigh, B./ Gluck, J.	Blecher, C.-U.	Pavone, R.	1964
Mein Kind	Maffay, P.	Meinunger,B/Heinze,Chr	Maffay, P.	1980
Mein kleiner grüner Kaktus	Dorian	Herda, H.	Comedian Harmonists	1934
Mein kleiner Teddybär	Mackeben, Th.	Beckmann, H.F.	Serrano, R.	1940
Mein letztes Geld geb ich für Blumen aus	Oberdörffer, M.	Moslener, H.G.	Tony	1974
Mein lieber Mann	Hanner, Ha.	Meinunger, B.	Haller, Ha.	1989
Mein Liebeslied muß ein Walzer sein	Stolz, R.	Gilbert, R.	div. Rothenberger, A.	1930 1969
Mein Lied für Maria	Winny / Bendt, O.	Winny / Bendt, O.	Bendt, O.	1976
Mein Mädel ist nur eine Ver- käuferin	Benatzky, R.	Benatzky, R.	div. Alexander, P. Heltau, M.	1930 1962 1981
Mein Mutterherz	Zwatz, H.	Zwatz, H.	Nockalm Quint.	1986
Mein Name ist Hase	Twardy, W.	Lilibert	Roberts, Chr.	1971
Mein Papagei frißt keine harten Eier	Kollo, W.	Frey, H.	div. Howland, Chr.	1927 1968
Mein Platz an der Sonne ist bei dir, mein Schatz	Hertha, K / Bauer, R.	Hertha, K.	Egli, E.	1990
Mein Regiment	Blankenburg, H.L.	instr.	div.	1913
Mein Schatz, du bist ne Wucht	Twardy, W.	Lilibert	Roberts, Chr.	1972
Mein Schimmel wartet im Himmel	Niessen, Ch.	Ritter, C.	Backus, G.	1963
Mein Traumland am Wörthersee	Travatello, L.G.	Nicolsen, M.	Eskens, M.	1990
Mein Tuut Tuut	Simien, S.	Seelenmeyer, J.-Chr.	Leinemann	1985
Mein Vater war ein Wandersmann [Der fröhliche Wanderer]	Möller, F.W.	Siegesmund, F.	div. Heino	1955 1979
Mein Verein ist Spitze	Thöner, G.-E.	Feltz, K.	Rubin, P.	1978
Meine Art Liebe zu zeigen	McKuen	Frances, M.	Lavi, D.	1972
Meine Braut, die kann das besser	Buchholz, H.	Bradtke, H.	Böttcher, G.	1963
Meine eigenen Wege	Lürig, H. / Kunze, H.-R.	Kunze, H.-R.	Kunze, H.-R.	1988
Meine kleine Welt	Heinz, G./ Krassnitzer, H.	Heinz,G. / Krassnitzer,H.	Waterloo & Robinson	1976
Meine Liebe, deine Liebe	Lehár, F.	Löhner, F. / Herzer, L.	div.	1929

Alphabetisches Titelverzeichnis

Titel	Komposition	Text	Interpret	Jahr
Meine Liebe zu dir	Twardy, W.	Lilibert	Black, R.	1967
Meine Lippen, die küssen so heiß	Lehár, F.	Löhner, F. / Knepler, K.	div.	1934
Meine Mama war aus Yokohama	Abraham, P.	Grünwald, A. / Beda	Waldmüller, L.	
			u. Dénes, O.	1930
			Ferrari, V.	1966
Meine Oma fährt im Hühnerstall	Steidl, R.	Steidl, R.	div.	1922
Motorrad			Rose, W.	1961
Meine Reise ist zu Ende	Scharfenberger, W.	Busch, F.	Francis, C.	1966
Meine Stadt	Gerard/Bernet/Juris	Gerard/Bernet/Juris	Gerard, D.	1972
Meine Tür steht immer offen	Scharfenberger, W.	Busch, F.	Mina	1963
Meinen Namen sollst du tragen	Beil, P.	Loose, G.	Beil, P.	1969
Meines Großvaters Uhr	trad. / Lindner, W.	trad. / Lindner, W.	Lindner, W.	1992
Meines Herzens brennende	Dostal, N.	Hermecke, H.	Anders, P.	1940
Sehnsucht			Schock, R.	1964
Melissa	Thomas, P.	instr.	Orch. P. Thomas	1965
Melodie d´amour	Salvador, H. / Johns, L.	Glando	Durand, A.	1958
Melodie d´amour	Deutscher, D.	Rubach, A.	Varell, I.	1990
Melodie der Nacht	Olias, L.	Pinelli, A. von / Loose, G.	Quinn, F.	1960
Melodie einer Nacht	Voumard, G. /Gardaz, E.	Voumard,G./Gardaz,E.	Ofarim, A. & E.	1963
Memories of Heidelberg	Mayer, H.	Buschor, G.	March, P.	1967
Mendocino	Sahm, D.	Holm, M.	Holm, M.	1969
Mensch ärger dich nicht	Dolce, J.	Dostal, F.	Wendehals, G.	1981
Mensch Mausi	Zylka, W.	Bastino, B.	Roberts, Chr.	1982
Menschen hab´n auf Gott ver-	Behrle, G.	Behrle, G.	Naabtal Duo	1992
gessen				
Merci Chérie	Jürgens, U.	Jürgens,U./Hörbiger,Th.	Jürgens, U.	1966
Merci, Herr Marquis	Bruhn, Chr.	Buschor, G.	Gall, F.	1968
Merci, Monpti, auf Wiedersehn	Böttcher, M.	Just, U.	Schneider, R.	1958
Messer, Gabel, Schere, Licht	Panas, M.	Arnie, R.	Leandros, V.	1965
Mexican Girl	Norman,Chr. / Spencer,P.	Orloff, P.	Clüver, B.	1979
Mexican Holiday			Etzel, R.	1966
Mexican Whistler	Whittaker, R.		Whittaker, R.	1979
Mexicano	Scharfenberger, W.	Bradtke, H.	Lolita	1958
Mexico	Humpries / Driftwood	Humphries / Driftwood	May, T.	1979
Mexico	Busse / Rupprichj	Busse / Rupprich	Flippers	1987
Mexikanische Serenade	Kaschubec, E.	instr.	Orch. B. Geczy	1937
Mia Bella Napoli	Winkler, G.	Siegel, R.M.	div.	1939
Michaela	Puschmann, R.	Puschmann / Frankfurter	Illic, B.	1972
Midi-Midinette	Bruhn, Chr.	Buschor, G.	Froboess, C.	1960
Midnight Lady	Bohlen, D.	Hammerschidt, N.	Kaiser, R.	1986
Mien Gott, he kann keen Platt-	Kiesewetter, K.	Kiesewetter, K.	Kiesewetter, K.	1977
düütsch mehr				
Mike und sein Freund	Richardson / Williams	Weigel, U.	Clüver, B.	1976
Mille Mille Grazie	Götz, K.	Hertha, K.	Clark, P.	1963
Millionen Frauen lieben mich	Silvester, E.	Silvester, E.	Dall, K.	1988
Milord	Monnot / Moustaki	Bader, E.	Brokken, C.	1960
			Dalida	1960
Minikini			Textilsparverein	1964
Minne Minne Haha	Mösser, P.	Mösser, P.	Bendix, R.	1956
Mir geht´s guat	Frauenberger, E.	Frauenberger, E.	Lang, F.	1991

Alphabetisches Titelverzeichnis

Titel	Komposition	Text	Interpret	Jahr
Mir geht's gut	Bochmann, W.	Balz, B.	Rühmann, H.	1940
Mir san a bayrische Band	Sigl, G.	Sigl, G.	Spider Murphy	1983
Mir scheint die Sonne ins Gesicht	O'Brien-Docker, J.	Kiesewetter, K.	Kay, F.	1977
Mir schenke üch all e paar Blömcher	Klaeser	Herkenrath, W.	Krekel, L.	1970
Mississippi	Theunissen, W.	Theunissen	Pussycat	1976
Mississppi Shuffle Boat	Mayer, H.	Buschor, G.	March, P.	1968
Missouri Cowboy	Rodgers, J. / Vaughn, G.	Feltz, K.	Alexander, P.	1961
Mit dir in Rio	Luca, G. / Gerritzen, C.	Luca, C. / Gerritzen, C.	Sebastian, P.	1990
Mit dir leben		Medico, P. de	Paola	1980
Mit die vielleicht	Siegel, R.	Meinunger, B.	Nicole	1992
Mit einem bunten Blumenstrauß	Gietz, H.	Feltz, K.	Breck, F.	1975
Mit Leib und Seele	Lürig, H.	Kunze, H.-R.	Kunze, H.-R.	1986
Mit Leib und Seele	Chereyne, D. / Jamski, T Bastiano, B.	Chereyne, D. / Jamski, T. Bastiano, B.	Marx, A.	1992
Mit Leidenschaft	Deter, I.	Deter, I.	Deter, I.	1984
Mit meiner Balalaika war ich König in Jamaika	Mayer, H.	Jay, F.	Illic, B.	1977
Mit Musik geht alles besser	Bochmann, W.	Knauf, E.	Schuricke, R.	1943
Mit nem Kuß vor der Haustür fing's an	Gaze, H.	Balz, B.	Die 3 Travellers	1950
			Wunderlich, K.	1973
Mit nem Teelöffel Zucker	Sherman, R. & A.	Bradtke, H.	Hallstein, I.	1963
Mit Pfefferminz bin ich dein Prinz	Müller-Westernhagen, M.	Müller-Westernhagen, M.	Müller-Westernh	1978
Mit roten Rosen fängt die Liebe meistens an [Resignation]	Schröder, F.	Schwabach, K.	Leander, Z.	1952
Mit sechsundsechzig Jahren	Jürgens, U.	Hofer, W.	Jürgens, U.	1977
Mit siebzehn	Scharfenberger, W.	Busch, F.	Kraus, P.	1958
Mit siebzehn	Bohlen, D./Marcard, R.	Bohlen, D./Marcard, R.	Clüver, B.	1983
Mit siebzehn fängt das Leben erst an	Pomus / Shuman	Schwabach, K.	Robic, I.	1960
			Martin, U.	1977
Mit siebzehn hat man noch Träume	Korn, H.	Korn, H.	March, P.	1965
			Lolita	1970
Mit Tränen in den Augen ist man blind	Iglesias, J. / Belfiore, G.	Kunze, M.	Iglesias, J.	1981
Mit verbundenen Augen	Götz, K.	Hertha, K.	Illic, B.	1968
Mit viel, viel Herz	Carpendale, H. / Statz, D. Horn-Bernges, H.-J.	Horn-Bernges, H.-J.	Carpendale, C.	1992
Miteinander, füreinander	Winkler, G.	Gilbert, R.	Winters, L.	1963
Mitsou	Bruhn, Chr.	Buschor, G.	Boyer, J.1963	
Mitten im Meer	Gietz, H.	Feltz, K.	Carol, R.	1960
Mitten ins Herz	Jost, B.	Jost, B.	Feller, L.	1992
Mitten ins Herz	Waggershausen, St.	Waggershausen, St.	Waggershausen	1984
Mitten ins Herz	Tychsen/Hennemann Dietrich	Tychsen,/Hennemann Dietrich	Neumeyer, H.	1992
Mitternachts-Blues	Grothe, F.	Dehmel, W.	Kaempfert, B.	1957
			Graetz, R.	1957
			Fischer, H.	1958
Mode	Heider, J.	Bärtels, A.	Paola	1985
Moderne Romanzen	Scharfenberger, W.	Feltz, K.	Alexander, P.	1967
Mohikana Shalali	Becht, E. / Jung, E.	Becht, E. / Jung, E.	Heino	1971

Alphabetisches Titelverzeichnis

Titel	Komposition	Text	Interpret	Jahr
	Röckelein, J.	Röckelein, J.		
Mona	DeRouge, C.	Holder, I.	Black, R.	1985
Mona Lisa	Rupprich, K. / Busse, U.	Rupprich, K. / Busse, U.	Flippers	1991
Mondnacht auf Cuba	Gardens, H.	Klabunde, A.	Orch.E.Weiland	1939
Mondnacht auf der Alster	Fetrás, O.	instr.	div.	1917
Mondschein an der Eger	Mosch, E.	Völk, W.	Mosch, E.	1957
Mondschein und Gitarren	Conde, A.	Lilibert	Ann & Andy	1975
Mondschein und Liebe			Alice, Ellen & Peter	1960
Monika	Dimitrov, E.	Haper, T / Wilke, G.	Martin, U,	1971
Monja	Jäger, G.	Finado, D.	Roland W.	1967
Monopoli	Maahn, W.	Lage, K. / Maahn, W.	Lage, K.	1984
Monsieur	Götz, K.	Hertha, K.	Clark, P.	1963
Monsieur Dupont	Bruhn, Chr.	Buschor, G.	Manuela	1967
Monsieur le General	White, J.	Jay, F.	Severine	1979
			York, T.	1975
Montevideo	Marvin, T.	Grünbaum, F.	div.	1925
Moonlight	Scharfenberger, W.	Busch, F.	Herold, T.	1960
Morgen	Moesser, P.	Moesser, P.	Robic, I.	1959
Morgen bist du alle Sorgen los	Brass, B./Levine, I.	Bradtke, H.	James Brothers	1961
Morgen früh lachst du schon wieder	Orloff, P.	Orloff, P.	Kern, R.	1972
Morgen früh wirst du geh'n	Carpendale, H. / Horn-Bernges, H.-J.	Holder, I. / Horn-Bernges, H.-J.	Carpendale, H.	1982
Morgen hast du keine Sorgen	Pitney,G. / Schröder, A.	Niessen, Ch.	Anna-Lana	1964
Morgen ist alles vorüber	Scharfenberger, W.	Busch, F.	Ofarim, E.	1963
Morgen sehen wir uns wieder	Panas, M.	Arnie, R. / Munro, N.	Leandros, V.	1967
Morgen wird die Sonne wieder scheinen	Hendrik, T.	Haaren, K. van	Phil & John	1973
Morgens um sieben ist die Welt noch in Ordnung	Last, J.	instr.	Orch. J. Last	1968
Morgens vor dem Radio	White, J.	Hammerschmidt, N.	Jürgens, A.	1992
Morning Sky	Bouwens, J.	Hertha, K.	Quinn, F.	1976
Moskau	Siegel, R.	Meinunger, B.	Dschinghis Khan	1979
Moskau wenn es regnet	Rupprich,K.H./Busse,U.	Rupprich, K.H./Busse, U.	Flippers	1989
Mountain Man	Reber, P./ Zuckowski, R.	Reber, P. / Zuckowski, R.	Peter,Sue&Marc	1977
Möwe, du fliegst in die Heimat	Winkler, G.	Schwenn, G.	Hain, M.	1943
Möwen im Wind	Aschberger, P.	instr.	Gschell, Chr.	1992
Mozartgasse 10	Gerke, W. / Hannes, M.	Gerke, W. / Hannes, M.	Graf, E.	1978
Mr. Canibal	Gustin, G.	Behrle, G.	Fisher, A.	1966
Mr. Casanova	Scharfenberger, W.	Niessen, Ch.	Malmkvist, S.	1963
Mr. Paul McCartney	Heider, J.	Jay, F.	Rosenberg, M.	1970
Mucho amore	Götz, K.	Falk, H.	Boyer, J.	1969
Münchner G´schichten	Mackeben, Th.	instr.	div.	1940
Müssen Frauen einsam sein	Peeters, C.M.	Feltz, K.	Alexander, P.	1966
Musica Antiqua	Drexler, W.	instr.	Orch. W.Drexler	1984
Musik aus der Ferne ... Dacapos im Wind	Busse, Chr.	Busse, Chr.	Hartz, H.	1984
Musik ist Trumpf	Gietz, H.	Feltz, K.	Osterwald, H.	1961
Musik liegt in der Luft	Gietz, H.	Feltz, K.	Valente, C.	1958

Alphabetisches Titelverzeichnis

Titel	Komposition	Text	Interpret	Jahr
Musik, Musik, Musik [Ich brauche keine Millionen]	Kreuder, P.	Beckmann, H.F.	Rökk/Godden	1939
			Krueder, P.	1975
Musikanten sind da	Grothe, F.	Dehmel, W.	Eggerth, M.	1935
Mustafa	trad. / Leandros, L.	Munro, N. / Alisch, H.	Leandros, L.	1960
Muß i denn	trad.	trad.	Backus, G.	1961
Mußt du jetzt grade gehen, Lucille	Bynum, H. / Bowling, R.	Holm, M.	Holm, M.	1977
Mütter, haltet eure Töchter fest	Simons, E. / Kastning, S. Grabowski, G.	Simons, E. / Kastning, S. Grabowski, G.	Densow, K.	1990
Mütterlein [Glaube mir]	Winkler, G.	Rauch, F.	Sauer, W.	1952
			Negra, L.	1952
My Boy Lollipop	Levy, M. / Roberts, J.	Hertha, K.	Mae, M.	1974
My Darling	Kálmán, E.	Brammer,J./Grünwald,A.	div.	1926
My golden Baby	Abraham, P.	Grünwald, A. / Beda	Barsony/Paulsen	1931
			Staal,H/Lins,H.M	1975
My little Boy	Abraham, P.	Grünwald, A. / Beda	Barsony/Steiner	1931
			Ferrari, V.	1966
My Maria			Roland W.	1968
Na avtocesti [Auf der Autobahn]	Avsenik, S.	Avsenik, V.	Avsenik, S.	1970
Na, dann wolln wir noch einmal			Flotte Franz	1961
Na Galizi [Trompetenecho]	Avsenik,S	Avsenik, S. / Rauch, F.	Avsenik, S.	1955
Na und	Jürgens, U.	Spitzer, Th.	Jürgens, U.	1991
Nach Hause gehn wir nicht	Reckmann, J.	Reckmann,J./Schwarz,F.	div.	1908
			Orch. A. Lutter	1951
Nach meine Beene ist ja ganz Berlin verrückt	Kollo, W.	Hardt, F.W.	Waldoff, C.	1910
			Dietrich, M.	19##
Nacht voll Schatten	Oldfield, M.	Kunze, M.	Werding, J.	1983
Nächte am La Plata	Estvilla, M.	Peralta, J.	div.	1934
Nächte der Sahara	Bartzsch, F.	Hammerschmidt, N.	Thoss, R.	1992
Nächte in Shanghai	Schröder, F.	Schwenn, G.	div.	1947
Nächtes Mal am Ende der Welt	Oppermann, A.	Oppermann, A.	Valerie's Garten	1992
Nachtexpress	Reihel, A.	Fauser, J.	Reichel, A.	1984
Nachtexpress nach St. Tropez	Mayer, H.	Niessen, Ch.	Parker, T.	1961
Nachtgespenst	Winkler, G.	Siegel, R. M.	Igelhoff, P.	
Nachts ging das Telephon	Kollo, W.	Kollo, W.	Seipp, H.	1935
Nachts hör ich dich manchmal weinen	Steinhauer, H.	Frey, H. / Meinunger, B.	Frey, H.	1983
Nachts hör ich immer alle Uhren schlagen	Galatis, H.	Feltz, K.	Alexander, P.	1964
Nachts in Manhatten	Gibb, B.	Freynik, K.-H.	Kramer, S.	1979
Nachts in Rom	Niessen, J.	Hertha, K.	Makulis, J.	1960
Nachts, wenn alles schläft	Carpendale, H./ Horn-Bernges, H.-J.	Jay, F.	Carpendale, H.	1979
Nackt im Wind	Niedecken, W.	Niedecken, W.	Band für Afrika	1985
Nathalie	Bécaud, G.	Hertha, K.	Bécaud, G.	1965
Ne Frau zu sein	Bause, A.	Gentzmer, A.	Hahnemann, H.	1986
Neapolitanisches Ständchen	Winkler, G.	instr.	div.	1936
Nebelmond	Kawohl, D. / Daansen, J.	Kunze, M.	Werding, J.	1989
Neckarbrücken-Blues	Metz, A. / Heck, R.	Strube, E.	Fleming, J.	1972
Nessaja	Maffay, P.	Zuckowski, R.	Maffay, P.	1983
Neue Männer braucht das Land	Deter, I.	Deter, I.	Deter, I.	1983

Alphabetisches Titelverzeichnis

Titel	Komposition	Text	Interpret	Jahr
Neunundneunzig Komma neun Prozent	Bruhn, Chr.	Loose, G.	Bonney, G.	1968
Neunundneunzig Luftballons	Fahrenkroog-Petersen, J.	Karges, C.	Nena	1983
Nicht ein Wort davon ist wahr	Steinhauer, H.	Meinunger, B. / Frey, H.	Frey, H.	1982
Nicht zu fassen	Britten, T. / Robertson, B.	Schüler, W.	Peters, I.	1979
Nichts haut mich um - aber du	Porter, C.	Mleinek, M.	Lavi, D.	1975
Nicolo, Nicolo, Nicolino	Winkler, G.	Feltz, K.	Torriani, V.	1954
Nie allein	Pietsch, R.	Schüler, W.	Berger, C.	1991
Nie genug	Pick, J. / Schulz, P.	Piek, J. / Schulz, P.	Purple Schulz	1988
Nie mehr	Heider, J.	Jay, F.	Schanze, M.	1976
Nie mehr allein	Anders, Chr.	Anders, Chr.	Anders, Chr.	1970
Nie mehr allein sein [Sun of Jamaica]	Jass, W. / Stein, W.E.	Jass, W. / Stein, W.E.	Holiday, T. Orch.A.Ventura	1980 1981
Nie Mehr allein sein	Klüter, W.	Rubach, A.	Schubert, S.	1992
Nie mehr Bolero	Wijn, P. de	Müssig, R.	Gott, K.	1989
Nie mehr miese Zeiten	Schwarz, A.	Neigel, J.	Neigel, J.	1988
Niedersachsen-Marsch	Dörflinger, K.	instr.	div.	1981
Niemals geht man so ganz	Fritz, J.	Herr, T.	Herr, T.	1987
Niemals wieder ganz allein	Vorholt, D. / Brühl, M.	Vorholt, D. / Brühl, M.	Paveier	1985
Niemand liebt dich so wie ich	Lehár, F.	Knepler,P./Jenbach,B.	div.	1925
Nikita - Du in deiner Welt	John, E.	Kunze, M.	Brink, B.	1986
Nimm das nächste Schiff nach Rhodos	Hadjinassios, G.	Cordalis, C.	Cordalis, C.	1978
Nimm den nächsten Zug	Carpendale, H. / Horn-Bernges, H.-J.	Jay, F.	Carpendale, H.	1977
Nimm dich in acht vor blonden Frauen	Hollaender, F.	Rillo, R.	Dietrich, M.	1930
Nimm dir nie ein Teufelsweib	Jass, W. / Stein, E. Goldfield, S.L.	Jass, W. / Stein, E. Goldfield, S.L.	Roos, M.	1976
Nimm es so wie es kommt	Stein, W.E. / Jass, W.	Pinion, O.	Valaitis, L.	1979
Nimm mein Herz	Busse, U./ Rupprich. K. Grabowski, G.	Busse, U. / Rupprich, K. Grabowski, G.	Morgan, Mi.	1986
Nimm mich mit (in dein Kämmerlein)	Lincke, P.	Bolten-Baeckers, H. Schönfeld, A.	div.	1899
Nimm mich mit, Kapitän, auf die Reise	Schultze, N.	Schultze,N./Grasshoff,F.	Höhne, W. Quinn, F.	1950 1989
Nimm mich so wie ich bin	Bruhn, Chr.	Loose, G.	Deutscher, D.	1966
Nimm noch einmal die Gitarre	Bruhn, Chr.	Kunze, M.	Mathieu, M.	1977
Nimm, Zigeuner, deine Geige	Kálmán, E.	Jenbach, B. / Stein, L.	div.	1915
Ninon (lach mir einmal zu)	Jurmann,W./Kaper,B.	Marischka,E./Rotter,F.	Kiepura, J.	1933
No amigo no	Baldan Bembo, D.	Meinunger, B.	Renfordt, J.	1983
No Bier, no Wein, no Schnaps	Niessen, Ch.	Beckmann, H.F.	Backus, G.	1962
No capito	Scharfenberger, W.	Busch, F.	Kessler, A&E	1970
No robleku polka [In den Bergen]	Avsenik, S. / Avsenik, V.	Souvan, F.	Avsenik, S.	1957
Noah	Schmertz, R.	Bjelke, E.	Low, B.	1971
Noch eine letzte Zigarette	Lemesle, C.	Jay, F.	Dassin, J.	1971
Noch einen Tanz	trad.	trad.	Ofarim E. & A.	1966
Nochmal Schwein gehabt	Steinhauer, H.	Frey, H. / Marischka, F.	Ohrner, T.	1982
Nonstop ins Paradies	Smith, E.	Smith, E.	Berger, O.	1990
Nostalgie	Salter, W. / McDonald, R.	Raschek, W.	Bendix, R.	19##

Alphabetisches Titelverzeichnis

Titel	Komposition	Text	Interpret	Jahr
Nuevo Laredo	Sahm, D.	Schäuble	Tony	1970
Nun bist du da	Heider, J.	Hammerschmidt, N.	Gott, K.	1983
Nun sag schon adieu	Vonficht,B/Steinhauer,H.	Andergast,A.	Schöner, H.	1982
Nur dein junges Herz	Werdin, Th.	Werdin, Th.	Morgan, Mi.	1990
Nur der Kondor war sein Freund	Frankfurter, J.	Holder, I.	Borg, A.	1989
Nur die Liebe läßt uns leben	Heider, J.	Relin, J.	Roos, M.	1972
Nur du, du, du allein	Spector, Ph.	Relin, J.	Babs, A.	1959
			Berg, M.	1959
Nur ein Clown versteckt die Tränen	Frankfurter, J.	Möring, J.	Sheer, I.	1981
Nur ein Flirt	Vincent, R.	Orloff, P.	Rose, R.	1971
Nur ein kleines Stück Papier	Petry, W.	Petry, W.	Petry, W.	1989
Nur ein Kuß Maddalena	Holm, M. / Pietsch, R.	Holm, M. / Pietsch, R.	Holm, M.	1974
Nur ein Küßchen			Honey Twins	1960
Nur ein Lied	Bohlen, D.	Horn-Bernges, H.-J.	Forstner, T.	1989
Nur ein Mädel gibt es auf der Welt	Abraham, P.	Grünwald, A. / Beda	div.	1930
			Schock, R.	1971
Nur eine Nacht	Steinhauer, H.	Rosenberg, M.	Rosenberg, M.	1992
Nur eine Stunde	Kreuder, P.	Rameau, H.	Negri, P.	1935
Nur geträumt	Fahrenkroog-Petersen, J.	Kerner, N. / Brendel, R.	Nena	1982
Nur mit dir	Hoff, D. / Piek, K.J.	Schulz, P.	Schulz, P.	1985
Nur nicht aus Liebe weinen	Mackeben, Th.	Beckmann, H.F.	Leander, Z.	1939
Nur wenn du bei mir bist	Lindenau, K.	Piro	Gabbai, E.	1966
O Baby mach dich schön			Kraus, P.	1958
O Billy Boy	Menendez	Feltz, K.	Valente, C. & Francesco, S.	
O Donna Juanita	Lehn, E.	Blecher, C.U.	Woezel, H.	1949
O Frühling, wie bist du so schön	Lincke, P.	instr.	div.	1903
O Josefin	Gietz, H.	Feltz, K.	Alexander, P.	1958
O mein Papa	Burkhard, P.		Assia, L.	
O mia bella Napoli	Winkler, G.	Siegel, R.M.	Schuricke, R.	1938
O Mosella	Berbuer, K.	Berbuer, K.	Berbuer, K.	1947
O Theophil	Lincke, P.	Bolten-Baeckers, H.	div.	1899
O, wie bist du schön	Quanz, W.	Rothenburg, W.	div.	1951
Ob blond, ob braun, ich liebe alle Frau'n	Stolz, R.	Marischka, E.	Kiepura, J.	1935
			Kollo, R.	1977
Ob du mich liebst	Lincke, P.	Bolten-Baeckers, H.	div.	1902
Ob es so oder so oder anders kommt	Skafa, M.	Henning, H.H.	Valaitis, L.	1971
Ob in Bombay, ob in Rio	Striegler, Chr.	Urban, F.	Traversi, A.	1963
Oh Billy, Billy Black			Böttcher, G.	1961
Oh Donna Clara	Petersburski, J.	Beda	Mensing, M.	1930
Oh Jackie Joe			Baptiste, M.	1956
Oh Jägersmann			Hensch, F.	1956
Oh-la-la [Erst kommt der rechte Fuß]	Jary, M.	Farkas, K.	Rath, D.	1949
			Künneke, Ev.	1949
Oh Lady Mary	Bukey, M.	Feltz, K. / Loose, G.	Alexander, P.	1970
Oh, My Darling Caroline	Jorge	Hausmann	Ronny	1964
Oh No No	Vonficht, B.	Ricanek, Ch.	Myhre, W.	1981
Oh No No	Ricanek, Ch.	Vonficht,B./Ricanek,Ch.	Paul, B.	1981

Alphabetisches Titelverzeichnis

Titel	Komposition	Text	Interpret	Jahr
Oh Susi [Der zensierte Song]	Zander, F.	Zander, F ./ Marcard, R.	Zander, F.	1976
Oh Tom	Siegel, R.	Meinunger, B.	Dorkas	1989
Oh, wann kommst du	Kongos, J.	Frances, M.	Lavi, D.	1970
Oh, warum	Temp, E.	Fabian, C.	Cinquetti, G.	1965
Oh, wie wohl ist mir	Bruhn, Chr.	Buschor, G.	Schanze, M.	1972
Ohne Bass macht´s koan Spaß	Schwenk, G.	Graas, F.	Griesser, M.	1991
Ohne Dich	Ogermann/Christopher	Schwabach, K.	Lee, B.	1964
Ohne Dich	Zauner, S. / Strobel, A.	Kunze, M.	Münchener Freih	1985
Ohne Dich	Evans	Meinunger, B.	Schöbel, F.	1991
Ohne Krimi geht die Mimi nie ins Bett	Gietz, H.	Bradtke, H.	Ramsey, B.	1962
			Die Mimmis	1985
Ohne Moos nichts los	Gabriel, G.	Gabriel, G.	Gabriel, G.	1978
Ohne Musik geht nix	Klier, H./Steinlechner, P.	Klier, H.	Zillertaler Schürz	1990
Okay, ich geh'	Niessen, Ch.	Niessen, Ch.	Doucet, S.	1964
Olala l´amour			Severine	1972
Old Shatterhand Melodie	Böttcher, M.	instr.	Orch.M.Böttcher	1963
Old Texas Town, die Western Stadt	Bach, R.	Doll, E.	Truck Stop	1980
Olé Olé	Heider, J.	Heilburg	Khan, A.	1973
One Way Wind	Mühren, A.	Mühren, A.	The cats	1971
Onkel Golle	White, J.	White, J.	Marshall, T.	1973
Onkel und Tante	Künneke, Ed.	Haller, He. / Rideamus	div.	1921
Only a Dream	Lindenthal, B.	Dorsey, B.	Dorsey, B.	1982
Oui Madame	Jary, M.	Balz, B.	Serrano, R.	1939
Pack die Badehose ein	Froboess, G.	Bradtke, H.	Froboess, C.	1950
Palermo bei Nacht	O´Melley, H. / Schotten	Meinunger, B.	Frank, O.	1986
Palma de Mallorca	Garsson, L.	Garsson, L.	Wolff, Chr.	1987
Paloma Blanca	Bouwens, J.	Bradtke, H.	Nina & Mike	1975
Paloma Blue	Hendrik, T./Haaren, K.v.	Rubach, A.	Xanadu	1990
Pan	Siegel, R.	Hertha, K.	Cordalis, C.	1980
Panamericana	Berlipp, F.	instr.	B.Lipman Orch.	
Panoptikum	Gietz, H.	Feltz, K.	Osterwald, H.	1960
Papa trinkt Bier	Gabriel, G.	Gabriel, G.	Gabriel, G.	1977
Papillon	Siegel, R.	Meinunger, B.	Nicole	1982
Parade der Zinnsoldaten	Jessel, L.	instr.	div.	1911
Paradies, wo bist du?	Blum, H. / Grib, B.	Blum, H. / Grib, B.	Wiesner, U.	1965
Pardon Madame	Abraham, P.	Grünwald, A. / Beda	div.	1930
			u. Schütz, E.	1975
Paris, du bist die schönste Stadt der Welt	Mackeben, Th.	Beckmann, H.F.	div.	1937
			Bertelmann, F.	1965
Paris - einfach nur so zum Spaß	Jürgens, U.	Kunze, M.	Jürgens, U.	1981
Pariser Tango	Bruhn, Chr.	Buschor, G.	Mathieu, M.	1970
Parlez vous francais, Monsieur	Schauberg, R. / Prost, F.	Schauberg, R. / Prost, F.	Boyer, J.	1972
Paß gut auf dich auf, mein Kind	Siegel, R.	Schüler, W.	Alexander, P.	1976
Patricia	Prado, P.	Beckmann, H.F.	Berg, J.M.	1958
Patrona Bavariae	Behrle, G.	Behrle, G.	Naabtal Duo	1988
Pauline geht tanzen	Kollo, W.	Bernauer,R./Schanzer,R.	div.	1911
Pedro[Mandolinen um Mitternacht]	Siegel, R.	Holm, M.	Alexander, P.	1973
Penny-Melodie			Jan & Kjeld	1960

Alphabetisches Titelverzeichnis

Titel	Komposition	Text	Interpret	Jahr
Pepe	Wittstatt, H.	Pinelli, A. von	Dalida	1961
			Hagara, W.	1961
			Valente, C.	1961
Pepino	Allen, R. / Merell, W.	Bradtke, H.	Torriani, V.	1963
Peppermint un suure Drops	Ohl, S.	Rust, J.	Godewind	1991
Per aspera ad astra	Urbach, E.	instr.	div.	1906
Peter, komm heut' abend zum Hafen			Brück, I.	1957
Peter Pan	Siegel, R.	Meinunger, B.	Paola	1982
Peterle	Kleine, W.	Kleine, W.	Thoma, M.	1936
Petersburger Schlittenfahrt	Eilenberg, R.	Breiten, L.	div.	1885
Pflastertreter	Remy, U.	Remy, U.	Remy, U.	1981
Pfueati Gott, Elisabeth	Sigl, G.	Sigl, G.	Spider Murphy	1984
Pigalle	Bradtke, H. / Gietz, H.	Bradtke, H. / Gietz, H.	Ramsey, B.	1961
Pina Colada	Mathias-Clamath, C.	Schüler, W.	Wind	1989
	Weindorf, A.	Meinunger, B.		
Piraten	Brozat, B.	Brozat, B.	Brozat, B.	1990
Pistolero	Siegel, R.	Meinunger, B.	Dschinghis Khan	1980
Poesie	Drexler, W.	instr.	Orch. W. Drexler	1981
Polizisten	Jäger, W. / Ramig	Jäger, W. / Ramig	Extrabreit	1982
Polly-Dolly-Du [Die Gipsy Band]	Gaze, H.	Feltz, K.	Johns, B.	1955
Polonäse Blankenese	Böhm, W.	Böhm, W.	Wendehals, G.	1981
Portugiesischer Fischertanz	Winkler, G.	instr.	div.	1940
Postillon Lied	Grothe, F.	Dehmel, W.	div.	1941
Prego, Prego, Gondoliere	Dixie, J.	Oldorp, F.	Telkamp, M.	1960
Preßlufthammer B-B- Bernhard	Büchner, K. / Voss, R.	Büchner, K. / Voss, R.	Torfrock	1978
Pretty Belinda	Andrews, Chr.	Daahmen, R.	Spier, B.	1969
Primaballerina	Blum, H.	Blum, H.	Malmkvist, S.	1969
Prinzessin meines Herzens	Geiger, W.	Hauff, A.	Neudert, R.	1991
Prinzessin Sonnenschein	Winkler, G.	Feltz, K.	Carol, R.	1963
Probier dein Glück mit mir			Alexander, P.	1958
Promenade im Frühling	Carste, H.	instr.	Orch.H.Carste	1964
Prost, Onkel Albert	Zimmermann/Buschor	Zimmermann/Buschor	Manuela	1971
Pst, pst, hinter Ihnen steht einer	Olias, L.	Schwabach, K.	Lins, H.M.	1951
Pump ab das Bier	Kamosi, M.	Thielecke, R.	Wichtig, W.	1990
Punker Maria	de Angelis/de Natale	Dostal, F.	Hallervorden, D.	1981
Puppchen, du bist mein Augen-Stern	Gilbert, J.	Schönfeld, A.	div.	1912
			Rose, W.	1961
Pure Lust am Leben	Geier Sturzflug	Geier Sturzflug	Geier Sturzflug	1984
Pustekuchen	Van den Berg, J.	Bernstein, P.	Headline	1992
Puszta-Märchen	Schulenburg, H.	Schulenburg, H.	div.	1936
Quando, Quando, Quando	Renis, T.	Bradtke, H.	Valente, C. & Francesco, S.	1962
Que sera, sera	Livingstone, J.	Cypris, W.	Day, D.	1957
Quecksilber-Polka	Glahé, W.	instr.	div.	1936
Radetzki Rap	Schulze, K.	Schulze, K.	Klaus & Klaus	1992
Radio	Walther, G. / Reber, P.	Zuckowski, R.	Pino	1977
Radio hör´n,	Ponger, R.	Volkmann / Scheldt	Relax	1982
Ramona	Wayne, M.	Rasch, D.	div.	1928
			Blue Diamonds	1960

Alphabetisches Titelverzeichnis

Titel	Komposition	Text	Interpret	Jahr
Rauhe Schale, weicher Kern	Reinecke, M.	Lechtenbrink, V.	Kay, F.	1991
Raumpatrouille	Thomas, P.	instr.	Thomas, P.	1967
Regen auf der Haut	Frankfurte, J.	Holder, I.	Jonak, T.	19##
Regen ist schön	Bruhn, Chr.	Buschor, G.	Mathieu, M.	1972
Regensburger Serenade	Scharfenberger, W.	Siegel, R.M.	Gebr. Pfarr	1962
Regenbogenkinder	Ohl, G.	Rust, J.	Godewind	1990
Regentropfen	Palm, E.	Hochleitner, J.	Metropol-Vokal.	1935
Regimentsgruß	Steinbeck, H.	instr.	div.	1928
Reich mir zum Abschied noch einmal die Hände [Good Night]	Abraham, P.	Grünwald, A. / Beda	div.	1930
			Geszty, S.	1972
			Moffo / Schock	1975
Reif für die Insel	Cornelius, P.	Cornelius, P.	Cornelius, P.	1982
Reite, kleiner Reiter	Siegel, R.M. / trad.	Siegel, R.M.	Siegel, R.M.	1940
Reitermarsch	Grothe, F.	Dehmel, W.	Orch. B.deWeille	1958
Resi bring Bier	White, J.	Hammerschmidt, N.	Marshall, T.	1991
Resi, i hol di mit mei´m Traktor ab	Haller, Ha.	Meinunger, B.	Fierek, W.	19##
Resignation [Mit roten Rosen fängt die Liebe meistens an]	Schröder, F.	Schwabach, K.	Leander, Z.	1952
Rette mich	Karges, C.	Karges, C.	Nena	1984
Revue-Marsch	Reckling, A.	instr.	div.	1914
Rheinische Lieder, schöne Frau´n beim Wein	Ostermann, W.	Ostermann, W.	Ostermann, W.	1928
Rheinlandmädel	Ostermann, W.	Ostermann, W.	Ostermann, W.	1928
Rhine River Boat	Narholz, G.	instr.	Jankowski, H.	1987
Rhodos bei Nacht	Häring, R.	Zipper, J.	Manuela	1985
Rhodos im Regen	Jürgens, U.	Kunze, M.	Jürgens, U.	1979
Riesengebirglers Heimatlied [Blaue Berge, grüne Täler]	Hampel, V.	Fiebinger, O.	div.	1938
			Wewel, G.	1979
Ringe-dinge-ding			Heck, D.Th.	19##
Rio Bravo	Siegel, R.	Meinunger, B.	Valaitis, L.	1981
Rio Grande	Lingenfelder/Köthe/Heck	instr.	King, R.	1988
Rita	Bayer, T.	Krüger, T.	Bayer, T.	1985
River Lady	Adams, G.	Adams, G.	Whittaker, R.	1976
Ro-Ro-Robinson	Jary, M.	Balz, B.	Hinnen, P.	1954
Rock Me Amadeus	Bolland, R & F / Falco	Bolland R & F / Falco	Falco	1985
Rock´n´Roll Gefühl	Wilke, G. / Gerritzen, C. Sebastian, P.	Wilke, G. / Gerritzen, C. Sebastian, P.	Sebastian, P.	1988
Rock´n´Roll im Zillertal	Müssig, R.	Müssig, R.	Zillertaler Schürz	1991
Rock´n´Roll In Old Blue Jeans	Schikora,U./Vonficht,B.	Andergast, A.	Ohrner, T.	1980
Rock un Roll dansen	Kahl, A.	Kahl, A.	Kahl, A.	1992
Rocky	Steven, J.	Weigel, H.-U.	Farian, F.	1976
Rocky Tocky Baby	Gietz, H.	Feltz, K.	Alexander, P.	1957
Rom	Siegel, R.	Meinunger, B.	Dschinghis Khan	1980
Romantica	Garsson, L.	Garsson. L.	Wolff, Chr.	1987
Romeo und Julia	Mayer, H.	Bradtke, H.	March, P.	1967
			Travellers	1968
Rosa, Rosa, Nina	Scharfenberger, W.	Feltz, K.	Musikant.-Quart.	1956
Rosalie	Olias, L.	Moesser, P.	Quinn, F.	1956
Rosalie	Simons / Grabowski	Hammerschmidt, N.	Anderson, G.G.	1992
Rosalie, c´est la vie	Adamo, S.	Wolfgang	Adamo	1973

Alphabetisches Titelverzeichnis

Titel	Komposition	Text	Interpret	Jahr
Rosalie (du mußt nicht weinen)	Lüth / Menke / Nowa	Lüth / Menke / Nowa	Valente, C.	1960
Rosamunde	Vejvoda, J.	Richter, K.S.	div.	1936
			Christian, D.	1975
Rose der Nacht	Heck, R. / Köthe, G.	Kunze, M.	Paola	1989
Rose von Stambul	Fall, L.	Brammer,J./Grünwald,A.	div.	1916
Rosemarie	Jöde, F.	Löns, H.	Hinnen, P.	1956
Rosemarie	Kemmler, H. / Löhr, M.	Kemmler, H. / Löhr, M.	Kah, H.	1982
Rosemarie [Abendlied]	Jöde, F.	Löns, H	div.	1917
Rosen aus dem Süden	Strauß, J. (Sohn)	instr.	div.	1880
Rosen aus Rhodos	Muntis/Berger/Galatis	Feltz, K.	Cindy & Bert	1977
Rosen haben Dornen	Bruhn, Chr.	Mösser, P.	Corren, C.	1963
Rosen im Sand	Schweeres, H. / Lang, W.	Dörflein, G.	Pat & Paul	1984
Rosita [Heinz Schwalbe, der Pauschaltourist]	Zander, F.	Zander, F.	Zander, F.	1976
Rot ist dein Mund	Quanz, W.	Weingarten, A.	Bertelmann, F.	1956
Rot ist der Wein [Spanish Eyes]	Kaempfert, B.	Singleton, Ch.	Kaempfert, B.	1966
			Robic, I.	1966
Rot ist die Liebe	Heider, J. / Holm, M.	Heider, J. / Holm, M.	Dorthe	1964
			Anna-Lena	1969
Rot ist die Liebe	Leandros, L. / Munro, K.	Leandros, L. / Munro, K.	Leandros, V.	1974
Rot wie Kirschen	Bruhn, Chr.	Holm, M.	Berger, G.	1970
Rote Korallen	Alisch, H.		Mouskouri, N.	1963
Rote Lippen soll man küssen	Stoller, M.	Bradtke, H.	Richard, C.	1963
Rote Orchideen	Abraham, P.	Grünwald, A. / Beda	div.	1930
			Martikke, S.	1973
Rote Rosen	Ritter, H.	instr.	Boulanger, G.	1938
Rote Rosen	Suppé, F. von	Feltz, K.	Breck, F.	1973
Rote Rosen lügen nicht	Frankfurter, J.	Holder, I.	Graf, E.	1992
Rote Rosen, rote Lippen, roter Wein	Harden, M.	Hoff, A. / Feltz, K.	Carol, R.	1953
			Illic, B.	1985
Roter Mohn	Jary, M.	Balz, B.	Serrano, R.	1938
Rucki Zucki	Schmidt,G./Gussmann,S.	Stanzl, W.	Neger, E.	1973
Rücksicht (Vorsicht, Nachsicht)	Reinecke, M.	Lechtenbrink, V.	Hoffmann & H.	1983
Ruf an!	Harry, D. / Moroder, G.	Jay, F.	Rosenberg, M.	1980
Ruf mich an	Halmich, F.	Bechtold, R.	Baginsky, G.	1989
Ruf Teddybär eins-vier	Royal, D. / Burnett, B. Sovine, W.	Moslener, H.-G. / Hill-Greif, J.	Hill, J.	1979
Rund um die Welt geht das Lied der Liebe	Tassenberg, T.	Jay, F.	Nina & Mike	1973
S´agapo	Leandros, L.	Horn-Bernges, H.-J.	Leandros, V.	1991
Sabine, Sabine, Sabine	Kralle / Remmler, St.	Kralle, Remmler, St.	Trio	1981
Sacramento	Laine, P.	Feltz, K.	Nilsen Brothers	1961
			Lauer, M.	1962
Sag beim Abschied leise Servus	Kreuder, P.	Hilm, H. / Lengsfelder, H.	div.	1936
Sag Dankeschön mit roten Rosen	Geiger, W.	Hauff, A.	Hauff, A.	1982
Sag du, sag du zu mir	Stolz, R.	Beer, G.	div.	1927
Sag ihr, ich laß sie grüßen	Jürgens, U.	Jürgens, U. / Bohlen, F.	Jürgens, U.	1965
Sag mir schnell "gut Nacht"	Kollo, W.	Kollo, W.	Rökk, M.	1939
Sag mir wie	Jürgens, U.	Jürgens, U. / Relin, J.	Jürgens, U.	1966
Sag mir wo die Blumen sind	Seeger, P.	Colpet, M.	Dietrich, M.	1962

Alphabetisches Titelverzeichnis

Titel	Komposition	Text	Interpret	Jahr
Sag nicht, es war einmal	Carpendale, H. / Horn-Bernges, H.-J.	Jay, F.	Carpendale, H.	1979
Sag niemals nie	Robertson, B.	Dreksler, J. / Kaiser, R.	Kaiser, R.	1992
Sag No zu ihm	Richard, C. / Welch	Blecher, C.-U.	Richard, C.	1964
Sag nochmal ich liebe dich	Bell, M.	Bell, M.	Bell, M.	1987
Sag warum	Spector, H.	Nicolas, J.	Felgen, C.	1959
Sailor´s Boogie	Brandner, E.	Wilke, N.	Durand, A.	1953
Salem Aleikum	Bauer, R.	Weyrich, F.	Rajter, D.	1971
Sally komm wieder	Bi, St.	Hofer, W.	Gildo, R.	1979
Salome	Stolz, R.	Rebner, A.	div.	1920
			Lucas, B.	1961
Salto mortale	Müller, R.H.	instr.	Orch. G. Wilden	1969
Salzburger Nockerln	Raymond, F.	Wallner, M. / Feltz, K.	div.	1938
Samba Brazil	Eckert, H.	Valentin, E.	Cantero, M.	1979
Samba d´amour	Jass, W. / Stein, W.E.	Goldfield, S.L.	Roos, M.	1978
Samba si, Arbeit no	Hornung, H.	Meinunger, B.	Blanco, R.	1979
Samstag abend	Haller, Ha.	Meinunger, B.	Haller, Ha.	1980
Samstag abend in unserer Straße	Maffay, P.	Heilburg, Chr.	Maffay, P.	1974
Samstag nacht	Carpendale, H. / Horn-Bernges, H.-J.	Holder, I. / Horn-Bernges, H.-J.	Carpendale, H.	1984
Samstag nacht	Steinhauer, H.	Frey, H.	Nicki	1988
Samstag nacht bei uns zu Hause	Heider, J.	Heilburg, Chr.	Mae, M.	1977
Samstag und Sonntag daheim	Leykauf, W.	Gstettner, G.	Patrizius	1984
Samurai	EAV	Spitzer, Th.	EAV	1990
Samuraj	Bohlen, D.	Bohlen, D.	Angelo, N. de	1989
San Diego Train	Duncklau,G/ Holgerson,T		Inger, S.	1977
Sand in deinen Augen	Siegel,, R.	Hertha, K.	Black, R.	1977
Sandlerkönig Eberhard	EAV	Spitzer, Th.	EAV	1987
Sandy Goodbye	Power, P./Jonas, U.	Power / Jonas / Mekro	Stein, M.	1985
Sanfte Gefühle	Oppermann, A. Hopkins-Harrison, J.	Opeermann, A.	Valerie´s Garten	1992
Sankt Helena	Rödelberger, W.	Buschor, G.	Quinn, F.	1971
Santa Catalina	Scharfenberger, W.	Busch, F.	Blaue Jungs	1959
Santa Maria	Bruhn, Chr.	Behrle, G.	Mathieu, M.	1978
Santa Maria	Angelis, G&M/Natale, C.	Hammerschmidt, N.	Kaiser, R.	1980
Santo Domingo	Olden, B. / Relin, J.	Olden, B. / Relin, J.	Jackson, W.	1965
Santo Domingo	Stein, E. / Dietrich, B. Goldfield,S.L./Pietsch,R.	Stein, E. / Dietrich, B. Goldfield,S:L:/Pietsch,R.	Roos, M.	1976
Saragossa	Siegel, R.	Meinunger, B.	Gildo, R.	1979
Sarah	Granata, R.	Meinunger, B.	Granata, R.	1992
Sassa	Raymond, F.	Schwenn, G.	div.	1937
Sauerkraut Polka	Halletz, E.	Wehle, P.	Backus, G.	1962
Sch-Bum[s´Leben is wiara Traum	Keyes, J. / Feaster, C.	Sigl, G.	Spider Murphy	1984
Schach-Matt	Dietrich, B. / Grabowski, G.	Dietrich, B. / Kaiser, R./ Petrik, H.	Kaiser, R.	1979
Schade	Carpendale, H. / Horn-Bernges, H.-J.	Weiner, C.	Carpendale, H.	1984
Schade, ich kann dich nicht lieben	Heider, J.	Heilburg, Chr.	Rosenberg, M.	1978
Schade, schade, schade	Birner, G.	Blecher, C.U.	Malmkwist, S.	1961
Schade um die Nacht			Lindblom, A.	1962

Alphabetisches Titelverzeichnis

Titel	Komposition	Text	Interpret	Jahr
Schaffe, schaffe, Häusle baue	Röckelein, J.	Röckelein, J.	Bendix, R.	1964
Schallali - schallala	Bause, A.	Steineckert, G.	Walter, J.	
Schalt dein Herz auf Empfang	Heider, J.	Kunze, M.	Schanze, M.	1978
Schalt dein Radio ein	Brumley, A.E.	Heilburg, Chr.	Lavi, D.	1972
Schatten an der Wand	Schwarz, A.	Neigel, J.	Neigel, J.	1988
Schau einer schönen Frau	Raymond, F.	Schwenn, G.	div.	1937
Schau ich zum Himmelszelt	Arnie, R.		Valente, C.	1960
Schau in meine Augen	Gaze, H.	Pinelli, A. von	Hielscher, M.	1952
Schau mal herein	Chinn, N. / Chapman, M.	Orloff, P.	Clüver, B.	1979
Schau mich bitte nicht so traurig an	Würcher, G.	Würcher, G.	Nockalm Quint.	1991
Schau mir nochmal in die Augen	Götz, K.	Hertha, K.	Wendland, G.	1962
Schau nicht auf die Uhr	Jussenhoven, G.	Schlösser, J.	Thelen, K.A.	1950
Schaukellied [Springe, mein Liebchen]	Hollaender, V.	Freund, J.	div.	1905
			Alexander, P.	1960
Scheiden tut weh	Hausmann, W. / Jorge, J.	Hausmann, W. / Jorge, J.	Heintje	1969
Schenk deiner Frau doch hin und wieder rote Rosen	Raschek, W.	Raschek, W. / Dieter, Ch.	Constantine, E.	1954
			Bendix, R.	1973
Schenk mir doch ein kleines bißchen Liebe	Lincke, P.	Bolten-Baeckers, H.	div.	1899
Schenk mir ein Bild von dir	Winkler, G.	Feltz, K.	Alexander, P.	1965
Schenk mir ein Leben mit dir	White, J.	Jay, F.	Nina & Mike	1973
Schenk mir keine Rosen	Ricanek, Ch.	Meinunger, B.	Denise	1983
Schenkt man sich Rosen in Tirol	Zeller, C.		div.	1891
Schick mir einen Gruß	Garson, M.	Blecher, C.-U.	Valente, C.	1961
Schickeria	Sigl, G.	Sigl, G.	Spider Murphy	1981
Schickeria	Fendrich, R.	Fendrich, R.	Fendrich, R.	1981
Schicksalsmelodie	Lai, F. / Sigman, C.	Feltz, K.	Fisher, A.	1971
			Gott, K.	1971
Schiebermax [Max, du hast das Schieben raus]	Kollo, Wa.	Frey, H.	div.	1914
Schifoan	Ambros, W.	Ambros, W.	Ambros, W.	1977
Schlafe, mein Prinzchen	Mozart, W.A.		Papa Bue	1960
Schläfst du schon	Hertha, K. / Götz, K. / Hellmer, H.	Hertha, K. / Götz, K. / Hellmer, H.	Wendland, G.	1962
Schlager von einst			Rixdorfer Sänger	1961
Schleswig-Holstein-Reggae	Kahl, A.	Kahl, A.	Kahl, A.	1988
Schließ deine Augen und träume	Grothe, F.	Dehmel, W.	Heiberg, K.	1939
Schlösser, die im Monde liegen	Lincke, P.	Bolten-Baeckers, H.	div.	1899
Schmeiß den Kuckuck aus dem Nest	Frankfurter, J. Puschmann, R.	Frankfurter, J. Puschmann, R.	Peters, I.	1977
Schmetterling	Kaczmarek, B.	Eckardt, C.-D.	Mouskouri, N.	1990
Schmetterlinge können nicht weinen	White, J.	White, J.	Marcus, J.	1973
Schmidtchen Schleicher	Koelewijn, P. /Haal, N.	Scheibner, H.	Haak, N.	1976
Schnaps, das war sein letztes Wort	Gaze, H.	Schwenn, G.	Millowitsch, W.	1960
Schneeglöckchen im Februar, Goldregen im Mai	Kaleta, G. / Hee, H. / Roloff, W.	Kaleta, G. / Hee, H. / Roloff, W.	Heintje	1971
Schneemann	Bruhn, Chr.	Buschor, G.	Manuela	1964
Schneewalzer			Hellberg Duo	1965

Alphabetisches Titelverzeichnis

Titel	Komposition	Text	Interpret	Jahr
			Hellwig, M&M	1977
Schokoladeneis			Gabriele	1958
Schön blüh´n die Heckenrosen	Glessmer, F.	Fischer, R.	div.	1934
Schön ist die Liebe im Hafen	Bazant, K.	Schachner, H.	Kühl, K.	1935
			Lolita	1974
Schön ist die Welt	Lehár, F.	Herzer, L. / Löhner, F.	Tauber, R.	1930
Schön ist diese Abendstunde	Carste, H.	Carste, H.	Groh, H. E.	1952
Schön ist es auf der Welt zu sein	Twardy, W.	Lilibert	Black, R.	1971
Schön ist jeder Tag, den du mir schenkst, Marie Luise	Meisel, W.	Meisel, W.	Kullmann, Ch.	1933
			Schock, R.	1967
Schön muß es sein, dich zu lieben			Alexander, P.	1968
Schön und kaffeebraun	Mercer, J.	Bradtke, H.	Torriani, V.	1958
Schön war die Zeit	Kreuder, P.	Beckmann, H.F.	Seipp, H.	1938
Schön war die Zeit	Munro, N.	Munro, N.	Whittaker, R.	1990
Schön warmer Tag	Dörflinger, K.		Dörflinger, K.	1962
Schön wie der junge Frühling	Grothe, F.	Hannes, H.	Eggerth, M.	1935
Schön wie Mona Lisa	Arnie,R / Leandros,L / Munro, K.	Arnie,R / Leandros,L / Munro, K.	Roussos, D.	1975
Schöne Isabella von Kastilien	Bootz, E.	Karlick, G.	Commedian Harmonists	1932
Schöne Lisa, süße Lisa	Raymond, F.	Schwenn, G.	Söhnker, H.	1934
Schöne Mädchen muß man lieben	Götz, K.	Busch, F.	Spier, B.	1964
Schöne Maid	White, J.	White, J.	Marshall, T.	1971
Schöne Rose vom Rio Grande	Menke, J.	Dalli, P.	Kollo, R.	1963
Schöne Urlaubszeit	Presern, I.	Presern, I.	Alpenoberkrainer	1981
Schöner fremder Mann	Hosey, A. / Gordon, H.	Nicoöas, J.	Francis, C.	1961
Schöner Gigolo	Casucci, L.	Brammer, J.	Tauber, R.	1929
			Heltau, M.	1981
Schönes Mädchen aus Arcardia	Munro, K. / Panas, M.	Munro, K. / Panas, M.	Roussos, D.	1973
Schönes Wetter heute	Funk, F.	Niepel, H.	Zacharias, H.	1941
Schon wieder mal	Gaze, H. / Gietz, H.	Feltz, K.	Alexander, P. u. Johns, B.	1956
Schorsch, ach Schorsch	Hämmerle, T.	Hämmerle, T.	Sponheimer, M.	1968
Schotten-Twist	trad.	Menke, J.	Kessler, A. & E.	1969
Schottische Polka	Zacharias, H.	instr.	Zacharias, H.	1956
Schreib es in den Sand	Tilgert, G.	Loose, G.	Francis, C.	1967
Schreib mir eine Karte	Kaye, B./ Duckman, L.J.	Bradtke, H.	Kessler, A. & E.	1958
Schreib mir keine Briefe	Rowley, T. / Drews, J.	Rowley, T./ Drews, J.	Drews, J.	1972
Schritte	Bause, A.	Brandenstein	Inka	1989
Schuld sind deine himmelblauen Augen	Leykauf, W.	Leykauf, W.	Nockalm Quint.	1991
Schuld war nur der Bossa Nova	Weil, C. / Mann, B.	Buschor, G.	Manuela	1963
Schulschluß	Gabriel, G.	Gabriel, G.	Drews, J.	1979
Schut Melodie	Böttcher, M.	instr.	Orch.M.Böttcher	1964
Schütt die Sorgen in ein Gläschen Wein	Winkler, G.	Meder, E.	Schneider, W.	1951
			Henckels, P.	19##
Schützenliesel	Bern, B	Haselbach, S. / Sixt, H.	Rauch, F.	1952
Schutzengel, bleib bei mir	Behrle, G.	Behrle, G.	Naabtal Duo	1989
Schwalbenlied	Kneip, G.	Rausch, Th.	Schneider, W.	1936
Schwarze Madonna	Mayer, H.	Behrle, G.	Illic, B.	1973

Alphabetisches Titelverzeichnis

Titel	Komposition	Text	Interpret	Jahr
Schwarze Rose, Rosemarie	Scharfenberger, W.	Feltz, K.	Kraus, P.	1961
Schwarzer Engel Einsamkeit	Wohllaib, R.	Schaller, H.	Paldauer	1991
Schwarzer Kater Stanislaus	Bjoern, F.	Blecher, C.U.	Malmkvist, S.	1962
			Osterwald, H.	1962
Schwarzes Gold	Siegel, R.	Meinunger, B.	Alexander, P.	1979
		Schüler-Steger, W.	J. West Orch.	1982
Schwarzwaldmusikanten Marsch	Schneebiegl, R.		Schwarzw.Musik	1976
Schweizer Grüße	Bacher, B.	Bacher, B.	Egli, E.	1982
Schwester Marie	Starke, R.	Naitsabes, P. / Starke, R.	Cerne, R.	1992
Schwiegermuatta, tanz einmal	Hartl, A.M. / Floda, M.	Hartl, A.M. / Floda, M.	Marianne&Mich.	1978
Schwimmen lernt man im See	Segal, J. / Shayne, G.	Buschor, G.	Manuela	1964
Sechs Jahre später	Arnscheidt,B/Stegmann,K Gerke, W. / Hannes, M.	Arnscheidt,B/Stegmann,K Gerke, W. / Hannes, M.	Clüver, B.	1981
Sechs Uhr früh in den Straßen	Anders, Chr.	Jay, F.	Anders, Chr.	1972
Sechzig Jahre - und kein bißchen weise	Hammerschmid, H.	Frances, M.	Jürgens, C.	1975
Seemann, deine Heimat ist das Meer	Scharfenberger, W.	Busch, F.	Lolita	1960
			Quinn, F.	1969
Seemann, weit bist du gefahren	Olias, L.	Grasshoff, F. / Colpet, M.	Quinn, F.	1967
Seemann, wo ist deine Heimat	Götz, K.	Schumacher, H.	Ges. Hofmann	1954
Segel im Wind	Cornelius, P.	Cornelius, P.	Cornelius, P.	1985
Seh´n Se, das ist Berlin	Neumann, G.	Neumann, G.	div.	1955
Sehnsucht	Schmitz, H.G.	Schulz, P.	Purple Schulz	1983
Sehnsucht	Zumsteges, U.	Illes, B.	Silvester, E.	1990
Sehnsucht ist unheilbar	Steinhauer, H.	Kunze, M.	Werding, J.	1986
Sehnsucht [Lied der Taiga]	Bauer, R.	Weyrich, F.	Alexandra	1968
Sehnsucht nach Wärme	Goldsmith, J. / Bettis, J.	Oppermann, A.	Fischer, V.	1985
Sehnsuchtsmelodie	Scholz, W.		Scholz, W.	1984
Sei ein bißchen lieb zu mir, Peter	Meisel, W.	Doll, H. / Schwenn, G.	Seipp, H.	1936
Sei gegrüßt, du mein schönes Sorrent	Waldmann, L.	Heyse, P. von	div.	1907
			Tauber, R.	1931
Sei lieb zu mir	Gaze, H.	Schwenn, G.	Schuricke, R.	1953
Sei nicht traurig, geliebte Mama	Wayne, S.	Wayne, S.	Corren, C.	1961
Sei zufrieden	Boulanger, G.	Boulanger, G.	Rodgers Duo	1951
			Roland Trio	1956
			Lucas, B.	1956
Seide und Samt	Allison, A. / Dill, D.	Feltz, K.	Alexander, P.	1964
Sein bestes Pferd	Peeters, C.M.	Feltz, C.	Lauer, M.	1964
Seit ich hier wohne [Mama Leone]	Vaplus, R.	Krüger, M.	Krüger, M.	1979
Selbst ist der Mann	Roski, U.	Roski, U.	Roski, U.	19##
Sensation	Kötscher, E.	Kötscher, E.	Glahé, W.	1938
Septemberwind	Delanoe/Ward/Lemesle	Niessen, Ch.	Dassin, J.	1975
Serenade	Ehrlinger, H. / Scholz, W.		Etzel, R.	1982
Serenata Siciliana	Becce, G.	instr.	div.	1951
Servus, du	Stolz, R.	Vigny, B.	div.	1912
Servus, mach´s guat	Seidl, G.	Seidl, G.	Nicki	1983
Servus, Pfüat Gott und auf Wiedersehn	Frank, P.	Frank, P.	Moik, K.	1982
			Mross, St.	1989
Sexy Hexi	Sedaka, N.	Hertha, K.	Mann, D.	1959
Sha La La, I Love You	Hillmann,H./Goldwyn,B.	Loose, G.	Flippers	1970

Alphabetisches Titelverzeichnis

Titel	Komposition	Text	Interpret	Jahr
Shake Hands	Gaze, H.	Relin, J.	Deutscher, D.	1964
Shalalaika	Klüter, W.	Rubach, A.	Schubert, S.	1992
Shine On [Der Regen von New York]	Carpendale, H. Horn-Bernges, H.-J.	Holder, I. Horn-Bernges, H.-J.	Carpendale, H.	1985
Shuffle Mac	Lindenthal, B.	instr.	Greger, jr., M.	1991
			Munich Sound	1991
Sie	Pockriss, L.	Hertha, K.	Wendland, G.	1959
Sie hat geweint	Bach, R.	Henatsch, C.	Bach, R.	1992
Sie hieß Mary-Anne	Travis, M.	Mösser, P.	Bendix, R.	1956
			Quinn, F.	1956
Sie ist kalt	Heider, J.	Krause, H.-H.	Rosenberg, M.	1980
Sie ist wie Mädchen wohl sind	Griff, R.	Heilburg, Chr.	Willem	1979
Sie kommt noch heut	Heider, J.	Heider, J.	Khan, A.	1970
Sie sind mir so symphatisch	Dostal, N.	Amberg, Ch. / Maregg, F.	div.	1933
Sie vill ja	Eilemann, G.		Eilemann Trio	1960
Sie war ein Kind der Heide	Golden / Pawlik	Golden / Pawlik	Susie & Peter	1959
Sie war erst siebzehn und neu in der Stadt	Souther, H.	Jay, F.	Farian, F.	1977
Sie war so wunderbar	Roloff, W. / Hee, H.	Roloff, W. / Hee, H.	Ronny	1969
Sie will nicht Blumen und nicht Schokolade	Carste, H.	Reiter, F. / Richter, K.S.	Orch.B.deWeille	1941
			Greger, M.	1961
Sieben Berge, sieben Täler	Wright, D. / Sullivan, L	Busch, F.	Bieler / Berg	1957
Sieben Fässer Wein	Ascot, N.	Marcard, R.	Kaiser, R.	1977
Sieben Jahre, sieben Meere	Ascot, N.	Gehrke, S.	Whittaker, R.	1991
Sieben Tage	Busse, U./Rupprich, K.	Busse, U. / Rupprich, K.	Flippers	1990
Sieben Tage bis zur Ewigkeit	Rusinski, B.	Offierowski, E.	Rusinski, B.	1991
Sieben Tränen	Bruhn, Chr.	Buschor, G.	Malmkvist, S.	1965
Sieben Tränen	Jass, W. / Stein, W.E.	Heilburg, Chr.	Severine	1981
Siebenmal in der Woche	Halletz, E.	Bradtke, H.	Torriani, V.	1957
Siebenmal Morgenrot	Bause, A.		Holm, A.	1979
Siebenmeilenstiefel	Bonney, G.	Blum, H.	Bonney, G.	1967
Siebentausend Rinder	Bruhn, Chr.	Blecher, C.U.	Hinnen, P.	1962
Siebzehn Jahr, blondes Haar	Jürgen, U.	Jürgens U./Hörbiger,Th.	Jürgens, U.	1965
Sierra Madre	Hee, H.	Roloff, W.	Zillertaler Schürz	1991
Signore, Signore	Beier, T. / Back, K.	Leissle, W.	Baginsky, G.	1989
Silver Bird	Deutscher, D.	Deutscher, D.	Rainford, T.	1976
Silver Moon Baby	Nesmith, M.	Orloff, P.	Rose, R.	1971
Silvermoon	Scharfenberger, W.	Feltz, K.	Kraus, P.	1961
Sind Sie der Graf von Luxemburg	Mayer, H.	Weyrich, F.	Dorthe	1967
Sing ein Lied, wenn du mal traurig bist	Siegel, R.M.	Siegel, R.M.	Werner, I.	1941
			Strasser, H.	1984
Sing Halleluja	Settle, M.		Ofarim, E. & O.	1966
Sing, mei Sachse sing	Bause, A.		div.	1979
Sing mir das Lied noch einmal	Strecker, H.	Kurzer, St. / Robinger, H.	Strienz, W.	1937
Sing mit mir	Grothe, F.	Dehmel, W.	Rökk, M.	1942
Sing, Nachtigall, sing	Jary, M.	Balz, B.	Künneke, Ev.	1943
Sing noch einmal die Tarantella	Geiger, W.	Wolf, K.	Martinetti, N.	1986
Sing, Sang, Song	Siegel, R.	Hertha, K.	L. Humphries S.	1976
Sing schon am Morgen	Gardens, H.	Klabunde, A.	Schuricke, R.	1941
Singen macht Laune	Bause, A.	Schneider, D.	Brauer, H.	1966

Alphabetisches Titelverzeichnis

Titel	Komposition	Text	Interpret	Jahr
Sizilianisches Ständchen	Winkler, G.	instr.	div.	1936
Skandal im Harem [Im Harem sitzen heulend die Eunuchen]	Winkler, G.	Siegel, R.M.	Igelhoff, P.	1946
Skandal im Sperrbezirk	Sigl, G.	Sigl, G.	Spider Murphy	1981
Skat-Polka	Fuhlisch, G.		Erhard, H.	1951
Skateboard	Farian,F/Klinkhammer,St	Weigel, H.-U. / Kaiser, R.	Benny	1978
Slow Motion	Marto, F.	instr.	Tex, P.	1972
Slowenischer Bauerntanz	Avsenik, S.	instr.	Avsenik, S.	1973
Smokie	Gietz, H.	Feltz, K.	Sieben Raben	1956
So a Stückerl heile Welt	Frankfurter, J.	Holder, I.	Hertel, S.	1991
So bin ich ohne dich	Heider, J.	Rottschalk, G.	Brink, B.	1987
So bist du	Maffay, P.	Meinunger, B.	Maffay, P.	1979
So ein Mann	Frank-Jacoby, R.	Hofer, W.	Werner, M.	1976
So ein Seemann macht es richtig			Lauch, P.	1965
So ein Sommersonntag	Cretu, M.	Kunze, M.	Severine	1982
So ein Tag, so wunderschön wie heute	Olias, L.	Rothenburg, W.	Kellner, L.	1954
			Mainzer Hofs.	1959
			Heino	1986
So eine Liebe gibt es nur einmal	Last, J.	Bradtke, H.	Myhre, W.	1970
So geht das jede Nacht	Olias, L.	Moesser, P.	Quinn, F.	1956
So heiß	Zauner, St. / Strobel, A.	Zauner, St. / Strobel, A.	Münchener Freih	1988
So ist Mexiko	Blum, H.	Blum, H.	Molina, O.	1971
So ist Paris	Ferré, L.	Siegel, R.M.	Durand, A.	1956
So ist sie	Busch, D. / Woodlake, M.	Busch, D.	Busch, D.	1990
So leben wir	Bader, E. / Steeven, J.	Bader, E. / Steeven, J.	Flotte Franz	1961
So liebst nur du	Barry, J.	Kunze, M.	Haenning, G.	1984
So long, so long	Heider, J.	Binder, M.	Doucet, S.	1965
So muß Liebe sein	Kern, J.	Hillmann, T.	Farian, F.	1973
So nah	Papendiek,Chr./Gräser,A.	Gräser, A.	Laser, P.	1992
So 'nen Mann gibt´s nur beim Bäcker	Schmidt, G. / Schenk, H.	Schmidt, G. / Schenk, H.	Sponheimer, M.	1977
So oder so ist das Leben	Mackeben, Th.	Beckmann, H.-F.	Horney, B.	1934
So richtig nett ist´s nur im Bett	Siegel, R.	Hertha, K.	Alexander, P.	1975
So schön kann doch kein Mann sein	Moslener, H. G. / Möring, J.	Moslener, H.G. / Möring, J.	Haenning, G.	1974
So schön wie heut, so müßt es bleiben	Grothe, F.	Dehmel, W.	Rökk, M.	1941
			Schuricke Terz.	1964
So sind wir	Vossen, A.	Beckmann, H.-F.	div.	1940
So stell ich mir die Liebe vor	Schröder, F.	Schwenn, G.	Seipp, H.	1942
So süße Schuh	Shannon, J. de	Paßmann-Engel, Th.	Moonbeats	1990
So waren die fünfziger Jahre	Eckert, H.	Valentin, E.	May, T.	1987
So weit von daheim	Aschberger, P.	Waal, W.	Parker, T.	1990
So werd ich nie mehr tanzen	Blum, H.	Blum, H.	Valentino, H.	1989
So wie ein Regenbogen	White, J.	White, J.	Valaitis, L.	1972
So wie es früher war			Ponny-Boys	1957
So wie noch nie	Neigel, J.	Neigel, J. / Schwarz, A.	Neigel, J.	1990
So wird´s nie wieder sein	Winkler, G.	Balz, B.	Werner, I.	1941
So zart wie Mozart	Gietz, H.	Weyrich, F.	Schöne, B.	1979
Solang der Leuchtturm noch steht	Werdenfels, W.	Meinunger, B.	Albrecht, G.	1992
Solang die Sonne scheint	Bouwens, J. / Olden, J.	Bouens, J. / Olden, J.	Quinn, F.	1956

Alphabetisches Titelverzeichnis

Titel	Komposition	Text	Interpret	Jahr
Solang' die Sterne glüh'n	Arnie, R. / Cyprys, W.	Arnie, R. / Cyprys, W.	Hensch, F.	1957
Solang du in dir selber nicht zu Hause bist	Horton, P.	Horton, P.	Horton, P.	1975
Solang man Träume noch leben kann	Zauner / Strobel	Zauner / Strobel	Münchener Freiheit	1987
Solang nicht die Hose am Kronleuchter hängt	Kollo, Wa.	Frey, H.	div. Künneke, Ev.	1927 1975
Solang noch rote Rosen blüh´n	Geiger, W. / Hauff, A.	Geiger, W. / Hauff, A.	Gitti & Erica	1990
Solang noch untern Linden	Kollo, Wa.	Haller, He. / Wolff, W.	div.	1923
Solange ich lebe	Gabriel/ Loose	Gabriel / Loose	Illic, B.	1972
Sommer auf Trinidad	Cliff, J.	Orloff, P.	Nina & Mike	1979
Sommer in der City	Kaczmarek, B.	Busse, U.	Kaczmarek, B.	1987
Sommer in der Stadt	Hendrik, T. / Haaren, K.	Weigel, H.U.	Petry, W.	1976
Sommer, Sonne, Cabrio	Dietrich, B. / Simons, E.	Dietrich, B. / Simons, E.	Anderson, G. G.	1989
Sommer, Sonne, Strand und Meer	Becker, F. / Lentz, P.	Velhagen, R.	Beel, B.	1987
Sommernacht in der stillen Taiga	Bauer, R.	Hauff, A.	Hauff, A.	1985
Sommernacht in Rom	Dietrich, B. / Simons, E. Grabowski, G.	Dietrich, B. / Simons, E. Grabowski, G.	Anderson, G. G.	1985
Sommernacht in Santa Barbara	Szenkar, C.	Lego, St.	Adam & Eve	1970
Sommersprossen	Hubert, P.	Hubert, P.	UKW	1982
Sonderzug nach Pankow	Miller, Gl.	Lindenberg, U.	Lindenberg, U.	1983
Song for the World	Siegel, R.	Meinunger, B.	Nicole	1987
Sonia	Töpel, A.	Töpel, A.	Töpel, A.	1992
Sonne auf der Haut	Kershaw, N.	Kunze, M.	Werding, J.	1985
Sonne für dich	Berger,N/Schwendler,U	Feltz, K.	Cindy & Bert	1975
Sonne in der Nacht	Maffay, P.	Brozat, B.	Maffay, P.	1985
Sonne über Capri	Krome, H.	Schulz, K.	Groh, H.E.	1938
Sonnenschein und Regenbogen	Siegel, R.	Weyrich, F.	Rios, M.	1971
Sonntagmorgen in der Eifel	Franchi, N.		Franchi, N.	
Sooo lacht nur sie	Deutschmark, D.	Heirel, N / Lage, K.	Lage, K.	1989
Sorry Lady	Maffay, P.	Maffay, P. / Brozat, B.	Maffay, P.	1991
Sorry Little Baby	Scharfenberger, W.	Busch, F.	Bäumler, H.-J.	1965
Souvenir de Capri	Becce, G.	instr.	div.	1974
Souvenirs	Coben, C.	Feltz, K.	Ramsey, B.	1959
Souvenirs der ersten großen Liebe	Arnie, R.	Munro, K.	Hardy, F.	1969
Soviel Wind und keine Segel	Harden, M.	Feltz, K.	Low, B.	1953
Spaniens Gitarren	Gietz,H / Lacome, P / Waldteufel, E.	Feltz, K.	Cindy & Bert	1974
Spanisch war der Sommer	Müssig, R / Wilczek, G.	Kunze, M.	Gott, K.	1990
Spanisch war die Nacht	Allen / Brown	Feltz, K.	Alexander, P.	1967
Spanische Nacht	Blum, H.	Zendner, P. / Blum, H.	Dorthe	1990
Spanische Sonne	Müssig, R. / Reshöft, D.	Holder, I.	Christian, R.	1989
Spanischer Marsch	Rixner, J.	instr.	div.	1940
Spanish Eyes [Rot ist der Wein]	Kaempfert, B.	Singleton, Ch.	Kaempfert, B. Robic, I.	1966 1966
Später, wann ist das	Ederer, P.	Holder, I.	Morell, M.	1973
Spatzen von Paris	Gietz, H. / Hertha, K.	Gietz, H. / Hertha, K.	Boyer, J.	1972
Spatzenkonzert	Börschel,E/Burgkhardt,R.	Igelhoff, P.	Igelhoff, P.	1938
Speedy Gonzales	Hill, D. / Lee, E.	Gordan, A.	Gildo, R.	1962
Spiegeltwist	Twardy	Buchenkamp	Herr, T.	1963

Alphabetisches Titelverzeichnis

Titel	Komposition	Text	Interpret	Jahr
Spieglein, Spieglein an der Wand	Gerke, W. / Hannes, M.	Gerke, W.	Ibo	1992
Spiel auf deiner Geige	Stolz, R.	Grünwald, A. / Herzer, L.	div.	1932
Spiel mir das Lied von Glück und Treu	Dostal, N.	Hermecke, H.	Kapper, P. Geszty, S.	1938 1970
Spiel mir eine alte Melodie	Berlin, I.	Crohn, C.	Paul, R.	1953
Spiel mir noch einmal das Lied	Jost, B.	Hill-Greif, J.	Feller, L.	1992
Spiel nicht mit mir und meinem Glück	Shepstone / Dibbins	Delanoe / Lemesle	Dana	1975
Spiel nie mit dem Feuer	Würcher, G.	Würcher, G.	Nockalm Quint.	1989
Spiel noch einmal für mich die Gitarre			Nina & Mike	1992
Spiel noch einmal für mich, Habanero	Gietz, H.	Feltz, K.	Valente, C. Cindy & Bert	1958 1975
Spielverderber	Bause, A.	Schneider, D.	Inka	1984
Sportmodell	Salvador, H.	Stellmann, M. / Feltz, K.	Salvador, H.	1963
Sportpalastwalzer	Translateur, S.	instr.	div.	1895
Sportsfreund	Moslener,H.G./ Preuß,W.	Moslener,H.G./Preuß,W.	Inga & Wolf	
Sprich nicht drüber	Lindt, R.	Ströhm, P.	Myhre, W.	1965
Spring über deinen Schatten, Tommy	Siegel, R.	Loose, G.	Farian, F.	1976
Springtime	Lindenthal, B.	instr.	Orch. H. Störrle	1985
Spürst du die Sehnsucht	Petersburg,W./Schade,H.	Petersburg,W./Schade,H.	Rendezvouz	1990
Square Dance Darling	Reichling, B.	Doll, E.	Truck Stop	1990
St. Tropez am Baggersee	Rodgau Monotones	Rodgau Monotones	Rodgao Monot.	1985
St. Tropez - Gitarren bei Nacht	Panas, M.	Munro, K.	Leandros, V.	1991
Stachus Polka	Schütz, H.G.	instr.	div.	1949
Ständchen	Heykens, J.	Krützfeld, H.	div.	1920
Starke Gefühle	Steinhauer, H.	Kunze, M.	Werding, J.	1988
Steck dir deine Sorgen an den Hut	Siegel, R.	Kunze, M.	Alexander, P.	1974
Stefanies Wanderlied	Mangold, M.	Mangold, M.	Hertel, S.	19##
Steh´ auf	Carlton/Engel/Wedding Buckow/Maffay	Carlton/Engel/Wedding Buckow/Maffay	Maffay, P.	1990
Steh´ wie ein Mann zu mir	Siegel, R.	Meinunger, B.	Nicole	1991
Steig in das Boot heute nacht, Anna Lena	Cordalis, C.	Frankfurter, J.	Cordalis, C.	1974
Steig in das Traumboot der Liebe	Gietz, H.	Feltz, K.	Valente, C. & Francesco, F.	1955
Steig nicht aus	Lage, K. / Klein, R.	Lage, K. / Dehm, D.	Lage, K.	1987
Steine	Janz, P.D.	Kunze, M.	Ebstein, K.	1982
Steppenwolf	Maffay, P. / Tame, J.	Spieker	Maffay, P.	1979
Stepper-Teddy	Haak, N. / Koelewin, P.	Haak, N. / Klatte, K.A.	Haak, N.	1977
Stern von Rio	Engel-Berger, W.	Feltz, K.	Schuricke, R.	1940
Sterne der Prärie	Scharfenberger, W.	Busch, F.	Lolita	1960
Sterne zu verschenken	Garsson, L. / Brocker, B.	Garsson, L. / Brocker, B.	Wolff, Chr.	1990
Sternenhimmel	Kemmler, H./Herter, U.	Kemmler, H.	Kah, H.	1982
Sternenserenade	Renard, J.	Havet, P.	Schachtner, H.	1961
Sternenstaubsucher	Triebel, J.	Krause, H.-H.	Angelo, N. de	1984
Stettiner Kreuzpolka	Schlichting, S.	instr.	div.	1931
Steuermann halte Kurs			Frohberg, F.	
Still wie die Nacht	Bohm, C.	Rhein, E.	div.	1913

Alphabetisches Titelverzeichnis

Titel	Komposition	Text	Interpret	Jahr
Stille Wasser	Walger, G.	Lage, K. / Heirel, N.	Lage, K.	1986
Stille Wasser, die sind tief	Sonneborn, G.	Raschek, W.	Paola	1969
Stimmen im Wind	Steinhauer, H.	Kunze, M.	Werding, J.	1986
Stop, mach das noch einmal	Zimmermann, D.	Niessen, Ch.	Roos, M.	1972
Straatencafé	Ohl, S. / Rust, J.	Ohl, S. / Rust, J.	Godewind	1990
Strada del Sole	Fendrich, R.	Fendrich, J.	Fendrich, R.	1981
Strahlender Mond	Künneke, Ed.	Haller, He.	div.	1921
Strangers in the night	Kaempfert, B.	Feltz, K.	Kaempfert, B.	1966
Stringtime	Mäder, W.	instr.	Orch. A. Novello	1988
Striptease Susi	Abbott, Ch.	Hubberten, H.	Bendix, R.	1962
Strohblumen	Diamond, N.	Schüler, W.	Mann, M.	1977
Stumme Signale	Frankfurter J./Schairer,A. Offierowski, E.	Frankfurter,J./Schairer,A. Offierowski, E.	Jung, C.	1989
Stunden, die wir nie vergessen	Gröschel, E.L.	instr.	div.	1936
Süchtig nach Geborgenheit	Leandros, L.	Kunze, M.	Leandros, V.	1990
Südseetraum	Sponsor/Reklov/Milo	Sponsor/Reklov/Milo	Martin, U.	1989
Sugar Baby	Scharfenberger, W.	Pinelli, A. von / Busch, F.	Kraus, P.	1958
Sukiyaki	Ei, R. / Nakamura, H.	Wolf, K.	Blue Diamonds	1963
Sunday Girl	Stein, Chr.	Orloff, P.	Graf, E.	1979
Sunshine Dancing	Häring, R.	Brocker, B.	Rafael, P.	1991
Supergirl	Bonney, G. / Mason	Meinunger, B.	Bonney, G.	1966
Superstar	Jürgens, U.	Hofer, W.	Jürgens, U.	1978
Surf-Fieber	Wilson, B. / Berry, J.	Morawitz, B. / Hilver, M.	Strandjungs	1987
Surfen auf'm Baggersee	Berry, Ch.	Feuerstein, G.	Strandjungs	1987
Surfen in 'ne Sünn	Ohl, S.	Rust, J.	Godewind	1989
Susanna	Heider, J.	Holm, M.	Silvester, E.	1968
Susi Rock	Vincent / Levy	Bradtke, H.	Kraus, P.	1957
Susi sagt es Gabi	Halletz, E.	Bradtke, H.	Kraus, P.	1960
Süße Lügen	Zanki, E. / Zanki, V.	Zanki, E. / Zanki, V.	Zanki, E.	1985
Sweety	Scharfenberger, W.	Feltz, K.	Kraus, P.	1962
Swiss Lady	Reber, P.	Reber, P.	Lienhard, P.	1977
			Pino	1977
Sylvia Walzer	Meisel, W.	instr.	div.	1939
Sylvias Mutter	Silverstein, S.	Orloff, P.	Rose, R.	1972
Tabaluga	Heinen, P./Rottschalk, G.	Heinen,P./Rottschalk,G.	Maffay, P.	1983
Tag für Tag	Bause, A.	Demmler, K.	Beyer, H.J.	1974
Tag für Tag bekomme ich drei Rosen	Anka, P. / Alisch, H.	Munro, K.	Brühl, H.	1962
Tage wie aus Glas	Brown, W.	Mürmann, W.	Mathieu, M.	1980
Take It Easy, altes Haus	Reichling, B.	Eckhardt, C.D.	Truck Stop	1979
Tal der tausend Tränen	Grabowski / Simons Müller-Franz	Grobowski / Simons Müller-Franz	Jonak, T.	1985
Tampico	Kleebsattel, A.	Kleebsattel,A.	Heino	1973
Tango-Anjuschka	Jäger, W.	Nebhut, E.	div.	1939
Tango Bolero	Llossas, J.	instr.	Orch. J. Llossas	1938
Tango d'amour	Leandros, L. / Munro, K.	Leandros, L. / Munro, K.	Leandros, V.	1976
Tango der Träume	Bachmann, E.	instr.	Bachmann, E.	
Tango Korrupti	Fendrich, R.	Fendrich, R.	Fendrich, R.	1988
Tango Marina	Schmidseder, L.	Schwenn, G.	Boulanger, G.	1939
Tango-Max	Gabriel, W.	Reiter, F. / Richter, K.S.	Künneke, Ev.	1951

Alphabetisches Titelverzeichnis

Titel	Komposition	Text	Interpret	Jahr
			Hensch, F.	1952
Tango Militaire	Kötscher, E.		div.	1939
Tango Notturno [Ich hab an dich gedacht]	Borgmann, H.O.	Beckmann, H.F.	Negri, P.	1937
Tango ohne Pause	Neumann, K.G.	Feltz, K.	Alexander, P.	1956
Tante Emma	Jürgens, U. / Hachfeld, E.	Jürgens, U. / Hachfeld, E.	Jürgens, U.	1976
Tanz auf der Tenne	Franchi, N.		Franchi, N.	1983
Tanz die ganze Nacht mit mir	Götz, K.	Hertha, K.	Wendland, G.	1965
Tanz doch mal einen Tango mit mir	Eckert, H.	Valentin, E.	Swinging Girls	1983
Tanz heut nacht mit mir	Heider, J.	Munro, K.	Whittaker, R.	1982
Tanz Lambada	Häring, R.	Endler, H.	Rafael, P.	1989
Tanz mit mir	Dörr, U.	Dörr, U.	Sandy & Andy	1989
Tanz mit mir	Neigel, J. / Schwarz, A. Schmid-Martelle, A.	Neigel, J. / Schwarz, A. Schmid-Martelle, A.	Neigel, J.	1990
Tanz mit mir, Corinna	Frankfurter, J.	Holder, I.	Paldauer	1989
Tanze, Gerda, tanze	Hoffmann, K.	Hoffmann, K.	Hoffmann, K.	1979
Tanze mit mir in den Morgen	Götz, K.	Hertha, K.	Wendland, G.	1961
Tanze Samba mit mir	Pace, D. / Bracardi, F.	Holiday, T.	Holiday, T.	1977
Tanzen	Merlin	Merlin	Merlin	1989
Tanzen möcht' ich	Kálmán, E.	Jenbach, B. / Stein, L.	div.	1915
Tanzende Finger	Gerlach, H.	instr.	Glahé, W.	1938
Tarata-Ting, Tarata-Tong	Bruhn, Chr.	Buschor, G.	Mathieu, M.	1969
Tarot	Steinhauer, H.	Kunze, M.	Werding, J.	1988
Tarzan ist wieder da	Hudel, L.	Hudel, L. / Aamor, N.	Willem	1977
Tätärätätä tä	White, J.	White, J.	Marshall, T.	1974
Tausend kleine Engel	Kalman, E.		div.	1915
Tausend rosarote Pfeile	Hammond, A.	Henning, H.-H.	Valente, C.	1968
Tausend rote Rosen blüh'n	Meisel, W.	Hannes, H.	Graveure, L.	1934
Tausend und eine Nacht	Walger, G.	Heirel, N.	Lage, K.	1984
Tausend und eine Nachtgefühl	Pöhlmann, J.	Schüler, W.	Wind	1986
Tausendmal Berlin	Bause, A.	Gentzmer, A.	Hahnemann, H.	1986
Tausendmal du	Strobel, A. / Zauner, St.	Strobel, A. / Zauner, St.	Münchener Freih	1986
Tausendmal in meinen Träumen	Steinhauer, H.	Frey, H.	Cagey Strings	1990
Tausendmal war ich im Traum bei dir	Doelle, F.	Amberg, Ch.	Fritsch, W. Raabe, M.	1935 1989
Taxi nach Texas	Peters, C.M.	Feltz, K.	Lauer, M.	1965
Teenager Melodie	Scharfenberger, W.	Ström, P. / Pinelli, A.von	Kraus, P.	1959
Telefon aus Paris	Gietz, H.	Feltz, K.	Ramsey, B.	1960
Telefon - Telefon	Meyer, F.	Siegel, R.M.	Hielscher, M.	1957
Telegramm aus Tennessee	##	##	March, P.	1968
Tennessee Waltz	Steward, R. / King, P.W.	Hansen, Th.	Cogan, A.	1964
Tennis Made in Germany	Dieter, C.	Raschek, W.	Bonney, G.	1991
The Girls from Paramaribo	Berlip, F.	instr.	B.Lipman Orch.	
Theater	Siegel, R.	Meinunger, B.	Ebstein, K.	1980
Theo, wir fahr'n nach Lodz	Weran, A. / Löhner, F.	Leandros, L. / Munro, N.	Leandros, V.	1974
Ti Amo	Bigazzi, G. / Tozzi, U.	Jay, F.	Carpendale, H.	1977
Ti Amo, Ti Amo	Pedulla, F./Haselsteiner,U	Schüler, W.	Baginsky, G. & D'Oro, G.	1992
Ti-Lai-Lai-Li	Bernet / Gerard	Bernet/Gerard	Gerard, D.	1974

Alphabetisches Titelverzeichnis

Titel	Komposition	Text	Interpret	Jahr
Tief im Süden meines Herzens	Waggershausen, St.	Waggershausen, St.	Waggershausen	1990
Tief in mir	Richter, P.	Richter, P.	Richter, P.	1992
Tief unter meiner Haut	Deutscher, D.	Deutscher/Horn-Bernges	Deutscher, D.	1984
Tiefe Sehnsucht	Benatzky, R.	Benatzky, R.	Leander, Z.	1937
Tiefer	Thompson / Kravetz	Maffay / Kravetz	Maffay, P.	1989
Tierischer Tango	Greif, P. / Meyenburg, E.	Strandt, B.	Hallervorden, D.	1981
Tiger	Jones, O.	Bradtke, H.	Kraus, P.	1959
Timm Thaler	Bruhn, Chr.	instr.	Bruhn, Chr.	1980
Tina ist weg	White, J.	Athan, J.	Jürgens, A.	1978
Tina Marie	Merrill, B.	Bradtke, H.	Bertelmann, F.	1955
Tingelingeling, mein Banjo singt			Jan & Kjeld	1960
Tipitipitipso	Gietz, H.	Feltz, K.	Valente, C.	1957
Tiritomba	Henze / Göhler / Braun	Henze / Göhler / Braun	Eskens, M.	1956
Tirol, mein Heimatland			Gassenhauer	1962
Tobago Helloh	Heider, J.	Relin, J.	Dorthe	1976
Todesengel	Duval, F.	instr.	Orch. F. Duval	1979
Tom Dooley	trad.		Nilsen Brothers	1958
Tomatenrote Lippen	Lombardi / Rianello	Weyrich, F.	Pop, E.	1971
Tonio	Kern / Schmidt-Decker	Kern / Schidt-Decker	Kern, R.	1976
Toujours amour	Klüter, W.	Meinunger, B.	Gildo, R.	1992
Toujours l'Amour	Abraham, P.	Grünwald, A. / Beda	Alpar, G.	1932
			Holm, R.	1968
Tränen	Bause, A.	Brandenstein, W.	Inka	1986
Tränen der Liebe	Bummerl, F.	instr.	Mosch, E.	1972
Tränen der Liebe	Egemann, E.	Egemann, E.	Paldauer	1990
Tränen in den Augen	Glenn, A.	Bradtke, H.	Cordalis, C.	1965
Tränen in deinen Augen	Scharfenberger, W.	Busch, F.	Paulsen, R.	1959
			Beil, P.	1964
Tränen lügen nicht	Lacar	Holm, M.	Holm, M.	1974
Tränen passen nicht zu dir	Leykauf, W.	Leykauf, W.	Kastelruther Sp.	1990
Tränen siehst du nicht	Bause, A.	Reuschel, D.	Inka	1991
Traumboy	Gutowski, H.	Menke, F.	Menke, F.	1982
Träume der Liebe	Hellmer, H.	Dokin, R.	Ges. Jacobs	1964
Träume kann man nicht verbieten	Schröder, F.	Schwenn, G.	div.	1947
Träume mal schön von Hawaii	Schikora / Björklund	Frankfurter, J.	Paola	1983
Träume nur, träume von Liebe	Mackeben, Th.	Beckmann, H.F.	div.	1938
Träumen - das heißt leben	Dörr, P.	Dörr, P.	Gloria	1989
Träumen, ist das nicht wunderschön	Alisch, H.	Zieboltz	Hoog, G. van	1963
Träumen kann man was man will			Jan & Kjeld	1960
Träumen von der Südsee	Kirchstein, H.M.	Dehmel, W.	Helgar, E.	1937
Traumfrau	Oberdörffer / Heinrichs	Oberdörffer / Heinrichs	Tennessee	1991
Traumlandmelodie	Etzel, R. / Zankl, W.	instr.	Etzel, R.	1980
Traummusik	Kreuder, P.	Schwenn, G.	Kreuder, P.	1940
Traurigsein bringt nichts ein	Mayer, H.	Hertha, K.	Schnelldorfer, M.	1965
Tretboot in Seenot	Gutowski, H.	Menke, F.	Menke, F.	1983
Trink doch dem Kindchen die Milch nicht weg	Burgner, J. / Hein, R.	Burgner, J. / Hein, R.	Freudenspender	1962
Trink mit mir	Siegel, R.	Meinunger, B.	Ebstein, K.	1979
Trink, trink, Brüderlein trink	Lindemann, W.	Lindemann, W.	div.	1927

Alphabetisches Titelverzeichnis

Titel	Komposition	Text	Interpret	Jahr
Trinke Liebchen, trinke schnell	Strauß, J. (Sohn)		div.	1874
Tritsch Tratsch Polka	Strauß, J. (Sohn)			18##
Trizonesien Song	Berbuer, K.	Berbuer, K.	Berbuer, K.	1948
Trompeten Ballade	Bummerl, F.	instr.	Mosch, E.	1983
Trompeten Party	Bummerl, F.	instr.	Südfunk T.O.	1964
Trompetenecho [Na Galizi]	Avsenik,S	Avsenik, S. / Rauch, F.	Avsenik, S.	1955
Tschau Tschau Bambina	Modugno, D.	Glando	Bendix, R.	1959
			Valente, C.	1959
Tschau, Tschau My Love	Bell, M.	Bell, M.	Bell, M.	1987
Tu es !	Farian, F.	Jay, F.	Gilla	1975
Tu es aus Liebe	Gebauer / Petry	Kunze, M.	Mathieu, M.	1983
Tu mir nicht weh	Davi, B.	Busch, F.	Francis, C.	1962
Tu´s doch	Hendrik / Haaren	Meinunger, B.	Petry, W.	1981
Tulpen aus Amsterdam	Arnie, R. / Bader, E.	Arnie, R. / Bader, E.	Telkamp, M.	1956
Tür an Tür mit Alice	Chinn, N. / Chapman, M.	Jay, F.	Carpendale, H.	1977
Turaluraluralu - ich mach Bubu, was machst du	Remmler / Krahwinkel	Remmler / Krahwinkel	Trio	1983
Tut-Ench-Amon	Hornung, H.	Meinunger / Dornaus	McLean, P.	1979
Typisch Mann	Peyrac, N.	Woitkewitsch, Th.	Milva	1979
Über alle sieben Meere	Scharfenberger, W.	Busch, F.	Lolita	1961
Über den Wolken	Mey, R.	Mey, R.	Mey, R.	1974
Über die Brücke gehn	Blum, H.	Blum, H.	Peters, I.	1986
Über jedes Bacherl	Frankfurter, J.	Holder, I.	Hertel, S.	1992
Über sieben Brücken mußt du geh´n	Swillms, U.	Richter, H.	Karat	1981
			Maffay, P.	1980
Über´s Jahr	Bernhardt, H. / Zusa, D.	Bouwkngt, G. / Szalata	Lolita	1992
Über's Jahr, wenn die Kornblumen blühen	Bader, E. / Cyprys, W.	Bader, E. / Cyprys, W.	Hensch, F.	1951
Über's Meer grüß ich dich, Heimatland	Krome, H. / Rotter, F.	Rotter, F.	Tauber, R.	1930
			Rosvaenge, H.	1930
Überall auf der Welt	Verdi, G.	Hertha, K.	Breck, F.	1972
Überall blühen Rosen	Bécaud, G.	Zimber, G.	Bécaud, G.	1967
Überdosis Glück	Clüser, B. / Sprenger, U.	Clüser, B. / Sprenger, U.	Fux	1987
Überholen verboten	Blum, H.	Blum, H.	Valentino, H.	1978
Ukulele Song	Neumann, U. & U.	Neumann, U. & U.	Neumann, U&U	1970
Um Mitternacht am Lido [Wenn ich wüßt', wen ich geküßt]	Bochmann, W.	Balz, B.	Heesters, J.	1939
			Schuricke, R.	1940
Unbekannte Nacht	Steinhauer, H.	Frey, H.	Cagey Strings	1992
Uncle Satchmos Lullaby	Halletz, E.	Bradtke, H.	Armstrong, L. & die kl. Gabriele	1959
Und alles, weil wir uns lieben			Simons, H.	1978
Und als der Herrgott Mai gemacht	Benatzky, R.	Gilbert, R.	Arno, S.	1930
Und dabei lieb´ ich euch beide	White, J.	Athan, J.	Jürgens, A.	1977
Und dann noch eins: ich liebe dich	Heider, J.	Heilburg, Chr.	Mae, M.	1977
Und dann war es Liebe	Triebel / Krause	Triebel / Krause	Dorthe	1978
Und das Meer singt sein Lied	Iglesias, J.	Olden, B.	Iglesias, J.	1973
Und der Haifisch, der hat Zähne [Mäcki-Messer-Song]	Weill, K.	Brecht, B.	Gerron, K.	1928
Und der Himmel drückt ein Auge zu	Leykauf,W./Gstettner,G.	Leykauf,W./Gstettner	Torriani, V.	1991

Alphabetisches Titelverzeichnis

Titel	Komposition	Text	Interpret	Jahr
Und der Himmel hängt voller Geigen	Fall, L.	Bernauer, L. / Welisch, E.	div.	1912
			Prey, H.	1979
Und der Wind wird ewig singen	Bruhn, Chr.	Buschor, G.	Mathieu, M.	1974
Und die Musik spielt dazu	Raymond, F.	Wallner, M. / Feltz, K.	div.	1938
Und es war Sommer	Heider, J.	Heilburg, Chr.	Maffay, P.	1976
Und ganz doll mich [Ich mag]	Reinecke, M.	Lechtenbrink/Zuckowski	Zuckowski, R.	1982
Und heut Abend hab ich Kopfweh	Kartner, P.	Kunze, M.	Sheer, I.	1991
Und hinterher, da nehm´ ich dich in meine Arme	Siegel, R.	Hertha, K.	Alexander, P.	1975
			Etzel, R.	1975
Und ich denke schon wieder an dich	Oberdörffer, M.	Hammerschmidt, N.	Nicole	1991
... und in der Heimat	trad. / White, J.	trad. / White, J.	Marshall, T.	1973
Und in der Nacht, da brauch i di zum Träumen	Frankfurter, J.	Holder, I.	Nockalm Quint.	1992
Und küssen konnte sie gut	Olias, L.	Schroeter, H.	Hill, J.	1971
Und leben will ich auch	Pietsch, R.	Meinunger, B.	Berger, C.	1988
Und manchmal weinst du sicher ein paar Tränen	Siegel, R.	Behrle, G.	Alexander, P.	1979
Und mein Lächeln wird dir folgen	Steinhauer, H.	Daansen, J.	Rosenberg, M.	1990
... und sein Name war No	Heider, J.	Heilburg, Chr.	Mae, M.	1977
Und sie hieß Julie	Popovic, D.	Meinunger, B.	Gildo, R.	1983
Und sie hieß Lulalei	Jung / Schatz / Röckelein	Jung / Schatz / Röckelein	Heino	1974
Und sie sehnte sich so sehr nach Liebe	Siegel, R.	Meinunger, B.	Alexander, P.	1982
Und sie war nicht viel älter als achtzehn Jahr	Scharfenberger, W.	Pinelli, A. von	Torriani, V.	1960
Und wenn die Nacht kommt	Siegel, R.	Meinunger, B.	Nicole	1987
Und wenn die Zeit auch schnell vergeht	Fabry, Ch. / Schönhof Trovatello	Fabry, Ch. / Schönhof Trovatello	Bella Vista	1992
Und wenn ein neuer Tag erwacht	Bruhn, Chr.	Loose, G.	Ebstein, K.	1970
Und wenn i tanz mit dir	Frankfurter, J.	Holder, I.	Lindner, P.	1990
Und wieder geht ein schöner Tag zu Ende	Winkler, G.	Elsner, B.	Sandberg, S.O.	1941
			Schock, R.	1965
Und zum Schluß schuf der liebe Gott den Kuß	Hirsch, H.	Berg, A.	div.	1923
Ungarland	Winkler, G.	instr.	Werner Quintett	1952
			div.	1937
Ungeküßt sollst du nicht schlafen gehn	Stolz, R.	Bertram, R.	Haid, L.	1936
			Friedauer, H.	1969
Unnahbarer Engel	O´Day, A.	Meinunger,B/Schüler,W	Drews, J.	1977
Uns bleibt die Nacht	Zanki, E. & V.	Zanki, E. & V.	Zanki, E.	1990
Unser Chef ist nicht da	Gardens, H.	Martell, W.	Sunshine Quart.	1952
Unser Freizeit	Bauer, M.	Bauer, M.	Bauer, M.	1975
Unser tägliches Brot ist die Liebe	Siegel, R.	Behrle, G.	Alexander, P.	1973
Unter dem Grillenbanner	Lindemann, W.	instr.	div.	1908
Unter dem Lindenbaum	Felix, H.	Klischnegg / Schwabach	div.	1892
Unter dem Schottenrock ist gar nichts	Koelewin / Haak / Eland	Koelewin / Haak / Eland	Haak, N.	1977
Unter dem Siegesbanner	Blon, F. von	instr.	div.	1928
Unter dem Sternenzelt	Roland, M.	Francke, P.	div.	1934

Alphabetisches Titelverzeichnis

Titel	Komposition	Text	Interpret	Jahr
Unter der roten Laterne von	Siegel, R.M.	Schaeffers,P/ Schwenn,G	Sandberg, S.O.	1941
St. Pauli			Lolita	1979
Unter fremden Sternen	Olias, L.	Piinelli, A. von	Quinn, F.	1959
Unter meinem Friesennerz	Starke, R. / Mosleiner Schweers, H.	Starke, R. / Mosleiner Schweers, H.	Pat & Paul	1991
Unter südlicher Sonne	Waldenmaier, A.P.	instr.	div.	1960
Untern Linden	Kollo, Wa.	Schanzer,R./Bernauer,R.	div.	1912
			Rose, W.	1962
Urlaub	Kluger, J.	Heilburg, Chr.	Norden, U.	1981
Uschi	Sulke, St.	Sulke, St.	Sulke, St.	1982
Va bene	Scharfenberger, W.	Busch, F. / Pinelli, A. von	Kraus, P.	1960
Vagabund der Liebe	Arnie/Leandros/Munro	Arnie/Leandros/Munro	Roussos, D.	1975
Vagabunden der Straße	Frankfurter / Lego	Frankfurter / Lego	Flippers	19##
Vagabundenlied	Berking, W.	Scheu, J.	Woezel, H.	1953
			Wendland, G.	1953
Vasolidor	Steinhauer, H.	Frey, H.	Nicki	1989
Vater ist der Beste	Eilemann, G.	Urban, K.P.	Eilemann,G.	1958
			Eilemann Trio	1963
Venedig im Regen	Musenbichler, R.	Moser, H.	Forstner, T.	1991
Vera	Thöner, G.-E.	Meinunger, B.	Gott, K.	1982
Verbotene Träume	Scharfenberger, W.	Feltz, K.	Alexander, P.	1967
Verdammt	Ziegler, W.	Heilburg, Chr.	Ziegler, W.	1991
Verdammt, ich lieb dich	Reim, M.	Reim, M.	Reim, M.	1990
Verdammt in alle Ewigkeit	Karger, F.	instr.	Schachtner, H.	1956
Verdamp lang her	Heuser, K.	Niedecken, W.	BAP	1981
Verde	Angelis, G. de		King, R.	1976
Vergangen, vergessen, vorüber	Olias, L.	Rothenburg, W.	Quinn, F.	1964
Vergeben, vergessen, vorbei	Maué, R.-R.	Maué, R.-R.	Herold, T.	1991
Vergessen heißt verloren sein	Orloff, P.	Orloff, P.	Severine	1974
Verlang ich zuviel	Renfordt, J.	Gerke, W.	Ibo	1983
Verlieb dich in Lissabon	Bruhn, Chr.	Buschor, G.	Torriani, V.	1957
Verlieben, verlieren	Zauner, St. / Strobel, A.	Zauner, St. / Strobel, A.	Münchener Freih	1989
Verlieben, verloren, vergessen, verzeih´n	Valance,J.P./ Buschjan,M.	Buschjan, M.	Petry, W.	1991
Verliebt in den eigenen Mann	Kluger, J.	Rottschalk, G.	Norden, U.	1980
Verliebt in den Lehrer	Anders, Chr.	Anders, Chr.	Anders, Chr.	1979
Verliebt, verlobt, verheiratet	Avsenik, A. & V.	Rauch, F.	Froboess, C.	1963
Verliebte Jungs	Hoff / Piek / Schulz	Hoff / Piek / Schulz	Purple Schulz	1985
Verliebte muß man gar nicht erst in Stimmung bringen	Stolz, R.	Gilbert, R. / Weys, R.	Alexander, P.	1956
			Clayderman, R.	1983
Verloren	Lynne, J.	Horn-Bernges, H.-J.	Horn, J.	1980
Verlorenes Paradies	Siegel, R.	Meinunger, B.	Leandros, V.	1982
Veronika, der Lenz ist da	Jurmann, W.	Rotter, F.	Comedian Harmonists	1930
Verschmähte Liebe	Lincke, P.	instr.	div.	1898
Verträumt	Sharron,M./Hammond,A.	Moray, D.	Varell, I.	1984
Verzeih die dummen Tränen	Hatch, T.	Loose, G.	Clark, P.	1966
Verzeih´n Sie, Madame	Waggerhausen, St.	Waggershausen, St.	Waggershausen	1980
Viel zu jung	Carpendale, H. /	Power, P. / Jonas, U.	Brink, B.	1981

Alphabetisches Titelverzeichnis

Titel	Komposition	Text	Interpret	Jahr
	Horn-Bernges, J.			
Viel zu lang von euch getrennt	Steiner, T.	Schenker, L. / Steiner, E.	Leonard	1991
Viel zuwenig Zeit	Hoff, D. / Piek, J. / Schulz	Schulz, P.	Purple Schulz	1987
Vielen Dank für die Blumen	Jürgens, U.	Rabe, S.	Jürgens, U.	1981
Vielen Dank für die schönen Jahre	Anfeld, Th./Thorsten,F.	Anfeld, Th./Thorsten,Th.	Parker, T.	19##
Vilja Lied	Lehár, F.	Stein, L. / Léon, V.	div.	1905
Vielleicht in drei, vier, fünf, sechs Jahren			Gabriele	1958
Vielleicht irgendwann	Steinhauer, H.	Kunze, M.	Werding, J.	1987
Vielleicht muß man erstmal durch die Hölle	Bärtels / Angelo, N. de	Bärtels / Angelo, N. de	Angelo, N. de	1991
Viertel vor neun, viertel vor zehn	Zanki, E.	Probst, H.-U.	Zanki, E.	1977
Viola	Haas, K.	Haas, K.	Steinwolke	1989
Vis-à-vis vom Wendelstein	Fischer, E.	Feltz, K.	Sedlmayer, B.	1949
Viva l'amor	Kawohl,D./Björklund,M.	Kawohl,D./Dreksler,J.	Kaiser, R.	1990
Viva la Mamma	Hofmann, M.	Schüler, W.	Peters, I.	1983
Viva Maria	Power, P. / Jonas, U.	Power, P. / Jonas, U.	Stein, M.	1992
Vogel der Nacht	Frankfurter / Puschmann	Frankfurter / Puschmann	Paola	1979
Vogel der Nacht	Remmler, St.	Remmler, St.	Remmler, St.	1988
Vogel der Sehnsucht	Werdenfels, W.	Meinunger, B.	Albrecht, G.	1991
Vogelfrei	Molzahn, R.	Busse, U.	Wilke, A.	1984
Volldampf Radio	Bloomfield, St.	Krüger,U/Seelenmeyer,D.	Leinemann	1980
Völlig losgelöst [Major Tom]	Schilling, P.	Schilling, P.	Schilling, P.	1982
Vom Stadtpark die Laternen	Gietz, H.	Feltz, K.	Haenning, G.	1963
Von Apfelblüten einen Kranz	Léhar, F.	Löhner / Herzer / Léon	Tauber, R.	1929
Von der Puszta will ich träumen	Brühne, L.	Balz, B.	Leander, Z.	1938
Von Hollywood träumen	Soja, R./Zentner, P.	Soja, R. / Zentner, P.	Haenning, G.	1978
Von jetzt an	Hannes / Gerke	Meinunger / Gerke	Bach, J.	1992
Von Linz bis Wien	Freundorfer, G.	Hochmuth,J. / Werner,H.	Freundorfer, G.	1939
Von nun an ging's bergab	Hammerschmidt, N.	Knef, H.	Knef, H.	1966
Von Zeit zu Zeit	Fendrich, R.	Fendrich, R.	Fendrich, R.	1990
Vor meinem Vaterhaus steht eine Linde	Stolz, R.	Hardt-Warden, B.	Groh, H.E.	1934
			Schock, R.	1963
Vorbei es vorbei	Höhner	Gusowins,R./Fischer,J.P.	Höhner	1992
Wähle 3-3-3	Blum / Flemke	Blum / Flemke	Graham, B.	1969
Wahnsinn	Hendrik, T.	Haaren, K. van / Merz, K.	Petry, W.	1983
Waidmannsheil	Reckling, A.	Erdlen, H.	div.	1925
Waldesruh'	Burgner, J./Hellmer, H.	Werner, H.	Reichl Duo	1961
Walzer der Liebe	trad. / Bruhn, Chr.	trad. / Jung, R.	Mathieu, M.	1977
Walzerträume	Straus, O.	Doermann,F/Jacobson,L	div.	1907
Wann fangt denn endlich d'Musi an	Frankfurter, J.	Holder, I.	Marianne&Mich	1990
Wann kommst du wieder	Zwatz, H.	Zwatz, H.	Nockalm Quint.	1991
Wann kommt der Morgen	Engelhardt / Schäuble	Engelhardt / Schäuble	Horton, P.	1972
Wann kommt der Tag	Nowa, Ch.	Rasch, D.	Corren, C.	1962
Wann liegen wir uns wieder in den Armen (Barbara)	Siegel, R.	Behrle, G.	Roberts, Chr.	1977
Wann wird's mal wieder richtig Sommer	Goodman, St.	Woitkewitsch, Th.	Carrell, R.	1975
Wann wirst du wieder bei mir sein	Igelhoff, P. / Steimel, A.	Käutner,H./Pinelli,A.von	Werner, I.	1942

Alphabetisches Titelverzeichnis

Titel	Komposition	Text	Interpret	Jahr
War das eine Nacht	Tempesti, G.	Thorsten, F.	Kaiser, R.	1979
Wär ich ein Buch	Lightfoot, G.	Frances, M.	Lavi, D.	1971
Wären Tränen aus Gold	Heider, J.	Weigel, H.-U.	Rosenberg, M.	1974
Wärst du doch in Düsseldorf geblieben	Bruhn, Chr.	Buschor, G.	Dorthe	1968
Wart auf mich	Polizzy, J.	Holm, M.	Holm, M.	1975
Warte auf das Glück	Panas, M.	Arnie, R.	Five Tops	1965
Warte nicht auf mich, mein Herz	Kaczmarek, B.	Busse, Chr.	Kaczmarek, B.	1989
Warte, warte nur ein Weilchen	Kollo, Wa.	Kollo, Wi.	div.	1923
Warten	Tarney, A. / Sayer, L.	Kunze, M.	Hoffmann & H.	1980
Warum	Eisenmann, G.	Lilibert	Roberts, Chr.	1973
Warum	Reim, M.	Reim, M.	Reim, M.	1992
Warum hast du so traurige Augen	Kollo, Wi.	Kollo, Wi.	Hansen, M.	1925
Warum hat die Adelheid keinen Abend für mich Zeit	Böhmelt, H.	Busch, R.	Fritsch, W.	1939
Warum hat jeder Frühling, ach, nur einen Mai	Lehár, F.	Jenbach, B. / Reichert, H.	Tauber, R.	1927
Warum ist es am Rhein so schön	Bergsattel, A. von	Suppan, F.	div.	1928
			Schneider, W.	1979
Warum kann ich nicht die andere sein	Duncklau, G.	Heilburg, Chr.	Inger, S.	1977
Warum muß Aschermittwoch immer alles vorbei sein	Ruessmann, G.	Ruessmann, G.	Krekel, L.	1971
Warum muß man auseinandergehn	Scharfenberger, W.	Niessen, Ch.	Clark, P.	1964
Warum nur, warum?	Berking, W.	Paulsen, H.	Winter, H.	1941
Warum soll eine Frau kein Verhältnis haben	Straus, O.	Grünwald, A.	Massary, F.	1932
			Lavi, D.	1975
Warum soll er nicht mit ihr	Mendelssohn, W.	Mendelssohn, W.	Waldoff, C.	1924
Warum strahlen heut nacht die Sterne so hell	Endsley, M.	Siegel, R.M.	Sauer, W.	1957
Was bin ich ohne dich	Meisel, W.	Schwenn, G.	Gabbai, E.	1966
Was bleibt, wenn die Liebe geht	Werner, P.	Werner, P.	Pe Werner	1990
Was damals war	Svoboda / Staidl / Werner	Svoboda / Staidl / Werner	Gott, K.	1969
Was du mir erzählt hast von Liebe und Treu´	Kreuder, P.	Beckmann, H.F.	Horn, C.	1936
			Knef, H.	1976
Was eine Frau im Frühling träumt	Kollo, Wa.	Kollo, Wi.	div.	1923
Was Frauen träumen	van Deyk	Feltz, K.	Alexander, P.	1964
Was guckst du mir denn immer in die Bluse	Hirsch, H.	Berg, A.	div.	
Was halten Sie vom Tango	Kubiczek, W.	Kersten	Frederik, D.	1978
Was hast du denn für Schmerzen	Götz, K.	Schmidt, G.	Sponheimer, M.	1969
Was hast du heute abend vor	White, J.	Hertha, K.	Marcus, J.	1978
Was hast du schon davon, daß ich dich liebe	Benatzky, R.	Benatzky, R.	div.	1933
			Heesters, J.	1959
			Heltau, M.	1981
Was hat sie, was ich nicht habe	Siegel, R.	Meinunger, B.	Ebstein, K.	1980
Was ich dir noch sagen wollte	Schröder, F.	Schwenn, G.	div.	1942
Was ich tat, tat ich nur für Maria	Murray / Callander	Schäuble	Bendt, O.	1971
Was ist dabei, wenn wir zwei uns lieben	Dietrich, B.	Simons, E.	Whittaker, R.	1990

Alphabetisches Titelverzeichnis

Titel	Komposition	Text	Interpret	Jahr
Was ist passiert	Sigl, G.	Sigl, G.	Spider Murphy	1990
Was kann der Sigismund dafür	Gilbert, R.	Gilbert, R.	Hansen, M.	1932
			Lingen, Th.	1975
Was kann schöner sein	Livingston, J.	Cyprys, W.	Assia, L.	1957
Was machst du mit dem Knie, lieber Hans	Fall, R.	Beda	div. Mira, B.	1925
Was macht der Maier am Himalaya	Profes, A.	Rotter, F. / Stransky, O.	div. Hussner, S.	1926 1976
Was nützt denn den Mädchen die Liebe	Kollo, Wa.	Haller, He. / Rideamus	Waldoff, C.	1917
Was nun, kleiner Mann	Cordalis, C.	Frankfurter, J.	Cordalis, C.	1978
Was sind schon fünfzig Jahre	Richter, O.	Schenk, H.	Werner, I.	1971
Was weiß so ein kleiner Schmetterling	Hee, H.	Hee, H.	Mühlenhof Musikanten	1992
Was wird aus einer verlorenen Liebe	Orloff, P.	Orloff, P.	Severine	1974
Was wird sein, fragt der Schlumpf	Kartner, P.	Kunze, M.	Vader Abraham	1978
Wasser ist zum Waschen da	Hee, H.	Hee, H.	Die Peheiros	1956
Watt?	Captain Sensible	Willem	Willem	1983
Weg da	Veen, H. van	Woitkewitsch, Th.	Veen, H. van	1979
Weg zum Herzen	Freundorfer, G.	instr.	Freundorfer, G.	1930
Wegen dir	Steinhauer, H.	Frey, H.	Nicki	1986
Wegen einer Frau	Powalla / Gurra / Pohl	Powalla / Gurra / Pohl	Joker, R.	1992
Weibsbilder	Werner, P.	Werner, P.	Pe Werner	1989
Weil der D-Zugführer heute Hochzeit macht	Schröder, F.	Beckmann, H.F.	Die Goldene 7 Igelhoff, P.	1938 1938
Weil der Sommer ein Winter war	Sakel, J.	Frances, M.	Mouskouri, N.	1979
Weil du ein zärtlicher Mann bist	Haller, Ha.	Meinunger, B.	Haller, Ha.	1981
Weil es dich gibt	Maffay, P.	Meinunger/Lechtenbrink	Maffay, P.	1980
Weil i di mog	Promo, V./ Paul, B.	Promo, V.	Relax Warda, A.	1982 1991
Weil ich dich liebe	Bylan, B.	Binder, M. / Topel, H.	Deutscher, D.	1971
Weil ich dich liebe	Müller-Westernhagen, M.	Müller-Westernhagen, M.	Müller-Westernh	1989
Weil ich dich liebe	Heider, J.	Weigel, H.-U.	Drews, J.	1974
Weil ich dich nicht liebe	Zylka, W.	Ruhla, B.	Mann, M.	1991
Weil ich dich wirklich liebe	Heider, J.	Holder, I.	Quinn, F.	1983
Weil ich jung bin	Natschinski, G.		Wachholz, B.	1958
Weil ich weiß, daß wir uns wiedersehn	Hadjidakis, M.	Hammerschmidt, H.	Makulis, J.	1962
Weil wir uns lieben	Schultzieg, T.	Jay, F.	Borg, A.	1983
Wein von Samos	Cordalis, C.	Hofer, W.	Cordalis, C.	1979
Wein, Weib und Gesang	Strauß, J, (Sohn)		div.	1869
Weine keine Träne um mich, bella Maria	Sandmann	Bradtke, H.	Otero, C.	1962
Weine nicht kleine Eva	Halmich, F.	Hengst, B.	Flippers	1969
Weine nicht um ihn	Würcher, G.	Würcher, G.	Nockalm Quint.	1991
Weinstraßenlied	Dehn, K.	Dehn, K.	Dehn, K.	
Weiß Blau	Bauer, A.	instr.	Bauer, A.	1945
Weiße Pferde	Danzer, G.	Danzer, G.	Danzer, G.	1985
Weiße Rosen	Censi / Casadei / Zenin	Feltz, K.	Haenning, G.	1969

Alphabetisches Titelverzeichnis

Titel	Komposition	Text	Interpret	Jahr
Weiße Rosen aus Athen	Hadjidakis, M.	Bradtke,H./Hadjidakis,M.	Mouskouri, N.	1961
Weiße Taube Sehnsucht	Frankfurter J./Schairer,A.	Frankfurter,J./Schairer,A.	Fernando Expr.	1990
	Offierowski, E.	Offierowski, E.		
Weißer Holunder	Mörens, Th.	Ernst, E.	Lind, G.	1956
			Lolita	1957
Weißt du, was du für mich bist	Slate, J. / Henley, L.	Müller-Schwenke, G.	Lavi, D.	1977
Weißt du, wo du hingehst	Dore, Ch.	Schüler, W.	Peters, I.	1980
Weißt du wohin	Jarre, M.	Lilibert	Gott, K.	1968
Weit ist der Weg	Olias, L.	Loose, G.	Quinn, F.	1960
Weit ist der Weg zurück in´s Heimatland	Buder, E.E. / Powell, F.	Asaf, G.	div.	1931
			Heino	1981
Weltenbummler Polka	Huber, P.	Martens, I.	Schöneb. Sänger	1951
Wem	Carpendale, H.	Jay, F.	Carpendale, H.	1981
	Horn-Bernges, H.-J.			
Wen ich liebe	Jary, M.	Balz, B.	Leander, Z.	1940
Wenn	Evans / Reardon	Blecher, C.U.	James Brothers	1958
Wenn abends die Heide träumt	Jäger, W.	Nebhut, E.	div.	1939
Wenn and're schlafen	Dietrich, B. / Grabowski, G.	Dietrich, B. / Grabowski, G.	Brink, B.	1980
Wenn auch die Jahre enteilen [Es war einmal]	Lincke, P.	Bolten-Baeckers, H.	div.	1899
			Ridderbusch, K.	1984
Wenn Berge träumen	Garsson, L.	Brocker, B.	Marianne&Mich.	1988
Wenn Brooke schielt	Astor, W.	Astor, W.	Astor, W.	1992
Wenn das geschieht	Peeters, C.M.	Feltz, K.	Alexander, P.	1966
Wenn das Schifferklavier an Bord erklingt	Scheu, J.	Scheu, J.	div.	1942
			Die Blauen Jungs	1964
Wenn das Wasser im Rhein goldner Wein wär	Stamm, W.	Böninghausen, H.	Schneider, W.	1950
			Alexander, P.	1969
Wenn dein Herz spricht	Pietsch, R.	Holm, M.	Holm, M.	1979
Wenn deine Augen lügen	Manoa, Chr. / Fox, J.	Manoa, Chr. / Fox, J.	Berger, A.	1969
Wenn der Abschied kommt	Götz, K.	Schumacher, H.	Jackson, W.	1966
Wenn der Mond die Sonne berührt	Kemmler, H.	Kemmler, H.	KaH, H.	1984
Wenn der Mondschein nicht so romantisch wär	Niessen, Ch.	Alzner, K.	Fritsch, Th.	1963
Wenn der Regen auf uns fällt (When the rain begins to fall)	March, P. / Bradley, M. / Whittmack, St.	Kunze, M.	Valaitis, L. & Cordalis, C.	1985
Wenn der Silbermond	Mayer, H.	Ritter, C.	March, P.	1964
Wenn der Tag erwacht	Willmann, W.-M.		Willmann, W.-M.	1991
Wenn der Toni mit der Vroni	Raymond, F.	Wallner, M. / Feltz, K.	div.	1938
Wenn der Vater mit dem Sohne	Gilbert, J.	Gilbert,R/Okonkowski,G	div.	1910
Wenn der weiße Flieder wieder blüht	Doelle, F.	Rotter, F.	Arden, R.	1928
			Headline	1985
Wenn der Wind sich dreht	Carey, T.	Brozat, B.	Milva	1988
Wenn die Blumen weinen könnten	Siegel, R.	Meinunger, B.	Nicole	1983
Wenn die Cowboys träumen [Zwei Indianer aus Winnipeg]	Götz, K.	Loose, G.	Kilius, M.	1964
Wenn die Elisabeth nicht so schöne Beine hätt[Das neue lange Kleid]	Katscher, R.	Katscher, R. / Farkas, K.	Arno, S.	1930
			Mo, B.	1960
			Kuhn, P.	1986
Wenn die Glocken hell erklingen	Villard, J.	Schwenn, G./Freytag, M.	Sauer, W.	1959

Alphabetisches Titelverzeichnis

Titel	Komposition	Text	Interpret	Jahr
			Assia, L.	1960
Wenn die kleinen Veilchen blühen	Stolz, R.	Hardt-Warden, B.	div.	1932
Wenn die Männer wüßten	Olias, L. / Schwabach, K.	Olias, L. / Schwabach, K.	Benkhoff, F.	1951
Wenn die Nachtigall singt	Farmer,K. / Henning,H.H.	Mainzel, M.	Tonia	1970
Wenn die Rosen erblühen in Malaga	Gietz, H.	Feltz, K.	Cindy & Bert	1975
Wenn die Sehnsucht deinen Namen nennt	Zai, M.	Zai, M.	Duo California	1975
Wenn die Sonja russisch tanzt	Kötscher, E. / Plessow, E.	Karlick, G.	Commedian Harmonists	1934
Wenn die Sonne erwacht in den Bergen	Vincent, L./Pease, H.	Vincent, H./Pease, H./ Lego, St.	Adam & Eve	1972
Wenn die Sonne hinter den Dächern versinkt	Kreuder, P.	Schwenn, G.	Horn, C.	1936
			Headline	1988
Wenn die Sonne scheint in Texas	George, D.	Bartels, J.	Low, B.	1956
Wenn die Trommel ruft	Silvester, E.	Pencil, P.	Silvester, E.	1976
Wenn doch jede Woche mal der Erste wär'			Backus, G.	1964
Wenn du bei mir bist	Twardy, W.	Lilibert	Black, R.	1970
Wenn du bei mir bist	Hill-Greif, J.	Strecker, S.	Hill, J.	1989
Wenn du denkst, du denkst, dann denkst du nur du denkst	Gabriel, G.	Gabriel, G.	Werding, J.	1975
			Schachtner, H.	1976
Wenn du einmal dein Herz verschenkst	Rosen, W.	Rosen,W./Schwabach,K.	Strauss, A.	1929
Wenn du einmal ein Mädel magst	Bochmann, W.	Lehnow, E.	Werner, I.	1940
Wenn du gehst	Scharfenberger, W.	Busch, F.	Francis, C.	1962
Wenn du gehst	Heider, J.	Relin, J.	Kern, R.	1974
Wenn du gehst	Bause, A.		Inka	1990
Wenn du gehst stürzt nicht der Himmel ein	Schikora, U.	Andergast, A.	Franke, Chr.	1982
Wenn du heimkommst	Nowa, Ch.	Wilke, N.	Andersen, L.	1961
			Eskens, M.	1961
Wenn du heimkommst	Heck, R. / Frankfurter, J.	Heck, R. /& Frankfirter, J.	Paola	1982
Wenn du heut ausgehst	Osterwald,H./Moesser,P.	Osterwald,H./Moesser,P.	James Brothers	1959
Wenn du mal allein bist	Mayer, H.	Hertha, K.	Schnelldorfer, M.	1964
Wenn du mal einsam bist	Reed, L. / Mason, B.	Lilibert	Roberts, Chr.	1968
Wenn du mal in Hawaii bist	Rosen, W.	Rosen,W./Schwabach,K.	div.	1931
Wenn du meine Tante siehst	Nelson, R.	Schanzer,R./Welisch,E.	Nelson, R.	1924
Wenn du mich brauchst	Haller, H.	Meinunger, B.	Gildo, R.	1982
Wenn du musikalisch bist	Gietz, H.	Bradtke, H.	Gitte Haenning	1964
Wenn du nicht weißt, wohin	Frankfurter, J.	Möring, J.	Klee, S.	1980
Wenn du nichts hast als die Liebe	Horton, P.	Horton, P.	Horton, P.	1975
Wenn du noch lebst	Beyerl, N./Lebbing, A. Schüler, W.	Beyerl, N./Lebbing, A. Schüler, W.	Lebbing, A.	1992
Wenn du so bist wie dein Lachen	Deter, I.	Deter, I.	Deter, I.	1975
Wenn du Wärme brauchst	Walger, G.	Walger, G. / Dehm, D.	Lage, K.	1987
Wenn du weinst	Hendrik, T.	Krause, A.	Martin, A.	1980
Wenn du wiederkommst	Hoffmann / Manning	Hoffmann / Gilbert	Eskens, M.	1958
Wenn du willst	Haas, C. / Haas, K.	Haas, C. / Haas, K.	Steinwolke	1985
Wenn du willst	Hendrik, T. / Dreksler, J.	Hendrik, T. / Dreksler, J.	Xanadu	1989

Alphabetisches Titelverzeichnis

Titel	Komposition	Text	Interpret	Jahr
Wenn du willst	Oppermann, A.	Oppermann, A.	Valerie´s Garten	1992
Wenn du willst, gehör ich dir	Müssig, R. / Wilczek, G.	Müssig, R. / Wilczek, G.	Baginsky, G.	1990
Wenn ein junger Mann kommt	Grothe, F.	Dehmel, W.	Rökk, M.	1941
Wenn ein Mädchen verliebt ist	Mayer, H.	Kunze, M.	Dana	1971
Wenn ein Mädel einen Herrn hat	Kollo, Wa.	Wolff, W.	Dietrich, M.	1965
Wenn ein Schiff vorüberfährt	Iglesias, J.	Olden, B.	Iglesias, J.	1972
Wenn ein Zigeuner weint	Olias, L.	Wallnau, E.	Malkowsky, L.	1953
Wenn einer dir tausend Küsse verspricht	Mayer, H.	Bradtke, H.	Berger, G.	1969
Wenn Engel reisen	Neigel, J. / Schwarz, A. Schmid-Martelle, A.	Neigel, J. / Schwarz, A. Schmid-Martelle, A.	Neigel, J.	1992
Wenn erst der Abend kommt	Robertson / Blaire	Feltz, K.	Alexander, P.	1963
Wenn es dich noch gibt	Munro, K.	Munro, K.	Whittaker, R.	1982
Wenn es die Liebe will	Bruhn, Chr.	Buschor, G.	Mathieu, M.	1974
Wenn es Frühling wird	Kreuder, P.	Schwenn, G.	Rökk, M.	1940
Wenn es Nacht wird in Harlem	Lewis, C.	Zimber, G.	Manuela	1968
Wenn es Nacht wird in Montana	Gardens, H.	Martell, W.	Andersen, L.	1952
Wenn es sein muß kann ich treu sein	Berry, A.	Verard, J.	Gildo, R.	1965
Wenn i mit dir tanz	Steinhauer, T.	Frey, H.	Nicki	1986
Wenn ich dich nicht halten kann	Tarney, A.	Preuß, W. / Thorsten, F.	Roos, M.	1980
Wenn ich dich nicht hätte	Siegel, R.	Meinunger, B.	Gott, K.	1980
Wenn ich dich seh, dann fange ich zu träumen an	Schulz-Reichel, F.	Beckmann, H.F.	Lais, D. Bertelmann, F.	1945 19##
Wenn ich dich verlier´	Sorrenti, A.	Meinunger, B.	Hoffmann & H.	1980
Wenn ich dich verliere	Hunter	Bradtke, H.	Hansen Quartett	1957
Wenn ich die blonde Inge ...	Schwarz, F.	Schwarz, F.	div.	1929
Wenn ich ein Cowboy wär	Peeters	Feltz, K.	Lauer, M.	1963
Wenn ich ein Junge wär	Buchholz, H.	Loose, G.	Pavone, R.	1963
Wenn ich einmal reich wär	Bock, J.	Merz, R. / Hagen, G.	Rodenky, S.	1964
Wenn ich geh	Hendrik, T.	Meinunger, B.	Petry, W.	1979
Wenn ich je deine Liebe verlier	Haller, Ha.	Meinunger, B.	Gildo, R.	1981
Wenn ich Musik hör, muß ich tanzen	Siegel, R.M.	Siegel, R.M.	div. Weiss, O.	1949 1965
Wenn ich vergnügt bin, muß ich singen	Igelhoff, P.	Beckmann, H.F.	Igelhoff, P.	1936
Wenn ich will, stiehlt der Bill für mich Pferde [Happy-Happy Days]	Jary, M.	Balz, B.	Molnar, V. Hensch, F.	1950 1951
Wenn ich wüßt', wen ich geküßt [Um Mitternacht am Lido]	Bochmann, W.	Balz, B.	Heesters, J. Schuricke, R.	1939 1940
Wenn in Florenz die Rosen blühn	Winkler, G.	Siegel, R.M.	Groh, H.E.	1939
Wenn jedes Herz a Fensterl hätt	Reitzenstein/Graas	Reitzenstein/Graas	Huber, L.	1989
Wenn nachts die Sonne scheint	Bohlen, D.	Horn-Bernges, H.-J.	Forstner, T.	1989
Wenn Planeten weinen	Dörr, P.	Dörr, P.	Gloria	1991
Wenn Rosen weinen	Simon, B.	Meinunger, B.	Schäfer, H.	1991
Wenn süß das Mondlicht auf den Hügeln schläft	Last, J.	instr.	Last, J.	1968
Wenn Teenager träumen	Gillam, D.	Bradtke, H.	Kraus, P.	1958
Wenn Verliebte bummeln gehn	Mackeben, Th.	Cremer, H.M.	div.	1931
Wenn weiße Wolken wandern	Scharfenberger, W.	Scharfenberger, W.	Blaue Jungs	1960

Alphabetisches Titelverzeichnis

Titel	Komposition	Text	Interpret	Jahr
Wer das vergißt	Heider, J.	Holder, I.	Quinn, F.	1957
Wer die Heimat liebt [Heimatlied]	Böhmelt, H.	Beckmann, H.F.	Groh, H.E.	1941
Wer du bist	Scharfenberger, W.	Scharfenberger, W.	Hardy, F.	1964
Wer gibt noch einen aus	Kajanus, G.	Thorsten, F.	Petrel, P.	1976
Wer hat denn den Käse zum Bahnhof gerollt	Strassmann, F.	Strassmann, F.	div.	1926
Wer hat mein Lied so zerstört, Ma	Safka, M.	Frances, M.	Lavi, D.	1971
Wer heißt hier Jonny			Ramsey, B.	1964
Wer ist hier jung, wer hat hier Schwung	Bochmann, W.	Schulz-Gellen, Chr.	div.	1942
Wer mich geküßt ist gefangen	Simon, H.A.		Valente, C.	1961
			Simon, H.A.	19##
Wer sich die Welt mit einem Donnerschlag erobern will	Raymond, F.	Schwenn, G.	Seifert, K./Heigl	1935
			Wendland, G.	1975
Wer so jung ist wie du	Kaempfert, B.	Menke, J.	Robic, I.	
Wer soll das bezahlen	Schmitz, J.	Stein, W. / Feltz, K.	Schmitz, J.	1949
Wer von uns	Ghinazzi, E. / Milani, D.	Jay, F.	Carpendale, H.	1981
Wer wandern will braucht Sonnenschein	Schweers, H.	Dörflein, G.	Pat & Paul	1984
Wer war denn die Dame	Brandner, E.	Fuchsberger, J.	Lind, G.	1951
			Mucke, M.	1956
Wer wird denn weinen, wenn man auseinandergeht	Hirsch, H.	Rebner, A.	div.	1920
			Dietrich, M.	1960
Western Rose [Unsre Reise fängt an]	Scharfenberger, W.	Feltz, K.	Kraus, P.	1962
Westerwald, wie bist du schön	Simon, W.	Simon, W.	Krönauer, H.	1977
Wetten, daß die Welt nicht untergeht	Geiger, W.	Wolf, K	Gabriel, G.	1991
Wie a Glock'n	Saloman, H.	Bronner, G.	Mendt, M.	1971
Wie a Traum	Steinhauer / Daamen	Frey, H.	Nicki	1990
Wie am allerersten Tag	Spiro, M. / White, J.	Hammerschmidt, N.	Jürgens, A.	1991
Wie damals in Paris	Wayne, M.	Loose, G.	Blue Diamonds	1961
Wie das Glas in meiner Hand	trad.	Zimber, G.	Pascal, P.	1972
Wie das Wasser, so fließt die Zeit	Bauer, R. / Thumser, G.	Bauer, R. / Thumser, G.	Kramer, S.	1975
Wie der Teufel es will	Siegel, R.	Weyrich, F.	Gott, K.	1976
Wie du	Batt, M.	Mürmann, W.	Paola	1979
Wie ein Mann	Rubin, P.	Thoener, E.	Rubin, P.	1983
Wie ein Stern	Schmiedecke, H.-G.	Lietz, D.	Schöbel, F.	1971
Wie ein Wunder kam die Liebe	Doelle, F.	Balz, B.	Forst, W.	1935
Wie eine Ladung Dynamit			Parker, T.	1971
Wie frei willst du sein	Pace/Barabani/Ghinazzi	Jay, F.	Carpendale, H.	1980
Wie hab ich nur leben können ohne dich	Hollaender, F.	Hollaender,F,/Gilbert,R.	Harvey, L.	1933
			Wendland, G.	1950
Wie mein Ann'l zwanzig Jahr'	Zeller, C.		div.	1891
Wie oft sind wir geschritten [Heia Safari]	Götz, R.	Aschenborn, H.A.	div.	1921
			Heino	1968
Wie schön bist du, Berlin	Gilbert, J.	Schönfeld, A.	div.	1912
Wie schön wär heut für mich die Welt	Profes, A.	Pinelli, A. von	Noni, A.	1943
Wie wär's mit Hochzeit, Marie Christine	Frankfurter, J.	Holder, I.	Wendorf, M.	1987

Alphabetisches Titelverzeichnis

Titel	Komposition	Text	Interpret	Jahr
Wie weit ist Eden	Steinhauer,H/Daahsen,J.	Kunze, M.	Werding, J.	1989
Wieder geht ein Tag zu Ende	Horton, P.	Schäuble, C.J.	Horton, P.	1970
Wieder zu Haus	Lage, K. / Klein, R.	Lage, K. / Heirell, N.	Lage, K.	1984
Wiedersehn ist wunderschön	Götz, K.	Hertha, K.	Lee, B.	1962
Wien wird bei Nacht erst schön	Stolz, R.	Sterk, W.	div.	1912
Wiener Blut	Strauß, J. (Sohn)		div.	1871
Wiener Blut	Bolland, R./Bolland, F.	Bolland, R. & F. / Falco	Falco	1988
Wieviel Tränen hat die Liebe	Meinunger, B. / Werdenfels, W.	Meinunger, B.	Albrecht, G.	1991
Wieviele Sterne hat eine Nacht	Haller, H.	Meinunger, B.	Jonak, T.	1986
Wilde Kirschen blühen früh	Blum, H.	Blum, H.	Black, R.	1983
Wildfire	Mäder, W.	instr.	Maduro, F.	1986
Wildgänse rauschen durch die Nacht	Götz, R.	Flex, W.	div.	1916
			Heino	1968
Wilfried der Räuber	Schulz, S.	Schulz, S.	Inga & Wolf	1974
Wilhelm-Tell-Twist	Weinzierl, W.	Rieden, L.	Cotton, Ch.	1963
Will dir die Welt zu Füßen legen	Abraham, P.	Grünwald, A.	div.	1931
			Alexander, P.	19##
			Geszty, S.	1972
Willkommen im Leben	Haller, H.	Meinunger, B.	Haller, H.	1991
Willkommen in der Traumfabrik	Busch, D.	Busch, D.	Busch, D.	1989
Willst du mit mir gehn	Kongos, J.	Francis, M.	Lavi, D.	1971
Willst du mit mir schlafen geh´n	Crewe, B. / Nolan, K.	Leiser, P.	Gilla	1975
Willy Klein, der Fernsehmann	Gabriel, G.	Gabriel, G.	Gabriel, G.	1976
Wind weht weit über´s Meer	Schröder, F.	Beckmann, H.F.	Schuricke, R.	1941
Wini Wini	Hellmer	Petersen	Tahiti Tamoures	1963
Winke, winke	Jary, M.	Balz, B.	Künneke, Ev.	1950
Winnetou	Arland, R.	Hertha, K.	Medium Terzett	1963
Winnetou Melodie	Böttcher, M.	instr.	Orch.M.Böttcher	1963
Winter in Kanada	Bruhn, Chr.	Buschor, G.	Gabbai, E.	1966
Winterlied	Remy, U. / Hoffmann, I.	Remy, U.	Remy, U.	1984
Wir beide gegen den Wind	Oppermann, A.	Busse, J.-Chr.	Fischer, V.	1983
Wir bleiben noch etwas hier	White, J.	White, J.	Marshall, T.	1980
Wir bleib´n in Österreich	Leykauf / Frand / Helm	Leykauf, Frand / Helm	Moik, K.	1991
Wir brauchen keine Liebe mehr	Schöbel, F.	Meinunger, B.	Schöbel, F.	1972
Wir gehn nicht eher in die Falle bis unser Geld ist alle	Otten, H.	Ebeler, G.	div.	
Wir gehn so leicht am großen Glück vorbei	Jary, M.	Balz, B.	Forst, W.	1941
			Ellis, C.	1960
Wir halten zusammen	Ladiges, R.	Held, P.	Maerz, M.	1966
Wir Kameraden der Berge	Becce, G.	George-Knorr, H.div.		1930
			Viellechner, S.	1984
Wir kommen alle in den Himmel	Schmitz, J.	Feltz, K.	Schmitz, J.	1952
Wir kommen aus Slowenien	Burnik, J.	Kirschner, H.	Alpenoberkrainer	1986
Wir könnten Freunde sein	Peeters, C.M.	Feltz, K.	Distel, S.	1963
Wir laden ein nach Oberkrain	Presern, I.	Emelsberger, M.	Alpenoberkrainer	1978
Wir lagen vor Madagaskar	Scheu, J.	Scheu, J.	div.	1934
			Quinn, F.	1961
			Fred & Rolf	1961
Wir lassen uns das Singen nicht	White, J.	White, J.	York, T.	1975

Alphabetisches Titelverzeichnis

Titel	Komposition	Text	Interpret	Jahr
verbieten				
Wir lieben die Stürme	trad.	trad.	Heino	1967
Wir machen durch bis morgen früh [Bums Valdera]	Quanz, W.	Quanz, W. /Weber, B.	div.	1948
Wir machen Musik	Igelhoff,P./Steimel, A.	Käutner,H./Pinelli,A.von	Werner, I.	1942
Wir Männer sind wirklich das Letzte	Bruhn, Chr.	Höfer, W.	Juhnke, H.	1979
Wir sind alle kleine Sünderlein [s´war immer so]	Twardy, W.	Korn, H.	Millowitsch, W.	1964
Wir sind alle lauter arme, kleine Würstchen	Mey, R.	Mey, R.	Mey, R.	1980
Wir sind auf der Walz	Jessel, L.	Neidhart, A.	div.	1917
Wir sind die Kinder von der Eger	Mosch, E./Weinkopf		Mosch, E.	1964
Wir sind die Sonne	Falkenberg	Falkenberg	Stern Meißen	1984
Wir sind doch alle keine Engel	Zylka, W.	Ruhla, B.	Densow, K.	1992
Wir sind füreinander bestimmt	Winkler, G.	Hase, P.	Lind,G/ Torriani	1952
Wir sind rund, na und?	Lüdtke, B. & C.	Lüdtke, B. & C.	Wildecker Herzb	1991
Wir sind schon auf dem Brenner	Jürgens, U.	Lehmann, F.	Dt. Fußball-National-Mannschaft	1990
Wir sind stark	Siegel, R.	Meinunger, B.	Dorkas	1990
Wir sind verrückt	Janschens	Heilburg, Chr.	Norden, U.	1978
Wir sind zwei fröhliche Sänger	Müller-Marc, R.	Warden / Grözing	Hellberg Duo	1977
Wir sind zwei gute Kameraden	Nick, E.	Beckmann, H.F.	div.	1940
Wir singen beide do-do-do-do	Abraham, P.	Grünwald, A. / Beda	div.	1930
			Knittel / Ramsey	1966
Wir singen zur Jazzband	Abraham, P.	Grünwald, A. / Beda	div.	1931
			Knittel /Ramsey	1966
Wir sitzen alle im selben Boot	Siegel, R.	Meinunger, B.	Dschinghis Khan	1981
Wir tanzen Lambada	White, J.	Hammerschmidt, N.	Jürgens, A.	1990
Wir tanzen wieder Polka	Ulbrich, S.	Ulbrich, S. / Buhlan, B.	Buhlan, B.	1949
Wir tanzten einen Sommer lang	Rusinski, B.	Knipp, H.R.	Rusinski, B.	1989
Wir trinken Brüderschaft	White, J.	Jay, F.	Marshall, T.	1974
Wir versaufen unsrer Oma ihr klein Häuschen	Steidl, R.	Steidl, R.	div.	1922
			Rose, W.	1961
Wir wandern, wir wandern	Grothe, F.	Dehmel, W.	Martens / Götz	1951
Wir waren drei Kameraden	Götz, K.	Timm / Peka	Teddies	1957
Wir werden das Kind schon richtig schaukeln	Grothe, F.	Dehmel, W.	div.	
Wir werden uns wiedersehen	Daum, N.	Schüler,W./Meinunger,B.	Drews, J.	1981
Wir wollen Freunde sein fürs ganze Leben	Meisel, W.	Schaeffers,P/Schwenn,G	Helgar, E.	1934
			G.Arndt-Chor	1967
Wir wollen niemals auseinander gehn	Jary, M.	Balz, B. / Vos, G. de	Brühl, H.	1960
			Rabold, T.	1969
Wir wollten uns doch lieben	Barracato, S.	Holder, I.	Wendorf, M.	1988
Wir zahlen keine Miete mehr	Heymann, W.R.	Reisch, W.	Harvey / Forst	1932
			Buhlan, B.	1965
Wir zieh'n heut' abend auf's Dach	Harders, H.J. / Kopp, H.	Holgerson, Th.	Drews, J.	1978
Wir zwei fahren irgendwo hin	Scharfenberger, W.	Feltz, K.	Rubin, P.	1973
Wir zwei hätten heiraten sollen	Zylka, W.	Ruhla, B.	Bernadette	1992

Alphabetisches Titelverzeichnis

Titel	Komposition	Text	Interpret	Jahr
Wo auch im Winter die Rosen n och blüh´n	Rusinski, B.	Sante, V. / Knipp, H. R.	Rusinski, B.	1989
Wo bist du	Moroder, G.	Kunze, M.	Maffay, P.	1972
Wo bist du	Sigl, G.	Sigl, G.	Spider Murphy G	1982
Wo der Wildbach rauscht	Bette, K./ Schmitz, J.	Schlösser, J.	Musikanten-Quartett	1953
Wo die Abenteuer sind	Falkenberg, IC	Falkenberg, IC	Falkenberg, IC	1991
Wo die Musikanten sind	Gietz, H.	Hertha, K.	Valente, C.	1975
Wo die Nordseewellen [Friesen-lied]	Krannig, S.	Fischer-Friesenhausen, F.	div.	1908
Wo die Träume zu Hause sind		Müller-Graehlert, M.	Andersen, L.	1962
			Nina & Mike	1992
Wo es Mädels gibt, Kameraden	Abraham, P.	Grünwald, A. / Beda	div.	1931
Wo ich hergekommen bin	Bause, A.	Steineckert, G.	Walter, J.	19##
Wo ist das Glück vom ver-gangenen Jahr	Brib, B.	Pinelli, A. von	Mouskouri, N.	1964
Wo ist der Mann	Eichhorn, B.	Käutner, H.	Gualdi, N.	1957
Wo ist der Schnee vom ver-gangenen Jahr	Joana	Joana	Joana	1975
Wo ist Jane	Heider, J.	Krause, H.H.	Rosenberg, M.	1979
Wo Liebe ist, da ist auch ein Weg	Götz, K.	Kunze, M.	Illic, B.	1970
Wo meine Sonne scheint	Belafonte, H.	Feltz, K.	Valente, C.	1957
			Bendix, R.	1957
Wo sind deine Haare, August	Fall, R.	Beda	div.	1925
Wo soll denn die Liebe bleiben	Gietz, H.	Feltz, K.	Sheer, I.	1979
Wo steht denn das geschrieben	Fall, L.	Bernauer, R. / Welisch, E.	div.	1912
Wo und wann	Yarrow	Bradtke, H.	Molina, O.	1970
Wo warst du	Siegel, R.	Meinunger, B.	Roberts, Chr.	1980
Wo warst du heut nacht	Hendrik, T.	Haaren, K. van	Phil & John	1974
			Christian, D.	1976
Wochenend und Sonnenschein	Ager, M.	Amberg, Ch.	Comedian Harmonists	1930
Wodka-Fox [Gib mir den Wodka, Anuschka]	Simon, H.A.	Simon,H.A./Steinbach,P.	Simon, H.A.	1954
Wohin gehst du	Ascot, N.	Kaiser / Hammerschmidt	Kaiser, R.	1982
Wohin gehst du heut nacht	Kosney, K.	Schüler, W.	Baginsky, G. & D´Oro, G.	1992
Wölfe kommen bei Nacht	Merlin	Merlin	Merlin	1991
Wolgalied [Es steht ein Soldat am Wolgastrand]	Lehár, F.	Jenbach, B. / Reichert, H.	div.	1927
			Schock, R.	1967
World Cup Fanfare	Drexler, W.		Drexler, W.	1974
Wovon träumst du denn in seinen Armen	Bohlen, D.	Bohlen, D.	Anders, Th.	1983
Wozu sind Kriege da	Lindenberg, U.	Lindenberg, U.	Lindenberg, U.	1981
Wumba Tumba Schokoladen-eisverkäufer	Wooley, S.	Feltz, K.	Ramsey, B.	1959
Wunder gescheh´n	Kerner, N.	Kerner, N. / Dehmel, J.	Nena	1989
Wunder gibt es immer wieder	Bruhn, Chr.	Loose, G.	Ebstein, K.	1970
Wunderbar	Leandros,L&V/Zentner,P	Leandros,L&V/Zentner,P	Leandros, V.	1985
Wunderbar ist die Welt	Weiss, G.	Lilibert	Black, R.	1968
Wunderbar wie du	Scharfenberger, W.	Busch, F. / Pinelli, A. von	Kraus, P.	1959

Alphabetisches Titelverzeichnis

Titel	Komposition	Text	Interpret	Jahr
Wunderbares Mädchen	Vance, P. / Pockriss, L.	Feltz, K.	Alexander, P.	1958
Wunderland	Falkenberg	Falkenberg	IC Falkenberg	1987
Wunderland bei Nacht	Kaempfert, B.	instr.	Kaempfert, B.	1960
Wunderland bei Nacht	Neumann,K.G./Stanke,W	instr.	Tabor, Ch.	1961
Wunderschön ist es, verliebt zu sein	Nick, E.	Pinelli, A. von	Eggerth, M.	1936
			Jüten,G./Kollo,R	1980
Wunderschönes fremdes Mädchen	Dokin, R.	Loose, G.	Bäumler, H.-J.	1964
Wunschkonzert	Roski, U.	Roski, U.	Roski, U.	1979
Xanadu	Lynne, J.	Kunze, M.	Sheer, I.	1980
Yakety Sax	Randolph / Rich		Tex, P.	1963
Yes, Sir!	Benatzky, R.	Benatzky, R.	Leander, Z.	1937
Yo Te Ciero	Zai, M./Renfordt, J.	Zai, M. / Renford, J.	Duo California	1985
Zärtliche Augen	Frankfurter, J.	Holder, I.	Sommerwind	1992
Zauber deiner Heimat	Timmermann, K.	Timmermann, K.	Heimatduo J&M	1991
Zauber von Paris [Erst kommt ein Blick]	Berking, W.	Scheu, J.	Mucke, M.	1951
Zauberei aus dem Zylinder			Bäumler, H.J.	1976
Zauberfee	Timmermann	Munro, N.	Wilma	1969
Zaubermelodie	Galatis, H. / Zai, M. / Werdin, Th.	Haidt, F. / Werdin, Th.	Haidt, F.	1984
Zaubersee	Bianca	Bianca	Bianca	1986
Zauberspiegel	Paßmann-Engel / Jörling	Paßmann-Engel / Jörling	Moonbeats	1991
Zeig mir bei Nacht die Sterne	Becaud, G.	Bradtke, H.	Engel, D.	1960
Zeig mir den Platz an der Sonne	Jürgens, U.	Hachfeld, E.	Jürgens, U.	1971
Zeit für Engel	Bertels, A.	Kunze, M.	Werding, J.	1990
Zeit für Tränen	Mané, R.		Herold, T.	1992
Zeit ist eine lange Straße	Heider, J.	Weigel, H.U.	Drews, J.	1973
Zeit macht nur vor dem Teufel halt	Ryan, P.	Frances, M.	Ryan, B.	1972
Zieh´ den Kopf aus der Schlinge, Bruder John	Siegel, R. / Nowy, R.	Behrle, G.	Jürgens, U.	1974
Zieh´ mit dem Wind	Roever, U.	Jay, F.	Kaiser, R.	1977
Zigeuner, fahr deinen Wagen			Bergen, F.	1962
Zigeuner-Tango			Kirmesmusikant.	1978
Zigeunerhochzeit	Blum, H.	Blum, H.	Malmkvist, S.	1969
Zigeunerjunge	Blum, H.	Blum, H.	Alexandra	1968
Zigeunerwagen	Korn, H.	Korn, H.	Ann & Andy	1974
Zillertaler Hochzeitsblues	Krug, H./Ackermann, St.	Krug, H. / Ackermann, St.	Zillertaler Schürz	1988
Zillertaler Hochzeitsmarsch	trad.	trad.	Marianne & M.	1988
			Zillertaler Schürz	1990
Zu der Ponderosa reiten wir	Mahr,S/Jung,E/Schatz, G	Mahr,S/Jung,E/Schatz,G	Heino	1968
Zu End´ geliebt	Emetz, J. / Grave, S.	Schneider/Satyr/Emetz	Joana	1992
Zu Hause wartet Natascha	Bruhn, Chr.	Behrle, G.	Mathieu, M.	1979
Zu Hause, zu Hause	Scharfenberger, W.	Busch, F.	Blaue Jungs	1957
Zu nah am Feuer	Waggershausen, St.	Waggershausen, St.	Waggersh./Alice	1984
Zu Rüdesheim in der Drosselgass	Krome, H.	Krome,H / Hausmann,O.	div.	1925
			Schneider, W.	1979
Zucker im Kaffee	Blum, H.	Blecher, C. U.	Silvester, E.	1969
Zuckerpuppe	Gietz, H.	Bradtke, H.	Ramsey, B.	1961
Zuerst kam die Sonne	Edelmann, R.	Edelmann, R.	Morgan, Ma.	1971
			Morgan, Mi.	1992

Alphabetisches Titelverzeichnis

Titel	Komposition	Text	Interpret	Jahr
Zufällig	Cornelius, P.	Cornelius, P.	Cornelius, P.	1990
Zug um Zug	Schilling / Feifel	Schilling / Feifel	Schilling, P.	1992
Zugspitz-Walzer	Sulzböck, T.	instr.	Sulzböck, T.	1961
Zugvögel	Haas, C.	Haas, K.	Steinwolke	1984
Zuhause, zuhause	Scharfenberger, W.	Busch, F.	Blaue Jungs	1957
Zünd eine Kerze an und warte auf den Morgen	Orloff, P.	Hertha, K.	Orloff, P.	1975
Zum Abschied reich' ich dir die Hände	Bette, K.	Holm, P.	Schmedes,M.von	1942
			Andersen, L.	1944
Zum ersten Mal in meinem Leben	Gerke, W. / Hannes, M.	Gerke, W. / Hannes, M.	Anne-Karin	1981
Zum Frühstück nach Paris	O'Melley / Schotten	O'Melley, H.	Frank, O.	1992
Zum Städtel hinaus	Meissner, G.	Meissner, G.	div.	1910
Zum Teufel mit der Einsamkeit	Borg, A./Thorsten, F.	Borg,A./Thorsten, F.	Rüger, M.	1992
Zum Weinen kein Talent	Cardello	Bradtke, H.	Anna-Lena	1969
Zur großen Freiheit	Müssig, R.	Kunze, M.	Hill, J.	1992
Zurück zu dir	Virch, E.	Virch, E.	Lage, K.	1989
Zusammenleben	Theodorakis, M.	Woitkewitsch, Th.	Milva	1978
Zuschau'n kann ich nicht	Granichstaedten, B.	Granichstaedten, B./ Gilbert, R.	div. Alexander, P.	1930 1971
Zuviel allein	Mills, G.	Hertha, K.	Richard, C.	1964
Zuviel Schaum, zuwenig Bier	Bruhn, Chr.	Kunze, M.	Carrell, R.	1980
Zuviel Tequila	Burgess, D.	Loose, G.	Valente, C.	1960
Zwanzig Jahre danach	Petry, W.	Petry, W.	Petry, W.	1992
Zwei auf einer Bank	Gietz, H.	Feltz, K.	Gitte & Gildo, R.	1964
Zwei blaue Vergißmeinnicht	Newell, N.	Sonneborn, G.	Gildo, R.	1963
Zwei dunkle Augen	Heins, C.	Großmann, P.	div. Wunderlich, F.	1898 1962
Zwei Gitarren am Meer [Gitarren-Serenade]	Funk, F.	Holm, P.	div. Bertelmann, F.	1940 1987
Zwei gute Freunde	Natschinski, G.	Loose, G.	Frohberg, F.	1956
Zwei Herzen im Dreivierteltakt	Stolz, R.	Reisch,W./Robinson,A.L.	div.	1930
Zwei Indianer aus Winnipeg	Götz, K.	Loose, G.	Kilius, M.	1964
Zwei in einem Boot	Maffay, P.	Engler, H.	Maffay, P.	1992
Zwei in einer großen Stadt	Kollo, Wi.	Kollo, Wi.	div.	1942
Zwei junge Menschen	White, J. / Jay, F.	White, J. / Jay, F.	York, T.	1977
Zwei Karten für's Kino	Orloff, P.	Relin, J.	Berger, G.	1971
Zwei Kerle wie wir	Grabowski,G./Simons, E	Grabowski, G./Simons, E.	Wildecker Herzb	1991
Zwei kleine Italiener	Bruhn, Chr.	Buschor, G.	Froboess, C.	1962
Zwei Mädchen aus Germany	Buchholz, H.	Loose, G.	Anka, P.	1964
Zwei Märchenaugen	Kálmán, E.	Brammer,J./Grünwald,A.	div. Kollo, R.	1926 1979
Zwei rote Rosen	Hoes, J.	Christ, H.	Lolita	1988
Zwei rote Rosen, ein zarter Kuß	Kollo, Wa.	Robitschek, K.	div.	1926
Zwei Spuren im Schnee	Winkler, G.	Rauch, H.	Torriani, V.	1955
Zwei Täler weiter	Heinzelmann, H.	Kiesel,R./Heinzelmann,H	Ges. Fahrnberger	1959
Zwei Verliebte in Paris	Schulz-Reichel, F.	Bradtke, H.	Johns, B.	1960
Zwei Verliebte zieh'n durch Europa	Korn, H.	Korn, H.	Gall, F.	1971
Zwei weiße Möwen	Zeisner, H.	Spiller, H.	Berg, J.M.	1955
Zwickt's mi	Ambros,W/Hausner,H.G.	Ambros, W.	Ambros, W.	1975

Alphabetisches Titelverzeichnis

Titel	Komposition	Text	Interpret	Jahr
Zwischen den Bergen	Burgner, J.	Helmer, H.	Ges. Fahrnberger	1960
Zwischen diesen Zeilen	Rusinski, B.	Sante, V.	Rusinski, B.	1989
Zwischen Feuer und Eis	Vaylon, P.	Hammerschmidt, N.	Kaiser, R.	1987
Zwischen heute und morgen	Kreuder, P.	Beckmann, H.F.	Keller, G.	1935
			Knef, H.	1976
Zwischen jetzt und iregndwann	Merlin	Merlin	Merlin	1992

Fotonachweis

Adam & Eve Schairer: Venus e.V.
Adamo, Salvatore: Venus e.V.
Albrecht, Gabi: Polydor / T.Müller
Alexander, Peter: Ariola/N.Unfried
Alexandra: Venus e.V.
Alpenwelt Musik.: Ariola / J.White
Anders, Christian: Venus e.V.
Anderson, Lale: Venus e.V.
Anderson: Hansa / Esser & Strauß
Aschberger, Peter: Hohner
Astor, Tom: Electrola/F.-J.Hamm
Astor, Willy: Jupiter
Avsenik, Slavko: Hohner
Bach, Jonny: Polydor
Bach, Vivi: Venus e.V.
Backus, Gus: Venus e.V.
Baginski, Gaby: Koch
Bauer, Uschi: East-West
Beckmann, Hans-F.: If. / F. Rauch
Bella Vista: toi toi toi
Berger, Albin: Titan
Berger, Cindy: Koch
Berger, Olaf: I. Reith
Bernadette: Jupiter
Bertelmann, Fred: Venus e.V.
Bianca: Ariola / J. Mibgeld
Bianco, Marc: da-music
Bläck Fööss: SET
Black, Roy: Polydor / J. Klein
Blanco, Roberto: If.
Bonney, Graham: Venus e.V.
Borg, Andy: Venus e.V.
Bradtke, Hans: Privat
Brandenburg, Nero: Privat
Brandes, D.: Polydor Esser&Strauß
Brandes, W.: Polydor /Bear-Family
Breck, Freddy: da-music
Brink, Bernhardt: I. Reith
Brozart, Burkhardt: Extra Records
Brühl, Heidi: Polydor/Esser&Strauß
Bruhn, Christian: Privat
Buhlan, Bully: If.
Busch, Dirk: Polydor
Cagey Strings: Virgin
Carol, Rene: Venus e.V.
Carpendale, Howard: Polydor /
Esser & Strauß
Carras, Mattias: Sony / Herzklang
Cerne, Ralf: toi toi toi
Christian, R.: Polydor / W. Kaiser
Clüver, Bernd: Bellaphone
Comedian Harmonists: If. / Karger-
Derker
Cordalis, Costa: Hohner

Cornelius, Peter: SET
Dagmar: Koch
Dalida: If.
Dall, Karl: Ariola
David, Michael: Sony / Herzklang
Davis, Danny: Ariola / Global
Denise
Densow, K.: Hansa /Esser& Srauß
Deter, Ina: Mercury
Deutscher, Drafi: If. / Weber
Dietrich, Bernd: Privat
Dietrich, Marlene: If.
Dorkas: Jupiter
Dorthe, (Kollo): SET
Dostal, Nico: If. / Schulze-Berka
Drews, Jürgen: Polydor / I. Wirth
Duo Carlifornia: Polymedia
Ebner, Christina: Virgin / Luna
Ebstein, Katja: If. Schulze-Berka
Egli, Esther: Privat
Emmerlich, Gunther: Ariola / H.
Erhardt
E.A.V.: If. / Kersten
Eskens, Margot: If ./ N. Fischer
Etzel, Roy: Privat
Falco: If / Frühauf
Farian, Frank: SET
Felgen, Camillo: If.
Feller, Linda: Koch
Fendrich, R.: Ariola / P. Leopolt
Fernando Express: Intercord
Fischer, Gotthilf: East-West
Flippers: Ariola / Gerd Schweitzer
Francesco, Silvio: Venus e.V.
Francis, Conny: Venus e.V.
Frank, Oliver: Sound around
Frankfurter, Jean u.a.: SET
Fritsch, Thomas: Venus e.V.
Froboess, Conny: Venus e.V.
Gabriel, Gerda: Bogner
Garbriel, Gunther: If. / Felicitas
Gee, Tara: Intercord
Gildo, Rex: Pilz
Gitti (Götz) & Erika: Dino
Gloria: Caribic
Göpelt, Ekki: Zett / Leo Foto
Gott, Karel: Polydor/Esser&Strauß
Greger, Max: Polydor
Greyhounds: Koch
Grießer, Max: Privat / Foto Karg
Grothe, Franz: F.Grothe-Institut
Haenning, Gitte: If. / Karsten
Hagara, Willy: Venus e.V.
Hagen, Nina: Mercury / S.Janiak
Haller, H.:metronomeEsser&Strauß
Hanselmann,D.:Intercord/C.Franke
Hartz, Hans: mercury

Hauff, Andreas: Bogner
Heesters, Johannes: Venus e.V.
Heino: East-West
Hellwig, Margot: Polydor / W.
Rabanus
Hensch, Friedel: Venus e.V.
Herold, Ted: East-West
Hertel, Stefanie: East-West
Hill, Jonny: Polydor / T.Müller
Hoffmann, Klaus: Virgin
Hoffmann & Hoffmann: SET
Hofmann, Peter: Sony / Columbia
Holm, Michael: WEA / Autobahn
Horten, Peter: Phono / R.Egge
Howland, Chris: Polydor / Bear-
Family
Ibo: Electrola / Esser & Strauß
Igelhoff, Petra: If. / Schulze-Berka
Iglesias, Julio: If.
Illic, Bata: Venus e.V.
Inka: Virgin
Jan u. Kjeld: Venus e.V.
Jary, Michael: Intercord
Jay, Fred: Ed. Meisel
Jonak, Tanja: Virgin / A.Peisel
Jordan, Mario: Ariola Media
Judith & Mel: Koch
Jung, Claudia: Intercord
Jürgens, Andrea: White Records
Jürgens, Curd: Venus e.V.
Jürgens, Udo:Ariola/Marcus Amon
K. Norbert: Heimat Express
Kaczmarek: mercury / H. Krogh
Kaempfert, Bert: privat
Kaiser, Roland: Hansa / M.Amon
Karat: Jupiter
Kastelruther Spatzen: Koch
Kern, Renate: Venus e.V.
Kessler, Alice & Ellen: Venus e.V.
Kilius, Marika: Venus e.V.
Kim, Karina: Sound Arround
King, Ricky: Privat
Klaus & Klaus: Polydor / G.Tratz
Köberlein, Alexander: Sony
Kollo, Rene: If. / Schulze-Berka
Kramer, Sue: If. / Schulze-Berka
Kraus, Peter: Sony / Herzklang
Kreuder, Peter: If. / Janos Kalmar
Kuhn, Paul: Venus e.V.
Künnecke, Evelyn: If. / Felicitas
Kunz, Heinz Rudolph: WEA /
S.Jagenburg
Kunze, Michael: SET
Last, James: Polydor / Jo Van Berg
Lang, Franzl: Phonogram
Laser, Petra: Mercury
Lavi, Daliah: If.

Leander, Zarah: If.
Leandros, Vicky: Intercord
Lebbing, A.:Polydor/Esser&Strauß
Leonard: Bellaphone
Lincke, Paul: If. / Karger-Decker
Lindenberg, Udo: Polydor
Lindner, Patrick: Virgin
Lolita: Venus e.V.
Low, Bruce: If. / Schulze-Berka
Maerz, M.: Polydor / M. Heitmann
Mattay, Peter: East-West
Makulis, Jimmy: Venus e.V.
Malmkvist, Siw: SET
Mann, Martin: Ariola/Jupiter
Manuela: B. Herfeltd / Privat
March, Peggy: Venus e.V.
Marcus, Jürgen: If. / Schulze-Berka
Marianne & Michael: Ariola
Marshall, Toni: White Rec.
Martens, Elke: da-music
Martin, Andreas: Sony / Herzklang
Marx, Anja: Coconut/
Esser&Strauß
Massary, Fritzi: If./Karger-Decker
Mathieu, Mireille: Venus e.V.
Medium Terzett: Hohner
Meinunger, Bernd: Jupiter
Meisel, Will: Ed.Meisel
Menke, Frl.: Metronome / P. Jacob
Mey, Reinhard: Intercord / Gabo
Milva: Metronome
Mo, Billy: If. / S. Pilz
Moonbeats: Koch / Jat - Koch
Morgan, Michael: Bellaphone
Mosch, Ernst: If.
Mouskuri, Nana: Metronome
Mühlenhof-Musikanten: East-West
Müller, Hans Christian: Bellaphone
Münchner Freiheit: Sony
Myhre, Wenke: If. / Kersten
Naabtal - Duo: Hohner
Nena: If. / Kersten
Neubart, Roland: Polydor
Neumeyer, Heike: Intercord
Nicki: Virgin
Nicole: Jupiter
Nilson Brothers: If. /Schulze-Berka
Nina & Mike: If. / Schulze-Berka
Nockalm-Quintett: Koch
Nold, Herbert: Nold
Norden, Ulla: toi,toi,toi
Oberbrandacher, Walter: Koch
Ofarim, Esther: mercury
Olias, Lotar: Venus e.v.
Orloff, Peter: Aladin / I. Schönert
Osterwald, Hazy: If./Schulze-Berka
Palastorchester: Monopol/J. Pittack

Paldauer: Polydor / K. Meier
Paola: If. / Kersten
Parker, Andre: toi toi toi
Parker, Teddy: Venus e.V.
Pascal, Felix: da-music, toi toi toi
Patricius: Koch
Peters, Ingrid: L. Stein
Petrel, Peter: DA
Petry, Wolfgang: Hansa
Prinzen: Hansa
Pur: Intercord / Esser & Strauß
Quinn, Freddy: privat
Rafael, Peter: Koch
Raiker, Thommy: toi toi toi
Rainford, Tina: EKJ
Ramona: SET
Ramsey, Bill: Polydor/Bear-Family
Rebroff, Iwan: Elisar
Reichel, Achim: WEA
Reim, Matthias: Polydor / Mago
Design
Reincke, Michy: Sony
Relax: SET
Remmler, Stephan: Mercury
Rendevous: Koch
Renfordt, Jürgen: Pilz
Richards, Cliff: Venus e.V.
Richter, Peter: Sony /
Esser&Strauß
Roberts, Chris: WEA/
Esser&Strauß
Robic, Ivo: Polydor / Bear-Family
Robinsen, Didi: Intercord
Rodgau Monotones: Privat
Rolly Joker: toi toi toi
Ronny: Venus e.V.
Roos, Marianne: Ariola / Stefan
Langer
Rühmann, Heinz: Venus e.V.
Rusinski, Bernd: Titan
Sandy & Andy: Caribic
Sauer, Wolfgang: da-music
Die Schäfer: Ariola
Scharfenberger, Werner: If.
Schilling, Peter: WEAEsser&Srauß
Scholz, Walter: Nold / Intercord
Schubart, Suzan: Venus e.V.
Schuricke, Rudi: Venus e.V.
Sebastian, Peter: da-music, toi toi
toi / M. Benning
Severine: Caribic
Sheer, Ireen: Dino
Siegel, Ralph: Jupiter / Ringpress
Simon, Hans Arno: Simon Verlag
Simoni, Edward: Nold, Sony /
Herzklang
Simons, Heintje: Polydor /

M.Schultze
Speck, Karsten: Polydor / N.
Lafrentz
Speelwark: East-West
Spier, Bernd: Venus e.V.
Stein, Mich.: Electrola/Esser&Stein
Steiner, Tommy: Venus e.V.
Stolz, Robert: Pilz, Venus
Strandpiraten: da-music
Strauss, Johann: If.
Sükar ,Alexandra: Koch
Thoss, Regina: Sony / Herzkang
Torfrock: Polydor / F. L .Lange
Torriani, Vico: Koch Mediendienst
Trio: Phonogram
Trix: Polydor / K.U. Franz
Truck Stop: Metronome / P. Radtke
Ullo: Ariola / A. Jacob
Valaitis, Lena: Ariola
Valentino, Henry: Zett
Valerie`s Garten: Mercury
Ventura, Antony: WEA
Viellechner, Sepp: Bogner
Waggershausen, S: Esser & Strauß
Wanja: da-music
Warda, Andi: Hansa / M.Timm
Waterloo & Robinson: Venus e.V.
Wendehals, Gottlieb: SET
Wendland, Gerhard: If. / Schulze-
Berka
Wendorf, Markus: Caribic
Werding, Juliane: WEA / T.Müller
Werger, Stefanie: Ariola
Werner, Pe.: Intercord / H.Schulte
Wewel, Günther: Pilz
White, Jack: White Rec.
Whittaker, R.: Interc./
Esser&Srtauß
Wiedl. A.: Jupiter
Wildecker Herzbuben: Hansa /
SET
Wind: Jupiter
Winkler, Gerhard: If. ./ Karger-
Derker
Xanadu: Coconut
Zacharias, Helmuth: If.
Zamfir, George: Phonogram
Zander, Frank: Zett
Zillertaler Jodeltrio: Koch
Zillertaler Schürzenjäger: SET
Zuckowski, Rolf: Polydor /
M.Heitmann

If. = Interfoto Pressedienst,
München

SET = SET-Produktion,
München

Schallplattenfirmen & Agenturen

Aladin Troja
Musikproduktion und Verlag GmbH
Entruper Weg 3b
4920 Lemgo
Telefon:(02206)83280, Fax:80704

BMG Ariola Musik GmbH
Steinhauserstr.1-3, Postfach 800149
8000 München 80
Telefon:(089)4136-0, Fax:477608

BMG Ariola Hamburg GmbH
Osterstr.116
2000 Hamburg 20
Telefon:(040)49069-0, Fax:496164

Bellaphon Records GmbH & Co.KG
Mainzer Landstr.87-89
6000 Frankfurt/Main
Telefon:(069)2712-0, Fax:2712117

Bogner Records
Postfach 145
8183 Rottach-Egern
Telefon:(08022) 26006, Fax:24997

Bosworth & Co. Musikproduktion
Postfach 100205
5000 Köln 1
Telefon:(0221)211479/230882
Fax:(0221)247615

Coconut Records GmbH
Nachtigallenweg 34
5202 Hennef 1
Telefon:(02242)3082,Fax:83210

da-music
Deutsche Austrophon GmbH
Kruppstr.7, Postfach 1160,
2840 Diepholz 1
Telefon:(05441)2081, Fax:7833

Dino Music GmbH
Bleichstr.5
6242 Kronberg/Ts
Telefon:(06173)7099-0,Fax:5132,709940

East West Records GmbH
Heußweg 25, Postfach 201251,
2000 Hamburg 20
Telefon:(040)49062-0, Fax:49062267

EMI Electrola GmbH
Maarweg 143, Postfach300329
5000 Köln 30
Tel.(0221)4902-0, Fax:49072335

Extra Records & Tapes
Lessingstr.3, Postfach 1322
2359 Henstedt-Ulzburg 3
Im Vertrieb der Deuschen Austrophon

Global Records,G.M.G.
Musik GmbH & Co KG
Nederlingerstr.21
8000 München 19
Telefon:(089)151063, Fax:151060

Hansa Musik Produktion GmbH
Wittelsbacherstr.18
1000 Berlin 31
Telefon:(030)884140, Fax:8825062

Herzklang
Vertrieb und Anschrift siehe "Sony"

Intercord Tongesellschaft mbH
Aixheimerstr.26
7000 Stuttgart 75
Telefon:(0711)4763-0, Fax:4763324

Jupiter-Records GmbH & Co.
Tonaufnahmen KG
Höchlstr.
8000 München 80

Koch International GmbH
Hermann-Schmid-str.10
8000 München 2
Telefon:(089)746135-0, Fax:7250586

ED.Meisel & Co GmbH
Wittelsbacherstr.18
1000 Berlin 31
Telefon:(030)88414-0, Fax:88162443

Metronome Musik GmbH
Glockengießerwall 3
2000 Hamburg 1
Telefon:(040)308704, Fax:3087346

Monopol-Verlag GmbH
Wittelsbacherstr.18
1000 Berlin 31
Telefon:(030)88414-0, Fax:8816243

Herbert Nold Künstlermanagement
Kanalstr.7
7550 Rastatt
Telefon:(07222)32055, Fax: 33405

Phono
Vereinigte Motor-Verlage GmbH
Postfach106036 Leuschnerstr.1
7000 Stuttgart 1
Tel.(0711) 1 82-01, Fax:1821867

Phonogramm GmbH
Brauweiler Straße 14
5000 Köln 40
Tel. (02234) 405-0 Fax: 405299

Pilz GmbH & Co Music KG
Wendenstr.309
2000 Hamburg 26
Telefon(040)2516090, Fax:25160911

Polydor GmbH
Glockengießerwall 3
2000 Hamburg 1
Telefon:(040)308702, Fax:3087657

Polymedia Marketing Group
Holzdamm 59-61
2000 Hamburg 1
Telefon:(040)3087-01

Ingrid Reith
Künstlermanagement
Seeburger Weg 18
1000 Berlin 20
Telefon:(030)3318055, Fax: 3328273

Sound Around Music
Frankfurter Str.133
5202 Hennef 1
Telefon:(02242)2931
Im Vertrieb der Deutschen Austrophon

Sony Music Entertainment
Germany GmbH
Bleichstr.64
6000 Frankfurt/main1
Telefon:(069)1305-0, Fax:1305-0440

Lothar Stein Medien-Beratung
Am Rothenbüsch 3
6600 Saarbrücken 2
Telefon:(0681)73854 Fax:(0681)730165

Titan Schallplatten
Südweg 12
5206 Neukirchen-Seelscheid 1
Tel.:(02247)1011 Fax.:2261

Toi,Toi,Toi Records
Reeseberg 178A
2100 Hamburg 90
Telefon:(040)7632146 Fax:(040)7634006

Virgin Schallplatten GmbH
Herzogenstr.64
8000 München 40
Telefon:(089)381809-0 Fax:38180918

VW Records Vertriebs-Ges.m.b.H & Co.KG
A-6430 Ötztal-Bahnhof
Industriestr.   Postfach 47
Tel.:(05266)8126 Fax ·(05266)818320

WEA Music
Arndtstr.16   Postfach 761260,
2000 Hamburg 76
Telefon:(040)22805-0 Fax:(040)22805-297

White Records
Vertrieb und Anschrift siehe BMG
Ariola München

Zett Records GmbH
Wittelsbacherstr.18
1000 Berlin 31
Telefon:(030)8836187 Fax:8817488